증권투자의 실제

제6판

THE PRACTICE OF INVESTMENTS

신지숙 이해영 홍영복

머리말

초판이 출간된 후 격심하게 변화하는 증권시장 환경을 반영하여 6판 4쇄를 출간하게 되었다. 신간을 출간할 때마다 염려되는 점은 가장 최근의 변화까지를 반영하여 개정판을 준비하였으나, 앞으로 개정을 예고하고 있는 법률과 규정이 있어 시간의 흐름에 따라 이 책의 내용 중 일부가 현실과 일치하지 않게 될 수밖에 없다는 것이다.

이 책의 큰 틀은 제5판과 동일하게 유지하였으나, 최근 증권시장 이슈나 제도를 반영하여 대부분 장의 내용을 지속적으로 수정하고 보완하였다. 각 장 말미에 있던 보론, 읽을거리 등은 새로운 이슈를 파악할 수 있도록 최근의 것으로 교체하였다. 다만 오래된 읽을거리고 할지라도 본문을 이해하는데 도움이 되는 것은 그대로 보존하였다.

이번에 크게 달라진 내용은 다음과 같다. 첫째, 서킷 브레이커 및 변동성완화 장치 등 시장안정화제도, KRX300, KTOP30 등의 신규 상장 주가지수, 증권 매매시간 등 증권매매제도의 변화 등 최근 증권시장의 변화를 반영하였다. 둘째, 주가지수선물은 상품별로 흩어져 있던 부분을 한 곳으로 묶어 설명하였다. 셋째, 유로스톡스50 선물, KRX300선물, 변동성지수 선물 등 신규 주가지수선물에 대한 설명을 보충하였으며, 이 외에도 코스닥150옵션, 미니 코스피200옵션 등 주가지수옵션에 대해서도 최근 증권시장 제도 변화 등을 반영하였다. 마지막으로 이 책을 교재로 사용해 주신 교수님들의 의견을 반영하여 채권의 기간구조 및 위험구조, 채권투자전략 등 채권투자 부분을 보완하였다.

한 동안 시중에서 베스트셀러였던 로버트 키요사키의 「부자아빠, 가난한 아빠」에 있는 문구를 소개하고자 한다. “너무 많은 사람들이 너무나도 돈에 집착하고 최대의 재산인 교육에는 관심이 없는 것을 우려한다. 하지만 돈이 문제를 해결할 것이라고 생각하면 힘든 삶을 살 수 밖에 없다. 지식이 문제를 해결하고 돈을 만든다. 금융 지식이 없는 돈은 곧 사라질 돈이다” 이 책을 읽는 독자들의 금융 지식이 풍부해져서 부디 경제적 자유인이 되기를 바란다.

헌신적인 사랑으로 감싸준 가족들과 언제나 기대 이상으로 채워주시고 아름다운 길로 인도하시는 하나님께 감사의 기도를 올린다. 신랄한 비판과 조언을 해 주신 여러 교수님들과 실무계의 펀드매니저와 애널리스트들에게도 진심으로 감사를 드린다. 그럼에도 불구하고 미비한 부분이 있다면 이는 전적으로 저자들의 부족함 때문이므로 독자들의 질책을 겸허하게 수용할 것이다. 그리고 졸저를 훌륭하게 편집하여 출간해 주신 탐진의 최재범 사장님과 직원 여러분께도 심심한 감사의 말씀을 드린다.

2023년 8월 저자 씀

머리말

그동안 증권에 대한 관심이 그 어느 때보다 고조되어 왔다. 또한 증권투자에 대한 이론과 기법은 이제 전공영역을 벗어나 교양과 상식으로 알려지게 되었다. 이러한 추세에 맞춰 시중에는 증권투자로 일확천금을 얻을 수 있다거나, 대박을 터뜨릴 수 있다는 서적이 범람하고 있다. 한편 우리는 주위에서 증권투자로 패가망신하거나 소위 쪽박을 찼다는 이야기를 쉽게 들을 수 있을 뿐만 아니라 절대로 증권투자를 하지 말라는 투자금기서도 찾아볼 수 있다.

증권투자란 어떠한 것이기에 이처럼 극단적인 결과를 연출하는 것일까? 그리고 이제는 증권투자를 상식 수준에서 받아들일 수 있을까? 과연 대학에서 증권투자가 경영학을 전공하지 않은 일반 학생들에게 교양으로 받아들일 수 있을까? 저자들은 대학에서 증권투자와 관련된 과목을 가르치면서, 이러한 물음을 가진 학생들이나 일반 투자자가 최소한 알아야 할 내용에 대한 쉬운 해설과 증권투자의 실용적 연마에 대해서 늘 고심해 왔다. 결국 저자들은 기본적인 투자이론을 체계적으로 정리하고 이를 연마하기 위한 훈련의 장이 필요하다는 데에 인식을 같이 하고 이 책을 저술하게 되었다. 그러나 이 책은 증권투자에 앞서 어떠한 준비를 갖춰야 성공할 수 있는가를 보장하는 지침서나 비결서는 아니다.

증권의 가격이란 증권시장의 수요자와 공급자에 의해 결정된다고 단순하게 말할 수 있다. 그런데 시장에 참가하는 수요자와 공급자는 전 세계의 일반투자자와 전문투자자들로서 그 수를 이루 헤아릴 수 없다. 뿐만 아니라 그들은 나름대로 과거의 역사적 사건뿐만 아니라 현재 진행되고 있는 사건, 그리고 미래에 일어날지도 모를 사건 등 수없이 많은 변수를 분석하여 가격을 예측한다. 따라서 증권투자에 관한 저서에서 다루어야 할 과제는 끝이 없다. 증권투자와 관련된 모든 내용을 망라한 한 권의 책을 저술한다는 것은 불가능에 가까운 일이며, 이 책도 그러한 한계를 가지고 있다.

이 책은 열린사이버대학(OCU)과 한국사이버대학(KCU) 및 저자들이 소속된 대학에서 전국의 수강생을 '증권투자의 이해'와 '증권투자론' 및 '증권재테크'라는 강좌를 통해 가르치던 내용 중 '증권투자의 실제'에 관한 부분을 체계적으로 정리한 것이다. 이 책의 내용은 거의 대부분 강의노트라는 이름으로 수년간 인터넷상에 공개되었던 것이며, 많은 수강생들로부터 대학교재로 출간할 것을 독촉받아 왔다.

이 책은 교양인으로서 또한 초보투자자로서 반드시 알아야 할 내용을 본론에 담고 있다. 그리고 증권투자에 필요한 실제 내용이 현실과 다른 것이 아니라는 점을 강조하기 위해 대중매체를 통해 쉽게 접하는 기사들을 '읽어 보세요'로 박스화하거나 각 장의 뒤에 '읽을거리'로 기술하였다. 또한 증권투자를 폭 넓게 공부하고자 하는 이들을 위해 보다 깊이 있는 내용은 본론이 끝난 후에 보론에 담았다. 증권투자를 처음 공부하거나 교양 수준에서 다루고자 하는 이들은 보론은 무시하고 넘어가도 좋을 것이다. 각 장의 마지막에 주어진 연습문제는 증권투자와 관련된 시험을 준비하는 이들에게 도움을 줄 것이다.

이 책을 정독하여도 증권투자에서 횡재할 수 있는 비법을 찾을 수는 없겠지만, 그 대신 노력한 만큼 얻을 수 있다는 것을 깨닫게 될 것이다. No free lunch. 그리고 높은 투자수익률을 원한다면 높은 위험을 부담할 각오를 하여야 한다는 것을 알게 될 것이다. 이 책의 내용을 충실히 이해하기 위해서는 실제 증권투자를 병행하여야 한다. 그러나 실제 투자에 앞서 반드시 모의증권투자로 연습을 하여야 하고, 투자금액도 적정선을 넘지 않도록 하여야 한다. 왜냐하면 대개의 경우 첫 투자에서는 예상보다 웃도는 수익을 얻는데, 이러한 일시적인 성공을 자신의 실력으로 오해하여 분수에 벗어난 금액을 투자하는 우를 방지하기 위해서이다.

탈고를 하면서도 일말의 불안감을 갖고 있다. 증권관련제도가 수시로 변하기 때문에 이 책의 내용에 오류가 생길지도 모른다는 것과, 원고를 다시 읽을 때마다 이곳저곳에서 드러나는 미비한 점 때문이다. 이러한 변화에 따르기 위해 본서에서 미처 기술하지 못한 부분이나 새롭게 등장하는 이슈, 그리고 오류 수정에 대해서는 저자들의 홈페이지를 통하여 지속적으로 보충하여 나갈 것이다.

이 책을 만드는 과정에서 주위의 많은 분들의 도움이 컸다. 그 누구보다도 헌신적인 사랑으로 감싸준 아내와 하나님의 은혜를 잊을 수 없다. 또한 저자들이 지금까지 공부할 수 있도록 도와주신 부모님과 은사님께 깊은 감사를 드린다. 그리고 신랄한 비판과 조언을 아끼지 않고 원고의 교정까지 보아 준 이재춘 교수, 박준우 교수, 조명호 교수, 동양증권의 김범진 과장과 굿모닝신한증권의 전혁 대리의 노고에 진심으로 감사한다. 또한 오자와 탈자를 찾아 준 중앙대 대학원 석사과정의 강윤미양에게도 고마움을 표한다.

많은 사람들의 노고에도 불구하고 나타날지도 모르는 오류는 전적으로 필자들의 부족함 때문이다. 수정되고 보완되어야 할 점들에 대한 독자들의 의견을 겸허하게 수용할 것이다. 마지막으로 경제적 어려움 속에서도 양서를 만드느라고 애를 쓰고 계신 탐진의 최재범 사장님과 직원 여러분께 심심한 감사의 말씀을 드린다. 탐진의 큰 발전을 기대한다.

2005년 2월　저자 씀

차 례

Chapter 1 • 투자와 금융시장

Chapter 2 • 증권시장

Chapter 3 · 주식투자

Chapter 4 · 시장지표와 시세표

Chapter 5 • 기본적 분석

Chapter 6 • 기술적 분석

Chapter 7 • 효율적 시장

Chapter 8 • 채권투자

Chapter 9 • 선물투자

Chapter 11 • 간접투자

Chapter 12 • 포트폴리오 이론

CHAPTER 1

투자와 금융시장

대부분의 사람들은 진정한 의미에서 투자가가 아니다.
대부분의 사람들은 투기꾼 혹은 도박꾼들이다.
대부분의 사람들은 사서, 갖고,
가격이 오르기만을 기도하는 사고방식을 갖고 있다.
대부분의 투자가들은 시장이 오르기를 바라면서 살고
시장이 무너질까봐 두려워하며 산다.
진정한 투자가는 시장이 오르든 무너지든 상관없이 돈을 번다.

〈Robert Kiyosaki〉

Section 1 | 투자의 의의와 투자자산

1. 투자의 개념

가. 투자의 정의

우리는 주식투자, 부동산투자 등투자(investments)라는 용어를 일살생활에서 자주 듣게 되고 또 자주 사용한다. 그렇다면 투자란 개인의 경제활동에서 어떠한 의미를 지니고 있을까?

개인 경제활동의 목표는 일생 동안 주관적인 심리적 만족감 또는 정신적 행복감인 효용을 극대화(utility maximization)하는 것이며, 여기서 소비(consumption)가 중요한 역할을 하는 것으로 알려져 있다. 사람에게는 생존을 위하여 최소한의 소비가 필요함은 물론 인간다운 삶을 위해서도 적정 수준의 소비가 필요하다. 그러나 필요로 하는 소비의 흐름과 소비를 뒷받침해 주는 소득의 흐름이 시간상 항상 일치하는 것은 아니다. 따라서 개인은 소비와 소득 흐름 사이의 차이를 조정해야 한다. 결국 개인은 경제활동을 하면서 자신의 효용을 극대화하기 위해 일정하게 주어진 소득 범위 내에서 현재 얼마를 소비하고, 미래의 소비를 위해 현재 얼마를 저축할 것인가를 선택하게 된다.

개인의 이러한 행위를 소비의 시간배분이라고 하는데, 소비의 시간배분은 저축과 차입(마이너스 저축)을 통해 이루어진다. 즉, 개인은 현재 소비하고 남은 여유자금을 저축하여 현재의 소비를 미래로 미루고, 현재 소비에 부족한 자금을 미래의 소득을 근거로 차입하여 미래의 예상 소득을 앞당겨서 소비하는 행위를 한다.

저축은 소비를 유보하는 소극적인 행위이다. 만약 개인에게 투자기회가 주어지고 투자에서 얻어지는 확실한 수익률이 저축에서 얻어지는 이자율보다 크다면 개인은 투자기회를 적극 활용하려 할 것이다. 이런 의미에서 투자는 '현재 유보한 소비를 최대한의 미래 소비로 전환하기 위해 미래에 소득을 창출해 내는 자산(assets)을 취득하고 운용하는 적극적인 행위'라고 할 수 있다. 따라서 우리는 현재의 소득 중 일부는 소비하고 나머지는 다시 투자하는 소비의 시간상 배분을 반복하는 과정에서 일생 동안 투자자의 역할을 하게 된다.

앞에서 설명한 투자의 정의는 투자에서의 수익률 등 미래에 일어날 모든 가능성을 알고 있다는 확실성(certainty)을 전제로 하고 있다. 하지만 우리는 미래가 불확실한 상황 하에 살고 있다. 미래의 불확실성(uncertainty)을 고려하여 투자를 정의하면 투자는 '확실한 현재의 소비를 희생하여 이에 대한 보상으로 불확실한 미래의 수익을 바라는 행위'라고 할 수 있다. 이러한 투자의 정의로부터 투자는 다음과 같은 두 가지 특성을 지니고 있음을 알 수 있다.

나. 투자의 특성

투자의 첫 번째 특성은 소비의 경제적 희생이 이루어지는 투자시점은 현재이지만 그에 대한 보상은 미래에 이루어진다는 점에서 찾을 수 있다. 이를 투자의 시간특성이라고 한다. 그러므로 미래의 수익에는 시간에 대한 보상(time premium)이 포함되어야 한다. 투자의 두 번째 특성은 현재의 희생은 확실한 것인데 반하여 미래의 수익은 불확실하다는 점에서 찾을 수 있다. 이를 투자의 위험특성이라고 한다. 그러므로 미래의 수익에는 위험에 대한 보상(risk premium)이 포함되어야 한다.

결국 투자에서 미래의 수익은 희생에 대한 보상, 즉 대가를 말하는 것으로 다음 두 가지로 구성되어 있음을 알 수 있다. 하나는 현재소비를 절약하여 미래까지 기다리는데 대한 보상, 즉 투자기간에 따른 대가로서 화폐의 시간적 가치[1](time value of money)이며, 다른 하나는 미래의 불확실성에 대한 대가, 즉 위험을 감수하는데 따른 보상인 위험 프리미엄이다. 따라서 미래의 수익은 기간에 따른 대가와 위험을 감수한 대가의 합으로 볼 수 있다. 이를 식으로 나타내면 다음과 같다.

미래의 수익 = 기간에 따른 대가 + 위험을 감수한 대가

위 식으로부터 투자가치의 평가는 미래의 수익과 수익이 불확실하기 때문에 발생하는 위험이라는 두 가지 요인[2]에 의하여 결정된다는 것을 알 수 있다. 그러므로 투자로부터 기대하는 미래수익의 크기는 투자자가 어느 정도의 시간을 감수하려고 하느냐 하는 시간의 선호정도(시간선호: time preference)와 어느 정도의 위험을 부담하려고 하느냐 하는 위험의 선호정도(위험선호: risk preference)에 따라 달라질 것이다. 다시 말하면 투자란 시간과 위험을 어느 정도 선호하느냐를 결정하는 선택의 문제로 볼 수 있다. 결국 투자결정은 미래에 수익이 위험의 틀과 시간의 틀 사이에서 발생하기 때문에, 다음과 같은 두 가지 선택의 문제라고 할 수 있다.

첫째는 시간선호의 문제이다. 투자자들은 같은 금액이라면 미래의 소비보다는 현재의 소비를 선호하게 되는데, 투자로 인한 미래 수익의 크기에 따라 현재 얼마를 소비하고 미래에 얼마를 소비할 것인가를 결정하여야 한다.

---

1) 화폐의 시간적 가치란 오늘의 1원의 가치는 내일의 1원의 가치보다 더 크다는 것, 즉 내일의 1원의 가치는 오늘의 1원의 가치보다 더 작다는 것을 말한다.

2) 미래수익과 위험의 측정방법에 대하여는 제12장의 <위험과 수익률>을 참고할 것.

둘째는 위험선호의 문제이다. 현재의 확실한 소비를 희생하여 얻어지는 투자의 미래수익은 불확실한데 이때 투자자는 어느 정도의 위험을 부담해야 하는지를 결정하여야 한다.

2. 위험과 수익의 관계

위험과 미래 수익의 관계는 '모든 투자자는 위험에 상응하는 보상을 기대한다'는 사실로부터 파악할 수 있다. 즉, 위험이 큰 투자는 그 위험에 대하여 적절한 보상을 해야 하며, 모든 투자자들이 이성적으로 행동한다면, 위험이 큰 투자의 미래수익은 위험이 작은 투자의 미래수익보다 크게 될 것이다.

투자자산은 해당 자산에 대한 투자로부터 실현되는 미래수익의 불확실성 여부에 따라 무위험자산(risk-free asset)과 위험자산(risky asset)으로 구분할 수도 있다. 위험자산이란 미래의 수익이 불확실한 자산을 말하는데, 주식이나 부동산은 위험자산이라 할 수 있다. 위험이 전혀 없는 투자자산을 무위험자산이라고 하며, 그 투자로부터의 수익률은 확실히 예측할 수 있다. 무위험자산으로는 국공채, 정기예금 등이 있으며 무위험자산에 투자하였을 때의 수익률을 무위험이자율(risk-free interest rate)이라고 한다. 무위험이자율은 정부의 통화정책, 신용정책, 기대되는 물가상승률 등에 영향을 받는다.

결국 앞에서 설명했던 미래의 수익은 다음 식으로 표시할 수 있다.

미래의 수익 = 기간에 따른 대가 + 위험을 감수한 대가
= 무위험이자율 + 위험프리미엄

그림 1-1 위험과 수익의 관계

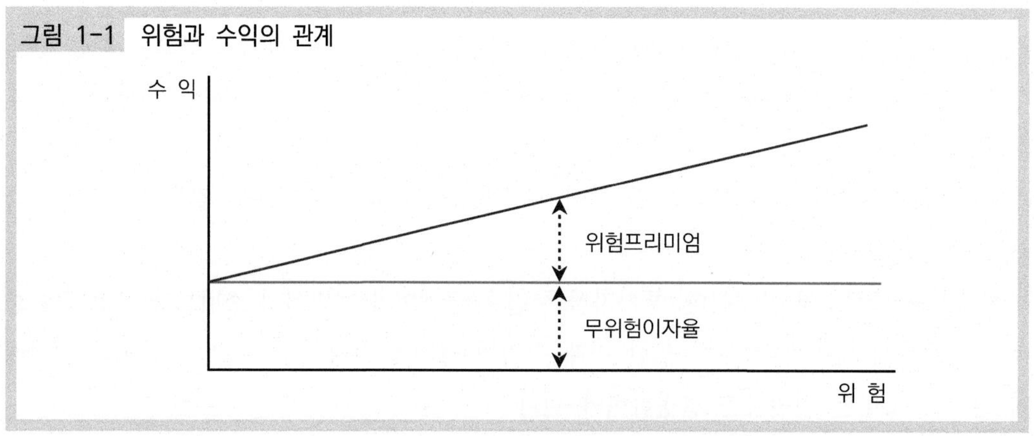

위 식에서 볼 수 있는 바와 같이 모든 투자의 기대되는 미래수익은 위험이 전혀 없는 투

자자산에 투자하였을 때의 수익(무위험이자율)에 그 투자가 갖는 위험에 대한 보상을 합한 것이다. 그리고 위험에 대한 보상, 즉 위험프리미엄(risk premium)은 위험이 클수록 커지게 되는데, 위험과 미래수익의 관계를 그림으로 나타내면 <그림 1-1>과 같다. <그림 1-1>에서 무위험이자율의 크기는 투자기간에 따른 대가이며, 위험프리미엄의 크기는 위험을 부담한 대가이다.

위험과 미래의 수익은 High Risk-High Return, Low Risk-Low Return이라는 상충관계(trade-off relationship)에 있다고 할 수 있다. 즉 투자자는 위험을 회피하자면 높은 미래수익을 포기해야 하고, 높은 미래수익을 추구하자면 위험을 감수하여야 한다. 위험과 미래수익의 상충관계는 증권시장에서 거래되는 투자대상을 살펴보면 확실하게 이해할 수 있다. <그림 1-2>를 보면 주식의 경우에는 위험이 큰 만큼 미래의 수익이 높지만, 단기 재무성증권(Treasury Bill: TB)은 위험이 가장 작은 만큼 수익이 가장 낮고 채권의 경우에는 위험과 수익이 중간에 자리 잡고 있다.[3)]

그림 1-2 투자대상별 위험과 수익

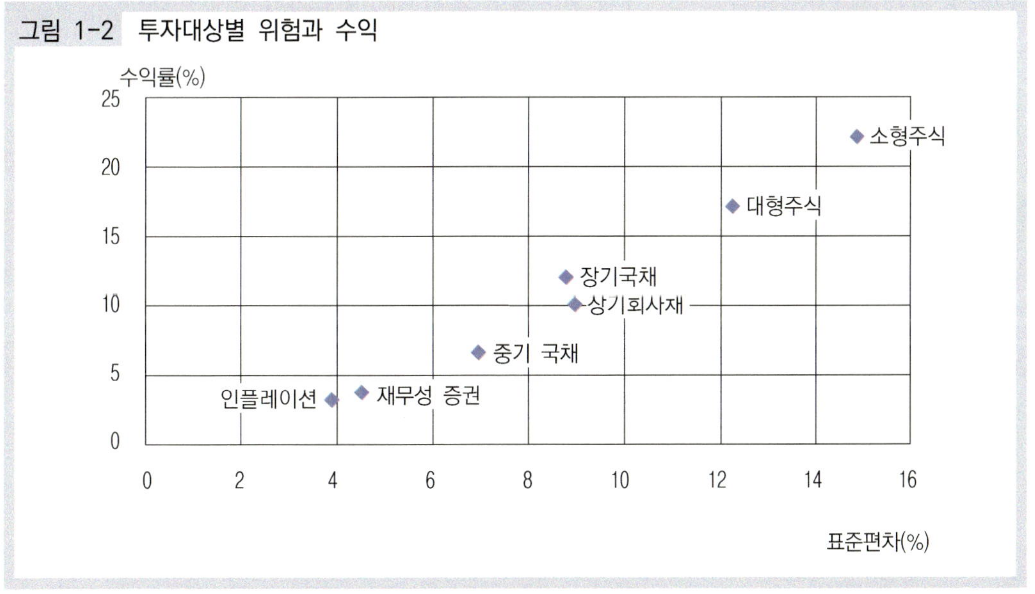

위험과 미래수익의 상충관계에서 볼 때 투자자들은 미래수익이 동일하면 위험이 낮은 투자대상을 선택하고, 위험이 동일하면 미래수익이 높은 투자대상을 선택할 것이다. 이를

3) 실제 시장을 1972년부터 2020년까지 관찰해 본 결과는 대체로 위험과 수익률이 정의 관계를 가지는 것으로 나타났다. 그러나 장기국채와 장기회사채의 관계는 예외적이었다. 장기국채가 장기회사채보다 위험이 작다고 알려져 있음에도 불구하고 해당 기간 동안에는 위험이 더 큰 것으로 나타났으며, 장기국채의 위험이 더 큼에도 불구하고 수익률은 장기회사채의 수익률보다 낮게 나타나고 있다. Ibbotson SBBI 2021: Market results for stocks, bonds, bills, and inflation, 1972-2020, p.38.

지배원리(principle of dominance)라고 한다. 그러므로 미래수익이 높을수록 그리고 위험이 작을수록 좋은 투자대상이 된다. 그러나 위험이 낮으면서 미래수익이 높을 수 없으며 이러한 관계는 '공짜 점심은 없다(no free lunch)'는 속담이 잘 표현하고 있다. 이는 높은 미래수익을 원할 경우에는 반드시 높은 위험을 부담할 각오를 하여야 한다는 것을 의미한다. 따라서 투자자의 이론적인 투자목표는 자신의 부의 극대화(wealth maximization)를 추구하여 효용을 극대화시키는데 있지만, 현실적인 투자목표는 일정한 위험 수준에서 투자수익인 미래수익을 최대화시키거나 일정한 미래수익 수준에서 위험을 최소화시키는 것이 되어야 한다.

3. 투자와 투기

우리는 증권에 투자하였다가 크게 손해를 본 사람들로부터 절대로 증권투자를 하지 말라는 경고를 자주 듣게 된다. 왜냐하면 증권투자란 실제로는 투자가 아니라 투기나 도박과 마찬가지이기 때문이라는 것이다. 그렇다면 과연 우리는 증권투자를 어떤 입장에서 다루어야 할 것인가? 내가 증권을 사고파는 것은 투자이지만 남이 하는 것은 투기나 도박이라고 할 것인가?

투자와 관련된 말로서 저축, 도박 그리고 투기 등을 생각해 볼 수 있다. 일반적으로 저축은 보통 사람들이 재산을 모으는 방법이고, 투자는 재테크에 밝은 사람들이 건전한 방법으로 부를 보다 빨리 축적하는 기술이며, 투기나 도박은 비도덕적 또는 탈법적인 방법으로 빠른 시간 내에 거대한 부를 얻으려는 한탕주의 기법이라는 인식을 가지고 있다. 특히 부동산투기가 사회적 지탄의 대상이 되면서 투기라는 것은 탈법적인 것으로 여겨져 왔다. 그러나 경제학적인 측면에서 볼 때 이는 정확한 해석은 아니다.

저 축

저축(savings)은 현재의 소비를 희생하여 그에 대한 보상으로 확실한 크기의 미래수익을 얻으려는 것으로서 위험보상과는 관련 없이 단순히 시간에 대한 보상만을 추구하는 경제적 행위를 말한다. 저축은 위험보상과는 관계없는 자금의 이전행위를 의미하기 때문에, 저축이란 위험이 없는 투자라고 할 수 있다. 우리는 어릴 때부터 저축을 미덕이라고 배워 왔기 때문에 저축을 하여 돈을 모으겠다고 생각하는데, 그 이유는 저축을 하면 시간에 대한 보상으로 이자수입을 얻을 수 있기 때문이다.

도 박

도박(gambling)은 확실한 현재의 소비를 희생하여 그에 대한 보상으로 불확실하지만, 보다 더 큰 미래의 수익을 얻으려는 경제적 행위라는 점에서는 투자와 동일하다. 그러나 도박은 시간 보상이나 위험 보상을 고려한 합리적인 의사결정기준에 따르지 않고 모든 결과를 운에 맡기는 행위라는 점에서 투자와 차이가 있다. 그리고 도박은 시간과 위험에 대한 보상을 고려하고 단기간에, 그리고 투자보다 더 높은 고수익을 추구한다는 점에서도 차이가 있다.

투 기

투기와 투자는 어떠한 공통점과 차이점을 갖는 것일까? 우리는 앞에서 투자를 "확실한 현재의 소비를 희생하여 그에 대한 보상으로 불확실하지만 보다 더 큰 미래의 이익을 얻으려는 경제적 행위"라고 정의하였으므로, 이 기준에서 투기를 평가하여 보자.

투기(speculations)도 확실한 현재의 소비를 희생하여 그에 대한 보상으로 불확실하지만 보다 더 큰 미래의 이익을 얻으려는 경제적 행위이므로 이러한 입장에서 보면 투기는 투자의 범주에 속한다고 할 수 있다. 즉, 투자자는 물론 투기자도 시간선호와 위험선호에 따라 의사결정을 한다. 그러나 굳이 투기와 투자를 구분하자면, 투자가 위험에 상응하는 적절한 미래수익을 기대하는 경제행위라면, 투기를 비교적 단기간 내에 이익을 얻으려는 투자행위, 적합한 정보를 수집·분석하지 않고 투자하는 행위, 위험에 상응하는 수준 이상의 이익을 얻으려는 투자행위로 보는 견해도 있다. 그러나 '묻지마' 투자와 같은 비도덕적 투자행위를 투기라고 보는 견해도 있으나 이는 주관적인 것이라 할 수 있으며, 투자와 투기를 명확하게 구분하는 것은 현실적으로 매우 어려운 일이다.

4. 투자자산과 투자자

가. 투자자산

투자자산은 투자자가 투자하는 대상으로, 크게 실물자산과 인적자산 및 금융자산으로 구분된다.

실물자산

실물자산(real assets)은 토지, 건물, 생산시설(기계 및 설비), 부동산, 귀금속, 골동품 등을 말하며, 투자자에게 직접 만족을 제공하거나 재화나 서비스를 생산하는데 직접 사용되며 소득을 직접 창출해내는 자산이다. 즉, 실물자산은 재화와 용역을 생산하여 그 자체가 경제적 가치를 창조하고, 사회적 부의 창조에 직접 공헌한다. 실물자산은 각기 고유한 특성을 가지고 있으며, 똑같은 것이 존재하지 않는 경우가 대부분이기 때문에 객관적인 가치평가가 쉽지 않으며, 일반적으로 투자 규모가 크고, 분할투자가 불가능하다.

인적자산

인적자산(human capital)은 인간에 투자되어 축적된 교육과 기술을 말한다. 교육과 기술은 생산성을 높여줄 뿐만 아니라 삶의 질을 높여주는 역할도 한다. 실물자산이 재화와 용역을 생산하는데 이용되는 유형자산인데 반하여, 인적자산은 재화와 용역의 생산에 동원되는 무형자산이다. 인적자산에 대한 투자는 경제적인 이익만을 위한 것이 아니라 미래 수익과는 별도로 정신적인 만족감만을 주기 때문에 소비의 성격도 강하다. 따라서 인적자산에 대한 가치평가는 상당히 주관적일 수밖에 없다.

금융자산

금융자산(financial assets)은 실물자산이나 인적자산과는 달리 그 자체가 재화와 용역을 생산하는데 직접 사용되는 자산이 아니라, 자산의 이용으로부터 얻어질 소득에 대한 분할적인 청구권(claims) 또는 자산에 대한 소유지분을 나타내는 자산이다. 즉, 금융자산은 직접 경제적 가치나 사회적 부를 창출하거나 대표하지 못하고 간접적으로 이에 공헌한다. 금융자산은 흔히 유가증권(증권)이라고 하는데, 은행예금, 주식, 채권, 수익증권, 보험증서, 외국환 등이 모두 금융자산에 속한다.

금융자산은 실물자산이나 인적자산에 비해 투자대상으로서 많은 장점을 지니고 있다. 금융자산이 갖는 장점들을 살펴보면 다음과 같다.

- 금융자산은 분할하기가 쉬워 소액투자가 가능하다. 따라서 금융자산은 투자자가 가장 쉽게 접할 수 있는 투자수단이다.
- 금융자산이 거래되는 시장과 가치평가를 위한 객관적인 분석방법이 비교적 잘 정립되어 있다.
- 투자자는 금융자산에 투자함으로써 간접적으로 실물자산의 일부만을 분할해서 소유할 수 있기 때문에, 여러 종류의 실물자산에 분산해서 투자하는 것과 같다.
- 금융자산은 원활하게 거래가 이루어지는 시장이 존재하기 때문에 가격이 공정하게 결

정되고, 원하는 시점에 적은 거래비용으로 쉽게 매매를 할 수 있어 환금성도 크다.

금융자산은 단기금융자산과 장기금융자산으로도 구분된다. 단기금융자산과 장기금융자산에 대하여는 제2절의 화폐시장과 자본시장에서 설명하기로 한다.

본서에서 다루는 투자는 금융자산에 대한 투자이며, 주요 내용은 장기금융자산이 거래되는 시장의 구조와 운용 및 각종 증권의 특성을 구체적으로 설명하고 있다.

나. 투자자

투자자는 개인투자자와 전문투자자, 그리고 기관투자자로 구분된다.

개인투자자

개인투자자(individual investors)는 일반 투자자로서 연령, 재산수준, 직업, 교육정도, 성별, 가족구성 등에 따라 매우 다양한 형태를 보인다. 개미군단이라고도 불리어지는 개인투자자는 인적자산(교육), 주거용 부동산, 그리고 여러 금융자산 등에 투자한다. 이들은 자산의 증식 또는 기업 지배를 투자목적으로 한다.

전문투자자

전문투자자(professional investors)는 개인 또는 기관 투자자들로부터 수수료를 받고 투자관리에 대한 서비스를 제공해 주는 개인 또는 기관을 지칭한다. 이들은 특정인에게 고용되어 투자관리를 대행하거나 다수의 개인투자자들로부터 자금을 모아 펀드를 형성하고 이의 운용과 관리를 담당하고 있는 투자자이다. 투자자문회사나 각종 기관투자자들의 펀드매니저(fund manager)가 이에 속한다.

기관투자자

기관투자자(institutional investors)는 법인형태를 취하고 있는 투자자로 은행, 증권회사(투자매매업자 또는 투자중개업자), 보험회사, 자산운용회사(집합투자업자), 연금기금, 각종 재단 등이 이에 속한다. 이들은 자산운용에 있어서 타인자산에 대한 선의의 관리자로서의 의무를 다해야 한다. 이들은 자신의 장래 채무와 비용을 충당하거나 수익을 얻을 목적으로 투자자금을 운용하며, 개인투자자에 비해 대규모의 거래를 행하므로 시장의 움직임에 상당한 영향력을 행사한다.

외국인투자자

투자자가 소유한 자금의 국적에 따라 투자자를 내국인투자자와 외국인투자자(foreign investors)로 구분하기도 한다. 외국인투자자는 해외자본을 국내로 반입하여 금융자산 투자에 참여하는 투자자로, 자본시장이 통합되고 개방이 확대됨에 따라 외국인투자자가 자본시장에 미치는 영향이 점차 증대되고 있다.

Section 2 | 금융시스템

1. 금융시스템과 국민경제순환

투자자가 금융자산을 거래할 때 자금은 금융자산과 반대 방향으로 순환한다. 이를 자금의 금융적 유통이라 한다. 금융적 유통은 일정기간을 기준으로 수입이 지출을 초과하는 잉여(흑자)부문과 지출이 수입을 초과하는 부족(적자)부문으로 구분된다. 물이 높은 곳에서 낮은 곳으로 흐르듯이, 자금도 남는 곳에서 부족한 곳으로 흐르게 마련이다. 이러한 자금의 유통이 금융(financing)이며, 금융이 이루어지는 장소가 금융시장(financial market)이다.

또한 은행과 보험회사 등과 같은 금융중개기관(financial intermediaries)은 잉여부문과 부족부문 사이에서 자금의 유통이 원활하게 이루어지도록 중개역할을 하고 있다. 즉, 금융중개기관은 자금의 순환을 중개하는 과정에서 영리를 추구하는 기업이다. 금융의 수단이 점점 다양해지고 복잡해지는 현실과 효율적인 금융이 국가경제의 성패를 좌우한다는 점에 비추어 볼 때 금융중개기관의 역할과 중요성은 점점 커지고 있다.

금융시스템(financial system)은 금융시장, 금융중개기관, 금융제도와 관행 등을 포함하여 금융과 관련된 총체적인 시스템을 말한다. 금융은 우리의 몸에서 혈액의 순환작용으로 비유될 수 있다. 혈액의 순환작용으로 인간 활동에 필요한 산소와 영양분이 신체의 각 부분에 공급되는 것과 마찬가지로, 자금의 유통인 금융에 의해 필요한 자금이 경제 각 부문에 배분된다. 잉여부문의 여유자금은 금융시스템을 통해서 산업자금으로 이전된다. 즉, 여유자금이 경제활동에 투입되어 확대 재생산됨으로써 생산, 고용, 소득, 저축이 연쇄적으로 증대되어 국민의 생활수준이 향상되고 부를 축적할 수 있게 된다. 따라서 효율적인 금융시스템은 경제발전에 없어서는 안 될 필수적인 요소이다.

개인 차원에서의 금융은 소비의 시간 배분과 투자가 반복되는 과정에서 발생하는 자금의 흐름을 의미한다. 금융시스템을 이해하기 위해서는 금융의 개념을 국가 차원의 국민경제로 확장할 필요가 있다. 국민경제를 구성하는 두 중심축은 가계와 기업이며, 여기에 정부와 금융시스템이 더해져서 한 국가의 경제가 구성된다. 이 관계를 그림으로 나타내면 <그림 1-3>과 같다.

그림 1-3 국민경제와 금융시스템

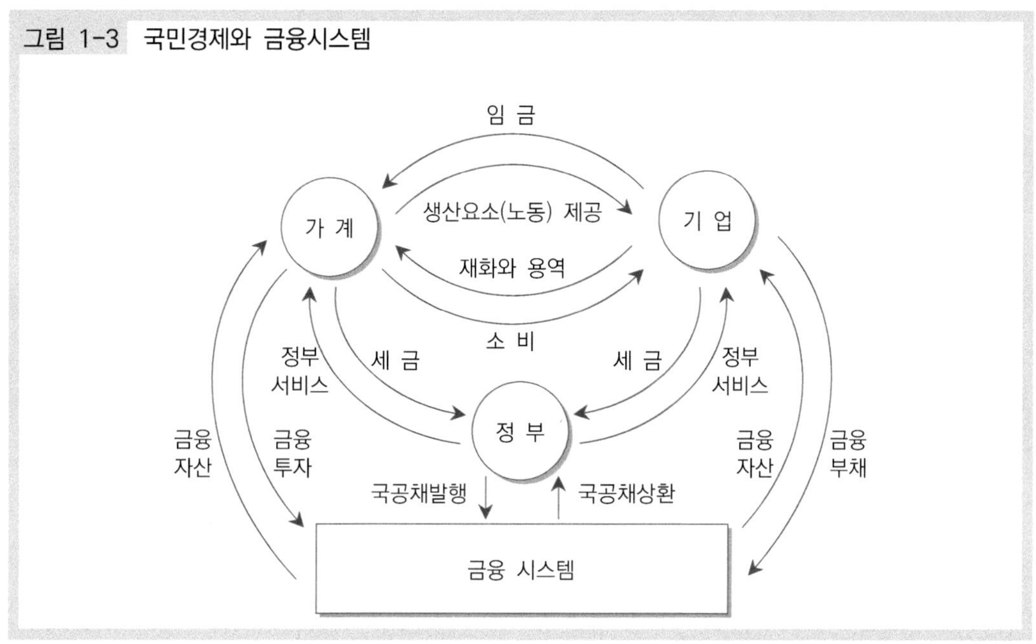

가 계

가계(household)는 개인(individual)의 집합체를 말한다. 가계는 기업에 노동을 제공하고 임금을 받으며, 기업이 제공하는 재화와 용역을 소비하게 된다. 그리고 가계의 일부가 소득을 초과하는 소비를 할 수는 있지만, 가계 전체의 소비가 소득을 초과할 수는 없다. 따라서 자금의 흐름면에서 가계는 잉여부문이다. 가계는 내일의 소비를 위해 오늘의 소비를 희생하여 투자를 하는데 이러한 금융투자의 자금이 금융시스템을 통해 기업에 산업자금으로 투입된다.

기 업

기업(firm)은 생산의 주체로서 생산요소인 노동과 자본을 결합하여 재화와 용역을 생산한다. 따라서 자금의 흐름면에서 기업은 항상 생산 활동에 필요한 자금을 필요로 하는 부족부문이다. 기업은 필요한 자금을 금융시스템을 통하여 조달하며, 효율적인 생산 활동을 통해 고용과 소득을 창출하고 가계가 부를 축적할 수 있는 투자기회를 제공한다. 가계의 투자자금이 기업에 의해 확대 재생산되기 위해서는 생산요소의 효율적인 배분과 운용이 전제되어야 한다.

정 부

정부(government)는 그 자신도 금융에 참여하면서 금융시스템이 공정하고 효율적으로 운영될 수 있도록 감시하고 통제하는 역할을 한다. 정부가 수행하는 중요한 경제적 역할 중의 하나는 영리를 목적으로 하는 일반 기업이 생산해 낼 수 없는 정부서비스를 생산 · 공급하는 일이다. 정부서비스에는 국방, 교육, 치안, 사회간접시설 등이 포함된다. 정부는 정부서비스 생산에 필요한 재원을 세금과 사용수수료를 통하여 조달한다. 그러나 정부에서 일정기간 동안 거두어들이는 금액인 세입과 지출하는 금액인 세출의 흐름이 항상 일치하는 것은 아니다. 이러한 경우 정부 역시 자금의 부족분을 금융을 통해 해결하게 된다. 세출이 세입을 초과할 경우에는 부족한 자금을 국공채를 발행하여 가계나 기업으로부터 차입하고, 세입이 세출을 초과하는 경우에는 국공채를 상환함으로써 자금의 과부족을 해소하게 된다.

정부는 시중의 유동성 조절을 위해 채권을 발행하기도 한다. 정부의 국공채 발행과 상환은 채권에 대한 수요와 공급을 통해 금리체계와 시중의 자금흐름에 직접적인 영향을 미친다. 이 밖에도 정부는 금융, 재정, 조세 등 각종 경제정책과 규제를 통해 공정하고 효율적인 경제시스템을 유지하는 역할을 수행한다. 이러한 과정에서 정부는 가계와 기업의 의사결정에 막대한 영향을 미치고 있다.

2. 금융시장의 기능

앞에서 설명한 바와 같이 금융이란 돈의 융통, 즉 돈을 빌려 주고 빌리는 것을 의미한다. 또한 금융시스템이란 금융시장을 이루고 있는 자금의 공급자, 수요자 및 금융기관 등을 형성하고 운영하는 모든 법규와 관행을 총칭하는 제도를 의미하며, 그 역할은 자금을 공급자로부터 수요자에게 원활히 흐르도록 하는 것이다.

금융시장이란 자금의 수요자와 공급자간에 돈이 거래되는 조직화된 시장을 말한다. 금융시장이 없다면 자금 공급자와 수요자가 서로 만나는 것은 매우 어려울 뿐만 아니라, 혹시 만났다고 하더라도 서로의 신용상태를 알기가 어려워 자금의 매매조건을 합리적으로 설정하기 어려울 것이다. 이러한 문제점들을 해결하기 위하여 생겨난 것이 금융시장이며, 이 역할을 담당하는 기관이 금융기관이다. 금융시장은 국민경제에서 다음과 같은 기능을 한다.

자금중개

금융시장은 자금 잉여 부문의 여유자금을 자금 부족 부문으로 연결시켜 주는 기능을 한다.

그림 1-4 자금중개

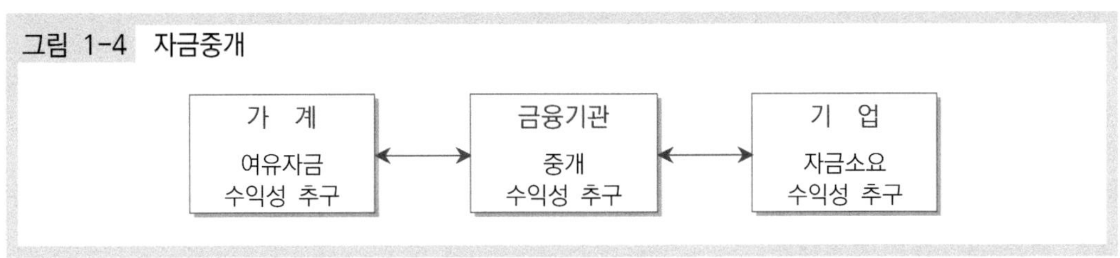

<그림 1-4>와 같이 자금공급자인 가계는 생활하고 남은 여유자금을 금융시장에서 수익을 추구하면서 늘리려고 한다. 기업은 이익을 얻기 위하여 자금을 투자하고자 한다. 따라서 기업은 자금수요자로써 금융시장에서 돈을 빌리려고 한다. 한편 금융기관은 금융시장에서 자금공급자와 수요자 사이의 자금을 중개함으로써 수익을 추구한다. 이처럼 금융시장은 여유자금을 필요한 곳으로 이전해 줌으로써 국민경제 내의 자금을 보다 효율적으로 활용하여 새로운 부가가치를 창출하고 경제성장에 기여한다.

금융자산 가격의 결정

금융시장은 수요와 공급이 일치하는 점에서 금융자산의 적정가격이 결정되도록 한다. 금융시장의 참여자들은 시장의 가격을 신호로 받아들여 자신에게 가장 유리한 선택을 하게 된다.

금융자산의 유동성 제고

금융시장은 금융자산의 보유자들에게 그들이 보유한 금융자산을 손쉽게 현금화할 수 있도록 유동성을 높여 주는 역할을 한다. 예를 들어, 금융시장이 발달되지 않으면, 채권의 구입자는 이를 만기 때까지 팔 수 없게 되어 수익률이 이전보다 높아지지 않는 한 채권 구입을 꺼리게 된다. 이는 금융상품의 판매를 통해 자금을 조달해야 하는 기업의 자금 조달비용을 높이는 결과를 가져와 국민 경제 내에 자금의 효율적 활용을 저해한다.

금융 거래비용의 축소

금융시장은 자금의 수요와 공급에 관한 정보를 비롯하여 모든 관련 정보를 집결하여 유통시킴으로써 시장 참여자들의 정보비용을 줄여 주는 역할을 한다. 금융시장이 발달할수록 금융자산의 가격에 영향을 끼치는 정보의 수집 범위가 확대되고, 또 전파 속도가 빨라짐으로써 시장 참여자들의 정보비용과 거래비용을 낮추어 거래를 촉진하게 된다.

위험관리

금융시장은 자금과 관련한 위험을 분산시켜 주는 기능을 한다. 투자자는 돈과 관련하여 크게 3가지 위험을 우려하고 있다. 즉, 투자자산을 손쉽게 현금화할 수 없는 유동성 위험, 투자한 돈의 수익률이 예상과 다르게 되는 수익률변동 위험, 투자한 돈의 원금을 받을 수 없게 되는 채무불이행 위험이 그것이다.

자금의 유동성 위험과 수익률변동 위험은 주로 상충관계를 갖는다. 금융기관이 없다면 유동성 문제를 피하기 위해서는 돈을 현금 형태로 갖고 있어야 하는 데, 이 경우에는 도난 위험은 물론 지속되는 인플레이션으로 그 가치가 점점 낮아지게 된다. 이를 피하기 위해 높은 수익을 보장하는 사업자에게 빌려 주거나 집을 사 둘 경우에는 갑자기 현금이 필요할 때 현금화할 수 없게 된다. 이와 같이 개인들이 자금을 직접 융통한다면 위에서 언급한 세 가지 위험에 노출된다.

그러나 금융시장을 이용하게 되면 각자의 위험에 대한 선호도나 형편에 맞게 돈을 관리할 수 있다. 수익률보다 유동성에 관심이 있는 사람은 이자율이 낮더라도 유동성이 높은 요구불예금을 선호할 것이며, 유동성보다 수익률을 추구하는 사람은 유동성이 낮더라도 이자율이 높은 정기예금이나 적금을 들 수도 있다. 또한 높은 수익률변동 위험을 감수한다면 주식투자를 할 것이다. 그러나 채무불이행 위험을 피하려고 하는 사람은 은행예금을 이용할 수 있다. 이와 같이 금융시장은 개인이 자금을 융통하는 과정에서 나타날 수 있는 위험을 금융기관이 대신 부담하여 분산시키는 기능을 담당한다.

3. 화폐시장과 자본시장

금융시장은 거래되는 자금이 단기냐 장기냐에 따라 화폐시장과 자본시장으로 구분할 수 있다.

화폐시장(money market)은 만기가 1년 미만인 단기금융상품이 거래되는 시장이다. 화폐시장은 단기적인 자금과부족을 해소하기 위한 시장으로, 거래금액이 크고 유동성이 높으며 상대적으로 부도위험이 낮은 것이 특징이다.

자본시장(capital market)은 자금의 공여기간이 1년 이상인 장기금융상품이 거래되는 시장이다. 자본시장은 통상 증권시장을 의미하지만 실제로는 명확한 구분 없이 혼용되는 경우가 많다. 자본장에서 다루어지는 금융상품은 주식과 채권 이외에도 옵션과 선물 등 파생금융상품과 부동산관련 상품으로까지 그 범위가 확대되고 있다. 특히 최근에는 외환거래가 자유화되면서 달러 등 외국환도 금융자산으로 인식되어 증권시장은 외환시장까지 포함하는 아주 광범위한 개념으로 사용되고 있다.

화폐시장과 자본시장에서 거래되는 대표적인 금융자산을 요약하면 <그림 1-5>와 같다.

그림 1-5 금융자산의 분류

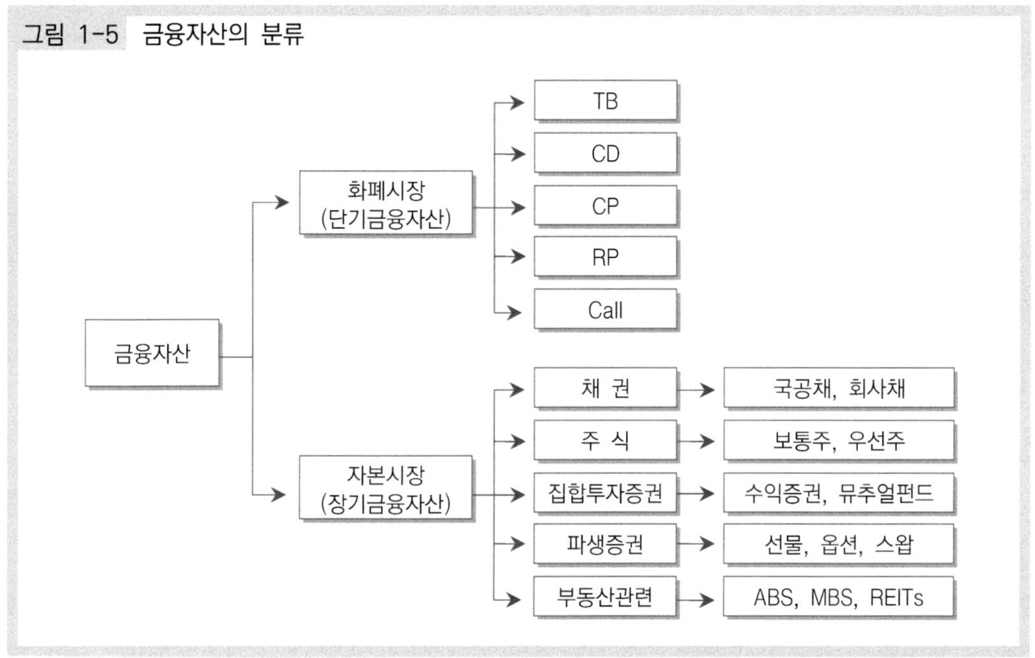

가. 단기금융자산

화폐시장에서 유통되는 단기금융자산으로는 재정증권, 외국환평형기금채권, 통화안정증권 등의 단기국공채와 양도성예금증서, 신종기업어음 및 환매조건부채권 그리고 콜 등이 있다.

단기국공채

대표적인 단기국공채로는 재정증권(treasury bill: T-bill, TB)이 있다. TB는 정부의 일시적인 재정부족자금을 보전하기 위해 발행하는 채권으로 만기 1년 이내의 할인채로 발행되는 증권을 말한다.

CD

양도성예금증서(certificate of deposit: CD)는 은행이 발행한 정기예금증서에 양도성을 부여하여 약정기일에 증서소지인에게 원리금을 지급하는 단기고수익 상품이다. CD는 은행의 자금조달원을 확대하고 수신경쟁력을 제고시키기 위해 무기명으로 발행되며, 은행에서의 중도상환은 불가능하나 증권회사 등을 통해 매매가 가능하다. 발행금리는 자율화되어 있으며 유통금리는 시장실제금리와 연동되어 결정된다. 은행은 대출 등 자금수요에 따라 CD의 발행규모를 조절함으로써 탄력적으로 자금을 운용할 수 있다.

CP

신종기업어음(commercial paper: CP)은 기업이 단기자금을 조달하기 위해 자기신용으로 발행한 약속어음을 증권사가 할인 매입한 후 시중 실세금리로 고객에게 다시 대출하는 방식의 금융상품이다. CP는 2개 이상의 신용평가기관으로부터 B등급 이상을 받은 우량기업만이 발행할 수 있다. CP의 할인과 매출은 주로 종합금융회사와 증권회사가 담당한다.

RP

환매조건부채권(repurchase agreement: RP)은 일정기간 후에 일정한 가격으로 다시 매수(조건부 채권 매수) 또는 매도(조건부 채권 매도) 한다는 조건으로 발행되는 채권이다. RP발행은 긴급한 자금이 필요한 채권보유자가 만기 이전에 채권을 매각할 때 발생하는 불이익을 방지하고 채권의 유동성을 높이기 위하여 도입된 제도이다. 채권보유자는 RP거래를 통해 보유채권을 매각하지 않고 유동화하여 단기자금을 조달할 수 있다. 신설된 RP시장(레포시장)에서는 국고채와 우량회사채를 대상으로 RP가 거래되고 있다.

콜

콜(call)은 금융기관 상호간의 일시적인 과부족을 조절하기 위하여 초단기로 차입하거나 대여하는 상품이다. 금융기관들은 매일 고객을 상대하는 과정에서 일시적으로 자금이 남거나 모자라는 경우가 발생하는데, 이런 자금 과부족을 콜시장을 통해 해결한다. 콜은 대출해주는 입장에서는 콜론(call loan), 차입하는 입장에서는 콜머니(call money)라고 한다. 금융기관간 콜거래는 최장 만기가 90일 이내로 제한되어 있지만 실제 거래는 1일물(over-night)이 대부분이다. 콜시장에서 결정되는 콜금리는 단기금리의 지표로 활용되고 있다. 주요 콜머니기관으로는 예금은행, 종합금융회사, 증권회사, 신용카드사, 리스사 등이 있으며, 주요 콜론기관으로는 은행신탁, 보험회사, 연기금 등이 있다.

나. 장기금융자산

<그림 1-5>에서 볼 수 있는 바와 같이 자본시장에서 유통되는 장기금융자산으로는 채권, 주식, 증권투신상품, 파생증권과 부동산관련상품 등이 있다. 본서에서 주로 다루는 투자대상은 장기금융자산이다.

채 권

채권(bond)은 이자와 원금 지급액이 확정되어 있어 미리 약정된 고정소득을 얻을 수 있는 증권이다. 이러한 의미에서 채권을 확정소득증권(fixed income securities)이라고도 한다. 채권에 투자한 투자자는 정기적으로 약속된 이자를 지급받고 만기에 액면금액을 지급받는다. 채권은 발행주체에 따라 국채, 지방채, 특수채, 금융채 및 회사채 등으로 구분하기도 한다. 채권의 분류에 대하여는 제8장 채권투자에서 다시 설명할 것이다.

주 식

주식(stock)은 채권과는 달리 기업에 대한 소유지분을 나타낸다. 주식을 잔여소득증권(residual income securities)이라고도 하는데, 그 이유는 기업이 벌어들인 이익 중 주주들에게는 근로자, 거래처, 채권자, 정부 등 다른 이해관계자들에게 지급하고 남은 나머지가 지급되기 때문이다. 즉, 주식에 투자한 투자자들은 고정된 투자소득을 얻지 못하며 소유지분의 정도에 따라 기업으로부터 배당을 받는다. 주주가 받게 되는 배당은 기업의 영업실적에 따라 변동한다. 그러므로 주식에 투자하는 투자자는 채권에 투자하는 것에 비해 보다 큰 투자위험을 부담하게 된다. 주식은 크게 우선주와 보통주로 구분된다. 주식의 분류에 대하여는 제3장 주식투자에서 설명할 것이다.

집합투자증권

투자자는 집합투자증권을 이용하여 수익증권(beneficiary certificate)이나 뮤추얼펀드(mutual fund)라고 불리는 금융자산에 투자할 수도 있다. 수익증권과 뮤추얼펀드는 다수의 투자자로부터 자금을 모집하여 기금을 형성하고 이를 여러 자산에 투자함으로써 얻은 투자수익을 투자자에게 배분하여 주는 금융상품이다. 집합투자증권에 대하여는 제11장 간접투자에서 설명할 것이다.

파생증권

파생증권(derivative securities)은 투자성과가 특정자산(기초자산)의 가격에 따라 변동하는 투자자산으로 선물(futures), 옵션(option), 스왑(swap) 등이 대표적이다. 선물은 미리 정해놓은 미래 일정시점에 품질, 규격 등이 표준화된 일정량의 특정상품을 현시점에서 일정한 가격으로 매매하기로 한 계약을 의미한다. 이에 비해 옵션은 어떤 거래 당사자가 다른 당사자에게 특정자산을 미리 약속된 날에 미리 약속된 가격으로 사거나 팔 수 있는 권리를 나타낸다. 그리고 스왑은 미리 약정된 현금흐름 또는 자산을 미래에 교환하기로 하는 두 거래자 사이의 사적인 계약을 의미한다. 투자자는 파생증권에 투자함으로써 다양한 투자성과를 얻을 수 있으며 투자에 따른 위험을 효율적으로 관리할 수 있다. 선물에 대하여는 제9장 선물투자에서, 옵션에 대하여는 제10장 옵션투자에서 설명할 것이다.

부동산관련 상품

부동산관련 상품으로는 자산담보부증권, 주택저당채권담보부채권, 리츠 등이 있다. 자산담보부증권(asset backed security: ABS)은 금융기관이나 기업들이 보유하고 있는 대출채권, 부동산, 외상매출금 등의 자산을 하나의 그룹으로 집합화하여 자산유동화전문회사(special purpose company: SPC)에 양도하고 그 자산을 담보로 발행한 유가증권을 말한다. 주택저당채권담보부채권(mortgage backed security: MBS)은 ABS의 한 종류로 유동화중개기관이 은행이나 주택할부금융사 등의 주택저당채권을 매입해 이를 담보로 발행한 증권을 말한다. 마지막으로 리츠(real estate investment trusts: REITs)는 소액투자자에게서 모은 자금으로 부동산투자회사를 설립하여 사무실, 상가, 주택 등 부동산에 투자한 후 운영 수익을 배당형식으로 주주에게 돌려주는 주식회사형 부동산투자신탁을 말한다. 부동산관련 상품에 대하여는 제11장 간접투자에서 설명할 것이다.

4. 직접금융시장과 간접금융시장

금융시장은 자금의 유통이 이루어지는 방식 즉, 자금의 중개 방법에 따라 <그림 1-6>과 같이 직접금융시장과 간접금융시장으로 구분된다.

직접금융시장

직접금융시장(direct financing market)이란 기업이 자금제공자인 투자자에게 주식, 채권,

양도성예금증서(CD) 등의 증권을 매각하여 필요한 자금을 투자자로부터 직접 조달하는 시장을 말한다. 직접금융시장의 대표적인 금융기관으로는 증권회사가 있다.

직접금융에서는 자금의 수요자와 공급자가 증권회사와 같은 금융기관이 제공하는 전문적인 지식과 거래 서비스를 이용하여 거래를 하지만, 거래에 따르는 위험은 투자자가 지게 된다. 금융기관은 투자자들이 판단을 하는 데 도움이 되도록 기업의 여러 정보를 수집하고 분석하여 전반적인 시장상황이나 기업의 재무구조에 대한 정보를 제공해 주는 역할을 하며, 투자자들은 금융기관이 제공하는 이러한 서비스나 정보를 이용하는 대가로 일정한 수수료를 지불한다.

그림 1-6 직접금융시장과 간접금융시장

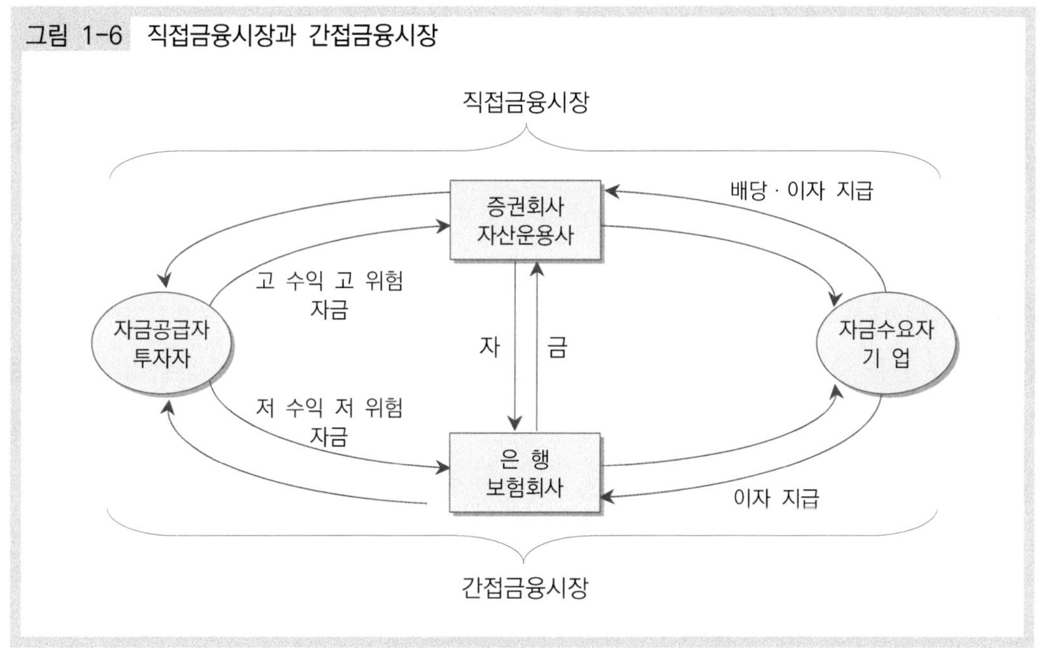

간접금융시장

간접금융시장(indirect financing market)이란 자금의 수요자와 공급자를 연결시켜 주는 중개기관[4]을 통해 기업이 간접적으로 자금을 조달하는 시장을 말한다. 간접금융시장의 대표적인 금융기관으로는 은행과 보험회사가 있다. 금융중개기관은 자신의 명의와 책임 하에 간접증권을 발행하여 조달한 자금을 자금의 최종수요자에게 공급하는데 은행에서 발행한

4) 직접금융시장에도 금융중개기관이 등장하지만 이 경우 금융중개기관은 증권을 직접 발행하는 것이 아니며, 증권의 발행과 매매 업무를 대행하는 중개자(broker)의 역할에 불과하다.

예금증서나 보험회사가 발행한 보험증권이 간접증권의 대표적인 예이다.

5. 금융시장의 환경변화

1980년대 이후 가장 큰 변화는 세계의 금융환경에서 일어났다고 할 수 있다. 전 세계적으로 국제자본의 이동에 대한 규제가 완화되고 정보 · 통신기술이 발달하면서 자금이 신속하게 이동할 수 있게 되어 각 나라의 금융시장은 빠른 속도로 통합되고 있다. 금융환경의 변화가 빠른 속도로 진전될 수 있었던 이유는 컴퓨터에 의한 정보 · 통신기술의 발달과 1980년대 미국, 영국 등 주요 국가에서의 정치 · 경제상황 때문이었다. 또한 금융환경의 변화와 더불어 다양해진 투자자들의 수요에 부응하고 다른 한편으로는 금융규제로 부터 벗어나기 위하여, 세계의 금융중개기관과 기관투자자들은 금융혁신(financial innovation)을 강력하게 추진하고 있다. 그 결과 신종 금융상품과 금융거래기법 등이 다양하게 나타나고 있다. 이러한 환경변화에 따른 최근의 금융시장의 변화상황을 정리하면 다음과 같다.

첫째, 금융시장의 세계화(globalization)이다. 금융시장이 세계화된 원인으로는 세계 각국 자본시장의 개방과 잘 발달된 정보통신망을 이용한 투자자금의 신속한 이동, 세계 각국의 금융 산업에 대한 규제완화에 따른 투자자들의 국제투자에 대한 관심, 금융시장에서의 가격 자율화 등을 들 수 있다. 세계화의 영향으로 외환시장에서 환율의 결정에 정부가 개입할 수 있는 여지가 줄고, 환율이 수요와 공급에 의해 결정되면서 외국자금의 이동이 환율에 직접적인 영향을 미치게 되어 환율의 변동성이 증가하였다. 또한 투기를 목적으로 하는 국제금융자본의 이동은 경제가 취약한 국가의 경제안정을 해치고 극단적인 위기상황으로 빠지게 할 수도 있어 경제의 안정성이 저하되었고, 각 국의 증시가 미국 증시를 따라서 움직이는 동조화현상이 나타나고 있다.

둘째, 금융의 증권화(securitization)이다. 금융의 증권화는 증권발행을 통한 자금조달이 증가하는 현상을 말한다. 즉, 시장성이 없는 금융자산을 시장성을 갖는 증권으로 그 성격을 바꾸어줌으로써 자산의 유동성과 시장성을 높여주는 것을 말한다. 금융증권화의 대표적인 사례가 부동산관련상품인 ABS, MBS, REITs 등이다. 금융증권화의 결과 기업의 자금조달이 은행 등에 대출을 통한 간접금융에서 주식과 채권의 발행을 통한 직접금융으로 전환되고 증권시장의 기능이 강화되고 있다.

셋째, 파생금융상품의 등장이다. 금리, 환율 등의 가격이 자유화되면 필연적으로 가격변동성과 위험도 증가하게 마련이다. 이와 같이 위험요인이 증가함에 따라 투기이익을 노리는 투기거래자는 물론 위험관리에 관심을 갖는 투자자와 기업이 늘면서 선물, 옵션 등의 다양한 파생금융상품이 등장하고 그 시장도 급격하게 성장하고 있다. 또한 옵션과 선물 등은 주식이나 채권 등과 같은 전통적인 증권에 비하여 보다 적은 투자금액으로 동일한 크기의 수익을 얻을 수 있는 투자대상이므로 기초자산의 미래가격의 변화에 대하여 우월한 예측능력을 갖고 있는 투자자는 이들 파생증권을 투자수단으로 활용할 수 있다.

넷째, 정보화와 금융공학(financial engineering)의 발달이다. 현대 컴퓨터와 IT의 발달은 지리적인 거리개념과 시간개념을 변화시켜 금융시장의 정보화를 촉진시킨 배경이 되었다. 인터넷의 발달로 금융시장은 시간과 공간을 초월하여 열리고 있으며, 투자자들은 시간과 공간의 제한 없이 투자정보를 얻을 수 있게 되었고, 사이버거래가 주를 이루면서 낮은 거래비용으로 증권투자를 할 수 있게 되었다. 이와같이 컴퓨터와 금융기술의 발달로 적은 비용으로 새로운 금융 상품과 서비스의 제공이 가능해지면서 증권화가 빠르게 진행되었으며, 투자대상이 크게 확대될 수 있었다. 혁신적인 금융상품 및 금융서비스를 디자인하고 이를 실행하며 금융상의 문제에 대한 창조적인 해결방안을 만들어 내는 기법들을 금융공학이라 부르는데, 이러한 분야는 증권투자론에서 새로운 영역을 이루면서 발전하고 있다.

읽을거리 증권투자 관련 자격증

1. 국내자격증

증권투자권유자문인력 (Certified Securities Investment Advisor)

금융투자회사에서 일반투자자를 상대로 증권에 대하여 투자권유 또는 투자자문 업무를 수행하거나, 단기금융집합투자기구의 집합투자증권(펀드)에 대하여 투자권유 업무를 수행하는 증권전문인력을 말한다.

펀드투자권유자문인력 (Certified Fund Investment Advisor)

금융투자회사에서 투자자를 상대로 집합투자증권에 대한 투자권유 또는 투자자문 업무를 수행하는 증권전문인력을 말한다.

파생상품투자권유자문인력 (Certified Derivatives Investment Advisor)

금융투자회사에서 일반투자자를 상대로 파생상품 및 파생결합증권에 대하여 투자권유 또는 투자자문 업무를 수행하는 증권전문인력을 말한다.

투자자산운용사 (Certified Investment Manager)

집합투자재산, 신탁재산 또는 투자일임재산을 운용하는 업무를 수행하는 전문인력을 말한다.

금융투자분석사 (Certified Research Analyst)

금융투자회사에서 특정 금융투자상품의 가치에 대한 주장이나 예측을 담은 자료를 작성하거나 이를 심사, 승인하는 업무를 수행하는 전문인력을 말한다.

재무위험관리사 (Certified Financial Risk Manager)

금융투자회사에서 금융투자상품 등의 운용과 관련된 재무위험 등을 일정한 방법에 의해 측정, 평가 및 통제하여 해당 회사의 해당 위험을 조직적이고 체계적으로 통합하여 관리하는 업무를 수행하는 전문인력을 말한다.

증권투자권유대행인 (Securities Investment Solicitor)

집합투자증권과 파생상품 등을 제외한 증권이나 단기금융상품의 매매를 권유하거나 투자자문계약, 투자일임계약 또는 신탁계약의 체결을 권유하는 전문인력을 말한다.

펀드투자권유대행인 (Fund investment Solicitor)

파생상품을 제외한 집합투자증권의 매매를 권유하거나 투자자문계약, 투자일임계약 또는 신탁계약의 체결을 권유하는 전문인력을 말한다.

2. 국제자격증

CFA

CFA(Chartered Financial Analyst)는 주식, 채권, 부동산, 파생상품 등의 가치평가에 능통한 기업재무전문가이며, 윤리를 중시한다는 특징이 있다. 재무, 증권, 금융시장에서 가장 권위를 인정받는 국제공인자격이다. 애널리스트, 펀드매니저뿐만 아니라 기업 내부의 전략 및 재무 담당자 등 다양한 진로가 보장된다. 시험과 관련된 정보는 www.cfainstitute.org에서 얻을 수 있다.

FRM

FRM(Financial Risk Manager)는 외환, 원자재가격, 이자율 및 주가의 변동성 등의 금융위험을 예측하고 측정하여 선물, 옵션, 스왑 등의 금융상품을 관리하는 전문가이다. 시험과 관련된 정보는 www.garp.com에서 얻을 수 있다.

CFP

CFP(Certified Financial Planner)는 윤리, 교육, 경험, 자격시험 등의 기본적인 요건을 갖춘 전문가로서 고객에게 종합금융서비스를 제공하는 개인재무설계사이다. CFP에 응시하려면 먼저 한국FP협회가 주관하는 AFPK(Associate Financial Planner Korea) 자격시험에 합격해야 한다. 시험과 관련된 정보는 FPSB(www.fpsbkorea.org)와 Certified Financial Planner Board of Standards(www.cfp.net)에서 얻을 수 있다.

읽을거리 투자와 투기의 차이

우리나라 자본시장의 규모가 점점 커지고 있다. 경영참여형사모집합투자기구(사모투자펀드, PEF)의 출자약정액은 지난해에 이미 60조원을 넘어섰고, 새롭게 부상 중인 전문투자형사모집합투자기구(한국형 헤지펀드)의 설정액도 7조원을 돌파하면서 고속성장하고 있다.

대형화 추세에 있는 증권사들은 자기자본을 3조원, 4조원, 8조원으로 계속 늘릴 예정이다. 그만큼 투자여력을 확대해 가고 있지만 투자대상은 많지 않고 시중의 자금만 넘쳐나고 있는 상황이다. 유동성이 풍부하다 보니 인기 있는 투자건이 나오기라도 하면 과도할 정도로 투자자가 몰리고 있는 현상도 나타나고 있다. 기관과 개인 모두 인기영합 투자로 자칫 무리한 투자가 되지 않을까 우려가 생길 정도다.

완전한 효율성을 가진 시장이라면 투자대상의 가치와 가격이 같아지기 마련이다. 초과이윤 즉, 투자수익을 챙길 수 있는 기회가 상실되는 상태다. 하지만 현실은 정보의 비대칭성과 수급의 불균형 등 다양한 원인에 따라 가격 결정이 비효율적으로 이뤄지고 있다. 이런 현실이 투자대상의 가치와 가격 괴리를 발생하게 하고 투자수익을 얻을 기회도 존재하게 만들어준다. 벤자민 그레이엄, 워렌버핏과 같은 유명한 투자 대가들의 성공비결은 이런 시장의 비효율성을 활용하는 데 있다. 즉, 싸게 사서 비싸게 판다는 투자원칙만 지키면 누구나 성공투자를 할 수 있다.

이 투자원칙을 지키기 위한 원칙이 있다. 우선 투자대상의 가치를 판단할 수 있는 능력이다. 비싼지 싼지 그 대상의 가치를 정확하게 파악해야 판단이 가능하기 때문이다. 다음으로 기다릴 수 있는 인내력이다. 비싼 경우 가격이 떨어져 싸질 때까지 기다렸다가 사야하고, 싸게 산 경우에는 비싸질 때까지 기다렸다가 팔아야 한다. 말은 쉽지만 그 '때'라는 게 언제 올지 예측하기 어렵다는 점에서 기다릴 수 있는 인내가 필요하다.

투자대상에 대한 가치를 판단하지 못한 채 투자를 하거나 적당한 때가 올 때까지 기다릴 수 없는데도 투자하는 것은 운에 맡기는 투자다. 운에 맡기는 투자는 투기나 다름없다. 일시적으로 큰 수익을 얻을 수 있을지라도 장기간으로 보면 큰 손실을 보게 된다. 비단 큰 기관투자가만을 대상으로 한 이야기도 아니다. 우리 주변에 일반투자자들이 주식투자를 할 때 기업의 재무제표조차 보지 않고 테마주에 휩쓸리는 경우를 수없이 목격할 수 있다. 투자대상에 대한 가치판단이 어려울 때는 투자하지 않는 것이 최선의 투자방법이다. '현금보유가 훌륭한 투자다'라는 말이 괜히 나온 게 아니다.

<서울경제신문 2017.03.16.>

읽을거리 복합금융상품과 파생금융상품

금융상품에는 많은 종류가 있다. 그런데 금융시장과 금융공학이 발전함에 따라 갈수록 더 다양한 금융상품들이 쏟아져 나오고 있다. 즉 기존의 금융상품이 서로 결합해 새로운 상품이 만들어지거나, 혹은 기존 금융상품의 미래가치를 예측해 새로이 탄생시킨 파생금융 상품들이 금융 소비자에게 선을 보이게 된 것이다. 대표적인 사례가 복합금융 상품과 파생금융 상품들이다.

먼저, 기존의 금융상품들이 증권, 은행, 보험, 카드 등 금융업종이나 상품의 경계를 넘나드는 복합금융 상품으로 만들어져 열풍을 일으키고 있다. 이 복합금융 상품은 점차 고객과 금융사 모두에게 이익을 주는 '윈윈(win-win) 상품'으로 자리 잡아가고 있다. 금융기관은 고객이 금융상품을 묶어서 하나의 세트로 구입할수록 비용이 줄어들어 수익이 증대되는 효과를 누릴 수가 있다. 또 목돈 마련과 신용대출 등 고객이 원하는 메뉴를 조합하고, 그에 따른 혜택을 알리는 과정에서 자연스럽게 주거래 고객으로 만들 기회를 가지게 된다.

고객도 각 상품의 장점을 묶어 편리하게 이용 가능할 뿐만 아니라, 다양화 · 세분화된 자신의 욕구를 충족시킬 수가 있는 장점이 있다. 가령 은행계좌와 증권계좌를 통합하고, 신용카드 포인트로 주식거래 수수료를 납입할 수 있게 하거나, 주식 위탁매매 실적에 따라 예금금리를 올려주기도 한다. 또는 은행 대출금을 보험사가 대신 갚아주거나, 정기예금에 들면 무료로 보험가입 혜택을 주기도 한다.

이처럼 복합금융 상품이 만들어지고 활성화된 배경은 금융기관이 지주사 체제로 전환되면서 계열 금융기관들이 연계해서 금융상품을 개발할 수 있는 여건이 조성되고, 또 대형 통신사와 유통업 등 여타 산업과도 제휴해 그 범위를 넓혀 나갈 수 있게 되었기 때문이다. 특히 은행은 점포수가 많은 점을 활용해 보험과 펀드상품까지 취급하는 등 추세를 주도해 나가고 있다.

다음으로는 금융공학이 크게 발전하면서 파생금융 상품이 개발돼 이들이 갈수록 금융시장을 휩쓸고 있다는 점이다. 파생금융 상품이란 외환, 예금, 채권, 주식 등 기초금융자산의 미래가치를 예측해 파생적으로 만들어진 금융상품을 총칭하는 개념이다. 원래 이는 경제여건 변화에 민감한 금리 · 환율 · 주가 등의 가치변동 위험을 회피할 목적에서 만들어졌다. 이 파생금융 상품을 거래함에 있어 실제 투자금액의 몇 배에 달하는 거래를 할 수 있는 레버리지(leverage · 지렛대) 효과를 거둘 수가 있다.

이처럼 거래의 기동성이 높고 거래비용 또한 저렴한 레버리지 효과에 현혹돼 많은 사람들이 이 파생금융 상품 시장에 뛰어들고 있다. 그러나 파생금융 상품의 시장구조는 복잡할 뿐만 아니라, 모든 투자 주체가 이익을 볼 수 있는 현물시장과는 달리 '제로섬 게임(zero-sum game)' 구조이다. 따라서 기관이나 외국인에 비해 정보와 투자기법의 전문성 면에서 열세에 있는 개인투자가들에게 피해가 집중될 가능성이 크다.

파생금융 상품 거래는 기초자산의 형태에 따라 통화파생, 금리파생, 상품파생, 주식파생 등으로 나눠진다. 또 기능적 형태에 따라 선물 · 옵션 · 스와프의 3가지로 크게 나눠지는데, 이 구분이 더 일반적이다. 그리고 이들이 상호 결합돼 수많은 변종상품들이 계속 생겨나고 있다.

첫째, 선물거래(futures)이다. 이는 미래의 특정 시점에 미리 정한 가격으로 대상 자산을 사거나 팔기로 약정하는 거래를 뜻한다. 우리나라의 '밭떼기 거래'와 같이 현재 시점에서 미래의 물건 값과 인도 날짜를 정해서 계약하고, 약속된 날짜에 계약한 대로 물건과 대금을 교환하는 거래를 '선도거래'라고 한다. 이 선도거래가 발전해 거래소를 통해 체결되는 거래가 바로 선물거래이다.

둘째, 옵션(option)거래이다. 이는 미래 특정일에 약정한 가격으로 대상 자산을 사거나 팔 수 있는 권리를 거래하는 것이다. 다시 말해 옵션은 상품을 구매한 사람에게 미래의 특정 시점에 권리행사 여부의 선택권을 부여하는 것을 뜻한다. 이는 다시 살 수 있는 권리인 콜옵션(call option), 팔 수 있는 권리인 풋옵션(put option)으로 나눠진다.

셋째, 스와프(Swap) 거래이다. 장래의 일정 기간 동안 미리 정한 가격으로 자산을 교환할 것을 약정하는 계약으로, 통화 스와프이나 이자율 스와프 등이 대표적이다. 금리 스와프의 예로는, 변동금리부채권을 가지고 있는 사람이 금리변동의 위험을 회피하기 위해 특정인에게 변동금리로 인한 수익을 넘기고, 대신 고정금리에 의한 수익을 지급받기로 하는 약정을 체결하는 형태를 들 수 있다. 상품 스와프의 대상으로는 원유, 벙커C유, 곡물 등이 있다.

<이투데이 2017.11.24.>

읽을거리 주식 사놓고 너무 들여다보지 마라

투자의 귀재 워런 버핏이 주식을 사놓고 너무 자주 들여다보지 말라고 조언했다. 5일(현지시간) 버크셔 해서웨이의 버핏 회장은 CNBC의 '온 더 머니'에 출연해 "사서 보유하는 것이 최선의 전략"이라며 "시장을 너무 면밀히 주시하지 말라"고 말했다.

그는 "주식을 사서 팔려고 애쓰고, 조금 내려갔다고 걱정하고, 오르면 팔아야 한다고 생각한다면, 투자자들은 아주 좋은 성과를 얻진 못할 것"이라고 충고했다.

미국 경제 전문지 포브스에 따르면 버핏의 재산은 608억 달러로 세계에서 세 번째로 많다. 주식 투자로 돈을 번 '오마하의 현인' 버핏은 종종 우량 기업을 장기 투자하라고 조언해왔으며 자신도 IBM, 아메리칸 익스프레스, 코카콜라 등과 같은 우량기업을 장기 보유하고 있다.

버핏은 투자할 기업을 찾을 때 종종 이렇게 예를 든다.

"만약 당신의 고향에서 우량 기업을 살 기회가 있어, 이것이 좋은 기업이라는 것을 잘 알고, 이를 경영하는 좋은 사람들도 잘 알고 있으며, 이를 적정한 가격에 산다면, 당신은 매일 같이 (해당 기업의) 시세를 알고 싶어 하지 않을 것"이라고 말했다.

그는 주가를 자주 확인하기보다 "좋은 투자인지 아닌지를 판단할 때 수년간의 실적과 배당을 봐야 한다"라며 "그것이야말로 사람들이 주식을 갖고 해야 하는 일이다"라고 조언했다.

이날 버핏은 미국 대통령 선거 주자인 공화당의 도널드 트럼프가 선전하고 있는 것과 관련해서는 "매우 놀랐다"면서도 "나의 파트너 찰리가 말하길, '자신을 과대평가하는 사람을 과소평가하지 마라'고 했다"라며 "이런 일은 기업 경영에서도 많이 볼 수 있고, 때때로 정치에서도 볼 수 있다"고 말했다.

그는 내달 열리는 버크셔 해서웨이 연례 주주총회를 야후 웹캐스트를 통해 생방송하는 것에 대해서는 굳이 네브래스카로 오지 않아도 경영진을 볼 기회가 될 것이라고 덧붙였다.

<연합뉴스 2016.03.07.>

CHAPTER

1 연습문제

1 확실한 현재의 소비를 희생하여 이에 대한 보상으로 불확실한 미래의 수익을 바라는 행위와 가장 관련이 적은 것은?

① 부동산투자 ② 은행정기예금
③ 시간에 대한 보상 ④ 위험에 대한 보상

2 투자자가 시간에 대한 보상으로 얻고자 하는 것은?

① 위험프리미엄 ② 무위험이자율
③ 적정수익률 ④ 시간당임금 × 투자시간

3 수익이 높은 주식 대신에 수익이 낮은 채권에 투자하는 사람이 부담해야 하는 위험은?

① 커질 것이다. ② 작아질 것이다.
③ 변함없을 것이다. ④ 상황에 따라 달라진다.

4 다음 중 risk premium이 가장 작을 것으로 예상되는 것은?

① 주식 ② 회사채
③ 국채 ④ 뮤추얼 펀드

5 위험과 기대수익의 상충관계와 가장 관련이 적은 것은?

① 투자자의 위험회피성향
② 위험이 큰 투자대상은 그만큼 수익률이 높아야 한다.
③ 공짜 점심은 없다.
④ 위험과 기대수익은 반비례한다.

6 다음 중 무위험자산으로 생각할 수 있는 것은?

① 회사채 ② 주식
③ 정부채권 ④ 뮤추얼펀드

7 투자와 투기를 비교한 다음 설명 중 가장 적절하지 않은 것은?

① 투자의 수익률이 투기의 경우보다 작다.
② 투자의 위험이 투기의 경우보다 크다.
③ 주식투자도 일종의 투기이다.
④ 투자와 투기 모두 이성적이고 논리적이다.

8 다음 투자에 대한 설명 중 가장 적절하지 않은 것은?

① 투자에는 시간에 대한 보상과 위험에 대한 보상이 포함되어야 한다.

② 투자란 확실한 현재의 소비를 희생하여 그에 대한 보상으로 불확실하지만 보다 더 큰 미래의 이익을 얻으려는 경제적 행위이다.

③ 저축에는 위험이 없으므로 이를 투자라고 할 수 없다.

④ 투기는 비도덕적 행위이지만 투자의 범주에 포함시킬 수는 있다.

9 금융자산의 장점이라고 보기 어려운 것은?

① 금융자산은 거액투자에 가장 적합하다.

② 금융자산의 가치를 평가하는 객관적인 분석방법이 잘 정립되어 있다.

③ 일반적으로 금융자산은 적은 거래비용으로 쉽게 매매를 할 수 있다.

④ 금융자산은 실물자산에 비하여 환금성이 크다.

10 실물자산이라고 할 수 있는 것은?

① 재화와 서비스를 생산하는데 사용되는 토지, 건물, 기계

② 공장의 토지 담보

③ 통화

④ 주식, 회사채

11 다음 중 기관투자자가 아닌 것은?

① 보험회사 ② 증권회사

③ 투자신탁회사 ④ 부동산투자회사

12 금융시장을 잘못 설명하고 있는 것은?

① 자금의 수요자와 공급자간에 돈이 거래되는 조직화된 시장이다.

② 자금을 중개하는 기능을 한다.

③ 위험을 분산시키는 기능을 한다.

④ 화폐가 발행되는 시장이다.

13 자금과 관련하여 금융시장이 분산시켜주는 위험과 가장 거리가 먼 것은?

① 유동성 위험 ② 수익률변동 위험

③ 채무불이행 위험 ④ 소득변동 위험

14 자금의 수요자와 공급자를 연결시켜 주는 중개기관을 통해 기업이 자금을 조달할 수 있는 시장을 가장 관련이 있는 것은?

① 직접금융시장 ② 간접금융시장

③ 증권회사 ④ 자산운용사

15 직접금융시장을 잘못 설명하고 있는 것은?

① 기업이 자금제공자로부터 증권 등으로 직접 조달하는 시장

② 가계와 기업이 직접 만나서 자금을 매매하는 시장

③ 금융기관이 위험에 대한 책임을 지지 않고 가계가 거래에서 발생할 수도 있는 모든 위험을 직접 부담하는 시장

④ 증권회사나 투자신탁회사 등

16 조선일보에서 발취한 기사이다. “수십억원 씩을 굴리는 증권회사 ‘큰손’(거액 고객)들은 어떤 투자 성향을 보일까? 거액의 유산을 물려받은 이른바 ‘지키기형’ 큰손들의 경우 채권이나 발행어음 같은 확정금리형 상품을 선호한다.” 그렇다면 ‘지키기형’ 큰손들이 가장 선호하지 않을 것으로 생각 되는 금융상품은?

① 양도성예금증서 ② 지하철공채

③ 회사채 ④ 우선주

17 1년 이상 장기투자하려는 투자자에게 적합하지 않은 상품은?

① 회사채 ② 주식

③ 어음 ④ 선물

18 〈그림 1-2〉에서 주식의 수익률이 다른 투자대상에 비해 높은 이유로서 가장 적절한 것은?

① 인플레이션을 고려하지 않았기 때문에

② 주식은 기업에서 발행한 증권이므로

③ 위험이 크기 때문에

④ 무위험자산을 고려하지 않았기 때문에

19 다음 중 금융기관들이 매일 고객을 상대하는 과정에서 일시적으로 자금이 남거나 모자라는 경우, 일시적인 자금 과부족을 해결하기 위한 시장은?

① 콜시장 ② 직접금융시장

③ 간접금융시장 ④ 유통시장

20 투자와 도박은 무엇을 기준으로 하여 차이가 있다고 할 수 있는가?

① 합리성 ② 시간

③ 수익률 ④ 투자규모

정답

1.	②	2.	②	3.	②	4.	③	5.	④	6.	③	7.	②	8.	③	9.	①	10.	①
11.	④	12.	④	13.	④	14.	②	15.	②	16.	④	17.	③	18.	③	19.	①	20.	①

CHAPTER 2

증권시장

당신에게 부자가 될 생각이 있다면 초점을 맞추어야 한다.
당신의 '많은' 달걀을 '몇몇' 바구니에 넣어야 한다.
가난한 사람들과 중산층이 하는 일을 하지 말라.
그들은 '몇몇' 달걀을 '많은' 바구니에 넣는다.

〈Robert Kiyosaki〉

Section 1 | 증권시장의 개념

1. 증권시장의 의의와 기능

증권시장(securities market)은 증권을 매매 대상으로 하는 시장으로서 자본시장이라고도 한다. 넓은 의미에서 증권시장은 기업을 비롯한 자금의 수요자가 유가증권을 발행하거나 매출하여 필요한 자금을 조달하고, 투자자는 유가증권의 매입이나 매각을 통하여 자신의 금융자산을 운용하는 포괄적이며 추상적인 개념의 시장을 말한다. 한편 좁은 의미에서 증권시장은 다수의 매매 쌍방이 일정한 시간, 일정한 장소에 집결하여 일정한 조직과 거래질서 하에서 증권을 매매 거래하는 조직적이고 구체적인 시장을 말한다.

최초의 조직화된 증권시장은 1613년에 개설된 네덜란드 암스테르담증권거래소이다. 그 이후 1698년에 런던증권거래소가 개설되었고, 1817년에는 뉴욕증권거래소가 개설되었다. 우리나라의 경우 일본제국시대에 개설된 경성증권거래소가 있으나 해방 이후 1956년 대한증권거래소가 개장된 이후 한국증권거래소와 한국증권선물거래소로 명칭과 기능이 변화되어 오다가 오늘의 한국거래소(Korea Exchange: KRX)로 통합 · 발전하여 왔다.

증권시장은 기업에게 대규모의 산업자본을 제공하고, 일반투자자에게 투자대상을 제공하며, 정부에 대해서는 금융조정의 매개체 역할을 수행한다. 즉, 증권시장은 다음과 같은 기능을 수행한다.

- 기업의 장기산업자금 조달을 가능하게 한다. 증권시장은 증권이라는 수단을 통하여 일반 투자자의 소규모 자금을 널리 흡수하여 기업에게 장기적이고 안정적인 산업자금을 공급한다.
- 자금을 효율적으로 배분한다. 증권시장은 유휴자금을 보다 수익성이 높고 성장성이 기대되는 기업으로 집중시키고, 산업간의 합리적인 자본이동 내지 자본배분이 이루어지게 하여 산업구조의 고도화를 촉진시킨다.
- 일반투자자에게 자금을 운용할 수 있는 투자대상을 제공한다. 일반적으로 개인을 비롯한 국민경제 주체들은 소득이 많아지고 경제가 안정됨에 따라 실물자산보다 금융자산을 선호하고, 은행예금 등과 같은 간접금융상품에 대한 투자보다는 증권과 같은 직접금융상품에의 투자를 선호하는 경향이 있다.
- 소득의 재분배를 가능하게 한다. 사회적 측면에서 증권시장은 증권의 분산에 의하여 소득 재분배를 구현하는 정책수단이 되고 있다. 즉, 오늘날의 자본주의 국가들은 증권

의 소유가 일반 대중에게 광범위하게 이루어지는 증권분산을 통한 증권자본주의를 지향함으로써 경제력 집중을 완화시키고 분배의 공평성을 도모하고 있다.

- 정부가 증권을 발행하고 상환하는 정책을 통하여 재정금융정책을 실현하는 효과적인 수단을 제공한다. 또한 정부는 공개시장조작을 통하여 시장의 유동성을 조절하기도 한다.

증권시장이 그 기능을 원활하게 수행하기 위해서 증권시장이 갖추어야 할 조건은 다음과 같다. 이와 같은 조건들이 충족될 때 증권시장은 이상적인 시장이 된다.

첫째, 증권시장은 증권의 수요와 공급에 관한 정보를 신속하고 정확하게 투자자에게 제공하여 증권의 적절한 가격이 형성되도록 하여야 한다. 이를 위하여 증권시장은 증권에 대한 과거의 수요와 공급, 가격동향, 거래량은 물론 현재 일어나고 있는 시장의 동태에 대한 정보도 제공하여야 한다. 또한 미래 증권에 대한 수요, 공급 및 가격에 대한 예측정보도 제시하여야 한다.

둘째, 증권시장에서 거래되는 증권은 유동성(liquidity)이 있어야 한다. 여기에서 유동성이란 거래가 성립되는 시간이 빨라야 하는 시장성(marketability)과 적절히 예측된 가격이 형성되어야 하는 가격의 확실성 또는 가격의 예측성(price predictability)을 의미한다. 즉, 증권시장은 거래되는 증권의 유동성을 높일 수 있도록 거래의 신속성과 가격의 안정성을 위한 여러 제도적 장치를 갖추어야 한다.

셋째, 증권시장에서 증권을 거래할 때에는 거래비용이 최소화되어야 한다. 즉, 증권시장에서는 거래수수료와 제세금 등을 낮추어 거래가 효율적으로 이루어 질 수 있도록 하여야 한다.

넷째, 증권시장에서 결정되는 증권의 가격에는 해당 증권이나 증권시장 전체에 영향을 줄 수 있는 정보를 반영하고 있어야 한다. 즉, 새로운 정보가 발생하면 이 정보에 따라 증권의 수요와 공급이 변하여 가격이 변화하는 정보의 효과가 즉각적으로 증권의 가격에 반영되어야 한다.

2. 증권시장의 구조

증권시장은 기능상 발행시장과 유통시장으로 구분할 수 있다.

발행시장(issuing market)은 증권발행자가 발행한 금융증권이 최초로 투자자에게 매매되는 시장으로 자금이 투자자로부터 증권발행자에게 이전된다. 즉, 발행시장은 자금을 조달하고자 하는 기업이나 정부기관에서 발행한 신규 채권이나 주식 등의 증권이 최초의 투자자에게로 매매되는 시장으로서 1차시장(primary market)이라고도 한다. 경제적 관점에서 발행시장이란 기업 또는 공공단체의 소요자금이 증권화되고, 투자자들이 가지고 있는 자금이 기업 또는 공공단체가 필요로 하는 장기자본으로 전환되는 직접금융(direct financing)시장을 말한다.

유통시장(circulating market)은 이미 발행된 금융증권이 투자자들 사이의 유통거래에 의해 소유권이 이전되는 시장으로 투자자들 사이에서 거래대금이 오갈 뿐 증권발행자에게 자금이 공급되는 것은 아니다. 즉, 유통시장은 발행시장을 통하여 일단 공급된 증권이 투자자들 사이에서 거래되는 시장으로서 2차시장(secondary market)이라고도 한다. 유통시장은 증권의 매매를 통하여 화폐자본과 증권자본이 반복적으로 교환되는 순환거래가 이루어지는 시장이라 할 수 있다.

기능적으로 증권시장을 유통시장과 발행시장으로 구분했지만 두 시장이 독립적인 별개의 시장은 아니다. 유통시장에서 증권거래가 원활하게 이루어지지 않는다면 증권가격이 공정하게 결정되지 않고 환금성도 떨어져서, 발행시장에서 증권의 신규발행이 제약을 받게 될 것이다. 마찬가지로 발행시장에서 금융증권이 공정한 가격에 의해 안정적으로 발행되지 않는다면, 유통시장에서도 증권가격이 안정되지 않아 원활한 거래가 이루어지지 못할 것이다. 따라서 발행시장과 유통시장은 분리된 별도의 시장이 아닌 하나의 유기적인 시장으로 이해되어야 한다.

이와 같이 발행시장과 유통시장은 상호보완적인 관계에 있다. 발행시장은 발행된 증권이 유통시장에서 활발하게 거래될 수 있어야 한다는 것을 전제로 하여 성립하고, 유통시장은 순조로운 증권의 공급이 이루어지는 발행시장을 전제로 성립하는 것이다. 즉, 발행시장에서 발행된 유가증권이 유통시장에서 거래할 수 있어야 유가증권을 취득한 최초의 투자자는 투자한 자금의 회수가 가능하고 발행주체도 계속 유가증권을 원활히 발행할 수 있다. 그러므로 발행시장은 자본의 증권화를 담당하는 시장이고 유통시장은 증권의 현금화를 담당하는 시장이라고 할 수 있다.

3. 우리나라의 증권시장 관련기관

우리나라의 증권시장에는 증권시장 전반에 걸친 정책을 수립 · 추진하는 최고기관으로 금융위원회가 있으며 그 아래에 여러 증권관계기관이 있다. 자본시장과 금융투자업에 관한 법상의 증권관계기관은 증권회사, 금융위원회, 한국거래소, 한국금융투자협회, 증권금융회사, 한국예탁결제원 등이 있다.

투자매매업자 · 투자중개업자

투자매매업자 또는 투자중개업자는 일반적으로 증권회사라고 불린다. 증권회사는 금융투자업에 해당되는 고유 업무를 영위하는 자이다. 증권회사의 설립은 금융위원회의 인가를 받은 주식회사로 제한하고 있는데 그 이유는 증권의 특수성과 고도의 기술과 전문지식을 요구하는 증권의 거래의 특징 때문이다. 증권회사의 고유업무는 위탁매매업무, 인수주선업무, 자기매매업무로 구분할 수 있다. 위탁매매업무(brokering)란 증권회사가 고객으로부터 매도, 매수의 주문을 받아 증권회사의 명의와 고객의 계산으로 증권의 매매거래를 체결하여 주고 일정한 수수료를 받는 행위를 말한다. 인수주선업무(underwriting)란 증권을 발행함에 있어서 이를 매출할 목적으로 증권의 발행인으로부터 그의 전부 또는 일부를 취득하거나 증권의 발행 시에 잔액을 인수하는 것을 말한다. 자기매매업무(dealing)란 증권회사가 증권을 자기명의와 자기계산으로 매매하는 것을 말한다.

또한 증권회사의 업무에는 고유업무와 관련하여 부수적으로 영위하는 부수업무와 기획재정부장관의 별도 인가를 얻어 영위하는 겸업업무가 있다. 부수업무에는 신용공여업무, 증권저축, RP매매업무, 수익증권판매업무, 국제업무 등이 있으며, 겸업업무는 금융산업의 효율화를 위하여 다른 금융산업이 수행하고 있는 업무의 일부를 증권회사에서도 수행할 수 있도록 인가받은 업무를 말한다.

금융위원회 · 금융감독원

증권시장의 관계기관을 통제하는 최고기관으로서 금융위원회(Financial Services Commission)가 있다. 금융위원회는 금융산업의 선진화와 금융시장의 안정을 꾀하고, 건전한 신용질서와 공정한 금융거래관행을 확립하며 예금자 및 투자자 등을 보호하는 사무를 관장한다. 금융위원회의 산하에 있는 증권선물위원회는 자본시장의 불공정거래 조사, 자본시장의 관리, 감독 및 감시 등의 업무를 수행한다. 금융위원회는 금융전반에 대한 심의 · 의결 기능을 수행하고, 실제 감독과 검사 등의 업무는 금융감독원(Financial Supervisory Service)이 집행한다.

한국거래소

한국거래소(Korea Exchange)는 불특정 다수인이 경쟁적으로 자유롭게 유가증권 매매에 참여하게 함으로써 상시 증권가격을 공정하게 형성하고 원활하게 증권의 유통이 이루어질 수 있도록 일정한 장소에 유가증권시장을 개설할 목적으로 설립된 회원조직 형태의 법인이다. 따라서 국내 · 외 증권회사 중에서 거래소 회원으로 가입된 자만이 한국거래소에서 유가증권을 매매할 수 있다.

한국거래소의 기본업무는 유가증권시장, 코스닥시장, 파생상품시장 등의 개설업무이며 이에 수반되는 상장, 매매체결, 공시, 매매심리, 회원관리 등 증권시장 개설 관련 부수업무를 수행하고 있다.

한국금융투자협회

한국금융투자협회(Korea Financial Investment Association)는 증권시장의 자율기관으로, 금융기관 상호간의 업무질서 유지 및 공정한 거래를 확립하고 투자자를 보호하며 금융투자업의 건전한 발전을 위해 설립된 특수법인이다. 이 협회는 회원회사 상호간의 건전한 영업질서유지 및 투자자 보호업무, 협회중개시장의 운영업무, 금융투자전문인력의 등록 및 관리업무, 금융투자업 관련제도의 조사 · 연구, 금융투자교육, 금융투자 홍보 등을 주된 업무로 하고 있으며, 금융투자회사 상호간의 업무질서를 유지하기 위한 자율규제 기능을 갖고 있다.

증권금융회사

증권금융회사란 증권의 인수나 증권의 매매에 필요한 자금을 금융투자업자 및 관계기관 등에 공급하여 유가증권의 발행 및 유통을 원활하게 하고 공정한 가격형성을 도모하여 증권시장의 건전한 발전에 기여하는 증권금융을 전문으로 하는 회사를 말한다. 우리나라에는 증권금융회사로 한국증권금융(Korea Securities Finance Corporation)이 설립되어 있다.

한국예탁결제원

증권 매매에 따라 증권을 일일이 인수, 인계하는 번거로움을 피하기 위하여, 투자자, 증권회사, 금융기관 등이 소유하고 있는 유가증권을 일정한 수탁기관에 집중적으로 예탁하여 놓고 매매거래 등에 따른 유가증권의 수수를 현물이 아닌 계좌간의 대체로 결제하는 제도를 대체결제제도라고 한다. 우리나라의 대체결제제도에서 수탁기관의 역할을 하는 기관이 한국예탁결제원(Korea Securities Depository)이다. 한국예탁결제원은 주식명의 개서 대행 및 유가증권 발행대행, 주식배당과 사채원리금 지급대행 등 증권대행 업무도 수행한다. 명의개서 대행이란 유가증권 발행회사와의 계약에 의하여 발행회사 대신 주주명부와 유가증권 관리업무 대행, 배당, 이자 및 상환원금의 지급 및 유가증권 발행을 대행하는 업무를 말한다.

Section 2 | 증권발행시장

1. 발행시장의 의의와 기능

발행시장이란 자금을 필요로 하는 기업, 국가, 공공단체 등이 발행주체가 되어 알선기관인 발행기관을 통해 자금공급자인 투자자에게 증권을 매각하여 장기적인 자본을 조달하는 시장을 말한다. 즉, 자금의 수요자인 발행주체가 유가증권을 새로 발행하거나 특정인이 보유하고 있는 유가증권을 자금의 공급자인 가계나 금융기관 등 투자자에게 매각함으로써 증권시장에 새로운 유가증권을 공급하고 자금을 조달하는 추상적인 시장을 말한다. 새로운 증권이 최초로 출현하고 증권의 발행자와 증권의 수요자 사이에 화폐자본과 증권자본 간의 최초의 교환이 이루어지는 시장이라는 점에서 1차시장, 본원적 시장(primary market) 또는 신규증권시장(new issue market)이라고도 한다.

발행시장의 주요한 기능을 살펴보면 다음과 같다.

- 발행시장의 가장 중요한 기능은 자금조달의 기능이다. 자금의 수요자인 발행주체(국가, 기업, 공공단체)의 측면에서 볼 때, 발행시장은 광범위한 투자자 층으로부터 거액의 장기자금을 일시에 조달할 수 있게 하여 기업자본의 대규모화를 가능하게 함으로써 경제의 원활한 순환을 가져오게 한다. 또한 발행시장은 이러한 자금 공급에 따라 창출되는 부가가치를 배당 또는 이자 등의 형태로 투자자들에게 적절히 배분되게 하는 창구의 기능을 하게 된다.
- 발행시장은 투자자들에게 투자수단을 제공하여 준다. 투자자는 발행시장을 통하여 주식, 채권 등을 매입함으로써 기업에 자금을 제공하고 배당과 이자를 제공받아 투자자금을 증식하고 있다.
- 발행시장은 널리 분산되어 있는 자금의 공급자인 투자자의 자금을 증권을 매개로 하여 한 곳으로 집중시켜 자본의 효율성을 가져오게 하는 자본의 집중기능과 신규로 발행되는 증권을 최초로 분산시켜 기업의 소유구조를 분산하는 소유분산기능이 있다.
- 정부는 발행시장에서 공개시장조작을 통해 통화를 조정함으로써 금리 및 물가의 안정화를 기할 수 있다.

2. 발행시장의 구조

발행시장은 자금의 수요자인 발행자, 자금의 공급자인 투자자 및 자금의 수요자와 공급자의 연결 역할을 하는 발행기관으로 구성된다. 발행기관은 증권발행의 사무절차를 주도하고 발행위험을 부담한다.

발행자

발행주체인 발행자(issuer)는 증권을 발행하여 자금을 조달하는 증권의 공급자인 동시에 자금의 최종수요자이다. 발행자에는 주식과 회사채를 발행하는 기업, 국공채를 발행하는 정부와 지방자치단체, 특별법에 의하여 설립되어 특수채와 금융채를 발행하는 공기업과 특수은행 그리고 국내에서 유가증권을 발행하는 외국법인 등이 있다.

투자자

투자자(investor)란 발행시장에서 모집 또는 매출에 응하여 최종적으로 유가증권을 취득하여 발행주체에게 자금을 공급하고 이것을 다시 유통시장에서 매각하는 자를 말한다. 투자자는 개인들로 구성된 일반투자자와 법인의 형태를 취하고 있는 기관투자자, 외국인 및 일반기업으로 나눌 수 있다.

발행기관

발행기관(underwriter)은 증권발행과 관련된 사무를 담당하고, 증권을 인수하여 투자자에게 매도하는 증권회사와 종합금융회사를 지칭하며, 인수기관이라고도 한다. 발행기관은 증권의 발행주체와 투자자 사이에서 증권과 자금이 적절하게 배분될 수 있도록 증권발행에 따른 사무를 처리하고 유가증권의 모집 또는 매출할 때 인수기능을 수행한다.

발행자의 입장에서 증권발행은 자주 발생하는 일상적인 일이 아니며, 법적 · 제도적으로도 전문성이 요구되는 업무이기 때문에 발행기관의 역할이 필요하다. 신규로 발행된 증권이 발행시장에서 완전히 매각(소화)되지 않으면 발행자가 계획했던 자금을 조달하지 못할 뿐만 아니라 발행자의 이미지가 손상되는 이중의 위험에 처하게 된다. 이러한 위험을 발행위험이라고 한다. 발행자의 입장에서 증권의 발행시점과 가격을 결정하는 데 발행기관의 전문적인 경험과 지식을 활용한다면 발행위험을 미리 방지할 수도 있고, 발행증권을 발행기관에 인수시킴으로써 발행위험을 전가할 수도 있다.

유가증권의 발행에 대한 책임과 위험을 분산하고 원활한 발행업무를 위해 여러 발행기관이 공동으로 하나의 유가증권 발행에 참여하는 것이 보통인데 이러한 발행기관의 집단을 넓은 의미의 인수단(syndicate)이라고 한다. 발행기관은 간사단, 인수단, 청약단으로 구분되며, 그 역할을 달리하고 있다.

간사단은 증권의 발행자와 투자자 사이에서 증권이 원활하게 이동·배분될 수 있도록 인수단을 구성하고 증권발행에 따른 사무처리, 발행자에 대한 조언 및 사무절차의 대행을 행하는 기관이다. 간사단에는 역할에 따라 간사회사, 주간사회사 및 공동간사회사가 있다. 간사회사는 증권을 인수함에 있어서 인수회사를 대표하여 발행회사와 인수조건 등을 정하고 인수 및 청약업무를 통할하는 업무를 행하는 자를 말하며, 주간사회사는 발행회사로부터 증권의 인수를 의뢰받은 회사로서 간사회사를 대표하는 회사를 말한다. 또한 공동간사회사는 주간사회사와 동일한 권리와 의무를 갖는 간사회사를 말한다. 간사단의 자격을 가지는 회사는 증권회사와 종합금융회사만 가능하나, 채권의 경우에는 산업은행 등 일부 은행도 간사회사가 될 수 있다.

인수단에 속하는 인수회사는 유가증권을 발행주체로부터 직접 취득하거나 공모를 주선하는 등 인수기능을 하는 자로서 주간사회사가 정한 자를 말한다. 인수단의 자격을 가지는 회사는 간사단의 자격을 가지는 회사(증권사, 종금사) 및 자산운용회사와 은행의 신탁계정, 증권투자회사(뮤추얼펀드)가 해당된다.

청약단은 널리 흩어져 있는 불특정 다수인을 대상으로 청약을 대행해 주는 기관으로서 자기의 책임과 계산 없이 단순히 청약만 대행하며 모집내역을 집계하여 인수단에 직접 청약을 하게 된다. 그러므로 여기에는 특별한 자격요건이 없으며 불특정다수인을 모집할 수 있는 기관이면 모두 가능하다. 청약기관은 분매기관이라고도 하는데, 여기에서 분매(distribution)란 인수한 증권을 일반투자자들로부터 청약을 받아서 판매하는 것을 말한다.

3. 증권발행방법

유가증권의 발행형태는 일반적으로 발행될 유가증권의 수요자를 모집하는 방법에 따라 공모발행과 사모발행으로 나누어지며, 발행에 따른 위험부담과 발행모집 사무절차를 누가 부담하느냐에 따라 직접발행과 간접발행으로 나누어진다.

가. 인수자 모집 방법에 따른 분류

유가증권의 발행 형태는 발행될 유가증권의 수요자를 구하는 방법에 따라 공모발행과 사모발행으로 나누어진다.

공모발행

공모발행(public offering, public issue)은 공개모집을 통해 일반투자자를 상대로 증권을 발행하는 방식이다. 주식의 공모발행은 발행주체가 신규로 발행된 주식이나, 발행회사의 대주주 등이 소유한 주식을 다수의 투자자(50인 이상 법인 · 개인 등)에게 취득할 것을 권유하는 방법으로 주식을 분산(매도)하는 것을 말한다. 채권의 공모발행은 발행가격과 이자율, 상환기간 등 일정한 조건을 제시하고 투자자를 모집하여 자금을 납입하게 하고 채권을 교부하는 것을 말한다. 공모발행은 사모발행시보다 비용은 증가하나 다수의 투자자를 상대로 복잡한 업무처리를 하여야 하므로 간접발행의 형태를 취하게 된다. 공모발행은 발행증권이 일부 투자자에게 매점되는 것을 방지하고 투자자 층을 넓힐 수 있다는 장점이 있는 반면, 발행절차가 복잡하고 발행된 증권이 전부 소화되지 못하는 발행위험이 존재하다는 단점이 있다.

사모발행

사모발행(private placement)은 발행주체가 소수의 투자자(50인 미만)에게 유가증권의 취득을 권유하는 방법으로 유가증권을 분산(매도)하는 것을 말한다. 주식의 사모발행은 기업의 발기인, 구주주(기존주주), 임원, 종업원 등 기업과 특수관계에 있는 연고자에게 사적으로 발행주식을 인수시키는 비공개모집방식을 말한다. 채권의 사모발행은 국공채를 중앙은행이 인수하거나, 회사채를 특정 보험회사가 인수하는 경우를 말한다. 이때 발행조건은 발행자와 인수자가 협의하여 결정한다. 사모발행은 소수의 투자자를 상대로 하므로 판매(매도)절차가 비교적 간단하므로 대부분 직접발행의 형태를 취한다. 사모발행은 절차가 간단하고 단기간에 적은 비용으로 모집할 수 있는 장점이 있는 반면, 제한된 투자자만을 대상으로 발행하므로 소화능력에 한계가 있는 단점도 있다.

나. 발행위험 부담방법에 따른 분류

증권발행에 관련된 일체의 발행사무와 발행된 증권이 투자자에게 모두 인수되지 않고 남는 위험인 발행위험을 누가 부담하느냐에 따라 직접발행과 간접발행으로 나누어진다.

직접발행

직접발행은 발행주체가 중개기관을 거치지 않고 직접 유가증권을 모집 또는 매출하는 방법으로 유가증권 발행에 따른 제반 업무처리와 위험을 발행주체가 부담하는 방법을 말한다. 발행사무 절차가 전문적이고 발행위험에 대한 부담이 크기 때문에 실제로는 잘 활용되지 않는다. 다만 발행규모가 작고 소화에 무리가 없는 회사설립 시에 활용된다. 공모를 직접발행 방법으로 하는 경우를 직접공모라고 한다.

간접발행

간접발행이란 직접발행에 따른 사무처리에 따른 번잡을 피하고 인수위험부담을 없애기 위하여 발행주체가 중개기관의 도움을 받아 유가증권을 발행하는 방법이다. 즉, 간접발행은 수수료를 지불하고 발행사무와 발행위험을 발행기관에 부담시키는 방식이다. 금융환경이 복잡해지고 발행업무에 전문성이 요구됨에 따라 대부분 간접발행 방식이 활용된다. 간접발행은 발행기관의 발행위험 부담 정도에 따라 다시 위탁모집, 잔액인수, 총액인수의 3가지 방식으로 구분된다.

위탁모집(best effort offering) 또는 모집주선이란 발행자가 유가증권 모집 · 매출에 대한 사무처리 및 투자자에 대한 권유 등을 증권회사 등 발행기관에 위탁하되, 발행 예정 증권의 전량에 대해 투자자를 모집할 수 없는 경우에 발생하는 위험은 발행자가 책임지는 방식이다. 즉, 발행기관은 모집에 최선을 다하지만, 소화되지 않은 증권은 발행자에게 반납함으로써 발행위험은 부담하지 않는 방식이다.

잔액인수(stand-by agreement)는 발행기관이 발행총액을 일단 인수받아 모집을 담당하지만, 일정 모집기간까지 소화되지 않은 증권은 발행자와 미리 약정한 가격(일반 투자자보다는 낮은 가격)으로 인수하는 방식이다. 또한 모집사무를 처리하는 기관과 인수하는 기관이 다를 수 있다. 발행기관은 발행총액에 대한 인수 수수료와 판매량에 대한 판매 수수료를 보수로 받게 된다.

총액인수(firm commitment underwriting)는 발행기관이 발행증권 전부를 자기 자금으로 인수한 후, 이를 일반투자자에게 매각하는 가장 흔히 사용되는 방식이다. 따라서 가격변동에 따르는 손해 등 모든 위험은 발행자로부터 발행기관으로 이전된다. 발행기관은 인수를 위하여 많은 자금을 필요로 할 뿐만 아니라 투자자에게 매도하기까지 증권을 보유하여야 하므로, 공모실패에 따른 위험과 증권의 가격변동에 따른 위험을 부담하게 된다. 그러므로 발행기관은 자금부담과 발행위험을 분산시키고 매출을 원활히 하기 위하여 여러 발행기관이 공동으로 인수단을 구성하는 것이 일반적이다. 인수단은 최종투자자가 지급하는 판매가격과 발행자에게 지급하는 인수가격의 차이를 보수로 받게 된다. 현재 총액인수방식이 공모에 있어 가장 널리 이용되고 있다.

Section 3 | 증권유통시장

1. 유통시장의 의의와 기능

유통시장이란 이미 발행된 유가증권이 투자자 상호간에 매매 거래되는 시장을 말한다. 즉, 유통시장은 투자자가 소유하고 있는 증권을 매각하여 투자자금을 회수하거나 이미 발행된 증권을 취득하여 금융자산을 운용하는 시장으로서, 발행시장을 통하여 공급된 증권이 다시 반복적으로 순환 · 거래된다는 의미에서 2차시장(secondary market)이라고도 한다.

발행시장과 비교하여 유통시장은 다음과 같은 특징이 있다. 즉, 발행시장에서는 매도측이 1인 또는 소수의 집단이며, 매수측은 보통 다수의 투자자인데 반하여 유통시장은 매도측이나 매수측이 모두 다수로 구성되어 거래가 경쟁적인 시장이다. 또한 발행시장은 일반적으로 구체적인 시장시설에 의해 거래가 이루어지지 않기 때문에 추상적 시장이라고 할 수 있으나, 유통시장은 일반적으로 거래소시장을 의미하므로 구체적, 조직적 시장이고 거래가 반복적으로 이루어지는 계속적 시장이다.

유통시장이 가지고 있는 기능을 살펴보면 다음과 같다.

- 유통시장은 발행시장에서 발행된 증권의 시장성과 유통성을 높인다. 투자자는 발행시장에서 매입한 증권을 유통시장을 통하여 언제나 적정가격에 매각할 수 있다. 이러한 유통시장의 기능은 일반투자자의 투자를 촉진시켜 발행시장에서의 장기자본조달을 원활하게 해준다.
- 유통시장은 다수의 투자자가 참여하는 자유경쟁시장이므로 증권의 공정한 가격을 형성한다. 유통시장에서 결정된 가격은 많은 사람들에 의하여 합의된 적정가격(fair price)이다.
- 유통시장에서 형성되는 가격은 앞으로 발행할 새로운 증권의 가격을 결정하는 지표가 된다. 즉, 자금의 수요자는 유사한 기업의 증권가격을 분석함으로써 앞으로 필요한 자금조달 규모와 조달방법 등을 결정할 수 있다.
- 유통시장에 의한 유가증권의 시장성과 유통성은 유가증권의 담보력을 높여 준다.

2. 유통시장의 구조

증권유통시장의 기본적 구조는 한국거래소를 의미하는 정규시장과 한국거래소 이외의 장소에서 거래하는 장외시장의 두 시장조직으로 형성되어 있다.

가. 한국거래소

한국거래소(Korea Exchange, Inc.: KRX)는 유가증권시장, 코스닥시장, 파생상품시장, 코넥스시장으로 구성되어 있다.

한국거래소는 일정한 자격을 갖춘 회원(증권회사)만이 참여할 수 있다. 그리고 증권회사는 고객으로부터 주문을 받아 경쟁매매과정을 통하여 거래를 성사시킨다. 즉, 증권의 유통은 투자자 상호간의 매매거래에 의해 이루어지지만 현실적으로는 <그림 2-1>과 같이 증권회사의 중개에 의하여 성립된다. 즉, 증권회사는 투자자로부터 매매주문을 받아 거래소를 통하여 매매를 체결한다.

유가증권시장은 우량 · 대형 주식, 상장지수펀드[1], 주식워런트증권[2], 수익증권[3], 신주인수권증서, 채권 등이 거래되는 시장이다. 코스닥(Korea Securities Dealers Automated Quotation: KOSDAQ)시장은 미국의 NASDAQ (National Association of Securities Dealers Automated Quotation)시장[4]을 벤치마킹하여, 유가증권시장에 상장되지 않은 기업 중에서 성장성과 기술력 있는 벤처기업과 유망 중소기업들이 발행한 주식이 거래되는 시장이다. 파생상품시장은 주가지수, 주식, 상품 등을 대상으로 선물거래 또는 옵션거래를 하는 시장이다. 코넥스(Korea New Exchange: KONEX)시장은 코스닥 상장이 어려운 벤처기업과 창업초기 중소기업이 자금조달을 원활히 할 수 있도록 마련된 시장이다.

---

1) 상장지수펀드(exchange traded fund; ETF)란 주가지수의 움직임에 연동하도록 운용되는 투자신탁을 말한다. 이에 관하여는 제11장에서 상세하게 설명한다.

2) 주식워런트증권(warrant)이란 주식을 정해진 기간에 정해진 가격으로 살 수 있는 권리가 부여된 증권을 말한다. 이에 관하여는 제10장에서 상세하게 설명한다.

3) 수익증권(beneficiary certificate)이란 자산운용회사가 일반투자자로부터 자금을 모아 신탁재산을 설정하고, 그 재산을 투자자를 대신하여 전문적으로 주식, 채권 등에 분산투자하여 운용하며, 여기서 발생한 이익을 투자자에게 분배해 주기로 계약한 증서를 말한다. 이에 관하여는 제11장에서 상세하게 설명한다.

4) NASDAQ시장은 미국증권업협회가 전산망에 의하여 전국적으로 통합한 시장으로서 1971년 2월에 개설되었다. NASDAQ시장은 초창기에는 미국 전역의 장외거래딜러의 호가전달시스템으로 출발하였으나 그 후 전산시스템 확충에 따라 현재는 매매체결시스템, 매매정보전달시스템, 시장감시시스템 등이 추가되어 뉴욕증권거래소에 필적하는 새로운 형태의 시장조직으로 발전하였다. NASDAQ시장에서 거래되는 주식은 중소기업, 벤처기업 등 비상장주식 중 미국증권업협회에 등록된 주식인데 매매거래는 주로 Market Maker(특정종목에 대한 전문거래 증권회사로 종목별 3사 이상임)를 통해 거래가 이루어지고 Market Maker의 호가는 NASDAQ System을 통해 리얼타임으로 미국전역에 전달되어 고객입장에서는 전산단말기를 통해 가장 유리한 호가를 제시하는 Market Maker에게 주문을 내면 된다. NASDAQ시장이 거대화되고 조직화되면서 거래소시장과의 가격괴리가 생기자 미국 증권거래위원회(SEC)는 거래소시장과 NASDAQ시장을 하나로 통합하는 전국시장제도(National Market System)를 추진하여 1982년 4월 1일을 기하여 NASDAQ등록종목 중 시장가격, 거래량 등 일정기준을 충족하는 종목을 NASDAQ/ NMS종목으로 지정하는 제도를 창설하였다. 1983년에는 미국 내 거래소시장간 거래시스템인 ITS(Inter- market Trading System)와 NASDAQ의 전산매매시스템인 CAES(Computer Assisted Execution System)를 연결함으로써 거래소시장과 NASDAQ시장 간의 주문이 가능하게 되었다.

그림 2-1 유통시장의 구조

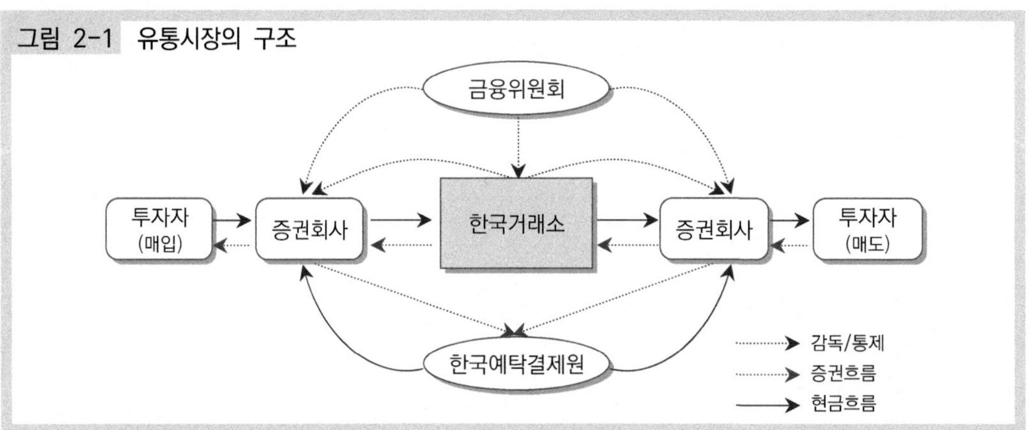

나. 장외시장

장외시장(over-the-counter: OTC)이란 넓은 의미로는 구체적인 매매장소가 있는 한국거래소 밖에서 유가증권이 거래되는 시장을 총칭하는 의미로 쓰이나, 좁은 의미로는 유가증권시장이나 코스닥시장과 같이 일정한 시간과 규칙에 의하여 경쟁매매가 이루어지는 조직화된 시장 이외의 증권거래시장을 의미한다. 장외시장은 매매당사자간의 개별 접촉에 의해 거래되는 직접거래와 증권회사의 중개에 의하여 거래되는 창구거래 등의 방식이 있다. 우리나라의 대표적인 장외사장으로는 K-OTC시장이 있다.

K-OTC란 거래소 상장요건을 충족하지 못하여 제도권시장에 진입하기 어려운 기업들이 발행한 주식이나 상장이 폐지된 주식들에 대해 유동성을 부여고자 한국금융투자협회가 운영하는 조직화된 장외시장이다.

K-OTC는 벤처기업 등 비상장 혁신형 기업이 자본시장을 이용하여 장기적 안정적으로 자금을 조달할 수 있도록 지원하고, 비상장기업의 발행주식에 대해 환금성, 거래 편의성, 가격 공정성을 제고하며, 고위험 · 고수익을 원하는 투자자에게는 아이디어와 기술력이 있는 유망기업이 발행한 주식을 상장 이전의 단계에서 투자할 수 있는 새로운 투자기회를 제공하고, 성장단계에 있는 벤처기업에 투자한 초기 투자자금을 회수할 수 있는 기회를 제공한다.

이제까지 설명한 증권시장의 체계를 그림으로 나타내면 <그림 2-2>와 같다.

그림 2-2 증권시장의 체계

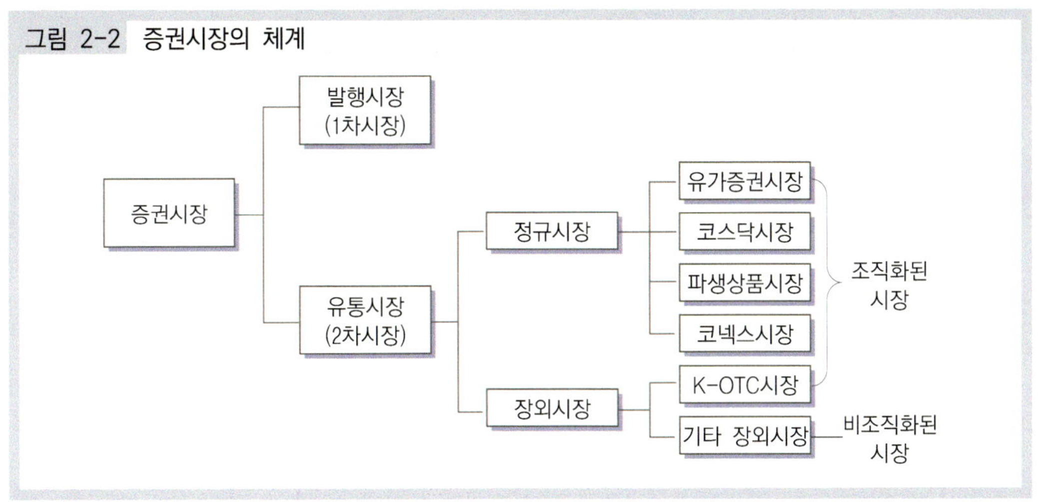

읽을거리 K-OTC 출범 첫날 '순항'…51개 종목 거래

비상장 주식을 보다 쉽고 편리하게 거래할 수 있는 'K-OTC(금융투자협회 장외시장)'가 개장 첫날인 25일 비교적 순항하며 장을 마쳤다. 특히 연내 상장을 앞둔 삼성SDS는 주가가 기준가 대비 400% 이상 급등하는 기염을 토하기도 했다. 금융투자협회에 따르면 이날 K-OTC 종목 104개 가운데 거래가 체결된 종목은 총 51개다. 거래량은 17만7923주, 거래대금은 3억5302만원으로 집계됐다. 일평균 거래대금이 1억원 미만인 프리보드와 비교하면 순조로운 출발이라는 평가다. K-OTC는 장외주식 거래를 보다 투명하게 하고자 기존 장외시장인 프리보드를 확대 · 개편한 시장이다. 그간 투자자들은 사설 인터넷 사이트나 브로커 등을 통해 상대방과 1:1로 직접 협상해 주식을 거래해 왔다. 이에 따라 금투협은 기존 프리보드에서 거래되던 48개사를 비롯해 지난 20일 신규지정한 미래에셋생명, 삼성SDS, 포스코건설 등 우량 비상장기업 56개사 등 104개사를 K-OTC 종목으로 선정했다. 이날 기준가 대비 가장 높은 상승률을 보인 종목은 삼성SDS(400.53%)였다. K-OTC 종목의 기준가는 주당순자산가치를 바탕으로 산정됐다. 이들 종목은 기준가의 ±30% 내에서만 거래 가능하지만, 개장 첫날에는 기존 장외가격을 반영하기 위해 30~500% 내에서 거래됐다. 삼성SDS는 장 초반까지만 해도 매수 주문은 나왔지만 매도 주문은 없어 거래가 성사되지 않았다. 그러다 오전 11시50분께 1주가 23만8000원에 체결되면서 주가가 기준가(4만7550원)를 크게 웃돌았고, 오후 들어서는 35주가 같은 가격에 체결돼 총 36주가 거래됐다. 지오엠씨(400.00%), 퀀텀에너지(284.62%), 제주항공(200.21%), 현대아산(158.73%), 삼보오토(112.12%), 씨디네트웍스(100.40%) 등도 높은 상승률을 나타냈다. 반면 엔터기술(－70.01%), 한양(－70.00%), 넥스콘테크(－69.96%), 일레덱스홀딩(－69.96%), MOASNS(－66.16%) 등은 큰 폭으로 떨어졌다. 한편 K-OTC에서 거래하고자 하는 투자자는 증권계좌를 개설한 후 전화나 컴퓨터 등을 이용해 증권사에 매도, 매수 주문을 내면 된다. 증권계좌를 보유하고 있는 경우에는 해당계좌를 이용할 수 있다. 박종수 금융투자협회 회장은 이날 "K-OTC의 활성화를 위해 거래 기업을 지속적으로 선정할 것"이라며 "아울러 특별한 진입 규제가 없는 '2부 시장'도 조속히 개설하겠다"고 밝혔다.

<파이낸셜투데이 2014.08.25.>

읽을거리 개미들이 주식투자로 돈 잃는 3가지 이유

개미로 통하는 소액 개인투자자들이 주식으로 피 같은 돈을 잃는 것은 여러 가지 이유가 있지만, 다음과 같은 3가지가 결정적이라고 할 수 있습니다.

첫째 주식투자를 시작하는 타이밍이 돈을 잃게 합니다. 개인들이 주식투자를 시작하는 시기가 대부분 천정부근이라는 점입니다. '주식투자를 하면 성을 갈겠다'고 증시를 떠났거나, '주식투자는 투기꾼이나 하는 것'이라며 주식에 관심이 없던 사람들도 주위에서 주식투자로 '더블'을 벌었다든지, 주식형 펀드에 가입했더니 50% 수익이 났다는 말을 들으면 참지 못하고 펀드에 가입하고 주식을 삽니다.

하지만 이럴 때는 주가가 이미 많이 올라 추가로 오르기보다는 떨어질 확률이 높습니다. 작년 10월, 코스피가 2080까지 올랐을 때 주식시장에 뛰어든 수많은 투자자들이 엄청난 손해를 입은 것은 이런 이유 때문입니다.

주식투자로 큰 돈을 벌어 '고수'로 불리는 사람들은 개인들과 정반대로 합니다. 그동안 주식투자를 하지 않던 개인들이 증시로 몰려들 때, 고수들은 조용히 보유하고 있던 주식을 팔아 차익을 실현하고 증시를 떠납니다. 반대로 주가가 많이 떨어져, 개인들이 비쌀 때 샀던 주식을 더 이상 참지 못하고 헐값에 팔면, 고수들은 다시 증시로 돌아와 염가떨이판매(바겐세일)되는 주식을 사들입니다.

'주식투자로 큰 돈 버는 확실한 비법'은 'BLASH'인데, 고수들은 BLASH를 실천하는 반면, 개미들은 그와 반대로 하기 때문에 돈을 잃는 것입니다. BLASH는 바로 '쌀 때 사서 비쌀 때 팔아라'라는 뜻의 영어, Buy Low and Sell High의 줄임말입니다.

둘째, 자기가 똑똑해서 주가를 예측할 수 있다고 착각하는 것입니다. 주식시장은 노벨 경제학상을 받을 정도의 세계적인 수재들도 파산할 정도로 예측이 불가능한 곳입니다. 정보와 분석능력이 떨어지는 개인들이 주가를 예측한다는 것은 낙타가 바늘귀를 통과하는 것보다 더 어려운 일입니다.

그런데도 주식투자를 처음 시작해 돈을 조금 벌면, '주식투자가 별거 아니다'는 자만심에 빠져 투자금액을 늘리고 과감하게 베팅하다 평생 어렵게 번 종자돈을 날려버리고 맙니다.

증시는 심술궂은 뺑덕어멈 같습니다. 주식을 처음 시작할 때 조심스럽게 소액으로 투자할 때는 은행 예금금리보다 높은 수익을 가져다줍니다. 앞에서 얘기한 것처럼 개인들이 주식투자를 시작할 때는 대부분 강세시장의 마지막 국면이기 때문에 어떤 주식을 사더라도 수익이 날 가능성이 높은데다, 처음 하는 것이라 모른다고 생각하고 살얼음판 걷듯이 온 신경을 써서 하기 때문입니다.

그런데 한두 번 투자해서 이익을 본 뒤 욕심을 내서 투자금액을 늘리고 베팅이 과감해집니다. 1000만원 투자해서 100만원을 벌어 10% 수익을 냈다면, '1억원 투자하면 1000만원 벌었을텐데…' 하는 욕심이 꿈틀거리기 때문입니다. 하지만 이렇게 욕심이 눈을 가리면 사고가 터집니다. 고스톱 칠 때 3점짜리 여러 번 먹다가 피박, 광박에 쓰리고 맞아 그동안 짭짤하게 번 것은 물론 원금마저 털리고 마는 것과 비슷합니다.

셋째, 본전심리입니다. 개인투자자들은 주식을 1만원에 산 주식이 1만5000원으로 오르면 본전을 1만원이 아니라 1만5000원이라고 생각합니다. 그래서 1만5000원까지 올랐던 주식이 하락세로 돌아서면 본전이 아까워 팔지 못합니다. 그 주가가 당초 본전인 1만원을 뚫고 8000원 정도까지 떨어지면 20% 손해났으니 손절매하면 되는데, 1만5000원에서 47%나 폭락했기 때문에 팔지 못하고 '비자발적 장기투자자'가 되는 것입니다.

주식투자에서 본전이란 생각은 과감하게 버려야 합니다. 주식투자에서 본전은 지금 내가 갖고 있는 주식의 평가액이라고 생각하면 마음이 편합니다. 갖고 있는 주식을 얼마에 샀든, 지금 내가 그 주식을 새로 매수하는 것을 고려할 때 주저 없이 살 주식이라면 계속 보유해도 되지만, 사기가 꺼려지는 주식이라면 파는 것이 손실을 최소화할 수 있는 방법입니다.

이제는 주식투자 할 때... 개인은 적립식펀드 하는 게 바람직

지난해 11월초 2080까지 올랐던 코스피가 지난 10월 장중에 892까지 폭락한 뒤 1000~1200의 박스권을 보이고 있는 요즘이, 지내놓고 보면 바닥권일 가능성이 높습니다. 주식투자를 한다고 하면 요즘이 장기적 시각을 갖고 시작해야 할 때입니다. 다만 아직 미국의 3대 자동차 회사인 빅3의 파산 가능성과 글로벌 경기침체 등의 불확실성이 남아 있어 일시적으로 주가는 더 떨어질 수 있다는 사실을 염두에 둬야 합니다.

따라서 개인투자자들은 투자할 돈의 절반 정도는 현금(은행 정기예금이나 증권회사 CMA처럼 유동성이 높은 금융상품에 예치)으로 보유하면서 투자기회가 올 때까지 기다리고, 나머지 절반으로는 주식형 적립식 펀드에 가입하는 것이 바람직할 것으로 보입니다. 투자금액이 5000만원이라면 2500만원은 현금으로 갖고 있고, 2500만원은 12로 나눈 200만원 정도씩 매월 납부하는 적립식 펀드에 가입하라는 것입니다.

주식투자는 자전거 타기나 윈드서핑(파도타기)과 비슷합니다. 요령을 터득하고 하면 쉽고 즐기면서 돈도 벌 수 있지만, 공부하지 않고 요령도 터득하지 못한 채 나서면 무릎이 온통 멍투성이일 것이며 자칫 잘못하면 익사(溺死)할 수도 있습니다. 주식투자는 알고 하면 쉽지만, 공부하지 않고 하면 패가망신할 수 있다는 사실을 절대로 잊어서는 안 됩니다.

<Money Today 2008.12.19.>

읽을거리 코스닥 IPO 대박은 옛말 기업 10곳중 6곳, 1년뒤 '손실'

2000년대 중반까지만 해도 중소기업이 코스닥시장에 입성하면 임직원들은 '돈방석'에 앉았다. 코스닥 상장 후 주가가 오르면서 기업공개(IPO) 때 배정받은 우리사주로 '대박'을 터뜨리는 사례가 많았기 때문이다.

하지만 '코스닥 우리사주 대박'도 이제 옛말이 됐다. 27일 한국거래소에 따르면 2010~2012년 코스닥시장에 기업공개를 한 156개사 중 101개사(64.7%)의 주가가 공모가를 밑도는 것으로 나타났다. 코스닥시장에 상장된 지 1년이 지나 우리사주 보호예수가 끝난 기업 10개 중 6~7개 업체의 직원들이 우리사주로 손실을 내고 있는 셈이다. 우리사주 보호예수가 끝나는 상장 1년 후 시점을 분석한 결과 156개사 중 92개사(58.9%)의 주가가 공모가보다 떨어졌다. 상장 당일에는 35개사(22.4%)만 공모가보다 낮았다. 우리사주를 팔 수 있는 시점이 다가올수록 주가가 크게 떨어졌다는 얘기다.

공모가의 반토막 수준까지 떨어진 기업들도 적지 않다. 2011년 4월 상장된 티케이케미칼 주가는 공모가 대비 63.3%나 떨어졌다. 티케이케미칼 직원들은 공모 당시 26억원 규모의 우리사주를 받았다. 나이벡 엘비세미콘 우리로광통신 유니드코리아 등도 공모가보다 50~70% 폭락했다.

올해 입성한 IPO 기업들도 우리사주 손실이 우려되긴 마찬가지다. 올해 코스닥시장에 상장된 33개사 중 상장 당일 시초가가 공모가를 밑돈 곳은 5개(15.2%)에 불과했지만 지금은 15개사(45.5%)로 불어났다. 올해 3월 입성한 반도체 후공정 업체 윈팩의 주가는 상장 10개월 만에 공모가보다 40% 넘게 떨어졌다. 윈팩 직원들은 상장 당시 전체 공모주식의 15%(15억원)를 떠안았다. 코스닥 상장사 직원들은 상장 첫날 수익을 확정지을 수 있는 일반공모 투자자와 달리 우리사주를 상장 1년 후에야 팔 수 있다는 점에서 "역차별 아니냐"는 불만을 제기하고 있다.

<한국경제신문 2013.12.13.>

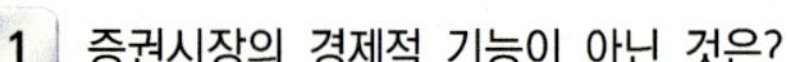

CHAPTER

2 연습문제

1 증권시장의 경제적 기능이 아닌 것은?

① 산업자본의 조달 기능 ② 저축수단의 제공
③ 재정금융정책의 수단 제공 ④ 투자대상의 다양화

2 발행주식을 회사와는 관련이 없는 일반투자자로부터 동일한 가격과 조건으로 모집하는 것은?

① 공모발행 ② 사모발행
③ 직접발행 ④ 간접발행

3 이미 발행된 유가증권이 투자자 상호간에 매매거래되는 시장은?

① 발행시장 ② 유통시장
③ 직접시장 ④ 간접시장

4 코스닥에 대한 설명 중 적절하지 않은 것은?

① 고수익 고위험 시장 ② 벤처기업 위주의 시장
③ 우량 중소기업 위주의 시장 ④ 헤지펀드 시장

5 코넥스 시장에서 주로 거래되는 주식은?

① 대형우량 주식 ② 통신 관련 주식
③ 인터넷 관련 주식 ④ 벤처기업 주식

6 다음 중 증권시장에 속하지 않는 것은?

① 발행시장 ② 유통시장
③ 2차 시장 ④ 3차 시장

7 발행시장과 가장 관련이 없는 것은?

① 자본의 분산기능 ② 소유분산기능
③ 자금조달의 기능 ④ 물가의 안정화 기능

8 장외시장(OTC)에서의 거래가 아닌 것은?

① M&A를 위해 기업 대 기업이 행한 거래
② 코스닥시장에서 이루어진 거래
③ 인터넷 증권매매 사이트에서 이루어진 거래
④ 개인 대 개인이 행한 거래

9 유통시장과 가장 관련이 없는 것은?

① 증권의 시장성 향상　② 증권의 유통성 향상
③ 공정한 가격 형성　④ 증권의 담보력 제한

10 다음 중 조직화되지 않은 시장은?

① K-OTC　② 코스닥시장
③ 유가증권시장　④ 장외시장

11 오늘 증권회사에 구좌를 개설하고 오후 5시에 온라인으로 삼성전자 주식을 매입하였다. 내가 참여한 시장은 어디인가?

① 제1차 시장　② 코스닥시장
③ 장외시장　④ 프리보드

12 오늘 생명공학 벤처기업이 주식을 공모한다고 하여, 공모청약을 하였다. 내가 참여한 시장이 아닌 곳은 어디인가?

① 제1차 시장　② 코스닥시장
③ 유통시장　④ 발행시장

13 한국거래소에 속하지 않는 시장은?

① 유가증권시장　② 코스닥시장
③ 장외시장　④ 파생상품시장

14 주식을 매입하였으나 증권회사에서 주권을 내게 주지 않고 있다. 그렇다면 내 주권은 어느 곳에 있는 것인가?

① 증권금융회사　② 한국예탁결제원
③ 증권회사(투자매매업자)　④ 한국금융투자협회

15 한국거래소와 관련이 없는 것은?

① 상장　② 공시
③ 장외시장　④ 회원

16 한국거래소에서 실제로 증권거래를 할 수 있는 사람은?

① 일반투자자 ② 시장대리인
③ 시장브로커 ④ 시장딜러

17 다음 중 유통시장에 대한 설명으로 잘못된 것은 어느 것인가?

① 이미 발행된 유가증권을 대상으로 투자자들 상호간에 거래하는 시장이다.
② 일반적으로 장내시장인 거래소시장과 장외시장으로 구분할 수 있다.
③ 거래소시장에서 형성된 가격은 공정가격으로 인정받는다.
④ 주식은 주로 장외시장에서 채권은 주로 장내시장에서 거래된다.

18 다음은 발행시장과 관련된 설명이다. 맞지 않는 것은?

① 신규발행 주식을 50인 이상에게 매도하여 자금을 조달하는 방법을 공모발행이라고 한다.
② 간접발행 방법 중 인수단이 발행총액에 대해 인수하고 이에 따른 위험부담을 지는 것을 총액인수방법이라 한다.
③ 간접발행방법 중 위탁모집방법은 인수위험을 인수기관이 지고, 발행 및 모집 사무는 전문기관에 위탁하여 발행하는 방법이다.
④ 기업을 공개하여 상장하게 되면 낮은 비용으로 적시에 다양한 자금 조달이 가능해지는 등 유리한 점이 많다.

19 한국거래소 유가증권시장에서 거래되지 않는 상품은?

① 수익증권 ② 헤지펀드
③ 신주인수권증서 ④ 상장지수펀드

정답

1.	②	2.	①	3.	②	4.	④	5.	④	6.	④	7.	①	8.	②	9.	④	10.	④
11.	③	12.	③	13.	③	14.	②	15.	③	16.	②	17.	④	18.	③	19.	②		

CHAPTER 3

주식투자

도박을 하지 말라. 그동안 모은 모든 돈으로
좋은 주식을 사서 오를 때까지 가지고 있다가 팔아라.
만일 오르지 않을 것이라면 사지 말아라.

〈Will Rogers〉

Section 1 | 주식의 의의와 종류

1. 주식의 의의

기업이 발행하는 유가증권에는 여러 가지가 있지만, 가장 대표적인 것이 주식(stock)이다. 주식은 주식회사가 자기자본 조달 방법으로 출자에 의해서 발행하는 증권이며, 보통 자금 조달 목적으로 발행하고 있다.

주식 소유자를 주주(stockholder)라고 하는데, 주주는 주식회사의 구성원으로 주주권의 귀속을 뜻하는 주식의 귀속자이다. 주식발행에 의하여 조달된 자본은 회사의 재산이 되며, 주식의 소유자는 주주로서 회사에 대하여 법률상 권리를 갖는다. 주주는 자본의 출자 의무를 지며 예외적인 경우를 제외하고 출자한 자본액을 한도로만 회사에 대한 경제적 책임을 지는 유한책임(limited liability)을 원칙으로 한다. 그리고 주식회사에는 주주가 갖는 주식의 수에 따라 평등한 취급을 받아야 한다는 주주평등의 원칙이 존재한다.

주식회사의 정관에는 권리의 내용을 달리하는 여러 종류의 주식을 발행할 수 있음을 규정하고 있다. 주식의 종류는 이익배당과 잔여재산의 분배에 관한 권리 순서에 따라 우선주, 보통주, 후배주와 혼합주로 구분된다.

보통주

보통주(common stock)는 주식회사가 출자에 대한 증거로 보통주 주주에게 발행하는 증권을 말하며, 보통주 발행에 의하여 조달된 자본은 그 기업의 영구자본으로서 모든 영업활동의 기초자본이 된다. 보통주에 투자한 주주는 그 기업의 실질적 주인으로서 상법과 해당 기업의 정관이 정한 권리 · 의무의 주체가 된다. 즉, 보통주 주주는 기업의 재산 및 실현된 이익에 대한 권리로 ① 잔여재산분배청구권과 ② 이익배당청구권, 경영지배 및 통제를 위한 ③ 주주 지분율에 따른 의결권 등의 권리를 가지며, 경영위험에 대한 최종 부담 의무 등을 지게 된다.

우선주

우선주(preferred stock)는 배당 및 잔여재산분배에 있어서 그 청구권리가 보통주에 우선하는 주식을 말한다. 우선주에 의해 조달된 자본은 법적으로 자기자본을 형성하나, 우선주 발행시 예정배당률이 미리 정해지며 이익상태가 호전된다 하더라도 약속된 배당률 이상은 지급되지 않는다는 점에서 타인자본과 유사한 성격을 갖는다. 즉, 우선주 배당은 고정금융비용인 타인자본의 이자와 그 성격이 유사하다. 그러나 우선주는 법적으로 자기자본을 형성하고, 약속된 배당률을 반드시 지급하지 않아도 법적인 책임을 부담하지 않는다는 점에서 회사채와는 다르다. 그리고 이익배당 및 잔여재산분배 청구에 있어 우선주가 회사채보다 후순위이다. 따라서 투자위험의 관점에서 보면 우선주에 대한 위험은 회사채에 대한 위험보다는 크고 보통주에 대한 위험보다는 작다.

후배주와 혼합주

후배주(deferred stock)는 보통주에 대해 일정률의 배당을 한 다음 잔여이익을 배당받는 것으로서 우리나라에는 존재하지 않는다. 이 외에도 주식의 특별한 유형으로 혼합주가 존재한다. 혼합주는 보통주보다 이익배당에는 우선하지만 잔여재산분배에 있어서는 열등한 주식으로, 우선주와 후배주의 성격을 둘 다 가지고 있다. 주식의 가장 대표적인 것이 보통주와 우선주이므로 본서에서는 이들에 대하여만 설명하기로 한다.

2. 주식발행의 이유

기업은 사업개시 비용을 조달하고 지속적인 사업행위를 영위하기 위해 주식을 발행한다. 기업이 자금조달방법으로 보통주를 선호하는 이유는 다음과 같다.

첫째, 지분의 형태가 갖는 이점 때문이다. 주식은 주주들의 기업내 지분을 의미하기 때문에 기업은 주식매각으로부터 얻은 자금을 주주에게 상환할 필요가 없다. 일반적으로 공개기업의 주주는 자신의 주식을 다른 투자자에게 매도할 수 있다. 매도가격은 매수자가 그 주식에 대해 기꺼이 얼마만큼을 지불할 것인가에 의해 결정된다.

만약 특정 주식에 대한 수요가 증가하면 그 주식의 시장가격은 상승하고 반대로 특정 주식에 대한 수요가 감소하면 그 주식의 시장가격은 하락한다. 주식에 대한 수요는 그 기업에 대한 정보 또는 미래 전망이 일반대중에게 알려질 때 변하게 된다. 예를 들면, 예상 매출수익, 이익 또는 손실, 확장 또는 합병, 그리고 중요한 기업의 연구개발과 같은 정보가 그 기업 주식에 대한 수요에 영향을 미쳐 궁극적으로 시장가격을 상승 또는 하락시킨다.

둘째, 주식투자 대가로 지급하는 배당이 의무가 아니기 때문이다. 배당이란 기업이 창출한 이익 중 일부를 주주에게 지급하는 것을 말하며, 배당금 지급은 주주총회의 승인을 거쳐야 한다. 배당정책은 기업마다 다양하다. 이익의 절반 이상을 주주들에게 분배하는 기업도 있으며, 저배당정책을 실시하는 기업도 있다. 저배당정책을 실시하고 있는 기업들 중에는 연구개발투자(R&D)나 주요 프로젝트를 위해 이익의 상당부분을 유보하는 성장이 유망한 기업들이 많이 있다. 반면에 공공부문 기업이나 재무적으로 안정적인 기업들은 이익의 대부분을 배당으로 주기도 한다. 중요한 사실은 기업은 주주에게 배당을 지급해야 할 법적 의무가 없다는 점이다. 실적이 좋지 않거나 다음 연도의 재투자를 위한 재원 마련 차원에서 배당금을 줄이거나 지급하지 않고 이익의 전부 또는 일부를 회사에 남겨둘 수 있다.

셋째, 주식에는 의결권과 기업통제에 관한 권리가 부여되기 때문이다. 보통주로 자본조달을 한 기업은 기업의 주요 정책을 변화시키거나 제한하는 것에 대해 주주들의 동의를 받아야 한다. 예를 들면, 법적으로 기업들은 1주당 1 의결권을 행사하는 투표권을 갖고 있는 주주들이 매년 주주총회를 갖도록 규정하고 있는데, 이 때 주주들은 직접 또는 의결권을 위임하여 대리로 행사하기도 한다. 의결권위임(proxy)이란 주주총회에서 결정할 사안들을 제시하고 주주들이 그들의 의결권을 다른 개인에게 위임할 것을 요구한 법적인 문서를 말한다. 보통주 주주들은 이사회 임원들을 선출하고, 기업정관 개정, 특정 자산 매각 또는 합병, 우선주 또는 회사채 발행, 주식 수의 변화 등 기업정책의 변화와 경영진 급여를 포함한 주요 정책들에 대해 투표할 의결권을 지니고 있다.

3. 주식투자의 이유

한편 투자자들이 투자대상으로 주식에 투자하는 이유는 주주로서의 권리를 행사할 수 있고 수익성이 높을 뿐만 아니라 환금성과 편의성도 있기 때문이다.

주주로서의 권리행사

보통의 주주는 다음과 같은 권리를 갖는다.

- **주주총회의결권 :** 주주총회에서 출석하여 결의에 참가할 수 있는 권리. 의결권은 1주마다 1개의 권리를 갖는다.
- **임원선임권 :** 이사 및 감사를 선임하거나 해임을 청구할 수 있는 권리.
- **대표소송권 :** 이사에게 책임을 추궁하는 소송을 제기할 수 있는 권리.
- **신주인수권 :** 기업이 신주를 발행할 때 이를 일반투자자보다 먼저 우선적으로 매입할 수 있는 권리.
- **이익배당청구권 :** 회사에 이익이 발생할 경우 소유지분의 크기에 따라 배당을 청구할 수 있는 권리. 배당이란 기업이 회사 소유주인 주주에게 투자의 대가로 지급하는 보상을 말한다. 배당금 지급은 이사회와 주주총회의 승인을 받아야 하며, 경영실적이 좋지

않을 경우에는 배당금을 줄이거나 지급하지 않을 수도 있다. 또한 기업은 주주에게 배당을 지급하여야 할 법적 의무가 없기 때문에 실적이 좋더라도 지급하지 않는 경우가 있다.

- **회계장부열람권 :** 회사 장부를 열람할 수 있는 권리.
- **잔여재산 분배권 :** 기업이 해산하는 경우 최후 순위로 남은 재산을 분배받을 수 있는 권리.

오늘날 대기업에서는 주주의 수가 매우 많으며, 또한 지리적으로도 분산되어 있으므로 주주의 권리는 대체로 명목적이다. 실제로 소액주주들은 이러한 권리를 행사하기 보다는 배당과 주식매매에 의한 자본이득(매매차익, 시세차익)에 보다 많은 관심을 가지고 있다.

수익성

- **배당소득 :** 기업이 배당을 지급해야 할 법적 의무는 없지만, 대부분의 기업은 안정적인 배당정책을 계속 유지하고자 한다. 기업이 배당을 주지 않거나 혹은 배당을 적게 주는 경우 주주들의 강한 반대에 부딪칠 가능성이 있다. 따라서 기업의 세후 이익이 배당을 지급할 정도의 여력이 있다면, 통상적으로 주주총회에서 배당지급에 대한 결의가 이루어진다. 보통주에 대한 배당은 현금배당 또는 주식배당의 형태로 지급된다. 주주가 받게 되는 배당은 기업의 영업실적에 따라 변동하므로 주식에 투자하는 투자자는 확정소득증권인 채권에 투자하는 것에 비해 보다 큰 투자위험을 부담하게 된다.
- **자본이득 :** 대부분의 주식 투자자는 주식을 구입하고 일정기간 동안 보유한다. 만약 주가가 오르면 주식 투자자는 높은 가격에 주식을 팔 것인지 혹은 계속 보유할 것인지를 결정해야 한다. 투자자가 주식을 팔기로 결정했다면, 매수가와 매도가의 차이가 자본이득 또는 양도소득이 된다. 우리나라에서는 소액주주에 대해서는 특별한 경우를 제외하고 증권의 양도소득에 대하여 과세를 하지 않고 있다.

환금성

주식은 증권시장에서 자유로이 매매되기 때문에 언제든지 현금화할 수 있다. 매수자는 있는데 매도자가 없는 경우, 매도자는 있는데 매수자가 없는 경우, 매수자와 매도자가 원하는 가격 차이가 큰 경우 등의 이유로 거래가 잘 안 되는 주식에 대해서는 시장조성자(market maker)가 유동성을 높여 주어 환금성이 확보된다. 일반적으로 증권사가 시장조성자 역할을 하게 되는데 거래소와 계약을 체결해 직접 거래에 뛰어들어 호가 차이를 좁히고 거래를 활성화하는 역할을 담당하며, 그 대가로 거래소로부터 수수료 등을 지급받는다.[1]

편의성

주식투자는 증권회사가 주식의 보관, 매매, 배당금, 유 · 무상주의 수령, 명의개서 등의 모든 절차를 대행해주기 때문에 관리가 편리하다. 주식을 보증금이나 공탁금으로 대납할 수도 있다. 주식 및 채권은 상속 또는 증여에 있어 부동산에 비해 간편하다.

4. 보통주의 형태

보통주는 주식회사가 설립될 때 일차적으로 발행되며 설립 후에도 기업의 규모가 커짐에 따라 계속 발행된다. 명목상으로는 우선주와 보통주가 주식의 형태로서 자기자본을 형성하고 있으나 실질적으로는 보통주 소유주인 주주가 기업의 소유주이며, 이들의 납입자본과 축적된 유보이익이 기업소유주의 지분(owners' equity)을 구성하고 있다. 통상 주식이라 할 때는 보통주를 의미한다.

보통주는 액면주와 무액면주, 기명주와 무기명주 및 기타의 형태로 나누어진다.

액면주

액면주(par value stock)는 주권 상에 액면금액이 표시되어 있는 주식이며, 무액면주(non-par value stock)는 액면금액이 표시되어 있지 않고 다만 주식 수만 표시되어 있는 주식이다. 미국과 일본 등에서는 무액면주의 발행이 일반화되어 있다.

주식의 액면가는 별 의미를 가지고 있지 않다. 액면가는 자본금을 산출하는 기초단위로서 액면총액(액면가 × 총발행주식수)이 재무상태표상의 자본금이라는 것 이외에는 별다른 의미가 없다. 또한 주식이 일단 거래소에서 거래가 된 후에는 해당기업의 영업성적에 따라 주가가 형성되므로 주가는 액면가와 전혀 무관하며, 회사가 정리 또는 해산된다 하더라도 보통주 주주가 받을 수 있는 잔여재산은 기업의 채무현황에 따라 좌우되기 때문에 액면가와는 관계가 없다.

우리나라에서도 회사의 선택에 따라 모든 주식을 액면주식 또는 무액면주식으로 발행하거나 기존 액면주식을 모두 무액면주식으로 전환할 수 있도록 상법을 개정하였다. 무액면

---

1) 우리나라에서 시장조성제도는 한국거래소가 자기매매 상위 5개 증권사와 30개 종목에 대한 시장조성 계약을 체결하고 2017년 9월 25일에 처음 시행되었다. 2022년도에는 주식시장의 가격발견과 유동성 제고를 위해 6개 증권회사와 시장조성계약을 체결하였으며, 유가증권시장(코스피) 시장조성계약종목수는 248곳, 코스닥 295곳이다.

제도를 도입하는 이유는 신주발행 시 발행가가 액면가와는 무관하게 실질 가치에 따라 정해지고 있고, 유상증자 때 시장 악화나 기업가치 하락 등으로 액면가 이하로 발행될 경우 주주총회 특별결의나 법원의 인가를 거쳐야 해 기업들의 자본조달에 액면가 제도가 걸림돌로 작용하고 있기 때문이다.

기명주

기명주(bearer stock)는 주권과 주주명부에 주주의 이름이 기재된 주식이다. 기명주는 회사가 현재 시점의 주주 현황을 명확하게 파악할 수 있기 때문에 편리하나, 주식이 상장되어 활발히 거래될 때에는 그 때마다 명의를 변경하여야 하므로 매우 불편하고 증권의 신속한 유통을 저해하기도 한다. 그리고 유통시장에서 주식매매가 이루어질 때마다 주주가 바뀌기 때문에 배당, 신주인수권 배정, 의결권에 대한 권리행사를 하기 위해서는 정확한 주주명부가 필요하다.

무기명주(non-bearer stock)는 주권 및 주주명부에 주주의 이름이 표시되지 않은 주식이다. 주주의 이름이 기재되어 있지 않아 현재 주권을 소지하고 있는 사람이 정당한 주주로 인정받기 때문에 매매거래가 신속하고 간단하며, 거래의 기밀이 유지될 수 있는 장점이 있다. 그러나 기업이 배당 지급시나 주주총회 때 권리 행사자를 명확히 파악할 수 없고, 기업이 원하지 않는 주주에 의해 지배될 우려가 있다는 단점을 가지고 있다.

우리나라에서는 상법상 기명주식의 발행을 원칙으로 하고, 무기명주식은 정관에서 그 발행을 규정하고 있는 경우에 한하여 발행할 수 있도록 하고 있다. 그리고 무기명주식을 발행하는 경우에 권리 행사자를 확정하기 위하여 그 주권을 회사에 공탁하도록 하고 있다.

무의결권주

무의결권주(non-voting share)는 다른 보통주보다 우선적으로 이익배당을 받는 대가로 의결권이 부여되지 않는 주식이다. 따라서 무의결권주는 회사채 성격을 지닌다. 이 주식은 보통주와 우선주의 혼합된 형태로서 이익분배 순서는 우선주보다는 늦지만 다른 보통주보다는 빠르다. 만약 무의결권주가 이익배당을 받지 못한다면 의결권을 행사할 수 있다. 경영참가에는 관심이 없고 주가 상승이나 높은 배당을 원하는 투자자들은 무의결권주를 선호할 수도 있다. 기업으로서도 무의결권주 발행은 경영권의 침해를 받지 않으면서 자기자본 조달이 가능하다는 이점이 있다. 무의결권주 발행을 무제한으로 허용하면 의결권주를 가진 소수의 주주에 의한 경영지배가 나타날 우려가 있으므로, 우리나라의 상법은 무의결권주의 수가 총발행주식수의 일정률을 초과하지 못하도록 제한하고 있다.

상환주식

상환주식(callable stock)은 회사의 이익으로 상환되고 소각할 수 있는 주식이다. 상환주식은 회사 입장에서는 일시적으로 자기자본을 조달하는 방법이 되며, 투자자에게는 일정기간 우선적으로 배당을 받고 그 이후에는 액면금액이나 그 이상을 상환받을 수 있는 투자대상이 된다. 따라서 우선주를 상환주식으로 하는 경우에는 경제적으로 거의 회사채나 다를 바 없다. 그러나 이익이 있는 경우에만 상환이 가능하다는 점에서는 회사채와 다르다.

DR

주식예탁증서(depository receipts: DR)는 예탁기관이 발행회사의 주식(원주식)을 보관하고 보관된 주식 대신 발행하여 유통시키는 대체증권을 말한다. DR발행은 국내 기업이 발행한 주식을 외국으로 직접 반출하여 유통시키는 경우에 생길 수 있는 국가간 통화, 언어, 법률, 거래관습 차이 등에서 오는 문제점들을 해소할 수 있다는 장점을 가지고 있기 때문에, 국내 기업이 외국투자자에게 주식을 판매할 때 또는 국내 기업의 주식을 미국 증권시장에 상장할 때 DR을 주로 이용한다. DR은 보관된 주식과 동일한 권리를 가지며 국제금융시장에서 유통된다.

보통주의 주권은 <그림 3-1>과 같으며, 회사의 상호, 회사의 설립년월일, 회사가 발행할 주식의 총수, 일주의 금액, 주식의 종류 및 주식발행연월일이 표시되어 있다.

그림 3-1 보통주의 견양

LG전자주식회사주권

壹拾株券

金五萬원整

第00回發行

다第 000000 號

1. 會社의商號 LG전자주식회사
1. 會社의成立年月日 西紀 1959年 2月 17日
1. 會社가發行할株式의總數 貳億四阡萬株
1. 壹株의金額 金五阡원整
1. 株式의種類 記名式普通株式
1. 株式發行年月日 西紀 1999年 12月 1日

本株券은 當會社의 定款에 依한 株式 壹拾株의 株主임을 證하기 爲하여 裏面 記名者에게 交付함.

견본용이므로 유통매매할 수 없으며 법률적인 효력이 없습니다.

LG전자주식회사

대표이사 구자홍

5. 우선주의 형태

우선주란 앞에서 설명한 바와 같이 보통주보다 우선하여 배당금을 지급받고 기업이 파산하였을 경우 채권자에게 채무를 지불하고 남은 기업의 잔여자산에 대해 보통주보다 우선적인 청구권을 가지는 주식이다. 대주주 입장에서 의결권이 없는 우선주의 발행은 경영권을 침해받지 않고도 자기자본을 조달할 수 있는 매력적인 자본조달 방안이다. 그러나 무분별한 우선주 발행으로 인한 투자자의 피해 가능성을 없애기 위해 우리나라 상법에서는 의결권이 없는 우선주가 발행주식 총수의 4분의 1을 넘지 못하도록 규정하고 있다.

우리나라에서 우선주는 그리 많이 발행되지 않고 있다. 그 이유는 발행기업 입장에서는 우선주가 고정재무비용을 수반하는 자본조달 방법임에도 불구하고, 기업의 법인세 과세에 있어 부채의 이자와 같이 비용 처리되지 않으며, 투자자의 입장에서 볼 때 우선주는 회사채와 별다른 차이가 없으며 기업이 손실이 나는 경우 배당을 받지 못할 가능성도 있으므로 굳이 우선주를 구입하고자 하는 유인을 느끼지 못하기 때문이다.

우선주는 누적적우선주와 비누적적우선주, 참가적우선주와 비참가적우선주, 의결권우선주와 비의결권우선주, 전환우선주와 비전환우선주 및 기타의 형태로 나누어진다.

누적적우선주/비누적적우선주

우선주의 배당은 원칙적으로 예정배당률로 지급되어야 하지만 기업의 이익 상태가 좋지 않거나 기타 불가피한 사정이 있을 때에는 예정배당률을 지급하지 못하는 경우가 있다. 이 때 당기에 지급하지 못한 배당을 차기에 누적하여 지급하도록 되어 있는 우선주를 누적적우선주(cumulative preferred stock)라고 한다. 한편, 당기에 지급하지 못한 배당은 해당 기로서 완료되고 다음 기에 누적되지 않는 우선주를 비누적적우선주(non-cumulative preferred stock)라 한다. 만약 기업이 누적적 우선주를 발행한 경우 기업은 누적된 배당금을 모두 지급하기까지는 보통주에 대한 배당을 원칙적으로 지급할 수 없다. 대부분의 우선주는 누적적 특징을 취하고 있다.

참가적우선주/비참가적우선주

우선주에는 일정한 예정 배당액만을 지급하는 형태와 예정 배당액 이외에도 보통주의 이익배당시 같이 참가하는 형태가 있다. 전자를 비참가적우선주(non-participating preferred stock)라 하고, 후자를 참가적우선주(participating preferred stock)라 한다. 즉, 참가적우선주는 기업의 이익상태가 양호하여 보통주 주주에게 우선주에 대한 배당액 이상의 배당을 지급할 경우 그 초과 배당에 같이 참여하여 보통주 주주와 같은 수준의 배당을 받을 수 있는 우선주이다.

의결권우선주/무의결권주

일반적으로 우선주는 이익배당이나 잔여재산청구권에 있어 보통주보다 우선하기 때문에 우선주 주주들에게는 의결권이 주어지지 않는다. 그러나 우선주에 대하여 약속한 배당을 지급하지 못하거나 누적적인 미지급배당액이 매우 많은 경우에는 우선주 주주들에게 이사 선임권을 주기도 한다. 이와 같이 경영상의 중요 문제에 대해 의결권을 가지는 우선주를 의결권우선주(voting preferred stock)라 하고, 경영참가권 또는 투표권이 없는 우선주를 무의결권우선주(non-voting preferred stock)라고 한다.

전환우선주/비전환우선주

일정 시기에 일정한 가격으로 보통주로 전환할 수 있는 권리가 부여된 우선주를 전환우선주(convertible preferred stock)라 하며, 보통주로 전환할 수 있는 권리가 없는 우선주를 비전환우선주(non-convertible preferred stock)라고 한다. 우선주는 보통주와 마찬가지로 만기가 없으나, 기업들은 우선주를 영구적인 자본조달의 원천으로 보지 않기 때문에 전환이나 상환의 규정을 두는 전환우선주가 일반적 형태이다. 전환우선주 소유주들은 일정한 전환비율에 따른 보통주의 주당 전환가격보다 보통주의 주가가 높을 경우에는 전환우선주를 보통주로 전환함으로써 이익을 얻을 수 있으며, 그렇지 못할 경우에는 전환하지 아니하고 계속 우선주 주주로 남아 일정한 배당을 받을 수 있다.

상환우선주

상환우선주(redeemable preferred stock)는 미리 정해진 상환일에 일시 상환이 이루어지는 일반적인 상환우선주와 기업의 자금 사정에 따라 수시로 상환할 수 있는 수의상환우선주(callable preferred stock)로 구분된다. 수의상환우선주는 명문화된 수의상환가격(call price)이 있는데, 우선주 주주들로 하여금 상환에 응하도록 하기 위하여 이 가격은 보통 발행가보다 높게 책정되어 있고, 상환시기가 빠를수록 상환가격이 높아진다.

6. 투자자에 의한 주식 구분

투자자들은 통상적으로 주식을 대형우량주, 수익주, 성장주, 경기주, 방어주 등으로 구분한다.

대형우량주

대형우량주 혹은 블루칩 주식(blue chip stock)이란 과거 성장과 배당에 있어 우수한 실적을 나타냈으며 장기적으로 안전한 수익을 가져올 것으로 기대되는 주식을 의미한다. 우리나라의 경우 이런 범주의 주식들은 삼성전자, POSCO, 한국전력, SK텔레콤, 국민은행 등과 같은 기업들에 의해 발행된 주식들이다. 우량주를 평가할 때는 산업내 리더십, 과거의 안정적인 이익 및 배당지급의 일관성 등을 살펴보아야 할 것이다. 원래 블루칩은 미국 라스베이거스 카지노에서 사용되는 가장 가격이 높은 파란 색깔의 칩을 말한다.

블루칩과 대비되는 옐로칩(yellow chip)이 있다. 옐로칩이란 중저가 우량주를 말한다. 보통 블루칩에 비해 가격이 낮고 업종내 위상도 블루칩에 못 미치는 종목군으로, 블루칩보다는 시가총액이 작지만 재무구조가 안정적이고 업종을 대표하는 우량 종목들로 구성된다. 옐로칩은 블루칩에 비해 주가가 낮기 때문에 사는데 대한 가격 부담이 적고 유통물량이 많아 블루칩에 이은 실적장세 주도주로 평가받고 있다.

수익주

수익주(income stock)란 시장의 평균적인 수준보다 높은 배당을 지급하는 주식을 말한다. 평균 배당 이상으로 지급하기 위해서 기업의 수익은 일관되고 예측 가능하여야 한다. 전기, 가스, 전화, 기타 공공기업의 주식들도 일반적으로 수익주로 구분된다. 투자자들은 이들 주식을 꼭 가격상승을 누리고 구입한다기 보다는 발행기업의 수익 잠재력 때문에 매입한다.

성장주

성장주(growth stock)란 시장의 모든 기업들의 평균 이익 이상을 벌어들이고 있으며, 기업의 이익구조가 지속적으로 향상되고 있어 주가가 큰 폭으로 상승할 것으로 예상되는 주식이다. 성장주를 선택할 때 핵심 요소는 질 좋은 상품의 확장된 제품라인과 효과적인 연구개발(R&D) 부서의 존재 여부이다. 소매점 확장, 일정 기술수준의 제조장비 그리고 국제시장으로의 확장 등은 성장주의 특징이다. 사실상 대다수의 성장기업들은 R&D 투자를 위해 그들 이익의 대부분을 유보하므로, 대다수 투자자들은 이들 주식의 시장가격이 증가할 것이라는 희망을 가지고 성장주를 매입한다.

경기주

경기주(cyclical stock)란 호황 · 불황의 경기순환을 따르는 주식을 말한다. 전형적으로 경기주의 가격등락은 국가 전체 경제활동의 상승세와 하락세에 연관되어 있다. 경제가 상승세일 때 경기주의 주가는 상승하고, 경제가 하락세일 때 경기주의 주가는 하락한다. 대부분의 경기주는 자동차, 철강, 종이, 중장비 같은 기초산업에 속한다. 투자자들은 경제가 상승세로 되기 바로 전에 경기주를 사서 경제가 정점에 이르렀다가 하락하기 직전에 매각하려고 한다.

방어주

방어주(defensive stock)란 경제가 하락세일 때에도 안정적인 주식을 말한다. 일반적으로 이 주식을 발행하는 기업들은 과거 안정적인 이득을 가져 왔고 경제 하락세 동안에도 주주들에게 배당지급을 유지할 수 있다. 수익주로 분류되는 대다수의 주식들이 안정적 이득과 일관된 배당정책 때문에 방어주로도 구분된다.

Section 2 | 주식발행

1. 기업공개

우리나라를 비롯한 대부분의 자본주의 국가에서는 주식회사의 설립제도로서 수권자본제도를 채택하고 있다. 수권자본제도는 주주총회에서 회사가 발행할 자본금의 총액을 결정한 후, 그 중 일정액 이상의 납입으로 일단 주식회사가 설립되고 나머지 미납입분에 대하여는 발행의 권리를 이사회에 위임하는 제도이다.

회사설립은 회사 설립시 발행되는 보통주를 누가 인수하느냐에 따라 발기설립과 모집설립으로 구분된다. 발기설립은 발기인에 의해 주식이 전액 인수되는 것과 동시에 회사가 설립되므로 동시설립이라고도 한다. 모집설립은 증권시장을 통하여 불특정다수의 일반투자자들로부터 납입을 받아 주식회사가 설립되는 것을 말한다. 모집설립을 위해서는 기업공개(going public)가 필요하다.

기업공개란 1인 또는 몇몇 대주주가 소유하고 있는 주식회사의 지분을 일반대중에게 매각하여 주식이 다수의 주주에게 분산되는 것을 의미한다. 기업공개를 통해 소유지분이 분산된 기업을 공개기업이라 한다. 기업공개방법에는 주식회사가 발행한 주식을 일반투자자에게 균일한 조건으로 공모하는 신주모집과 이미 발행되어 대주주가 소유하고 있는 주식의 일부를 매출하는 구주매출이 있으며, 두 방법이 병행되기도 한다. 구주매출의 경우에는 매각되는 주식이 기발행주식이므로 주식매각대금이 기업으로 유입되는 것은 아니다.

기업공개는 사회 · 경제적인 측면에서도 다음과 같은 이점을 가지고 있다.

- 기업의 소유권이 대중에게 분산됨으로써 경제력의 집중을 막고, 기업의 성장과 발전에 대한 결과가 일반 대중에 분배되는 대중자본주의와 증권자본주의를 실현할 수 있다. 즉, 기업공개는 주식분산을 통해 일반대중으로부터 조달한 자금을 효율적으로 운용하고 그 결과를 사회에 환원함으로써 기업의 사회적 책임을 구현하는 역할을 수행한다.
- 기업의 성장에 따라 증가하는 자금 수요를 기업주 개인의 자금이나 은행차입과 같은 간접금융만으로 조달하는 데는 한계가 있다. 따라서 기업공개는 발행기업의 정보를 투자자에게 공개함으로써 발행회사 주식에 대한 환금성을 높이고 투자자의 신뢰도를 확보하여 직접금융을 통한 기업의 자금조달능력을 증대시킬 수 있다.
- 기업공개를 통해 소유와 경영이 분리되면 전문경영인에 의한 기업경영이 가능해지고, 경영활동에 대한 공시의무가 부여되어 투명경영이 이루어지며, 다수의 투자자가 기업경영을 감시하게 되므로 기업 공신력이 높아진다.
- 투자자들에게 다양한 투자와 자산증식의 기회를 제공하며, 동시에 국민경제 전체적으로 한정된 자원을 효율적으로 배분하는 기능을 수행한다.

이와 같은 기업공개의 긍정적인 역할 때문에 기업공개를 장려하기 위해 세제와 법률상의 혜택이 주어지고 있다. 그러나 기업공개를 위해서는 여러 가지 규정상의 요건을 갖추어야 하는데, 그 이유는 공정하고 합리적인 기업공개를 통해 투자자를 보호하고 증권시장의 안정성을 지키기 위해서이다.

IPO

기업공개를 위해 아직 상장되지 않은 주식을 처음 공모할 경우, 그 주식을 최초공모주(initial public offerings : IPO)라고 하며, 발행가격은 기준이 되는 시장가격이 없으므로 발행회사와 발행기관이 협의하여 결정한다. 그러나 실제로는 상장 이후 주가가 발행가액보다 상당히 높게 형성되는 경향이 있다. 이러한 현상은 총액인수가 일반적인 상황에서 발행기관이 위험부담을 줄이기 위해 가능한 한 발행가액을 낮추어 증권의 판매를 용이하게 하려는 것으로 이해되고 있다.

2. 상 장

증권을 유가증권시장이나 코스닥시장에서 매매할 수 있도록 하는 것을 상장(listing)이라 하고 매매대상으로 인정된 증권을 상장증권, 상장증권을 발행한 회사를 상장회사라고 한다. 한국거래소가 상장된 주식의 가치를 보증하는 것은 아니지만, 상장은 해당 회사에 대한 투자자의 신뢰성을 높이므로 상장회사는 주식가치의 향상, 기업자금 조달의 용이, 담보가치의 향상, 회사의 지위 상승 등 부수적인 효과를 얻을 수 있다.

기업공개는 개인이나 가족 등 소수의 주주에 의해 폐쇄적으로 경영되던 기업의 주식을 다수의 대중에게 분산하는 것이라면, 상장은 한국거래소가 상장기준을 충족하는 증권에 대하여 유가증권시장과 코스닥시장에서 집단적 · 대량적으로 매매거래 될 수 있도록 승인하는 행위이다.

기업공개와 상장은 그 개념이 다름에도 불구하고 우리나라에서는 오랫동안 동일한 개념으로 사용되어 왔으나, <표 3-1>에서 볼 수 있는 바와 같이 기업공개와 상장은 본래의 의미에서는 확실한 차이가 있다.

<표 3-1> 기업공개와 상장

구 분	기업공개	상 장
시 장	발 행 시 장	유 통 시 장
목 적	기업의 자금조달	유가증권의 원활한 유통, 공정한 가격형성
성 격	주식분산의 한 형태	거래적격 유가증권의 선별
규 제 취 지	공시주의(발행당사자)	규제주의(상장 적격성여부 심사)
특 성	발행기업과 청약자의 이해 조화 발행물량의 소화를 중시	공익과 투자자보호 기업의 계속성, 시장성 중시

한국거래소는 일정한 기준에 따라 상장심사를 한다. 상장요건은 여러 가지 사항이 포함되어 있지만 크게 나누어 기업의 규모, 재무내용, 유통성, 건전성 및 공익과 투자자보호에 관한 요건을 충족하여야 한다. 상장 요건에 대하여는 한국거래소 홈페이지(http://www.krx.co.kr)에 자세히 설명되어 있다.

상장방법

주식의 상장방법으로는 신규상장, 신주상장, 변경상장, 재상장, 명령상장 등이 있다.

신규상장은 기업을 공개하여 주식을 일반에게 매도한 후 처음으로 거래소에 주권을 상장하는 것을 말하며, 신주상장은 거래소에 이미 상장되어 있는 법인(기존상장회사)이 유상증자, 무상증자, 주식배당, 합병, 전환사채의 권리행사 등의 이유로 새로 발행된 주권을 상장하는 것을 의미한다. 변경상장은 기존 상장회사에 대한 주권의 종목(상호), 종류(보통주, 우선주), 액면금액, 수량(자본감소나 주식병합 및 분할 등) 등이 변경된 경우 신주권으로 교체 발행하여 상장하는 것이다. 우선주가 보통주로 전환되어 상장되는 경우, 주식병합에 의해 주권의 수가 감소하는 경우, 주식분할에 의해 주권의 수가 증가하는 경우가 변경상장에 속한다.

재상장은 상장폐지된 법인의 주권을 상장폐지 후 5년 이내에 다시 상장, 또는 상장법인의 분할 및 합병에 의해 설립된 법인의 주권을 상장하는 것을 말하며, 마지막으로 명령상장은 기업의 신청에 의해 심사를 거쳐 이루어지는 것이 아니라 공공의 이익을 위하여 정부명령에 의해 상장되는 것을 의미한다.

3. 증 자

우리나라가 택하고 있는 수권자본제도에 의하면 회사설립시에는 발행할 주식의 총수를 정관에 정하되, 설립 당시에는 수권자본의 4분의 1 이상을, 그리고 회사설립 이후에는 필요에 따라 수시로 이사회의 결의를 거쳐 수권자본 내에서 주식을 발행할 수 있도록 되어 있다. 이와 같이 기업이 영업활동을 계속하는 과정에서 필요에 의해 추가로 주식을 발행하여 자본을 조달하는 경우를 증자라고 한다.

증자로 인해 새로 발행되는 주식을 신주라 하고 기존의 주식을 구주라 한다. 일반적으로 증자를 하는 목적은 설비자금 및 운전자금 조달, 부채의 상환, 자본금 대형화에 의한 공신력 제고, 주주에 대한 이익배당, 재무구조의 개선, 주식분산과 유통주식 수의 증가에 의한 원활한 주식거래의 유도, 경영안정권의 확보 등을 위해서이다.

증자는 실질적인 자본의 추가조달을 위하여 주식을 발행하는 유상증자와 실질적 자본의 증가 없이 회계상 자본계정 상호간 자금의 이동만을 야기시키는 무상증자로 나누어진다. 유상증자의 경우 자본금 증가와 함께 기업자산이 증가하므로 실질적 증자라고 하며, 무상증자는 자본금은 증가할지라도 기업자산은 전혀 변동하지 않으므로 형식적 증자라고 한다.

유상증자와 무상증자는 동시에 이루어지기도 하는데, 이 경우에는 병행증자와 포괄증자로 구분한다. 유 · 무상 병행증자는 유상증자와 무상증자가 별개로 취급되어 유상증자를 포기하더라도 무상증자에는 참여할 수 있는 경우를 말하며, 유 · 무상 포괄증자는 유상증자에 참여하지 않으면 무상증자에도 참여할 수 없는 경우를 의미한다.

가. 유상증자

유상증자를 할 때 신주의 발행가격을 결정하는 것은 매우 어려운 일이다. 신주발행의 목적이 기업에서 필요한 자금을 조달하는 데 있다면 가급적 발행가격을 낮추는 것이 유리하지만, 기존 주주의 부를 극대화한다는 측면에서 본다면 가능한 한 높은 가격으로 신주를 발행하는 것이 유리하다. 그 이유는 시장가격에 못 미치는 발행가격의 차액만큼이 기존 주주 입장에서는 기회손실(opportunity loss)이 되기 때문이다. 우리나라에서는 액면가와는 무관하게 구주의 시장가격을 기준으로 발행가격을 책정하는 시가발행을 원칙으로 한다.

유상증자는 신주인수권을 배분하는 방식에 따라 구주주배정, 제3자배정, 일반공모, 주주우선공모발행, 직접공모 등으로 구분된다.

구주주배정

구주주배정(주주할당발행)은 기존 주주(구주주)에게 지분율에 따라 신주인수권을 배정하여 유상증자 후에도 구주주의 지분율이 그대로 유지되어, 재산권과 의결권이 보호되는 가장 전통적인 방식으로 현재 우리나라에서 시행하고 있는 가장 일반적인 형태이다. 정관에 별도의 다른 조항이 없으면 주주는 지분에 따라 신주인수권을 배정받을 권리를 갖게 된다.

제3자배정

제3자배정(연고자할당발행)은 회사와 특수한 관계가 있는 연고자(임원, 거래처, 근로자)에게 신주인수권을 배정하는 방식이다. 할당 내용에 따라 회사의 경영권에 변화가 올 수 있고 구주주에게 손실이 발생할 수도 있으므로 정관에 특별히 정하거나 주주총회의 특별결의 절차를 거쳐야 하는 등 엄격한 통제를 가하고 있다. 근로자 단체인 우리사주조합에 신주 발행물량의 일정분을 배정하는 우리사주제도가 제3자배정의 대표적인 예에 속한다.

일반공모

일반공모(general cash offer)는 발행기관이 총액인수하여 일반투자자들에게 청약신청을 받아 신주를 발행하는 방법이다. 이 방식은 구주주의 신주인수권을 인정하지 않는 형태로 미국에서는 일반화되어 있다. 우리나라에서는 일반공모는 정관에 구주주의 신주인수권에 대한 제한 규정이 있어야 가능한데, 그러한 규정이 없으면 주주총회의 특별결의에 의해 정관을 변경하여야 한다. 그 이유는 구주주의 지분이 감소하여 경영권이 침해될 수도 있고 신주의 발행가액이 너무 낮게 책정되는 경우에는 구주주로부터 신주주에게 부가 이전되는 현상이 발생하기 때문이다.

주주우선공모발행

주주우선공모발행(standby rights offer)은 구주주배정, 제3자배정, 일반공모를 시차를 두고 결합한 방법이다. 우선 구주주나 우리사주조합에게 신주인수권을 배정하고, 만약 실권주(미청약분)가 발생하면 일반투자자에게 일반공모를 하고, 그래도 미청약분이 발생하면 유상증자를 담당하는 발행기관이 나머지를 인수하는 방식이다. 구주주의 권익도 보장하고 실권주 발생에 따른 위험도 피할 수 있기 때문에 가장 흔히 사용되는 방법이다.

직접공모

직접공모는 인수회사를 통하지 않고 발행회사가 직접 자기의 책임과 계산 하에 신주를 공모하는 방법이다. 보통 비상장기업이 소규모의 주식을 공모하는 경우에 사용되는 방식이다.

나. 무상증자

무상증자는 재무상태표상의 자본잉여금이나 이익잉여금의 전부 또는 일부를 자본금으로 전입하고 전입액만큼 주식을 발행하여 기존 주주에게 지분율에 따라 무상으로 교부하는 것이다. 즉, 기업이 가진 준비금 또는 재평가적립금을 자본금으로 전입[2]하면서 기존주주들에게 무상으로 신주를 발행하는 것을 말한다.

자금조달을 목적으로 하지 않고 자본구성을 조정하거나 사내유보의 적정화 등을 위해 실시되는 무상증자는 형식적으로는 재무제표상 항목간의 변동을 통해 자본금을 증가시켜 발행주식 수가 늘어나지만, 실질적으로는 기업의 총자본과 총자산이 증가되지 않는 증자형식을 취한다. 무상증자가 실시되는 경우 기존 주주의 지분율에 따라 무상으로 신주가 비례적으로 배정되므로 각 주주들의 소유주식수는 늘어나지만 각자의 지분율은 변하지 않게 된다. 무상증자에 의한 신주발행의 형태는 준비금의 자본전입, 재평가적립금의 자본전입 등이 있다.

2) 주식회사는 기업의 영업활동에서 발생하는 이익 중에서 일정 금액을 이익준비금으로 적립하도록 되어 있으며, 자본거래에 의하여 발생한 잉여금은 모두 자본준비금으로 적립하도록 의무화되어 있다. 이와 같이 법률 규정에 의하여 적립된 법정준비금이나 별도로 회사가 적립한 임의준비금은 이사회 결의에 의하여 자본에 전입하여 각 주주에게 그가 가진 주식 수에 비례하여 무상으로 신주를 배정할 수 있다. 자산재평가는 기업이 보유하고 있는 자산의 시가에 따른 평가, 정확한 감가상각, 경영의 합리화 등의 이유로 시행되고 있다. 재평가를 통하여 회사가 보유하고 있는 재산의 실질가치가 장부가치를 상회하는 경우, 그 차액을 재평가적립금으로 적립하여야 하며, 재평가세를 공제한 잔액을 이사회의 결의에 따라 자본에 전입하여 각 주주에게 그가 가진 주식 수에 비례하여 무상으로 신주를 배정할 수 있다.

무상증자를 하게 되면 이론적으로 주가는 발행주식 수의 증가율만큼 하락하지만 보유주식 수가 늘어나므로, 투자자의 입장에서는 부의 변화는 없게 된다. 또한 기업 전체적으로는 추가적인 자본의 유입이 없이 자본계정간 이체만 이루어지게 되므로 기업가치에도 변화가 없게 된다. 그러나 실제 주식시장에서는 미래 성장가능성이 있는 기업이 무상증자를 실시한다는 정보효과와 더불어 기업이 무상증자 이후에도 전과 같은 수준의 배당률을 유지한다면 주주들은 자신의 주식 수가 증가한 만큼 더 많은 배당금을 기대할 수 있게 되므로 무상증자시 주가가 상승하는 경우가 대부분이다.

다. 기타증자

유 · 무상증자 이외의 기타 증자 형태로는 전환사채나 전환우선주의 전환에 의한 증자, 신주인수권부사채 및 주식매수선택권에 의한 증자 등이 있다.

전환에 의한 증자

전환사채의 소유자가 전환권을 행사하면 기업은 미리 정해진 전환조건으로 사채를 주식으로 전환시켜 신주를 발행하게 된다. 이 경우에는 전환액에 상당하는 부채가 감소하고 자본이 증가하여 타인자본의 자기자본화가 이루어지게 된다. 따라서 부채는 감소하고 자본은 증가하나 자산에는 아무런 변화없이 증자가 이루어지게 된다. 전환우선주의 경우 우선주에서 보통주로 전환되는데 이때 자본금에는 아무런 변화가 없다.

옵션에 의한 증자

신주인수권부사채(bond with warrant) 및 주식매수선택권(incentive stock option)은 옵션의 일종이다. 옵션은 회사의 주식을 정해진 행사가격으로 매입할 수 있는 권한을 말한다. 옵션에 대하여는 제9장 옵션투자에서 자세히 설명하기로 한다. 신주인수권부사채란 사채의 이자 및 원금상환을 보장할 뿐만 아니라, 일정 기간이 경과한 후 사전에 결정된 가격인 행사가격에 따라 일정한 수의 신주를 매수할 수 있는 권리가 부여되어 있는 사채를 말한다. 그리고 주식매수선택권은 회사의 경영활동과 기술혁신에 기여하였거나 기여할 가능성이 있는 임직원에게 동기를 부여하고 우수인력을 확보하기 위해 부여한다. 옵션인 신주인수권과 주식매수선택권을 행사하면 회사는 정해진 행사가격으로 신주를 발행하여 교부하는 것이 원칙이다. 발행되는 신주는 기명식 보통주식으로 부여시점 총발행주식 수의 100분의 15 이내로 제한된다.

그리고 증자의 형태는 아니나 자본금의 변화 없이 발행 주식 수가 늘어나는 형태에는 주식배당과 주식분할 등이 있다.

주식배당

주식배당(stock dividend)은 기업이 배당하여야 할 이익의 일부분을 현금으로 지급하지 않고, 그 대신 이에 상응하는 주식을 발행하여 주주에게 교부하는 것을 말한다. 주식배당의 경우에는 사외 유출될 자금을 자본화시켜 주식으로 지급하는 것이기 때문에 자산이 그만큼 유보되는 셈이다. 주식배당에 대하여는 본 장의 <보론>에서 자세히 설명하고 있다.

주식분할

주식분할(stock split)은 자본금에는 변화가 없이 주식을 추가로 발행하여 무상으로 교부하는 것이다. 자본금에는 변화가 없이 발행 주식 수만 늘고 그 비례대로 액면가가 줄기 때문에 액면분할이라고도 한다. 예를 들어 2 대 1 주식분할의 경우에는 1주를 소유한 주주에게 추가로 1주를 발행하여 지급하지만, 액면가는 절반으로 줄어들게 된다. 이와 같이 2 대 1로 주식분할을 하면 주당 액면가는 절반으로 줄지만 주식 수가 2배로 증가하기 때문에 자본금에는 변화가 없게 된다.

4. 신주인수권

신주인수권(preemptive right, right)은 기업이 증자를 통해 추가적으로 자금을 조달하는 경우 새로 발행되는 주식을 우선적으로 인수할 수 있는 권리이다. 신주인수권은 주식과 분리될 수 없는 비분리형(non-detachable)과 주식과 분리되어 독립적인 증권으로 거래될 수 있는 분리형(detachable)이 있으며, 우리나라에서는 두 가지 모두 발행된다. 신주인수권을 가진 기존주주가 권리행사를 포기하기 때문에 배정되지 못하고 남게 되는 신주가 있다면 이를 실권주라고 한다.

신주인수권을 기존주주들에게 우선적으로 부여하는 이유는 다음과 같다.

- 기존 주주들의 의결권을 보호하기 위한 것이다. 만일 신주인수권이 제3자에게 주어진다면, 저평가된 주식을 대량으로 발행함으로써 기존 주주의 의결권을 약화시킬 수 있을 것이다. 따라서 신주인수권이 기존 주주들의 지분에 비례하여 우선적으로 배분되어야만 기존 주주들의 기업 통제력이 그대로 유지될 수 있다.
- 기존 주주들의 재산권을 보호하기 위한 것이다. 대체로 신주의 발행가격은 시장가격

보다 낮기 때문에 신주발행 후 주가는 구주의 시장가격과 신주발행가격 사이에서 결정되게 된다. 따라서 구주의 가격이 하락하게 되는 주가의 희석(dilution of stock value)에 따른 기존 주주의 손실을 보호하기 위해 신주인수권이 기존 주주에게 우선적으로 주어지는 것이다.

권리락

무상증자를 통해 신주를 발행하는 경우는 물론이고 유상증자를 통해 자본을 조달할 경우 신주발행가격이 시장가격보다 낮다면, 이러한 신주를 우선적으로 인수할 수 있는 권리가 있는 구주의 가격이 상승하게 된다. 이때 상승된 가격이 권리부주가(right-on price)이며, 그 상승폭은 구주의 시장가격, 신주의 납입가격, 신주 1주를 인수하기 위한 구주의 수에 따라 달라진다. 또한 신주배정기준일이 지나서 신주를 배정받을 권리가 소멸된 주식의 가격은 권리부가격의 상승폭 이상으로 하락하게 되는데 이때의 가격을 권리락주가(ex-right price)라 한다.

신주인수권의 가치

신주인수권이 행사되기 이전의 권리부주가는 신주인수권이 행사된 이후의 권리락주가 보다 해당 권리만큼 높은 가격을 가지게 될 것이다. 따라서 신주인수권의 가치는 신주를 배정받을 수 있는 권리가 있는 권리부주가와 권리가 소멸된 이론적 권리락 주가와의 차이이다.

$$\text{신주인수권의 가치} = \text{권리부주가} - \text{이론적 권리락주가}$$

현재 발행주식 총수가 T주이고 N주의 신주를 발행하기로 했다면, 구주 1주를 가지고 있는 주주는 N/T주의 신주를 인수할 수 있는 권리를 갖는다. 이를 신주배정비율이라고 한다. 권리부주가와 이론적 권리락주가의 관계는 다음과 같다.3)

$$P_X = \frac{\text{총투자액}}{\text{신주인수후 보유주식수}} = \frac{P_0 + (P_S \times a)}{1 + a + b}$$

P_X : 권리락주가

P_0 : 권리부주가

P_S : 주당발행가액

a : 유상배정비율

b : 무상배정비율

신주인수권의 가치를 이해하기 위하여 다음 예를 고려하여 보자.

---

3) 이론적 권리락 주가 $= \dfrac{\text{유상증자 이전의 기업가치} + \text{주식발행대금}}{\text{총발행주식수}}$

예 제

(주)한강의 현재 발행주식수는 10,000주이며 시장가격은 주당 20,000원이다. 신규투자에 필요한 자금을 조달하기 위해 주주할당방식의 유상증자를 통해 주당 14,000원에 2,000주를 발행하는 경우 신주인수권의 가치를 계산하라.

풀 이

신주인수권의 가치는 다음과 같이 계산된다.

① $\text{신주배정비율} = \dfrac{\text{신규 발행주식수}}{\text{기존 발행주식수}} = \dfrac{2{,}000\text{주}}{10{,}000\text{주}} = 0.20(20\%)$

신주 1주를 배정받기 위해서는 구주 5주가 필요하다.

② $\text{이론적 권리락 주가} = \dfrac{\text{권리부 주가} + \text{신주인수 대금}}{\text{신주인수 후 보유 주식 수}}$

$= \dfrac{20{,}000\text{원} + 2{,}800\text{원}}{1\text{주} + 0.2\text{주}}$

$= 19{,}000\text{원}$

③ 신주인수권의 가치 = 권리부 주가 − 이론적 권리락 주가

= 20,000원 − 19,000원

= 1,000원

Section 3 | 주식거래

1. 매매거래

가. 매매거래기준

주식의 매매거래는 공휴일을 제외한 월요일부터 금요일까지 이루어지며, 정규시장(09:00 ~ 15:30), 장 개시 전 시간외시장(08:00 ~ 09:00), 장 종료 후 시간외시장(15:40 ~ 18:00) 등으로 구분된다. 시간외시장은 정규매매시간 이외에도 투자자에게 추가적으로 매매기회를 부여하기 위하여 제공되는 시장을 말한다.

매매거래는 호가단위와 매매수량단위에 따른다. 호가란 매매시장에서 주식의 종목별로 가격과 수량 등을 상대방에게 제시하여 거래를 하기 위한 의사표시를 말한다. 호가단위는 가격표시의 최소단위이며 최소가격 변동폭이다. 호가단위는 주가에 따라 다른데, 유가증권

시장에서의 호가단위를 표로 정리하면 <표 3-2>와 같다.[4] 예를 들어 주가가 20,000원 이상 50,000원 미만인 주식은 <표 3-2>에서 볼 수 있는 바와 같이, 호가가 50원의 배수이므로, 38,542원 같은 가격 제시는 할 수 없고 38,550원은 가능하다.

<표 3-2> 유가증권시장에서의 호가단위

구 분		호가단위
	2,000원 미만	1원
2,000원 이상	5,000원 미만	5원
5,000원 이상	20,000원 미만	10원
20,000원 이상	50,000원 미만	50원
50,000원 이상	200,000원 미만	100원
200,000원 이상	500,000원 미만	500원
500,000원 이상		1,000원

한편, 투자자가 주문을 제출할 수 있는 최소매매단위인 매매수량은 1주(1증권, 1좌)이다.

나. 매매거래절차

(1) 계좌의 설정

한국거래소 시장에서 주식 매매거래를 할 수 있는 자는 증권업의 허가를 받고 한국거래소 회원으로 등록된 증권회사에 한정되어 있다. 따라서 일반투자자가 주식 매매거래를 하기 위해서는 증권회사에 위탁하여 그 회사의 시장대리인을 통해야만 한다. 그러므로 주식투자를 하려는 고객은 사전에 증권회사와 매매거래계좌 설정계약을 체결하여야 한다. 고객이 도장, 주민등록증, 현금 또는 유가증권을 가지고 증권회사에 가서 계좌개설 신청을 하면 증권회사는 증권카드 또는 통장을 교부하게 된다. 요즘은 증권회사의 웹사이트를 통한 비대면 개설이 일반적이다.

(2) 위탁증거금의 납입

위탁증거금이란 증권회사가 고객으로부터 매매거래의 위탁을 받았을 경우 고객에게 징수하는 증거금을 말한다. 투자자가 매매주문을 낼 때에는 매매대금의 일정비율로 위탁증거금으로 미리 자기계좌에 입금시켜야 한다. 유가증권시장과 코스닥시장에서는 매수주문시에는 매수예정대금의 일정비율[5]을 현금으로 예치하고, 매도 시에는 매도증권의 일부가 위탁

4) ETF 및 ELW는 가격범위와 무관하게 단일 호가단위 5원이 적용된다.

5) 징수비율은 자율화되어 있으나, 일반적으로 30% 이상이다.

증거금으로 사용된다. 매매대금 중 증거금을 차감한 나머지 잔액은 계약이 체결된 날로부터 보통 3일째 되는 날까지 입금하면 된다.

위탁증거금은 위탁가액(매매총액)의 일정비율 범위 내에서 종목, 매도 또는 매수별로 그 비율을 달리할 수 있으며, 증권정책에 따라 수시로 변하고 있다. 지정된 대용증권[6]을 증거금 납입에 활용할 수 있다. 한국거래소는 주식거래를 활성화시키려는 증시부양정책의 하나로 위탁증거금을 낮추고, 과열장세를 진정시키려는 목적으로 위탁증거금을 높이기도 한다.

투자자가 위탁증거금만으로 주식을 매입한 후 결제일까지 잔여 결제자금을 계좌에 입금시키지 않아 발생한 외상주식매입대금을 위탁자미수금이라고 한다. 위탁자미수금이 발생하는 경우 증권사는 일단 회사자금으로 결제를 한 후 부족한 자금을 회수하기 위해 수도결제 다음날 아침 동시호가 때 매입주식을 강제로 반대매매[7] 하도록 되어 있다.

(3) 매매주문

매매거래계좌가 설정되면 고객은 증권회사에 매매거래에 관한 주문을 하게 되는데, 문서, 전화 등을 활용한 주문방법이 있으며 최근에는 인터넷을 통한 온라인거래가 일반화되어 있다. 주문은 특별한 지시가 없으면 보통거래[8]에 의해서 처리되며, 종목(같은 종목이라도 신주와 구주 구분), 매도 또는 매수, 수량 및 가격, 주문의 유효기간(특별한 주문이 없으면 하루 동안 유효), 현금거래 또는 신용거래의 구분 등의 내용이 포함된다.

매매주문의 방법은 지정가주문, 시장가주문, 조건부 지정가주문 최유리지정가 및 최우선지정가 주문 등으로 구분된다.

지정가주문

지정가주문(limit order)은 종목, 수량, 가격을 투자자가 지정하는 가장 일반적인 주문형태로 투자자가 지정한 가격 또는 그 가격보다 유리한 가격으로 매매거래를 하고자 하는 주문을 말한다. 즉, 사자주문에서는 지정가 이하로 매수해 달라는 주문이고, 팔자주문에서는 지정가 이상으로 매도해 달라는 주문이다. 예를 들어, 10,000원에 지정가 사자주문을 내면 10,000원 이하에서만 매수하겠다는 것이며 주가가 10,000원 이하로 떨어지지 않으면 거래

6) 대용증권은 유가증권의 활용도를 높이기 위하여 현금 대신으로 사용할 수 있도록 한국거래소가 별도로 지정한 유가증권을 말한다. 대용증권은 위탁증거금과 신용거래보증금 등으로 활용할 수 있다.

7) 주식의 신용거래에 있어서 반대매매란 상환기한 이전에 융자분은 매도, 대주분은 매수하여 차금을 수수함으로써 청산하는 행위를 말한다.

8) 보통거래는 <(5) 결제> 에서 설명할 것이다.

가 성립되지 않는다. 지정가와 시장가와의 차이가 클수록 지정가주문이 실제로 체결될 가능성은 낮아지며, 지정가주문의 호가는 당일에만 유효하다.

시장가주문

시장가주문(market order)은 투자자가 종목과 수량은 지정하되 가격은 지정하지 않는 주문으로, 현 시점에서 가장 유리한 가격조건 또는 시장에서 형성되는 가격으로 즉시 매매거래를 하고자 하는 주문을 말한다. 시장가주문은 지정가주문에 우선하여 매매체결되고 주문수량 전량이 해소될 때까지 가장 우선하는 상대방 주문부터 순차적으로 체결이 이루어지므로 거래가 체결될 가능성이 제일 높다. 예를 들어, 시장가로 사자주문을 내면 이 주문을 의뢰받은 증권회사는 거래소의 시황판을 보고 주문을 처리하게 된다. 당시 이 주식의 시황이 사자 10,000원, 팔자 10,500원이라면 매수주문은 매도호가인 10,500원에 그리고 매도주문은 매수호가인 10,000원에 체결된다.

조건부 지정가주문

매매거래시간 중에는 지정가주문으로 매매거래에 참여하지만 매매체결이 이루어지지 않은 잔여수량은 종가결정(장종료 전 10분간 단일가매매)시에 시장가주문으로 자동 전환되는 주문을 말한다.

최유리지정가주문

상대방 최우선호가로 즉시 체결이 가능하도록 하기 위해 주문접수 시점의 상대방 최우선호가 가격으로 지정되는 주문이다. 즉, 매도의 경우 해당 주문 접수시점에 가장 높은 매수주문 가격으로, 매수의 경우 해당 주문의 접수시점에 가장 낮은 매도주문 가격으로 매매가 체결된다.

최우선지정가주문

해당 주문의 접수시점에 자기 주문 방향의 최우선호가 가격으로 지정되는 주문이다. 매도의 경우 해당 주문 접수시점에 가장 낮은 매도주문 가격으로, 매수의 경우 당해 주문 접수시점에 가장 높은 매수주문 가격으로 매매가 체결된다.

(4) 매매계약의 체결

모든 주문은 전산시스템(stock market automated trading system: SMATS)을 통해 거래소에 전달되어 매매체결원칙에 따라 처리되면, 체결내역은 전산시스템을 통해 즉시 통보된다. 매매계약의 체결방법에는 단일의 매도자와 매수자 사이의 매매거래인 상대매매, 복수의 매도자와 매수자 사이의 매매거래인 경쟁매매, 단일의 매도자(또는 매수자)와 복수의 매수자(또는 매도자) 사이의 매매거래인 경매매가 있는데, 우리나라에서 사용되는 매매계약 체결방법은 경쟁매매이다.

매매 체결 원칙

모든 주문은 다음과 같은 원칙으로 매매가 체결된다.

- **가격우선의 원칙** : 저가 매도호가가 고가 매도호가에 우선하고, 고가 매수호가가 저가 매수호가에 우선한다.
- **시간우선의 원칙** : 가격이 동일할 경우, 먼저 접수된 호가가 나중에 접수된 호가에 우선한다.

  그러나 시가가 상 · 하한가인 상황에서 시간우선원칙에 따라 매매를 체결시킨다면 시간상 후순위의 투자자는 불리한 상황에 처하게 된다. 즉 시간상 후순위의 투자자는 상 · 하한가로 주문을 제출하였음에도 불구하고 가격제한폭으로 인해 상 · 하한가보다 더 우선하는 가격으로의 주문제출(정정)도 불가능해지고 호가접수시간이 후순위이므로 체결도 되지 못한다. 따라서 거래소에서는 매매체결을 원하는 투자자의 수요를 충족시키고, 상 · 하한가 호가간 매매체결의 공평성을 도모하기 위하여 시가 등이 상 · 하한가인 경우에는 시간우선원칙을 배제하고 있다. 이와 같이 시간우선의 원칙이 예외로 될 경우 거래는 다음 원칙으로 체결된다.
- **수량우선의 원칙** : 위탁매매호가 간 또는 자기매매호가 간에는 수량이 많은 호가가 우선한다.
- **위탁매매 우선의 원칙 :** 시간우선의 원칙이 배제되어 동시호가 수량배분시 고객의 위탁매매가 증권회사의 자기매매보다 우선한다.

매매체결방법

매매체결은 가격결정방법에 따라 동시호가매매(단일가 매매)와 접속매매(복수가 매매)로 나누어진다.

- **동시호가매매** : 일정시간 동안 접수된 주문을 모두 동시에 접수된 것으로 간주하여 사자와 팔자주문으로 나누어 집계한 다음, 양쪽 주문을 최대한 수용할 수 있는 하나의 가격으로 매매를 체결시키는 방법이다. 즉, 동시호가란 호가시간의 선후를 구분하지 않는 호가로서 시간적으로 동일한 것으로 간주하여 하나의 가격으로 매매를 체결시킨다. 그리고 동시호가에서는 가격 및 수량우선의 원칙만 적용된다. 동시호가는 매매거래 개시전 일정시간(08:30 ~ 09:00), 장 종료전 일정시간(15:20 ~ 15:30), 신규상장종목의 최초 가격결정시, 일시적 매매거래정지 후 등에 적용된다.
- **접속매매** : 동시호가매매에 의해 장이 시작되는 가격이 결정된 직후부터 매매거래가 종료될 때까지 매매주문이 접수되는 대로 매매체결원칙에 따라 매매를 계속적으로 성사시키는 방법이다. 거래시간 중에 새로운 가격이 형성되면서 계속적으로 거래가 이루어지기 때문에 접속매매라고 한다.

(5) 결 제

매매거래가 성사되면 결제가 이루어지는데 거래소시장의 거래는 결제기간에 따라 보통거래, 당일결제거래 및 익일결제거래로 구분된다.

보통거래

보통거래는 매매계약을 체결한 날(T)로부터 3일째(T+2) 되는 날에 결제가 이루어지는 것으로 모든 주식의 일반적인 거래에 적용된다. 공휴일은 날짜 계산에서 제외되며 토요일에는 결제가 되지 않는다. 따라서 목요일에 체결된 거래는 다음 주 월요일에 결제된다. 주식관련 채권(전환사채, 신주인수권부사채)의 거래에도 보통거래가 적용되고 있다.

당일결제거래

당일결제거래는 매매 당일(T)에 결제가 이루어진다. 즉 매매계약이 체결된 당일(오후 4시)에 증권과 거래대금이 결제된다. 주식 중 관리대상종목과 채권의 거래에 당일결제거래가 적용되고 있다. 매매를 위탁할 때 매수대금 전액을 위탁증거금으로 납입하여야 한다.

익일결제거래

익일결제거래는 매매 다음 날(T+1)에 결제가 이루어진다. 국채딜러간 매매는 익일결제거래로 이루어진다.

우리나라 한국거래소에서의 매매거래 결제는 거래소의 결제기구를 통해 하도록 되어 있다. 그러므로 증권의 매매와 거래를 함에 있어서 계좌이용자(투자자, 증권회사, 금융기관)들은 그들이 소유하고 있는 유가증권을 미리 한국예탁결제원에 예탁하여 매매거래에 수반되는 유가증권을 주고받을 때 실물에 의하지 않고 이용자의 계좌 간에 대체함으로써 결제를 종료하게 된다.

다. 수수료와 세금

주식거래와 관련하여 투자자는 위탁수수료를 부담하여야 하고, 증권거래세, 양도소득세, 배당소득세 등의 세금을 부담하여야 한다.

위탁수수료

투자자가 증권에 투자하려는 경우 거래소시장에 직접 참가하여 매매할 수 없으므로 증권회사에 위탁하여 매매를 하게 된다. 투자자는 증권회사에 자신의 매매를 위탁하는 대가로 증권회사에 일정한 금액을 지급하는데 이를 위탁수수료라고 한다. 즉, 매매거래가 성립되었을 때 증권회사가 투자자로부터 받는 수수료를 말한다. 투자자는 증권의 매도 또는 매수 주문을 내어 매매체결이 이루어졌을 때 위탁수수료를 부담한다. 위탁수수료율은 증권회사가 자율적으로 결정한다. 일반적으로 영업점 거래보다 온라인 거래를 이용하면 저렴한 위탁수수료로 거래할 수 있다.

증권거래세

증권거래세는 투자 손익에 관계없이 투자자가 증권을 매도하는 경우에만 부과되는 세금이다. 증권거래세의 세율은 정부가 경제상황 등을 고려해서 결정한다. ETF는 주식이 아니므로 증권거래세가 부과되지 않는다.

양도소득세

양도소득세는 증권매매차익인 자본이득에 대하여 부과되는 세금으로서 자본이득세라고도 한다. 주식의 경우 대주주[9]가 아닌 소액투자자의 경우 양도소득세는 원칙적으로 면제된다. 다만 비상장주식을 매도할 때, 상장주식을 장외에서 거래할 때, 상장주식을 대주주가 양도할 때, 해외에서 주식을 매입하였을 때는 양도소득세를 납부하여야 한다. 파생금융상

9) 대주주의 기준은 소득세법 시행령 제157조 참조.

품의 양도소득에 대해서는 양도소득세를 납부하여야 한다.

배당소득세

주주가 배분받은 현금배당, 주식배당 및 이익잉여금의 자본금 전환에 따른 무상증자에 대하여는 배당소득세가 과세된다. 배당을 지급하는 기업 또는 증권회사는 배당액에서 배당소득세를 차감한 후 배당금을 투자자에게 지급한다.

2. 신용거래

가. 신용거래의 의의

신용거래란 투자자가 주식매입자금이나 매도주식을 보유하고 있지 않는 경우, 자금을 차입하여 주식을 매입하거나 주식을 차입하여 매각하는 거래를 의미한다. 즉, 신용거래는 투자자가 자금을 차입하여 주식을 매입하는 융자거래와 주식을 차입하여 매도하는 대주거래로 나누어진다.

신용거래를 원하는 고객은 일정금액의 보증금과 함께 별도의 신용거래계좌를 개설해야 한다. 그리고 한국거래소에서 관리종목과 투자경고 및 투자위험종목[10]으로 지정되면 신규신용거래가 중지된다.

융자거래

융자거래는 주가상승이 예상될 때 증권회사로부터 자금을 빌려 주식을 매입한 후, 주가가 상승할 때 주식을 매도하여 차입금을 상환함으로써 차익을 얻기 위한 거래이다. 융자거래는 자기자본과 차입한 자본을 합쳐 많은 주식을 매수할 수 있기 때문에 주가가 상승하면 현금거래보다 높은 투자수익률을 얻을 수 있지만, 예상과 달리 주가가 하락하면 투자수익률도 크게 하락하는 지렛대효과(leverage effect)가 있다.

대주거래

대주거래는 주식공매도 또는 공매(short sale)의 한 종류이다. 주식공매도는 주가하락이 예상될 때 주식을 빌려서 미리 매도하고, 주가가 하락하면 주식을 재매수하여 상환함으로써 차익을 얻기 위한 거래이다. 주식공매도는 증권사의 상품보유주식을 빌려서 매도하는 대주거래와 증권사의 중개로 해당주식을 보유하고 있는 개인, 기관, 혹은 대주주들로부터

10) 관리종목과 투자경고에 대하여는 <3. 매매거래의 관리>에서 설명할 것임.

주식을 빌려 매도하는 대차거래가 있다. 대주거래[11]는 주가가 상승하는 만큼 손실이 발생하기 때문에 융자거래보다 훨씬 위험하다. 따라서 대주거래는 규제가 엄격해서 실제 거래는 활발하지 않아 일반적으로 신용거래는 흔히 융자거래를 의미한다.

나. 신용거래보증금과 담보

신용거래는 투기적 성격을 내포하고 있으므로 거래에 여러 가지 제약이 가해지고 있다. 우선 종목별, 증권회사별로 신용거래한도가 설정되어 있고, 증권회사는 고객으로부터 신용거래보증금을 징수하고, 해당 고객이 의무를 불이행하는 사태에 대비하여 채권을 확보하는 제도적 장치도 마련되어 있다.

증권회사는 융자나 대주에 대한 채권을 확보하고 과도한 투기거래를 억제하기 위해 고객으로부터 매매 거래대금의 일정률만큼을 신용거래보증금으로 징수하여야 한다. 일반적으로 신용거래보증금은 매매주문수량에 주가와 신용거래보증금률을 곱하여 계산한다. 신용거래보증금률은 최저 40%로 시장상황과 증시정책에 따라 변동될 수 있다. 예를 들어 신용거래보증금률이 60%인 경우 현금을 60만원 가진 고객은 100만원까지 매입할 수 있다. 여기서 40만원은 신용융자금액이 되며, 신용으로 취득한 주식은 담보로 제공되고, 제공된 담보주식의 가격이 하락하여 일정율의 담보유지비율에 하회하는 경우 증권사는 반대매매를 취한다.

투자자는 보유하고 있는 다른 유가증권을 대용증권으로 활용하여 현금 대신 보증금의 일부로 납부할 수 있다. 융자의 경우, 신용거래보증금 중 대용증권으로 납부할 수 있는 부분을 제외한 현금납부액은 주식매수에 사용될 수 있다. 따라서 실제 융자액은 매수약정대금(매수주문수량 × 주가)에서 신용거래보증금 중 현금납부액 만큼을 차감한 액수이다.

신용거래시 고객은 증권회사에 담보를 예탁해야 한다. 담보가액(담보가치평가액)은 신용거래 융자액이나 대주 시가상당액(대주되어 매도된 주식의 총 시가)의 일정비율(담보유지비율)이상을 유지해야 한다.

융자거래의 경우 매수하여 담보로 납입한 주식의 가격이 하락하거나 신용거래보증금으로 납부한 대용증권의 가격이 하락하면 담보가액이 하락하게 된다. 만약 담보가액이 계속 하락하여 융자액에 미달되면 증권회사는 융자를 회수하지 못하여 손실을 입을 가능성이 발생하

11) 상장 · 법인의 임직원 또는 주요 주주는 대주거래를 할 수 없으며, 개인들에게는 보유주식의 신규상장이나 유상증자로 주식의 입고가 확실한 경우에만 제한적으로 허용하고 있다. 대주거래는 실제로 일부 거액투자자와 기관투자자들에 한해 허용되며, 특히 기관투자자들은 증거금을 낼 필요가 없기 때문에 개인투자자들과의 형평성에 관한 문제가 제기되고 있다. 대주거래는 주가의 급등락을 방지하기 위한 헤지기능이 있으나 시세조정을 목적으로 사용될 가능성도 있다. 특히 공매도를 통해 매물을 시장에 쏟아내면 주가가 실제로 떨어질 가능성이 높기 때문에 주가조작의 도구로 사용될 위험도 존재하고 있다. 공매도에 의한 주가하락을 막기 위해 주문 직전 해당종목의 주가가 떨어진 상태에서는 공매도를 허용하지 않고 있다. 이를 업틱룰(up-tick rule)이라 한다.

게 된다. 따라서 융자액에 대한 담보가액의 비율이 담보유지비율에 미달되면 증권회사는 즉시 추가담보를 요구한다. 만약 추가담보의 요구를 이행하지 않는 경우에는 증권회사가 담보를 처분하여 강제로 상환을 받게 된다. 주가가 급격히 하락하여 담보처분액이 융자액보다 작은 경우에 융자거래자는 투자자본을 모두 잃게 되며 이 계좌는 아무 것도 남아있지 않은 '깡통계좌'가 되는 것이다. 융자액에 대해 증권회사는 고객으로부터 이자를 징수한다.

대주거래의 경우 신용거래보증금으로 납부한 대용증권의 가격이 하락하여 담보가액이 하락하거나, 대주로 매도한 주식의 가격이 상승하면 담보유지비율을 지키지 못하는 경우가 발생할 수 있다. 이러한 경우에도 증권회사는 즉시 추가담보를 요구하게 되고, 이에 응하지 않으면 담보를 처분하여 강제상환을 받게 된다. 담보로 예탁되어 있는 주식매도대금에 대해 증권회사는 고객에게 대주 매도대금 이용료를 청구한다.

다. 신용거래의 관리

융자나 대주는 거래일로부터 일정기간 이내에 상환되어야 하며 이 기간은 연장할 수 없다. 융자거래에서는 융자액을 현금으로 상환하고, 대주거래에서는 차입한 주식과 동일한 주식으로 상환해야 한다. 신용거래는 주로 반대매매를 통해서 상환된다. 융자거래에서는 융자로 매수한 주식을 매도하여 융자액을 상환하고 나머지 차익을 취한다. 대주거래에서는 대주로 매도한 주식을 매입해서 상환하고 나머지 차익을 취한다.

융자거래는 주식시장에서 수요(사자 세력)를 증가시키는 역할을 한다. 주식시장 침체기에는 신용거래에 대한 규제를 완화하고 신용거래보증금률을 낮춤으로써 융자거래를 활성화하여 주식시장을 부양하는 정책수단으로 사용할 수 있다. 반대로 주식시장이 과열되었을 때는 융자거래가 주가상승을 부추겨 시장을 더욱 과열시키는 부작용이 있을 수 있다. 이러한 상황에서는 융자거래에 대한 규제를 강화하고 보증금률을 상향조정함으로써 주식시장을 진정시키는 정책수단으로 사용할 수 있다.

대주거래는 단기적으로 주식시장에서 공급(팔자 세력)을 증가시키는 역할을 한다. 주식시장이 과열되었을 때 대주거래는 주가를 진정시키는 역할을 하지만, 침체기에는 주가하락을 더욱 부채질하는 부작용을 일으킬 수 있다. 대주거래가 장기적으로 신용거래 만기일에 주식을 상환하기 위해 주식을 매수하는 과정에서 주가를 상승시키는 역할을 할 수도 있다.

신용거래는 투기적인 성격을 내포하고 있으므로 신용거래가 제한 없이 허용된다면 투자자는 물론 관련 증권회사도 동반하여 과도한 위험에 노출되고 주식시장이 투기장화 될 위험이 있다. 신용거래보증금률의 조정이 그 중 하나이고, 다른 하나는 신용거래한도를 정하

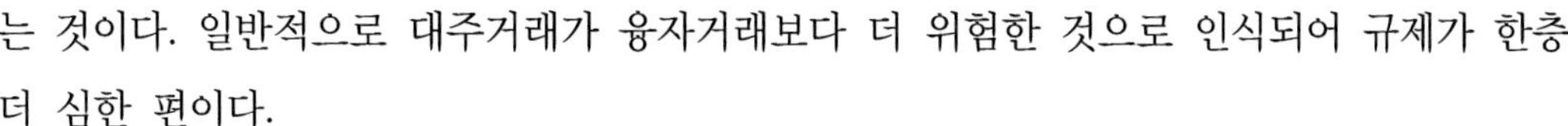

는 것이다. 일반적으로 대주거래가 융자거래보다 더 위험한 것으로 인식되어 규제가 한층 더 심한 편이다.

3. 매매거래의 관리

주식이 공개되고 상장되면 한국거래소로부터 많은 규제와 관리조치를 받게 된다. 그 이유는 증권가격이 공정하게 형성되고, 유통이 원활하게 이루어져 주식의 시장성이 확보되도록 함으로써 투자자를 보호하기 위해서이다.

가. 시장안정제도

가격변동폭 제한

한국거래소는 급격한 가격변동에 따른 투자자의 피해를 방지하기 위해 하루에 변동할 수 있는 가격의 범위를 기준가격 대비 ±30%[12]로 제한하고 있다. 우리나라에서는 일반적으로 전일종가를 기준가격으로 하기 때문에, 가격제한폭은 전일종가의 ±30%이다. 가격등락폭 제한은 투자자 보호를 목적으로 시작되었으나 오히려 가격의 자율조절기능을 마비시켜 주가의 왜곡현상을 조장하는 단점이 있어 이를 폐지하자는 주장이 설득력을 얻고 있다. 가격등락폭 제한은 현재 우리나라와 일본에서는 시행되고 있지만, 미국이나 영국에서는 제한 없이 자유롭게 가격이 등락할 수 있다.

기준가격 결정

한국거래소는 신주인수권이 소멸된 주식에 새로이 형성되는 권리락가격이 권리락 이전의 주식가치와 같아지도록 주식가치를 조정한다. 유 · 무상증자를 시행할 때 신주인수권을 배정 받을 수 있는 주주를 확정하기 위해 신주배정기준일을 정하고 신주배정기준일까지 주식을 소유한 투자자에게만 신주인수권이 주어진다. 보통거래제도에 따라 신주배정을 받기 위해서는 신주배정기준일 2일 전에 주식을 매수해야 하고, 권리락(ex-right)은 신주배정기준일 직전일에 취해진다. 권리락일에는 신주인수권에 해당하는 만큼 기준주가를 하락시키는데, 이를 권리락주가라고 한다.

유 · 무상증자와 마찬가지로 배당 후에도 주식가치를 조정할 필요가 있다. 기업은 사업년도가 종료되면 그 해의 영업실적을 결산하고 당기순이익을 확정하여 그 중 일부를 주주

12) 정리매매종목, 주식워런트증권(ELW), 신주인수권증서, 신주인수권증권의 경우에는 가격제한폭이 적용되지 않으며, 코넥스시장의 1일 가격제한폭은 기준가격 대비 ±15%이다.

에게 배당으로 지급한다. 그러나 주식거래로 주주가 계속해서 바뀌므로 어느 시점을 기준으로 배당을 받을 수 있는 주주를 확정할 필요가 있다. 따라서 결산일을 기준으로 주주명부를 폐쇄하여 주식의 명의변경을 정지하게 된다. 즉 결산일(주주명부 폐쇄일)에 주식을 소유한 주주는 배당을 받지만 그 이후에 주식을 소유한 주주는 배당을 받을 수 없다. 보통거래제도에 따라 배당을 받기 위해서는 결산일 2일 전까지 주식을 매수하여야 한다. 그리고 결산일 직전일 매매분부터는 배당을 받을 수 없는 배당락 조치가 취해진다.

배당락(ex dividend)은 현금배당과 주식배당 전후의 주식가치 변동을 감안하여 적정 투자참고자료를 제공하기 위하여 기준주가를 새로 정하는 것을 말한다.

$$\text{배당락 기준가격} = \frac{\text{배당부종가} \times \text{배당전주식수}}{\text{배당후주식수}}$$

배당부종가는 배당락이 실시되는 날의 전일종가를 말한다. 현금배당의 경우에는 배당락 기준주가를 배당부종가로 정함으로써 실질적으로는 배당락을 적용하지 않는다. 그러나 주식배당의 경우에는 배당 전 · 후의 1주당 가치를 일치시키는 방법으로 배당락 기준가격을 조정한다.

서킷브레이커

서킷브레이커(circuit breaker)란 지수가 급락하는 경우 시장참여자들에게 냉정한 투자판단의 시간을 제공하기 위해 실시하는, 일시적으로 매매거래를 중단하는 제도를 말한다.

현물시장의 코스피지수 또는 코스닥지수가 전일 종가지수 대비 8% 이상 하락한 상태가 1분간 지속되는 경우 1단계 서킷브레이커가 발동되어 현물, 선물, 옵션의 모든 거래[13)]가 20분간 중단되고 10분간 동시호가로 접수한 후 매매를 재개한다. 1단계 서킷브레이커 발동 이후 주가지수가 15% 이상 하락한 상태가 1 분간 지속되는 경우 2단계 서킷브레이커가 발동되어 모든 거래가 20분간 중단되고 10분간 동시호가로 접수한 후 매매를 재개한다. 각 단계별로 발동은 1일 1회로 한정하고 장종료 40분전, 즉 14시 50분 이후에는 중단하지 않는다.

그러나 2단계 발동 이후 주가지수가 20% 이상 하락하면 3단계 서킷브레이커가 발동되어 모든 매매거래를 종료하며, 3단계 매매거래중단은 장종료 40분전 이후에도 발동이 가능하다.

변동성완화장치

변동성완화장치는 주문실수, 수급 불균형 등에 의해 일시적으로 주가가 급변할 경우 2분간 거래를 정지(단일가매매)함으로써 주가급변 상황에 대한 주의를 환기시키고 순간적인

13) 채권시장에는 적용되지 않는다.

가격급변을 완화하여 선의의 투자자 피해가 발생하지 않도록 하기 위한 제도이다. 동적 변동성완화장치는 주문착오나 특정 호가에 의한 순간적인 수급불균형 등으로 인한 일시적인 변동성 완화로, 개별 종목이 직전 체결가를 기준으로 3% 이상(코스피200 종목 기준) 주가가 변동하면 2분간 해당 종목의 거래를 정지하는 것이다. 정적 변동성완화장치는 특정 단일 호가나 여러 호가로 인해 야기되는 누적적이고 비교적 장기간의 가격변동을 완화시키는 것으로, 직전 단일가를 기준으로 10% 이상 주가가 변동하면 2분간 해당 종목의 거래를 정지하는 것이다.

관리종목지정

한국거래소는 부도발생, 회사정리절차개시 등 상장폐지 기준에 해당되는 사유가 발생한 종목은 유가증권상장규정에 의하여 해당 법인의 발행종목을 관리종목으로 지정하며, 투자자의 주의를 환기시키기 위하여 1일간 매매거래를 정지한다.

관리종목으로 지정되면 당일결제거래만 허용되며, 위탁증거금도 100%로 인상되는 등 매매체결방법을 달리 정하는 것 이외에도 대용증권으로서의 효력이 정지되어 증권시장에서 현금처럼 이용되는 역할이 대폭 제한받게 된다. 또한 신용거래종목에서도 제외됨으로써 당해 종목에 대한 신용거래융자 및 신용거래대주를 할 수 없고, 증권금융의 담보대출유가증권에서도 제외된다. 또한 증권저축가입자의 매수대상에서 제외되고, 해당기업의 해외증권발행이 금지된다.

공매도 제한

공매도는 일반적으로 유가증권을 소유하지 않고 매도하거나, 소유한 경우라도 매도에 따른 결제를 자기소유의 증권으로 하지 않고 증권을 차입하여 결제하는 것을 말한다. 거래소는 공매에 의해 주가 하락이 가속화되지 않도록 위탁매매와 자기매매 모두에 대하여 직전 가격보다 낮은 가격으로 공매를 할 수 없도록 하는 공매도 호가의 가격제한(uptick rule)을 두고 있다. 다만 지수차익거래의 경우에는 예외로 한다.

매매거래정지

투자자 보호 및 시장관리상 필요하다고 인정되는 경우 거래소는 특정 종목의 매매거래를 일시적으로 정지할 수 있다. 즉, 단기과열종목으로 지정된 종목, 매매거래가 폭주하여 신속하게 매매거래를 성립시킬 수 없다고 인정되는 종목, 거래내용이 현저히 공정성을 결여할 우려가 있는 경우, 시장감시규정에 따라 매매거래정지가 요청된 경우에는 해당하는

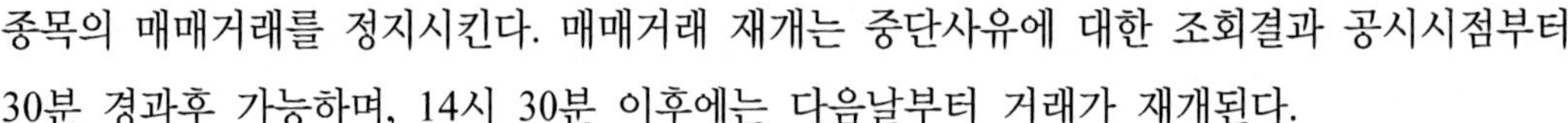

종목의 매매거래를 정지시킨다. 매매거래 재개는 중단사유에 대한 조회결과 공시시점부터 30분 경과후 가능하며, 14시 30분 이후에는 다음날부터 거래가 재개된다.

시장경보

한국거래소는 불공정거래와 투자자들의 뇌동매매 방지 등을 위하여 투자주의, 투자경고, 투자위험 종목을 지정하여 투자자들을 보호하고 있다. 투자주의종목이란 소수 지점에 거래가 집중되는 종목, 소수계좌에 거래가 집중되는 종목, 종가가 급변하는 종목 등 투기적이거나 불공정거래의 개연성이 있는 종목을 말한다. 투자경고종목은 단기간에 주가가 비정상적으로 급등한 종목을 말한다. 투자경고종목으로 지정되면 신용거래가 제한되고 위탁증거금 100% 징수대상이 됨으로써 가수요를 억제하고 주가급등을 진정시키는 시장안정화 조치이다. 투자위험종목이란 투자경고종목으로 지정된 이후에도 투기적인 가수요와 뇌동매매가 진정되지 않고 주가가 지속적으로 상승하는 종목을 말한다. 투자위험종목으로 지정되면 신용거래가 제한되고 위탁증거금 100% 징수대상이 됨은 물론 대용증권으로 사용할 수도 없다.

상장폐지

한국거래소는 발행회사의 기업내용에 중대한 변화가 발생하여 당해 증권을 계속 상장시킬 경우 투자자에게 손실이 발생하거나, 증권시장의 신뢰에 해가 된다고 판단되면 당해 증권에 대해 상장폐지 조치를 취할 수 있고 상장폐지기준에 해당되면 일단 관리종목으로 지정한 후, 일정 기간의 유예기간을 거쳐 심사에 의해 상장폐지를 결정하게 된다. 상장폐지의 구체적인 예로는 회사의 정리절차간의시, 부도수표의 발생, 반기보고서 미제출, 회사의 영업활동 정지, 감사보고서에 부적정의견 발생 등이 있다.

나. 공정거래제도

기업공시

기업내용공시제도(corporate disclosure system)는 투자자 보호제도의 일종으로서 일반투자자가 주가에 대한 판단을 할 수 있도록 기업의 재무상태, 영업실적 등 주가에 중대한 영향을 미칠 수 있는 중요한 기업 정보를 기업이 자발적으로 공개하도록 하는 제도이다. 가장 기본적인 공시내용은 기업의 재무제표인데 '반기보고서'와 '사업보고서'를 2년간 비치하여 투자자들에게 공람시켜야 한다.

기업의 가치는 기업관련 정보의 객관적 평가에 의하여 좌우되므로 상장법인으로서 기업

내용을 성실하게 공시하는 것은 주주에 대한 의무이기도 하며, 증권시장에 있어서는 완전경쟁 상태인 효율적 시장을 이루기 위한 기본조건이 된다. 공시는 정보의 적정성과 완전성, 공시의 신속성, 정보이용의 용이성, 정보전달의 공평성 등의 원칙에 따라 이루어져야 한다.

- **정기공시** : 투자자에게 기업내용과 함께 일정기간의 영업성과 및 재무상태를 정기적으로 공시하는 것을 말한다.
- **수시공시** : 기업의 주요 경영정보가 발생할 때 즉시 그 내용을 거래소에 신고하여 공시하는 것을 말한다.
- **공정공시** : 중요 정보를 기관투자자 등 특정인에게 선별적으로 제공하기 전에 증권시장을 통해 공시하는 것을 말한다.

정보공시의 신속성과 정확성에 문제가 있는 공시를 불성실공시라고 하며, 불성실공시에 해당되는 경우 금융감독위원회는 매매거래정지, 불공정거래 조사를 위한 매매심리 착수, 유가증권발행 제한, 임원해임 권고 등 제재 또는 과징금 부과 등의 조치를 취한다.

시장감시

시장감시(stock watch)는 이상매매종목에 대해 그 원인을 규명하고 실제로 매매과정에서 불공정행위가 있었는지를 밝히는 것이다. 시장감시의 목적은 불공정매매를 최소화하고 공정성과 투명성을 확보하여 선의의 투자자를 보호함으로써 증권시장에 대한 신뢰도를 높이려는 것이다. 시장감시는 우선주가 및 거래량이 정상적인 범위를 벗어나 불공정거래의 개연성이 높은 종목을 골라내이 풍문이나 보도가 있는 종목에 대하여는 조회공시를 의뢰하고 경우에 따라서는 매매심리를 담당하는 부서에 정밀조사를 의뢰하게 된다.

내부자거래의 금지

내부자거래(insider trading)란 내부자가 일반인에게 공개되지 않은 중요한 정보를 이용하여 당해 유가증권을 거래하는 행위, 즉 누구든지 투자판단에 중요한 영향을 미칠 수 있는 미공개정보를 공시하지 않고 혼자 이용하거나 다른 사람으로 하여금 이를 이용하게 하여 부당한 이득을 취하는 행위 또는 손실을 회피하는 행위를 말한다.

내부자는 회사내부자, 준내부자, 정보수령자로 나눌 수 있다. 회사내부자란 임원, 직원, 대리인 및 주요 주주(10%이상 소유한 주주 및 사실상의 지배주주)를, 준내부자란 일반 투자자들 보다 유리한 지위에서 기업에 대한 정보를 알 수 있는 공인회계사, 변호사, 한국거래소, 금융감독원, 세무사, 공무원, 증권사 애널리스트 등을, 정보수령자란 회사내부자나 준

내부자로부터 정보를 받은 자를 의미한다.

단기매매차익거래의 금지

상장법인의 임직원 또는 주요 주주와 같은 회사의 내부자가 자기회사 주식 등을 6월 이내 매수(매도) 후 매도(매수)하여 차익을 획득하는 거래를 금지하고 있다.

주식의 대량 소유 보고 의무

경영권 이전 가능성과 주식의 대량취득 · 변동에 관한 정보를 신속하게 공시함으로써 시장투명성을 제고하고 투자자를 보호하기 위한 제도이다. 상장회사의 주식을 5% 이상 보유하게 되면 그 날부터 5일 이내에 보유상황을 그리고 보유 주식이 1% 이상 변동되면 그 날부터 5일 이내에 변동 내용을 금융위원회와 한국거래소에 보고하여야 한다.

시세조종 금지

증권시장에서 특정 유가증권에 관한 시세나 거래량을 인위적으로 변동시킴으로써 시세차익을 얻고자 하는 조작행위는 증권시장의 공정경쟁의 원칙을 해치는 행위로 금지하고 있다. 이를 시세조종행위의 금지라 한다. 복수인이 미리 통정한 후 동일 유가증권에 대하여 같은 시기에 같은 가격으로 매수 · 매도하는 통정매매, 권리의 이전을 목적으로 하지 않는 위장매매, 단독 또는 타인과 공모하여 매매가 성황을 이루는 것처럼 오인하게 하거나 그 시세를 변동시키는 공모조작행위, 부당한 이득을 취득하기 위하여 고의로 허위의 시세나 풍설을 유포시키는 행위 등은 모두 시세조종행위에 속한다. 한국거래소에서는 시세조정행위에 대한 예외로서 발행시장의 원활한 운용을 위한 안정조작과 시장조성을 인정하고 있다.

- **안정조작** : 안정조작이란 유가증권의 모집 · 매출을 원활하게 하기 위하여 청약일 전에 주가를 인위적으로 끌어올리거나 내려서 안정시키는 일을 말한다. 즉, 주가는 시장의 자연스런 수급에 의해 결정되어야 하지만 주식을 새로 발행하여 한꺼번에 팔 때와 같은 특별한 경우, 발행회사나 인수를 맡은 증권회사가 당국에 신고를 한 뒤 일정 범위 안에서 주가하락을 방지할 수 있도록 한 제도이다.
- **시장조성** : 시장조성은 기업공개를 통해 유가증권시장이나 코스닥시장에서 신규로 거래되는 주식의 가격이 공모가의 80% 이하로 하락하거나 하락할 염려가 있는 경우 주간증권사가 투자자 보호를 위해 공모가의 80%에 매수주문을 내 주가하락을 막는 제도이다. 주간증권사의 시장조성 의무기간은 매매개시 당일부터 한 달간이다.

보론 1 | 주식배당과 자사주 매입

1. 주식배당

주식배당(stock dividend)은 현금배당 대신 주식을 추가로 발행하여 기존 주주에게 무상으로 교부하는 것을 말한다. 주식배당은 기업의 이익이 주식배당액만큼 자본금으로 편입되기 때문에 발행주식수만 늘어날 뿐 기존주주의 지분율은 그대로 유지되어 실질적인 부의 증가를 가져오지는 않는다.

주주의 입장에서 보면 주식배당은 여러 가지 이점이 있다.

- 기업은 배당의 안정성을 중시하는데, 기업이 주당배당액을 일정하게 유지한다면 차기 이후에 주주가 수령하는 총배당액은 증가하게 된다.
- 주식배당은 대체로 성장전망이 밝은 기업이 실시하기 때문에 주식배당 그 자체가 좋은 정보의 역할을 하여 시장에서 그 주식의 가치가 높이 평가되어 주주의 부를 증가시킨다.

기업이 주식배당을 하는 이유는 다음과 같다.

- 배당으로 인한 현금의 사외유출을 막고 현금을 사내에 유보하여 유동성을 제고시키고 자금수요에 대처하기 위해서이다. 성장속도가 빠른 기업의 경우 새로운 자금이 필요할 때 주식배당을 하는 경우가 많다. 또한 기업의 현금상태가 악화되어 지금까지 계속되어 오던 현금배당이 불가능해지면 주식으로 배당하는 경우도 있다.
- 일시적 자본인 유보이익을 영구자본화 하기 위해서이다. 유보이익은 엄밀히 말하여 완전히 자본화된 것이 아니다. 잉여이익은 단순히 축적된 이익이며 그 사용은 어느 정도 법적인 제약을 받으며, 기업의 배당정책 또는 경영정책에 따라 변화할 수 있는 유동적인 자본형태이다. 그러나 주식배당이 이루어지면 유보이익에서 주식배당만큼이 보통주로 전입되어 자기자본으로 영구화된다.
- 주식가격이 비정상적으로 높게 형성되었을 경우 일반투자자들은 이를 거래하는데 불편을 느낄 수 있다. 이 경우 주가를 하락시켜 주식시장에서 보다 거래가 원활하게 이루어지도록 하기 위해서이다.

기업의 입장에서는 주식배당에 따르는 단점 또한 무시할 수 없다.

- 주식배당은 신주를 발행하여 지급하게 되는데, 신주발행에는 발행비용이 따르게 되어 동일한 금액의 현금배당보다 비용이 많이 든다.
- 발행주식수가 늘어나게 되어 미래에 과중한 배당압력을 받을 수 있다. 기업의 배당정책은 안정성이 가장 중요하므로 대체로 주식배당 이후에도 현금배당을 종전과 같은 수준으

로 유지하는 것이 보통이다. 따라서 현금배당을 주식배당이전과 같은 수준으로 유지하려면, 기업의 총배당액은 발행주식수에 비례하여 늘어나게 된다. 그러므로 현금유출을 방지하기 위하여 사용한 주식배당정책이 결과적으로 미래에 더 많은 현금유출을 가져올 가능성이 있다.

- 투자자의 심리적인 영향도 주식배당에 고려되어야 한다. 과중한 주식배당을 한 기업에서는 주식배당 이후 주당이익과 주가가 하락하게 되는데, 이는 기업의 사정을 잘 모르는 투자자로 하여금 기업의 영업성과가 악화되었다고 오해하도록 하여 주가를 하락시킬 수도 있다.

2. 자사주매입

자사주매입은 주식재매입(stock repurchase)이라고도 하는데 이는 기업이 발행한 보통주를 다시 매입하여 금고주(treasury stock)의 형태로 소유하는 것을 말하며, 시세조종행위와 구별된다.

자사주매입은 주주들에게 배당지급과 같은 효과를 주게 된다. 기업이 배당으로 지급할 자금으로 자사주를 매입하면 발행주식총수가 줄어들게 되고 따라서 시장에서 유통되는 나머지 주식의 시장가치는 상승하게 될 것이다. 따라서 주주들은 상승된 주가로 주식을 매각하게 되면 자본이익의 형태로 배당을 받는 것이 되며, 자본이익의 세율이 배당소득의 세율보다 매우 낮으므로 결국은 세금혜택을 얻을 수 있게 된다.

기업이 자사주를 매입하는 이유는 다음과 같다.

- 지나치게 주가가 하락하는 경우 이를 방지하여 주주의 부를 보호할 필요가 있다.
- 배당의 안정화정책을 시행하는 기업이 일시적으로 많은 이익이 발생한 경우, 계속해서 유지할 수 없는 배당금을 현금으로 지급하는 것보다 주식재매입을 통해 배당금규모를 조정할 필요가 있다.
- 기업의 경영자가 많은 양의 자사주식을 보유할 경우 세금효과를 얻기 위해 주식재매입을 선호하게 된다.
- 기업이 발행한 전환권이나 옵션이 행사될 때 또는 다른 기업에 의해 인수되는 것을 방지하기 위해 주식재매입이 이용될 수 있다.
- 사채를 발행하여 주식을 재매입함으로써 자본구조를 조정할 수 있다.
- 일반적으로 많은 양의 금고주를 보유한 기업은 비교적 성장률이 낮고 좋은 투자기회를 갖지 못하는 것으로 투자자들에게 인식된다.

보론 2 | 배당락과 권리락

홍교수의 "증권투자의 실제"를 수강하면서 투자를 시작한 '작은손'은 주식을 공짜로 준다는 무상증자에 대한 풍문을 듣자 증권회사 직원에게 이 소문을 확인하고 그리고서도 믿기 어려워 증권거래소의 전자공시까지 확인한 후에, 며칠 동안 주가의 변동을 관찰하다가 특이한 사항이 없음에도 불구하고 갑자기 주가가 떨어진 날 이것을 바닥이라고 확신하고 주식을 매입하였다. 그런데 이렇게 여러 차례 확인하고 주식을 매입하였음에도 불구하고 '작은손'은 무상증자를 받지 못하는 이상한 일을 당하였다. 이 사건의 전말은 다음과 같다.

'작은손'이 무상증자의 소문을 확인한 날은 4월 21일이었다. 전자공시에 의하면 무상증자의 신주배정기준일이 4월 24일이고 무상주 입고 예정일은 7월 12일이었다. '작은손'이 주식을 매입한 날은 기준일 이전인 4월 23일이었으므로 당연히 주주로서 무상증자를 받을 것으로 기대하고 있었다. 그동안 주식을 팔아야 할 시기가 몇 번 있었지만 혹시 무상증자를 받지 못할까봐 무상주식이 입고되는 날까지 주식을 보유하고 있었다. 드디어 7월 12일이 되어 무상으로 받은 주식을 매도하려고 예탁잔고를 확인하였으나 입고된 주식이 없는 것이었다. 궁금하여 창구직원에게 물어보고 싶었지만 "묻지마 투자자"로 오해받을까봐 그리고 한편으로는 초보라는 것이 부끄러워 며칠 더 기다려보기로 하였다. 그러나 일주일이 지나도 새로 입고된 주식이 없는 것이다.

이게 어찌된 일인가? 사무착오가 있는 것은 아닌가? '작은손'이 초보라는 것을 알고 누군가가 무상주를 탈취한 것인가? 아니면 컴퓨터 해킹에 의해 DB가 파손되어 일어난 사건인가?

'작은손'은 작년에 홍교수의 강의를 들었던 선배 '큰손'을 찾아갔다. '큰손' 역시 처음 투자할 때 자신도 비슷한 경험을 했다고 하면서 다음과 같은 얘기를 들려주었다.

경제신문을 보니 배당을 고려한 투자도 좋은 전략이라는 기사가 있었다. 내용을 읽어보니 그럴 듯해서 6월 28일 증권회사 직원과 상의를 하였더니 결산일이 6월 30일인 기업 중 유망기업의 주식을 추천하여 주었다. '큰손'은 그 종목을 관찰하고 있었는데 주가에 영향을 미칠만한 사건이 전혀 일어나지 않았음에도 불구하고 갑자기 주가가 크게 곤두박질 친 6월 29일 주식을 샀다. 이제 주주가 되었으니 주주총회에 참석하라는 통지가 올 것이고 주총에 참석하면 배당을 많이 달라는 발언을 해야겠다고 생각하고 있었다. 그런데 어찌된 영문인지 8월이 지나도 주주총회 안내문이 오지 않았다. 우편배달 사고려니 하고 생각하였다. 모처럼 주주총회가 어떻게 진행되는지 경험해 볼 기회를 놓친 것이 아쉬웠으나 배당금을 받는 것이 목적이었으므로 자위하고 있었는데, 9월이 다 지나도록 배당금이 입금되지 않는 것이었다. '큰손'은 매우 화가 나서 증권회사 창구직원에게 따지려고 자초지종을 설명하다가 무안을 당하고 말았다.

어찌해서 이러한 사건이 발생하는 것인가?

'작은손' 사건의 열쇠는 어느 시점에 권리락이 발생하며 주주의 권리는 언제 발생하는가에 있다. 이 사건을 날짜별로 재정리해 보면 다음과 같다.

날 짜	4/21	4/22	4/23	4/24	4/25	…	7/12
작 은 손	소문확인	소문확인	주식매입		주 주		?
시 장			권리락 조치	신주배정 기준일	명의개서 정지		무상주 입고

신주배정기준일이 경과됨에 따라 구주에 부여되어 있는 신주인수권 또는 신주의 무상교부권이 소멸됨에 따라 이론적으로 계산된 가격만큼 주가를 떨어뜨리는 시장조치를 권리락이라고 한다. 여기서 이론적으로 계산된 가격이란 권리락주가를 말하는 것이므로, 권리락이란 권리부주가와 권리락주가의 차이인 신주인수권의 크기만큼 주가를 떨어뜨리는 것을 의미한다. '작은손'은 이러한 권리락을 주가의 하락으로 잘못 생각하였다.

주식회사가 증자를 하는 경우에 신주인수권을 확정하기 위해 신주배정기준일을 정하는데, 이때 그 기준일의 익일 이후에 결제되는 주권에는 신주인수권이 없어진다. 따라서 거래소에서는 신주배정기준일 전일에 실제로 당해 종목에 권리락 조치를 취함으로써 주가가 합리적으로 형성되도록 관리하는 것이다.

우리나라는 주식매매에 있어 보통결제제도를 취하고 있기 때문에 실제 주주로서 권리를 행사할 수 있는 것은 주식을 매입한 날로부터가 아니라 3일 후 그 거래가 결제되는 날부터이다. '작은손'은 4월 23일에 주식을 매입하였으므로 주주의 권리를 행사할 수 있는 것은 결제일인 4월 25일부터이다. 그런데 신주배정기준일은 4월 24일로서 이미 지나가 버렸기 때문에 '작은손'은 신주인수권을 갖지 못하는 것이다. 그러므로 비록 무상증자가 이루어지는 7월 12일까지 주식을 보유하고 있었다고 할지라도 무상주를 배정받지 못한 것이다. 그러므로 '작은손'이 무상주식을 배정받는 신주인수권을 가지려면 신주배정기준일 이틀전인 4월 22일에 주식을 매입하여야 했다.

그렇다면 4월 23일에 '작은손'에게 주식을 매도한 사람이 무상증자를 받았는가? 그렇다. 그는 신주배정기준일 이전에 주식을 매도하였지만 4월 25일 주주명부가 폐쇄되어 명의개서가 정지되었으므로 그의 이름이 신주배정과 관련된 주주명부에 남아있게 된다. 기업은 이 명부에 기재된 자를 주주로 간주하여 무상증자를 하게 된다.

기업은 왜 명의개서를 정지하였는가? 시장에서 주식이 지속적으로 거래됨에 따라 기업의 주주는 수시로 바뀌게 된다. 이렇게 되면 주주총회, 배당, 유·무상증자 등에 대한 권리를 행사할 주주를 확정짓기가 어렵기 때문에 일정기간 또는 일정시점에서 주주명의 변경을 금지함으로써 주주권을 행사할 수 있는 주주를 확정짓기 위해서이다.

이러한 거래는 과연 공정한 것인가? '작은손'은 무상주를 배정하는 날까지 주식을 보유하고 있는 사실적인 주주임에도 불구하고 무상주를 받지 못하므로 손해를 보는 것이고, 주식을 판 사람은 실질적인 주주가 아님에도 불구하고 무상주를 받는다면 이익을 보는 것은 아닌가? 그렇지 않다. 권리락이란 신주인수권만큼 주가를 떨어뜨리는 것이므로 '작은손'은 신주를 인수할 수 있는 4월 22일의 권리부주가보다 신주인수권만큼 하락한 권리락주가로 주식을 구입한 것이고, 주식을 판 사람은 권리락주가로 매도하였으므로 무상주를 받아 권리부주가와의 차이를 보전하게 되는 것이다.

'큰손' 사건의 열쇠는 어느 시점에 배당락이 발생하며 주주의 권리는 언제 발생하는가에 있다. 이 사건을 날짜별로 재정리해 보면 다음과 같다.

날 짜	6/28	6/29	6/30	7/1	…	8/20	…	9/20
큰 손	상 담	주식매입		주 주		?		?
시 장		배당락 조치	배당 기준일	명의개서 정지	주주총회		배당금 지급	

배당기준일이 경과하여 배당을 받을 수 없는 상태를 배당락이라고 한다. 주식회사는 매 사업년도가 종료된 후에 결산을 확정하고 이익잉여금을 처분하기 위해 정기주주총회를 개최하게 되는데, 이때 주주총회에서 주주권을 확정하기 위하여 권리확정일을 매 사업년도 최종일인 결산기말로 하며, 그 다음 날부터 주주총회 종료일까지는 주주명부를 폐쇄하고 주식의 명의개서를 정지하게 된다.

따라서 사업년도 종료일 다음 날부터 주식을 매수하는 자는 전 사업년도의 영업실적에 의한 이익 배당을 받을 권리가 없게 되므로 거래소는 이날부터 당해 주식에 대하여 배당락을 취함으로써 주가가 합리적으로 형성되도록 관리한다.

'큰손'은 6월 29일에 주식을 매입하였으나 주주의 권리를 가지게 된 날은 7월 1일이었다. 그런데 이미 배당기준일은 지났기 때문에 배당을 청구할 권리가 없을 뿐만 아니라, 7월 1일부터 주주명부가 폐쇄되어 자신의 이름을 등재할 수 없기 때문에 비록 주식을 가지고는 있으나 주주총회 참석장을 받을 수 없게 된 것이다.

그렇다면 6월 29일에 '큰손'에게 주식을 매도한 사람은 과연 주주총회에도 참석할 수 있고 배당도 청구할 수 있는가? 그렇다. 그는 배당기준일 이전인 6월 29일에 주식을 매도하였지만 7월 1일 주주명부가 폐쇄되어 명의개서가 정지되었으므로 그의 이름이 주주총회와 관련된 주주명부에 그대로 남아있게 된다. 기업은 이 명부에 기재된 자를 주주로 간주하여 주주총회 참석장을 송부하고 주주총회 결의에 따라 추후 배당금을 지급하게 된다.

이러한 거래는 과연 공정한 것인가? '큰손'은 배당금을 지급하는 날까지 주식을 보유하고 있는 사실적인 주주임에도 불구하고 배당금을 받지 못하므로 손해를 보는 것이고, 주식을 판 사람은 실질적인 주주가 아님에도 불구하고 배당금을 받는다면 이익을 보는 것은 아닌가? 그렇지 않다. 배당락이란 예상되는 배당금액만큼 주가를 떨어뜨리는 것이므로 '큰손'은 배당을 받을 수 있는 6월 28일의 배당부주가보다 예상배당금만큼 하락한 배당락주가로 주식을 구입한 것이고, 주식을 판 사람은 배당락주가로 매도하였으므로 배당금을 받아 배당부주가와의 차이를 보전하게 되는 것이다. 다만 예상되는 배당금보다 실제 배당금이 더 크거나 작을 경우에는 손익이 발생하게 된다.

읽을거리 주식 가격제한폭 확대 한달 앞…상승세 증시에 득일까 독일까

거래소, 리스크 완화장치 도입키로 유가증권시장 가격제한폭 변화, 코스닥시장 가격제한폭 변화 가격제한폭 확대가 상승세인 증시에 득이 될까, 독이 될까?

금융위원회는 지난해 11월 주식시장 발전 방안의 하나로 현행 15%인 가격제한폭을 30%로 늘릴 예정이라고 발표했다. 당시 증시가 3년간 박스권에 머물며 투자자 · 자금이 이탈하는 상황에서 내놓은 거래 활성화 정책 중 하나였다. 원래는 1월 도입 예정이었지만 증권사의 거래 시스템 교체 등의 이유로 시행 시기가 6월 중순으로 미뤄졌다.

가격제한폭 제도는 개별 주식 종목의 오름폭과 내림폭의 한계를 정해, 주가의 변동성을 인위적으로 제한하는 장치다. 유가증권시장의 경우 1998년 12월부터, 코스닥시장은 2005년 3월부터 상승이든 하락이든 15%로 가격제한폭이 유지돼왔다. 지난 3월 발간된 삼성증권 보고서에 따르면 한국 외에도 일본 · 대만 · 오스트리아 · 벨기에 · 스페인 · 그리스 등이 평균 18% 정도의 가격제한폭을 설정하고 있다.

금융위는 현행 가격제한폭 아래에서 기업의 가치와 새로운 정보들이 가격에 신속하게 반영되지 못하는 본질적인 문제와, 가격이 상 · 하한가에 근접할 경우 주가가 과잉 반응해 변동폭이 확대되는 현상이 일어나고, 인위적으로 상한가에 근접하는 시가를 형성해 추종매매를 유도하는 '상한가 굳히기' 등의 불공정 거래가 발생한다고 본다. 따라서 올해 상반기 안 가격제한폭 확대에 이어 완전 폐지를 검토하고 있다.

전문가들은 가격제한폭 확대가 증시 활성화를 이끌어내기는 어렵다고 봤다. 가격제한폭 확대로 거래량이 늘 것으로 예상되는 종목은 현재 상 · 하한가를 기록하는 것들인데, 이 종목들이 중소형주 위주라 시장의 큰 흐름에는 영향을 주지 못할 공산이 크다는 것이다. 금융정보업체 에프엔가이드에 따르면 지난해 유가증권시장에서 상 · 하한가는 960차례 있었는데, 이 중 시가총액 100위 안의 대형주가 차지하는 비율은 채 1%(6회)가 안 됐다.

코스닥시장에 대해선 변동성 확대 우려가 많다. 지난해 코스닥시장에서 상 · 하한가 발생 빈도수는 4,561차례나 됐다. 투기적 매매가 증가할 뿐 아니라, 최근 내츄럴엔도텍 사태로 한 기업에 의해 지수 전체가 돌아서는 코스닥시장의 취약성을 본 개인투자자들은 오히려 2배로 커진 하락폭에 겁을 먹고 시장을 떠날 위험이 있다는 전망이 나온다.

정책이 발표된 시점과는 달리 장이 상승세로 돌아선 것도 변수다. 일부에서는 증시 활성화 의지가 담긴

이 정책이 장 상승과 맞물려 시너지가 일어날 것이라 봤지만, 이미 지수가 많이 올라 하락 위험이 더 커졌다는 시각도 있다. 박소연 한국투자증권 리서치센터 연구위원은 "하한가를 세번만 맞으면 원금이 20%밖에 안 남는 상황이 온다. 중소형주를 매매하는 투자자들이 비중 축소를 고민하는 것으로 보인다"고 말했다.

업계는 여전히 고민중이다. 금융투자업계 관계자는 "홈트레이딩시스템 등을 개편해야 하는데다, 하락폭이 커져 투자자가 큰 손실을 보면 증권사에 빌린 돈을 갚지 못할 수도 있다. 증권사가 리스크를 줄이려면 신용대출에 대한 담보를 늘려야 하는데, 이 경우 다른 증권사로 고객을 뺏길 수도 있다"고 말했다.

김기경 한국거래소 시장제도팀장은 "과거 코스닥 사례를 보면 가격제한폭을 올려도 변동성은 꾸준히 줄었다. 시장이 안정화되고 있다는 의미다. 리스크가 커질 가능성은 있어서 정비를 하는 상태"라고 밝혔다. 한국거래소는 가격제한폭 확대 시행을 앞두고 서킷브레이커스(지수가 일정 이하로 하락하면 전체 장 20분간 중단) 발동 조건을 현행 10%에서 8%로 완화하고, 직전 단일가격 기준으로 10% 이상 가격이 변했을 때 2분간의 냉각기간을 부여하는 정적 변동성 완화 장치도 새로 도입하기로 했다.

<한겨레신문 2015.05.06.>

읽을거리 240만원대 '황제주' 롯데제과 5천원 → 500원 액면 쪼갠다(종합)

'황제주' 롯데제과가 마침내 액면분할에 나선다. 7일 한국거래소와 금융투자업계에 따르면 롯데제과는 이날 이사회를 열고 액면분할을 하기로 결정했다고 공시했다. 최근 롯데그룹이 경영권 분쟁 등으로 악화된 여론을 극복하기 위해 다양한 주주친화 방안을 추진하는 와중에 이번에 액면분할 결정을 내린 것으로 보인다. 액면분할은 주식의 액면가액을 일정한 비율로 나눠 주식 수를 늘리는 것을 의미한다. 액면분할을 해도 시가총액은 같지만 주식 수가 증가하면서 1주당 가격이 낮아져 거래 활성화에 도움을 준다. 롯데제과의 현재 액면가는 5천원으로, 롯데 측은 이를 10분의 1인 500원으로 쪼갤 계획이다. 이에 따라 롯데제과 주식은 주당 240만원대에서 24만원대로 낮아지고, 발행주식 총수는 142만1천400주에서 1천421만4천주로 늘어나게 된다.

이렇게 되면 초고가주여서 매입에 부담을 느끼던 개인 투자자들의 접근이 쉬워진다. 롯데제과는 오는 25일 주주총회를 열고 주식분할 안건을 상정할 예정이다. 신주권 상장 예정일은 오는 5월17일이다. 거래소 관계자는 "작년 아모레퍼시픽의 사례에서 볼 수 있듯 액면분할로 개인 투자자의 참여 기회가 늘면 거래량과 거래대금이 늘어 주가와 시가총액도 상승하고 결국 기업가치가 제고될 것"이라고 말했다. 이날 오후 2시6분 현재 유가증권시장에서 244만9천원에 거래 중인 롯데제과는 국내 주식시장에서 가장 비싸게 거래되는 주식이다. 그동안 시장에서는 롯데제과를 비롯해 초고가주에 대한 액면분할 필요성이 꾸준히 제기돼 왔다. 현재 유가증권시장에서 주가가 100만원 이상인 초고가주는 롯데제과, 롯데칠성, 삼성전자, 영풍, 오뚜기, 태광산업 등 모두 6개다. 특히 신격호 롯데그룹 총괄회장이 '가장 비싼 주식'에 대한 자부심이 강했던 탓에 롯데그룹주에 유독 고가주가 많은 상태다. 이번 롯데제과의 액면분할 결정에 따라 향후 롯데푸드 등 다른 롯데그룹주의 추가 액면분할 가능성에 대한 기대감도 커지고 있다.

한국거래소는 그동안 액면 분할이 필요해 보이는 우량 대형주 등을 대상으로 기업을 직접 방문하는 등 꾸준히 액면분할을 권유해 왔다. 한편 크라운제과를 비롯해 올해 정기주주총회에서 액면분할을 안건으로 상장하는 상장법인은 지난 2일 기준으로 유가증권시장 6곳, 코스닥시장 4곳 등 총 10곳으로 집계됐다.

<연합뉴스 2016.03.07.>

CHAPTER

3 연습문제

1 주식투자의 매력이라고 볼 수 없는 것은?

① 주식회사 주인으로서의 각종 권리 행사

② 회사 파산시 최우선적으로 재산분배 참여

③ 주가가 오르는 경우의 시세차익

④ 기업이익의 일부를 받는 배당수익

2 다음 중 주주의 권한이 아닌 것은?

① 주주총회 의결권 ② 이익배당청구권

③ 채권인수권 ④ 이사의 선임권

3 주식 투자의 매력 중 하나는 환금성이다. 거래가 잘 안 되는 주식의 환금성을 확보해 주는 역할을 하는 사람을 무엇이라고 하는가?

① 시장조성자 ② 브로커

③ 딜러 ④ 대리인

4 일정률의 우선배당을 받고 이에 이어 보통주가 배당을 받고 난 후에도 배당여력이 있을 때 그것을 보통주와 균등하게 배분 받을 수 있는 권리를 가진 주식은?

① 누적적 우선주 ② 비누적적 우선주

③ 참가적 우선주 ④ 비참가적 우선주

5 다음 설명 중 잘못된 것은?

① 대형 우량주란 과거 성장과 배당에 있어 우수한 실적을 나타낸 주식을 의미한다.

② 수익주란 시장의 평균적인 수준보다 높은 배당을 지급하는 주식을 말한다.

③ 성장주란 시장의 모든 기업들의 평균이익 이상의 이익을 지속적으로 벌어들이고 있는 기업의 주식을 말한다.

④ 경기주란 경제가 하락세일 때에도 안정적인 주식을 말한다.

6 기업공개란?

① 일반 대중에게 주식을 매도하여 다수 대중의 소유로 전환되는 것

② 한국거래소에 발행주식을 거래대상으로 등록하는 것

③ 기업의 내용을 일반투자자에게 공개하는 것

④ 주식을 발행하여 자본을 조달하는 것

7 배정된 주식을 받기 위해서 일정한 대금을 지급하여야 하는 증자방법은?

① 무상증자 ② 유상증자
③ 간접증자 ④ 직접증자

8 기존주주가 유상증자에 참가하지 않아 팔리지 않은 주식은?

① 우선주 ② 무상주
③ 테마주 ④ 실권주

9 유상증자와 무상증자와 관련하여 주주의 부는 어떻게 변화할 것인가?

① 유상증자에 참여하려면 추가대금을 납입하여야 하므로 증자참여 후 주주의 부는 감소한다.
② 무상증자는 대가없이 받는 주식이므로 증자 후 주주의 부는 증대된다.
③ 어떠한 형태의 증자에 참여하든지 주주의 부는 변함이 없다.
④ 유상증자와 무상증자가 동시에 있는 경우에만 주주의 부는 증가한다.

10 유무상증자를 동시에 실시하는 주식의 현재 주가는 30,000원이고, 유상배정비율은 0.3이며, 무상배정비율은 0.1이고, 신주 1주의 납입금액은 20,000원이다. 이 주식 50주를 가지고 있는 주주가 유무상증자를 모두 받은 후 주주의 부는 얼마가 될 것인가?

① 2,500,000원 ② 1,500,000원
③ 500,000원 ④ 1,000,000원

11 위탁증거금이 40%인 경우, 삼성전자주식 2주를 주당 500,000원에 구입하려는 투자자는 주문당시 최소한 얼마가 있어야 하는가?

① 400,000원 ② 500,000원
③ 600,000원 ④ 1,000,000원

12 다음 중 주식의 매매 주문을 할 수 없는 시간은?

① 08 : 30 ~ 09 : 00 ② 12 : 00 ~ 12 : 30
③ 16 : 00 ~ 17 : 00 ④ 18 : 00 ~ 18 : 30

13 다음 중 누구의 주문이 가장 먼저 체결될 것인가?

① 가장 비싸게 사겠다는 주문 ② 가장 먼저 접수된 주문
③ 가장 많이 사겠다는 주문 ④ 기관투자자의 주문

14 금요일에 주식을 매도하였다면 언제 이 대금을 현금으로 인출하여 사용할 수 있는가?

① 금요일 ② 토요일
③ 다음 주 월요일 ④ 다음 주 화요일

15 주가가 계속 하락할 것으로 예상되는 경우 수익을 올릴 수 있는 투자 방법은?

① 융자 ② 보유 주식 매도

③ 주식 추가 매입 ④ 대주

16 새로운 제도하의 서킷브레이커에 관한 설명 중 그릇된 것은?

① 이 제도는 지수가 급등하는 경우 시장참여자들이 냉정을 되찾을 수 있도록 일시적으로 매매거래를 중단하는 제도이다.

② 현물시장의 코스닥지수가 전일 종가지수 대비 8%, 15%, 또는 20% 이상 하락한 상태가 1 분간 지속되는 경우 각각 발동된다.

③ 서킷브레이커가 발동되면 현물, 선물, 옵션 등 모든 거래가 일시적으로 중단된다.

④ 2단계는 장종료 40분전 이후에는 발동되지 않는다.

17 다음 중 자신을 위해 증권거래를 함에 있어 제한을 받지 않는 사람은?

① 미성년자 ② 증권회사 직원

③ 회사 임원 ④ 금융감독원장

18 지난 10월 1일 아고라회사의 주가는 7,250원이었다. 회사는 반기 배당금을 주당 100원 지불하고자 한다. 배당지급에 대해서는 10월 2일 공시되었고, 10월 14일 배당락이 되었으며, 배당금은 11월 16일 지불되었다. 이 날짜 중 어느 날에 주가가 100원 하락하였다. 어느 날과 가장 가까운 날짜는?

① 10월 1일 ② 10월 2일

③ 10월 14일 ④ 11월 16일

19 주식배당과 관련이 가장 적은 것은?

① 현금 유동성을 확보하기 위하여 주식배당을 하는 경우가 많다.

② 유보이익을 영구자본화 하기 위해서 주식배당을 한다.

③ 주식배당 이후 배당압력이 약화된다.

④ 주식배당은 현금배당보다 비용이 많이 든다.

20 매일경제신문 기사 "삼성전자의 한 관계자는 "자사주매입이 주가만 보고 판단할 사안은 아니며 종합적으로 판단해서 결정하며 큰 원칙에서 봐야한다"며 "단타투자자들의 이익을 보전해 준다는 것은 장기투자자의 장기 이익을 보전해 준다는 원칙에 맞지 않다"고 말해 이 같은 전망을 일축했다." 이 때 종합적 판단 사항이 아닌 것은?

① 주가 하락 방지 ② 향후 현금배당금규모 조정

③ 정부의 재벌정책 ④ 적대적 합병 인수 방지

정답

1.	②	2.	③	3.	①	4.	③	5.	④	6.	①	7.	②	8.	④	9.	③	10.	②
11.	①	12.	④	13.	①	14.	④	15.	④	16.	①	17.	①	18.	③	19.	③	20.	③

CHAPTER 4

시장지표와 시세표

주식투자란 수완보다는 운이 좌우하는 게임이며,
무일푼이 되는 가장 빠른 길은 패턴을 발견했다고 믿는 것이다.

〈Warren Weaver〉

Section 1 | 주식시장지표

우리는 주식시장이 '호황이다' 또는 '불황이다'라는 말을 자주 듣는다. 이는 주식시장에 상장된 주식들의 전반적인 동향을 표현하는 말로, 주식시장에서 주가가 상승하는 상황이 계속될 때 이를 호황이라고 하고, 반대로 주가 하락추세가 어느 정도 지속될 때 이를 불황이라고 한다. 이와 같이 투자자들은 주식시장에서 특정 개별 주식의 동향보다도 주식시장 전체 동향에 더욱 관심을 가질 수도 있다. 따라서 주식시장의 전체 움직임을 나타내는 주식시장지표(stock market index)가 필요하게 된다. 주식시장지표는 주식시장의 전반적인 가격수준을 단순하게 나타내는 지표로 주가지수가 가장 대표적이다.

1. 주가지수

가. 주가지수의 의의와 유용성

주가지수의 등락은 주식시장의 전반적인 가격변동흐름을 나타내며, 개별 주식과 주가지수의 등락을 비교 · 분석함으로써 개별주식에 대한 투자성과를 측정할 수도 있다. 이와 같이 주가지수는 주식시장의 상황을 나타내는 가장 기본적인 지표로 투자자들이 이용할 수 있는 중요한 정보를 담고 있다.

주가지수(stock price index)는 기준시점에 있어서 주식시장전체의 주가수준을 100포인트로 하고 비교시점의 주가수준을 기준시점에 대한 상대치로 환산하여 지수화한 것이다. 예를 들어 주식시장전체의 주가수준을 상장된 기업들의 주가의 합으로 표시한다면 주가지수는 다음과 같이 나타낼 수 있다. 다음 식은 주가지수를 설명하기 위하여 주식시장전체의 주가수준을 편의상 주가의 합으로 나타낸 것이다.

$$SI_t = \frac{\sum_{i=1}^{n} P_{it}}{\sum_{i=1}^{n} P_{i0}} \times 100$$

SI_t : t시점의 주가지수　　　P_{i0} : 기준시점 (0)에서의 주식 i의 주가

P_{it} : 비교시점 (t)에서의 주식 i의 주가　　　n : 채용종목수

주식 유통시장에서 형성되고 있는 주식가격의 변동을 종합적으로 표시하는 주가지수는

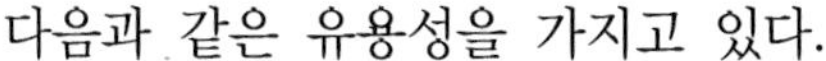

다음과 같은 유용성을 가지고 있다.

- 주가지수는 국내외 경제, 산업, 기업 등의 요인을 종합적으로 반영하는 종합지표 중의 하나로 현재의 시황을 파악하는 기본적인 필수자료이다.
- 주가지수는 미래의 경제를 예측하는 선행지표(leading indicator)로서의 역할을 한다. 일반적으로 개별기업의 주가는 현재의 기업경영실적뿐만 아니라 그 기업의 장래 경영실적에 대한 기대와 예상까지 반영된다. 따라서 상장기업의 주가를 모두 종합한 주가지수는 한 시점에 있어서 그 나라의 경제상황을 나타낼 뿐 아니라 미래의 경제상황에 대한 예측까지도 포함하여 나타내므로 경기선행지표로 이용된다.
- 과거 주가 변화의 양상을 토대로 미래의 주가가 어떻게 변화할 것인가에 대한 정보를 얻을 수 있으므로 주가지수는 미래의 주가예측에 도움을 준다.
- 주가지수는 평균적인 주가변동을 나타내므로 개별주식 또는 여러 개별주식에 분산투자된 포트폴리오의 수익성과 위험을 측정하는 기준치가 될 수 있다. 또한 투자기간 동안의 주가지수변동율과 개별 투자종목의 가격변동률을 비교함으로써 투자성과를 비교 평가할 수 있다.
- 주가지수는 주식시장 전체의 주가변동을 나타내므로 시장전체 수익률의 대용치(proxy)로 사용할 수 있다.

나. 주가지수의 구분

주가지수는 지수 계산에 포함된 채용주식종목의 범위와 가중평균방법에 따라 여러 가지로 구분된다.

채용종목에 관해서는 이론적으로 시장에서 거래되는 모든 종목을 가지고 주가지수를 작성하는 것이 이상적이라고 알려져 있다. 그러나 학자에 따라서는 무작위로 16개 내지 32개 종목을 추출하여 시장의 동향을 추정할 수 있다는 주장도 있다. 실제로 미국의 다우존스산업평균(Dow Jones Industrial Average: DJIA)지수는 뉴욕증권거래소(New York Stock Exchange: NYSE)에서 거래되는 주식 중 각 산업별 대표 우량주 30개를 표본으로 사용하고 있다. 그러나 이 경우 소수의 표본으로 구성된 지수가 시장 전체를 대표할 수 있는가 하는 대표성에 대한 문제가 제기될 수도 있다.

과거에는 표본 수를 증가시키면 계산의 신속성과 경제성이 저하된다는 문제 때문에 적은 수의 표본을 사용하여 지수를 작성하였다. 그러나 최근에는 컴퓨터의 발달로 이러한 문제는 논리적으로 설명되지 않는다. 현재 각국에서는 시장의 모든 종목을 포함시켜 지수를 작성하고 있으며, 우리나라의 코스피 주가지수도 상장종목 전체를 대상으로 산출한 지수이다.

주가지수 작성에 있어 각 주식의 상대적 중요도를 반영하기 위하여 가중치를 사용하게 된다. 여기에는 주당가격에 따라 가중하는 방법, 총 시장가치에 따라 가중하는 방법, 그리고 동일한 가중치로 평균하는 방법이 있다. 이 중에서 어느 방법이 시장 전체를 잘 반영한다고 말하기는 어렵다. 하지만 주당가격 가중방법은 단순하다는 점 이외에는 이론적인 정당성이 없으며, 일반적으로 시가총액 가중방법이 가장 합리적인 방법으로 인정되고 있다.

주당가격 가중방법

주당가격 가중방법(price weighted average)은 먼저 채용종목 1주당 가격을 모두 합한 크기를 채용종목 수로 나누어 단순주가평균을 구한 다음 이를 주가지수로 나타내는 방법이다. 이를 식으로 나타내면 다음과 같다.

$$SI_t = \frac{\sum_{i=1}^{n} P_{it} / n}{\sum_{i=1}^{n} P_{i0} / n} \times 100$$

$$\sum_{i=1}^{n} P_i / n \ : \text{단순주가평균}$$

주당가격 가중방법으로 계산된 주가지수는 계산상의 특성 때문에 연속성에 한계를 가지고 있다. 즉, 지수계산에 포함된 주식의 해당 기업이 주식분할을 하거나, 무상증자로 새로운 주식을 발행하거나 또는 주식배당을 하는 경우에는 이 방법으로 계산된 주가지수는 일관성을 유지하지 못한다. 따라서 지수에 대한 기술적인 조정이 필요하다. 조정방법[1)]의 하나는 주식의 가격을 수정하는 방법이고, 다른 하나는 제수(devisor)를 수정하는 방법이다.

주당가격을 가중치로 이용하여 주가지수를 계산하는 방법의 가장 큰 문제점은 고가주식에 큰 비중이 주어진다는 점이다. 그러므로 이 방법은 어떤 일정시점에 있어서 주식시장 전체의 가격수준을 나타내는데 있어서는 적합하지 않으나, 서로 다른 여러 시점에 대하여 투자자 전체의 부의 변동을 나타내기에는 적절한 시장지표라고 할 수 있다.

주당가격 가중방법에 의한 주가지수 중에서 대표적인 것은 DJIA지수이다. 1896년부터 시작된 DJIA지수는 세계적으로 가장 많이 알려졌기 때문에 이러한 방식의 주가지수를 다

1) 구체적인 조정방법에 대하여는 전공수준의 투자론 교과서를 참고할 것.

우존스식 주가지수라고 부른다. 다우존스식 주가지수에는 일본경제신문이 산출하여 발표하는 니케이지수(Nikkei Index 225), 우리나라의 KTOP 30지수가 있다.

다우존스식 주가지수가 지니는 장점은 다음과 같다.

- 채용종목은 거래가 활발하여 시황을 선도할 수 있는 대표적인 소수의 우량주를 그 대상으로 하므로 시황을 민감하게 반영한다.
- 주가평균산출시 별도의 가중치가 없이 채용종목의 가격만을 평균하므로 순수한 주가 동향파악이 용이하다.
- 계산이 간단하여 수작업에 의해서도 쉽게 산출할 수 있으므로 일반투자자도 필요시 용이하게 산출해 볼 수 있다.
- 각국에서 가장 오래된 주가지표로서 사용되어 왔기 때문에 장기간의 주가분석에 유용하다.

그러나 다우존스식 주가지수는 다음과 같은 단점을 가지고 있다.

- 일부 우량주만을 채용종목으로 하여 산출되므로 시장전체의 균형적 시황파악이 어렵다. 또한 산출대상종목으로 채용되지 않은 종목들의 주가가 시장을 선도하여 채용종목과 반대방향으로 움직일 때에는 이 지수가 실제 시황과 무관하게 나타나게 된다는 불합리점이 있다.
- 채용종목을 가능한 교체하지 않는 것을 원칙으로 하고 있기 때문에 증권시장의 구조변화에 대응할 수 없다. 그러나 채용종목을 빈번히 교체할 경우 지수의 연속성에 문제가 생긴다는 모순이 있다.
- 채용종목을 동등한 가중치로 취급하고 있기 때문에 주가변동이 크거나 주가수준이 높은 종목의 영향을 크게 받는다.
- 채용된 종목의 권리락 발생회수가 증가할수록 다우존스식 평균과 단순주가평균과의 관계를 나타내는 수정배율이 커지므로 다우존스식 평균은 그 수준이나 등락폭이 수정배율 분만큼 확대되어 나타나게 된다.

시가총액가중방법

미국에서 1960년대 중반에 DJIA지수가 실제 이상으로 심한 등락폭을 보여 투자판단을 그르치게 할 위험이 있다는 비판이 제기되었다. 이에 당시의 존슨(Johnson) 대통령이 뉴욕증권거래소에 새로운 주가지수의 산출을 요청하였다. 이 요청에 따라 1966년 7월부터 뉴욕증권거래소(New York Stock Exchange: NYSE)에 상장된 전 종목을 대상으로 하여 시가총액 가중방법에 의한 주가지수를 발표하기 시작하였다. 이 지수가 뉴욕증권시장종합지수(NYSE composite index)이다. NYSE가 새로운 지수를 산출한 이유는 NYSE에서 당시 발표되고 있던 주가지수 중 DJIA지수의 경우에는 앞에서 설명한 바와 같은 문제점이 있고, S&P 500(Standard & Poor's 500 Index)지수는 비록 시가총액식으로 산출은 하고 있으나 채용종목수를 500종목으로 한정하고 있으므로, 시장전체의 주가동향이 균형적으로 반영되지 않는다는 점 등을 감안하였기 때문이다.

시가총액 가중방법(market value weighted index) 또는 시가총액법은 상장된 주식의 총시장가치에 따라 가중하는 방법으로 가장 타당성 있는 주가지수 산출 방법으로 인정받고 있다. 각 기업의 시장가치(기업규모)는 기업의 발행주식수에 주식의 시장가격을 곱하여 산출하고 이를 모두 합한 것이 총시장가치인 시가총액이다. 시가총액법에 의한 지수를 식으로 나타내면 다음과 같다.

$$SI_t = \frac{\sum_{i=1}^{n} P_{it} Q_{it}}{\sum_{i=1}^{n} P_{i0} Q_{i0}} \times 100$$

Q_i : 주식 i의 발행주식수

$P_{i0}Q_{i0}$: 총시장가치

시가총액에 가중하여 지수를 산출하는 방법은 지수채용 기업이 주식분할이나 무상증자 등 자본이 변화하여도 지수 계산에 문제가 되지 않는다. 또한 다우존스식 주가지수와 같이 수정주가를 계산할 필요도 없고 제수를 조정하지 않아도 된다. 단순히 고가주식이라고 해서 시가총액 가중방법에 의한 지수에 큰 영향을 미치는 것이 아니라, 주가와 발행주식수가 동시에 고려된 시장가치로 측정된 기업규모의 크기에 따라 지수에 미치는 영향이 달라진다. 기업규모가 크다는 것은 증권시장에서 차지하는 중요성이 크다는 것을 의미하므로, 기업규모에 따라 주가지수의 비중이 결정되는 것은 타당성이 있다고 할 수 있다. 다만 주가지수 작성에 전체 상장기업을 대상으로 하지 않고 표본을 사용하는 경우에는 표본기업별로 기업규모에 차이가 많이 나게 되면 이 지수가 시장전체의 주가동향을 완벽하게 표시하여 준다고 할 수 없다.

이 방법에 의한 주가지수 중에서 대표적인 것은 NYSE종합지수, S&P 500, S&P 100 그리고 우리나라의 코스피지수와 코스닥지수가 있다. 또한 일본의 TOPIX, 영국의 FTSE

100, 프랑스의 CAC40, 독일의 DAX, 홍콩의 HangSeng지수도 시가총액 가중방법에 의한 지수이다.

시가총액 가중방법에 의한 주가지수가 가지고 있는 장점은 다음과 같다.

- 시장에 상장된 전 종목의 시가총액으로 산출하므로 시장의 전체적인 동향을 정확하게 파악할 수 있다.
- 증권시장에서 거래되는 모든 종목을 대상으로 산출되므로 증권시장의 구조변화를 정확하게 반영한다.
- 우리나라 증권시장의 국제화 및 향후 국제간 증권투자의 추세 등을 감안할 때, 세계 각국의 주요 증권거래소에서 시가총액가중방법에 의한 주가지수를 발표하고 있으므로 우리나라 증권시장과 외국의 증권시장을 직접적으로 비교할 수 있다.

그러나 시가총액 가중방법에 의한 주가지수가 지니고 있는 단점은 다음과 같다.

- 자본금이 큰 대형주가 주가지수에 영향을 많이 미치게 되므로 시황을 실제 느낌과 다르게 나타내는 경우가 생길 수 있다. 그러나 자본금 규모가 큰 기업은 자본금 규모가 작은 기업보다 종업원 수도 많고 생산되는 물품도 많을 것이므로 그 만큼 국민경제에서 차지하는 중요성이 클 것이다. 또한 증권시장 측면에서 볼 때에도 규모가 큰 기업은 상장주식 수가 많으므로 이를 소지한 투자자도 많고, 따라서 시장에서 차지하는 비중도 크므로 주가지수를 산출하는데 있어 기업의 규모에 따라 가중치를 차등 적용하는 것은 당연하다고 할 수 있다.
- 주가지수 산출을 위한 계산처리 작업량이 방대하므로 전문기관에서 계산과정 전부를 전산화하여 산출할 수밖에 없으므로 일반투자자가 필요시 수시로 주가지수를 계산해 볼 수는 없다.

동일가중방법

동일가중방법(equally weighted index)은 표본에 포함된 모든 주식에 동일한 가중치를 부여하는 방법이다. 이를 식으로 나타내면 다음과 같다.

$$SI_t = \frac{1}{n}\sum_{i=1}^{n}\frac{P_{it}}{P_{i0}} \times 100$$

이 방법은 실제로 거의 이용되지 않고 있지만, 투자자가 모든 주식에 동일한 비율로 투자한다는 가정 하에서는 유용한 지수로 이용된다. 이와같이 동일 가중방법으로 주식시장의 투자효과를 측정하기 위해 작성된 것이 피셔지수(Fisher Index)이다.

2. 우리나라의 주가지수

우리나라의 주가지수는 다음과 같이 다양하다. 이 중에서 KTOP 30지수는 다우존스식으로 산출된 지수이고, 그 이외의 모든 지수는 시가총액식으로 산출된 지수이다.

가. 유가증권시장지수

(1) 코스피지수

코스피지수(Korea Composite Stock Price Index: KOSPI)는 유가증권시장에 상장된 보통주를 구성종목으로 하여 산출한 한국시장을 대표하는 지수로서 유가증권시장의 변화를 종합적으로 나타내는 시황지수이다.

코스피지수는 주가에 주식 수를 가중한 시가총액식 주가지수이며, 기준시점은 1980년 1월 4일로서 기준지수는 100포인트이며 산식은 다음과 같다.

$$\text{코스피지수} = \frac{\text{비교시점의 시가총액}}{\text{기준시점의 시가총액}} \times 100$$

만일 유상증자, 신규상장, 상장폐지, 합병, 전환사채의 주식전환 등이 발생하면 주가지수의 연속성을 유지하기 위하여 기준시점의 시가총액을 다음과 같이 수정한다.

$$\text{신기준시가총액} = \frac{\text{변동전일의 비교시가총액} \pm \text{비교시 총변동액}}{\text{변동전일의 비교시가총액}} \times \text{구기준시가총액}$$

코스피지수의 계산방식을 설명하기 위해 다음 표와 같이 상장주식이 4개 밖에 없는 가장 단순한 상황을 가정해보자.

종목명	1980년 1월 4일 (기준시점)		20××년 1월 2일 (비교시점)	
	발행주식수	시장가격	발행주식수	시장가격
A	2만주	2만원	2만주	20만원
B	1만주	1만원	1만주	15만원
C	5만주	3만원	5만주	45만원
D	4만주	5만원	4만주	60만원

시가총액은 어느 한 시점에서 측정한 주식시장 전체의 가치이며, 각 종목(기업)별 시장

가치(market value: MV)의 합이다. 코스피지수의 기준시점은 1980년 1월 4일이며, 이 날의 시가총액을 종합주가지수 100포인트로 정한 것이다.

먼저 기준시점(1980년 1월 4일)의 시가총액을 계산하면 다음과 같다.

$$\text{기준시점의 시가총액} = MV_A + MV_B + MV_C + MV_D$$
$$= (2\text{만주} \times 2\text{만원}) + (1\text{만주} \times 1\text{만원}) + (5\text{만주} \times 3\text{만원}) + (4\text{만주} \times 5\text{만원})$$
$$= 40\text{억원}$$

한편 비교시점(20××년 1월 2일)의 시가총액은 다음과 같다.

$$\text{비교시점의 시가총액} = (2\text{만주} \times 20\text{만원}) + (1\text{만주} \times 15\text{만원}) + (5\text{만주} \times 45\text{만원}) + (4\text{만주} \times 60\text{만원})$$
$$= 520\text{억원}$$

따라서 20××년 1월 2일의 코스피지수는 다음과 같다.

$$\text{코스피지수} = \frac{520\text{억원}}{40\text{억원}} \times 100(\text{포인트}) = 1{,}300(\text{포인트})$$

만약에 20××년 1월 2일에 발행주식수가 2만주이고 시장가격이 13만원인 주식 E가 신규상장되었다고 가정하자.

$$\text{새로운 시가총액} = MV_A + MV_B + MV_C + MV_D + MV_E$$
$$= 520\text{억원} + 26\text{억원}$$
$$= 546\text{억원}$$

주식 E의 신규상장을 반영하기 위해서는 기준시점의 시가총액도 조정되어야 한다. 이때 주가지수가 일관성을 유지하기 위해서 E의 시장가치(26억원)가 주식시장의 평균인 1,300%만큼 성장했다고 가정하여 E의 가상적인 시장가치인 2억원[2)]이 기준시점의 시가총액에 더해진다.

$$\text{조정된 주가지수} = \frac{520\text{억원} + 26\text{억원(E의 신규상장으로 증가된 시가총액)}}{40\text{억원} + 2\text{억원(기준시점의 가상적인 E의 기업가치)}} \times 100(\text{포인트})$$
$$= 1{,}300(\text{포인트})$$

따라서 신규상장으로 비교시점의 시가총액이 증가한 만큼 비례하여 기준시점의 시가총액을 증가시켜주면 주가지수의 일관성을 유지할 수 있다. 상장폐지가 발생하는 경우에는

2) $2\text{억원} = \frac{13\text{만원}}{1{,}300\%} \times 2\text{만주}$

비교시점의 시가총액을 비례대로 감소시켜줌으로써 주가지수의 연속성을 유지할 수 있다.

주가지수는 계산방식에 따라 그 성격과 특징이 달라진다. 시가총액식 가중방법에 의한 코스피지수는 시장가치가 큰 대형주의 가격변동이 주가지수에 상대적으로 많은 영향을 미치지만, 발행물량이 적은 소형주는 주가지수에 많은 영향을 미치지 못하게 된다. 실제로 많은 소형주의 하락에도 불구하고 대형주가 몇 종목만 상승하여도 코스피가 상승하는 현상이 흔히 발생한다. 그러나 코스피의 장점은 상장주식 모든 종목을 대상으로 하고 있기 때문에 주식시장을 대표할 수 있으며, 주가는 높지만 발행주식 수가 적은 주식의 영향을 적게 받는다는 점에 있다.

(2) 코스피200지수

코스피200지수는 주가지수선물 및 옵션의 기초지수로 활용하기 위하여 개발된 주가지수이다. 코스피200은 유가증권시장에 상장된 보통주 중 시장대표성, 산업대표성 및 유동성 등을 기준으로 선정된 200종목으로 구성되어 있다. 코스피200지수의 기준일은 1990년 1월 3일이며 기준지수는 100포인트이다. 코스피200지수는 유동주식 수[3)]를 가중치로 사용한 시가총액식 주가지수이며 기타 지수산출 및 연속성유지 방법은 코스피와 동일하다. 코스피200지수는 선물 및 옵션의 기초자산 뿐만 아니라, 인덱스펀드, 상장지수펀드(ETF) 등 다양한 금융상품의 벤치마크지수로 폭넓게 활용되고 있다.

(3) 코스피50지수와 코스피100지수

코스피와 코스피200지수에는 채용 종목에 정보통신 종목의 과대화 현상으로 인하여 시장 흐름을 잘 포착하지 못하고 있을 뿐만 아니라 지수이용자의 다양한 수요에 부응하지 못하고 있다는 지적이 제시되고 있다. 이러한 문제점에 대응하기 위하여 시가총액이 큰 대표종목 50종목과 100종목을 각각 지수구성 종목으로 하는 코스피50지수와 코스피100지수가 개발되었다. 이들 지수의 산출방식은 기존 코스피 산출방식과 동일하며, 기준일은 2000년 1월 4일이고 기준지수는 1,000포인트이다.

(4) 기타 유가증권시장 지수

- **코스피200섹터지수** : 코스피200 구성종목 중 건설, 중공업, 철강/소재, 에너지/화학,

---

3) 전체 상장주식에서 거래되지 않는 최대 주주의 지분과 자기주식(자사주) 등을 제외한 주식을 유동주식이라 한다.

정보기술, 금융, 생활소비재, 경기소비재, 산업재, 헬스케어 등의 산업군, 즉 섹터로 구분하고 각 섹터에 속한 우량종목으로 구성된 지수이다.

- **산업별지수** : 개별종목을 산업별로 분류하여 해당 산업에 속하는 종목으로 구성된 지수이다.
- **시가총액규모별지수** : 기업규모에 따라 대형주, 중형주, 소형주로 분류하여 산출한 지수이다. 대형주지수는 유가증권시장 상장종목 중 시가총액 1위부터 100위까지 시가총액 상위 100개 종목으로 구성되며, 중형주는 101위에서 300위까지의 차상위 200개 종목, 소형주는 301위 이하 종목으로 구성된다.

나. 코스닥시장지수

(1) 코스닥지수

코스닥지수는 코스닥시장의 변화를 종합적으로 나타내기 위하여 산출하는 시황지수로 코스닥에 상장된 보통주를 구성 종목으로 한다. 이 지수의 기준일은 1996년 7월 1일이며 기준지수는 1,000포인트이다.

(2) 코스닥 150 지수

코스닥 150 지수는 코스닥시장 보통주 중 시장대표성, 섹터대표성, 유동성 등의 기준으로 선정된 150종목으로 산출한 지수로 선물의 기초지수로 활용되며, 기준일은 2010년 1월 4일이며 기준시수는 1,000p이다.

(3) 기타 코스닥시장 지수

- **코스닥150섹터지수** : 코스닥150 구성종목 중 정보기술, 헬스케어, 커뮤니케이션 서비스, 소재, 산업재, 필수소비재, 자유소비재 등의 섹터에 속하는 우량종목으로 구성된 지수이다.
- **산업별지수** : 개별종목을 IT업종과 일반 업종별로 분류하여 해당 산업에 속하는 종목으로 구성된 지수이다.
- **시가총액규모별지수** : 기업규모에 따라 대형주, 중형주, 소형주로 분류하여 산출한 지수이다. 대형주는 시가총액 1위부터 100위까지, 중형주는 101위부터 400위까지, 소형주는 나머지 종목으로 구분하고 있다.

- **소속부 지수** : 기업의 특성 및 규모 등을 고려하여 우량기업부, 벤처기업부, 중견기업부, 기술성장기업부 등 소속부별로 산출한 지수이다.

다. KRX지수

(1) KRX300지수

KRX300지수(Korea Exchange 300 index)는 유가증권시장과 코스닥시장의 대표종목 300종목으로 구성된 통합주가지수를 말한다. KRX300지수의 기준시점은 2010년 1월 4일이며, 기준지수는 1,000포인트이다.

KRX300지수의 구성종목은 글로벌 산업분류를 참고하여 9개의 산업군으로 분류하고, 유동비율 20%이상(시장유통성기준)이고 자본잠식이 없으며(재무기준), 상장기간 6개월 이상(상장기간기준)된 산업군별 평가대상종목 중 시장규모기준과 유동성기준을 만족하는 종목으로 구성되도록 하였다. KRX300지수는 시황을 정확히 반영하고, 투자자의 이용편의성을 높이기 위해서 유동주식으로만 지수를 산출하는 유동주식가중방식(free float weighted)으로 산출하고 있다.

(2) KRX100지수

KRX100지수(Korea Exchange 100 index)는 유가증권시장과 코스닥시장의 대표종목 100종목으로 구성된 통합주가지수를 말한다. KRX100지수의 기준시점은 KRX300지수와 동일한 2001년 1월 2일이며, 기준지수는 1,000포인트이다.

KRX100지수의 구성종목은 기업규모(시가총액), 유동성(거래대금), 재무기준(수익성, 안정성, 건전성) 등을 반영하여 한국증권시장을 대표할 수 있는 우량종목이 선정되도록 하였다. KRX100지수는 시황을 정확히 반영하고, 투자자의 이용 편의성을 높이기 위해서 유동주식으로만 지수를 산출하는 유동주식 가중방식과 특정 종목의 비중을 일정 비율 이내로 제한하는 시가총액 비중 상한 제한(cap limit) 등 국제적인 지수산출방법를 활용하여 산출하고 있다.

(3) KTOP30지수

KTOP 30지수는 미국 다우존스산업평균지수(DJIA)를 벤치마크하여 만든 지수로서 국내 경제와 증시를 대표하는 30개 소수의 우량종목으로 개발한 주가평균식 지수이다. 이 지수는 시장 전체의 섹터(업종) 비중을 반영하며, 편입되는 종목은 경제대표성, 시장대표성, 투자자접근성과 지수영향도, 지속성장성 등을 종합적으로 평가해서 지수위원회가 결정한다. 이 지수의 기준일은 1996년 1월 3일이며 기준지수는 해당일의 코스피와 동일하게 889포인트이다.

우리나라의 주가지수는 1964년 1월부터 1982년 말까지 다우존스식 계산방법에 의해 산출되었으나, 다우존스식 방법의 문제점이 제기되고 세계 각국의 추세와 학문의 발달로 인하여 1983년 초부터 시가총액식 주가지수방식으로 변경되었다. 그런데 기존의 시가총액식으로 산출되는 코스피나 코스피200과 같은 한국 대표지수는 우량 종목을 선별하지 않고 대부분의 상장종목을 모두 지수에 포함해 산출하기 때문에 우량종목과 그렇지 못한 종목들의 성장성이 희석되어 국내의 경제성장을 제대로 반영하지 못한다는 단점을 노출하고 있다. 이러한 단점을 극복하기 위하여 2015년 7월 다우존스식의 KTOP 30지수를 개발한 것이다.

(4) KRX섹터지수

KRX섹터지수(Korea exchange sector index)는 유가증권시장과 코스닥시장 상장종목을 자동차, 반도체, 헬스케어, 은행, 에너지화학, 철강, 방송통신, 건설, 증권, 기계장비, 보험, 운송, 경기소비재, 필수소비재, IT소프트웨어, IT하드웨어, 유틸리티 등의 섹터에 속한 대표종목으로 산출한 지수이다.

라. 테마지수

코스피고배당50지수

유가증권시장 상장종목 중에서 배당수익률이 높은 50종목으로 산출한 지수로서 높은 배당수익률을 추구하는 투자자를 위하여 개발된 지수이다.

코스피우선주지수

유가증권시장의 우선주 중에서 시가총액이 큰 20종목으로 산출한 지수로서 우량 우선주 중심으로 안정적인 배당수익과 자본이득을 동시에 추구하는 투자자를 위하여 개발된 지수이다.

코스피배당성장50지수

유가증권시장 상장종목 중에서 배당성향, 배당수익률, 안정배당지표 등 기준에서 우수한 50종목으로 산출한 지수로서, 주식시장의 장기수요기반을 확충하여 안정적인 발전을 도모하고 배당을 통한 주주중시경영 기업문화의 확산 · 정착을 유도하고자 개발된 지수이다.

KRX ESG Leaders 150지수

기업의 지배구조에 대한 인식을 제고하고 지배구조 우수기업에 대한 투자지표를 제공하기 위하여 개발된 지수로, 유가증권시장 및 코스닥시장의 상장종목 중 한국기업지배원이 평가한 ESG평가(환경, 사회, 지배구조) 우수기업 150종목으로 구성하고, ESG통합점수 가중방식으로 2015년 12월 21일부터 산출되는 지수이다.

KRX Governance Leaders 100지수

유가증권시장 및 코스닥시장의 상장종목 중 한국기업지배구조원이 평가한 ESG평가(환경, 사회, 지배구조) 중 지배구조점수가 개선되거나 우수기업 100종목으로 산출한 지수로서, 기업의 사회책임투자 및 지속가능경영 인식 제고를 위하여 개발된 지수이다.

KRX ECO Leaders 100지수

유가증권시장 및 코스닥시장 상장종목 중 한국지배구조원이 평가한 ESG평가(환경, 사회, 지배구조) 중 환경부문 점수가 개선되거나 우수한 기업 100종목으로 산출한 지수로서, 기업의 환경경영 인식을 제고하고 녹색금융 인프라 확충을 위하여 개발된 지수이다.

3. 시장지표

주가와 주가지수 이외에도 주식시장의 장세를 파악하는 데 도움이 되는 시장지표들은 다음과 같다.

가. 주가관련 지표

(1) 주가평균

주가평균(price average)은 어떤 특정시점에 있어서 각 주식의 가격에 대한 평균치이다. 주가평균은 기준시점과 비교시점의 주가를 비교하는 것이 아니며, 오직 특정시점에서의 주식가격의 평균을 나타낼 뿐이다. 주가평균은 그 산출방법에 따라 단순주가평균, 가중주가평균, 수정주가평균으로 구분할 수 있다.

단순주가평균

단순주가평균은 채용된 주식종목에 대한 가격을 합계하여 단순하게 산술평균한 것이며 다음과 같이 계산된다.

$$\text{단순주가평균} = \frac{\text{채용종목의 주가합계}}{\text{채용종목 수}}$$

단순주가평균은 채용하고 있는 주식들이 모두 동일한 중요도를 갖고 있는 것으로 가정하고 있다. 따라서 단순주가평균은 주식시장 전체의 가격수준을 표시함에 있어 중요도가 상대적으로 크거나 작은 주식의 영향을 적절하게 반영하지 못하고 있다.

가중주가평균

가중주가평균은 주식의 상대적 중요도를 반영하여 주식시장 전체의 가격수준을 표시하고자 하는 방법이다. 이때 거래액이나 상장주식 수 또는 시장가치 등이 가중치로 사용된다. 시가총액을 가중치로 사용하는 경우의 가중주가평균은 다음과 같이 상장주식 시가총액을 상장주식 수로 나누어 계산한다.

$$\text{가중주가평균} = \frac{\text{상장주식 시가총액}}{\text{상장주식 수}}$$

수정주가평균

단순 또는 가중주가평균은 상장종목 중 권리락, 액면분할, 감자 등이 발생하면 주가는 변동하지 않았는데도 시장외적 요인에 의해 변동하는 불합리한 점이 있다. 이 경우 주가의 연속성을 유지하기 위하여 일정한 수정을 가한 수정주가를 산출하여 수정주가평균을 구한다.

(2) 시가총액

시가총액은 모든 상장주식을 시가로 평가한 금액을 말하며, 각 종목의 주가에 상장주식 수를 곱한 합계로 측정된다. 즉, 시가총액은 상장기업 주식의 총가치이다. 시가총액은 자본시장의 규모를 나타내는 지표로 사용된다. 시가총액의 증감은 상장주식 수의 증감과 주가의 등락에 의해 결정된다. 발행주식 수가 안정된 상황에서 주가의 상승은 곧 시가총액의 증가로 나타난다. 하지만 주식 공급물량의 증가보다 주가의 하락속도가 더 빠른 경우에는 시가총액이 감소하게 된다. 따라서 시가총액의 증감은 원인에 따라 그 의미가 달리 해석되어야 한다.

나. 거래관련지표

(1) 거래량과 거래대금

거래량은 거래당일 매수 · 매도된 개별 종목의 총 주식 수량 또는 시장전체의 합계 수량을 말한다. 그리고 거래대금은 개별종목의 매매가격에 매매주식 수를 곱하여 합계한 것으로 개별 종목 또는 전체 거래량을 금액으로 표시한 것이다. 거래량과 거래대금은 주식시세표에서 주가와 더불어 가장 중요한 정보 중의 하나이다.

개별 종목에서 거래량의 추이는 향후 주가의 동향을 예측하는 중요한 지표가 될 수 있다. 왜냐하면 거래량이 많다고 하여 그 주식에 대한 투자자의 투자가 증가한다는 단순한 판단은 큰 손실을 초래할 수도 있다. 거래량은 매입수요의 증가로 상승할 경우도 있지만 주가가 상한선으로부터 하락하기 시작할 때에는 매도물량이 증가하여 거래량이 증가할 수 있다. 따라서 매수세에 의한 거래량의 증가인지 아니면 매도세에 의한 거래량의 증가인지 주의 깊게 살펴보아야 한다.

거래량과 관련하여 한국거래소에서 발표되는 거래급변 종목 및 거래 현황표와 경제신문에서 발표되는 당일의 거래량 상위 20종목은 그날의 거래된 종목들 중 어떤 종목이 가장 활발하였는지를 알 수 있는 좋은 지표일 뿐만 아니라, 주식시장을 주도하는 업종이 무엇인가를 알 수 있는 가장 좋은 정보이다.

거래대금도 중요한 정보를 담고 있다. 가령 주식 거래량이 전날에 비하여 적은데도 불구하고 거래대금이 증가한다면 전일에 비하여 고가주의 주식거래가 상대적으로 더 많은 것을 의미하며, 반대일 경우에는 중 · 저가주의 주식이 많이 거래된 것을 뜻한다. 거래대금이 많다는 것은 주식시장으로 자금의 유입이 증가하는 것을 의미하므로 향후의 장세를 고조시키는 힘이 될 수 있다.

(2) 거래량회전율

거래량회전율은 일정기간 동안 평균발행주식 수에 대한 주식거래량을 %로 표시한 것이다. 예를 들어, 한 달 동안 거래량이 10만주이고 발행주식 수의 평균이 100만주라면 거래량회전율은 10%가 된다. 거래량회전율을 식으로 나타내면 다음과 같다.

$$\text{거래량회전율} = \frac{\text{주식거래량}}{\text{평균 발행주식 수}} \times 100\%$$

거래량회전율은 해당 증권의 시장성을 나타낸다. 거래량회전율이 큰 종목은 거래가 활발하기 때문에 투자자가 원할 때 쉽게 매매할 수 있다. 그러나 발행주식 수가 많은 대형주는 거래량회전율에서 분모가 크기 때문에 대체로 회전율이 낮게 계산되고, 소형주는 반대로 회전율이 높게 계산되는 경향이 있다. 이러한 경우에는 거래량회전율과 거래대금회전율을 함께 보완적으로 사용하여 거래량회전율을 해석하여야 한다.

(3) 거래대금회전율

거래대금회전율은 일정기간 동안의 총거래대금을 이 기간 동안의 평균 시가총액으로 나눈 수치이다. 이를 수식으로 나타내면 다음과 같다.

$$\text{거래대금회전율} = \frac{\text{총거래대금}}{\text{평균시가총액}} \times 100\%$$

동일한 거래량에 대해 거래대금회전율이 높다는 것은 가격대가 높은 주식의 거래가 빈번했다는 것을 의미하고, 반대로 거래대금회전율이 낮다는 것은 가격대가 낮은 주식의 거래가 상대적으로 빈번했음을 의미한다.

만약 어떤 기간 중에 거래량회전율과 거래대금회전율 모두 상승했다면 이는 주식의 매매가 활발하여 시장성이 높아졌다는 것을 의미한다. 한편 거래량회전율은 높지만 거래대금회전율이 낮다면 주가가 낮은 주식의 거래가 활발하고, 반대로 거래량회전율이 낮지반 거래대금회전율이 높다면 주가가 높은 주식의 거래가 활발하다는 것으로 해석할 수 있다.

매일 매일의 주식 거래량과 거래대금에 관한 자료는 한국거래소에서 주식거래실적 지표로 발표하고 있다. 특히 경제신문에서는 거래량회전율과 거래대금회전율을 장세지표로 발표하고 있다.

다. 자금관련 지표

주식매매에는 반드시 자금의 흐름이 수반된다. 이러한 자금의 흐름은 직 · 간접적으로 주식의 수요와 공급에 영향을 미치고 궁극적으로 주가에도 영향을 미치게 된다. 따라서 주식매매와 관련된 각종 자금의 성격과 그 흐름을 파악하는 것은 중 · 단기적인 주가의 움직임을 파악하는 데 아주 중요하다.

(1) 고객예탁금

고객예탁금은 투자자가 증권의 매매와 관련하여 증권회사에 일시적으로 예탁해 놓은 돈이나 주식을 매도한 후 인출하지 않은 돈을 말한다. 증권매입을 원하는 투자자가 맡긴 위탁예수금, 증권저축계좌의 저축예수금, 신주 청약을 위해 맡긴 청약예수금 등이 이에 속한다. 증권회사는 고객예탁금에 대해 매 3개월마다 사용료를 지불하지만, 기본적으로 고객예탁금은 증권의 매수자금력으로서 대기 매수세를 의미한다. 따라서 고객예탁금과 주가와는 아주 밀접한 상관관계가 있다. 대체로 주가 상승기에는 주가 상승에 앞서 주식시장으로 유입되는 고객예탁금이 미리 증가하고, 주가 하락기에는 주가 하락이 진행된 후에야 고객예탁금이 유출되는 것으로 파악되고 있다. 한국거래소는 고객예탁금을 증시자금 동향 지표로 발표하고 있다.

(2) 위탁자미수금

위탁자미수금은 주식매수대금의 미납분, 신용거래의 결제부족금, 유상증자 청약대금의 미납분 등을 말한다. 미수금이 발생하면 증권회사는 고객에게 미수금 상환을 요구하고 기간 내에 납부하지 않을 경우에는 고객의 의사와 관계없이 반대매매를 통해 청산하게 된다. 미수금이 증가할 경우에는 대기 매도물량이 증가하여 시장의 하락세를 가져올 수 있으므로 미수대금은 시장의 장세를 판단하는 중요한 지표가 될 수 있다. 한국거래소는 위탁자미수금을 증시자금 동향 지표로 발표하고 있다.

(3) 신용융자잔고

신용융자잔고는 증권회사와 증권금융이 신용거래자에게 융자해 준 대출금 총액을 말한다. 융자를 받은 신용거래자는 차입금에 대해서 일정 이자를 지급해야 하며, 상환만기는 150일로 상환을 연장할 수 없다. 동일인에 대한 융자 한도는 5,000만원으로 제한되고, 신용융자에 의해 매수된 총주식 수도 상장주식 수의 20%를 넘지 못하도록 한도가 규정되어 있다.

신용융자잔고가 증가한다는 것은 이자를 부담하는 차입금으로라도 주식을 매수하겠다는 시장의 표시이므로 주가 상승을 기대하는 투자자가 많다는 것을 의미한다. 그러나 한편으로 신용융자잔고가 한도에 도달해서 해소되지 않고 있다면 주가가 곧 하락 국면으로 진입할 것으로 예상할 수 있다. 신용융자의 상환만기를 지키기 위해서 신용융자로 매수한 주식

을 매도할 경우 이것이 매도압박 물량이 되어 주가 하락의 요인이 될 수 있다. 이렇게 대다수 투자자들과는 반대되는 논리로 신용융자잔고의 증가를 주가 하락의 신호로 해석하는 투자자도 있다. 한국거래소는 신용융자잔고액을 증시자금 동향 지표로 발표하고 있다.

(4) 대주잔고

대주잔고는 투자자가 대주거래를 위해 증권회사로부터 빌린 주식 중 아직 상환되지 않고 있는 주식 수를 말한다. 대주 매도대금은 증권회사에 담보로 예탁되며 증권회사는 대주거래자에게 일정의 이용료를 지급한다. 대주 역시 상환기일이 150일로 정해져 있으며 이 기간은 연장할 수 없다. 동일 투자자에 대한 대주총액은 2,000만원으로 한정되고 대주를 통해 투자자에게 대여된 주식은 총발행주식의 10%를 넘지 못하게 규정되어 있다.

대주잔고와 주가와의 관계는 신용융자잔고와 정반대로 해석할 수 있다. 대주잔고가 증가한다는 것은 주가 하락을 예상하는 투자자들이 늘고 있다는 증거지만, 차후에는 대주잔고가 잠재적인 매수 세력으로 작용할 수도 있다. 모든 신용거래는 150일 이내에 청산되어야 하므로 대주잔고만큼 상환기간 내에 반드시 재매수 되어야 하기 때문이다. 대주잔고에 대한 자료는 일간지의 증시주변자금 동향에서 발표되고 있다.

(5) 미상환융자금

미상환융자금은 신용거래융자금을 융자받은 후 150일 이내에 상환하지 못한 잔고를 말한다. 즉, 주식을 매입하기 위하여 고객이 증권회사 혹은 증권금융으로부터 융자받은 신용거래 융자대금은 융자받은 날로부터 일정 기일 이내에 상환하도록 되어 있으나 이 상환기간이 초과된 융자금을 말한다. 미상환융자금은 상환 만기일이 지나면 바로 투자자의 의사와 상관없이 증권회사가 신용융자로 매수한 주식을 매도(반대매매)하여 청산하게 된다. 이 경우는 주로 신용융자로 주식을 매수한 후 주가가 하락하여 매수한 주식을 처분하지 못하는 상황에서 발생한다. 따라서 미상환융자금의 증가는 단기적인 대기 매물로서 주가 하락을 부채질하는 효과가 있다. 미상환융자금에 대한 자료는 일간지의 증시주변자금 동향에서 발표되고 있다.

Section 2 | 주식시세표

한국거래소에서는 매일 매일의 주식거래와 관련된 정보를 발표한다. 경제신문과 일간지에도 이 정보가 매일매일 게재되고 있으며, 주식시장정보를 가장 대표적으로 보여 주고 있는 것이 주식시세표이다. 투자자에게 가장 도움이 되는 투자정보는 증권관계기관에서 자료를 제공하여 한국거래소가 편집하여 발간하는 '증권시장'지이다. 이 신문에는 증권의 가격과 거래량뿐만 아니라 그 외의 많은 정보를 제공하고 있다.

과거 인터넷시대 이전에는 주식시세표나 증권회사 객장의 전광판이 주식시세를 전달하는 대표적인 수단이었다. 그러나 현대에 와서 인터넷이 발달함에 따라 지금은 주식시세를 포함한 실시간대의 각종 시장정보를 인터넷을 통해 손쉽게 접할 수 있어 많은 정보를 얻을 수 있다.

<표 4-1>은 2018년 1월 19일 금요일에 발간된 한국거래소가 제공하는 '증권시장'지의 유가증권시장과 코스닥시장의 주식시세표 중의 일부를 보여주고 있다. 이 시세표의 내용은 2018년 1월 19일 금요일의 거래를 정리한 것이다. 주식시세표는 경제신문이나 일간신문에서도 제공되고 있다. 경제신문이나 일간신문 등 여러 매체에서 전달되는 주식시세표의 형태에는 약간의 차이가 있을 수 있으나 포함되는 내용들은 동일하며, 대부분 <표 4-1>을 요약한 것이다.

주식시세표에 포함되는 주요 내용이나 용어를 설명하면 다음과 같다.

1. 기본정보

종목명

'증권시장'지에서 중앙에 위치한 종목명은 보통주와 우선주를 발행한 기업명을 나타내고 있다. 보통주만을 발행한 기업은 종목명이 기업명이 된다. 예를 들어 <표 4-1>의 종목명 AK홀딩스는 AK홀딩스가 발행한 보통주를 나타낸다. 우선주는 '증권시장'지 시세표에는 기업명 또한 '우1', '우2', '우3' 등으로 표시한 것이 있는데, 여기서 1, 2, 3의 숫자는 우선주라도 각기 다른 조건에 따라 발행되었다는 것을 나타낸다. 그리고 우B로 표시된 것은 만기가 되면 보통주로 전환되는 우선주이며, 우C로 표시된 것은 주주가 요청하는 경우 보통주로 전환되는 우선주를 나타낸다.

액면가

'증권시장'지에서 액면가는 종목명 왼쪽에 따로 표로 정리되어 있다. 액면가는 원래 5,000원이었고 아직도 대부분의 주식이 액면가 5,000원을 유지하고 있지만 1997년 12월부터 다양하게 구분되었다. 한편 경제신문이나 일반신문의 시세표에서는 액면가는 종목명 뒤에 알파벳 A, B, C, D, E, F를 붙여 사용한다. A는 100원, B는 200원, C는 500원, D는 1,000원, E는 2,500원, F는 기타 그리고 기호가 붙지 않은 것은 5,000원이다.

상장주식수와 결산기

상장주식 수는 기업이 발행하여 상장된 총주식 수를 말한다. <표 4-1>에서 AK홀딩스는 13,247,561주가 상장되었다. 한편 결산기는 기업이 영업상 계산을 마감하는 시기로, 우리나라에서는 결산기가 12월인 기업들이 많다.

PER

PER(price earnings ratio)는 주가수익비율로 주가를 주당이익으로 나눈 것으로 이를 식으로 나타내면 다음과 같다.

$$PER = \frac{주가}{주당이익}$$

PER는 시장에서 주가가 주당이익의 몇 배로 평가받는 지를 나타내는 지표이다. <표 4-1>에서 AK홀딩스의 PER는 14.2배이다. 이는 시장에서 투자자들은 AK홀딩스가 벌어들인 1원의 이익에 대해 14.2원을 주고 주식을 매수한다는 의미이다. PER는 주가를 예측하거나 저평가된 주식을 선별하는 데 활용되고 있다. 동일 업종에 속해 있고 다른 조건이 비슷한 두 기업의 PER가 현저히 다르다면, PER가 낮은 주식은 상대적으로 저평가되었다고 할 수 있다. 이 경우 투자자들은 저 PER주식을 매수하고 고 PER주식을 매도하는 전략을 취할 것이다.

<표 4-1> 증권시장지의 주식시세표

2018년 01월 19일 금요일
통합시장지 제1603호[유가증권시장지 제 11205호, 코스닥시장지 제4788호](1)

▶ **주식시세표**

상장주식수	결산기 (월)	액면가 (원)	배당수익률 (%)	PER (배)	PBR (배)	신코드 (단축코드)	종목명	종가 (기준가) (원)	시가 (원)	고가 (원)	저가 (원)	전일 (기준대비) (원)	최종호가(원)		거래량 (주)	2018년 중	
													매도	매수		최고	최저
46,822,295	12.31	1,000	0.8	25.3	1.2	A095570	AU 네트웍스	7,280	7,430	7,460	7,280	−100	7,300	7,280	40,091	7,460	6,850
22,146,300	12.31	500	0.0	30.0	1.0	A068400	AJ 렌터카	10,850	10,850	11,150	10,800	−50	10,900	10,850	519,538	11,150	9,810
13,247,561	12.31	5,000	0.7	14.2	1.7	ⓚ A006840	AK 홀딩스	79,300	76,000	79,400	76,000	+2,500	79,300	79,100	41,115	79,400	68,500

✏ 범례
ⓚ : KOSPI200구성종목, X : 기세, ↑ : 상한가, ↓ : 하한가, ● : 권리락, 不 : 불설실공사법인, ★ : 투자주의종목, ■ : 최우수기업, □ : 우수기업, ▲ : 배당락 배당성향, PER란이 −는 결손, 공란은 감사의견이 「부적정」, 「의견거절」인 회사 및 사업보고서 미제출사, 存 : 존속기간이 정해져 있는 우선주종목 증권회사부, 滿 : 증권투자회사 존립기간 만효, 純 : 증권투자회사 정관상의 최저 순자산가액 미달

<표 4-2> 코스닥주식시세표

▶ **우량기업부**

상장주식수	결산기 (월)	배당수익률 (%)	PER (배)	PBR (배)	액면가 (원)	신코드 (단축코드)	종목명	시가 (원)	고가 (원)	저가 (원)	종가 (기준가) (원)	전일 (기준대비) (원)	거래량 (주)	최종호가(원)		2018년 중		대용가격 (원)
														매도	매수	최고	최저	
11,930,928	12	0.0	4.5	0.7	500	A054620	APS 홀딩스	7,900	8,050	7,760	7,810	−150	182,556	7,810	7,800	8,080	7,290	5,570
38,732,089	12	0.0	58.2	2.3	5,000	A130960	CJ E&M	95,000	95,800	92,700	93,800	−300	523,087	93,800	93,600	101,100	89,900	71,510
6,215,518	12	0.0	58.7	1.5	5,000	A035760	CJ 오쇼핑	237,500	240,500	227,200	228,300	−9,200	77,399	228,400	228,300	283,500	209,800	185,250

✏ 범례
↑ : 상한가, ↓ : 하한가, (락) : 선박배당락 · 결산배당락 · 분배락, [락] : 유상락 · 무상락(권리락), 【락】 : 권배락, (액) : 액면분할, ★ : 이상급등, (법) : 법정관리법인, (자) : 최근사업년도말 자본전액잠식, (회) : 회의결정, (불) : 불성실공시, (정) : 정리매매종목, (우수) : 지배구조우수기업

PBR

PBR(price-book value ratio)은 주가순자산비율로 주가를 주당장부가치로 나눈 것이다. 여기서 주당장부가치는 자산의 장부가치에서 부채의 장부가치를 뺀 자기자본의 장부가치를 발행주식 수로 나눈 주당 자기자본 장부가치를 말한다. PBR을 식으로 나타내면 다음과 같다.

$$PBR = \frac{주가}{주당\ 자기자본\ 장부가치}$$

PBR이란 장부가치를 기준으로 한 자기자본의 가치가 시장에서 몇 배의 가치로 평가되

는지를 나타내는 지표이다. <표 4-1>에서 AK홀딩스의 PBR이 1.7배라는 것은 시장에서 투자자들이 AK홀딩스의 장부상 자기자본 1원의 가치에 대하여 1.7원을 주고 매수한다는 것을 의미한다. PBR이 낮다는 것은 일반적으로 기업이 보유하는 잉여금이 주가에 충분히 반영되어 있지 않음을 나타낸다. PBR이 낮은 주식을 투자대상으로 하는 투자전략은 바로 주가 미반영부분을 의식한 투자전략이다.

배당수익률

배당수익률은 전기 1년 동안의 주당 배당을 현재의 주가로 나눈 것이다. <표 4-1>에서 AK홀딩스의 배당수익률은 0.7%이다. 기준가인 종가가 79,300원이고 배당수익률이 0.7%이므로 AK홀딩스의 주당배당금 DPS는 555원이 된다.

기업의 배당수준을 나타내는 또 다른 척도로는 배당성향이 있다. 배당성향은 전기 1년 동안의 주당배당을 주당이익으로 나눈 것으로서 당기순이익의 몇 퍼센트를 배당으로 지급하는 가를 나타내는 비율이다. 즉 배당성향은 당기순이익 중에서 어느 정도가 배당으로 지급되는 가를 나타내는 상대적인 척도이다. 앞서 설명한 AK홀딩스의 PER가 14.2배이므로 지난 해 주당이익 EPS는 79,300/14.2 = 5,585(원)이 된다. 따라서 AK홀딩스의 배당성향은 DPS/EPS = 555/5,585 = 0.099 또는 9.9%이다.

종 가

종가 또는 기준가는 거래당일의 마지막 10분간(오후 3시 20분부터 3시 30분까지) 동시호가에서 결정된 그 날의 최종가격을 말한다. 종가는 그 종목의 당일 가격수준을 대표하며 다음 거래일의 가격등락폭 및 상한가와 하한가를 결정하는 기준가격이 된다. 장 마감 직전 동시호가를 실시하는 이유는 인위적으로 종가를 조작하는 것을 방지하기 위해서이다. 조간신문에는 발행일 하루 전의 종가가 보도되지만, 석간신문에는 기사마감 시점의 가격이 보도되는 경우가 있으며, 이때는 반드시 몇 시 몇 분 현재의 주가임을 시세표 상단에 명시하게 된다. <표 4-1>에서 AK홀딩스의 1월 19일 종가는 79,300원이다.

시가, 고가 및 저가

시가는 오전 8시부터 9시 개장 직전까지 접수된 주문에 대한 동시호가로서 거래 당일의 개장가격을 말한다. 즉, 시가는 최초에 체결된 가격을 말한다. 고가와 저가는 거래 당일의 체결가격 중에서 최고의 가격과 최저의 가격을 표시한다. 고가와 저가의 차이는 주가의 일일 변동성을 나타낸다. <표 4-1>에서 AK홀딩스의 1월 19일 중 최고가는 79,400원이었고 최저가는 76,000원이다. 따라서 최고가와 최저가의 폭은 3,400원이다.

매도와 매수의 최종호가는 매도와 매수 시의 마지막 호가를 말한다. <표 4-1>에서 AK홀딩스의 매도 최종호가는 79,300원이고 매수 최종호가는 79,100원이다.

최고와 최저

정해진 기간별로 현재시점까지 각 주식의 최고와 최저가격을 나타낸다. 이 자료를 이용하여 일정 기간 동안 주식가격의 변동폭을 알 수 있다. <표 4-1>에서는 연중 최고 최저가를 보여 주고 있다. 경제신문이나 일반신문의 시세표에서는 최근 180일간(분기중)의 최고가와 최저가를 게재하고 있다.

기관투자자 및 외국인 동향

일반투자자는 기관투자자나 외국인투자자에 비하여 정보를 접할 수 있는 기회와 보유한 정보를 분석하는 능력이 상대적으로 떨어진다고 할 수 있다. 따라서 기관투자자나 외국인투자자의 거래현황을 주의 깊게 관찰하여 그들의 투자행태를 참고하는 것은 수익률의 상승을 가져오는 중요한 방법 중 하나이다. 특히 합리적이고 기본적인 투자분석에 익숙한 기관과 외국인투자자의 거래현황은 많은 정보를 담고 있다. 경제신문과 증권시장지에는 기관투자자의 순매도 · 매수 상위종목을 발표하고 있다. 투자자는 주요 관심종목에 대하여 이들의 거래가 매도우위인지 혹은 매수우위인지를 파악하여 매도 우위시에는 향후 하락세를 예상하고 매수 우위시에는 상승세를 예상하여 자신의 관심종목에 대한 매매 여부를 결정하는 편이 바람직하다. 또한 순매수 · 매도 상위종목 중에서 어떤 업종이 많이 포함되어 있는가를 분석하는 것은 각 산업에 대한 기관과 외국인투자자의 경기예측을 알 수 있는 중요한 지표가 될 수 있다.

2. 기호와 범례

시세표의 종목명 앞뒤에 기호가 첨가되는 경우가 있는데, 신문마다 사용하는 기호는 다르지만 시세표 상단의 범례에 설명되어 있다. 시세표에 기호를 통해서 표시되는 주요 용어는 다음과 같다.

기 세

기세(quot, quotation)는 주식을 매수 또는 매도하기 위해서 주문을 냈지만 주문한 가격(호가)으로 시장이 종료될 때까지 매매계약이 이루어지지 않은 경우의 호가를 말한다. 매도주문일 경우에는 가장 낮은 호가를, 매수주문일 경우에는 가장 높은 호가를 기세로 삼는다. 즉 기세는 증권의 거래가 성립되지 않았을 때의 매도, 매수호가로서 전일종가에 비해 낮은 매도호가 또는 높은 매수호가를 말한다. 예를 들어 어느 주식에 대한 좋은 소식이 있어 많은 투자자가 이 주식을 구입하기 위하여 매수주문을 하였으나, 이 주식을 보유하고 있는 투자자 중 그 누구도 매도하려고 하지 않기 때문에 가격이 형성되지 않는 경우, 이때의 매수주문가격을 기세라고 한다. 또한 역으로 어느 주식에 대한 나쁜 소식이 있어 이 주식을 보유하고 있는 투자자가 이 주식을 팔기 위하여 매도주문을 하였으나, 많은 투자자 중 그 누구도 사려고 하지 않기 때문에 가격이 형성되지 않는 경우, 이때의 매도주문가격도 기세라고 한다. 따라서 기세가격일 경우는 거래체결 없이 매수 또는 매도 가격만 존재하는 경우이다.

등락 및 상한가와 하한가

주가의 등락은 종가(또는 현재가)가 전일종가와 비교하여 얼마나 등 · 하락했는가를 수치로 나타낸다. 주가가 상승한 경우에는 적색의 삼각형(▲)과 상승금액을 표시하고, 하락한 경우에는 청색의 역삼각형(▽)과 하락금액을 표시한다. 주가가 일일 가격제한폭까지 상승한 경우를 상한가라고 하며 적색의 상향 화살표(↑)로, 일일 가격제한폭까지 하락한 경우를 하한가라고 하며 청색의 하향 화살표(↓)로 표시한다.

신고가와 신저가

신고가란 현재까지 거래된 가격 중 최고가 즉, 당해 연도 중 가장 높은 주가를 말하고, 신저가란 현재까지 거래된 가격 중 최저가 즉, 당해 연도 중 가장 낮은 주가를 말한다.

권리락과 배당락

주식회사가 증자를 하는 경우에 새로 발행하는 주식을 인수받을 권리를 확정하기 위하여 신주배정일을 정하는데, 이때 그 기준일 다음 날 이후에 결제되는 주권에는 신주인수권이 없어지는 것을 권리락이라고 한다. 주식이 권리락 되면 신주인수권이 없어진 상태의 주식에 새로운 가격이 형성되는데, 이때 가격은 제3장에서 설명한 바와 같이 권리락 조치를 취하여 균형이 유지되게 한다.

배당락은 배당기준일이 경과하여 배당금을 받을 권리가 없어지는 것을 말하며 배당락이 되면 배당금만큼 주가를 하락시켜 주가가 합리적으로 형성되도록 관리한다. 권리락과 배당락에 대하여는 제3장에서 자세히 설명하였다.

신규상장과 신주상장

신규상장은 발행한 주식이 최초로 유가증권시장에서 거래되는 것을 말하며 일정한 자격요건이 요구된다.

신주상장은 유 · 무상증자로 새로 발행한 주식을 상장하는 것을 의미하며, 신주 발행시기에 따라 배당 및 신주인수 등의 주주권리 내용에 차이가 발생하므로 이를 가격에 반영하기 위하여 표시하는 것이다. 신주는 증자나 합병 등으로 신규로 발행되어 최초의 결산기가 지나지 않은 주식을 말한다. 신주와 구주를 구분하는 이유는 발행시점에 따라 배당이나 신주인수 등 주주의 권리내용에 차이가 있을 수 있기 때문이다. 하지만 개정된 상법에서는 회사의 정관으로 신주의 배당기산일을 직전 영업년도 말로 소급할 수 있도록 하여 신주에 대해서도 배당금 전액을 지급할 수 있도록 하였다. 당해 결산기가 종료되면 신주와 구주의 구별은 사라진다.

보 합

보합(stationary)이란 증권시장에서 시세가 변동하지 않거나 시세변동의 폭이 극히 소폭인 상태를 말한다. 시세가 상승한 채로 하락하지 않고 보합인 상태를 강보합이라고 하며, 시세가 하락한 채 상승하지 않고 보합인 상태를 약보합이라고 한다.

읽을거리 코스피 35년, 시총 78배로…

금융위원회는 지난해 11월 '주식시장 발전 방안'을 발표하면서 '한국판 다우지수(가칭 KTOP 30)'를 올해 안에 내놓기로 했다. 미국의 다우지수(DJIA)처럼 코스피와 코스닥 상장 주식 중 초우량 종목 약 30개로 구성되는 지수를 만들겠다는 것이다. 현재 한국거래소가 산출하는 지수는 143개에 달한다. 대표 지수인 코스피와 코스닥 지수가 있고, 상위 200개 종목만 따로 모아 놓은 코스피200 지수도 있다. 그런데 금융위는 왜 한국판 다우지수를 따로 만들려는 것일까. 결론부터 말하자면, 단순한 숫자인 것처럼 보이는 주가지수 속에 주식시장을 흔드는 힘이 숨겨져 있기 때문이다.

너무 무거운 코스피

다우지수는 2013년 52차례에 걸쳐 사상 최고치를 경신했고, 2014년에도 38차례나 신기록을 고쳐 썼다. 반면 같은 기간 코스피는 좁은 박스권에 갇혀 꼼짝도 하지 못했다. 증시 자체의 활력에서 큰 차이가 난 것이 사실이지만, 지수의 특성 차이도 무시할 수 없다는 게 금융 당국의 생각이다. 다우지수는 각 업종을 대표하는 초우량 30개 종목으로 구성돼 있어 움직임이 가볍다. 반면 코스피는 762개 보통주 전체의 주가를 반영하기 때문에 너무 무겁다. 금융위 자본시장과 김성준 사무관은 "주가지수를 산출할 때 거래량 등에 상관없이 모든 종목이 포함되다 보니 지수가 너무 무거울 뿐 아니라 한국 경제나 시장 상황을 정확하게 반영하지 못하는 것 아니냐는 문제의식이 있다"고 말했다.

지금의 코스피는 1980년 1월 4일(기준시점)의 시가총액을 100으로 놓고 이후의 주가 변화를 지수로 나타낸 것이다. 즉 '오늘의 시가총액/기준시점 시가총액 × 100'이 오늘의 코스피다. 그렇다면 이런 의문이 생긴다. 기준시점인 1980년 1월 4일의 시가총액은 15조4000억원으로, 현재 유가증권시장 시가총액(약 1200조원)의 1.28%밖에 되지 않았다. 35년간 시가총액이 78배 증가한 셈이다. 반면 같은 기간 동안 지수는 20배밖에 오르지 못했다. 왜 그럴까. 현재 코스피가 7800으로 표시되지 않는 이유는 증자 · 신규상장 등으로 주식 수가 늘어난 부분을 보정하는 작업을 거치기 때문이다. 지수는 '주가'의 움직임을 보여주는 지표인데, 이 작업을 하지 않으면 시가총액의 상승이 주가의 상승 때문인지, 아니면 주식 수의 증가 때문인지 불명확해지는 왜곡 현상이 생긴다. 그래서 신규상장 등으로 분자(오늘의 시가총액)가 늘어나면 그만큼 분모(기준시점의 시가총액)도 똑같이 늘려주는 작업을 거쳐 지수를 산출한다.

한국 상위 30개 종목 주가, 20년간 22배 상승

코스피와 다우지수의 차이점이 하나 더 있다. 코스피는 주가를 시총 비중에 따라 가중평균 하는 반면, 다우지수는 30개 종목의 주가를 모두 합산한 뒤 30으로 나눠 계산한다. 시총 비중을 고려하지 않은 주가의 단순평균이다. 그래서 다우지수의 정식 명칭도 '다우존스 산업평균'이다.

그렇다면 한국 증시도 다우지수처럼 계산하면 어떤 결과가 나올까. 본지가 한국거래소 자료를 토대로 최근 20년간 시총 상위 30개 기업의 주가 평균 흐름을 분석한 결과, 이들 종목의 평균 주가는 22배 상승한 것으로 나타났다. 지난 1995년 6만186원에 불과했던 상위 30개사의 주가 평균이 2014년 말 현재 129만9705원으로 급증했다. 2010년과 비교해도 41만원이던 평균 주가가 3배 이상 급등했다. 국내 주식시장이 최근 수년간 박스권에서 벗어나지 못하고 제자리걸음을 한 것과는 사뭇 다른 결과다.

시장을 흔드는 주가지수의 힘

지수는 투자자들의 심리에 큰 영향을 미친다. 지수가 상승할수록 통상 투자자들의 기대심리가 높아지면서 시장 참여자와 거래량, 거래대금이 증가하기 때문이다.

지수는 심리뿐 아니라 돈도 움직인다. 주식형 펀드 중에는 지수를 추종하는 인덱스펀드가 있는데, 이 펀드는 지수 편입 비중에 따라 기계적으로 주식을 매매한다. 가령 A라는 지수 속에서 B라는 종목이 10% 비중을 차지한다면 A지수를 추종하는 인덱스펀드는 B종목을 전체 자금 중 10%만큼 사게 된다. 이렇게 지수를 따라다니는 자금의 규모가 엄청나다. 세계적으로 널리 쓰이는 대표 지수로 MSCI지수와 FTSE지수가 있는데, 이 지수를 추종하는 글로벌 투자 자금은 각각 8조달러, 3조달러에 이르는 것으로 추정된다.

지수는 기업의 주주 정책에도 영향을 미친다. 다우지수는 편입 종목을 결정할 때 주가와 주식수를 고려 대상으로 삼는데, 미국의 기업들은 다우지수 편입을 큰 영광으로 생각하기 때문에 이 기준에 맞추려고 노력한다. 가령 애플은 다우지수 편입을 위해 작년 6월 644달러였던 주가를 7분의 1로 액면분할했다. 한국판 다우지수도 이렇게 운영될 경우 초고가주의 액면분할을 유도하는 효과가 있다. 국내 주식시장에는 주가 100만원이 넘는 이른바 '황제주'가 7개 종목 있다. 이들 기업이 한국판 다우지수에 편입하기 위해 액면분할을 하면 개인 투자자들의 접근 가능성이 한층 높아진다.

<조선일보 2015.1.15.>

어떤 PER가 맞는 건가요?

투자자 김준수 씨(가명)는 최근 '한국시장 PER(Price Earning Ratio)가 9.2배'라는 기사를 보고 깜짝 놀랐다. 그는 "한국 기업 가운데 PER 9.2배로 싼 회사를 찾기가 쉽지 않은데 한국시장 전체는 왜 이렇게 PER가 낮을까"라는 의구심이 들었다고 한다. 며칠 후 그는 다시 놀랐다. '한국시장 PER가 10.6배'라는 다른 기사를 봤기 때문이다. 며칠 사이 주가가 급등한 것도 아닌데 왜 이런 일이 벌어진 것일까. <중략>

김씨가 본 PER 9.2배는 글로벌 금융정보제공업체 톰슨로이터가, 10.6배는 국내 에프앤가이드가 발표한 수치다. 두 수치는 1.4나 차이가 난다. 한국 증시나 개별 종목이 싼지 비싼지 판단하는 데 쓰이는 도구 가운데 하나인 PER가 이렇게 다른 이유는 뭘까.

PER는 현재 주가를 EPS(Earning Per Share · 주당순이익)로 나눠 계산한다. EPS의 분자에 해당하는 '지배주주순이익'은 추정치이기 때문에 결과적으로 증권사마다 PER가 다를 수밖에 없다. 하지만 EPS 분모 계산에 사용하는 '평균발행주식 수'마저 증권사마다 다르다는 점이 문제다.

삼성증권에 따르면 삼성전자 EPS 추정치를 낸 증권사 가운데 절반은 '보통주 주식 수'를, 나머지 절반은 '보통주+우선주 합산 평균 발행주식 수'를 분모로 이용한다. 삼성전자의 경우 보통주의 15.5%를 우선주로 갖고 있기 때문에 단순한 분모 차이만으로도 EPS 숫자가 크게 달라질 수밖에 없다.

실제 삼성전자의 올해 지배주주순이익을 31조원이라고 똑같이 추정한 두 증권사의 EPS는 주식 수 정의 차이에 따라 18만원과 21만원으로 3만원 차이가 났다.

한국시장 전체에 대한 PER가 다른 이유는 주식 수 계산법 문제에 더해 훨씬 복잡한 내막이 있다. 우선 톰슨로이터는 지수로 'MSCI코리아'를, 에프앤가이드는 코스피(KOSPI)를 쓴다는 점에서 차이가 난다. 또 예상 실적을 취합할 때 톰슨로이터는 국외 증권사도 포함하지만 에프앤가이드는 국내만 한정한다는 점이 다르다. <하략>

<매일경제 2013.08.16.>

거래 없이 움직이는 주가 '기세'

코넥스 시장 상장사인 에스엔피의 주가는 3일 전날에 비해 2.86% 하락했습니다. 2일 종가인 3500원 보다 100원 내린 3400원에 장을 마쳤습니다. 그런데 이상한 점은 이날 에스엔피 주식의 거래량이 없었다는 것입니다. 주식을 사겠다는 사람과 팔겠다는 사람의 매매계약이 체결돼야 시장가격(시세)이 형성되는데 에스엔피는 매매계약이 성립되지 않은 상황에서 종가가 결정됐습니다.

이게 어찌된 영문일까요? 답을 먼저 알려 드리면 이는 국내 증시에서 인정되는 '기세'제도 때문입니다. 기세란 매매계약이 성립되지 않았을 때의 호가(呼價)로, 직전 시세에 비해 가장 낮은 매도호가 또는 가장 높은 매수호가를 의미합니다. 호가는 주식을 팔거나 사려는 사람이 부르는 가격을 뜻합니다.

쉽게 말해 거래가 성립되지 않더라도 직전 시세보다 높거나 낮은 호가만 있다면 주가가 변동될 수 있습니다. 에스엔피의 경우 전날 종가보다 100원 내린 3400원에 매도 호가가 나왔고 이 호가가 종가로 반영됐습니다. 호가가 여러 개일 경우에는 가장 낮은 매도호가 또는 가장 높은 매수호가를 기세로 인정, 그 날의 종가로 처리됩니다.

기세를 인정하는 까닭은 주가흐름의 연속성을 부여하기 위해서입니다. 매매가 형성되지 않았을 뿐 호가가 시세의 흐름을 반영하고 있다는 논리입니다. 직전 시세에 비해 낮은 매도호가가 있다는 것은 주가 하락, 높은 매수호가가 나온다는 것은 주가 상승 흐름을 반영하고 있습니다. 전날 기준가에 비해 상한가인 매수호가는 '기세 상한가'가 되고, 반대의 경우는 '기세 하한가'가 됩니다. <하략>

<조선일보 2013.07.03.>

CHAPTER

4 연습문제

1 주가지수의 유용성과 관련이 없는 것은?

① 국내외경제, 산업, 기업 요인 등을 반영하는 종합지표
② 미래의 경제를 예측하는 선행지표
③ 개별 투자성과의 평가기준
④ 기업의 가치를 측정하는 수단

2 코스피지수와 가장 관련이 적은 것은?

① 상장종목 전체를 대상으로 산출한 지수이다.
② 총시장가치에 따른 가중치를 사용한다.
③ KOSDAQ 종목은 포함하지 않는다.
④ 산출방법이 다우존스지수와 동일하다.

3 현재 우리나라에서 사용하고 있는 코스피지수가 900이라고 할 때 이 의미는?

① 평균주가수익율이 액면가의 9.0%임을 의미한다.
② 현재의 액면가에 비해 현재의 시가가 9.0배임을 의미한다.
③ 기준년도의 시가에 대한 현재 시가가 9.0배임을 의미한다.
④ 평균주가지수 1,000에 대한 현재의 주가지수를 의미한다.

4 코스피200과 관련이 없는 것은?

① 주가지수선물의 매매거래대상지수
② 우리나라의 증권시장을 대표하는 주가지수
③ 시가총액방식
④ 주가지수옵션의 매매거래대상지수

5 다우존스산업평균지수를 벤치마크하여 만든 지수로 우리나라 주식시장의 성장성을 반영하기 위하여 주가평균가중방법으로 산출된 지수는?

① KRX300지수 ② KTOP30지수
③ KRX100지수 ④ KRX섹터지수

6 코스닥 시장에서 시장대표성, 재무안정성, 경영안정성 등을 갖춘 기업에 투자하려고 할 때 어느 지수의 구성 종목을 관찰하는 것이 가장 바람직한가?

① 코스닥산업별지수 ② 코스닥소속부지수
③ 코스닥시가총액규모별지수 ④ 코스닥150지수

7 KRX100지수와 가장 관련이 없는 것은?

① 유가증권시장과 코스닥시장의 대표 주식을 동시에 고려한다.
② 유동주식을 가중치로 사용하여 지수를 산출한다.
③ 경우에 따라 특정 종목의 지수 내 비중을 제한한다.
④ 시가총액이 큰 종목은 지수산출에 포함시키지 않는다.

8 다음 중 투자자들이 향후 주가를 낙관하는 경우에 나타나는 지표의 현상은?

① 고객예탁금 증가 ② 미수금 증가
③ 대주잔고 증가 ④ 미상환융자금 증가

9 3월 12일 삼성전자 주식을 10주 매입주문을 하였고, 아무 이상 없이 주문이 체결되었다. 그런데 3월 14일 매도 주문을 내지 않았음에도 불구하고 삼성전자 주식 3주가 매도되었다. 증권회사에 전화하니 내게 연락이 되지 않아 강제로 반대매매를 하였다고 한다. 이 사건과 가장 관련이 없는 것은?

① 미수금 상환 ② 예탁금 부족
③ 신용융자 또는 대주 잔고 ④ 미상환융자금 발생

10 증권시장이 문을 닫은 후 주식을 장외시장에서 거래할 때 어느 주가를 기준으로 거래하는 것이 가장 합리적인가?

① 시가 ② 종가
③ 주가평균 ④ 시가총액

11 증시주변자금동향이 다음과 같다. 전주에 비하여 시장이 어떻게 변화할 것으로 투자자들은 예측하고 있는가?

증시주변자금동향(단위 = 억원)

구 분	3월 19일	전주대비
신용융자잔고	33,966	－604
대 주 잔 고	100	1

① 불황시장 ② 활황시장
③ 보합시장 ④ 정보 부족으로 판단할 수 없다.

12 주식을 팔려고 하였으나 사려는 사람이 하나도 없어 팔지 못하였다. 이 경우의 주가를 무엇이라고 하는가?

① 신고가
② 신저가
③ 기세
④ 보합

13 다른 조건이 모두 동일한 경우 가장 높은 투자수익률이 기대되는 PBR 값은?

① PBR = 0.1
② PBR = 0.5
③ PBR = 1.0
④ PBR = 무한대

14 배당성향(payout ratio)이란?

① 주당배당금 ÷ 주당이익금
② 주당가격 ÷ 주당이익금
③ 주당이익금 ÷ 주당배당금
④ 주당이익금 ÷ 주당가격

15 증권을 매입하거나 매도하려는 주문만 있어 거래가 성립되지 않았을 때의 주가는?

① 보합
② 기세
③ 시가
④ 신고가

16 증권선물거래소의 '증권시장'지를 보니 삼성전자의 종가가 50만원이고, PER가 10배이다. 삼성전자의 배당성향이 20%인 경우 배당수익률은 얼마인가?

① 1%
② 2%
③ 3%
④ 4%

17 다른 조건이 동일할 때, 신용융자잔고가 한도에 도달해서 해소되지 않고 있다면 주가가 어떻게 변할 것으로 예측할 수 있는가?

① 하락한다.
② 상승한다.
③ 변화없다.
④ 정보부족으로 판단할 수 없다.

정답

1.	④	2.	④	3.	③	4.	②	5.	②	6.	④	7.	④	8.	①	9.	③	10.	②
11.	①	12.	③	13.	①	14.	①	15.	②	16.	②	17.	①						

CHAPTER 5

기본적 분석

내재가치를 이해할 수 있는 정해진 공식은 없다.
주식을 매입하려는 기업에 대해 자세히 연구하는 수밖에 없다.

〈Warren Buffett〉

Section 1 | 기본적 분석의 의의와 경제 분석

1. 기본적 분석의 의의와 투자전략

기본적 분석(fundamental analysis)은 주가가 장기적으로는 그 주식이 본질적으로 지니고 있는 내재가치(intrinsic value)에 접근해 가지만 단기적으로는 내재가치에서 벗어날 수 있다고 전제한다. 이러한 전제하에 기본적 분석은 주가에 영향을 주는 기본요인(fundamentals)인 경제, 산업 및 기업 등 모든 관련 정보를 기초로 주식의 내재가치를 규명함으로써 일시적으로 과소평가 되거나 과대평가된 종목을 식별해 내려는 적극적 투자관리의 분석기법이다. 기본적 분석의 투자전략은 과소평가된 주식을 매입하고 과대평가된 주식을 매각하여 비정상 수익을 얻는 데 있다.

기본적 분석을 통하여 수익을 극대화하려는 투자자의 투자전략을 그림으로 나타내면 <그림 5-1>과 같다. <그림 5-1>에 볼 수 있는 바와 같이 내재가치와 실제 시장에서 형성되는 주식의 시장가격과 차이가 있을 수 있으며, 시장가격과 내재가치가 차이가 있을 때에는 시간이 경과함에 따라 시장가치는 내재가치에 접근해 간다. 따라서 내재가치를 구할 수 있다면 이를 시장가치와 비교하여 투자전략을 수립할 수 있다. 즉, 현재 해당 주식의 시장가격이 내재가치보다 낮다면 과소평가되어 있으므로 이 주식을 구입하여야 하며, 시장가격이 내재가치보다 높다면 과대평가되어 있으므로 이 주식을 매각하여야 한다.

그림 5-1 기본적 분석의 투자전략

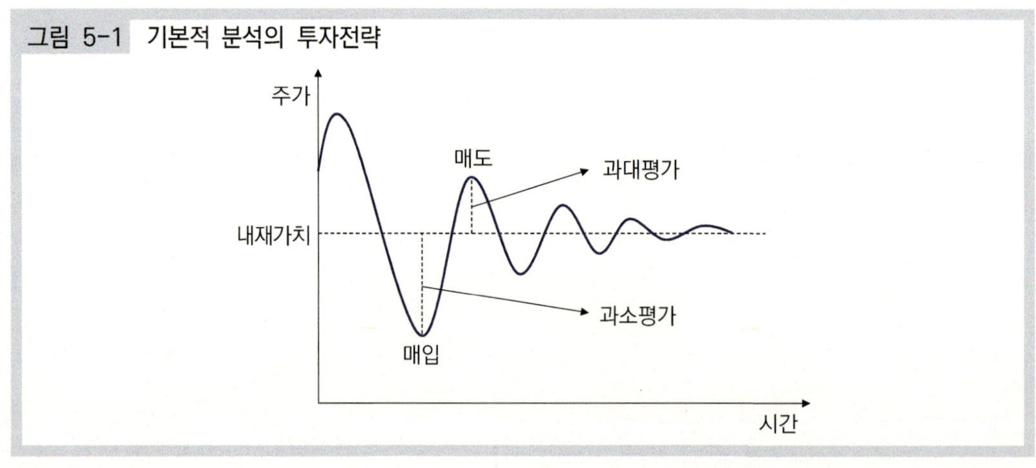

주식의 내재가치를 평가하기 위해서는 그 주식의 미래 배당흐름과 배당흐름의 불확실성(위험)을 추정해야만 한다. 그런데 미래 배당액은 그 기업이 실현하는 미래이익에 의해 결

정되며, 이는 경제적 요인, 산업요인 및 그 기업의 고유한 요인들에 의해 결정된다. 그리고 주주의 요구수익률인 할인율은 시장의 이자율, 인플레이션, 산업위험, 당해 기업의 위험도 등의 영향을 받는다. 따라서 특정주식의 내재가치를 평가하기 위해서는 경제, 산업, 기업요인에 대한 체계적인 분석이 필요하다. 즉, 투자자는 경제요인을 분석하여 주가흐름을 파악하고, 산업분석을 통하여 투자유망업종을 선정한 다음 기업분석에서 투자유망종목을 선택하여야 할 것이다. 이러한 내용을 그림으로 나타내면 <그림 5-2>와 같다.

그림 5-2 기본적 분석의 체계

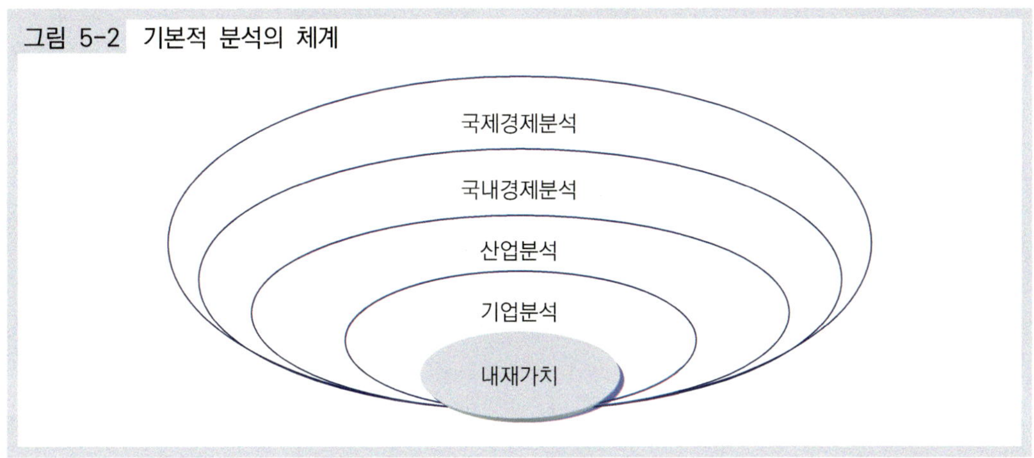

기본적 분석에서 일반적으로 관심을 가지는 분석요인은 <표 5-1>과 같다.

<표 5-1> 기본적 분석의 분석요인

경제요인	산업요인	기업요인
경제성장률	산업제품의 수명주기	경쟁력
이자율	경쟁구조	제품
통화량	수요 · 공급구조	재무상태 및 경영성과
인플레이션	경기변동에 대한 적응력	성장잠재력
국제수지	노사관계	시장점유율
환율	정부의 산업정책	기업의 대외 이미지
외국인투자		경영자의 경영능력
국제원자재가격		
경기변동		
경제정책		

기본적 분석[1]의 분석방법은 크게 양적 분석과 질적 분석으로 구분할 수 있다. 양적 분석은 매출, 손익 전망 및 재무구조 등 계량적 지표의 분석을 의미하며, 질적 분석은 경영자의 경영능력, 기업의 이미지, 업계 내 지위, 진입장벽 등 비계량적 요인에 대한 분석을 말한다. 그러나 기본적 분석은 실무적으로 몇 가지 단점을 내포하고 있다.

- 기본적 분석에 의하여 내재가치를 알고 있다 하더라도 다른 투자자들 역시 내재가치를 알게 될 때까지는 시장가격이 내재가치와 차이를 갖는다.
- 기본적 분석이 이용하는 미래의 이익 자료는 기업의 손익계산서로부터 얻어져야 하는데, 이러한 회계자료는 흔히 자의적일 뿐만 아니라 미래의 이익 예측능력을 결여하는 경우가 많다.
- 재무제표 자료는 회계처리 방법의 다양성 때문에 상호비교 및 기간비교가 곤란하다.
- 기본적 분석에서 사용하는 PER나 요구수익률은 극히 주관적이다.
- 주가는 이성적 요인뿐만 아니라 심리적 요인에 의해서도 결정된다.

2. 경제분석

경제분석은 경제 전반의 움직임을 나타내는 중요한 거시경제 변수들의 추이를 파악하고 미래의 예측치를 얻고자 하는 분석 활동이다. 주가는 경제의 전체적인 움직임과 밀접한 관계가 있으므로, 투자자는 주식의 매매시기를 포착하고 주가변동의 대세를 파악하기 위해서는 현재의 거시경제변수를 면밀히 분석하고 장래의 경제상황 변화를 예측할 수 있어야 한다.

경제분석에는 전문적인 예측모형과 복잡한 분석모형이 활용되기 때문에, 투자자 개인이 거시경제분석을 스스로 행하는 경우는 극히 드물고, 대부분의 경우 전문적 경제연구소의 분석 및 예측 결과를 사용한다. 따라서 본서에서는 주식시장의 동향을 전망하는 데 중요시되는 변수만을 간략하게 설명하고자 한다. 즉, 경제변수에 대해 일반적인 사항을 설명할 뿐이므로 개별 기업의 특성에 따라 영향을 받게 되는 부분에 대해서는 별도의 분석이 필요하다.

가. 국내경제변수

국내경제변수로는 경제성장률, 이자율, 통화량, 인플레이션 등을 들 수 있다.

---

1) 기본적 분석이 해당 기업의 내재가치 분석을 통해 저평가된 투자 유망 종목을 발굴하는 것이라면, <Chapter 6>의 기술적 분석은 기본적 분석의 결과 선정된 투자 유망 종목의 거래시점(timing)을 포착하는 방법으로 합리적인 투자자는 두 가지 분석방법의 적절한 병행을 통해 초과수익을 달성할 수 있을 것이다.

경제성장률

경제성장률은 일정기간 동안 각 경제활동 부문이 만들어낸 부가가치가 전년에 비하여 얼마나 증가하였는가를 나타내는 지표로서 한 나라의 경제가 이룩한 경제성과를 측정하는 중요한 척도이다. 경제성장률은 불변가격에 의한 국내총생산[2](gross domestic product: GDP)의 전년대비 증가율을 의미하므로 경제의 규모가 실질적으로 얼마만큼 확대되었는가를 나타낸다.

경제성장률이 높을 경우 기업의 생산이나 매출, 고용과 소득이 모두 높은 비율로 증가하며, 이에 따라 기업의 이익도 큰 폭으로 상승하므로 주가는 상승한다. 반면에 경제성장률이 낮을 경우에는 생산과 매출이 감소하고 실업이 증가함으로써 소득이 줄어들며, 기업의 이익도 감소되기 때문에 주가는 하락한다.

이자율

이자율이 상승하면 기업의 금융비용 부담을 증가시켜 현금흐름을 감소시키고, 기업의 영업 성과가 악화되므로 주가는 하락한다. 한편 이자율이 하락하면 기업의 금융비용 및 제품원가를 줄여 수익성을 향상시켜 주가를 상승시킨다. 또한 통화량 증가에 따라 이자율이 하락하는 경우 통화량 증가의 일부가 민간부문의 저축으로부터 증권시장에 유입되어 주식에 대한 매입수요를 증가시켜 주가를 상승시키게 된다.

이자율을 분석할 때에는 국제자본시장의 이자율 동향을 함께 관찰할 필요가 있다. 최근 들어 외국투자자들이 우리나라 주식시장에 투자하는 규모와 우리나라 기업들이 해외에서 자금조달을 하는 규모가 늘어나고 있어 국제자본시장의 이자율변화가 국내 경제상황에 미치는 영향이 더욱 커지고 있다.

통화량

통화량이란 국내 경제활동에서 실제 지급수단으로 사용되는 유동성의 크기, 즉 시중에 풀려 있는 돈의 양을 말한다.

적절한 수준의 통화량 증가는 화폐시장의 새로운 균형을 야기시켜 이자율을 하락시키고, 이자율의 하락으로 인해 주가는 상승하게 된다. 통화량이 증가될 경우 설비투자를 증가시키게 되며, 이는 기업실적 향상으로 나타나고 이로써 기업의 이익이 증가하므로 주가는 상

---

2) GDP는 한 나라의 영역 내에서 가계, 기업, 정부 등 모든 경제주체가 일정기간 동안 생산활동에 참여한 결과 창출된 부가가치를 시장가격으로 평가한 합계를 말한다. 즉, (GDP = GNP - 대외순수취요소소득)인데 여기에서 대외순수취요소소득이란 우리나라의 생산요소가 해외의 생산활동에 참여하여 벌어들인 소득에서 외국의 생산요소가 국내 생산활동에 참여한 대가로 지급한 소득을 공제한 금액을 말한다.

승한다. 또한 통화량의 증가는 투자자들의 유동성을 풍부하게 하고 주식의 투자수요를 확대하기 때문에 주가의 상승을 가져올 수 있다.

그러나 과도한 통화량 증가는 물가를 상승시켜 인플레이션을 유발할 수 있다는 우려 때문에 오히려 실질 주가가 하락하게 된다.

인플레이션

인플레이션은 물가가 지속적으로 상승하거나 화폐가치가 지속적으로 하락하는 현상을 말한다. 일반적으로 물가가 상승하면 기업보유자산의 명목가치가 상승함으로써 자산재평가로 인한 무상증자가 가능해지기 때문에 주식도 물가상승을 보전할 수 있는 인플레이션 헤지(inflation hedge) 효과가 있다는 주장이 지배적이었다.

그러나 최근에는 인플레이션 하에서는 실질 주식투자수익률이 하락할 수밖에 없다는 주장이 설득력을 얻고 있다. 그 이유는 인플레이션 하에서는 이익이 과대계상되기 때문에 법인세의 추가적인 부담을 가져오고, 이러한 현금유출은 재투자금액을 감소시켜 기업의 성장성을 감소시킬 뿐만 아니라 주주의 부가 유출되는 만큼 투자수익률을 하락시키게 되기 때문이다.

우리나라에서는 인플레이션이 높을수록 주식수익률이 낮아지는 경향이 있는데, 이러한 현상은 물가상승률이 높은 경우 은행예금 및 주식 등의 금융자산보다는 부동산과 같은 실물자산에 대한 투자자의 선호도가 높아지기 때문이다.

나. 국제경제변수

우리나라의 경제에서는 수출입이 차지하는 비중이 크므로 우리나라의 수출입에 영향을 미치는 미국, 일본, 중국 등 교역국의 경제전망과 더불어 우리나라와 경쟁관계에 있는 아시아 신흥공업국의 경제성장 전망뿐만 아니라 세계화에 따라 세계 각국의 경제변수를 살펴보아야 한다. 국제경제변수로는 국제수지, 환율, 국제원자재가격 등을 들 수 있다.

국제수지

국제수지[3]란 일정기간 중 외국과의 거래결과로 발생한 수입과 지출의 차이를 의미한다.

3) 한국은행은 경상수지, 기초수지, 종합수지로 구성된 국제수지표를 작성한다. 경상수지는 상품의 수출입차이를 나타내는 무역수지, 운임, 보험료, 관광, 투자와 관련한 수지차이를 나타내는 무역외수지, 그리고 선물, 무상원조 등의 수지차이를 나타내는 이전수지로 분류된다. 경상수지에다 장기자본수지를 합한 것을 기초수지라 하고, 기초수지에다 단기자본수지까지 합한 것을 종합수지라 한다. 외국과의 거래와 관련된 국제수지는 보통 경상수지로 대표되고 있다.

수출의 호조와 무역외수지의 개선으로 경상수지가 흑자를 기록하는 동시에 기초수지가 흑자를 보일 때는 해외부문으로부터의 자금유입이 증가한다. 이로 인하여 시중의 자금유동성이 풍부해져 주식의 매입수요를 증가시킬 뿐만 아니라, 경제성장률이 상승하고 기업이익이 증가할 것을 예상할 수 있기 때문에 주가는 상승한다. 반대로 수출이 부진하고 수입이 증가함으로써 무역수지가 적자가 되고, 해외여행증가 등으로 무역외수지까지 적자가 될 경우에는 경상수지가 적자를 기록하게 되며, 이는 주가를 하락시키는 요인으로 작용한다.

환 율

환율은 국내통화와 외국통화의 교환비율이다. 환율은 국제수지, 국내외의 이자율차이, 인플레이션율 등의 기본적 요인과 외환시장에서의 수요와 공급 등의 요인에 의해 결정된다. 일반적으로 국제수지가 흑자이면서 인플레이션율이 낮을수록 그 나라의 통화는 평가절상 되고, 반대의 경우에는 평가절하 된다. 우리나라에서는 원화와 미국 달러, 원화와 일본 엔화, 미국 달러와 일본 엔화, 미국 달러와 유럽의 유로(Euro)화 사이의 환율이 특히 중요시되고 있다.

일반적으로 우리나라의 통화가 평가절하 되어 환율이 인상되면 우리나라 소비자들이 외국수입품에 대해서 지불하는 대가는 늘게 되지만, 반대로 외국 소비자들은 동일한 구매에 대해서 전보다 적은 금액을 지불하게 된다. 따라서 수출증가와 수입감소로 국제수지가 개선되는 등 주가에 긍정적인 영향을 미칠 수 있다. 그러한 환율의 인상은 수입원자재가격의 상승으로 국내물가가 불안해지고 원화표시의 외국채권을 가진 기업의 상환부담이 가중되며 외국인투자자들이 미리 투자자금을 회수하려는 움직임이 일어날 것이므로 수가에 부정적인 영향을 미칠 수도 있다. 그러므로 환율변동은 개별기업의 특성에 따라 주가에 미치는 영향이 서로 다르다.

국제원자재 가격

우리나라는 부존자원이 부족하여 원자재의 대부분을 수입해야 하는 실정이기 때문에 주요 원자재의 가격동향은 기업경영에 큰 영향을 미친다. 국제원자재가격의 동향을 종합적으로 나타내 주는 지표로서 국제상품가격지수가 있다. 로이터상품지수(Reurters Commodity Index)는 영국이 수입하는 17개 주요 1차 상품을 대상으로 작성되고 있는데, 자원시장의 동향을 비교적 정확하게 반영하는 특징이 있다. 다우존스상품가격지수(Dow-Jones Commodity Index)는 12개 농산물을 대상으로 작성되고 있으며, 농산물가격의 분석과 예측에 특히 유용하다.

원유가격의 동향을 알아보기 위해서는 유럽 북해산 경질유나 미국 서부텍사스산 중질유의 가격을 참고하면 된다. 국제원유가 하락은 무역수지개선은 물론 거의 모든 기업의 생산비절감과 물가하락을 유발하고 증가된 잉여자본을 갖고 설비투자 및 민간소비를 증가시킴으로써 경제성장에 기여하게 된다.

예를 들어 유가상승에 따른 파급효과를 그림을 나타내면 <그림 5-3>과 같다.

그림 5-3 유가의 파급효과

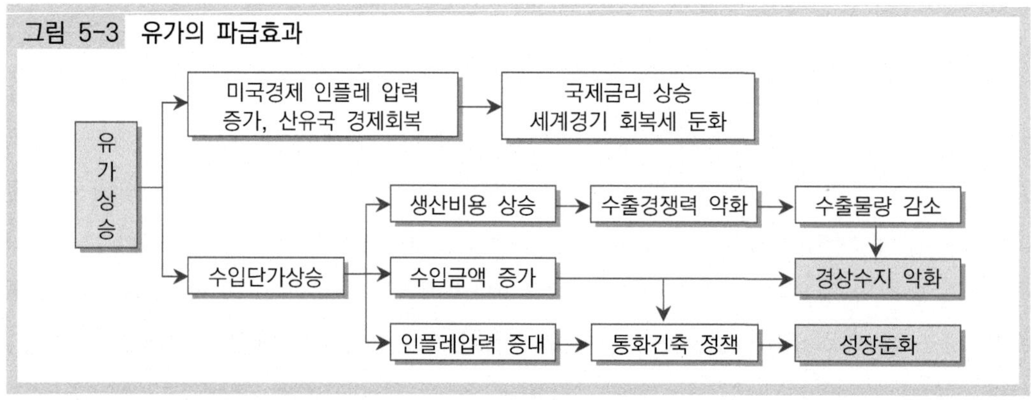

다. 기타 경제변수

국내 및 국제경제변수 이외에 고려해야 할 기타 경제변수로는 경기변동, 경제정책 등을 들 수 있다.

경기변동

경기변동이란 주요 경제변수들이 일정 기간을 주기로 경제변수의 장기추세선을 중심으로 상하운동을 하면서 변화하는 현상을 말한다.

경기변동은 <그림 5-4>와 같이 활황, 후퇴, 침체, 회복 등 네 개의 국면을 반복하면서 변화한다. 일반적으로 경기회복기의 후반부부터 경기침체의 전반부까지를 경기호황국면, 그리고 경기후퇴기의 후반부부터 경기활황의 전반부까지를 경기불황국면으로 구분한다. 경기저점에서 경기정점까지를 경기확장국면이라 하고, 경기정점에서 경기저점까지를 경기수축국면이라고 한다.

주가는 경기변동이 있기 전에 선행하는 것으로 알려져 있다. 그러므로 투자자는 경기변동의 전환점을 예측하여 주식시장의 동향을 예측할 수 있다. 경기곡선과 주가곡선의 시차[4]는

4) 미국 증권시장에서는 경기정점에 도달하기 평균 8개월 전에 주식시장은 최고의 강세시장이었고, 경기의 저점이 되기 평균 3개월 전에 주식시장은 최저의 약세시장이었다.

그림 5-4 경기변동

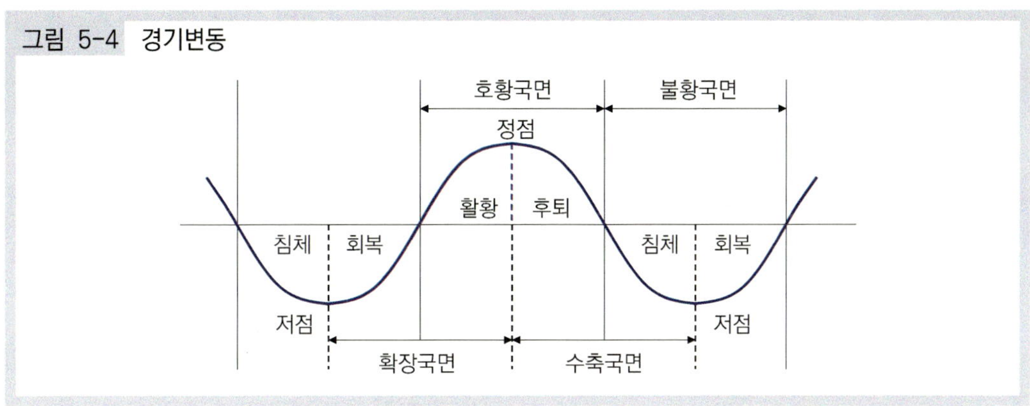

나라마다 다르다. 미국이나 일본의 경우는 그 시차를 대략 1년으로 보고 있으나 우리나라는 6개월 정도로 보고 있다.

경제정책

거시경제의 많은 부분이 정부의 경제정책에 의하여 조정되므로 주가 동향을 예측하기 위해서는 경제정책의 방향과 그 효과를 이해하여야 한다. 주요 경제정책으로는 경기의 부양 및 진정과 관련된 경기조정정책, 세법 개정 및 공공투자지출과 관련된 재정정책, 통화량 증감 및 이자율수준과 관련된 통화정책, 그리고 수출입과 관련된 무역정책, 특정산업의 육성 및 조정과 관련된 산업정책 등이 있다. 여기서는 경제정책의 중심을 이루는 재정정책과 통화정책을 간략하게 살펴보고자 한다.

재정정책은 정부지출과 세제변화를 통해 경제의 수요측면에 영향을 미친다. 정부의 재정정책을 잘 나타내 주는 지표가 재정적자 또는 재정흑자이다. 정부지출이 확대되어 재정적자가 된다는 것은 총수요를 증가시켜 경기회복을 이루고자 할 때 사용되는 수단이므로 대체로 주가 상승요인으로 작용한다. 그러나 재정적자가 커진다는 것은 정부의 자금차입이 증가한다는 것을 의미하므로 시장이자율의 상승을 가져와 결과적으로 주가는 하락하게 된다. 따라서 재정적자가 주가에 미치는 순효과는 상황에 따라 달라질 수 있다.

통화정책은 통화량을 조절함으로써 자금을 적절하게 공급해 주거나 감소시켜 이자율에 영향을 미친다. 통화정책의 가장 중요한 수단인 공개시장조작(open market operation)은 중앙은행이 통화량을 늘리기 위하여 공채를 매입하거나, 통화량을 감소시키기 위하여 공채를 매각하는 것을 의미한다. 이 외에도 금융기관에 대한 재할인율 조절, 금융기관의 지불준비금 조절 등의 수단을 통해 통화정책이 이루어진다. 통화공급의 증가는 단기적으로는 시장이자율을 하락시킴으로써 투자와 소비수요를 증가시키지만, 장기적으로는 물가상승으로 이어져 그 효과가 상쇄되기 쉽다.

Section 2 | 산업분석과 기업분석

1. 산업분석

산업(industry)이란 유사한 제품을 제조하여 판매하는 기업들로 구성된 집단이라고 정의할 수 있다. 각 산업은 자신의 고유한 특성에 따라 경제변수의 변화에 대하여 서로 다른 영향을 받으므로, 경제변수의 예측치가 특정산업에 미치는 효과를 별도로 분석하여야 한다.

산업분석은 어떤 산업이 경쟁력이 높고 유망한 것인지에 대한 평가기준을 제공해 주는데, 산업분석에서 가장 중요한 과제는 산업제품의 수명주기와 산업의 특성을 파악하는 것이다.

가. 산업제품의 수명주기 분석

제품수명주기(product life cycle: PLC)란 제품이 신제품으로 시장에 도입되었다가 소멸하게 되기까지의 시간적 과정을 말한다. 일반적으로 이 과정은 ① 도입기, ② 성장기, ③ 성숙기, ④ 쇠퇴기의 4단계로 구분되며, 매출액 및 이익과의 관계를 <그림 5-5>와 같이 나타낼 수 있다.

산업의 주력제품이 수명주기상 어느 단계에 위치하느냐에 따라 위험, 수익성, 성장전망 등을 판단할 수 있다.

그림 5-5 제품수명주기와 매출액 및 이익의 변화

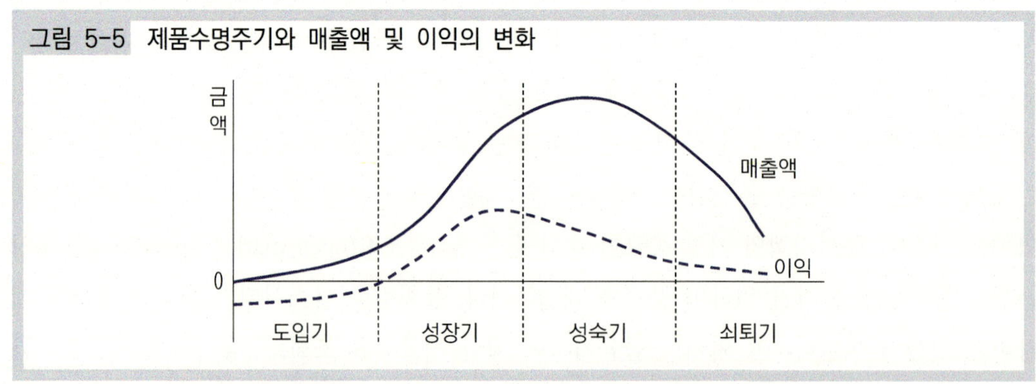

도입기

신제품이 개발되어 시장에 처음 나온 단계로서, 일반적으로 이 단계에서는 판매촉진비, 생산비 등이 많이 소요되기 때문에 손실이 발생한다. 제품이 고객의 호평을 받아 성장을 거듭하면 그 제품이 속한 산업이 주목을 받기 시작한다.

성장기

도입기에 행한 판매촉진 등에 의하여 상품이 소비자에게 널리 알려지고 산업수요가 가속적으로 증대되는 단계로서, 매출액이 급성장하며 이 단계의 마지막 부분에서 이익이 최고에 이르게 된다. 이 단계에 속한 기업은 이익의 대부분을 재투자하며, 급속한 성장과정에서 필요한 투자자금을 외부차입 등으로 조달하게 된다. 이익의 유보와 외부차입을 통해 조달된 자금은 주로 신규설비와 재고자산의 구입 등에 쓰인다. 이 단계에서는 특히 급속한 성장에 따른 자금부족과 이로 인한 지급능력의 유지가 중요한 문제로 등장한다.

성숙기

성장단계가 지나면 산업내의 기업들은 안정적인 시장점유율을 얻게 되고, 시장이 포화상태를 이루어 매출성장이 둔화되는 성숙단계에 이르게 된다. 성숙단계에 도달한 기업은 규모면에서 대기업이 되고, 지속적으로 현금배당을 실시하며 성장단계에서 차입한 자금을 상환하게 된다. 그리고 제품단위당 이익은 격심한 가격경쟁으로 인하여 점차로 줄어들기 시작한다. 이 단계에 있는 산업이 성장을 지속하려면 새로운 업종에의 진출이 필요하다.

쇠퇴기

대체적인 신제품의 등장으로 기존 제품이 진부화되어 수요가 지속적으로 줄어들며 비용절약적인 신기술의 등장 등으로 인하여 산업의 규모가 정체하거나 쇠퇴하는 단계로서, 최종적으로는 제품라인에서 제거되어 시장에서 사라지게 된다. 따라서 이 단계에 속한 기업은 이 산업에서의 철수 또는 다른 업종으로의 다각화 등을 고려하게 된다.

제품수명주기상 도입기나 성장기의 주도산업에 투자하는 것이 가장 바람직하지만, 이러한 산업을 선별하기 위해서 투자자는 우수한 시장분석 및 기술예측능력을 갖추어야 한다.

나. 산업의 특성 분석

(1) 산업의 경쟁구조

산업 내의 경쟁이 얼마나 치열한가에 따라 그 산업의 수익성과 위험이 결정된다. 포터(M. Porter)는 특정 산업의 이윤잠재력은 경쟁환경을 구성하는 진입장벽, 기존 기업 간의 경쟁, 산업의 대체관계, 구매자의 교섭력, 공급자의 교섭력 등의 요인들에 의해 결정된다고 한다.

진입장벽

진입장벽이란 특정 산업에 새로 진출하고자 하는 기업들의 진입을 어렵게 만드는 장벽을 말한다. 산업에 새로운 경쟁기업이 진출하거나 그 가능성이 존재하는 것만으로도 기존 회사들의 이익이 크게 감소할 수 있다. 따라서 진입장벽은 산업 전반적인 수익성을 결정하는 핵심 요소이다. 규모의 경제가 잘 나타나는 경우, 제품차별화가 뚜렷한 경우, 신규진출에 소요자본이 막대한 경우, 우수한 유통채널을 가지고 있는 경우, 정부의 규제가 많은 경우에는 진입장벽이 높다고 할 수 있다.

기존기업간의 경쟁

동일 산업 내의 기업들은 가격인하, 신제품소개, 대고객서비스의 강화, 품질보증 등 여러 가지 방법을 통하여 시장에서의 유리한 위치를 차지하기 위한 경쟁을 벌인다. 경쟁기업이 많을수록 경쟁이 치열해지고 수익성이 저하된다. 산업의 성장률이 낮거나, 제품차별화가 어렵거나, 고정비가 높은 비중을 차지하는 산업 내의 경쟁은 더욱 심화된다.

산업 및 상품의 대체관계

생산 및 기술의 진보로 새로운 대체산업 내지 대체상품이 등장함에 따라 해당 산업의 이익잠재력은 잠식당하고 궁극적으로 기존산업이 사양화하게 된다. 특히 오늘날과 같이 하루가 다르게 빠른 속도로 기술이 발달하는 시대에 있어서는 산업이나 상품의 대체가 쉽게 일어날 수 있으며 소득 증가에 따라 소비자의 취향이 크게 변화하므로 이러한 측면에서 산업의 위치를 정확히 파악해야 한다.

구매자의 교섭력

구매자는 품질향상 및 서비스 증대 요구, 구매가격 인하 등의 방법으로 교섭력을 강화할

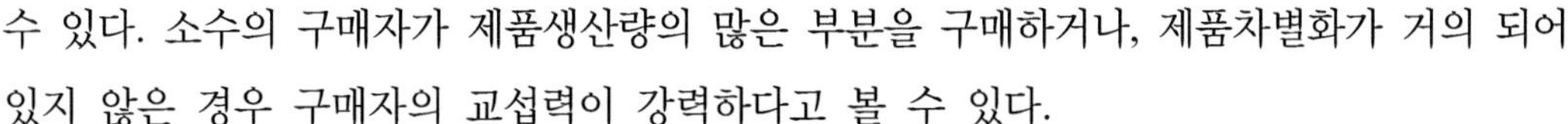

수 있다. 소수의 구매자가 제품생산량의 많은 부분을 구매하거나, 제품차별화가 거의 되어 있지 않은 경우 구매자의 교섭력이 강력하다고 볼 수 있다.

공급자의 교섭력

공급자는 매출가격의 인상이나 제품 및 서비스의 질 하락 등의 위협으로 교섭력을 강화시킬 수 있다. 공급능력이 소수기업에 의해 집중되어 있거나, 공급자의 제품이 차별화되어 있거나 교체비용이 소요될 경우 공급자의 교섭력은 강화된다.

(2) 수요 · 공급 구조와 경기변동에 대한 적응력

산업의 성과는 산업제품에 대한 수요와 공급에 의해서 일차적으로 결정되므로 수요와 공급 구조를 분석하여야 한다. 구체적으로는 경기변동에 의한 수급변동, 판매조직 및 유통구조, 유통과정의 재고수준, 판매가격의 추이, 가격 카르텔의 유무 등을 분석하여야 한다. 또한 업종마다 대금의 결제조건, 유통경비의 부담 등에 있어 독특한 상관습이 존재하므로 이에 대한 추가적인 분석이 필요하다.

산업의 특성상 경기변동에 크게 좌우되는 산업과 그렇지 않은 산업이 있다. 일반적으로 경쟁이 적은 독과점 산업, 소비재 산업, 공익성 산업 등은 불황에 비교적 강하고 철강, 기계 등의 생산재 산업, 자본재 산업은 경기변동에 민감하게 반응한다. 일반적으로 자본집약적 산업은 고정비가 상대적으로 크기 때문에 경기변동에 적응하기가 어렵지만, 노동집약적 산업은 변동비가 상대적으로 크기 때문에 경기변동에 신속하게 대응할 수 있다.

(3) 노사관계와 정부의 산업정책

산업사회에서 노동조합의 권한이 확대됨에 따라 노사문제의 분석이 매우 중요하게 되었다. 일반적으로 자본집약적 산업에 있어서는 사소한 노사분규에 대한 피해가 적으나, 일단 노동자의 파업이 일어나면 대규모의 고정비로 인하여 그 기업의 수익은 큰 타격을 입게 된다. 노동집약적 산업에서도 사소한 노사분규라 할지라도 기업수지에 큰 영향을 미치게 된다. 특히 임금인상은 수익성에 큰 부담을 주게 된다.

경제분야에 있어서 정부의 역할은 차츰 증대되어 가고 있다. 정부는 재정적 지원, 경제활동을 규제 또는 촉진하는 법률제도, 관세 및 조세제도 등을 통하여 특정산업을 육성시키거나 기업으로 하여금 대자본을 획득하게 도와줄 경우도 있고 반대로 기업구조조정, 소비자보호 및 대외개방정책 등으로 해당산업의 수익성에 큰 타격을 줄 수도 있다.

2. 기업분석

특정 기업의 미래 이익흐름과 성장률은 경제요인과 산업요인의 영향을 받을 뿐만 아니라 당해 기업의 경쟁력, 제품구성, 자본구조, 자산구성 등과 같은 기업요인에 의해서 결정된다. 경제분석과 산업분석에 의해서 선택된 유망한 산업 내에서 최종적으로 투자종목을 선택하기 위해서는 기업분석을 통하여 기업의 이익흐름과 성장률 등을 추정하여야 한다. 기업분석의 핵심은 경쟁력분석, 제품분석, 재무분석 등이다.

가. 경쟁력분석

분석대상기업이 특정 산업내의 경쟁업체와 비교하여 어느 정도의 경쟁력을 가지고 있는지를 분석함으로써 기업의 미래이익을 대체적으로 추정할 수 있다. 일반적으로 업계에서의 경쟁적 지위는 다음 요소들을 분석함으로써 판단할 수 있다.

- **시장점유율**: 시장점유율과 기업의 수익성간에는 어느 정도 양(+)의 상관관계가 있다. 시장점유율이 높다는 것은 품질과 가격경쟁력이 우수하기 때문이며 수익성이 높으므로 일반적으로 경쟁력이 높다고 할 수 있다. 우리나라에서는 시장점유율이 높은 기업의 주식이 주도주의 역할을 함으로써 유리한 투자대상이 되기도 한다.
- **상대적 성장성**: 경쟁기업과 비교한 상대적 성장률과 성장가능성을 분석한다.
- **안정적 수익성**: 안정적으로 수익을 확보할 수 있는 특허권, 영업권 등의 독점권 보유 유무와 상표충성도(brand royalty) 수준을 분석한다. 고객들의 상표충성도가 높은 제품은 비록 시장점유율이 낮더라도 지속적인 현금흐름을 가져다준다.
- **지속적 성장가능성**: 기업의 계속적인 성장을 유지할 수 있는 신제품개발능력, 신시장 개척능력, 기술적 리더십, 자본적 지출의 규모와 성격 등을 분석한다.
- **경영 안정성**: 기업의 연혁, 경영다각화, 경영지배권의 안정성, 노사분규의 가능성 등을 중심으로 안정적 성장 여부를 분석한다. 일반적으로 역사가 긴 회사는 많은 경기변동을 겪어 왔으므로 비교적 경영이 안정되어 있고 불황에 대하여 저항력이 강하다. 우리나라의 경우 대체로 연혁이 오래된 기업일수록 주가의 기복은 적은 편이나 보수성이 강하고 성장성이 낮은 경우가 많다.
- **비용우위**: 원료의 독점과 안정적 공급의 정도, 정부의 특혜, 비용통제의 효율성이나 월등한 경험의 누적 등으로 인한 생산비용의 우위정도를 분석한다.
- **경영진의 능력**: 기업의 최고경영진은 전략적 의사결정의 주체로서 기업성과와 성

장의 주역이라고 할 수 있다. 특히 우리나라와 같이 역사가 짧을수록 경영진의 능력이 더욱 중요시된다.

나. 제품분석

기업의 지속적인 성장의 근원이 되는 이익은 제품의 판매로부터 창출되므로 제품분석은 기업분석에서 가장 핵심적 요소이며, 제품포트폴리오관리와 제품수명주기가 주요 분석대상이다.

(1) 제품포트폴리오관리

제품포트폴리오관리(product portfolio management: PPM)란 제품의 특성을 시장전체의 성장률과 시장점유율의 두 가지 차원으로 파악하여 개별 제품의 경쟁력을 분석하는 것을 말한다.

시장점유율이 높으면 기업은 가격리더십에 의해 시장지배력을 높일 수 있고, 규모의 경제와 대량생산에 의해 단위당 원가가 절감되므로 제품의 경쟁력도 높일 수 있을 것이다. 한편 시장 전체의 성장률에 따라 제품수명주기의 단계별로 투자규모나 매출성장 그리고 수익성이 다르며, 이에 따라서 시장점유율과 시장성장률의 크기에 따라 기업이 취할 수 있는 제품전략이 달라진다.

PPM에서는 <그림 5-6>과 같이 개별 제품을 '의문부호'(question mark), '별'(star), '현금젖소'(cash cow) 및 '개'(dog)로 분류한다.

그림 5-6 성장 · 점유 매트릭스

'의문부호'는 신제품으로서 성장률은 크지만 아직 미래 전망이 불확실하고, 많은 투자지출을 수반하기 때문에 대규모의 음(−)의 현금흐름을 부담하는 제품이다. '별'은 높은 성장률을 보이고 있고 시장에서의 경쟁적 지위가 안정되어 있으므로 사업전망이 매우 밝은 제품이지만 아직 충분히 큰 현금흐름이 얻어지지는 않고 있는 제품이다. '현금젖소'는 시장이 충분히 성숙된 제품으로서 성장률은 낮지만 높은 시장점유율을 확보하고 있기 때문에 커다란 양의 현금흐름을 가져오는 제품이다. '개'는 실패한 신제품 또는 쇠퇴기에 접어든 제품으로서 현금흐름이 기대되지 않기 때문에 조만간 철수하여야 하는 제품이다.

가장 이상적인 경우는 '현금젖소' 제품에서 나오는 현금흐름을 가지고 '의문부호'나 '별' 제품에서 발생하는 현금부족을 충당하고, '개' 제품을 전혀 보유하지 않는 것이다. 이와 같은 이상적인 제품포트폴리오를 보유하는 기업은 기존제품에서 발생하는 현금흐름과 확고한 시장지위에 의해 신제품개발에 따른 위험을 감당할 수 있다.

투자자로서 성장주 위주의 투자전략을 구사하고자 할 경우 '별'의 비중이 큰 회사의 주식을 선택하고, 자산주 위주의 투자전략을 구사할 경우 '현금젖소'의 비중이 큰 회사의 주식을 선택하는 것이 바람직하다.

(2) 제품수명주기

산업분석에서 살펴본 제품수명주기를 개별기업의 제품에 적용함으로써 기업의 수익성과 성장성을 분석할 수 있다.

도입기

매출에 따른 현금유입이 적은 반면에 R&D, 마케팅, 제품개발비 등의 막대한 자금이 소요되므로 순현금흐름이 부족한 단계이다. 기업성장률과 경영위험은 매우 높다. 필요한 자금을 주로 타인자본에 의해 조달하게 된다. 재무위험은 매우 높다. 주가가 상승할지, 하락할지는 미지수이지만 주가는 매우 크게 변화할 것이다. 일반적으로 손실의 상태에 있으므로 배당을 실시할 여력이 없으며, 주당이익인 EPS는 음(-)의 값을 갖는다.

성장기

공장설비의 증설과 시장점유율의 증가에 따라 거액의 운전자금이 요구되지만 매출증가에 따른 현금유입이 증대되므로 순현금흐름은 중립적이다. 기업성장률과 경영위험은 비교적 높다. 필요한 자금을 주로 타인자본에 의해 조달하게 되므로 재무위험은 매우 높다. 주가는 급격하게 상승하면서 비교적 크게 변화할 것이다. 이익이 증가하여 EPS는 최고 수준에 이르지만, 기업성장에 따른 자금수요가 증가함에 따라 초기에는 배당성향이 적지만 점차 높아진다.

성숙기

매출이 최고조에 달해 영업활동에서 필요한 자금 이상으로 자금이 공급되어 자금의 여유가 생긴다. 기업성장률과 경영위험은 보통 또는 낮은 수준에 이르게 된다. 여유자금으로 도입기와 성장기에 차입한 자금을 상환하게 되므로 재무위험은 매우 낮다. 주가는 안정적인 수준을 유지하며, 그 변화도 크지 않다. 배당성향은 매우 높으나 성숙기의 후기에 이르면서 점차 배당성향은 작아진다. EPS는 비교적 높으나 후기에는 점차 낮아진다.

쇠퇴기

매출감소에 따라 현금유입이 감소하지만 추가자금이 소요되지 않으므로 손실이 발생할 때까지 순현금흐름은 중립적인 수준이 되고, 재무위험은 매우 낮다. 기업성장률은 감소하며 경영위험도 낮아진다. 주가는 하락하며 그 변화는 커진다. 이익이 감소하면서 EPS도 낮아지고, 배당성향도 점차 작아지며 결국 손실이 발생하게 되면 배당이 실시되지 않는다.

이상에서 살펴본 제품수명주기별 재무적 특징을 요약하면 <표 5-2>와 같다.

<표 5-2> 제품수명주기와 재무적 특징

	도입기	성장기	성숙기	쇠퇴기
배당	없음	증대	최대	감소
성장률	높다	최대	보통	감소
현금유입	적다	증대	최대	감소
자금소요	크다	최대	작다	없다
순현금흐름	부족	적정	여유	적정
경영위험	높다	높다	보통	낮다
재무위험	높다	높다	보통	낮다
주요자금	타인자본	타인자본	사내유보	자기자본
EPS	-	최대	높다	낮다
주가변화	크다	크다	적다	크다

주식투자에 있어서는 성장기에 주가 상승이 두드러지므로 주식매입에 관심을 기울여야 하고 성숙기를 지나 침체기에 접어든 주식은 매도를 고려하여야 한다.

다. 재무분석

재무분석[5]에서는 기업의 재무상태와 경영성과를 나타내는 재무상태표, 손익계산서 등의 재무제표를 분석함으로써 기업의 재무적 건전도를 평가한다. 재무분석에 포함되는 내용은 그 범위가 상당히 넓으나 본서에서는 재무비율분석과 EVA분석을 간단히 소개하고자 한다.

(1) 재무비율분석

재무비율을 활용하여 기업의 재무적 건전도를 평가하려면 산업평균비율이나 경쟁업체비율과 상호 비교하거나 추세분석 등을 활용하여야 한다. 회계감사보고서에 포함되어야 하는 재무비율들은 크게 안정성비율, 수익성비율, 성장성비율 및 활동성비율군 등으로 구분된다.

안정성비율

안정성비율군에는 단기채무를 충당할 수 있는 유동자산이 얼마나 되는가를 나타내는 유동비율, 타인자본과 자기자본의 관계, 즉 부채의존도를 나타내는 대표적인 재무구조지표인 부채비율, 총자본 중 차입금 비중을 나타내는 지표인 차입금의존도, 이자 및 법인세차감전 순이익이 이자비용의 몇 배에 해당하는가를 나타내는 비율인 이자보상비율 등이 포함된다.

수익성비율

수익성비율군에는 영업활동의 수익성 및 영업활동능력을 측정하는 비율인 매출액영업이익률, 기업의 전체적인 능률과 수익성을 판단하는 비율인 매출액순이익률, 기업에 투자된 총자산이 얼마나 효율적으로 운용되고 있는가를 측정하기 위한 비율인 총자산순이익률(ROA) 또는 투자수익률(ROI), 주주가 기업에 투자한 자본에 대한 수익성을 측정하는 비율인 자기자본순이익률(ROE) 등이 포함된다.

ROE는 증권투자의 실무에서 주식가치를 평가할 때 중요시된다. 그 이유는 ROE가 기업의 실질적 소유주인 주주의 수익률을 알려주는 지표이기 때문이다. 뿐만 아니라 ROE는 이익과 배당의 성장률을 결정짓는 기본요인이기 때문이다. 성장률은 ROE와 사내유보율의 곱으로 결정된다고 보는 것이 일반적이다. 따라서 기업의 ROE가 계속해서 높게 평가된다는 것은 기업이 수익성이 좋은 새로운 투자기회들을 계속 확보한다는 것을 의미한다.

성장성비율

성장성비율군에는 전기에 비하여 당기에 기업이 외형적으로 얼마나 신장하였는지를 측

5) 자세한 재무분석의 내용에 대하여는 전공수준의 경영분석 교과서를 참고할 것.

정하기 위한 비율인 매출액증가율, 전기에 비하여 당기에 기업의 영업활동을 통한 이익창출 능력이 어느 정도 향상되었는지를 측정하기 위한 비율인 영업이익증가율, 전기에 비하여 당기에 기업의 이익창출 능력이 어느 정도 개선되었는지를 측정하기 위한 비율인 순이익증가율, 기초에 비하여 기말에 총투자규모가 얼마나 신장하였는지를 측정하기 위한 비율인 총자산증가율(growth rate of total assets) 등이 포함된다.

활동성비율

활동성비율군에는 기업이 투자한 총자산의 활용도를 총괄적으로 나타내는 지표인 총자산회전율, 기업에 투자된 총자산이 영업활동과 관련된 현금흐름을 얼마나 많이 가져왔는지 나타내는 지표인 영업현금흐름비율 등이 포함된다. 특히 영업현금흐름비율이 높으면 높을수록 총자산의 활용도가 좋다고 평가할 수 있다.

(2) EVA 분석

최근 기업가치를 중시하는 가치중심경영에서는 가치창출의 체계적인 관리를 위해서 자본비용까지 반영한 성과지표로서 경제적 부가가치(economic value added: EVA)를 중요시하고 있다.

EVA란 기업이 고유의 영업활동을 통하여 창출한 순가치의 증가분으로서 세후영업이익에서 투하자본의 기회비용을 공제한 금액인데, 이는 자본조달비용을 초과하는 투자수익률을 금액으로 환산한 것이므로 결국은 자본비용을 공제한 후 주주에게 돌아가는 이익을 의미한다. 이 관계를 식으로 나타내면 다음과 같다.

$$\begin{aligned} EVA &= NOPAT - COC \\ &= NOPAT - WACC \times IC \\ &= (NOPAT / IC - WACC) \times IC \\ &= (ROIC - WACC) \times IC \end{aligned}$$

$NOPAT$: 세후영업이익
COC : 투하자본의 기회비용
$WACC$: 가중평균자본비용
IC : 투하자본
$ROIC$: 세후투하자본영업이익률

세후영업이익(net operating profit after tax: NOPAT)이란 기업이 본연의 생산 및 영업활동을 통해 창출한 영업이익을 말하며, 투하자본(invested capital: IC)이란 기업 본연의 생산 및 영업활동을 위해 투자된 자본을 의미한다.

투하자본의 기회비용(cost of capital: COC)이란 투하된 자본을 사용한 대가로 지불하여야 하는 비용을 말하며, 가중평균자본비용[6](weighted average cost of capital: WACC)은 부채비용과 자기자본비용을 자본구성비에 따라 가중평균한 것이다. 세후투하자본영업이익률(return on operating profit to invested capital: ROIC)이란 세후영업이익을 투하자본으로 나눈 값이다.

그러므로 영업이익을 제고시키고 자본비용(WACC)을 초과하는 수익률(ROIC)을 가진 사업에 투자한다면 기업가치가 창출되는 것으로 평가할 수 있다.

Section 3 | 적정주가의 평가

주식의 가치는 기본적으로 주식투자로부터 발생하는 미래의 모든 현금흐름, 즉 각 기간별 배당과 주식 매각시점의 주가를 주주가 요구하는 수익률로 할인하여 현재가치[7]로 환산함으로써 평가할 수 있다. 이 현재가치를 그 주식이 고유하게 가지고 있는 가치라는 의미에서 내재가치(intrinsic value)라고 한다.

1. 배당평가모형

주식가치를 가장 단순하게 평가하기 위하여 주식을 1기간 동안 보유하여 배당을 받고 1기간 후에 매각하는 단일기간모형을 가정하여 보자. 이 주식의 현재가치는 1기말에 기대되는 배당의 현재가치와 1기말에 예상되는 주가의 현재가치의 합이 될 것이다.

$$V_0 = \frac{D_1}{(1+k_e)^1} + \frac{P_1}{(1+k_e)^1}$$

V_0 : 주식의 내재가치(현재가치)

D_1 : 1시점의 기대배당금

P_1 : 1시점의 예상주가

k_e : 주주의 요구수익률

6) 가중평균자본비용에 관하여는 전공수준의 재무관리 교과서를 참고할 것.

7) 투자가 이루어지는 시점은 현재이지만 그 투자로부터 얻어지는 현금흐름은 미래에 이루어지므로 모든 미래의 현금흐름을 현재의 가치로 환산하여야 현재시점의 투자와 대등한 비교를 할 수 있다. 그리고 주주가 요구하는 수익률은 기업의 가치를 산출하는 과정에서 할인율로 사용된다.

투자자들은 각각 미래의 배당과 미래의 주가에 대하여 서로 다른 예상을 하고 있을 뿐만 아니라 투자자마다 요구하는 수익률이 상이하기 때문에 각각의 투자자들은 동일한 주식에 대하여도 서로 다르게 내재가치를 평가한다. 어느 주식에 대하여 투자자는 자신이 평가한 내재가치가 시장에서의 주가보다 높다면 이 주식은 과소평가된 것이므로 그 주식을 매입하려고 할 것이며, 반대로 그 주식을 보유하고 있는 투자자 중에서 자신이 평가한 내재가치가 시장에서의 주가보다 낮다면 이 주식은 과대평가된 것이므로 매도하려고 할 것이다. 그 결과 투자자들 사이에 매매가 이루어지게 되며 수요와 공급이 일치하는 수준에서 주가가 결정된다.

예 제

㈜인동의 현재 주가는 40,000원이다. 그런데 1년 후의 주가는 45,000원, 배당금은 5,000원으로 각각 예상된다. '초보'는 이 주식에 1년간 투자해서 19%의 수익을 올리고 싶다. ① 이 주식의 내재가치는 얼마인가? ② 내재가치로 평가할 때 이 주식을 매입하여야 하는가? ③ 만일 현재 주식을 매입하여 1년간 보유하고 매각한다면 기대되는 수익률은 얼마인가? ④ 보유기간수익률로 평가할 때 이 주식을 매입하여야 하는가? ⑤ 내재가치를 기준으로 판단하는 경우와 보유기간수익률을 기준으로 평가하는 경우, 각각의 결론은 동일한가? 또는 상이한가? 그리고 그 이유는 무엇인가?

풀이

① ㈜인동의 주식의 내재가치는 42,017원이다.

$$V_0 = \frac{D_1 + P_1}{1 + k_e} = \frac{5{,}000 + 45{,}000}{1 + 0.19} = 42{,}017$$

② 수식의 내새가치가 현재의 주가 40,000원보다 높으므로 ㈜인동의 주식은 현재가치로 2,017원 저평가된 주식이 되는 셈이다. 따라서 현재의 가격으로 매입하여야 한다.

③ '초보'의 보유기간 투자수익률은 25%이다.

$$R = \frac{D_1 + (P_1 - P_0)}{P_0} \times 100\% = \frac{5{,}000 + (45{,}000 - 40{,}000)}{40{,}000} \times 100\% = 25\%$$

④ 이는 '초보'가 원하는 수익률 19%를 초과하는 것이므로 매입하여야 한다.

⑤ 내재가치로 평가하거나 보유기간수익률로 평가하든지 동일한 결론을 가져온다. 그 이유는 내재가치는 금액으로 평가한 것이고, 기대수익률은 수익률로 평가한 것일 뿐, 두 가지 방법 모두 동일한 요인들을 고려하여 평가한 것이기 때문이다.

1년 후의 시점에 이 주식을 구입한 투자자가 또 다시 1년간 보유한 후 처분하는 경우, 이 주식의 가치는 다음과 같을 것이다.

$$P_1 = \frac{D_2}{(1+k_e)^1} + \frac{P_2}{(1+k_e)^1}$$

위의 식을 그 앞의 식에 대입하여 정리하면 다음과 같다.

$$V_0 = \frac{D_1}{(1+k_e)^1} + \frac{D_2}{(1+k_e)^2} + \frac{P_2}{(1+k_e)^2}$$

주식에 대한 매매는 2년도, 3년도에도 지속적으로 이루어지며, 이러한 매매는 영구히 지속될 것이며 이 관계로부터 V_0를 식으로 나타내면 다음과 같다.

$$V_0 = \frac{D_1}{(1+k_e)^1} + \frac{D_2}{(1+k_e)^2} + \cdots + \frac{D_n}{(1+k_e)^n} + \cdots + \frac{D_\infty}{(1+k_e)^\infty} = \sum_{t=1}^{\infty} \frac{D_t}{(1+k_e)^t}$$

위 식은 투자자들이 단기의 투자수익을 위하여 주식을 보유한다고 해도 주식발행시점의 주가는 그 이후의 배당을 할인한 가격과 동일하기 때문에 미래의 배당만을 고려하여 주식을 평가하는 것이 타당하다는 것을 의미한다. 이 식은 투자자가 주식을 영원히 보유하고 있는 경우와 같게 되는데, 그 이유는 실제로 주주는 빈번하게 바뀌지만 주주가 누구이든지간에 기업은 주주에게 영원히 배당을 지급하여야 하기 때문이다.

위 식에서는 주식의 내재가치를 영속적인 미래의 기대배당을 요구수익률로 할인하여 현재가치로 평가하고 있으므로 이를 배당평가모형(dividend discount model)이라고 한다. 배당평가모형은 미래의 배당만을 고려하고 자본이득을 고려하고 있지 않는 것처럼 보인다. 그러나 이 모형의 도출 과정에서 투자자가 원하는 시기에 주식을 매도할 것이라는 것을 이미 전제하였으므로, 이 배당평가모형은 미래의 시점에 주식을 매도하여 얻게 될 자본이득까지 고려하고 있는 것이다.

위의 배당평가모형은 매우 일반적인 형태이며, 미래의 배당흐름이 어떻게 성장하느냐에 따라 항상성장모형, 제로성장모형, 다단계성장모형으로 구분할 수 있다. 본서에서는 가장 널리 사용되고 있는 항상성장모형에 대해 설명한다.

항상성장모형(constant growth model)은 고든(M. J. Gordon)이 제시한 주식가치 평가모형으로 매기의 기대배당흐름이 일정한 성장률로 영속적으로 증가할 것이라고 가정한 경우의 배당평가모형이다. 이 모형을 고든모형이라고도 한다.

항상성장모형은 ① 기업은 매년 일정한 비율로 영원히 성장하고, ② 성장에 필요한 자금은 내부유보로 전액 조달하고, ③ 사내유보율과 배당성향은 일정하며, ④ 투자자금의 재투자수익률도 일정하고, ⑤ 주주의 요구수익률은 성장률보다 크다는 가정을 전제하고 있다. 고든모형에서 현재시점의 보통주의 가치는 미래의 배당을 주주의 요구수익률로 할인한 현재가치의 합으로부터 다음과 같이 정의하고 있다.[8)]

$$V_0 = \frac{D_1}{k_e - g} = \frac{D_0(1+g)}{k_e - g}$$

$$D_1 = D_0(1+g)^1$$

g : 성장률

이 모형에 의하면 주식의 가치는 기대배당이 클수록, 요구수익률이 낮을수록, 배당의 기대성장률이 높을수록 높게 된다.

예 제

(주)아고라의 금년 배당금이 2,500원이고 이 기업이 장차 연 8%로 계속 성장할 것이 예상된다. 연 13%의 투자수익을 얻고자 하는 투자자 A가 평가하는 이 주식의 가치는 얼마인가? 연 12%의 투자수익을 얻고자 하는 투자자 B가 평가하는 이 주식의 가치는 얼마인가? 현재 시장에서의 주가가 60,000원이라면, A와 B는 각각 어떠한 행동을 취하겠는가?

풀 이

투자자 A는 현재의 주가 60,000원은 자신이 평가한 내재가치 54,000원보다 과대평가되었다고 판단할 것이므로 투자하지 않을 것이다. 그러나 투자자 B는 현재 주가가 자신이 평가한 내재가치 67,500원보다 과소평가되었다고 판단할 것이므로 이 주식에 투자할 것이다.

$$V_A = \frac{D_0(1+g)}{k_e - g} = \frac{2{,}500(1+0.08)}{0.13-0.08} = 54{,}000$$

$$V_B = \frac{D_0(1+g)}{k_e - g} = \frac{2{,}500(1+0.08)}{0.12-0.08} = 67{,}500$$

2. 주당장부가치

주식회사가 청산되는 경우에는 재산권 행사의 우선순위에 있어서 채권자들에 대한 채무가 먼저 변제되고 주주들에게는 잔여재산이 돌아간다. 주주들에게 귀속될 잔여재산의 크기를 재무상태표 상에서 추정한다면 기업의 총자산에서 총부채를 차감한 순자산[9)](net worth)이 된다.

---

8) 이 식의 증명에 대하여는 전공수준의 투자론 교과서 배당평가모형을 참고할 것.

9) 실무적으로 순자산은 다음과 같이 구한다. 순자산 = 자기자본 − 무형고정자산 − 이연자산 + 이연부채

따라서 보통주 한 주에 귀속될 자산가치는 주당순자산가치(net asset value per share: NAV) 또는 주당장부가치(book value per share: BPS)로 평가할 수 있다.

$$BPS = \frac{총자산 - 총부채}{발행주식수} = \frac{순자산}{발행주식수}$$

그런데 이 평가방법은 일정한 회계적 관행에 의해서 장부가치 기준으로 순자산가치를 추정한 것이므로 실제의 주가와 큰 차이를 보일 수 있다는 문제점이 있다. 주당순자산가치는 근본적으로 미래의 수익발생능력을 반영한 것이 아닐 뿐만 아니라 자산가치는 개별자산의 단순한 합계에 지나지 않기 때문에 기업의 원천적 수익력을 평가할 수 없다는 한계점이 있다.

그렇다고 해서 자산가치가 무시되어서는 안 된다. 투자분석에서 자산가치는 주가의 최저수준으로 간주되고 있다. 왜냐하면 주가는 물리적 형태로서의 자산의 가치뿐만 아니라, 여러 가지 자산과 노동력, 기술, 정보 및 경영능력 등을 유기적으로 결합하여 얻어진 수익력과 가치를 반영하고 있기 때문이다. 따라서 주가는 자산가치 미만의 수준으로 내려갈 수 없다는 것이다.

3. 시장가치 비교법

가치투지의 전제가 되는 기업가치 평가방법에는 기업의 가치를 절대적 수치로 평가하는 방법도 있지만, 편의성과 유용성을 감안하여 상대적 기업가치를 평가하는 방법이 많이 사용된다. 이 중 가장 대표적인 지표로 PER과 PBR이 있다.

가. PER

주가수익비율(price earnings ratio: PER)은 주가를 주당이익으로 나눈 값으로서 주가가 주당이익의 몇 배가 되는가를 나타낸다는 의미에서 이익승수(earnings multiples)라고도 한다. 다시 말하면 기업의 회계이익 1원에 대하여 투자자들이 얼마나 지불하고 있는가를 나타내 준다.

$$PER = \frac{P_0}{EPS}$$

주당이익(earnings per share: EPS)은 기업의 순이익을 총 발행주식 수로 나눈 값으로서 주식의 수익력을 의미하므로, PER는 주식의 수익력에 비하여 주가가 상대적으로 고평가되어 있는지, 또는 저평가되어 있는지를 나타내는 지표로 해석된다. 따라서 다른 조건이 유사한 주식들 중에서 PER가 낮은 주식은 내재가치에 비하여 저평가되어 있으므로, 앞으로 주가의 상승가능성이 크다고 해석할 수 있다.

만일 회계처리가 경제의 실질적인 가치를 반영하고 시장가격이 내재가치를 정확히 반영하고 있다면 PER은 1이 된다. 그러나 대부분 기업들의 PER은 주가와 주당이익이 동일하지 않으므로 1이 아니며, 기업간에도 차이가 있다. 기업간 PER가 차이가 나는 이유는 기업의 미래성장률의 차이, 영업위험과 재무위험의 차이, 회계처리방법의 차이, 시장에서의 경쟁적 지위의 차이, 경영자 능력의 차이 등 수익력의 질적 차이 때문이라고 할 수 있다.

만일 투자자가 해당 기업의 정상적인 PER 수준을 알 수 있다면 투자자는 PER를 이용하여 적정주가를 다음과 같이 평가할 수 있다.

$$P_0^* = PER^* \times EPS$$

P_0^* : 내재가치(적정주가)
PER^* : 정상적 PER

시장에서의 주가가 정상적 PER를 이용하여 구한 적정주가보다 높다면 매도하여야 하고, 시장에서의 주가가 적정주가보다 낮다면 매입하는 전략을 취하여야 한다. 따라서 적정주가를 평가하기 위해서는 정상적인 PER의 크기를 구하는 것이 매우 중요하다.

정상적인 PER수준을 구하기 위해 사용되는 대표적인 방법들로는 동일한 위험을 가진 기업의 PER를 이용하는 방법, 해당 기업의 과거 평균PER를 이용하는 방법, 유사한 영업활동을 하는 동종산업의 평균PER를 이용하는 방법, 배당평가모형을 이용하는 방법 등이 있다.

PER를 이용하여 주가를 분석하는 것은 배당평가모형처럼 이론적이지는 못하지만 다음과 같은 유용성을 가지고 있다.

- PER는 이익 1원당 주가수준을 나타내므로 이익의 크기가 다른 비슷한 기업들의 주가수준을 용이하게 비교할 수 있다.
- PER는 배당과 유보이익을 포함하는 이익을 기준으로 계산이 되므로, 최근에 배당을 하지 않은 기업들의 경우에도 사용될 수 있다.
- PER의 구성요소들에 대한 예측이 배당평가모형 등의 구성요소에 비해 상대적으로 용이하다.

이러한 유용성 때문에 미국에서는 대부분의 기관투자자가 PER를 이용하여 주가를 예측하고 있다.

기본적 분석의 입장에서 다음과 같이 PER를 평가할 수 있다.

- 다른 조건이 모두 동일한 경우 고성장기업의 PER가 저성장기업의 PER 보다 높다.
- 다른 조건이 모두 동일한 경우 고위험기업의 PER가 저위험기업의 PER 보다 낮다.
- 다른 조건이 모두 동일한 경우 재투자의 필요성이 낮은 기업의 PER가 저성장기업의 PER 보다 높다.

한편 PER를 이용하는 경우 다음과 같은 문제점들이 있음을 감안하여야 한다.

- 실무에서 사용하는 PER는 직전 기말의 주당이익을 기준으로 계산된 것이다. 이 회계적 주당이익은 회계기간 중의 일시적인 경기변동의 영향을 받을 뿐만 아니라 회계처리 방법, 우발적 손익 또는 경영자의 의도적인 이익 조작 등의 영향도 받는다. 따라서 과거의 회계적 이익을 사용한 PER가 기업의 정상적 수익력을 반영한다고 볼 수 없다.
- 실무에서는 PER의 분자인 주가는 특정시점의 주가를 이용하는데 반해 분모인 주당순이익은 전년도 수치를 이용하고 있다. 그 결과 PER 계산시 분자와 분모의 시점이 일치하지 않는 문제가 발생한다.
- 이익과 발행주식 수를 어떤 기준으로 하느냐에 따라 PER의 크기는 크게 달라진다. 일반적으로는 세후순이익을 이용하지만, 비경상항목인 특별손익을 제외한 경상이익을 이용할 수도 있다. 또한 현재의 발행주식 수를 이용하는 것이 보통이지만, 전환증권 등의 발행으로 희석화(diluted)된 주식 수[10]를 포함시킬 수도 있다.
- 주당순이익이 음의 값을 가지면 PER도 음의 값을 갖게 되는데 이 경우 PER의 의미를 해석하기가 곤란하다.

나. PBR

주가장부가치비율(price to book value ratio: PBR)은 주가를 주당장부가치(book value per share: BPS)로 나눈 값으로서 주가가 BPS의 몇 배가 되는지를 나타내는 비율이며 주가순자산비율이라고도 한다. 다시 말하면 기업의 주당장부가치 1원에 대하여 투자자들이 얼마나 지불하고 있는가를 나타내 준다.

---

10) 전환사채 등이 발행되었을 때 전환사채 등이 주식으로 전환될 것을 전제로 하여 계산된 주식수를 의미한다.

$$PBR = \frac{P_0}{BPS}$$

BPS는 주식의 자산가치를 의미하므로, PBR는 자산가치에 비하여 주가가 상대적으로 고평가되어 있는지, 또는 저평가되어 있는지를 나타내는 지표로 해석된다. 따라서 다른 조건이 유사한 주식들 중에서 PBR이 낮은 주식은 내재가치에 비하여 저평가되어 있으므로, 앞으로 주가의 상승가능성이 크다고 해석할 수 있다.

만일 회계처리가 경제의 실질적인 가치를 반영하고 시장가격이 내재가치를 정확히 반영하고 있다면 PBR은 1이 된다. 그러나 대부분 기업들의 PBR은 주가와 주당순자산이 동일하지 않으므로 1이 아니며, 기업간에도 차이가 있다. 기업간 PBR이 다른 이유는 제품시장에서의 경쟁상황, 위험의 변화로 인한 현금창출능력, 주요 자산들에 대한 효율적 이용도, 자산의 노후화정도, 부외부채[11]의 크기 등 주당순자산의 질적 가치가 기업마다 다르기 때문이다.

만일 투자자가 해당 기업의 정상적인 PBR 수준을 알 수 있다면 투자자는 이를 이용하여 주식의 내재가치를 추정할 수 있다.

$$P_0^* = PBR^* \times BPS$$

PBR^* : 정상적 PBR

시장에서의 주가가 정상적 PBR을 이용하여 구한 적정주가보다 높다면 매도하여야 하고, 시장에서의 주가가 적정주가보다 낮다면 매입하는 전략을 취하여야 한다. 따라서 적정주가를 평가하기 위해서는 정상적인 PBR의 크기를 구하는 것이 매우 중요하다.

정상적인 PBR수준을 구하기 위해 사용되는 대표적인 방법들로는 동일한 위험을 가진 기업의 PBR을 이용하는 방법, 해당 기업의 과거 평균PBR을 이용하는 방법, 유사한 영업활동을 하는 동종산업의 평균 PBR을 이용하는 방법 등이 있다.

PBR을 이용하여 저평가된 주식을 찾을 때에는 BPS가 가지는 한계점에 유의하여야 한다. 특히 브랜드나 특허권 같은 지적 재산의 무형가치를 많이 소유한 기업이나, 판매망 또는 네트워크 중심의 서비스 기업을 분석할 때 PBR의 유용성은 상대적으로 감소할 수밖에 없다

PER와 PBR을 비교하면, PER가 수익가치와 대비한 상대적 주가수준을 나타내는 지표

---

11) 부외부채(unrecorded liability)란 재무상태표일 현재 기업의 채무가 존재하고 있음에도 불구하고 회사의 장부에 계상되지 않은 부채를 의미한다.

인 반면에 PBR은 자산가치와 대비한 상대적 주가수준을 측정한 지표라는데 근본적인 차이점이 있으며, 또한 PER가 주가와 수익의 flow관계를 나타내는데 비하여 PBR은 주가와 순자산의 stock관계를 나타내는 지표가 된다는 점에서 차이가 있다.

다. 자산주와 성장주

증권분석가들은 주식을 성장주와 자산주로 구분하기도 한다. 성장주와 자산주를 구분하는 명확한 기준은 없지만 대체로 PBR을 기준으로 구분한다.

자산주(value stock)란 시장가치보다 장부가치가 큰 기업의 주식, 즉 PBR이 1보다 작은 주식을 말한다. 성장주(growth stock)란 시장평균 이상으로 이익과 배당이 성장할 것으로 기대되는 기업의 주식을 말한다. PBR이 1보다 크다면 장부가치에 비해 주가가, 그리고 PER가 1보다 크다면 주당이익에 비해 주가가 높게 형성되어 있다는 것을 의미한다. 이것은 장부에 나타낼 수 없는 기업이 보유한 자산의 시너지효과와 미래 성장기회의 가치가 현재의 주가에 반영되어 있는 것이므로 이러한 주식을 성장주라고 할 수 있다.

따라서 성장주에 대해 앞에서 설명한 가치주 투자기준을 그대로 적용하여 주가가 저평가되었는지 고평가되었는지 평가하는 것은 적절하지 않다. 그러므로 가치주와는 다른 투자기준이 필요하다. 성장주를 판별하는 가장 적합한 지표로는 주가수익성장비율(price/earnings to growth: PEG)이 있다.

$$PEG = \frac{PER}{\text{연간 } EPS \text{ 성장률}}$$

PEG는 PER와 성장률이 같아야 한다는 기본원칙에 따라 1 미만이면 저평가, 1을 초과하면 고평가된 것으로 판단한다.

라. EV/EBITDA

EV/EBITDA비율은 수익성지표인 주가수익비율(PER)을 보완하는 새로운 지표로서 기업전체가치(enterprise value: EV, firm value: FV)를 EBITDA(earnings before interests, taxes, depreciations and amortizations)로 나눈 값이다.

$$\frac{\text{EV}}{\text{EBITDA}} = \frac{\text{기업가치}}{\text{영업자산가치}} = \frac{\text{시가총액 + 순차입금}}{\text{이자, 세금, 감가상각비 차감전이익}}$$

여기서 기업가치란 주식의 시가총액에 순차입금을 합한 크기를 말한다. 시가총액은 주가에 발행주식수를 곱한 것이며, 순차입금은 총차입금에서 현금예금 및 투자유가증권을 차감한 것이다. EBITDA는 영업자산가치라고도 하는데 지급이자와 세금 및 유형고정자산과 무형고정자산의 감가상각비를 지출하기 이전의 이익을 말한다.

EV/EBITDA비율은 실제 벌어들인 영업이익에 비해 주가가 몇 배로 평가되었는지를 나타내는 적정주가 평가모형으로 최근에 각광을 받고 있다. 예를 들어 EV/EBITDA비율이 6배라는 것은 그 기업이 1년간 벌어들인 EBITDA의 6배에 해당하는 가치를 가지고 있음을 의미한다. 또한 이 기업을 시장가격(EV)으로 매수하였을 때 그 기업이 벌어들인 이익(EBITDA)을 6년간 누적하면 투자원금을 회수할 수 있다는 것을 의미한다.

투자자들이 EV/EBITDA비율을 사용하는 빈도가 증가하고 있다. 그 이유는 대체로 EBITDA는 정(+)의 값을 가지므로 순손실의 기업의 경우에도 이 비율을 산출할 수 있을 뿐만 아니라, EBITDA는 감가상각방법 등의 회계처리방법과 영업외적 요인의 영향을 받지 않으며, 부채비율이 서로 다른 기업 간에도 비교가 가능하기 때문이다.

읽을거리 기업주가 판단시 EV/EBITDA 활용

Q. 기업의 적정 주가를 판단하는 데 있어 주가수익비율(PER)이나 주가순자산비율(PBR) 외에도 EV/EBITDA를 활용하는 경우가 많습니다. 그런데 EV/EBITDA는 기업 가치를 산정하는 데 있어 어떻게 쓸 수 있는지 개인투자자 입장에서 판단하기가 쉽지 않은데요. 제대로 된 기업 가치를 분석하고 싶을 땐 어떤 식으로 접근하면 좋을까요?

A. EV/EBITDA는 기업의 가치(Enterprise Value: EV)를 세전영업이익(Earnings Before Interest, Taxes, Depreciation and Amortization: EBITDA)으로 나눈 값으로 PER와 같이 기업의 적정 가치를 평가하는 데 사용한다. 여기서 EV는 기업의 시가총액에 순차입금(차입금 - 보유 현금과 예금)을 더해서 구한다. 순차입금을 더하는 이유는 기업 가치를 평가하는 데 주주뿐만 아니라 채권자 몫도 반영하기 때문이다. EBITDA는 영업활동에서 벌어들인 현금 창출 능력이라 할 수 있다. EBIT(이자와 세금 차감 전 이익)는 영업이익과 같은 개념이고 감가상각비와 무형자산상각비인 DA(Depreciation and Amortization)는 회계상 영업이익을 구하기 위해 이미 차감된 비용이므로 거꾸로 영업이익에 DA를 더해주면 EBITDA와 같은 말이 된다. 이때 대부분 기업에서 무형자산상각비의 규모는 미미하므로 EBITDA는 편의상 '영업이익+감가상각비'로 통용되고 있다. 따라서 EV/EBITDA는 기업을 인수했을 때 영업에서 벌어들인 돈으로 원금을 회수하는 데 얼마나 걸리는지를 나타내는 지표라 할 수 있다. 즉 EV/EBITDA 배수가 낮을수록 더 빨리 회수된다고 볼 수 있다.

EV/EBITDA는 주로 인수 · 합병(M&A) 시장에서 많이 사용되던 지표였는데 1980년 이후에는 주식시장에서도 기업의 가치를 평가하는 유용한 지표로 널리 사용되고 있다. 가장 큰 이유는 감가상각비 때문이다. 장비 업체, 통신업, 반도체 업종 등 대규모 투자가 있으면 감가상각비가 갑자기 늘어나서 순이익이 감소하게 되는데 이때 순이익으로 이러한 업종들의 기업을 평가하게 되면 평가에 있어 연속성의 의미가 크게 감소하기 때문이다. 또한 일회성 수익과 비용이 크게 발생했을 때도 마찬가지다. 유가증권, 부동산을 처분했을 때 순이익이 크게 변동하기 때문이다. 다국적기업의 투자자 입장에서는 각국의 금리, 세율 등이 다른데 이러한 변수를 제외하고 영업의 본질적인 부분으로 기업을 비교 투자할 수 있어 매우 유용한 지표라 할 수 있다.

우선, 사업구조가 비슷한 업종 내 경쟁 기업끼리 비교하는 것이다. M&A 입장에서 본다면 인수자금이 가장 빨리 회수될 기업을 찾는 것은 당연하다. EV/EBITDA 배수가 더 낮은 기업에 투자하는 것이다. 하지만 주가를 고려하면 비교 기업 간 일정한 격차(GAP)를 발견할 수 있고 그 격차를 벌리거나 좁힐 수 있는 기업에 투자하는 것이 당연하다.

둘째, 기업의 EV/EBITDA도 대부분 일정한 밴드 내에서 움직인다. 따라서 밴드의 추이를 크게 벗어나지 않을 것으로 예상된다면 밴드의 추이를 보고 매매 타이밍을 포착할 수 있을 것이다. EV/EBITDA 배수가 낮은 구간에 머물러 있다면 투자 시 향후 주가 상승 여력이 있다고 볼 수 있다.

셋째, PER의 보조 지표로 아주 유용하다. PER를 중심으로 가치를 분석할 때 일회성 비용 증가로 인해 순이익이 왜곡되는 경우가 발생한다. 이럴 때에는 PER를 쓰는 것보다는 EV/EBITDA를 사용하는 것이 더 유용하다.

따라서 동종 업종 혹은 과거 추이와 비교했을 때 EV/EBITDA 배수가 낮다면 해당 기업이 영업활동으로 창출해내는 현금 흐름에 비해 기업 가치가 저평가돼 있는 상태이므로 매력적인 투자 기회라고 볼 수 있다.

EV/EBITDA는 이미 선진 증시뿐 아니라 국내 애널리스트와 펀드매니저 사이에서도 널리 이용되고 있다. 그렇지만 회계 지식이 부족하다면 개념을 이해하기 다소 어렵고 유용성도 PER에 비해 떨어져 개인투자자에게는 크게 관심을 끌지 못하고 있는 것도 사실이다. 그러나 널리 사용되는 PER, PBR 역시 완벽한 지표가 아니기 때문에 EV/EBITDA와 상호 보완적으로 사용하면 주식가치 분석에 많은 도움이 될 것이다.

(매일경제신문 2018.06.22.)

읽을거리 경제가 고유가에 빠지면?

최근 국제 유가 움직임이 심상치 않다. <中略> 한국은행에 따르면 지난해 우리나라가 석유를 수입하기 위해 중동 국가에 지불한 돈은 980억 달러가 넘는다. 우리나라 전체 수입액 가운데 23%에 이르는 금액이다. 그만큼 유가 급등이 한국 경제에 미치는 영향은 크다.

국제 유가에 대해 알려면 먼저 석유시장 구조와 가격 결정 메커니즘을 살펴볼 필요가 있다. 석유 역시 상품의 일종이므로 시장에서 거래가 이루어지며 가격에도 약간 차이가 있다. 세계 석유시장은 크게 4개로 나뉜다.

우리에게 친숙한 미국시장과 중동시장, 그리고 북해시장과 극동시장이다. 미국시장은 세계 석유 소비량 가운데 약 24%를 차지하는 세계 최대 소비국이며 이 중 33%는 자체 생산으로 충당하고 있다. 가격은 미국 서부텍사스산 중질유를 기준으로 사용하며 이는 국제적으로 가장 많이 인용되는 가격이다. 북해

시장은 전 세계 원유 생산에서 약 6%를 차지하며 거래가격지표는 브렌트유 가격을 기준으로 한다. 주요 공급지역으로는 프랑스 독일 등 서유럽 지역과 미국을 들 수 있다. 극동시장은 세계 석유 소비에서 약 29.5%를 차지하며 유가 전문기관 발표가격을 기준가격으로 이용하고 있다. 중동시장은 세계 생산량 가운데 약 31%를 차지하고 있으며 다양한 가격 지표가 있으나 두바이유가 우리에게는 가장 친숙한 지표다. <中略>

유가 상승은 경제 전반에 걸쳐 큰 영향을 미친다. 우선 기업에는 비용 상승 요인으로 작용한다. 이는 기업 채산성을 악화시키고 이익을 줄어들게 한다. 이익이 줄어들면 기업들은 투자를 줄일 수밖에 없다. 투자가 줄어들면 내수도 위축된다. 내수 위축은 가계 부문에서도 마찬가지다. 유가가 오르면 우선 석유 관련 제품 가격이 오르고, 연쇄적인 파급효과로 물가도 오른다. 물가가 오르면 가계 실질소득이 줄어들게 돼 가계 소비가 줄어든다.

이와 관련해 한국은행이 분석한 자료에 따르면 석유가격이 10% 상승하면 우리나라 국내총생산(GDP)은 약 0.2% 하락하고, 소비자물가는 약 0.4% 상승하는 것으로 나타났다. 석유가격이 배럴당 10달러 상승하면 경상수지가 60억달러 악화된다는 분석도 있다. <下略>

<매일경제 2009.06.19.>

읽을거리 주가와 경기선행지수

주가는 경기선행지수보다 4~6개월 빨리 움직여 주가가 급락세를 타고 있다. 어디쯤 가야 반등할 수 있을까?

주가 전망을 할 때 개인적으로 경기선행지수를 중요하게 생각한다. 경기선행지수는 종합주가지수 · 소비자기대지수 · 건설수주액 등 향후 경기상황에 민감하게 반응하는 지표를 묶어 만든 것으로 이 지수가 하락하면 향후 경기가 하강 국면에 진입하는 것이 보통이다.

그런데 주가는 경기를 앞서 반영하는 경기선행지수보다도 4~6개월 정도 빨리 움직인다. 2004년의 경우 경기선행지수가 12월에 최저를 기록했고, 주가는 그 4개월 전인 8월부터 올랐다.

올해도 경기선행지수는 현재 떨어지고 있으며, 개인적으로는 내년 1월까지도 하락하리라 본다. 다만 올해는 주가 반등이 조금 더 빨라질 것으로 본다. 시기는 7월 중순 정도, 지수는 1200선에서 반등할 것으로 생각한다.

물론 단기적으로 1200선이 무너질 가능성도 있지만, 일시적인 것이 되리라 본다.

경기선행지수 외에도 7월에는 기업들의 2분기 실적발표가 시작된다. 당연히 2분기 실적은 저조할 것이지만, 3분기 실적 전망은 좋게 나올 것이기 때문에 주가반전을 기대할 수 있을 것이다. 6월 말 미국이 금리를 인상하고 나면 추가 금리인상에 대한 우려라는 악재도 어느 정도는 소멸된다.

또 주가가 1200선이 되면 우리나라 상장기업의 PER(주가수익비율 · 주가를 순이익으로 나눈 것)이 9배 정도로 떨어진다. 우리나라의 2000년 이후 평균 PER은 9.6배 정도였다. PER이 9배 수준이면 외국인이 주식을 사들이기 시작할 것이고, 그 시점이 되면 시장에도 심리적 안정감이 생길 것이다.

<조선일보 2006.06.08.>

읽을거리 내재가치 충실한 종목 장기 투자

미국 월가에서 '워렌 버핏'이라는 사람은 주식투자의 살아있는 전설로 통한다. 그는 지난 30여년간 연평균 24%의 수익률을 유지해왔다. 시장의 활황에 편승하는 반짝 수익률이 아니라 지속적으로 쌓은 결과라는 점에서 그는 황금의 손으로 통한다. 그런 그가 요즘에는 자신의 고객과 주주들로부터 공격을 당하고 있다는 전언이다.

잘 나가는 정보통신 관련주를 외면한 채 전통적인 제조업 종목을 고집하고 있기 때문이다. 하지만 버핏은 아직도 자신의 선택이 잘못되지 않았음을 결국 투자자들은 알게 될 것이라며 그의 원칙을 고수하고 있다고 한다.

우리나라에서도 비슷한 일이 적지 않다. 지난 해 주식형 펀드 가운데 고수익률을 기록한 상위 펀드에는 정보통신주 등을 위주로 한 이른바 성장주펀드 외에 제조업 중심의 가치주펀드도 당당히 끼여 있다.

물론 요즘 분위기에서 시장의 유행을 따르자면 기존의 제조업 종목에만 매달려 있기 어렵다. 안된다 싶으면 미련 없이 버리고 움직이는 종목으로 가라고 서슴없이 얘기하는 전문가가 많다.

그러나 주식투자에서는 내재가치에 충실한 종목을 고르라는 얘기가 유행을 타라는 대목보다 더 중요한 원칙으로 꼽힌다. 유행투자는 단기수익률을 올리는데 유리할지 모른다. 반면 장기 투자를 위해서는 기업 내용이 충실한 종목이 결국 꾸준한 수익을 올려준다는 점을 잊어서는 안된다.

<매일경제신문 2000.2.15.>

읽을거리 주식전문가들의 기업평가법 1주당 175만원?

최근 인터넷 자동접속 프로그램 서비스업체인 네오위즈의 공모가가 액면가(100원)의 350배인 3만 5,000원으로 결정되면서 기업의 적정주가가 다시 한번 도마 위에 올랐다. 5,000원짜리로 환산하면 무려 175만원짜리인 셈. 6월 1일과 2일 공모주 청약에서 일반투자자들이 어떤 반응을 보이고, 코스닥 시장 등록 후 주가가 어떤 그래프를 그릴지 주목된다.

이에 앞서 5월 23일 공모주 청약을 마감한 인터넷 경매업체 옥션의 공모가도 논란을 불러 일으켰다. 옥션의 공모가는 액면가(500원)의 80배인 4만원. 5,000원짜리로 환산하면 40만원짜리다. 당초 회사측 공모 희망가격은 2만원이었으나 물량을 많이 배정받으려는 기관투자자들이 경쟁적으로 높은 가격을 써내 값이 뛰었다. 가격이 워낙 높아서인지 청약경쟁률은 37대 1을 기록, 유망 벤처기업들이 수백대 1의 경쟁률을 보인 것에 비하면 저조한 수준에 머물렀다.

옥션의 공모가가 화제가 된 것은 단순히 가격이 비싸서가 아니라 지나치게 고평가되었다는 거품론이 제기되었기 때문. 물량배정을 위한 수요예측에 참가한 한 기관투자자의 내부 평가서에서 적정 가격을 2만원대로 산정한 사실이 알려지면서 논쟁에 휩싸였다. 심지어는 1만원대 불과하다는 혹평도 나왔다. 반면 일부 증권사에선 사업모델이 우수하고 성장 잠재력을 지녔다며 매수를 추천, 일반 투자자들을 헷갈리게 만들었다.

코스닥 신규 등록 기업의 공모가가 이처럼 투자자들의 비상한 관심을 끈 것은, 옥션이 이름이 알려진 인터넷 기업인데다 최근 일부 공모 기업들의 주가가 등록 직후 공모가 이하로 추락하는 일이 발생했기 때문. 옥션의 공모가에 과연 거품이 끼었는지 여부도 6월 중순 코스닥 시장 등록 후 일반 투자자들이 어떤 반응을 보이느냐에 따라 판가름 나게 된다.

그렇다면 주식시장에서 거래되는 기업의 주가는 어떤 수준이 적정한 것일까.

'저평가되었으니 매수 찬스', '고평가되었으니 팔아라', '장기적으로 매수 유효' 등등 증권사에서 쏟아내는 주가 평가서는 전문가 수준이 아닌 일반 투자자들에게 거의 유일한 투자 지침서다. 주식 전문가들은 어떤 자료와 근거로 주가의 높고 낮음을 판단할까.

가령 증권투자를 과학적인 학문으로 탈바꿈시킨 인물로 평가받는 벤자민 그레이엄은 "최우량종목은 순유동자산보다 낮은 가격에서 거래되는 종목으로, 주가가 주당 순유동자산의 3분의 2 이하이면 매입하고 주가가 주당 순유동자산과 동일한 수준까지 상승하면 매도한다"고 강조했다. 순유동자산은 유동자산에서 유동부채를 뺀 수치로 대차대조표에서 쉽게 구할 수 있다.

대다수 주식 전문가들은 경제상황, 과거의 실적, 향후 성장성, 경영자 자질 등 전체적인 흐름을 보는 거시적 관점과 재무제표에 나타난 수치를 분석해 수익성 등을 따지는 미시적 관점을 병행하면서 나름대로의 평가 비법을 마련해 활용하고 있다.

일반투자자들 역시 단순히 증권사 영업직원이나 주변사람들의 권유, 증시 주변의 미확인 정보 등에 의존하지 말고 나름대로 해당 기업과 관련된 정보를 수집해 분석하는 자세가 필요하다고 주식 전문가들은 조언한다. 물론 잡다한 정보를 무시하고 가격만 보라는 이색주장도 있다. 국내 주식 전문가들이 주식투자 때 사용하는 기업 평가 방법을 알아본다.

김규태 미래경제연구소 소장 : 해당 기업의 재무 비율을 가장 먼저 평가한다. 또 과거의 성장흐름과 미래의 성장성을 세계 경제흐름과 비교해 향후 성장할 수 있는 기업인지 분석한다.
즐겨 쓰는 투자기법으론 우선 EPS(주당순이익)가 있다. 당기순이익을 발행주식수로 나눈 수치다. 대체로 EPS가 높으면 향후 주가가 상승하는 것이 일반적이므로 EPS가 증가하고 있으면 주가도 상승할 여력이 많다고 생각한다. PBR(주당순자산비율)은 주가를 주당 순자산으로 나눈 수치로, PBR이 1이면 주가가 주당 순자산과 같다는 의미다.
1보다 낮으면 자산가치에 비해 주가가 저평가되었다고 볼 수 있다. PER(주가수익비율)는 주가를 주당 당기순이익으로 나눈 수치로, 일반적으로 수치가 높으면 주가가 높은 것이고, 낮으면 주가가 낮은 것이나 절대적 기준은 아니다. 동일업종 상대회사의 PER와 비교하는 것이 필요하다. 이밖에 기업의 현금흐름표, 투자자들의 투자심리 변화를 보여주는 투자심리선을 활용한다.

온기선 동원경제연구소 기업분석실장 : PER가 중요하다. 하지만 일반적인 방법보다는 주당순이익에서 자산매각 이익과 같은 특별성 이익은 제외하고, 의미가 없는 과거의 이익 대신 향후 2년간의 예상 주당순이익을 적용한다. 경영진이 유능하고 독자적인 원천기술을 확보하고 있거나 시장점유율이 높다면, 그렇지 않은 기업보다 PER가 높더라도 고평가된 것으로 보지 않는다. 또 수익성장률이 높을 것으로 예상되는 기업의 PER는 저성장기업보다 높아야 한다.
거시적으론 현재의 비즈니스가 5년, 10년 계속 성장할 수 있는지, 최고 경영자가 주주를 중시하는 경영을 하는지가 중요하다. 1998년말에 주택은행 김정태 행장이 주주 중시 방침을 천명했을 때 이듬해에 적자가 클 것이란 예상에도 불구, 대부분 증권사에서 적극 매수(Strong Buy)로 추천해 주가가 크게 오른 적이 있다. 최고경영자에 접근하기 힘든 일반 투자자들은 신문, 잡지, 방송 등 미디어의 최고경영자 인터뷰 기사를 꼼꼼히 읽어보는 것이 요령이다.

손종원 굿모닝증권 연구위원 : 기업의 성장성, 동종업체와 비교, 과거실적과 비교 등 3가지 방법을 쓴다. 우선 수익성의 상승-하락여부, 최근 주가의 상승-하락여부 등을 투자판단 기준으로 활용한다.
이어 국내외 동종업체 및 과거의 실적 등과 비교한다. 여기에선 PER(주가수익비율)와 PBR(주당순자산비율) 및 EV/EVITDA를 활용한다. EV/EVITDA는 EV(기업가치:시가총액+순차입금)를 EVITDA(영업이익+감가상각비)로 나누어 산출하는데 PER와 마찬가지로 절대적 수준으로 고평가, 저평가를 얘기하지 않고 동종업체, 과거평균과 비교해 고평가, 저평가 여부를 따진다. 일반적으론 이 지표가 낮을수록 주가가 저평가된 것으로 해석된다.
이렇게 여러 가지 방법을 동원해 산출한 적정주가에 비해 현재주가가 30% 이상 낮으면 매수, 현재주가가 30% 이상 높으면 매도 의견을 제시한다.

김경신 대유리젠트증권 이사 : 크게는 기업의 연력, 업종, 오너와 경영자의 경영마인드, 과거 영업실적과 향후 영업방향 등을 살피고, 좁게는 주당순이익과 주당순자산, 같은 업종의 다른 기업 주가와 상대평가한다. 성장주는 매출액을 발행주식수로 나눈 SPS(Sales Per Share)를 활용하는데 같은 업종 내에서 상대비교하여 저평가 유무를 판별한다. 또 삼성전자, 포철 등 세계시장에서 시장점유율이 높은 기업은 세계 유수기업과 PER, EV/EVITDA 등을 상대비교하고, 제약주는 지적재산권에 대한 평가를 가미한다.

기온창 마이애셋 자산운용이사 : 기업의 향후 10년간 현금흐름을 예측해서 적정주가를 산출하는 DCF 모델을 사용한다. 미래의 현금흐름으로 기업을 평가하면 기업의 인위적인 손익조정에 영향을 받지 않는 장점이 있지만 정확한 계산이 힘들다는 단점이 있다.

이상면 외환은행 딜링룸 총괄차장 : 10년 가량 해외기업 주식에 투자하면서 가장 중시한 것은 해당기업이 속한 산업이 해당국가에서 성장산업인지 여부였다. 수익성도 고려했다. 특히 해외투자는 보수적으로 운영할 수밖에 없는 만큼 자산가치를 중시했다. 국내 투자에선 코스닥 시장의 경우 거래소의 유사업종 기업과 PER를 비교하고 있다.

김귀헌 현대증권 투자클리닉센터 투자전문의 : 끊임없이 변모하는 기업의 적정주가는 아무도 알 수 없다. 기업의 적정가치, 내재가치를 계산하는 온갖 기법이 있지만 무시해도 된다. 수많은 기업들의 재무제표를 어떻게 모두, 그리고 정확히 분석할 수 있겠는가. 옥션의 적정가격으로 논란이 있는데 옥션의 가격은 시장에서 결정될 것이다. 주식투자할 때 오직 가격만을 보면 된다. 오르면 사고, 떨어지면 팔면 된다. 다만 살 때도 분할 매수, 팔 때도 분할 매도를 해야 한다.

<주간조선 2000.6.8.>

CHAPTER
5 연습문제

1 기본적 분석이란 궁극적으로 어떠한 것을 탐구하려는 것인가?

① 기업의 내재가치
② 주가변동 예측
③ 경기변동 원인
④ 데이트레이딩 기법

2 기본적 분석가의 투자전략으로 적절한 것은?

① 애널리스트가 추천하는 종목을 매입한다.
② 단기간 주가가 크게 하락한 주식을 매입한다.
③ 내재가치보다 싼 주식을 매입한다.
④ 거래량이 증가한 주식을 매입한다.

3 저평가 주식이란 어떤 상태의 주식을 말하는가?

① 내재가치 > 주가
② 내재가치 < 주가
③ 내재가치 = 주가
④ 주가 ≠ 내재가치

4 기본적 분석의 한계점이라고 할 수 없는 것은?

① 공개되는 재무제표는 주가평가에 부족하다.
② 재무제표 작성방법이 기업 간 달라 상호비교가 곤란하다.
③ 내재적 가치뿐만 아니라 심리적 요인도 주가에 영향을 미친다.
④ 주가는 기업의 내재가치에 수렴한다.

5 일반적으로 국민소득이 증가하면 주가는?

① 상승한다.
② 하락한다.
③ 보합상태에 있다.
④ 알 수 없다.

6 이자율과 증권시세의 관계는?

① 이자율이 하락하면 증권시세도 하락한다.
② 이자율이 상승하면 증권시세는 하락한다.
③ 이자율이 상승함에 따라 증권시세는 상승하다가 다시 하락한다.
④ 이자율과 증권시세는 아무 관련이 없다.

7 적정 수준의 통화량이 증가하면 주가는?

① 하락하다 상승한다. ② 상승하다 하락한다.
③ 하락한다. ④ 상승한다.

8 일본의 엔/달러 환율은 하락하고 우리나라 원/달러 환율은 변동이 없는 경우 우리나라의 주가는 일반적으로?

① 상승한다. ② 하락한다.
③ 보합상태에 있다. ④ 알 수 없다.

9 주가가 상승한다면 경기는 어떻게 변화할 것으로 예측할 수 있는가?

① 서로 관련이 없다. ② 보합수준을 유지한다.
③ 하락한다. ④ 상승한다.

10 안정성 위주로 투자하는 투자자가 가장 선호할 것으로 여겨지는 기업은 PPM에서 어디에 위치한 기업인가?

① 의문부호 ② 개
③ 별 ④ 현금젖소

11 기업의 수명주기와 관련하여 가장 큰 금액의 배당금을 받을 것으로 예상되는 시기는?

① 도입기 ② 성장기
③ 성숙기 ④ 쇠퇴기

12 유동비율을 산출하는 가장 큰 목적은?

① 자금의 활동성측정 ② 단기채무 지급능력측정
③ 거래의 수익성측정 ④ 기업의 안정성측정

13 기업의 단기채무에 대한 상환능력을 나타내는 중요한 비율은?

① 유동비율 ② 부채비율
③ 영업이익률 ④ 배당수익률

14 Economic Value Added (EVA)를 적절하게 설명하지 못하는 것은?

① 기업이 고유의 영업활동을 통하여 창출한 순가치의 증가분
② 적정주가를 평가하는 모형
③ 자본비용을 공제한 후 주주에게 돌아가는 이익
④ 자본조달비용을 초과하는 투자수익률을 금액으로 환산한 크기

15 컴퓨터관련 주식에 대한 예상기대수익률은 현재 16%이다. 대규모 컴퓨터회사인 ABC는 연말에 주당 200원의 배당금을 지급할 것이다. 이 주식이 5,000원에 매도되고 있다면, ABC의 배당성장률을 시장에서 몇 %로 예상하고 있는 셈인가?

① 10.5% ② 12.5%

③ 14.5% ④ 16.5%

16 1주당 주가가 12,500원, 총배당금액이 25억원, 당기순이익이 50억원, 발행주식수가 100만주인 회사의 주가수익비율은 얼마인가?

① 2.5배 ② 5.5배

③ 7.5배 ④ 12.5배

17 기본적 분석의 입장에서 PER를 잘못 평가하고 있는 것은?

① 다른 조건이 모두 동일한 경우 고성장기업의 PER가 저성장기업의 PER 보다 높다.

② 다른 조건이 모두 동일한 경우 고위험기업의 PER가 저위험기업의 PER 보다 낮다.

③ 다른 조건이 모두 동일한 경우 재투자의 필요성이 낮은 기업의 PER가 저성장기업의 PER 보다 높다.

④ 다른 조건이 모두 동일한 경우 낮은 PER보다는 높은 PER를 가진 기업의 주식을 매입하여야 더 큰 수익을 얻을 수 있다.

18 성장주를 판별하는 가장 적합한 지표는 어느 것인가?

① EVA ② PEG

③ PER ④ PBR

19 다음 중 투자하기에 가장 적합한 주식은?

① 주가 = 주당순자산 ② 주가 > 주당순자산

③ 주가 < 주당순자산 ④ 주가 ≠ 주당순자산

20 EV/EBITDA를 설명하는 것으로 적절하지 않은 것은?

① 실제 벌어들인 영업이익에 비해 주가가 얼마나 평가됐는지를 나타낸다.

② 국가별, 회사별 차이가 있는 회계상의 왜곡요인을 제거한 지표이다.

③ 주가수익비율(PER)을 보완하는 새로운 지표이다.

④ EV/EBITDA비율이 높은 회사의 주가는 앞으로 상승할 가능성이 높다.

정답

1.	①	2.	③	3.	①	4.	④	5.	①	6.	②	7.	④	8.	①	9.	④	10.	④
11.	③	12.	②	13.	①	14.	②	15.	②	16.	①	17.	④	18.	②	19.	③	20.	④

The Practice of Investments

CHAPTER 6

기술적 분석

기술적 분석가들은 돈을 벌어 요트를 사겠다는 고객의 돈을 빼앗아 영업담당자가 요트를 살 수 있도록 도와주고 있다.

〈Burton Malkiel〉

Section 1 | 기술적 분석의 의의와 한계

기본적 분석을 통해 사고자 하는 종목을 선정하고 나면, 다음으로 중요한 것은 언제 주식을 살 것인가 하는 투자시기의 판단이다. 투자시기를 결정하기 위해 이용되는 분석방법이 기술적 분석이다.

기술적 분석(technical analysis)은 과거의 주가 및 거래량의 추세와 변동패턴에 관한 정보를 분석함으로써 증권시장이 약세나 강세로 전환하는 시점과 시장동향을 미리 포착하여 비정상수익을 얻고자 하는 적극적 투자분석기법으로서 다음과 같은 가정에서 출발한다.

- 주가는 수요와 공급에 의해서만 결정된다.
- 수요와 공급은 이성적 요인뿐만 아니라 비이성적, 심리적 요인 등 여러 요인에 의해서 결정된다.
- 시장의 사소한 변동을 무시한다면 주가에 영향을 미치는 정보는 서서히 주가에 반영되며, 주가는 특정한 추세를 장기간 형성하면서 변화한다.
- 수요와 공급의 변동이 어떤 이유로 발생하든지 시장변동의 도표에 나타난다.
- 도표에 나타나는 주가변화의 패턴은 반복되는 경향이 있다.

기술적 분석의 기초자료는 과거 일정기간의 주가나 거래량의 추세를 그림으로 나타낸 도표(chart)이다. 이러한 의미에서 기술적 분석을 주로 사용하는 전문투자자집단을 차티스트(chartist)라고 부른다.

기술적 분석가들이 내재가치를 결정짓는 기본요인들을 고려하지 않고 과거의 주가동향, 시장동향, 거래량 등의 움직임에 관한 자료를 기초로 하여 미래 주가를 예측하지만, 그렇다고 해서 기본적 분석을 무시하는 것은 아니다. 그들도 주가가 장기적으로는 내재가치를 중심으로 변동하고 있다고 생각한다. 다만 기술적 분석에서는 내재가치를 결정하는 기본요인의 변화가 발생할 경우, 그 변화가 주가에 충분히 반영되기 이전에 주가 또는 거래량의 추세 또는 패턴을 통하여 주가를 예측할 수 있다는 것이다.

기술적 분석이 실무적으로 많은 인기를 끌고 있는 것은 그것이 지니고 있는 단순성과 시각적 설득력 때문이다. 기술적 분석을 하는 경우 거시경제적 상황, 위험, 회계적 문제 등에 대하여 주의를 기울이지 않아도 될 뿐만 아니라, 과거의 주가나 거래량을 단순하게 도표화하여 매매신호를 용이하게 포착할 수 있다는 장점이 있다.

그런데 기술적 분석은 어떤 투자자가 특정한 패턴을 발견하여 그 신호에 따라 행동을 하고 난 후에 다른 투자자들이 그 패턴을 발견하고 앞선 투자자와 동일한 행동을 취할 것이라고 묵시적으로 가정하고 있다. 만일 이 가정이 성립하지 않는다면, 즉 모든 투자자들이 동시에 매매신호를 포착하여 동시에 매매하려고 한다면 가격형성이 이루어지지 않을 뿐만 아니라 그 누구도 비정상수익을 얻을 수 없을 것이다.

기술적 분석은 실무적으로 기본적 분석의 단점을 어느 정도 극복하는 것이지만 나름대로의 한계를 가지고 있다.

- 주가에 영향을 미치는 정보나 심리적 요인이 미래에도 반복적일 수 없으므로 과거 주가나 거래량의 패턴이 반복된다는 가정은 비현실적이다.
- 비록 과거와 동일한 패턴이 나타난다고 해도 어디가 주가변화의 시작이며 끝인지 알 수 없다.
- 투자가치를 무시하고 시장변동에만 집착하기 때문에 시장변동원인을 분석할 수 없다.
- 차트해석에 있어서도 주관적인 판단이 많이 요구되기 때문에 하나의 차트에 대해 여러 가지 해석이 나올 수 있다.

Section 2 | 주가 분석기법

1. 다우이론

다우이론(Dow theory)은 월스트리트저널(Wall Street Journal)의 편집장이었던 다우(Charles H. Dow)가 1900년에 고안한 방법으로서, 1929년 주가대폭락을 예측함에 따라 널리 알려졌다.

다우는 주가의 흐름을 ① 매일 매일의 소폭적인 주가변동을 의미하는 일일변동(daily movement), ② 몇 주 내지 몇 개월 동안의 추세를 나타내는 2차변동(secondary movement), ③ 1년 이상 수 년에 걸친 증권시장의 흐름을 나타내는 주변동(primary movement) 등 세 가지로 파악하였다.

다우이론에서는 단기적 주가변동인 일일변동은 무시하고, 2차변동을 분석함으로써 주변동이 전환하는 시기를 포착하고자 한다. 다시 말하면 다우이론은 증권시장의 장기추세를 확인하여 거래량이 증가하면서 주가가 상승하는 강세시장(bull market)이나 거래량이 감소하면서 주가가 하락하는 약세시장(bear market)으로 전환하는 시기를 예측하는 주가 분석기법이다.

그림 6-1 주가변동 전환점

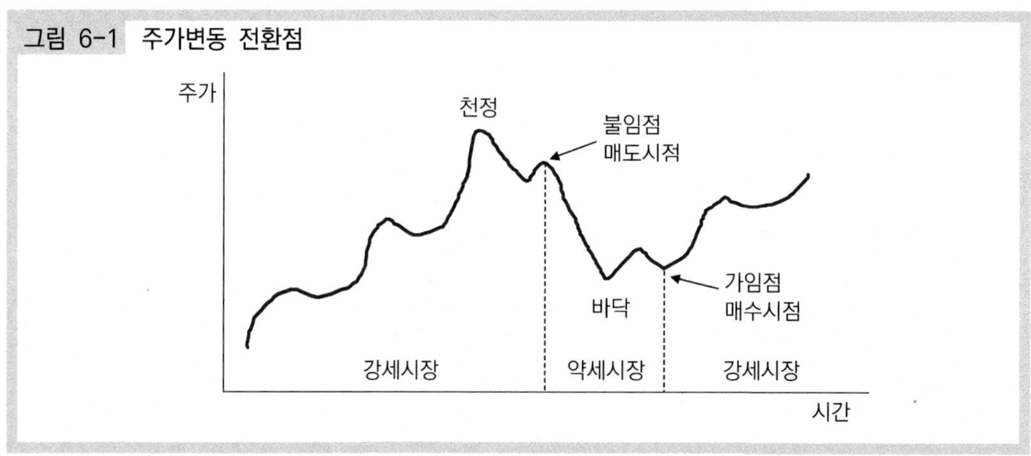

<그림 6-1>은 주가의 2차변동을 표시한 것이다. 다우이론은 상승추세의 주변동에서 하락추세의 주변동으로 전환하거나 그 반대의 경우와 같은 주변동의 전환을 알려주는 신호를 불임점[1)](abortive point)이라고 하였다. 새로운 2차변동의 천정이 그 이전의 천정보다 낮으면 불임점이 되는데 이는 주변동이 하강국면에 진입하여 약세시장으로 전환되는 것을 나타낸다. 반대로 2차변동의 바닥이 그 이전의 바닥보다 높으면 가임점이 되는데 이는 주변동이 상승국면에 진입하여 강세시장으로 전환되는 것을 나타낸다.

다우이론은 몇 가지 문제점을 가지고 있다.

- 단순히 과거의 주가자료를 관찰하여 미래의 주가움직임을 예측할 수 있다는 주장은 과학적, 이론적인 근거를 가지고 있지 못하다.
- 2차변동과 주변동을 엄밀히 구분하기 어렵기 때문에 분석가에 따라 불임점을 서로 다르게 판단할 수 있다.
- 추세반전의 확인시기가 너무 늦어 실제 투자에 도움을 주지 못한다.

2. 엘리어트 파동이론

엘리어트(R. N. Elliot)는 과거 75년간 주가에 대한 자료를 분석한 결과 주가변화는 대자연과 조화를 이루고 있으며, 일정한 규칙을 가지고 반복된다는 사실을 발견하였다고 주장하였다. 그의 이론은 1938년에 발표되었으나 투자자들의 관심을 끌게 된 것은 한 증권분석

1) 다우는 불임점이란 용어를 주변동이 하락국면으로 전환하기 때문에 더 이상 수익을 얻을 수 없다는 의미에서 사용하였다. 그런데 다우의 추종자들이 상승국면으로 전환하는 시점도 불임점이라고 하였으나 이는 적절하지 않은 용어이다. 오히려 임신점이라고 하는 것이 적절할 것이다. 왜냐하면 그 시점 이후에는 수익을 기대할 수 있기 때문이다.

가가 이 이론을 근거로 1987년 10월 19일에 발생한 미국 주식시장의 주가대폭락사태인 '검은 월요일'[2](Black Monday)을 정확하게 예측한 다음부터이다.

엘리어트 파동이론에 따르면 주가는 상승 5파와 하락 3파의 8개의 파동을 이루면서 계속 순환하면서 움직인다는 것이다. 여기서 상승 5파는 3번의 충격파동과 2번의 조정파동으로 구성되며 하락 3파는 2번의 충격파동과 1번의 조정파동으로 구성된다. 그리고 이 8개의 파동이 하나의 사이클을 완성한 후 또다시 새로운 파동이 시작된다는 것이다.

<그림 6-2>를 보면 상승국면에서 상승 5파 중 1, 3, 5 파동은 충격파동이며, 2, 4 파동은 조정파동이다. 하락국면에서 하락 3파 중 a, c 파동은 충격파동이며, b 파동은 조정파동이다. 좀더 장기적으로 보면 5개의 상승국면의 파동을 1개의 상승파동으로 볼 수 있고 3개의 하락국면의 파동을 1개의 하락파동으로 볼 수 있다. 그러므로 각각의 큰 파동들은 무수히 작은 파동들로 단계별로 나눌 수 있고, 반대로 무수히 많은 작은 파동들의 합은 다시 단계별로 좀 더 큰 파동을 구성하게 된다.

그림 6-2 엘리어트 파동

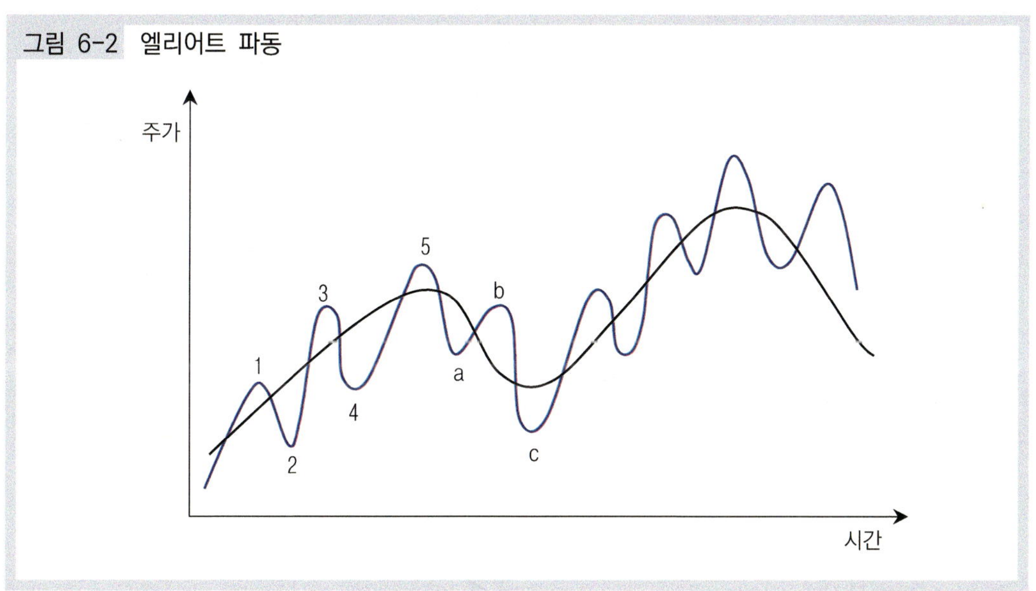

2) 검은 월요일에 관하여는 <Chapter 7 읽을거리>를 참조할 것.

3. 주가이동평균선

가. 주가이동평균의 의의

주가이동평균선 분석은 단기적으로 나타나는 주가의 비정상적인 변동을 제거하고, 장기적이고 안정적인 변동추이를 관찰하는 데 사용된다. 어떤 날짜의 이동평균(moving average)은 그 날을 포함한 과거 일정 기간의 값을 평균한 값이다. 그리고 매일의 이동평균을 선으로 나타낸 것을 이동평균선이라고 한다.

<표 6-1>은 3일 이동평균주가를 구하는 방법을 보여주고 있다.

<표 6-1> 이동평균주가의 산출

일 자	주 가	3일 이동평균주가
1	27,000	-
2	30,000	-
3	33,000	30,000
4	29,000	30,667

$$MA_3 = (27{,}000 + 30{,}000 + 33{,}000) / 3 = 30{,}000$$

$$MA_4 = (30{,}000 + 33{,}000 + 29{,}000) / 3 = 30{,}667$$

MA_t : t일째의 이동평균주가

이동평균주가는 평균이 산정되는 기간에 따라 단기평균(5일, 20일), 중기평균(60일), 장기평균(120일, 240일) 등 여러 가지가 있다. 단기 이동평균을 이용하면 주가의 움직임을 신속하게 알 수 있으나, 급격한 변화를 제거할 수는 없다. 그러나 중 · 장기이동평균선은 주식가격의 변동은 신속하게 보여주지 못하나 주식변화양상의 안정된 추세를 보여준다.

나. 골든크로스와 데드크로스

단기 이동평균선과 장기 이동평균선을 비교하면 매일 매일의 사소한 가격변동에 집착하지 않고 추세를 고려하여 매입 또는 매도 신호를 포착할 수도 있다.

<그림 6-3>에서와 같이 단기 이동평균선이 장기 이동평균선을 아래에서 위로 급속하게 뚫고 올라갈 경우를 골든크로스(golden cross)라고 하며, 강세시장으로의 전환신호로 간주된다. 반면에 단기 이동평균선이 장기 이동평균선을 위에서 아래로 급속하게 뚫고 내려갈 경우를 데드크로스(dead cross)라고 하며, 약세시장으로의 전환신호로 간주된다.

그림 6-3 골든크로스 · 데드크로스

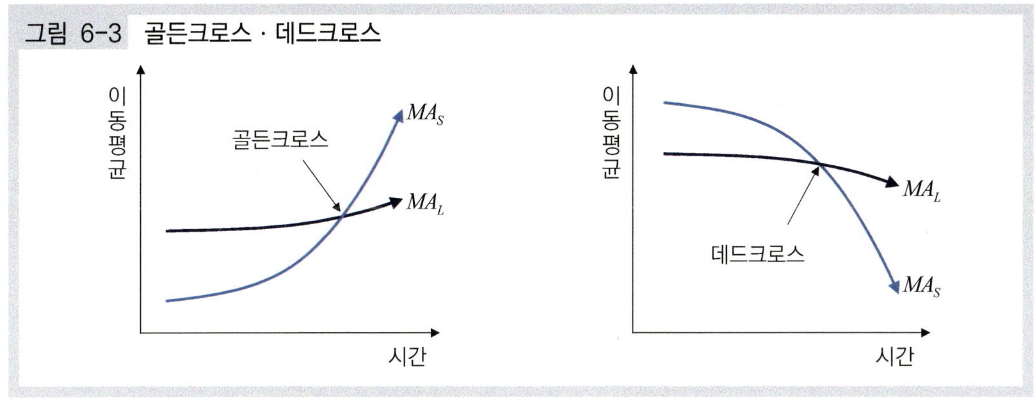

<그림 6-4>에서와 같이 이동평균선이 단기, 중기, 장기 순으로 배열되어 있으면서 모두 상승추세를 보이고 그 간격이 점차 확대되고 있는 경우를 정배열이라고 하며, 이는 견실한 강세시장을 의미하는 것으로 해석된다. 이동평균선이 장기, 중기, 단기 순으로 배열되어 있으면서 모두 하락추세를 보이고 그 간격이 점차 확대되고 있다는 경우는 역배열이라고 하며, 이는 장기적인 약세시장을 의미하는 것으로 해석된다.

그림 6-4 정배열 · 역배열

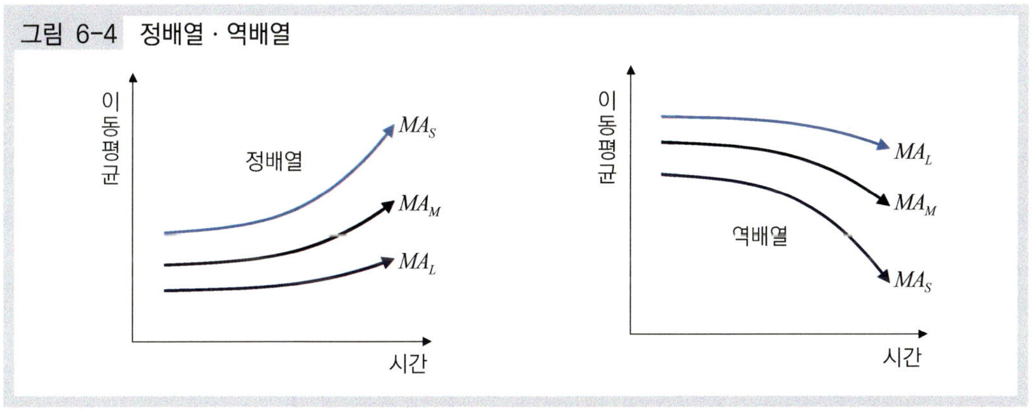

<그림 6-5>에서와 같이 단기 및 장기 이동평균선이 오랫동안 하락추세를 보이다가, 단기 이동평균선이 더 이상 하락하지 않거나 다시 상승하는 경우에는 장기추세의 저점을 확인하는 신호로 간주된다. 단기 및 장기 이동평균선이 오랫동안 상승추세를 보이다가, 단기 이동평균선이 더 이상 상승하지 않고 약해지면 최고점에 도달했다는 신호이다.

그림 6-5 저점확인 · 고점확인

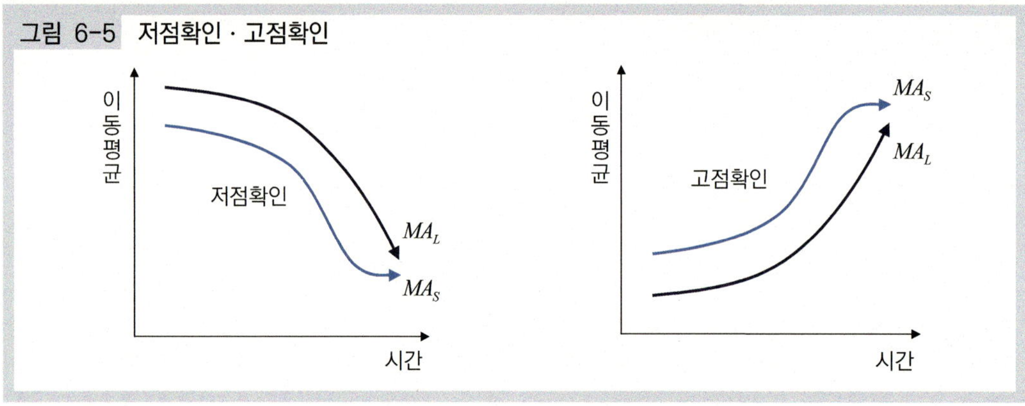

다. 이격도

주가이동평균선은 과거의 주가를 사용하기 때문에 매매시점이 늦게 포착된다는 결점을 보완하여, 투자시점을 신속히 포착하기 위한 방법으로 개발된 것이 이격도이다. 이격도(disparity)는 주가와 이동평균선이 떨어져 있는 정도를 나타내는 것으로서 당일의 주가를 이동평균으로 나눈 값이다.

$$\text{이격도} = \frac{\text{당일의 주가}}{\text{당일의 이동평균주가}} \times 100\%$$

주가가 이동평균선과 괴리가 커지면 주가는 이동평균선으로 회귀하는 특성을 지닌다는 데 착안하여, 이격도가 100%를 초과하면 당일의 주가가 이동평균보다 높다는 것을 나타내므로 매도신호로 간주하고, 100% 미만이면 주가가 이동평균보다 낮다는 것을 의미하므로 매입신호로 간주한다.

경제사건에 의해 시장상황이 급변한 경우나 개별 종목에 호재 또는 악재가 발생한 경우, 이격도는 현재의 주가와 차이가 커질 수 있으므로 이격도를 이용할 때 주의하여야 한다.

4. 필터기법

필터기법(filter rule)이란 주가가 일정기간 동안 최저점에서 일정비율 만큼 상승하면 매입하고, 그 후 최고점에서 일정비율 만큼 하락하면 매도(공매)하는 투자기법이다. 이때의 일정비율을 필터라고 한다. 예를 들어 어떤 주식의 매매를 결정하는 필터를 5%로 정했다면 <그림 6-6>에서와 같이 그 주식이 최저점에서 5% 상승하면 매입하고, 최고점에서 5% 하락하면 매각하는 것이다. 이 기법은 주가가 상승할 때나 하락할 때는 당분간 상승 또는 하락하는 추세를 형성한다는 전제하에서 성립하는 투자전략이다.

그림 6-6 필터기법

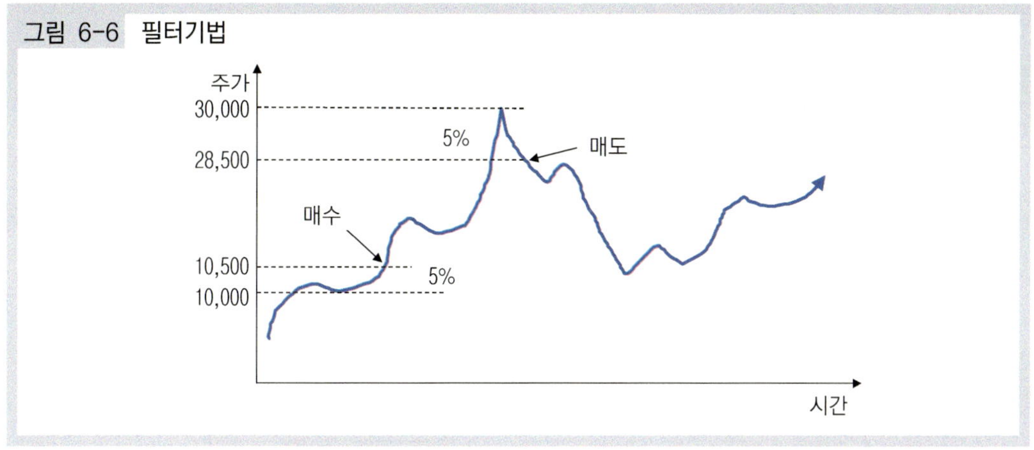

알렉산더(S. Alexander)는 필터기법을 적용하였을 때의 투자성과를 단순한 매입·보유 전략과 비교한 결과, 5%의 필터를 적용하였을 때 가장 큰 비정상수익이 실현됨을 발견하였다. 그러나 파마와 블룸(E. F. Fama & M. E. Blume)의 연구에 의하면 거래비용을 고려하는 경우에는 필터기법으로 비정상수익을 실현할 수는 없는 것으로 분석되었다.

필터기법의 가정은 주가의 움직임이 필터보다 작게 움직이며, 이 필터를 능가할 때는 장기적인 상향 또는 하향 추세를 형성하면서 움직인다는 것이다. 그러나 이 기법은 객관적인 필터의 크기를 결정할 수 없다는 것과 매입 후 추가 하락할 수도 있으며 최고점과 최저점을 파악하기가 곤란하다는 문제점을 가지고 있다.

5. HST기법

HST(head and shoulders top)기법은 주가를 봉도표로 나타내어 사람의 머리와 어깨 모양을 찾아 주가를 예측하는 기법이다. 주가가 HST의 모양을 형성할 때는 그 주식의 가격은 최고점에 도달하였으므로 장차 하락함을 예고한다는 것이다.

주가가 다음과 같이 변화할 때 머리와 어깨의 모양을 형성한다. 소강상태에서 벗어나 강한 매수세가 나타나 가격이 상승하고 그 후 거래가 소강상태로 접어들었다가 약간의 가격하락이 따르면서 왼쪽 어깨의 모양을 나타낸다. 다시 강한 매수세가 일어나 왼쪽 어깨의 최고점 이상으로 가격이 상승하였다가 점차 왼쪽 어깨의 최고점 이하로 가격이 하락하면서 머리 모양을 나타낸다. 그 후 거래가 많지 않으며 가격은 완만하게 상승하나 머리의 최고점에 도달하지 않고 다시 하락하면서 오른쪽 어깨 모양을 나타낸다.

그림 6-7 HST 기법

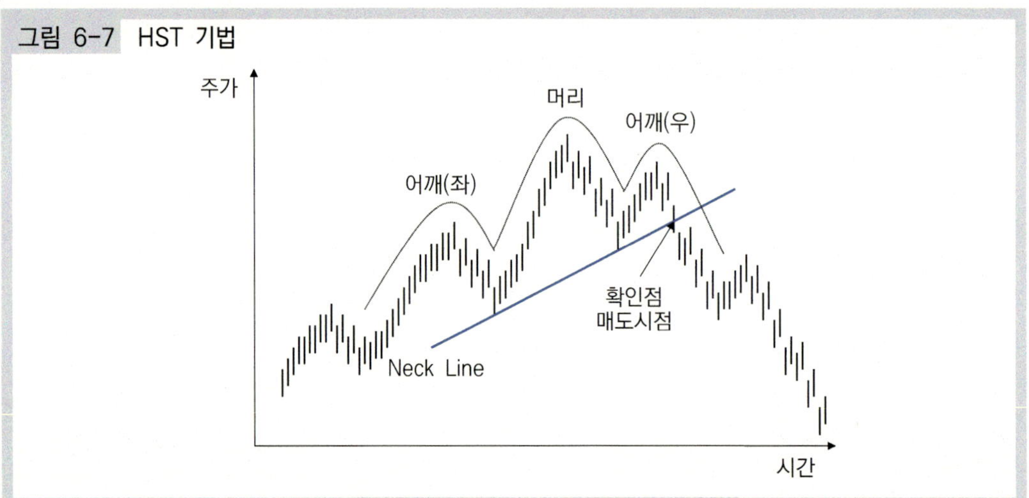

<그림 6-7>은 상승세에서 하락하는 주가추세를 보여 주고 있다. 여기서 오른쪽 어깨와 왼쪽 어깨를 잇는 목선(neck line) 이하로 주가가 하락하면 침체국면으로 진입하는 것을 의미한다. 목선과 하락하는 주가가 만나는 점은 장세반전을 확인해 주는 확인점(confirmation, breakout)이며, 이때가 매도시점이 된다. 침체국면에서 상승국면으로 전환될 때는 이와 반대 현상이 일어난다.

6. 점수도표기법

점수도표(point and figure chart: P&F 도표)는 매일 매일의 주가변화를 그대로 나타내는 것이 아니라 가격변동의 단위를 정해놓고, 주가가 이 가격단위 이상으로 상승하면 x, 하락하면 o를 표시하여 가격변동의 방향과 크기를 그려나가는 것이다. 점수도표분석은 시간과 거래량은 고려하지 않고 주가상승과 하락만을 고려하여 추세의 전환점을 발견하고 주가가 어느 수준까지 변동할 것인지 가격목표(price target)를 예측할 수 있게 해준다는 특징이 있다.

점수도표의 분석에서는 밀집영역(congestion area)이 중요하다. 밀집영역이란 주가의 소폭적인 상승과 하락이 계속하여 띠의 모양을 이루는 영역인데, 이는 장기에 걸쳐 수요와 공급이 균형을 이루고 있다는 의미이다.

이 밀집영역이 끝나고 x가 밀집영역의 최고점 이상으로 올라가면 상당기간 동안 주가상승을 예고하는 것이 되고, 밀집영역이 끝나고 o가 밀집영역의 최저점 이하로 떨어지면 약세장을 예고하는 것이 된다. 이 밀집영역 이후에 형성되는 새로운 주가목표수준은 [(열의 수) × (단위가격)]으로 계산한다.

그림 6-8 점수도표

							X		
26,000							X		
25,000							X		
24,000	X		X	O			X		
23,000	X	O	X	O	X	O	X		
22,000	X	O	X	O	X	O	X		
21,000	X	O	X	O	X	O	X		
20,000	X	O		O	X	O			

<그림 6-8>에서 밀집영역의 열의 수는 6이고 가격단위는 1천원이므로 새로운 주가목표는 6천원이 상승한 30,000원이 된다.

점수도표에 의해 가격목표가 예측될 수 있다 하더라도 이 가격목표가 언제 실현될 것인지 알 수 없다. 또한 점수도표 분석은 밀집영역의 폭과 가격목표 사이에 어떤 논리적 관계가 있는지 이론적으로 설명될 수 없다는 한계점을 가지고 있다.

Section 3 | 거래량 분석기법

주가는 수요와 공급에 의하여 결정되며, 주식의 수요 · 공급 관계는 일차적으로 거래량에 의해서 측정된다. 따라서 거래량 분석가들은 거래량이 주가에 선행한다고 보고 거래량의 움직임을 관찰하여 미래주가를 예측하려고 한다.

거래량 이동평균선은 거래량 분석기법 중 하나이지만, 이동평균선의 해석법은 앞에서 설명한 이동평균선분석과 동일하므로, 여기서는 설명을 생략하고자 한다.

1. OBV

OBV(on balance volume)는 주가가 상승한 날의 거래량누계에서 하락한 날의 거래량누계를 차감하여 계산한다. 다만 종가의 변동이 없는 날은 계산하지 않는다.

그림 6-9 OBV선

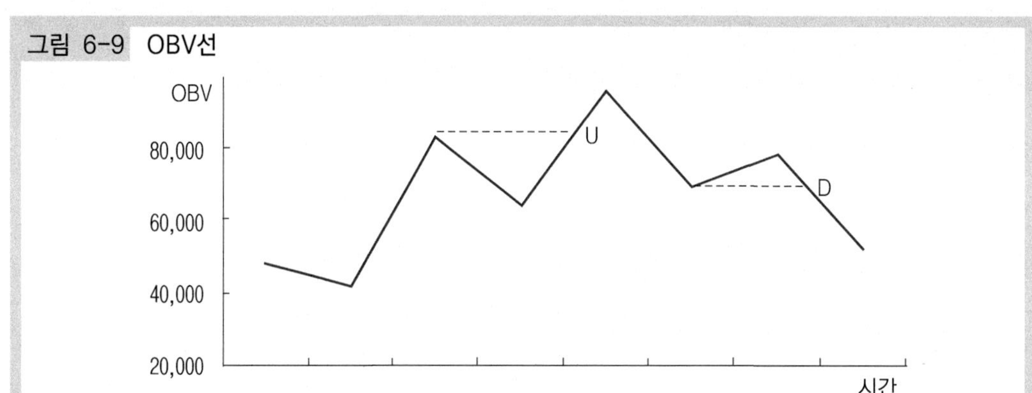

<표 6-2>에서 계산한 OBV를 그림으로 나타낸 것이 <그림 6-9>인데, 바로 직전의 최고점인 정상을 벗어나 OBV가 상향하는 경우에는 상승신호인 U(up)로 표시하고 반대로 바로 직전의 바닥세를 이탈해 OBV가 떨어지는 경우에는 하락신호인 D(down)로 나타낸다.

<표 6-2> OBV의 계산

일 자	주 가	거래량(천주)	OBV(천주)
1	26,000	48,000	48,000
2	24,000	6,000	42,000
3	30,000	41,000	83,000
4	28,000	19,000	64,000
5	29,000	31,000	95,000
6	27,000	26,000	69,000
7	31,000	9,000	78,000
8	25,000	26,000	52,000

OBV가 상승추세이면 주가상승이 예상되고, 하락추세이면 주가하락이 예상된다. 주가하락기에 OBV가 이전의 저점수준 아래로 내려가지 않고 오를 때는 곧 주가가 상승한다는 신호이며, 주가의 상승기에 OBV가 이전의 고점수준 위로 올라가지 않고 떨어진다면 곧 주가가 하락한다는 신호이다.

OBV는 주가가 뚜렷한 등락을 보이지 않고 정체되어 있을 때, 거래량동향에 의하여 향후 주가의 방향을 예측하는데 유용하게 활용된다.

2. VR

VR(volume ratio)은 OBV의 결점을 보완하기 위해 거래량을 누적된 숫자가 아닌 비율로 분석한 것이다. 이는 주가가 상승세이면 상승일 거래량이 많아지고 하락세이면 하락일 거래량이 많아진다는 점에 착안한 것이다. VR은 일정 기간 주가상승일 거래량 합계를 주가하락일 거래량 합계로 나누어서 구하며, 주가의 변동이 없는 날의 거래량 합계는 각각 반반씩 분자 및 분모에 더해준다.

$$VR = \frac{\text{주가상승일 총거래량} + \text{보합일 거래량} \times 0.5}{\text{주가하락일 총거래량} + \text{보합일 거래량} \times 0.5} \times 100$$

VR이 높을수록 강세장을 예고하며, 낮을수록 약세장을 예고한다.

3. 번한지표

번한지표는 거래량회전율과 거래성립률로 설명할 수 있다.

거래량회전율은 상장주식이 일정기간 동안 몇 회전하였는가를 나타낸다. 거래량회전율이 높으면 강세시장으로 낮으면 약세시장으로 판단한다.

$$\text{거래량회전율} = \frac{\text{일정기간의 누적거래량}}{\text{일정기간의 평균상장주식수}} \times 100\%$$

거래성립률은 주가상승이나 하락과는 관계없이 거래가 성립된 종목수를 상장종목수와 비교해서 어느 정도의 비율인가를 나타낸다. 거래성립률이 높으면 시장이 활황이고 낮으면 침체상태라 할 수 있다.

$$\text{거래성립률} = \frac{\text{거래성립종목수}}{\text{총상장종목수}} \times 100\%$$

거래량회전율은 거래의 양을 나타내고 거래성립률은 거래의 질을 나타내는 지표로 볼 수 있는데, 번한지표는 이 두 가지를 동시에 반영하는 지표이다.

$$\text{번한지표} = \text{일일거래량회전율} \times \text{거래성립률}$$

번한지표가 높다는 것은 증시가 활황을 보여 대부분의 종목에 걸쳐 많은 양의 거래가 이루어지고 있음을 뜻한다. 번한지표가 30% 이상이면 과열상태로서 매도신호가 되며, 5% 이하이면 침체상태로서 매입신호가 된다.

Section 4 | 기타 분석기법

1. 주가 · 거래량상관곡선

주가 · 거래량상관곡선은 주가지수와 거래량의 관계를 도표로 표시한 것으로서, 지수상관곡선이라고도 한다. 이 곡선은 X축에 거래량을 Y축에 주가를 나타내는 좌표에 매일 매일의 교차점을 선으로 연결한 것이다. 두 지표의 관계를 그림으로 나타내면 시계반대방향으로 움직이는 경우가 많다고 해서 역시계곡선(counter-clock line)이라고도 하며, 주가 · 거래량상관곡선에서는 주가변동보다 거래량 변동이 선행한다는 것을 전제로, 이 곡선이 우상향하는 경우에는 강세, 좌하향하는 경우에는 약세국면으로 판단하며, 구체적으로는 <그림 6-10>과 같다.

그림 6-10 주가 · 거래량 · 상관곡선

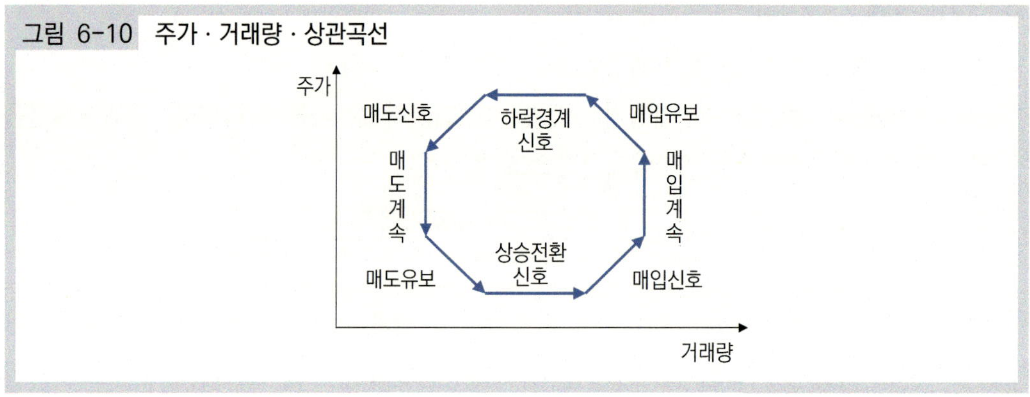

2. 투자심리선

투자심리선이란 주식에 대한 수요와 공급은 투자심리에 의해서 영향 받는다는 것을 전제로 투자심리의 변화를 일정기간 동안 파악하여 시장 분위기의 심리적인 과열 또는 침체상태를 찾아내려는 지표이다.

$$\text{투자심리율} = \frac{\text{10일간의 주가상승일}}{10} \times 100\%$$

투자심리선은 단기적인 매매시기 포착에 사용되며 투자심리율이 75% 이상이면 과열이고, 25% 이하이면 침체상태이다.

3. 등락선

등락선(advance-decline line: ADL)은 시장의 폭(breadth of market)을 도표화한 것이다. 시장의 폭이란 시장에서 거래되는 모든 주식에 대하여 상승주식 수와 하락주식 수의 차이를 누적한 것으로 증권시장을 상승세 또는 하락세로 이끄는 시장 내부세력의 강도를 말한다. 시장의 폭을 계산하는 방법은 <표 6-3>과 같다.

<표 6-3> 시장의 폭 계산

일 자	상승종목수(U)	하락종목수(D)	보합종목수	U-D	시장의 폭
1	26,000	16,000	6,000	10,000	10,000
2	28,000	25,800	5,800	2,200	12,200
3	33,000	41,000	1,000	-8,000	4,200
4	39,000	28,600	8,600	10,400	14,600
5	31,000	33,000	8,600	-2,000	12,600

ADL의 값의 크기는 의미가 없다. 왜냐하면 언제 이 등락선을 그리기 시작했느냐에 따라 다르기 때문이다. 그러나 이 선의 방향이 하락하면 앞으로 시장의 주가가 떨어질 것이라는 의미이다.

ADL을 종합주가지수와 비교하여 분석하는 방법은 다음과 같다.

- 종합주가지수가 하락함에도 불구하고 ADL이 상승하는 경우는 장세가 상승국면으로 전환될 가능성이 높음을 보여주고 있다.
- 종합주가지수가 상승함에도 불구하고 ADL이 하락하는 경우는 장세가 하강국면으로 전환될 가능성이 높을 것으로 예상된다.
- 종합주가지수가 이전의 천정에 접근하고 ADL이 그 이전의 천정보다 낮을 경우 장세는 약세국면이다.
- 종합주가지수가 이전의 바닥에 접근하고 ADL이 그 이전의 바닥보다 높을 경우 장세는 강세국면이다.
- 종합주가지수와 ADL이 모두 하락할 경우 장세는 대폭 하락할 가능성이 높다.
- 종합주가지수 및 ADL이 모두 상승할 경우 장세는 대폭 상승할 가능성이 높다.

4. 상대적 강도 분석

상대적 강도(relative strength: RS)는 개별 주가가 시장전체의 동향에 민감하게 반응하는 정도를 말한다. 상대적 강도가 높은 주식은 강세시장에서는 다른 주식이나 시장 전체보다 빠른 속도로 상승하고 약세시장에서는 보다 빠른 속도로 하락한다. 예를 들어 상대적 강도가 1.5인 주식은 강세장에서 시장의 전반적인 움직임보다 1.5배 더 상승하고, 약세장에서는 전체시장 움직임보다 1.5배 더 하락한다는 것이다.

$$\text{상대적 강도} = \frac{\text{개별주식의 주가변화율}}{\text{주가지수의 주가변화율}}$$

어떤 증권의 상대적 강도는 장기에 걸쳐 변하지 않는 경향이 있으므로 과거에 상대적 강도가 큰 것으로 입증된 증권에 투자하면 보다 높은 수익을 기대할 수 있다.

상대적 강도는 단순히 시장의 전반적인 동향뿐만 아니라 어느 특정산업과 그 산업에 속하는 개별주식과의 관계분석에도 이용할 수 있다.

읽을거리 인류 최초의 기술적 분석가는 일본인

현대 기술적분석의 시조는 다우 이론의 창시자인 찰스 다우(Charles Dow)로 보는 게 증권업계의 기본적인 시각이다. 하지만 이는 어디까지나 세계 금융시장의 주류인 월가의 견해일 뿐이다. 일본인들은 자신들이 인류 최초로 상품가격의 기술적 분석을 시도한 민족이라고 주장하고 있다.

17~18세기 일본은 전국을 통일한 도쿠가와 막부의 통치 아래 경제적 번영을 꾀하고 있었다. 특히 오사카는 해상수송의 거점이자 일본 제일의 상업도시로 전국에서 생산된 쌀이 모여 등급이 매겨지고 흥정이 이루어졌다. 오사카에서 쌀을 거래하는 중개상만 1,300명을 넘었다고 한다. 당시에는 제대로 기능을 하는 화폐가 없었기 때문에 쌀은 모든 거래의 척도이자 수단이었다. 다이묘(지방 영주)들은 오사카에 있는 창고로 쌀을 보내고 쌀 증권을 받았는데, 이 증권은 오늘날의 유가증권처럼 자유롭게 사고 팔 수 있었다. 당장 쌀이 없는 다이묘들은 나중에 수확할 쌀에 대해서도 미리 증권을 발행했는데, 가히 오늘날 선물(先物)거래의 전신이라 부를만하다. 1749년 오사카에서 거래된 쌀 증권은 11만 곤포 규모였는데, 실제로 일본 전역에 있던 쌀은 3만 곤포밖에 없었다하니 현물보다 선물이 훨씬 큰 규모로 거래되고 있었던 셈이다. 파생상품이 현물시장을 쥐락펴락하는 '웩더독'(wag the dog)현상의 원조격이다.

이러한 시대에 혼마 무네히사(本間宗久)라는 전설적인 쌀 상인이 등장했다. 1750년 가업을 물려받은 사카다의 상인 혼마는 쌀 거래로 '대박'을 치기 위해 '일본의 월가'였던 오사카 쌀 거래소로 갔다. 혼마는 쌀 가격 움직임의 숨겨진 규칙을 알아내기 위해 부단히 노력했는데, '삼산(三山)', '삼천(三川)'과 같은 익숙한 가격패턴을 발견해낸 사람이 바로 혼마다. 혼마는 가격 자체의 움직임을 분석했다는 점에서 '기술적 분석가'였다고 할 수 있다. 찰스 다우가 1900년대에 살았던 인물이니까 일본은 미국보다 기술적 분석에서 100년 이상 앞서 있는 셈이다.

오사카의 쌀 상인들은 하루 중의 쌀 가격 움직임을 시가(始價), 종가(終價), 고가(高價), 저가(低價)의 네 가지로 나누고 이를 양초모양 기호로 표시했는데, 이것이 오늘날 차트의 대명사로 불리는 '캔들차트'의 기원이다(혼마가 캔들차트의 창시자라는 설이 있지만, 이에 대해서는 전문가들의 견해가 엇갈린다). 일본과 한국의 증권사들은 차트의 기본세팅을 캔들차트로 해놓기 때문에 주식투자를 시작하면서 가장 먼저 보게 되는 것이 바로 이 캔들차트다. 반면에 월가에서는 아직도 미국식 바(bar) 차트를 많이 사용한다.

증권가에서 쓰이는 대부분의 기술적 지표들은 미국인들이 만든 것이다. 일본인은 캔들차트를 비롯하여 삼선전환도, 렌코차트, 카기차트, 일목균형표 등 자국 고유의 분석기법들을 가지고 있는 거의 유일한 국가다. 미국이 평정한 금융시장에서 기술적분석의 원조국가로서 자존심은 지키고 있다고 할만하다.

<한국일보 2015.05.26.>

읽을거리 차트 분석, 백미러 보면서 운전하는 격

주가의 미래를 예측하는 방법 중에 기술적 분석이란 것이 있다. 주가변동의 추이와 거래량 등의 데이터를 바탕으로 다양한 이론과 지표를 사용한다. 이런 데이터는 대부분 차트로 표현되기 때문에 차트분석이라고도 한다. 차트에 나타난 패턴은 일종의 방향지시등으로 지지선과 저항선 W형, M형, 머리어깨 모형, 삼각형, 사각형 엘리엇 파동 등 여러 형태로 주가변동의 전환점을 나타낸다.

차트분석가들은 주가가 차트의 규칙을 따른다고 말한다. 추종자들 입장에서도 차트분석은 단순해서 매력적이다. 불안과 불확실성이 강한 투자의 세계를 안정적이고 예측가능한 것으로 만들어주고 모든 걸 통제한다는 기분에 젖게 한다. 하지만 주가의 패턴을 믿는 순간 우연의 파놓은 함정에 빠져들게 된다.

주가변동은 우연한 사건이다. 과거의 흐름이 미래를 결정하지 않는다. 주가의 변수인 금리, 재난, 전쟁, 선거결과는 현재의 작품이다. 차트분석을 따르는 것은 백미러를 보면서 자동차를 운전하는 것과 비슷하다. 투자의 귀재 워렌 버핏은 "차트를 뒤집어 놓고 봤을 때 (차트가 바로 놓였을 때와) 다른 답이 나오지 않는 걸 보고 (기술적 분석이) 별 도움이 되지 않는다는 것을 깨달았다"고 회고했다.

기술적 분석이 맞지 않다면 대안은 무엇인가. 주식의 내재가치를 분석해 투자해야 한다. 물론 기업의 향후 수익을 전망하는 일도 어려워 기다림과 인내의 시간을 가져야 한다.

<중앙일보 2018.01.03.>

읽을거리 엘리어트 파동이론으로 본 미국 주식

요즘 여의도에서는 오래된 엘리어트의 파동(Wave) 이론을 다시 꺼내보는 이들이 늘었다. 지금 주식시장이 고점인지를 판단하는 데는 이만한 이론이 없다는 생각 때문이다. 1938년 미국에서 회계사 출신 주식 분석가 랄프 넬슨 엘리어트(Ralph Nelson Elliott)가 발표한 파동이론은 오늘날까지도 기술적 주식분석의 정석이라고 불린다. 이에 따르면 주가는 연속한 파동에 의해 오르고 내린다.

주가가 오르는 5개 파동과 주가가 내리는 3개 파동이 하나의 사이클을 만든다. 상승 5개 파동 중에도 두 번의 하락 파동이 있다. 하락 3개 파동 중에도 한 번의 상승 파동이 있다.

1번 파동은 상승장의 시작이다. 이때 시장 반응은 다소 무심하다. 그러다 보니 이 파동은 짧게 끝나며 이에 따른 조정장이 2번 파동으로 뒤따른다. 3번 파동에 다다르면 대세 상승장이 본격적으로 시작된다. 그러자 시장도 자극을 받는다. 4번 파동에서 조정이 찾아오면 시장은 관망세에 들어간다. 그 과정에서 시장에 자금이 다소 빠지기도 한다.

마침내 마지막 상승장인 5번 파동이 시작된다. 시장은 기대감에 충분히 달아오른다. 기업 실적 전망치가 높아진다. 부정적 전망이 조심스럽게 나와도 모두가 코웃음을 친다. 5번 파동은 몇 주, 몇 달 혹은 몇 년이 갈 수도 있다. 분명한 것은 5번 파동이 끝나면 대규모 조정을 동반한다는 점이다.

엘리어트 파동이론은 대공황 이전 75년간 주가 움직임에 대한 데이터를 분석한 결과를 가지고 만들었다. 주식 시장도 계절의 변화와 같은 반복적인 법칙에 따라 움직인다는 생각이다. 다만 파동이 언제 시작하고 언제 끝나는지, 또 파동이 얼마나 오래가는지를 정확하게 설명할 수 없어 논란이 생긴다.

영국계 헤지펀드 맨(Man)그룹이 최근 엘리어트 파동 이론에 입각한 분석을 내놨다. 미국 주식 시장은 5번 파동 단계에 있다고 진단한다. 맨그룹은 100조원 이상의 자산을 운용하고 있는 세계 3위 헤지펀드다. 마지막 상승장에 있다는 의미다.

그렇다고 당장 매도를 고민해야 한다는 의미는 아니다. 하지만 주목해야 할 것은 마지막 상승장이 대규모 조정에 들어가려면 최소 수년은 지속된다고 본다는 점이다. 아직 꼭대기는 멀었다는 의미다.

최근 주식 시장의 변동성이 확대됐지만 채권을 비롯한 다른 시장에서 흔들림이 없다는 데에 이런 분석의 배경이 있다. 또한 미국의 실업률을 비롯한 경제 지표는 여전히 긍정적이라는 점도 중요하다.

미국 실업률은 2014년 6.7%에서 2017년 말 4.1%로 떨어졌다. 최근 17년 이래 가장 낮다. 주식 시장이 흔들리기 전에 경제 지표는 이미 안 좋은 징조를 보인다. 그리고 주식 시장이 흔들릴 땐 채권을 비롯한 자본시장 전부가 휘청거린다.

<매일경제신문 2018.03.09.>

CHAPTER

6 연습문제

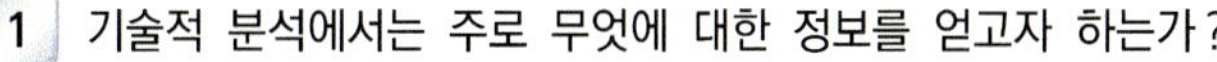

1 기술적 분석에서는 주로 무엇에 대한 정보를 얻고자 하는가?

① 투자시기 선택 ② 투자목표 결정
③ 투자종목 선택 ④ 투자성과 평가

2 기술적 분석에서 고려하지 않는 사항은?

① 주가 ② 거래량
③ 환율 ④ 이동평균선

3 다음 그림에서 다우이론에 의하는 경우 보유주식을 매수하여야 하는 시점과 매도하여야 하는 시점을 각각 올바르게 평가한 것은?

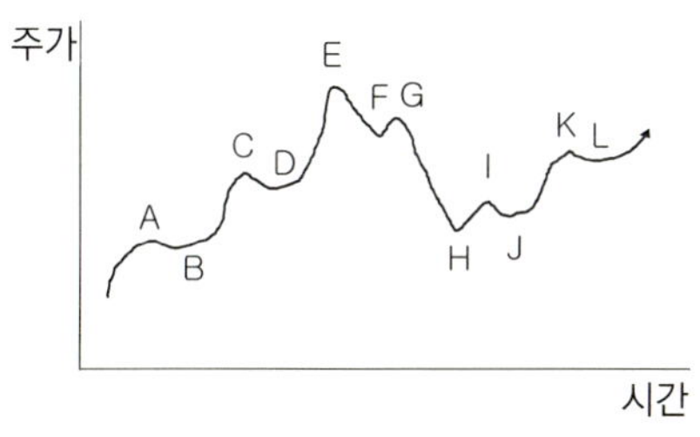

① F에서 매입 후 I에서 매도
② H에서 매입 후 K에서 매도
③ A에서 매입 후 G에서 매도
④ B에서 매입 후 E에서 매도

4 엘리어트 파동이론에 따를 때 대세 상승기는?

① 하락3파 이후 ② 상승4파 이후
③ 하락2파 이후 ④ 상승5파 이후

다음 그림의 이동평균선을 보고 답하라(5 ~ 9).

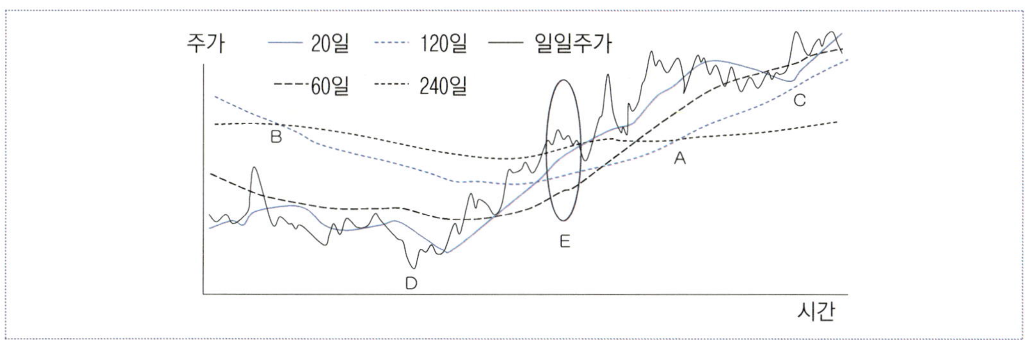

5 120일 이동평균선이 240일 이동평균선을 뚫고 올라가는 A를 무엇이라 하는가?

① Golden Cross ② Dead Cross
③ 정배열 ④ 역배열

6 120일 이동평균선이 240일 이동평균선을 뚫고 내려오는 B를 무엇이라 하는가?

① Golden Cross ② Dead Cross
③ 정배열 ④ 역배열

7 20일 이동평균선이 60일 이동평균선을 향해 내려오다가 다시 상승한 C에서의 적절한 투자전략은?

① 매입 ② 매도
③ 매입 후 매도 ④ 매도 후 매입

8 D에서 주가가 최저점을 나타내고 있는데 이동평균선법을 신봉하는 투자자는 이 시점에서 어떠한 투자전략을 취했어야 하는가?

① 매입 ② 매도
③ 매입 후 매도 ④ 매도 후 매입

9 E에서 이동평균선이 모두 상승하고 있는데 이동평균선법을 신봉하는 투자자는 이 시점에서 어떠한 투자전략을 취했어야 하는가?

① 매입 ② 매도
③ 매입 후 매도 ④ 매도 후 매입

10 일정기간 동안 주가의 최저점에서 일정비율 올랐을 때 매입하고 최고점에서 일정비율 내렸을 때 매각하는 투자기법은?

① 이격율법 ② 반대의견 이론
③ 삼선전환도 ④ 필터기법

11 주식의 거래량을 분석하는 지표와 관련이 적은 것은?

① OBV ② VR
③ 다우이론 ④ 번한지표

12 주가 · 거래량 곡선이 2시에서 1시 방향으로 움직이고 있다면?

① 주식을 매입한다. ② 주식을 매도한다.
③ 매매하지 않고 추이를 지켜본다. ④ 알 수 없다.

13 투자심리도가 80%라면?

① 주식을 매입한다. ② 주식을 매도한다.
③ 매매하지 않고 추이를 지켜본다. ④ 알 수 없다.

14 기술적 분석의 한계점이 아닌 것은?

① 투자가치를 무시하고 시장변동에만 집착한다.

② 증권가격변동이 패턴대로 순환한다는 가정은 모순이다.

③ 분석에 자의성이 개재되기 쉽다.

④ 주식의 내재가치를 측정하기 어렵다.

15 매일경제 최근 기사. "주식시장이 연일 약세를 보이면서 주가 하락 대세를 의미하는 120일 이동평균선이 무너지는 종목들이 속출하고 있다... 정훈석 동원증권 책임연구원은 역배열(120일>60일>20일) 종목 수가 증가하고 있는 가운데 많은 종목들이 (   )을(를) 보이고 있다"며 "견고하던 시장 강세기조가 약화되고 있음을 시사한다"고 분석했다. 괄호 안에 가장 알맞은 내용은?

① 데드크로스　　② 골든크로스

③ 저점확인　　④ 고점확인

16 한국거래소에 따르면 거래소시장은 지난 11일부터 18일까지 6거래일째 오르면서 86.75포인트(14.9%)나 치솟았지만 과매수 국면 여부를 판단할 수 있는 지표상으로는 추가 상승 여력이 있는 것으로 분석됐다. 이 분석과 일치하는 내용은 다음 중 어느 것인가?

① 20일 이격도 110　　② 투자심리도 70%

③ 골든크로스 발생　　④ 다우이론의 불임점

17 한국경제신문 기사. "이동평균을 구하면서 우리는 통상적으로 주가가 이동평균선과 서로 교차하거나 혹은 장단기 이동평균선이 서로 교차할 때를 포착하여 이를 골든크로스(매수시기) 혹은 데드크로스(매도시기)로 인식한다. 그런데 이동평균선은 간단하고 객관적이라는 장점이 있는가하면 근본적으로 시차(time lag)라는 결정적인 단점이 있다. 주가가 꼭지에서 한참 내려선 연후에야 이동평균선은 데드크로스를 나타내며 매도신호를 발생하는 경우가 종종 있다. 주가가 바닥을 벗어나 한참 올라선 연후에야 비로소 골든크로스, 즉 매수신호를 나타내는 경우 역시 다반사다. 이래서는 자칫 "뒷북치는" 거래를 하기 십상이다. 그러기에 기술적분석가들은 이동평균의 근본적인 약점, 즉 시차문제를 해결하고자 여러 갈래로 시도해보았다." 이동평균의 약점을 개선한 지표로 가장 적절한 것은?

① 이격도　　② 투자심리선

③ HST법　　④ P&F법

정답 및 해설

1.	①	2.	③	3.	①	4.	①	5.	①	6.	②	7.	①	8.	②	9.	①	10.	④
11.	③	12.	③	13.	②	14.	④	15.	①	16.	②	17.	①						

3. 해설 : 다우이론에 따르는 경우 성공하지 못하는 사례를 보여주고 있다. 종이로 오른쪽 부분을 가리고 조금씩 종이를 오른쪽으로 밀어 가면서 각 천정과 바닥을 살펴보자. F 바닥은 이전 바닥보다 높으므로 상승이 예상되는 매입시점고, I 천정은 이전 천정보다 낮으므로 하락이 예상되는 매도시점이 된다.

The Practice of Investments

CHAPTER 7

효율적 시장

경제적으로 보면 투자와 도박은 매우 흡사하다.
장기적인 주가의 상승은 별개이지만
단기적인 투자는 제로섬의 게임이다.
어떤 투자자가 벌면 다른 투자자는 반드시 손해를 본다.
그런데 카지노에서 돈을 떼듯이 투자에도 수수료가 징수되므로
본래 제로섬인 게임을 평균해 보면 승산 없는 게임이 된다.

〈John Bogle〉

Section 1 | 효율적 시장의 개념

1. 정보의 효율성

투자자라면 누구나 미래 주가를 정확하게 예측할 수 있는지에 대하여 많은 관심을 가질 것이다. 프랑스 수학자인 브쉘리에(Louis Bchelier)는 주가는 불규칙하게 변동한다는 개념을 1900년에 처음으로 제시하였으며, 1905년 네이쳐(Nature)지에 게재된 논문에서 주가란 주정꾼의 술 취한 걸음걸이인 랜덤워크(random walk)와 같아 어디로 향할지를 예측할 수 없다고 비유하였다.

캔달(M. Kendall)이 주가는 비이성적이고 비논리적이며 무작위로 변동하기 때문에 미래의 주가를 예측할 수 없다고 주장한 이후 주가는 무작위로 움직인다는 랜덤워크가설(random walk hypothesis)에 대한 연구가 활발하게 진행되었다.

최근에 이르러 주가의 무작위한 움직임은 비이성적이고 비논리적이기 때문이 아니라 오히려 시장이 이성적이고 효율적이기 때문에 나타나는 현상이라는 주장이 제기되었다. 많은 투자자들이 시장에 참여하여 경쟁적으로 수익을 얻으려는 상황에서는 주가에 영향을 주는 모든 정보가 시장에 반영되기 때문에 주가가 무작위적으로 변화하는 것이며, 이는 바로 증권시장이 효율적임을 의미한다는 것이다.

증권시장의 효율성(market efficiency)은 시장운영의 제도적 측면에서 저렴한 비용으로 신속하게 자금이동이 이루어지는 운영의 효율성, 투자자의 측면에서 정보가 주가에 신속하게 반영되는 정보의 효율성, 거시적 측면에서 자금이 원활하게 배분되는 배분의 효율성으로 나누어 볼 수 있다.

현대 투자이론에서 증권시장의 효율성이란 정보의 효율성을 의미한다. 그 이유는 주가가 미래의 수익력과 위험에 관한 정보를 반영하여 결정되는 것이기 때문이다.

정보효율성(informational efficiency)은 시장가격이 이용가능한 모든 정보를 충분히 반영하고 있는 상태를 말하며, 가격효율성(pricing efficiency)이라고도 한다. 이 정보효율성은 증권정보가 즉각적으로 공평하고 저렴하게 모든 투자자들에게 배분되어 그 정보가 주가에 정확하게 반영될 때 달성된다.

시장이 정보효율성을 가지고 있지 않아 어떤 정보가 상당한 시차를 두고서 증권시장에 전달되어 주가에 반영된다면, 그 정보를 미리 알고 있는 사람은 이 정보를 이용하여 다른

사람들보다 높은 비정상수익[1](abnormal return: AR)을 얻을 수 있다. 그러나 증권시장에서 정보효율성이 달성되면 어떤 투자자도 특정한 정보를 이용하여 비정상수익을 얻을 수 없다.

2. 효율적 시장가설의 의의와 유형

현대 투자이론에서는 증권시장은 효율적이어서 주가는 이용가능한 정보를 즉각적으로 충분히 반영하고 있다고 생각하고 있다. 그러나 현실적으로는 비정상수익을 향유하는 투자자가 존재하고 있으므로 증권시장이 효율적이라고 단정할 수 없다. 따라서 증권시장의 효율성 여부는 주가가 이용가능한 모든 정보를 충분히 반영한다는 효율적 시장가설(efficient market hypothesis: EMH)을 설정하고 이를 구체적인 실증적 증거에 의하여 검정하여야 한다.

현재의 주가가 어떤 범위의 정보까지를 반영하고 있느냐에 따라서 증권시장의 효율성의 정도가 달라진다는 입장에서 파마(E.F. Fama)는 효율적 시장가설을 세 가지 가설로 구분하였다. 각 효율적 시장가설의 정보범위와 가설을 실제 증권시장에서 검정하는 방법을 요약하면 <표 7-1>과 같다.

<표 7-1> EMH와 정보의 범위

유 형	효율적 시장가설		
	약 형	준강형	강 형
정보범위	역사적 정보	역사적 정보 공 개 정보	역사적 정보 공 개 정보 미공개 정보
검정방법	수익률 예측 능력	사건연구	사적 정보 연구

가. 약형 효율적 시장가설

약형 효율적 시장가설(weak form of EMH)이란 현재의 주가는 과거의 주가 및 거래량 등 과거의 역사적 정보를 완전히 반영하고 있으므로 투자자는 이러한 정보를 이용하더라도 비정상수익을 얻을 수 없다는 가설이다.

이 가설은 통계학적 의미에서 일련의 연속적인 주가 움직임은 독립적이고 무작위적이라는 것을 의미한다. 따라서 현실의 증권시장이 약형 효율적 시장인지를 검정하기 위해서는

1) 비정상적수익 또는 비정상적수익률은 어떤 정보와 관련된 주식들의 수익률과 그렇지 않은 주식들의 수익률의 차이를 말한다.

미래수익률의 예측가능성 여부 즉, 과거 시계열상의 주가변동에 상관관계가 있는지의 여부를 살펴보아야 한다.

약형 효율적 시장에서 연속적인 주가변동은 무작위적(random)이므로 과거의 주가변화와 현재의 주가변화와는 무관하다. 왜냐하면 과거의 정보는 이미 현재주가에 반영되어 있으므로 미래의 주가는 새롭게 등장하는 정보에 의해 변동하고, 그런데 새로운 정보는 무작위적으로 발생되기 때문에 미래의 주가는 무작위적으로 변동할 것이기 때문이다.

<그림 7-1>에서 위의 그림은 S&P 500의 5년간 월간수익률을 지수화한 것이고, 아래의 그림은 동전을 던져 앞면이 나오면 5% 수익률을 계산하고 뒷면이 나오면 4.5%의 손실률을 계산한 경우의 누적수익률을 지수화한 것이다. 두 그림은 매우 유사한 양태를 보이고 있는데, 이는 동전의 앞면과 뒷면이 무작위로 나타나듯이 주가의 성과도 무작위적임을 보여주는 것이다.

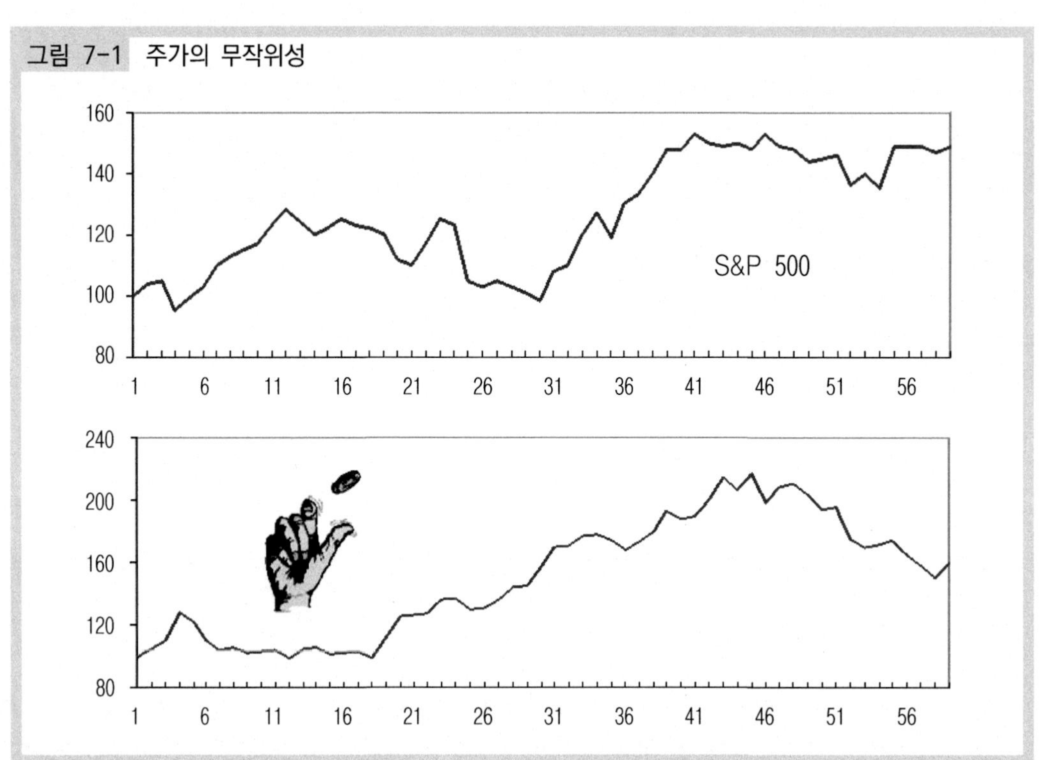

그림 7-1 주가의 무작위성

나. 준강형 효율적 시장가설

준강형 효율적 시장가설(semi-strong form of EMH)이란 현재의 주가는 과거의 주가나 거래량에 관한 역사적 정보뿐만 아니라 모든 공시된 정보를 완전히 반영하고 있으므로 투자자는 이러한 정보를 이용하더라도 비정상수익을 얻을 수 없다는 가설이다.

여기서 공시된 정보란 과거의 주가나 거래량과 같은 역사적 정보뿐만 아니라 기업의 회계정보, 정부의 경제정책, 경쟁업체의 공시사항, 증권관계기관의 투자자료, 기업의 배당이나 유 · 무상증자 또는 합병계획 등 모든 공표된 정보를 포함한다. 그러므로 준강형 효율적 시장가설은 약형 효율적 시장가설을 포함하고 있다.

현실의 증권시장이 준강형 효율적 시장인지를 검정하기 위해서는 어떤 정보가 공시되는 시점을 전후로 한 주가변동을 관찰하는 사건연구(event study)가 활용된다. 효율적 시장에서는 새로운 정보가 증권시장에 유입되면 수많은 증권분석가와 투자자들이 경쟁적으로 그리고 즉각적으로 이 정보를 평가하여 거래하기 때문에 주가에 새로운 정보의 가치가 신속하고 정확하게 반영될 것이다.

<그림 7-2>에서 볼 때 정보가 공표된 시점에 즉각적으로 반영된다면 시장이 효율적이라고 할 수 있으나, 공표된 정보가 주가에 서서히 반영되는 지체된 반응(delayed reaction)을 보인다든지, 정보의 가치 이상으로 주가가 변동하는 과잉반응(overreaction)을 보인 다음에 추후 조정되는 형태를 보인다면 시장이 효율적이라고 할 수 없다.

그림 7-2 정보에 대한 주가 반응

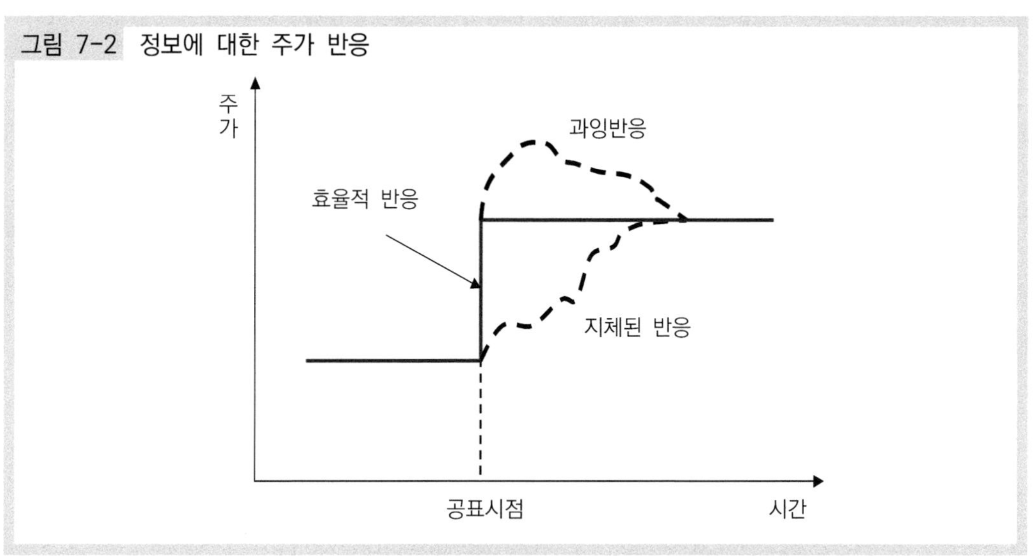

다. 강형 효율적 시장가설

강형 효율적 시장가설(strong form of EMH)이란 현재의 주가는 과거의 주가나 거래량에 관한 역사적 정보와 일반에게 공개된 정보뿐만 아니라 공개되지 않은 은밀한 사적 정보까지도 완전히 반영하고 있으므로 투자자는 어떠한 정보를 이용하더라도 비정상수익을 얻을 수 없다는 가설이다. 그러므로 강형 효율적 시장가설은 약형 및 준강형 효율적 시장가설을 모두 포괄하고 있다.

현실의 증권시장이 강형 효율적 시장인지를 검정하기 위해서는 일반적으로 비공개된 정보를 가졌으리라고 생각되는 기업내부자, 증권회사의 투자전문가, 투자신탁회사의 펀드매니저들이 비정상수익을 달성하고 있는지 분석하여야 한다.

강형 효율적 시장에서는 어떠한 정보를 활용한 투자전략일지라도 평균투자수익률 이상의 투자성과를 지속적으로 얻을 수 없다. 특정정보에 기초한 투자전략이 일시적으로 유효하였을지라도 곧 이 투자전략의 내용과 정보가치가 신속하게 알려지게 된다. 그러면 모든 투자자들이 이를 모방하게 되므로 이 투자전략의 정보가치와 비정상수익이 사라지게 되어, 지속적으로 평균 이상의 투자수익을 얻는 것이 불가능해진다. 결국 특정투자전략에 대한 주가변화는 자기파괴적(self-destructive)인 형태를 보이게 된다.

뿐만 아니라 강형 효율적 시장에서는 일반투자자보다 더 많은 사적정보나 내부정보를 가지고 있는 전문투자자들도 평균 이상의 투자성과를 지속적으로 얻을 수 없다. 왜냐하면 효율적 시장에서는 사적정보도 이미 주가에 반영되어 있기 때문이다.

3. 효율적 시장가설과 투자분석

기술적 분석과 EMH

기술적 분석은 주가변화는 반복적이며 예측가능한 패턴이 존재한다고 믿고, 과거의 주가와 거래량 등의 역사적 정보를 분석하여 미래의 주가를 예측하는데 이용할 수 있는 어떤 패턴이나 신호를 찾는 기법이다.

그런데 약형 EMH가 성립한다면 과거의 주가와 거래량의 움직임에 관한 모든 정보는 현재의 주가에 이미 반영되어 있으며, 과거 주가변동과 미래 주가변동이 독립적이므로, 기술적 분석을 이용한 어떠한 투자전략도 비정상수익을 얻을 수 없을 것이다.

기본적 분석과 EMH

기본적 분석은 주식의 내재가치에 영향을 미치는 기업의 미래 이익이나 배당, 성장성, 기업의 위험도 등의 요인들을 예측하여 과소 또는 과대평가된 주식을 식별해냄으로써 비정상수익을 얻으려는 투자기법이다. 그런데 이들 기본요인들에 대한 정보는 대부분 공시된 정보원천으로부터 얻을 수 있다.

만일 증권시장이 역사적 정보만을 충분히 반영하고 공개된 정보를 충분히 반영하지 못한다면, 투자자들은 기본적 분석을 이용하여 비정상수익을 얻어낼 수 있다. 그러나 증권시장이 공개된 정보를 충분히 반영하여 준강형 EMH가 성립하는 시장이라면, 투자자들이 기본적 분석을 이용하여도 비정상수익을 얻어낼 수 없다. 왜냐하면 다수의 투자자가 경쟁적으로 정보를 수집, 분석하기 때문에 이미 주가에 내재가치에 관한 정보가 충분히 반영되어 있기 때문이다.

포트폴리오관리와 EMH

투자자들은 미래의 시장상황에 대한 예측과 개별증권에 대한 분석자료를 토대로 자신의 투자목적에 맞게 포트폴리오[2]를 구성한다. 포트폴리오관리 방법에는 소극적 투자관리와 적극적 투자관리가 있다. 소극적 관리란 자본시장이 효율적이라는 전제 하에서 잘 분산투자된 포트폴리오를 구성하여 시장평균적인 위험을 부담하면서 시장평균적인 수익을 얻고자 하는 전략을 말하며, 적극적 관리란 자본시장이 비효율적일 수 있다는 전제 하에서 투자자가 지니고 있는 증권분석 능력과 미래예측 능력을 활용함으로써 자신이 부담하는 위험수준에서 시장평균 이상의 투자수익을 얻고자 하는 전략을 말한다. 적극적 투자관리와 소극적 투자관리 중에서 어느 것을 선택할 것인가의 문제는 자본시장의 효율성에 대하여 투자자가 어떤 생각을 가지고 있는가에 달려 있다.

약형 EMH가 성립한다고 생각하는 투자자는 기본적 분석으로 비정상수익을 얻으려 할 것이고, 준강형 EMH가 성립한다고 생각하는 투자자는 사적 정보를 이용하여 비정상수익을 얻으려 할 것이다. 그러나 어떤 비밀정보를 이용한다 하더라도 비정상수익을 얻어낼 수 없는 강형 효율적 시장이 성립한다고 생각하는 투자자가 취할 수 있는 가장 바람직한 투자전략은 포트폴리오이론을 이용하여 위험을 최소화하는 효율적 분산투자, 즉 지수펀드에 투자하는 소극적 투자전략이다.

---

2) 포트폴리오를 구성하는 방법에 대하여는 <Chapter 12>를 참조할 것

Section 2 | 효율적 시장가설의 검정[3)]

현실적으로 증권시장은 효율적으로 되어간다. 그 이유는 MBA, CFA, 경영학박사 등을 포함한 수많은 숙련된 분석가가 존재하며, 대규모 자본을 운용하는 기관들이 활동하고 있고, 이들 모두가 유사한 자료를 분석하고 있기 때문에 뉴스가 즉각적으로 주가에 반영되기 때문이다.

효율적 시장가설이 성립하는지 검정하기 위해서는 특정한 정보에 대하여 주가가 어떻게 반응하는지 분석하면 된다. 파마는 자본시장의 효율성에 관한 기존의 연구들을 대상으로 하여 효율적 시장가설의 검정유형을 세 가지로 분류하였다.

- 수익률의 예측가능성(price predictability)에 관한 연구이다. 이는 역사적 자료를 이용하여 미래의 수익률을 예측할 수 있는가에 관한 연구로서, 이 부분에 대한 최초의 연구들은 주로 약형 효율적 시장가설의 성립여부와 기술적 분석의 타당성검증에 주력했었다. 그러나 최근의 연구들은 배당수익률, 이자율, 그리고 기업의 이익 등과 같은 기본적 요인들이 주식의 미래수익률을 예측할 수 있는 능력을 가지는가에 관한 연구로 확장되고 있다.
- 사건연구(event study)이다. 이는 이익이나 배당, 그리고 주식분할 등의 공표라는 새로운 정보에 주가가 얼마나 신속 · 정확하게 반응하는가에 관한 연구로서, 주로 준강형 효율적 시장가설을 검정하는데 사용된다.
- 사적 정보(private information)의 수익률예측 능력에 관한 연구이다. 이는 공시되지 않은 사적 정보를 가지고 있는 투자자가 이 정보를 이용하여 비정상수익을 얻는지에 관한 연구로서, 주로 강형 효율적 시장가설을 검정하는데 사용된다.

1. 수익률 예측가능성에 관한 연구

약형 EMH에 대한 검정은 연속적인 주가움직임이 무작위적인지 아니면 체계적인 관계가 존재하는지를 규명하려는 것으로서, 주로 주가의 시계열적인 예측가능성을 검정하는 것이다.

초기의 연구결과들은 미래 주가는 과거의 주가와 관계를 갖지 않는다는 것이었다. 따라서 과거자료를 이용한 기술적 분석은 미래 주가를 예측할 수 없으며 비정상이익을 가져다주지 못한다고 결론지었다. 그러나 최근 들어 증권의 과거수익률과 미래수익률 사이에는 상관관계가 존재하며, 과거수익률을 이용하여 미래수익률을 예측할 수 있다는 주장이 제기되고 있다.

3) 구체적인 검정방법이나 참고문헌에 대하여는 전공수준의 투자론 교과서를 참고할 것.

가. 단기수익률의 예측가능성 연구

증권시장이 효율적이라면 주가는 이미 알려진 모든 정보를 반영하고 있으므로, 미래의 주가는 새로운 정보의 발생에 의해서만 변동할 것이다. 그런데 가격변동을 가져오는 새로운 정보는 무작위적으로 발생하므로 새로운 정보가 신속하게 반영된 효율적 시장에서 주가는 무작위적으로 변동할 것이다. 따라서 미래의 주가변동은 과거의 주가변동과 어떠한 상관관계도 갖지 않는다.

이러한 근거에서 단기수익률의 예측가능성에 관한 연구는 주로 주가변동의 시계열에 독립성이 존재하는지를 검정함으로써 이루어졌다. 두 기간의 주가변동의 관계를 자기상관(autocorrelation)이라고 한다. 만약 자기상관이 0에 가깝다면 한 기간의 주가변화와 다음 기간의 주가변화가 서로 관계가 없는 시계열독립이라고 할 수 있다.

파마(E. F. Fama)는 DJIA를 구성하는 30개 주식에 대하여 1957년부터 1962년까지 1,400개의 일일 주가 변동을 가지고 1일부터 10일까지의 시차를 갖는 자기상관계수를 구하였으나 상관성이 없음을 발견하였다. 따라서 이 검정결과는 연속적인 주가변동에는 독립성이 존재하므로 과거의 주가로 미래의 주가를 예측할 수 없다는 주가변동의 랜덤워크가설을 지지하는 증거가 된다.

50 ~ 60년대 초기에 이루어진 검정결과들은 대체로 단기수익률이 자기상관성을 갖지 않으므로, 과거의 주식수익률 자료를 이용하여 미래의 수익률을 예측하는데 이용할 수 없다고 결론짓고 있다.

그러나 최근의 연구들은 주가의 미래수익률이 예측가능하다는 결과를 보여주고 있다. 로와 맥킨레이(A. W. Lo & A. C. Mackinlay)는 주식의 시장가치의 크기에 따라 포트폴리오를 구성하여 1962~1985년의 주간수익률의 자기상관을 검정한 결과 강한 양(+)의 자기상관을 발견하였다. 특히 소규모주식일수록 이러한 자기상관의 정도는 더욱 강하게 나타나고 있어 주별수익률의 예측이 가능하였다. 이들의 연구가 초기의 연구결과와 다른 이유는 개별 주식이 아닌 포트폴리오 수익률의 자기상관성을 관찰하였기 때문이다. 즉, 분산투자에 의하여 분산가능위험이 제거되었기 때문에 시간의 흐름에 따라 포트폴리오의 기대수익률이 변동하는 패턴을 보다 명확하게 관찰할 수 있었다. 이 결과는 예측치를 이용하여 비정상수익을 얻어낼 수 있다는 것을 의미하므로 약형 EMH를 기각하는 증거가 된다.

나. 장기수익률의 예측가능성 연구

단기수익률의 상관관계분석 결과와는 다르게 수년간에 걸친 장기수익률의 상관관계에 대한 최근의 연구는 음(−)의 시계열상관관계를 지니는 것으로 밝혀지고 있다. 파마와 프렌치(E. F. Fama & K. R. French)는 1926~1985년의 수익률 자료를 이용하여 시장가치 크기 순으로 10개의 포트폴리오를 구성하고, 1년부터 10년 수익률까지의 자기상관계수를 추정하였다. 그 결과 1년 수익률은 거의 0에 가까운 자기상관계수를 가지지만, 5년 수익률은 매우 뚜렷한 음(−)의 자기상관계수를 보여 주고 있으며, 이 현상은 소규모 주식일수록 보다 명확하게 나타나고 있다. 5년 수익률이 강한 음(−)의 자기상관계수를 갖는다는 것은 5년 주기로 기대수익률이 반전(reverting)하고 있다는 것을 의미한다.

이러한 연구결과는 새로운 정보에 주가가 과잉반응 한다는 과잉반응가설(overreaction hypothesis) 또는 유행가설(fads hypothesis)에 기초하고 있다.

드봉과 댈러(W. DeBondt & R. H. Thaler)도 과잉반응가설을 검정하였다. 그들은 1926~1982년 동안의 월간수익률 자료를 이용하여 각 주식의 비정상수익률을 구하였다. 그리고 과거 36개월 동안의 누적비정상수익률[4](cumulative abnormal return: CAR)이 가장 큰 35개 주식으로 승자포트폴리오(winner portfolio)를 만들고, CAR가 가장 작은 35개 주식으로 패자포트폴리오(loser portfolio)를 만들었다. 그리고 두 가지 포트폴리오의 CAR가 포트폴리오 구성시점으로부터 어떻게 변동하는가를 비교하였다.

그들의 연구결과를 보면 <그림 7-3>과 같이 과거 36개월간 성과가 낮았던 패자포트폴리오의 CAR는 그 이후 36개월간 훨씬 높은 비정상성과를 가져오고, 과거 36개월간 성과가 높았던 승자포트폴리오의 CAR는 그 이후 36개월간 훨씬 낮은 비정상수익을 가져왔다. 따라서 투자자들은 승자포트폴리오를 매도하고 패자포트폴리오를 매입함으로써 비정상수익을 얻을 수 있음을 알 수 있다.

그림 7-3 주가의 과잉반응

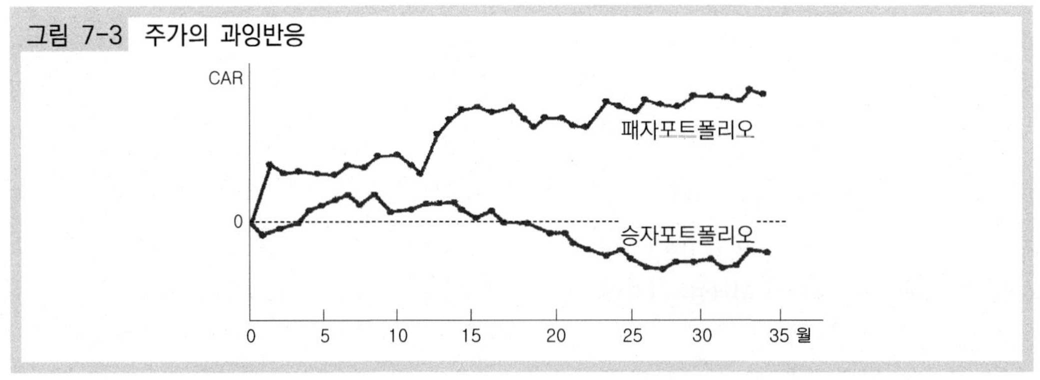

4) 누적비정상수익률은 비정상수익률을 누적시킨 것이다.

과거에 높은(낮은) 성과를 보인 주식이 다음 기간에 낮은(높은) 성과를 나타내는 이유는 과거에 주가가 지나치게 상승(하락)하였던 주식의 주가는 그 다음 기간에 하락(상승)하는 가격반전(price reversal)이 일어나기 때문이다. 그리고 가격반전은 투자자가 새로운 정보에 대하여 과잉반응하고 있다는 것을 의미한다. 즉, 어떤 호재에 대한 과잉반응으로 주가가 지나치게 상승한 후에는 과잉반응에 대한 소정으로 주가가 하락한다는 것이다. 결과적으로 장기간에 걸친 투자수익률의 움직임은 음(−)의 시계열상관관계를 갖게 되며 이는 시장의 비효율성을 의미한다.

다. 필터기법의 유용성 검정

기술적 분석에 기초한 투자전략인 필터기법이 단순히 무작위로 주식을 선택하여 보유하는 순진한 매입 · 보유(naive buy and hold)전략보다 더 우수한 실적을 낼 수 있는지 검정함으로써 약형 효율적 시장이 존재하는지 알 수 있다. 만일 주가변동이 랜덤워크모형에 따른다면 필터기법을 이용하여도 순진한 매입보유전략 이상의 투자수익을 실현할 수 없다.

알렉산더(S. Alexander)는 필터기법을 이용하여 비정상수익을 얻을 수 있는지 연구하였다. 그는 여러 개의 필터 값을 사용하여 필터기법을 살펴본 결과, 5%의 필터에서 상당히 큰 비정상수익이 실현된다는 것을 발견하였다. 그러나 이 연구는 거래비용을 고려하지 않았다는 한계점을 가지고 있다.

파마와 블룸(E. F. Fama & M. Blume)은 여러 가지 필터를 이용한 투자수익률은 대부분 음(−)이며, 양(+)의 수익률을 보이는 경우에도 그 크기가 아주 작아 거래비용을 충당하지 못한다는 것을 보여주고 있다. 이들의 연구는 주가변동의 시계열적 독립성을 주장하는 랜덤워크모형을 기각하는 것이지만, 과거의 주가가 비정상수익을 실현하는데 사용될 수 없다는 약형 EMH를 입증하는 증거라 할 수 있다.

2. 사건연구

사건연구란 주가에 영향을 미칠만한 사건이나 정보가 발생하였을 때, 사건발생 전후시기에 주가가 어떻게 변화하였는가를 관찰함으로써 준강형 효율적 시장이 성립하는지를 검정하는 방법을 말한다. 준강형 EMH가 성립하는 경우 새로운 정보가 공시되면 즉각적으로 주가변동이 나타나지만, 공시 이후에는 뚜렷한 주가변화가 나타나지 않을 것이므로, 공시 이후에 그 정보를 이용하여 비정상수익을 얻을 수는 없다.

가. 주식분할 공시에 대한 주가반응

주식분할(stock split)은 이미 발행된 주식을 분할비율에 따라 보다 많은 수의 주식으로 분할하는 것을 말한다. 주식분할은 단순히 주식수의 증가만을 가져오기 때문에, 주식분할 자체가 주가의 변화를 가져다 줄만한 어떤 이유도 갖고 있지 않다.

파마, 피셔, 젠센과 롤(E. F. Fama, M. Fisher, M. Jensen & R. Roll)은 주식분할의 공시에 대하여 주식시장이 어떻게 반응하고 있으며 그 이유가 무엇인지를 검정하였다. 이들은 NYSE에서 1929~1959년 동안에 이루어진 모든 주식분할의 사례를 수집하고 주식분할 공시시점 29개월 전부터 30개월 후까지 월별 누적비정상수익률(CAR)이 어떻게 변동하는가를 관찰하였다.

그림 7-4 주식분할 공시에 대한 주가반응

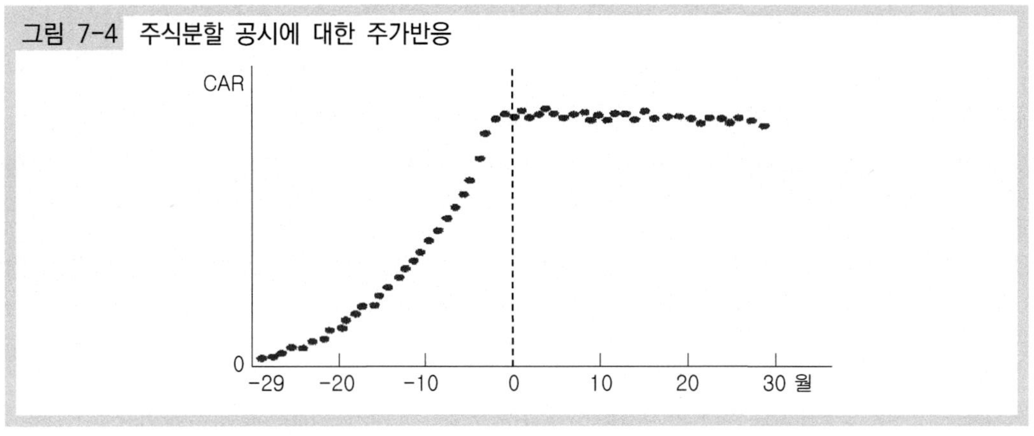

그들의 연구결과를 보면 <그림 7-4>와 같이 주식분할 공시 29개월 전부터 CAR가 상승하지만, 공시 이후 CAR는 거의 변화가 없다. 이것은 주식분할이라는 정보의 가치가 공시시점까지 완전히 반영되었기 때문에 주식분할 공시 이후 해당 주식으로부터 비정상수익을 전혀 올릴 수 없음을 보여주고 있어, 준강형 EMH를 지지해 주는 증거로 해석할 수 있다.

나. 이익공시에 대한 주가반응

볼과 브라운(R. Ball & P. Brown)은 NYSE에 상장된 261개 기업에 대하여 1946~1965년 동안의 월간수익률 자료를 사용하여, 주가가 이익공시에 대하여 어떻게 반응하는가를 검정하였다. 그들은 과거보다 이익이 상승한 기업과 감소한 기업을 구분하여 이익변동에 관한 내용을 담은 연차보고서가 공시되기 12개월 전부터 6개월 후까지의 누적비정상수익률(CAR)을 비교하였다.

그들의 연구결과를 보면 <그림 7-5>와 같이 실제 이익변동이 기대 이익변동보다 큰 주식들의 CAR는 공시일 이전부터 증가하여 양(+)의 비정상수익을 나타내고, 공시일 이후에 CAR는 큰 변화가 없으므로 연차보고서의 모든 정보가 공시일까지 주가에 반영되고 있다. 따라서 이는 준강형 효율적 시장가설이 성립한다는 것을 보여주는 것이다.

반대로 실제 이익변동이 기대 이익변동보다 작은 주식들의 CAR는 공시일 이전부터 감소하여 음(−)의 비정상수익을 나타내고, 또 공시일 이후에도 계속하여 감소하고 있다. 이것은 회계이익 감소라는 나쁜 뉴스에 대하여 주식시장이 지체된 반응을 보이고 있으므로, 준강형 효율적 시장가설이 성립하지 않는다는 것을 보여주는 것이다.

그림 7-5 이익공시에 대한 주가반응

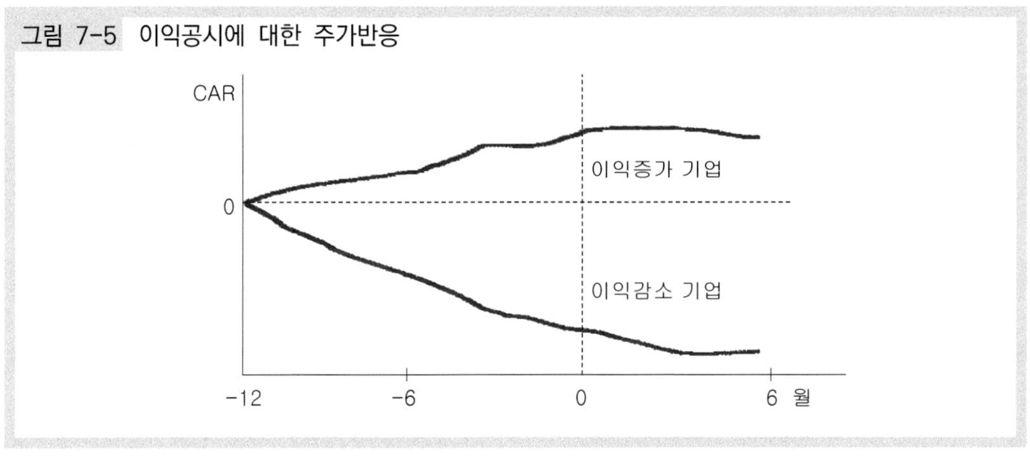

다. 회계변경에 대한 주가반응

선더(S. Sunder)는 1946~1966년 동안에 재고자산 평가방법을 바꾼 기업들을 대상으로 회계변경 공시시기를 전후하여 누적비정상수익률(CAR)의 움직임을 연구하였다.

재고자산 평가방법 중 선입선출법(first in, first out: FIFO)은 먼저 구입한 상품을 먼저 판매한 것으로 회계처리하는 하는 방법이며, 후입선출법(last in, first out: LIFO)은 나중에 구입한 상품을 먼저 판매한 것으로 회계처리하는 방법이다. 인플레이션 시기에는 기말에 구입한 재고자산의 구입원가는 기초에 구입한 재고자산의 구입원가보다 높으므로, 선입선출법을 사용한다면 순이익은 과대계상 되어 많은 법인세를 분담하게 되고, 후입선출법을 사용한다면 순이익은 과소평가 되어 적은 법인세를 부담하게 된다. 따라서 FIFO에 의한 현금흐름은 작아지고, LIFO에 의한 현금흐름은 커진다. 그러므로 합리적인 투자자들은

LIFO에 의하여 재고자산 평가가 이루어지기를 원할 것이다. 왜냐하면 LIFO를 택하면 보다 적은 순이익이 얻어지지만, 실질적으로는 보다 큰 현금흐름을 가져다 줄 것이고, 그만큼 높은 주가가 기대될 수 있기 때문이다. 따라서 FIFO에서 LIFO로 회계처리를 변경하면 주가는 상승하게 될 것이다. 반대로 LIFO에서 FIFO로 회계처리를 변경하면 주가는 하락하게 될 것이다.

선더의 연구결과를 보면 <그림 7-6>과 같이 선입선출법(FIFO)에서 후입선출법(LIFO)으로 변경한 경우, 이를 공시하기 전에는 회계처리 변경의 경제적 가치가 주가에 반영되고 있으나, 공시 후에는 CAR가 변화하지 않고 있으므로 이는 준강형 EMH에 부합하는 증거이다. 그러나 LIFO에서 FIFO로 변경한 경우에는 CAR가 공시 후에도 계속하여 하락하고 있으므로 이는 준강형 EMH를 부정하는 증거라고 할 수 있다.

그림 7-6 회계변경에 대한 주가반응

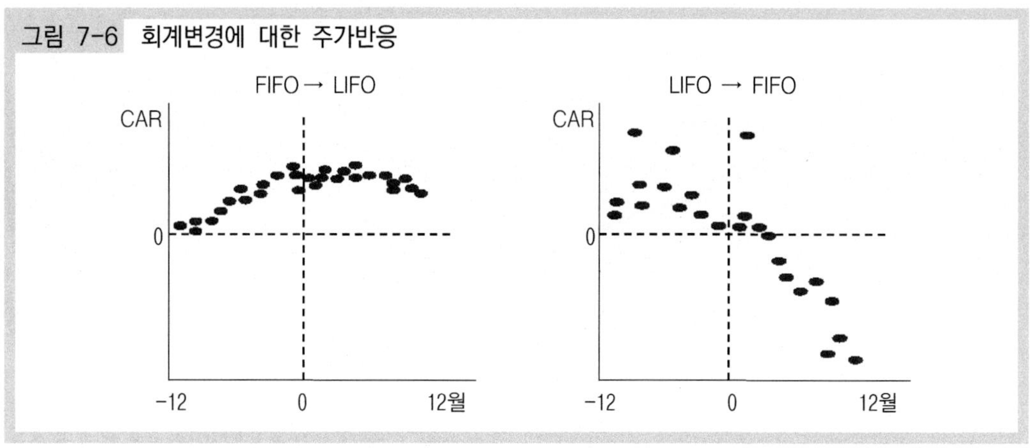

라. 예상외 이익 공시에 대한 주가반응

렌들만(R. Rendleman) 등은 1972~1980년 동안 약 1,000개의 기업에 대해 예상치 못한 이익(standardized unexpected earnings: SUE)의 크기 순서대로 10개의 포트폴리오를 구성하여 예상치 못한 이익의 공시가 주가에 미치는 영향을 분석하였다.

그의 연구결과를 보면 <그림 7-7>과 같이 공시일 이전에는 SUE가 큰 기업일수록 주가가 크게 상승하고 있으며, SUE가 작은 기업일수록 주가가 크게 하락하고 있다. 그러나 공시일에 훨씬 앞서 주가가 조정되는 양상을 보여주고 있어 이익에 대한 정보가 공시 전에 누출됨을 말해 주고 있다.

그리고 공시일 이후에도 주가의 지속적인 상승과 하락이 반복되고 있는데, SUE의 값이

커지거나 작아질수록 주가변동현상은 뚜렷하게 나타나고 있음을 발견하였다. 이러한 결과는 준강형 효율적 시장가설이 성립하지 않음을 의미한다.

그림 7-7 예상외 이익 공시에 대한 주가반응

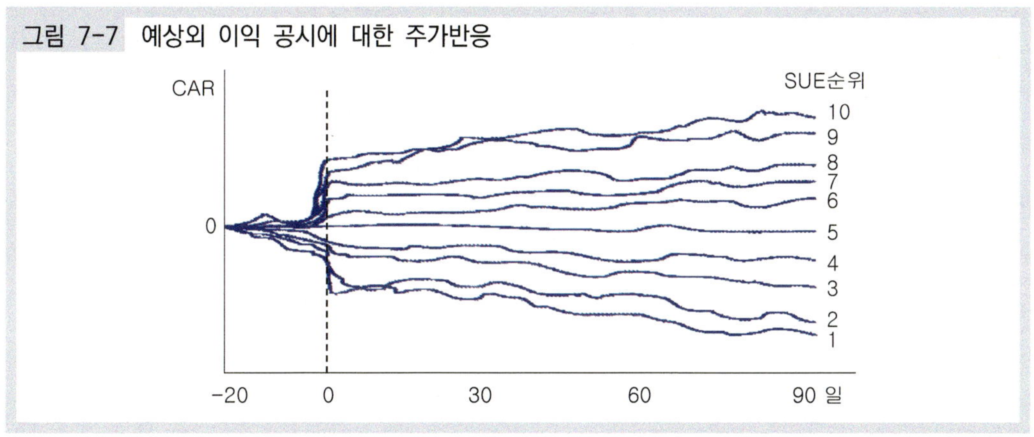

3. 사적 정보에 관한 연구

강형 효율적 시장은 모든 정보가 주가에 완전히 반영되는 시장을 말한다. 여기서 모든 정보란 시장에서 이용할 수 있는 역사적 정보나 공시된 정보뿐만 아니라, 기업내부자나 소수의 특별한 투자자들만이 알고 있는 비밀까지도 포함한다. 따라서 강형 EMH가 성립한다면 어떠한 유형의 정보를 사용한다 하더라도 비정상수익을 얻을 수 없다.

강형 EMH를 검정하는 것은 대단히 어려운 작업이다. 왜냐하면 독점적 정보를 누가 가지고 있는지 파악하기가 거의 불가능하기 때문이다. 따라서 강형 EMH의 검정은 비공개정보에 보다 용이하게 접근할 수 있는 증권분석가, 전문투자기관 또는 기업내부자 등이 독점적 정보를 이용하여 비정상수익을 얻고 있는지를 분석하는데 초점을 맞추고 있다.

가. 내부자거래의 투자성과

강형 EMH를 직접적으로 검정할 수 있는 한 가지 방법은 비밀정보에 접근할 수 있는 내부자(insider)의 투자수익을 관찰하는 것이다. 재페(J. Jaffe)는 미국의 증권거래위원회(Securities and Exchange Commission: SEC)가 발간한 내부자 거래목록으로부터 1960년대의 내부자 거래에 관한 861개 표본을 수집하여 비정상수익을 측정하였는데, 내부자의 집중적인 주식 매입 · 매각 이후에 주가는 상승 · 하락하는 경향을 확인하였다. 세현(N.H. Seyhun)도 기업내부자가 독점적 정보를 이용하여 비정상수익률을 얻을 수 있다고 결론을 내리고 있다. 이러한 결과는 강형 EMH를 기각하는 증거로 판단될 수 있다.

나. 증권전문가의 투자성과

젠센(M. Jensen)은 CAPM을 이용하여 비정상수익을 측정한 후, 1955~1964년 동안 115개 뮤추얼펀드의 투자성과를 평가하였다. 연구결과 연구조사비, 관리비, 거래수수료 등의 제비용을 차감한 후의 비정상수익률은 평균 −1.1%에 불과함을 발견하였다. 이 결과는 전문투자자그룹인 투자신탁이 일반투자자보다 오히려 낮은 성과를 보이고 있으며, 특별히 좋은 정보를 이용하지 못하고 있음을 의미한다. 또한 거래수수료를 제외하고 위의 제비용을 포함한 경우 비정상수익률의 평균은 −0.4%이었는데, 이는 투자신탁이 제반비용도 충당하지 못한다는 것을 나타내는 증거로서 투자신탁이 과소평가된 주식을 발견하기 위해서 지출하는 제비용이 정당화될 수 없음을 의미하는 것이다.

뮤추얼펀드 또는 전문투자기관의 투자성과가 시장평균수익률을 능가하는 경우가 거의 없다는 연구결과는 매우 많다. 이러한 검정 결과는 강형 EMH를 입증하는 결정적인 증거는 아니라 하더라도 적어도 유리한 증거로는 채택될 수 있다.

디펜바흐(R. Diefenbach)는 대표적인 증권전문가인 증권분석가들이 기관투자자들에게 추천한 추천종목의 유용성을 분석하였다. 연구결과 증권분석가들이 추천한 매수 추천종목 중 53%가 주가가 하락하였으며, 매도 추천종목 중 74%가 시장평균 이상으로 주가가 하락했음을 발견하였다. 이는 증권분석가들의 추천종목에 투자하는 경우에도 지속적으로 시장평균 이상의 투자성과를 얻지 못한다는 것을 의미한다. 결국 이 연구는 강형 효율적 시장을 미약하게 지지하는 것으로 볼 수 있다.

미국의 증권분석전문지인 밸류라인(Value Line Investment Survey)은 투자종목들의 주가상승 가능성을 예상하여 순위를 매긴 정보를 제공하고 있다. 1965년부터 2013년까지 밸류라인에서 추천한 그룹1의 수익률은 49,440%로써 같은 기간에 DJIA의 상승률의 27배나 되는 우수한 성과를 보여주고 있음을 <그림 7-8>에서 알 수 있다. 이 결과는 강형 효율적 시장을 부정하는 증거가 된다.

그림 7-8 Value Line Investment Survey의 성과

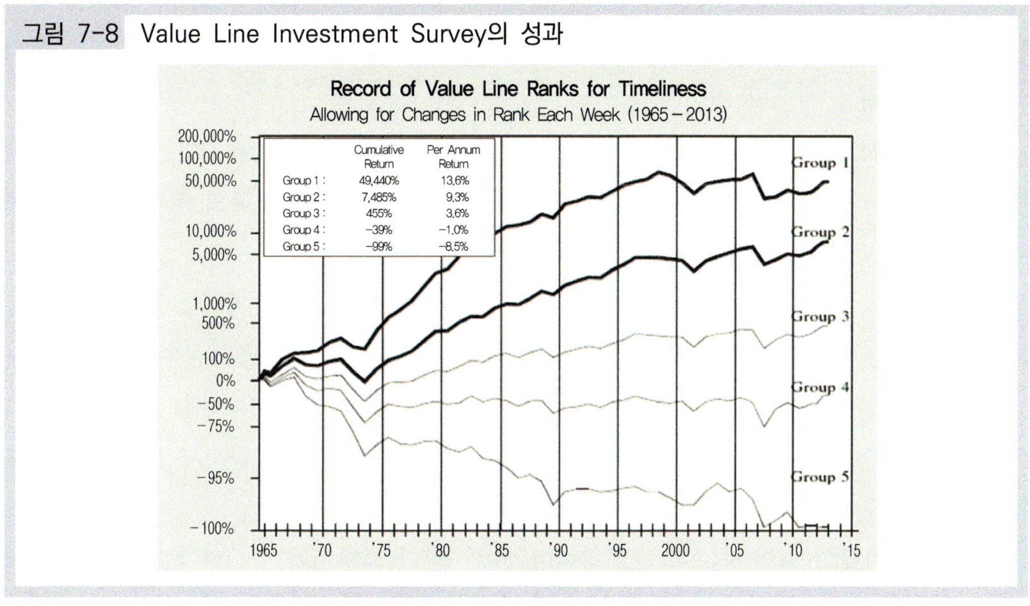

4. 검정결과의 해석과 관련된 논점

지금까지 살펴본 많은 연구결과는 현실의 자본시장이 효율적인지에 대해 명확한 결론을 제시해 주지 못하고 있다. 어떤 연구는 증권시장이 효율적이라는 증거를 제시하고 있으나, 또 다른 연구는 시장이 비효율적일 수 있음을 보여주고 있다. 이러한 상반되는 연구결과들은 증권시장이 완전히 효율적인 시장은 아니지만 상당히 효율적인 시장이라는 것을 의미한다.

효율적 시장가설이 현실적으로 타당하다면, 잘못 평가된 주식을 식별하고 적절한 투자시점을 찾으려는 모든 노력은 무의미하게 되므로, 증권시장이 효율적인지를 검정하는 것은 학자들에게 뿐만 아니라 실무계의 증권분석가나 포트폴리오 관리자에게 있어 대단히 중요한 과제이다.

그런데 학계에서는 효율적 시장가설을 중요한 연구과제로 다루어왔음에도 불구하고 실무계에서는 상대적으로 소홀하게 취급하였다. 학자들이 EMH를 지지하는 다수의 증거들을 발표하여도 실무계에서는 여전히 비정상수익을 얻을 수 있다고 믿고 있다. 이러한 상황을 이해하기 위해서는 EMH의 검정결과를 해석할 때 다음과 같은 점을 유의해야 한다.

첫째, 투자성과의 크기를 고려하여야 한다. 1,000억원의 투자자금을 관리하고 있는 어떤 포트폴리오관리자가 고도의 전문성을 발휘하여 새로운 정보를 찾아내고 이 정보를 이용하여 다른 투자자보다 연간 0.1%의 추가적인 수익을 가져다주는 투자기회를 발견했다고 하자.

이 경우 이 관리자가 실현한 추가이익은 1억원이며 이 크기는 무시할 수 없는 비정상적 투자성과이다. 따라서 포트폴리오관리자는 이러한 추가적인 수익을 가져다주는 투자기회를 찾기 위해 많은 노력을 기울일 것이다.

그러나 EMH를 검정할 때 0.1%의 추가적인 수익률은 통계적으로 의미있는 것으로 받아들여지지 않을 수도 있다. 0.1%의 수익률의 크기는 포트폴리오수익률의 불규칙적인 변동 때문에 무시될 수 있기 때문이다.

모든 투자자들이 시장이 효율적이라고 믿는다 할지라도, 대규모의 자금을 관리하는 포트폴리오관리자는 미세한 비정상이익의 기회를 찾아내어 매우 큰 규모의 투자성과를 실현하고자 노력한다. 이러한 포트폴리오관리자들이 존재하는 한 시장가격은 더욱 효율적인 가격이 될 것이다. 따라서 EMH는 '시장이 효율적인가?'라는 것이 아니라 '시장이 어느 정도 효율적인가?'를 검정하는 것이어야 한다.

둘째, 표본선택의 편의(bias)를 고려하여야 한다. 어떤 투자자가 막대한 투자수익을 가져다주는 투자전략을 찾아냈다고 하자. 투자자는 이 전략을 공개함으로써 일시적인 명예나 부를 얻거나, 아니면 그 전략을 혼자 이용하여 막대한 부를 얻는 두 가지 중의 하나를 선택할 것이다. 아마 대부분의 투자자는 후자를 선택하려 할 것이다.

따라서 큰 투자성과를 얻는데 실패한 투자자들만이 자신들의 투자전략을 공개하기 때문에 효율적 시장가설의 검정에 사용된 표본들에 문제가 존재할 수 있다. 이러한 문제점으로 효율적 시장가설을 불신하는 투자자들은 몇 가지 증거만으로 효율적 시장가설의 타당성을 입증할 수 없다고 주장할 수 있다.

셋째, 우연한 행운 여부를 판단하여야 한다. 주식시장에는 단기간에 엄청난 투자성과를 실현한 사례들이 알려지고, 이런 사례들이 곧 EMH를 기각하는 증거라고 주장되고 있다. 그러나 이런 예외적인 투자성과는 많은 경우 우연한 행운의 결과일 수 있으며, 따라서 EMH를 기각하는 증거로 채택되어서는 안 된다. 확률론 상 이와 같은 우연한 행운은 수많은 투자자들 중 일부에게는 발생하게끔 되어 있는 것이다.

예를 들어보자. 동전 던지기에서 앞면이 나올 확률은 0.5이다. 어떤 사람이 동전을 던져 계속하여 앞면이 10번 계속 나올 확률은 0.5^{10}인 0.0009766에 지나지 않으므로 개인에게는 거의 불가능한 사건이다. 그러나 만 명이 동전 던지기를 한다면, 그 중 10명 정도는 10번 계속하여 앞면이 나오는 결과를 얻어낼 것이다. 따라서 어떤 한 개인에게는 거의 불가능한 결과라 할지라도, 수많은 투자자들의 일부에게는 그런 결과가 발생할 수 있다.

이와 같이 수많은 투자자들 가운데는 예외적으로 높은 투자성과를 얻는 투자자들이 존재할 수 있다. 따라서 예외적인 투자성과의 사례가 곧 효율적 시장가설을 부정하는 증거가 될 수는 없다. 그렇다고 해서 모든 예외적인 투자성과가 오직 행운에 의해서만 얻어질 수 있다고 단정할 수도 없다. 어떤 투자자는 진짜로 우수한 투자비법을 갖고 있을 수도 있다.

따라서 EMH를 검정할 때, 비정상적 투자성과가 존재할 수 있느냐가 중요한 것이 아니라, 그러한 투자성과를 지속적으로 얻을 수 있는 투자전략이나 투자자가 존재하느냐가 중요하다.

Section 3 | 이상현상[5)]

시장의 효율성에 관한 논의가 시작된 이후 초기의 많은 연구들은 효율적 시장가설을 지지하는 결과를 보여주었다. 따라서 주가는 모든 관련정보를 신속하고 정확하게 반영하므로 비정상적인 투자성과를 지속적으로 얻을 수 있는 투자자나 투자전략은 존재하지 않는다고 믿어왔다. 그러나 70년대 말 이후 증권시장이 효율적이지 못하다는 여러 이상현상[6)](anomalies)을 지적하는 연구들이 발표되고 있다.

이상현상은 다양하게 발견되고 있기 때문에 그것들을 적절하게 분류하기가 쉽지 않다. 여기서는 대표적인 이상현상들을 시간특성, 기업특성, 복합특성 및 기타의 이상현상으로 나누어 설명하고자 한다.

1. 시간특성적 이상현상

효율적 시장에서는 주가가 무작위로 변동하므로 시간변동에 따른 일정한 규칙을 가질 수 없다. 즉, 특정 월이나 특정 요일 또는 특정 시간에 주식을 매매한다고 해서, 다른 시점에 매매하는 경우보다 더 높은 수익률을 지속적으로 얻을 수 없다. 그러나 많은 실증연구들은 주식수익률에 특정한 시계열적 패턴이 존재함을 보여주고 있다.

가. 1월효과

1월효과(January effect) 또는 정월효과는 1월의 주가수익률이 다른 달의 수익률보다 체계적으로 높은 현상을 말한다. 효율적 시장가설이 성립하는 주식시장에서는 특정한 달의 수익률이 다른 달의 수익률에 비해 지속적으로 높거나 낮게 형성될 수 없다. 그럼에도 불

5) 이상현상의 구체적인 검정방법이나 참고문헌에 대하여는 전공수준의 투자론 교과서를 참고할 것.

6) 이상현상이 나타나는 이유는 시장이 실제로 비효율적이기 때문일 수도 있으나, 한편으로는 비정상수익률을 측정하기 위하여 사용한 검정모형이 타당하지 않기 때문일 수도 있다.

구하고 1월의 수익률이 지속적으로 높은 수익률을 보여주고 있는 것은 주식시장의 비효율성을 말해 주는 것이다.

로제프와 키니(M. S. Rozeff & W. R. Kinney)는 1904~1974년 동안 NYSE의 주가수익률을 월별로 비교한 결과, <그림 7-9>와 같이 1월의 평균투자수익률이 다른 달보다 높다는 1월효과를 발견하였다. 1월효과가 존재한다면 투자자는 12월말 또는 1월초에 주식을 매입하여 1월말에 매도하면 비정상수익을 얻을 수 있다. 그러나 시장이 효율적이라면 1월효과에 기초한 투자전략이 일시적으로 유효하겠지만, 곧 모든 투자자들이 이를 모방하게 되므로 이 투자전략의 비정상수익은 사라질 것이다. 그러나 많은 연구결과들은 1월효과가 특정 시기에만 나타나는 현상이 아니며 지속적으로 나타남을 보여주고 있다.

또한 1월효과가 특정 국가에만 나타나는 현상이 아니라 전세계의 주요 주식시장에서 공통적으로 발견되는 현상이라는 사실은 1월효과가 자본시장의 비효율성을 말해 주는 매우 강력한 증거가 된다.

그림 7-9 1월 효과

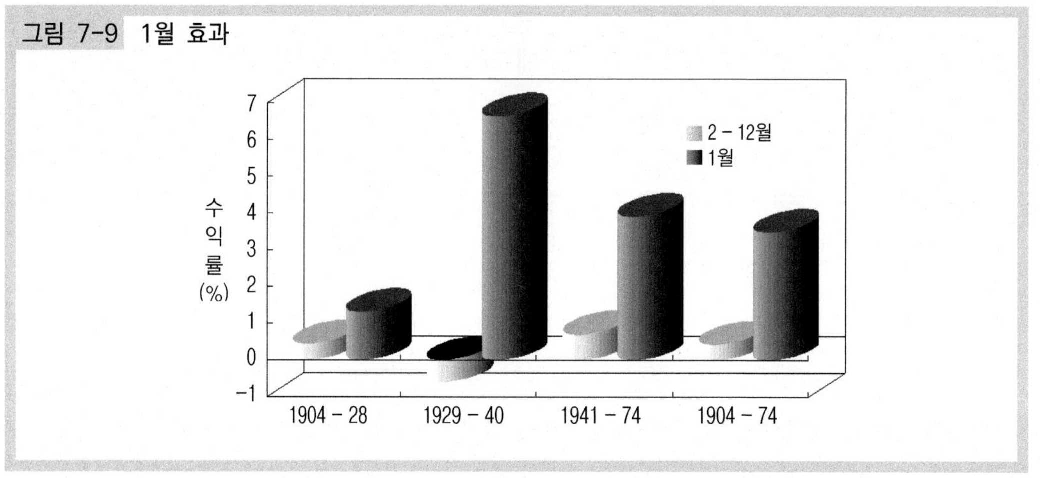

나. 주말효과

주말효과(weekend effect)란 월요일의 주가수익률이 낮고, 주말의 주가수익률이 이례적으로 높게 나타나는 현상을 말하며 월요일효과(Monday effect) 또는 주중효과(day-of-the week effect)라 한다. 효율적 시장에서는 특정 요일의 주가수익률이 지속적으로 높거나 낮을 수는 없다. 더욱이 월요일의 수익률은 휴장일을 포함하여 3일간 얻어진 수익률이기 때문에 다른 날의 수익률보다 더 높아야 한다. 그럼에도 불구하고 월요일에 매입하여 주말에 매도하는 투자전략을 사용하여 비정상수익을 얻을 수 있다는 것은 시장이 비효율적이라는 증거이다.

주말효과는 프렌치(K. R. French) 및 기본스와 헤스(M. R. Gibbons & P. Hess) 등에 의해서 검정되었다. 그들의 연구결과를 보면 <그림 7-10>과 같이 수요일과 금요일에 높은 수익률이 얻어졌고 화요일과 목요일은 수익률이 낮았으며, 특히 월요일에는 음(−)의 수익률이 나타나고 있다. 이러한 결과는 주가변동의 무작위성을 부정하고 한 주의 특정한 요일에 어떤 종속성이 존재하여 비정상수익기회가 있을 수 있음을 보여주는 증거가 되고 있다. 우리나라에서도 주말효과가 존재하고 있다는 연구가 제시되고 있다.

주말효과가 나타나는 이유로서 나쁜 뉴스는 거래가 이루어지지 않는 주말에 공표된다는 가설, 투자자금 수급이 요일별 규칙성을 갖기 때문이라는 가설 등이 있으나 아직 충분한 설득력을 갖지 못하고 있다.

그림 7-10 주말효과

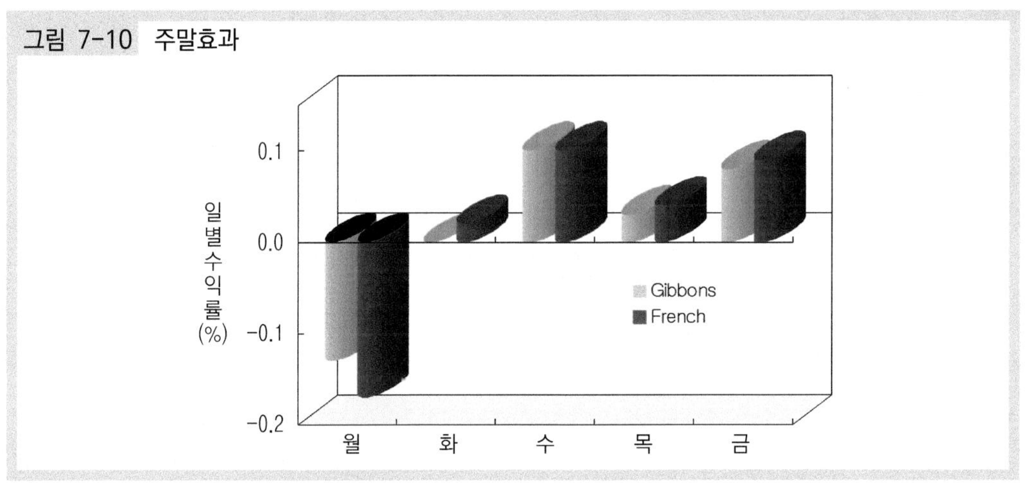

다. 하루중효과

주가가 하루 중에서도 어느 정도 예측 가능한 패턴을 보이면서 변동하는 현상을 하루중효과(intra-day effect)라고 부른다. 우드, 맥키니쉬와 오드(R. Wood, D. McInish & K. Ord)는 미국 NYSE에 상장된 주식에 대하여 하루중의 시간대별 수익률을 1분 간격으로 나누어 분석한 결과, 하루중의 수익률이 U형 패턴을 보이고 있다는 것을 발견하였다.

해리스(L. Harris)는 하루중의 거래시간을 15분 간격으로 분할하여 1981년 12월 1일~1983년 1월 31일까지의 NYSE에 상장된 주식들의 주말효과를 분석한 결과, 월요일의 음

(−)의 수익률의 대부분이 개장 후 1시간 이내에 얻어진다는 것을 발견하였다. 그는 개장 1시간 후의 수익률의 움직임은 요일별로 큰 차이가 없음을 보여주고 있으며 모든 요일에 있어 폐장시간이 가까워 올수록 주가가 상승하는 경향이 있음을 보여주고 있다. 우리나라에서도 하루중효과가 나타난다는 연구가 보고되고 있다.

그러므로 하루중효과를 이용한다면 장중반 시간대에 주식을 매입하여 폐장직전이나 다음 날 개장직후에 매도함으로써 비정상수익을 얻을 수 있다.

2. 기업특성적 이상현상

효율적 시장에서는 이용가능한 모든 정보가 주가에 충분히 반영되었기 때문에 어떤 특별한 정보를 이용하여도 미래의 주가변동을 예측할 수 없다. 그러나 단순한 기업특성에 관한 정보만으로 주가변동을 예측할 수 있다면 이는 효율적 시장가설에 위배되는 이상현상이라고 할 수 있다.

가. 규모효과

효율적 시장에서는 기업규모 차이에 따른 수익률의 차이가 있을 수 없다. 그러나 현실적으로는 같은 위험을 가지는 기업일지라도 소규모기업의 주식이 대규모기업의 주식보다 수익률이 높다는 이상현상이 발견되고 있다. 소형주가 대형주보다 더 큰 비정상수익률을 얻는 현상을 기업의 규모효과(size effect) 또는 소기업효과(small firm effect)라고 한다. 여기서 기업규모란 상장주식수에 주가를 곱한 주식의 시장가치 규모를 의미한다.

그림 7-11 기업규모효과

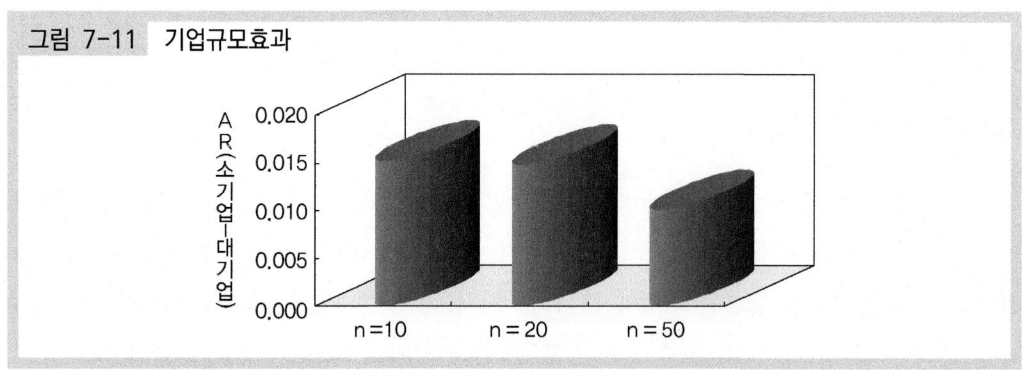

반즈(R.W. Banz)는 기업규모가 비정상수익률과 밀접한 관계를 가지고 있음을 발견하였다. 과거의 월별 수익률을 이용하여 1931~1975년 동안 NYSE에 상장된 보통주를 분석한 결과,

<그림 7-11>과 같이 소규모기업이 대규모기업보다 더 높은 수익률을 얻는다는 것을 발견하였다.

그는 규모효과를 구별하기 위하여 가장 규모가 작은 10개 기업의 주식으로 포트폴리오를 구성하고 가장 규모가 큰 10개 기업의 주식으로도 포트폴리오를 구성하여, 소규모주식 포트폴리오의 비정상수익률에서 대규모주식 포트폴리오의 비정상수익률을 차감하여 초과수익률을 산출하였다. 20개와 50개의 기업으로 구성한 포트폴리오에도 동일한 방법을 적용하였다. 그 결과 10개 기업포트폴리오의 비정상수익률의 차가 가장 크게 나타났는데, 이는 소규모기업이 대규모기업보다 더 높은 수익률을 얻는다는 것을 의미한다.

규모효과의 존재를 인정하는 연구는 여러 가지가 있다. 대규모기업과 소규모기업의 주식들 간의 수익률차이가 지속적으로 나타나는 규모효과는 시장이 비효율적이라는 것을 의미하는 것이다.

나. PER 효과

PER(price-earnings ratio: 주가수익비율)는 주당이익 1원이 시장에서 얼마의 가격으로 평가되고 있는가를 나타낸다. 따라서 기본적 분석에서는 PER가 낮아 수익력에 비해 가격이 저평가되어 있는 주식들에 투자함으로써 비정상수익을 얻을 수 있다고 주장한다. 그러나 효율적 시장에서의 주가는 그 주식의 수익력과 위험에 관한 정보를 충분히 반영한 것이기 때문에 PER가 낮은 주식이라 하더라도 비정상수익을 얻을 수 없어야 한다. 만일 PER가 낮은 주식이 보다 더 큰 비정상수익을 가져다준다는 증거가 존재한다면 그것은 이상현상이다.

그림 7-12 PER 효과

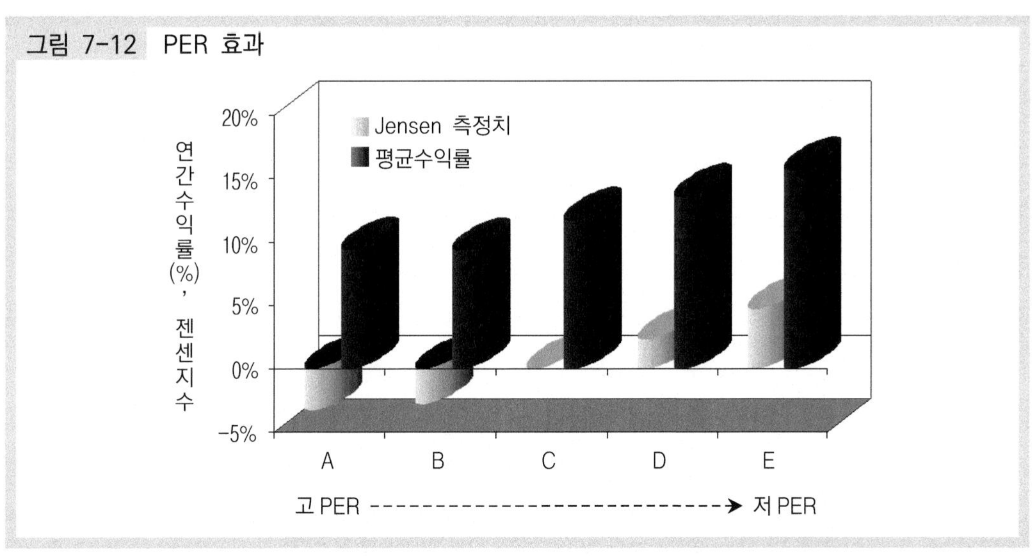

많은 실증적 연구들은 동일한 위험을 갖는 주식들 중에서 PER가 낮은 주식의 수익률이 PER가 높은 주식의 수익률보다 높다는 것을 보여 주고 있는데 이를 PER효과(PER effect)라고 부른다.

바수(S. Basu)는 PER가 낮은 주식들은 PER가 높은 주식들에 비하여 더 큰 비정상수익을 가져다준다는 증거를 제시하였다. 그는 1957~1971년 동안의 NYSE 상장주식들을 PER의 크기에 따라 5개의 포트폴리오를 구성하여, <그림 7-12>과 같이 PER가 가장 낮은 포트폴리오를 매입하고 PER가 가장 높은 주식들을 공매함으로써 비정상수익률을 얻을 수 있음을 발견하였다. 또한 고PER주에서 저PER주로 갈수록 투자수익률이 증가하며, 위험이 조정된 투자성과를 비교하기 위해서 젠센의 성과지수로 측정 비교하여도 저PER주일수록 투자성과가 높다고 하였다.

PER효과를 입증하는 연구는 여러 가지가 있다. 저PER주의 수익률이 고PER주보다 더 높은 수익률을 지속적으로 나타내는 PER효과는 준강형 효율적 시장가설을 부정하는 것이다.

다. PBR 효과

PBR(price-book value ratio: 주당장부가치비율)은 장부가치 1원이 시장에서 얼마의 가격으로 평가되고 있는가를 나타낸다. 따라서 기본적 분석에서는 PBR이 낮아 자산가치에 비해 가격이 저평가되어 있는 주식들에 투자함으로써 비정상수익을 얻을 수 있다고 주장한다.

그러나 효율적 시장에서의 주가는 장부가치에 관한 정보나 미래 성장기회에 관한 정보를 충분히 반영한 것이기 때문에 PBR이 낮은 주식이라 하더라도 비정상수익을 얻을 수 없어야 한다. 만일 PBR이 낮은 주식이 보다 더 큰 비정상수익을 가져다준다는 증거가 존재한다면 그것은 이상현상이다.

많은 실증적 연구들은 PBR이 낮은 주식의 수익률이 PBR이 높은 주식의 수익률보다 높다는 것을 보여주고 있는데 이를 PBR효과(PBR effect)라고 한다. PBR의 역수는 장부가치 대 시장가치비율(book equity to market equity ratio: BE/ME)이기 때문에 PBR효과를 BE/ME효과라고도 하며, 또한 PBR이 낮은 주식을 자산주라고 하기 때문에 PBR효과를 자산주 프리미엄(value premium)이라고도 한다.

파마와 프렌치(E.F. Fama & K.R. French)는 1963~1990년 동안 비금융업 주식의 회계자료와 주가자료를 가지고 BE/ME비율의 크기순으로 10개의 포트폴리오를 구성하여 월평균수익률을 비교하였다. 연구결과 <그림 7-13>과 같이 BE/ME비율이 높으면 높을수록, 즉

PBR이 낮으면 낮을수록 수익률이 높은 것을 발견하였다.

PBR효과의 존재를 인정하는 연구는 여러 가지가 있다. 저PBR주가 고PBR주보다 더 높은 비정상수익률을 지속적으로 얻는다는 PBR효과는 준강형 효율적 시장가설을 부정하는 것이다.

그림 7-13 PBR 효과

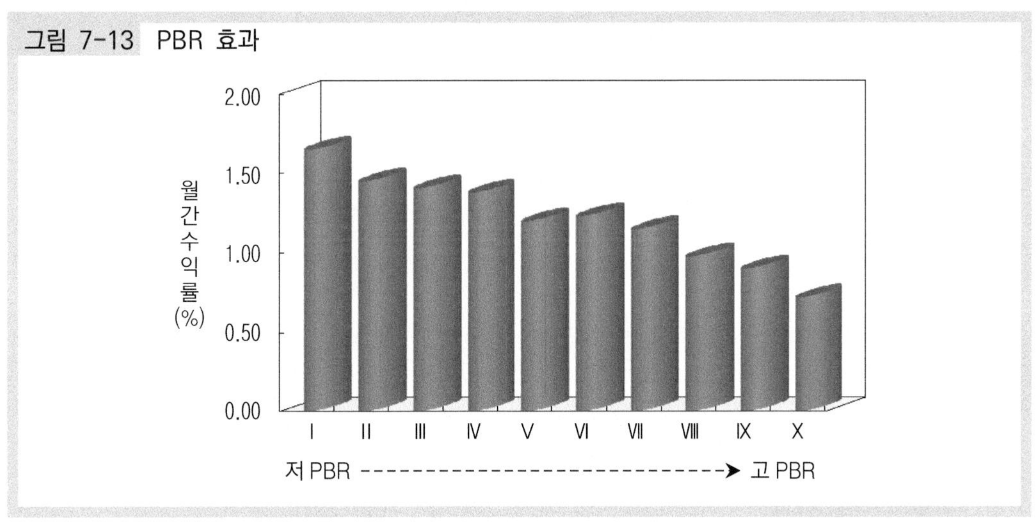

3. 복합특성적 이상현상

가. 1월효과와 규모효과의 결합

앞에서 설명한 1월효과와 규모효과는 전혀 별개의 현상인 것처럼 보이지만 실제로는 그렇지 않다는 연구가 있다. 카임(D. B. Keim)은 1963 ~ 1979년 동안의 자료를 이용하여 두 가지 사실을 발견하였다. 그 하나는 1월효과와 기업규모효과의 대부분이 1월의 처음 5일 동안의 거래과정에서 발생한다는 것이다. 그 보다 더욱 중요한 것은 규모효과에 따른 비정상수익률의 대부분은 1월에만 나타나는 것으로 규모효과와 1월효과는 사실상 하나의 현상이라는 것이다.

<그림 7-14>를 살펴보면 2월부터 12월까지의 비정상수익률은 기업규모의 차이에 관계없이 0에 가까운 수준이지만, 1월에는 소형주의 경우 매우 큰 양(+)의 비정상수익률을 보이고 있으며 기업의 규모가 커질수록 점점 작아져 가장 규모가 큰 포트폴리오의 경우 매우 큰 음(−)의 비정상수익률이 나타나고 있음을 알 수 있다. 따라서 기업규모효과의 대부분은 1월에만 발생하는 현상이며, 또한 1월효과는 소형주의 경우에만 뚜렷하게 나타나는 현상임을 알 수 있다.

우리나라 자본시장에서는 1월 효과가 소규모기업에서만 나타난다거나, 규모효과가 1월에만 나타난다고 볼 수 없다는 연구가 발표되었다.

그림 7-14 1월 효과와 규모 효과의 결합

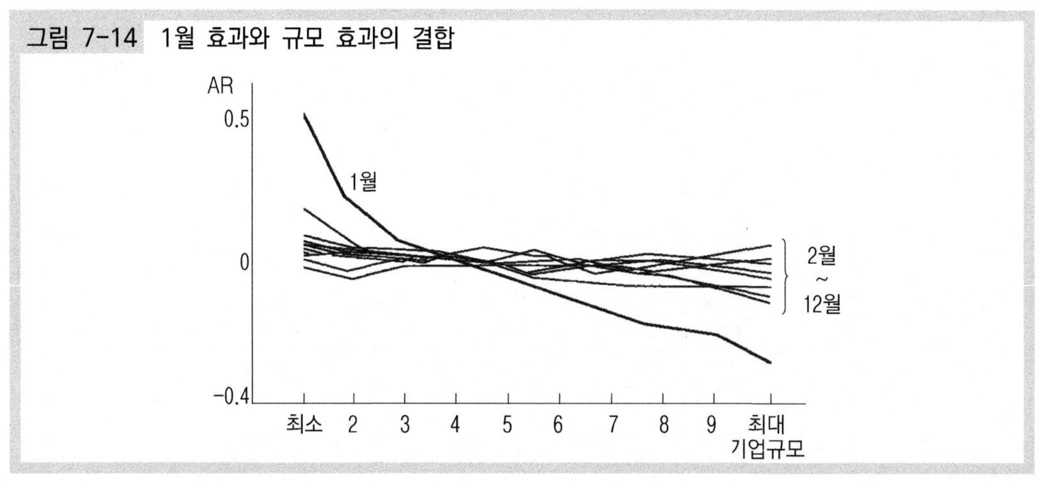

나. 결합효과의 가설

결합효과를 설명하기 위한 이론들은 절세매도가설, 정보가설, 포트폴리오재구성가설, 위험보상가설 등으로 나누어 볼 수 있다.

절세매도가설(tax-loss selling hypothesis)이란 가격하락폭이 큰 주식을 회계년도말인 12월에 매도하여 자산처분손실을 실현함으로써 손실에 따른 세금절약효과를 얻고, 1월에 그 주식을 재매입하여 본래의 최적포트폴리오를 회복하려고 하기 때문에 12월에 주가하락을 가져오고 1월에 주가상승을 가져온다는 가설이다. 그런데 일반적으로 소규모주식의 주가변동성이 대규모주식보다 크기 때문에 가격하락폭이 큰 소규모주식이 절세를 위해 대규모주식보다 더 많이 매각되므로 1월효과와 규모효과가 동시에 나타난다는 것이다.

정보가설(information hypothesis)이란 연초에 경제 및 기업에 관련된 낙관적이고 의욕적인 정보가 많이 공표되기 때문에, 이것이 반영되는 1월에 높은 수익률이 얻어진다는 가설이다. 이 정보가설에 의하면 대규모주식의 경우 평소에도 다양한 정보가 풍부하게 주어지지만, 소규모주식의 경우 평소에 충분한 정보가 주어지지 않다가 연초에 정보가 집중되어 큰 영향을 미치기 때문에 소규모주식의 1월 수익률이 보다 크다는 것이다.

포트폴리오재구성가설(portfolio rebalancing hypothesis)은 많은 전문적 펀드매니저들이 그들의 성과보고서에 주가하락폭이 큰 주식들이 나타나는 것을 회피하기 위해 회계년도 말 이전에 주가하락폭이 큰 주식들을 매각하고 연초에 해당 종목들을 다시 구입하여 포트폴리오를 재구성하기 때문에 1월에 주가가 상승한다는 가설이다. 이 경우 가격변동폭이 큰 소형주들이 주요 매매대상이 되므로 1월효과와 기업규모효과가 동시에 나타난다는 것이다.

위험보상가설(risk premium hypothesis)이란 소형주들의 경우 1월의 위험이 다른 달에 비해 유달리 크며, 이러한 위험부담에 따른 위험프리미엄이 기대수익률에 반영되어 1월효과와 기업규모효과가 동시에 나타난다는 가설이다. 이와 같은 주장은 1년 중 다른 달에 비해 1월의 경우 소규모기업의 사업계획 등에 대하여 기업외부자와 기업내부자 사이에 정보의 비대칭성이 가장 심하며, 이에 따라 외부투자자들은 정보를 많이 가지고 있는 기업내부자들과의 거래에서 매우 큰 손해를 볼 가능성이 있다는데 근거를 두고 있다. 따라서 투자자들은 1월에 소규모주식에 대하여 더 많은 위험프리미엄을 원하게 되어 비정상수익률이 발생하게 된다. 미국시장을 대상으로 한 여러 연구들은 위험보상가설이 1월효과와 기업규모효과를 잘 설명하고 있음을 보여 주고 있다.

4. 기타 이상현상

가. 최초공모주 효과

최초공모주(initial public offerings: IPO)의 공모가격은 발행회사와 인수기관의 협의에 의해 결정된다. 발행회사의 기존주주는 최초공모주의 발행가격을 가능한 한 높게 하여 부를 극대화하고자 할 것이다. 인수기관의 경우 인수수수료 수입을 극대화하기 위해서는 발행가격을 높게 하는 것이 좋지만, 발행가격을 너무 높게 결정할 경우 원활하게 공모가 이루어지지 않아 시장조성을 해야 하는 위험(risk of markct making)이 있기 때문에 적절한 수준에서 발행가격을 결정하고자 한다.

주식의 최초공모에 관련된 모든 당사자들 사이에 정보비대칭이 존재하지 않고 발행시장이 효율적이라면 최초공모주의 공모가격은 상장 후 시장가격과 차이가 없어야 한다. 그러나 일반적으로 최초공모주의 발행가격은 시장가격보다 크게 저평가되어 있는 것으로 알려져 있다.

이보스톤(R. Ibboston)의 연구결과에 따르면 최초공모주에 투자한 투자자는 구입 후 처음 1개월 동안에 커다란 비정상수익률을 얻는 것으로 나타났으며, 발행 후 11개월째가 되어서야 균형가격에 도달하는 것으로 밝혀졌다. 최초공모주효과의 존재를 인정하는 연구는 여러 가지가 있는데 이러한 결과는 시장의 효율성을 부정하는 것으로서 최초공모주의 발행가격이 지속적으로 균형가격에 비하여 낮게 책정된다는 것을 의미한다.

나. 뮤추얼펀드의 저평가

폐쇄형 뮤추얼펀드는 투자자금을 수탁받아 펀드를 설립한 다음에는 자금을 추가하거나 환매하지 않으며, 뮤추얼펀드가 보유한 수익용 자산은 거의 모두가 시장에서 거래되고 있는 증권이므로 펀드의 운용성과를 순자산가치(net asset value: NAV[7]))로 관찰할 수 있다.

자본시장이 효율적이라면 뮤추얼펀드의 주가는 정확하게 1주당 순자산가치와 일치하여야 한다. 그러나 즈와이그(M. E. Zweig)의 연구에 의하면 뮤추얼펀드의 실제 주가는 순자산가치에서 평균 20% 정도 낮은 가격으로 형성되어 있다고 한다. 리, 쉴라이퍼와 댈러(C. Lee, A. Shleifer & R. H. Thaler) 등은 뮤추얼펀드의 주가는 설립 초기에는 순자산가치보다 거의 10% 정도 높은 가격으로 거래되고, 설립 후 120일 정도가 지나면 주가가 순자산가치보다 10% 이상 할인되어 거래되며, 뮤추얼펀드가 폐쇄되는 시점에 가까워지면 할인율이 더욱 축소되어 순자산가치 수준에 거의 접근한다고 하였다.

이와 같이 저평가된 뮤추얼펀드에 투자하여 직접 대상주식들에 투자하는 것보다 더 높은 비정상수익률을 지속적으로 얻을 수 있다는 사실은 시장의 효율성을 부정하는 것이다.

Section 4 | 투자관리

1. 소극적 투자관리

소극적 투자관리(passive investment management)는 시장이 효율적이어서 모든 이용 가능한 정보가 현재의 시장가격에 반영되어 있으므로, 어떠한 증권분석을 하여도 시장평균 이상의 투자성과를 올릴 수 없기 때문에, 비정상수익을 추구하기보다는 투자위험을 최소화하려는 투자관리 방법이다. 따라서 소극적 투자자들은 시장포트폴리오와 같은 잘 분산된 포트폴리오를 구성함으로써 최소의 노력과 비용으로 평균 수준의 위험-수익의 관계를 얻으려고 한다.

가. 순진한 매입 · 보유전략

순진한 매입 · 보유전략(naive buy-and-hold strategy)은 특정 종목이나 포트폴리오를 선택하고자 하는 의도적인 노력없이 단순히 무작위적으로 선택한 주식을 매입하여 보유하는 투자전략이다. 이는 무작위적으로 투자종목을 구성하고 투자종목수를 증가시키면 증권시장

7) NAV에 대하여는 <Chapter 11. Section 2>를 참고할 것.

전체의 평균적인 위험을 부담하고 평균적인 수익을 얻을 수 있다는 투자이론에 근거한 방법이다. 그러나 분산투자의 종목수가 많아지면 거래비용이 증가한다는 문제점이 발생한다.

나. 지수펀드법

지수펀드(index fund)란 시장포트폴리오의 투자성과와 유사한 성과를 얻을 수 있도록 구성된 포트폴리오를 말한다. 그러므로 지수펀드에 투자한다면 별도로 증권분석을 위한 노력과 비용을 부담하지 않고 주식시장 전체의 평균적 성과를 얻어 낼 수 있다. 그러나 현실적으로 주식시장 전체종목은 방대하며 이것을 전부 보유하는 것은 어려우므로, 지수펀드법은 지수산정에 포함되어 있는 대표적인 종목으로 투자종목을 구성하고, 강세장(bull market)이 예상되면 추가로 투자하여 투자비중을 늘리고 약세장(bear market)이 예상되면 보유주식을 매각하여 투자비중을 줄이는 방법이다.

다. 평균투자법

평균투자법(dollar cost averaging)은 매입원가평균법 또는 적립식투자라고도 하는 데 주가의 등락에 관계없이 정기적으로 일정 금액을 계속 투자하는 방법이다. 주가가 하락하면 상대적으로 많은 주식을 살 수 있어 평균매입단가가 낮아지므로, 이 주식을 평균매입단가보다 높은 시세에 팔면 그 만큼 이익을 얻을 수 있다. 그러나 이 방법의 단점은 예상되지 않은 침체국면에서는 매각시점을 포착하기 어렵다는 것이다.

라. 비율계획법

비율계획법(ratio plan)은 공식법(formula plan)이라고도 하며 일정한 규칙에 따라서 기계적으로 자산을 배분하는 방법이다. 즉, 공격적 투자수단인 주식과 방어적 투자수단인 채권을 경기변동에 따라 비율을 변동시켜 가면서 투자하는 방법으로써, 주가가 낮을 때는 주식보유 비율을 높이고 주가가 높을 때는 주식보유 비율을 낮추는 방법이다. 일반적으로 경기침체가 시작되면 기업의 이윤은 감소하고 주가는 하락하며 채권가격은 상승한다. 따라서 이때 높은 가격으로 채권을 매도하여 낮은 가격으로 주식을 매입하는 것은 바람직한 투자전략이 될 수 있다. 그러나 인플레이션이 급격하게 일어나는 경우 채권가격 및 주가가 모두 하락할 수도 있는데, 이 경우 비율계획법은 사용할 수 없게 된다.

2. 적극적 투자관리

적극적 투자관리(active investment management)는 이용 가능한 모든 정보가 주가에 충분히 반영되어 있지 않은 비효율적 시장을 전제로, 시장에서 과소평가 혹은 과대평가된 주식을 식별해 내거나, 미래의 시장움직임을 예측하여 적절한 투자시점을 포착함으로써 위험수준에 따라 예상되는 투자수익을 초과하는 비정상수익을 얻어 시장을 이기고자(beat-the-market)하는 투자관리 방법이다. 따라서 적극적 투자자들은 기본적 분석과 기술적 분석 등을 이용하여 시장에서 얻을 수 있는 평균적인 수익보다 더 높은 수익을 추구한다.

증권시장이 효율적이라는 연구가 발표되고 있음에도 불구하고 많은 투자자들이 비정상수익을 얻기 위하여 적극적 포트폴리오관리를 활용하고 있는 이론적 근거는 다음과 같다.

시장이 효율적이어서 적극적 포트폴리오관리자도 소극적 관리 이상의 성과를 얻을 수 없다면, 모든 투자자들은 소극적 투자관리를 할 것이고, 어떤 투자자도 새로운 정보를 수집하고 분석하여 미래를 예측하려는 노력을 하지 않을 것이다. 그 결과 적극적 포트폴리오관리자들은 증권시장에서 사라지고, 시장에서 형성되는 주가는 더 이상 그들의 세련된 예측결과(sophisticated forecast)를 반영하지 못할 것이다. 이런 상태가 지속되면 또다시 세련된 예측기법을 구사하는 적극적 포트폴리오관리자가 등장하여 비정상성과를 얻어낼 수 있게 된다. 그리고 적극적 포트폴리오관리자들 사이의 경쟁에 의해 시장가격이 모든 정보를 충분히 반영하게 되고, 또다시 위의 과정이 되풀이될 것이다.

한편 현실적으로 자본시장에서는 시장효율성을 의심케 하는 이상현상(anomalies)과 주가예측이 가능하다는 연구결과들은 적극적 포트폴리오관리를 지지하는 실증적 증거가 된다. 따라서 어떤 포트폴리오관리자가 미래시장상황을 예측하여 투자시점을 완전하게 예측(market timing)하고, 적정하게 평가되지 않은 종목을 찾아내는 종목선정(security selection) 능력이 우월하다면 비정상수익을 얻을 수 있을 것이다.

보론 | 단순한 투자전략

전문적인 투자분석 없이 단순한 방법으로 투자함으로써 높은 투자수익률을 얻을 수 있다는 여러 가지 투자 전략이 소개되고 있다.

경우에 따라서는 단순 투자전략을 이용한 투자수익률이 전문투자자의 수익률보다 높은 경우도 발견되고 있다. 비록 전문투자자가 단순투자자보다 높은 수익률을 달성한다고 해도 전문가가 증권분석에 소비한 시간과 노력을 비용으로 공제하면 결과적으로 단순투자자보다 더 높은 수익률을 얻지는 못할 수도 있으므로, 별다른 시간과 노력을 들이지 않고 단순한 기법으로 투자성과를 얻으려는 투자전략이 다양하게 시도되고 있다.

1. 다트 포트폴리오

Wall Street Journal은 주식선정경기를 정기적으로 개최하고 있다. 다트 포트폴리오 게임은 Princeton University의 경제학 교수였던 말키엘(B. Malkiel)이 A Random Walk Down Wall Street라는 저서에서 '눈을 가린 원숭이가 신문 금융 난에 다트를 던져 포트폴리오를 구성하여도 전문가들이 주의 깊게 선정한 포트폴리오와 마찬가지의 수익률을 올린다'고 주장한 것에 착안한 Wall Street Journal에 의해 시작되었다.

말키엘의 생각은 '효율적 시장 이론'으로 설명될 수 있다. 이 이론은 모든 이용가능한 정보가 신속하게 주가에 반영되므로 모든 주식은 이익을 얻을 수 있는 동등한 기회를 가진다는 것을 설명하는 것이다.

Wall Street Journal은 전문투자자와 우연한 기회를 경합시키는 Investment Dartboard라는 게임을 탄생시켰다. 이 게임규칙은 단순한 것이다. 원숭이 대신에 편집위원들이 벽에 붙여 놓은 주식 리스트에 다트를 던져 무작위로 4종목을 선정하는 것이다. 이 게임에서 최초로 다트를 던진 사람은 바로 말키엘 교수였다. 한편 4명의 전문투자자는 각각 한 종목의 주식을 선정한다. 처음에는 1개월간 수익률로 경합을 벌였으나 이후 6개월간 수익률을 비교하는 것으로 변경하였다.

지난 100회의 게임에서 전문가와 다트 포트폴리오의 평균수익률은 각각 10.9%와 4.5%였으며, 이 기간 동안 다우지수(Dow Jones Industrial Average: DJIA)의 수익률은 6.8%였다. 그리고 전문가들은 다트와 DJIA보다 44회나 더 높은 수익률을 기록하였다. 그러나 실제 투자에 있어 단 하나의 주식에 집중투자하는 투자자는 없으며, 또한 이 주식을 6개월간 계속 보유하지도 않을 것이므로, 이 결과만으로 전문가의 승리라고 단정 지을 수는 없다.

100회의 게임 후 말키엘은 전문가들이 시장 평균보다 위험이 더 큰 주식을 선정하는 경향이 있으며 이는 단기간 수익률을 높일 수도 있다는 것을 지적하였다. 말키엘은 Investment Dartboard가 효율적 시장가설을 검정하는 방법으로 적당하지 않다고 지적하였는데, 그 이유는 소수의 주식이 개재되어 있기 때문이고 또한 '공시효과' 때문에 전문가에 의해 선정된 주식은 최소한 일시적으로나마 다른 주식보다 이 게임에서 우수한 실적을 나타낼 수 있기 때문이다.

다트 포트폴리오에 대한 관심이 증폭됨에 따라 학자들도 통계학적인 도구를 동원하여 연구를 하였다. 리앙(Y. Liang) 등은 전문가의 추천종목으로 공표되는 종목으로 구성한 포트폴리오와 Wall Street Journal의 Investment Dartboard에서 무작위로 선정된 포트폴리오의 성과를 비교 평가하였다. 연구결과 전문가들이 선정한 포트폴리오는 공표 당일과 공표 다음 날 의미있는 비정상수익률(abnormal returns)을 나타내고 있음을 발견하였으며, 전문가가 추천하기 이전에는 의미있는 주가 변화 패턴이 없다는 것을 발견하였다. 한편 1주일간 보유기간에서만 전문가의 포트폴리오가 무작위 포트폴리오보다 통계적으로 의미 있는 높은 성과를 나타내고 있었으나, 그 이외의 보유기간에서는 무작위 포트폴리오가 전문가 추천의 포트폴리오보다 더 나은 성과를 보여주었다.

스웨덴의 엑스프레센지는 5명의 증권분석가와 침팬지 한 마리에게 각각 1만 크로네를 주고 주식투자 경연대회를 개최하였는데 침팬지가 완승하였다. 올라라는 이름의 이 운 좋은 침팬지는 한 달 동안 15.4%를 벌어 5명의 주식전문가들을 가볍게 제친 것이다. 2등을 한 요너하그 씨는 10.5%의 수익을 올리는데 불과하였고, 이 기간 동안 스톡홀름 증시의 주가지수는 5% 상승하였다.

전문가들의 신중한 포트폴리오 구성에 비해 침팬지의 종목선택방법은 아주 간단한 것이었는데, 둥근 판 위에 상장 전 종목의 명칭을 써 놓고 다트게임 놀이를 한 것이다. 주식투자에서 랜덤워크가 적중한 예는 많이 있지만 침팬지에 비해 3분의 1도 안 되는 수익을 거둔 한 투자전문가는 침팬지와 직업을 바꿔야 할 것 같다고 심정을 피력하였다.

2. 개 이론

개(dog)란 다른 종목들에 비해 상대적으로 주가가 덜 올라 배당수익률(연간배당금/주가)이 높은 주식을 말하며, 상대적으로 주가가 많이 올라 배당수익률이 낮은 주식을 별(star)이라고 한다. 그런데 별 주식은 최상의 성과를 가지고 있기 때문에 월가의 많은 투자자들이 매력을 느끼지만 그 기간은 단기적일 뿐이며, 개 주식들은 일시적으로 선호되지 않아 주가가 오르지 않은 우량주식이라는 것이다. 투자자들은 싼 값에 개 주식을 살 수 있으므로 장기적으로는 주가가 상승하여 높은 수익을 얻을 수 있다는 것이다.

개 이론은 매우 단순하다. 매년 마지막 거래일에 다우지수 구성 종목 중 배당수익률이 가장 높은 주식 10개를 균등한 금액으로 나누어 매입한다. 그리고 이 10개 주식을 다음해 마지막 거래일까지 보유한다. 다음해 마지막 거래일에는 보유종목을 매도하고 다시 배당수익률이 가장 높은 주식 10개를 균등한 금액으로 분할하여 매입한다.

펀드매니저인 Michael O'Higgins의 저서 Beating the Dow를 보면 개 이론에 따른 투자방법은 지난 수 십년간 성공적이라고 한다. 웹사이트 dogsofthedow.com에 보면 1973년 이후 개들은 평균 17.7%의 연간수익률을 올렸으나 Dow는 11.9% 상승하였을 뿐이다.

1990년대 중반 이후 개 이론은 널리 알려졌다. 이 방법은 일시적으로 시장에서 선호되지 않거나 저평가된 주식은 결국 월가에 의해 발굴된다는 가정을 하고 있다. 그리고 현명한 자금은 우량주식에 투자되고 결과적으로 주가를 상승시킨다는 것이다.

3. 점성학

점성학을 신봉하는 투자전문가들은 다트게임식 무작위추출에 비하면 점성학을 이용한 증권투자는 훨씬 근거있는 종목선정방법이라고 주장하고 있다. 점성학을 이용한 증권분석가들은 대부분 메릴린치 등 유수증권사를 거친 경험자들로 주식투자펀드나 정보서비스를 통해 많은 고객을 확보하고 있는 상태여서 무시할 수 없는 존재들이다.

미국의 Institutional Investor지에 소개된 Crowford씨의 경우 점성학을 이용하여 지난 1987년 Black Monday를 정확히 예측하였다. 행성의 움직임이 인간의 행위뿐만 아니라 금융시장에도 영향을 준다는 역학원리를 강조하는 그는 어떤 현대 기술적 분석보다 점성학의 적중률이 높다고 역설한다.

점성학자들은 경제적으로 어려웠던 시기에 특별한 행성의 배열이 나타났었다고 주장한다. 1987년 10월과 1929년 10월 주식시장이 붕괴되는 동안, 토성은 궁수자리(Sagittarius)에 위치하였다. 점성학에 의하면 궁수자리는 말과 사람이 혼합된 것을 의미하며 토성은 그리스, 로마, 에트루리아 신화에서 농사나 화폐와 관련이 있다. 토성이 궁수자리에 놓이게 된다는 것은 계시서에서 말하는 세 번째 인마(人馬)로써 경제적 침체를 의미하는 것이다. 토성이 궁수자리에 놓일 때 경제적 공황이 시작되는 주식시장의 붕괴와 같은 사건이 일어난다는 것이다.

점성학자들은 7년 종말기간인 2001~2007년에는 커다란 경제적 혼동이 예상된다고 예언하고 있다.

4. 슈퍼볼 이론

슈퍼볼 이론이란 슈퍼볼에서 누가 우승하느냐에 따라 주가의 향방이 달라진다는 것이다. 우승한 팀이 내쇼널 풋볼 컨퍼런스(NFC)에 뿌리를 두고 있는 팀이라면 앞으로 1년간 주가가 오르고, 아메리칸 풋볼 컨퍼런스(AFC)에 뿌리를 두고 있는 팀이라면 향후 1년간 주가가 떨어진다는 것이다.

슈퍼볼 이론이 인기를 끌게 된 이유는 2008년까지 42차례의 슈퍼볼에서 이러한 이론이 31차례나 DJIA지수와 움직임과 들어맞았기 때문이다. 2009년 제43회 슈퍼볼에서는 AFC 소속의 Pittsburg Steelers가 우승하였으므로 슈퍼볼 이론에 따르면 DJIA가 하락할 것으로 예상된다.

5. 미니스커트 이론

아이라 콜브라이트는 여성들의 치마길이가 짧아지면 강세장이 온다는 강세장과 치마길이 이론을 소개했다. 맨하탄 여성의 치마 길이가 짧아지면 강세장이고 치마 길이가 길어지면 약세장이 온다는 것이다. 미국 증권시장에서 19세기 말과 20세기 초 긴 치마가 유행하면서 시장은 약세를 면치 못했다. 이후 1930년대 직전까지 치마 길이는 점차 짧아졌고 미국 증권시장은 초강세로 접어들었다. 미국증시에서 최대 폭락을 가져온 1987년에도 갑자기 긴 스커트가 유행했다. 우리나라에서도 IMF 이후 긴 바지와 긴 치마가 유행하면서 주가도 하락했다.

읽을거리 Black Monday

1987년 10월 19일, 주식시장의 붕괴로 5,000억 달러 이상의 투자자의 부가 날아갔다. 그리고 이 날의 시장 붕괴 날 재무론에서 가장 강력한 이론인 효율적 시장의 이론(efficient market theory: EMT)을 강타하였다. Brady위원회의 스텝인 Bruce Greenwald는 이를 "관에다 못을 박아버린 격" 이라고 표현하였다.

EMT는 주식이 군중들의 최근 유행(fad)이나 투기 열기에 따라 움직인다는 통속적 견해를 반박한 것이었다. 이 이론에 의하면, "주식시장은 정보처리 기구이다. 투자자들은 합리적으로 행동하고, 주가는 투자자들이 기본요인 -현재 및 미래이익- 에 대하여 갖고 있는 정보를 반영한다. 주가는 새로운 뉴스만을 반영하지 군중심리를 반영하지 않는다."

1960년대에 EMT를 믿는 사람은 거의 없었다. 재무론 교수들과 수학 도사들이 효율적 시장의 개념을 이용하여 월 스트리트에서 출세하였다. 그 결과, 많은 연금기금후원자들이 시장평균보다 높은 수익을 가져다 줄 수 있다고 주장하는 기금관리자들을 외면하고, 지수펀드에 1,750억 달러를 투자하였다.

그러다가 암흑의 월요일이 닥쳤다.

EMT는 59년 만에 닥친 최대의 주가폭락을 설명하는데 아무 쓸모가 없었다. 과연 어떤 새로운 정보가 있어서, NYSE가 문을 연지 6시간 반 만에 "주식회사 미국"의 자산가치에 대한 투자사의 추정치를 23%나 하락하도록 만들 수 있는가? 그 날과 주말에 주가대폭락을 설명한 어떤 뉴스도 주어지지 않았다.

Yale대학의 Robert Shiller가 거의 1,000명에 가까운 대소투자자들을 조사한 바에 따르면, 투자자들은 기본요인(fundamentals)의 변화 때문에 주식을 팔지 않았다. 오히려, 주식매각의 이유는 전주 목요일 및 금요일과 10월 19일 아침의 주가하락 그 자체였다. Shiller는 "많은 신경과민한 투자자들이 가격하락 그 자체를 파멸의 신호로 믿고 남보다 먼저 손을 털고자 하였다"고 말하고 있다. 주가가 돌멩이 떨어지듯 하락하니까 투자자들은 미쳐버린 것이다. 여기에 합리성이란 있을 수 없고 오직 집단본능(herd instinct)만이 존재한다.

EMT의 패배는 투자자들뿐만 아니라 시장이 자본을 가장 생산적인 용도로 흘러 들어가도록 하는 최선의 수단이라고 믿는 생각에 대해서도 중요한 시사점을 던져 주었다. 이 믿음에 의하면, 경쟁시장에서의 투자자들은 그들의 돈을 가장 좋은 전망을 갖는 회사에 투자할 것이다.

EMT가 자유방임주의의 아성인 시카고대학에서 주로 개발되었다는 사실은 결코 우연이 아니다. 더욱이 새로운 투자수단은 시장을 훨씬 더 효율적으로 만들 것이라고 주장하는 이 대학의 자유시장론자들의 자극 때문에, 이른바 파생증권(주가지수선물과 옵션 등)이 시카고에서 고안되어 주로 시카고에서 거래되었다. 그러나 합리성이 아닌 집단심리가 주가를 지배한다면, 투자자와 정책입안자들은 시장으로부터 그릇된 신호를 받게 된다.

그 결과 정크 본드로 자금이 마련된 차입매수(leveraged buyout: LBO) 등과 같이 비생산적 사업으로 돈이 흘러들어 갈 수도 있다. 반면, 미래 제품과 시장개척에 많은 돈을 쓴 회사들은 값싼 자본을 구하지 못하고 굶주리게 된다.

시카고의 EMT의 선구자인 E.F. Fama마저도 EMT가 "신념의 문제"라고 인정하고 있다. Fama는 만일 가격이 EMT가 가정한 대로 형성되지 않는다면, 자유시장제도는 자원을 효율적으로 배분하지 못할 것이라고 말하고 있다.

EMT가 맞지 않는 이론이라는 신호는 이미 피의 월요일 이전부터 나타났다. 그 날의 주가대폭락은 이 이론의 실패를 말해 주는 최후의 가장 극적인 사건일 따름이다. 그 동안 EMT와 맞지 않는 시장의 "이상현상(anomalies)"들이 학계에 보고되어 왔다.

예컨대, "정월효과"는 소규모기업의 주식들이 연초의 처음 5일 동안에 매우 높은 투자수익률을 올리고 있는 현상이다. EMT에 의하면, 정월효과는 지속적으로 나타날 수 없다. 왜냐하면, 쉽게 돈을 벌고자 하는 세련된 투자자들이 개입하여 연초 이전에 이미 가격을 올려놓아 버릴 것이기 때문이다.

다른 경제학자들도 투자자의 비합리성에 대한 보다 많은 증거를 찾아냈다고 주장하고 있다.

Werner De Bont & Richard Thaler는 NYSE에서 가장 성과가 나쁜 35개 주식으로 구성한 포트폴리오가 3년 동안에 시장평균보다 19.6% 정도 높은 성과를 가져다주고 있다는 것을 보여 주고 있다. Thaler의 설명에 의하면, 투자자들이 나쁜 뉴스에 과잉반응하여 주가를 진정한 가치보다 더 높게 조정되기 때문이며, 이것은 EMT에 부합하지 않는 발견이다.

그러나 EMT가 죽었다 말하기에는 아직 이르다. Yale대학의 S. Ross는 10월 주가대폭락을 설명할 만한 뉴스가 거의 없다는 주장에 대하여 비판을 가하고 있다. 그는 10월 19일 이전 몇 주 전부터 투자자들의 신경이 날카로워지기 시작함에 따라 주가의 변동성이 증가하기 시작하였다고 말한다. 이런 상태에서는 "약간의 뉴스변화도 커다란 눈사태를 가져올 수 있다"고 Ross는 말한다. EMT이론가들은 시장이 그 눈사태를 되돌려 세울 수 있어야 했는데, 그렇지 못한 것뿐이라고 말한다.

Brady보고서는 많은 NYSE Specialist로서의 그들이 10월 19일과 20일의 압력에 굴복해 버리고 매입이 아닌 매도에 나섰다고 지적하고 있다. specialist는 거래소의 회원으로서 상장종목의 하나 또는 그 이상에 대하여 시장조성자(market maker) 역할을 하도록 지정된 자이다.

동시에 NYSE의 컴퓨터들은 많은 거래량을 처리할 수 없었다. 즉, 시장을 구성하는 기구들이 실패한 것이지 EMT가 실패한 것이 아니었다.

그러나 주식시장은 EMT이론가들이 믿는 것만큼 경쟁적이 아니라는 증거들이 여전히 존재한다. Brady보고서는, 피의 월요일 개장시점에 소수의 투자신탁 및 연금기금들이 매도압력의 고삐를 풀어 버리자, 거래시스템이 수렁에 빠져버렸다고 말하고 있다.

EMT가 움직이기 위해서는 어떤 하나의 매도자가 시장에 커다란 영향을 미칠 수 없어야 한다. 덧붙여 말하자면, 대폭락 이후 4개월 후에도 DJIA 평균주가는 8월의 고점으로부터 800포인트가 빠진 수준에 여전히 머물러 있다.

미국 기업의 전망에 어떤 변화가 있었기에 주가가 이렇게 낮게 평가되는가?

EMT에 대한 논쟁은 계속될 것 같다. 그러나 이 이론이 역사상 최대의 주식시장폭락을 설명하지 못하고 있다는 명백한 사실 때문에, 정책입안자들과 거래소는 과거에 칭송의 대상이 되었던 "시장" 그대로가 아니라는 생각을 갖게 되었을 것이다. <Business Week, 1988.2.>

읽을거리 "휴가 가기 전 주식 사라"…'서머랠리' 누가 지어냈지?

해마다 6~7월 초여름이면 주식시장에서 가장 많이 나오는 말이 바로 '서머랠리'(summer rally)이다. 서머랠리는 초여름인 6~7월에 주가가 상승하는 강세장이 나타난다고 해서 붙여진 주식 용어이다. 반대로 연말인 11~12월에 주가가 상승하는 현상은 '산타랠리'(Santa rally)라고 부른다.

많은 투자자들은 초여름만 되면 주가가 상승하는 강세장이 펼쳐진다고 믿고 주식을 산다. 마치 겨울이 되면 눈이 오듯이 말이다. 심지어 전문가들조차 5~6월만 되면 서머랠리의 기회를 놓치지 말라고 주식 매수를 권고한다. 그리고 경제신문과 증권방송은 6~7월에 증시가 조금이라도 상승하면 '서머랠리의 시작!'이라며 연신 떠들어댄다.

그런데 서머랠리는 재무학에서 보면 실증적으로 아무런 근거가 없는 미신일 뿐이다. 정확한 정의도 없고, 출처도 불분명하다.

주식시장에는 논리적으로 설명하기 어려운 '이상현상'(anomalies)이 종종 발견된다. 그 가운데는 특정 요일이나 월과 관련된 캘린더(calendar) 이상현상도 나타난다. 예를 들어, 주말효과(Weekend effect)는 월요일 증시가 직전 금요일보다 하락하는 현상을 일컫고, 1월효과(January effect)는 스몰캡(소형주)의 상승률이 1월 두 셋째 주까지 월등히 높은 현상을 말한다. 월요일에 유독 증시 하락이 많은 것도 주말효과와 관련이 있다. 역사적으로 손꼽히는 증시 대폭락이 월요일에 특히 많이 일어났는데 블랙먼데이(Black Monday)란 용어도 그래서 생겼다. 월말효과(Turn-of-the-month effect)는 주가가 매월 말일과 다음 달 첫 3거래일 동안 상승하는 현상을 지칭하고, 연말효과(Turn-of-the-year effect)는 주가가 12월 마지막째 주와 다음 해 1월 두 셋째 주까지 오르는 현상을 의미한다. 연말효과와 1월효과는 같은 현상을 가르키는데, 차이점이라면 연말효과는 증시 전반의 상승을 의미하고 1월효과는 스몰캡 상승을 설명한다. 요즘은 연말효과와 1월효과가 서로 혼용돼 불리고 있다. 이러한 캘린더 이상현상은 그동안 재무학에서 실증적으로 분석되고 그 이유도 제시됐다.

하지만 초여름인 6~7월에 주가가 상승한다는 서머랠리는 행동재무학에서 이상현상으로 규정하고 있지 않다. 서머랠리 자체가 애초부터 발견되지 않기 때문이다. 일단 서머랠리의 정의부터 분명하지 않다. 미국 주식거래연감(Stock Trader's Almanac)에 따르면, 서머랠리는 랄프 로트넘(Ralph Rotnem)이라는 사람이 처음 명명한 것으로 나와 있다.

로트넘은 서머랠리를 5~6월에 기록된 다우지수의 저점에서 7~9월에 기록된 고점까지의 단기 상승으로 정의했다. 그런데 여러 실증 분석에 따르면 로트넘이 정의한 서머랠리는 전혀 특별하지 않았다. 예를 들어, 미국 증권정보사이트 마켓워치의 칼럼리스트인 마크 헐버트(Mark Hulbert)가 지난 60년간 다우지수 통계를 가지고 분석한 결과를 보자. 헐버트가 로트넘의 정의에 따라 6월 저점에서 8월말 사이의 고점까지 계산한 다우지수의 평균 상승률은 6.9%였다. 그러나 다른 달의 저점에서 이후 두 달새 기록한 고점까지의 평균 상승률은 8%였다. 즉 6~7월 주가 상승률이 다른 달에 비해 월등히 뛰어나지 않은 것이다. 게다가 로트넘이 정의한 서머랠리는 사후적으로(after-the-fact)으로 얻어지는 통계 수치일 뿐이지 현실적으로는 도저히 달성할 수 없는 것이다. 어느 누구도 6월 저점을 미리 알고 주식을 매수할 수 없고, 또 7~9월 고점을 미리 알아서 주식을 팔 수 없기 때문이다. 만약 6월초부터 8월말까지의 주식 상승을 서머랠리로 정의한다면 누구든지 주식을 6월 1일에 사서 8월 31일에 팔아 차익을 거둘 수 있다. 그러나 6월 저점과 7~9월 고점은 언제 도래할지 누구도 알 수 없고 따라서 실현 불가능한 허상이다.

결국 서머랠리는 애초부터 존재하지 않은 현상으로 주식투자자들 사이에서 떠도는 미신(myth)에 불과하다. 그저 소망이 가득찬 아름다운(?) 동화(fairy tale)같은 얘기다.

그렇다고 6~7월에 주가가 상승하지 않는다는 말은 아니다. 주가는 6~7월에 상승할 수도 있고 반대로 하락할 수도 있다. 이는 다른 달에도 마찬가지이다. 다만 6~7월이 서머랠리란 말을 붙일 정도로 결코 특별하지 않다는 말이다. 따라서 펀드매니저들이 여름휴가를 떠나기 전에 미리 주식을 사들이면서 서머랠리 현상이 발생한다고 설명하는 것 자체가 말이 안 된다. 마치 죽지도 않은 사람을 앞에 두고 사망사유를 찾는 것과 똑같은 일이다.

초여름에 서머랠리를 노리고 주식을 미리 매수한 개미들은 나중에 바라던 서머랠리가 안 오면 무척이나 실망하고 또 손실을 입는다. 그리고 "온다던 서머랠리가 왜 안 왔지?"라며 분통을 터뜨린다. 그러면서 그 다음해 초여름이 오면 또 서머랠리를 기다리며 주식을 산다. 하지만 '서머랠리'는 결코 안 온다. 원래 없었으니까.

혹자는 서머랠리의 동화를 믿는 투자자들에게 서머랠리가 없다고 말하면서 그들의 투자 의지를 꺾지 말아 달라고 한다. 크리스마스에 산타클로스가 선물을 준다고 믿는 순진한 어린아이들에게 산타가 없다고 냉정하게 말해서 마음의 상처를 주는 건 옳지 못하다는 말과 같은 이유다. 그렇다면 이렇게 설명하면 어떨까? "서머랠리는 없다. 그러나 6~7월 주가는 상승할 수 있다." <머니투데이 2017.07.09.>

읽을거리 증시 속설 '1월 효과' 정말 있을까?...전문가 살펴보니

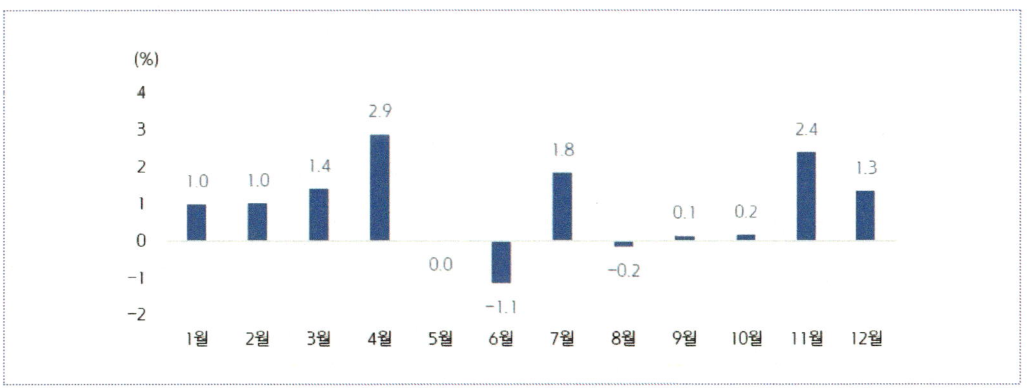

▲ 2001년 이후 코스피 월별 수익률(자료 = 에프엔가이드, 키움증권 리서치센터)

증시에는 이론적으로 설명할 수 없는 여러 종류의 속설이 있다. 한 해가 시작하는 1월에 주식시장이 특별히 상승세를 보인다는 이른바 '1월 효과'도 그 중 하나다. 특히 새해를 앞둔 시점에서 투자자들의 관심이 높아질 수 있는 시장의 속설이다.

이런 가운데 '1월 효과'가 실제로 존재하는지 검토한 증권가 보고서가 나와 눈길을 끈다. 홍춘욱 키움증권

연구원은 28일 보고서에서 "시장이 효율적이라면 '이상현상'이 없어야 하지만 수많은 이상현상이 존재하는 것 또한 엄연한 현실"이라며 "1월 효과는 특정한 날짜, 요일, 월에 주가가 상승하거나 하락하는 '캘린더 이상현상'의 대표적 사례"라고 밝혔다.

실증 결과 '1월에 주식시장이 상승하는 경향이 강하다'는 속설은 맞지 않았다. 홍 연구원이 지난 16년간 월별 코스피 수익률을 비교해 1월 효과를 검증해보니 2001년 이후 코스피 지수의 1월 평균 수익률은 1.0%로 다른 달 평균(0.9%)에 비해 특별히 높지 않았다는 것이다. 하지만 1월마다 소형주가 유독 강세를 나타내는 형태의 '1월 효과'는 존재하는 것으로 나타났다. 홍 연구원은 "1월에는 코스닥이 코스피 대비 평균 4.8%포인트의 초과수익을 거두는 것으로 나타났으며 이는 다른 달의 수익률보다 압도적으로 높았다"면서 "코스피 내에서도 1월에는 소형주가 대형주 대비 1.5%포인트의 초과 수익을 거둔 것으로 나타났다"고 말했다.

또한 홍 연구원은 소형주 강세 외에도 잘 알려지지 않은 1월 효과가 있다고 덧붙였다. 1월 증시가 상승으로 마감했다면 그 해 증시는 대체로 상승마감할 가능성이 높다는 것이다.

홍 연구원이 1981~2015년 지수를 살펴본 결과 코스피가 1월에 상승한 해에 시장 수익률이 플러스를 기록할 확률은 82.4%였으며 시장 연간 수익률도 26.4%에 달했다. 반대로 1월에 하락세로 출발한 경우 플러스 수익 확률은 50.0%였고 연간 투자성과도 2.0%에 불과했다. 이 같은 현상은 미국 S&P 500지수에 적용해도 유사한 경향을 보였다. 그렇다면 '1월 효과'는 왜 발생하는 것일까? 시장에서는 개인투자자들이 연말 보너스 등을 받아 1월 첫째 주에 주식을 산다는 설명 등이 있다. 하지만 실제 코스닥시장의 1월 개인투자자 매매동향에서 이를 뒷받침할 근거를 찾긴 어렵다고 홍 연구원은 반박했다.

홍 연구원은 "결국 '1월 효과의 원인은 매년 새해를 낙관하는 투자자들의 행동 등에서 비롯된 것으로 짐작된다"면서 "아직은 미스터리의 영역에 남겨둬야 할 것 같다"고 말했다.

<이투데이 2016.12.28.>

읽을거리 1분기 좋으면 다음 분기도 좋다 … "증시 '바퀴벌레 효과' 기대할 때"

"증시에서 '바퀴벌레 효과'가 가장 잘 통할 수 있는 때가 왔다"는 주장이 나왔다. 바퀴벌레 효과란 전(前) 분기 실적이 좋았던 기업이 이번 분기 이후에도 실적이 계속 좋아질 가능성이 크다는 것이다. 일단 한 마리가 나타나면 여러 마리가 줄지어 뒤를 잇는 바퀴벌레의 특성에 착안한 용어다. 올해 1분기에 기업의 영업이익이나 순이익이 작년 1분기에 비해 좋아진 종목들에 투자하면 수익을 기대할 수 있다는 이야기가 된다.

조윤남대신증권 투자전략부장은 30일 '기업이익 바닥 시기의 바퀴벌레 효과 주식' 보고서에서 "현재는 기업 이익이 저점에 있기 때문에 앞으로 기업 이익이 개선될 가능성이 크다"며 "1분기 영업이익과 순이익 증가율이 높게 나온 종목들이 2, 3, 4분기 연속으로 실적 호전을 보일 가능성이 크다"고 밝혔다. 실제로 2003년 이후 유가증권시장에서는 전(前) 분기 실적이 좋았던 종목들이 상대적으로 장기간에 걸쳐 코스피 지수 상승을 이끄는 현상이 두드러졌다고 조 부장은 분석했다.

조 부장은 올해 1분기 기업 실적을 작년 같은 시기와 비교했을 때에 영업이익과 순이익이 각각 30% 이상 증가한 종목들을 투자유망주로 꼽았다. 특히 호남석유, 넥센타이어, 한전KPS, 코리안리, 영원무역, 현대증권을 추천했다. 조 부장은 다만 "2분기 실적이 발표되는 7~8월에 실적을 확인하고 나서 투자 종목을 재검토해야 한다"고 덧붙였다.

<조선일보 2009.04.30.>

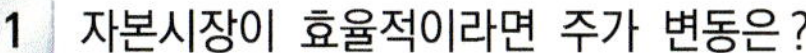

CHAPTER

7 연습문제

1 자본시장이 효율적이라면 주가 변동은?

① 동전던지기의 결과와 유사하다.
② 특정한 모양을 나타낸다.
③ 효율적으로 수익률을 극대화할 수 있다.
④ 정보를 최대한 활용할 수 있다.

2 다음 중 효율적 시장의 특성인 것은?

① 기본적 분석의 우월성 ② 주가의 무작위적 변동
③ 성공적 투자전략의 존재 ④ 전문가보다 아마추어가 유리

3 중국이 자국화폐의 가치를 평가절하한다는 극비 정보를 입수하였다. 이 정보를 이용하여 향후 일주일간 주식투자수익을 얻을 수 있는 시장으로 가장 적합한 것은?

① 효율적 시장 ② 비효율적 시장
③ 옵션시장 ④ 선물시장

4 기술적 분석의 가정 중에서 효율적인 증권시장가설과 서로 상통되는 가정은?

① 주가는 수요와 공급의 상호작용에 의해서 결정된다.
② 주가동향의 변동은 수요와 공급의 파동 때문에 일어난다.
③ 도표 상에는 어떤 모양들이 반복되는 경향이 있다.
④ 수요와 공급은 여러 요인에 의해 변화한다.

5 어떤 비밀정보를 이용한다 하더라도 비정상성과를 얻어 낼 수 없는 효율적 시장에서, 증권분석으로 가장 우수한 방법은?

① 포트폴리오 선택이론 ② 기본적 분석
③ 기술적 분석 ④ 증권투자이론

6 과거의 주가 그래프를 열심히 분석하여 주식에 투자하였으나 비정상수익률을 얻지 못했다. 이것을 다음 중 어느 가설로 설명할 수 없는가?

① strong form model ② weak form model
③ semi-strong form model ④ semi-weak form model

7 우리나라 증권시장에서는 weak form model이 적용된다고 한다. 만일 이 주장이 사실이라면 다음 중 비정상수익률을 얻을 수 있는 방법은?

① 이동평균선분석 ② 거래량 분석
③ 재무비율분석 ④ 없다.

8 다음 중 어느 EMH가 성립하더라도 기본적 분석이 유용한가?

① strong form model ② weak form model
③ semi-strong form model ④ 위의 보기 전부

9 각종 경제지표가 양호하다는 정부의 발표를 믿고 주식에 투자하였으나 평균수익률밖에 얻지 못했다. 이것을 다음 중 어느 가설로 설명할 수 있는가?

① strong form model ② weak form model
③ semi-strong form model ④ semi-weak form model

10 다음 중 가장 많은 정보가 필요한 모형은?

① strong form model ② weak form model
③ semi-strong form model ④ fair game model

11 투자자가 어떠한 정보를 이용하여도 포트폴리오의 위험을 능가하는 비정상수익을 얻을 수 없다는 효율적 시장가설은?

① weak form ② semi-strong form
③ strong form ④ portfolio theory

12 특정정보를 가지고 있는 전문투자자와 그렇지 않은 일반투자자들의 평균수익률에는 차이가 없는 시장은?

① 약형 효율적 시장 ② 준약형 효율적 시장
③ 강형 효율적 시장 ④ 준강형 효율적 시장

13 이상현상이 나타나는 시장으로 가장 적합한 것은?

① 효율적 시장 ② 비효율적 시장
③ 옵션시장 ④ 선물시장

14 1월 효과를 극대화 할 수 있는 투자 전략은?

① 1월에 매도한다. ② 12월에 매도한다.
③ 1월에 매입한다. ④ 12월에 매입한다.

15 주말효과에 따른 투자전략은?

① 월요일에 매입하여 주말에 매도한다.
② 주말에 매입하여 월요일에 매도한다.
③ 주중에 매입하여 주말에 매도한다.
④ 주말에 매입하여 주중에 매도한다.

16 투자수익률을 최대로 하려면 언제 주식을 사야 하나?

① 개장 직후 ② 정오 전후
③ 폐장 직전 ④ 특정 시간은 존재하지 않는다.

17 미국시장에 관한 다음 설명 중 잘못된 것은?

① 기업규모효과와 1월효과는 하나의 현상으로 나타난다.
② 기업규모효과는 1월에만 나타난다.
③ 1월효과는 소규모주식에서만 나타난다.
④ 1월효과를 고려하면 12월에는 대형주식을 미리 사두어야 한다.

18 이상현상을 이용하는 경우 다음 중 어떤 주식을 매입하는 것이 가장 유리할까?

① Blue Chip 주식 ② 외국인 매입 주식
③ 장부가치가 큰 주식 ④ 뮤추얼펀드에 포함된 주식

19 1996년에 포춘지가 선정한 고속성장기업 상위 20개 기업에 3년간 투자했다면 2000년 현재 연평균 90% 정도의 투자수익률을 얻을 수 있었다. 그러나'S&P 500'인덱스 펀드에 투자했다면 연평균 28% 정도의 수익률밖에 올릴 수 없었다. 이 때 포춘지에 따른 투자결과는?

① 시장이 효율적임을 나타낸다.
② 시장이 비효율적임을 나타낸다.
③ 하나의 이상현상을 나타낸다.
④ 포트폴리오 투자가 효과가 없음을 나타낸다.

20 주식에 투자하는 운용기법은 크게 적극적 운용과 소극적 운용으로 구분된다. 잘못 설명한 것은?

① 적극적 운용은 증권시장의 비효율성을 전제로 기본적 분석과 기술적 분석을 활용하며 대 상 포트폴리오의 위험수준에 비해 초과수익률을 목표로 운용하는 전략이다.
② 소극적 운용은 효율적 시장을 전제로 위험수준에 상응하는 평균수익의 실현 또는 손실을 최소화하고자 하는 전략이다.
③ 적극적 운용전략에는 매입원가평균법, 비율계획법 및 인덱스펀드운용기법이 있다.
④ 소극적 운용의 장점은 적극적 운용 보다 매매수수료가 절감되며 장기적으로 보면 적극적 자산운용의 평균성과가 시장지수 수익률을 하회한다.

정답

1.	①	2.	②	3.	②	4.	①	5.	①	6.	④	7.	③	8.	②	9.	①,③	10.	①
11.	③	12.	③	13.	②	14.	①	15.	①	16.	②	17.	④	18.	③	19.	②	20.	③

The Practice of Investments

CHAPTER 8

채권투자

경제적으로 보면 투자와 도박은 매우 흡사하다.
장기적인 주가의 상승은 별개이지만 단기적인 투자는 제로섬의 게임이다.
어떤 투자자가 벌면 다른 투자자는 반드시 손해를 본다.
그런데 카지노에서 돈을 떼듯이 투자에도 수수료가 징수되므로
본래 제로섬인 게임을 평균해 보면 승산 없는 게임이 된다.

〈John Bogle〉

Section 1 | 채권의 의의와 종류

1. 채권의 의의

채권(bond)은 자금을 필요로 하는 주체인 채무자(발행자)가 투자자인 채권자로부터 자금을 차입하고 이자와 원금(원리금)지급에 대한 의무관계를 명시한 채무증서이다. 원리금지급 의무란 채권발행자가 채권소유자에게 정해진 원금 상환일자인 만기일까지 일정기간마다 액면금액에 대해 정해진 이자를 지급하고, 만기일에는 액면금액을 상환하는 의무를 말한다. 따라서 채권에는 채권의 이자와 원금을 마지막으로 지급하기로 한 일자인 만기일(maturity date), 만기일에 지급하여야 하는 원금인 액면가(face value, 상환가액, 만기상환액), 매 기간 지급하기로 약속하는 액면이자율(coupon rate, 표면이율, 표면금리, 쿠폰이자율) 등이 표시되어 있다. 채권은 원리금지급액이 확정되어 있기 때문에 확정소득증권(fixed income securities)이라고도 한다.

채권은 본질적으로 확정이자부증권, 기한부증권, 이자지급증권 및 상환증권이다. 즉, 채권은 발행 시에 약정이자와 만기 시 상환금액이 사전에 확정되는 확정이자부증권이며, 주식과는 달리 원금과 이자의 상환기간이 채권 발행 시 결정되는 기한부 증권이다. 채권은 발행자의 영업실적과 무관하게 이자와 원금을 상환해야 하며, 지급되는 이자는 발행자에게는 금융비용이지만 투자자에게는 수익이 된다. 채권은 주식과 달리 발행자가 상환능력이 있는 한 반드시 이자를 지급하고 원금을 상환해야 하는 이자지급증권 및 상환증권이다.

채권은 주식과 여러 가지 면에서 차이가 있다. 주식은 그 소유자가 주주로서 주주총회 등에서 의사결정에 참여할 수 있으나 채권소유자는 의사결정에 참여할 수 없다. 그리고 주식의 발행은 자본금의 증가를 가져오지만 채권의 발행은 부채의 증가를 수반한다. 또한 채권은 회사의 해산 시 주식에 우선하여 이자와 원금을 지급받을 권리가 있다. 채권과 주식의 차이점을 정리하면 <표 8-1>과 같다.

2. 채권의 특성

가. 채권투자의 이점

채권은 원금은 물론 일정한 이자를 지급받을 권리가 주어져 있는 유가증권이다. 따라서 일정한 기간 후에 얼마의 수익을 얻을 수 있는가 하는 수익성, 원금과 이자를 확실하게 받을 수 있는가 하는 안정성, 그리고 만기 이전에 돈이 필요할 때 현금화 가능여부인 유동성 등의

<표 8-1> 채권과 주식의 차이점

구 분		채 권	주 식
투자자 측면	투자수익	이자, 원금, 시세차익	배당, 시세차익
	수익의 성격	이자(확정적)	배당(가변적)
	투자자 지위	채권자	주주
	가격변동성	작다	크다
	증권의 존속기간	한시적	영구적
	경영참가권	없음	있음
	발행자	정부, 지방자치단체, 특수법인, 주식회사	주식회사
	결제방법	당일결제, 익일결제	보통결제
발행자 측면	자본조달형태	대부증권	출자증권
	조달자금의 성격	타인자본(부채)	자기자본
	원금 상환	만기시 원금상환	상환의무 없음

특성을 갖고 있다. 이에 따라 채권에 투자하는 경우 다음과 같은 이점을 향유할 수 있다.

수익성

수익성은 채권을 보유함으로써 얻을 수 있는 금전적인 수익의 발생 가능성을 의미하는데, 채권보유로부터 얻을 수 있는 수익에는 이자소득과 매매차익인 자본이득이 있다. 즉, 채권은 확정소득증권이므로 채권투자자들은 발행기관의 영업실적과 관계없이 일정한 확정이자소득을 얻을 수 있을 뿐만 아니라 채권가격 상승에 따른 매매차익도 얻을 수 있다.[1)]

안정성

안정성은 채권을 보유함으로써 얻게 되는 금전적인 수익의 변동성이 작다는 것을 의미한다. 수익의 변동성이 커지면 투자위험이 높아지므로 안정성은 낮아진다. 이처럼 안정성은 채권투자 위험과 관련이 있으며, 일반적으로 채권은 정부, 지방자치단체, 금융기관 혹은 신용도가 높은 주식회사가 발행하므로 채무불이행 위험이 상대적으로 낮다.[2)] 채권은 발행기관이 해산한다고 하더라도 주식에 우선하여 원금에 대한 보상을 받을 수 있도록 법적인 보장이 되어 있기 때문에 주식에 비하여 안전성을 가지고 있다.

1) 개인투자자의 경우 주식매매차익과 마찬가지로 채권매매차익은 과세대상이 아니지만 채권 이자소득에 대한 소득세는 원천징수세율(14%)로 부과된다.

2) 채무불이행 위험이 매우 높은 채권이 발행되는 경우도 있는 데 이러한 채권을 정크본드(junk bond)라고 한다.

유동성

유동성이란 화폐가치의 손실 없이 채권을 현금으로 전환할 수 있는 정도를 말한다. 일반적으로 채권 발행자의 신용도가 높아 신속하고 원활한 채무이행이 보장될수록, 만기가 비교적 단기여서 시장이자율이 변하더라도 채권의 가치에 미치는 영향이 크지 않을수록 채권의 유동성은 상대적으로 높아진다. 또한 채권은 거래소에 상장되어 자유로이 거래될 수 있으므로 투자자들은 만기일 이전이라도 증권회사 등을 통해 언제든지 매도하여 당일에 현금화할 수 있는 유동성을 가지고 있다.

나. 채권투자의 위험

채권은 만기까지의 이자와 원금 상환액이 계약에 의해 보장되어 있는 확정소득증권으로서 다른 금융상품에 비해 비교적 안전성이 높다. 그러나 채권투자가 완전한 무위험 투자는 아니다. 채권의 발행조건이나 발행주체가 지니고 있는 위험 때문에 채권수익률에 체계적인 차이가 발생하는 것을 채권수익률의 위험구조라 한다.

채권투자에 따르는 위험은 크게 이자율위험이나 인플레이션위험 등 분산투자로도 회피가 불가능한 체계적 위험과 지급불능위험이나 중도상환위험 등 채권의 고유 요인에 의한 분산투자로 회피가능한 비체계적 위험으로 구분할 수 있다.[3)]

(1) 체계적 위험

이자율위험

이자율위험(interest rate risk) 또는 시장위험(market risk)은 예상하지 못한 시장이자율의 변동으로 인해 채권가격 및 채권수익률이 변동하게 되는 위험을 말한다. 이러한 이자율위험은 다음 두 가지 형태로 나타난다.

- **가격위험 :** 가격위험(price risk)은 시장이자율이 변동함으로써 채권가격이 변동하게 되는 위험이다. 즉, 채권의 가격은 이자율과 반대방향으로 움직이는데, 시장이자율이 상승하면 채권가격이 하락하므로 불리해지고, 시장이자율이 하락하면 채권가격이 상승하므로 유리해진다.
- **재투자위험 :** 재투자위험(reinvestment risk)이란 채권에서 발생한 이자를 재투자한 성과가 예상했던 것과 달라지게 되는 것을 말한다. 시장이자율이 상승하면 재투자수익이 증가하여 유리해지고, 시장이자율이 하락하면 재투자수익이 감소하여 불리해진다.

3) 주식의 체계적 위험과 비체계적 위험에 대하여는 <Chapter 12>를 참고할 것.

이 두 가지 위험은 상호 상쇄되는 경향이 있으나 완전히 상쇄되지 않기 때문에 이자율 변동에 따른 투자위험이 발생하는 것이다.

인플레이션위험

인플레이션 위험(inflaiotion risk)은 물가상승으로 인해 채권의 실질수익률의 하락 위험을 말하며, 구매력위험(purchasing power risk)이라고도 한다. 인플레이션과의 관계에서 나타난다. 물가가 상승할 것으로 예상되는 경우 투자자는 현재의 이자율에다 예상되는 물가 상승률만큼을 가산한 이자를 요구하게 된다. 따라서 예상된 물가상승은 보상받을 수 있으나, 예상치 못한 인플레이션은 실질적인 채권수익률이 저하를 가져오게 된다. 이와같이 예상물가가 적중한다면 인플레이션위험은 발생치 않는다. 그러나 물가가 예상과 다르게 변동되면 인플레이션위험이 발생하게 된다.

(2) 비체계적 위험

채무불이행위험

채무불이행위험(default risk) 또는 지급불능위험은 기업의 경영 및 재정상태가 악화되어 이자나 원금을 지급할 수 없는 상태에 빠질 위험을 말한다. 우리나라의 경우 정부나 지방자치단체, 특수법인 및 신용도가 높은 주식회사가 주로 채권을 발행하므로 채무불이행위험은 상대적으로 적은편이다.

중도상환위험

중도상환위험(call risk)이란 채권발행자가 만기 이전에 원금을 상환함으로써 투자자가 부담하게 되는 위험을 말한다. 일반적인 채권은 만기시까지 투자자간에 전매되나 발행인이 만기전에 상환하지는 않는다. 그러나 만일 발행조건에 중도에 일정한 가격으로 임의상환할 수 있다는 조항을 삽입한다면, 기업은 이자율 하락시에 발행 채권을 상환하고 낮은 이자율로 새로운 채권을 발행할 것이다. 이 경우 기업은 낮은 이자율로 자금을 조달할 수 있어 유리하지만, 투자자의 입장에서는 원금이 만기이전에 투자자의 의도와 무관하게 상환되므로 당초에 기대한 수익률을 달성하지 못할 수 있다.

유동성위험

유동성위험(liquidity risk)이란 보유채권을 매각하려고 하지만 수요가 부족하여 매각할 수 없거나 또는 일정한 가격을 받지 못하고 매각할 수밖에 없게 되는 등 투자자가 원하는 시기와 가격에 매매하지 못하는 위험을 말한다. 따라서 발행물량이 적고 시장이 협소하다면 채권의 유동성이 부족하므로 채권의 수익률은 높아져야 한다.

3. 채권의 종류

채권은 그 내용이나 형식이 다양하기 때문에 채권의 종류를 간단히 분류하기는 어렵지만, 일반적으로 발행주체, 이자지급 방법, 보증유무, 상환기간, 이자지급율 변동여부 등에 따라 분류한다.

가. 발행주체에 의한 분류

채권을 발행주체에 의하여 국채, 지방채, 특수채, 금융채 및 회사채 등으로 분류할 수 있다. 국채, 지방채, 특수채와 금융채를 국공채라고도 한다.

국 채

국채란 국가가 재정지출에 소요되는 경비조달을 위해 발행하는 채권으로서 원리금상환이 보장되는 무위험자산(risk-free asset)이다. 따라서 국채수익률은 무위험이자율로 정의된다. 국채수익률은 시장에서 형성된 가장 낮은 금리로서 다른 증권의 수익률을 결정하는데 기준금리(bench-mark interest rate) 역할을 한다.

국채는 국고채권, 재정증권, 국민주택채권, 외국환평형기금채권 등으로 발행되고 있다. 국고채는 각 기금 및 회계에 필요한 자금을 공급하기 위하여 발행하는 국채로서 고정금리 이표채와 인플레이션 위험을 제거할 수 있는 물가연동국고채의 형태로 발행되고 있다. 국고채권은 한국의 채권시장을 대표하는 채권으로 우리나라 자본시장의 지표금리를 제공하고 있다.

지방채

지방채는 지방자치단체가 지역주민의 복지증진 등을 위한 필요사업의 경비나 재원조달을 위해 발행하는 채권을 말하며, 행정안전부 장관에게 지방채 발행계획안을 제출하고 지방의회의 의결과 행정안전부장관의 승인을 거쳐 발행한다. 우리나라에서 발행되는 지방채에는 도시철도채권, 지역개발채권, 공모지방채 등이 있다.

특수채

특수채는 특별법에 의해 설립된 법인이 발행한 채권으로서, 특별법에 의해 업무를 인가

받은 회사가 발행한 채권까지 광의의 특수채에 포함된다. 우리나라의 경우 기획재정부 장관의 승인하에 발행되며, 우리나라에서 발행되는 특수채로는 한국전력채권, 토지주택채권, 예금보험기금채권 등이 있다.

금융채

금융채는 특수채 중 발행주체가 은행인 채권으로, 기획재정부가 정한 연간 한도 내에서 매월 승인을 거쳐 발행된다. 우리나라에서 발행되는 금융채로는 한국은행의 시중 통화관리를 위한 통화안정증권과 산업은행의 주요산업 개발자원 확보를 위한 산업금융채권 그리고 특수은행채, 리스채, 할부금융채, 신용카드채 등이 있다.

회사채

회사채(corporate bond) 또는 사채는 기업이 거액의 자금을 비교적 장기간 사용하기 위하여 일반투자자들로부터 집단적 · 공개적으로 자금을 차용하고 그 증거로서 발행하는 유가증권이다. 회사채는 주식과 함께 기업의 대표적인 직접금융수단이 된다. 우리나라의 경우 상장법인만이 회사채를 발행할 수 있으며, 상법에서는 채권자들을 보호하기 위하여 사채발행을 일정한 범위 이내로 규제하고 있다. 또한 사채권에는 사채의 액면가, 액면이자율, 만기 등을 반드시 표시하도록 되어 있다. 회사채는 발행기업과 채권자의 권리내용에 따라 다양하게 발행되는데 회사채의 종류에 대하여는 <4. 회사채의 종류>에서 자세히 설명될 것이다.

나. 이자지급방법에 따른 분류

채권은 이자지급방식에 따라 이표채, 할인채, 복리채로 분류된다.

이표채

이표채(coupon bond)는 액면가에 대해 정해진 액면이자율을 일정기간마다 지급하는 채권으로 채권의 권면에 붙어 있는 이표(coupon)를 떼어 이자지급을 청구하기 때문에 생긴 이름이다. 즉, 이표채는 만기까지 매 기간 일정액의 이자를 지급하고 만기일에 마지막 이자와 액면금액을 상환한다. 우리나라에서 발행되는 회사채와 특수채 중 일부가 이표채에 해당되며, 대부분의 회사채는 이자를 매 3개월마다 후급하는 이표채이다.

회사채 중 이표채의 견양을 소개하면 <그림 8-1>과 같다. <그림 8-1>에서 살펴 볼 수 있는 바와 같이 채권은 회사의 상호, 채권의 금액, 채권발행일과 상환일 등을 표시하고 있다.

그림 8-1 이표채 견양

할인채

할인채(zero-coupon bond) 또는 순수할인채권(pure discount bond)은 만기까지의 이자를 발행시점에서 미리 할인(공제)하여 발행하는 채권이다. 즉, 할인채는 만기까지 이자를 지급하지 않고 만기일에 액면금액을 상환한다. 우리나라에서 발행하는 통화안정증권, 산업금융채권 등 금융채 중 일부가 이에 속한다.

복리채

복리채(compounding bond)는 중간 이자를 만기까지 복리로 계산하여, 즉 단위기간 수만큼 복리로 재투자되어 만기에 액면가와 함께 지급하는 채권이다. 우리나라에서 발행되는 복리채로는 지역개발채권, 국민주택채권과 금융채 중 일부 등이 있다.

다. 보증유무에 따른 분류

채권은 보증의 유무에 따라 보증채와 무보증채로 나눌 수 있다.

보증채(guaranteed bond)란 정부 또는 금융기관이 원리금 지급이행을 보증하는 채권으로 정부보증채, 일반보증채(시중은행, 보증보험, 신용보증기금 등) 등이 있다. 발행기업은 보증금융기관에 보증수수료를 지불하며, 채권수익률은 보증금융기관의 신용을 바탕으로 결정된다.

무보증채(unguaranteed bond)는 발행자의 신용도에 의해 발행되는 채권으로 국민주택채권, 상수도공채, 금융채, 회사채 중 일부가 이에 해당한다.

라. 상환기간별 분류

채권은 상환기간에 따라 단기채, 중기채, 장기채, 영구채로 분류하기도 한다.

단기채는 1년 이내에 상환하는 채권으로 우리나라에서는 통화안정증권 등이 이에 속한다. 중기채는 상환기간이 1년 이상 5년 미만이며 우리나라에서 발행되는 중기채로는 국고채권, 외국환평형기금채권, 회사채 등이 있다.

장기채는 상환기간이 5년 이상이며, 우리나라에서 발행되는 장기채로는 국민주택채권, 도시철도채권 등이 있다. 경제가 안정된 나라일수록 장기채권이 차지하는 비중이 크고 상환기간도 더 길다. 예를 들어 미국과 일본에서는 상환기간이 10년 이상의 채권을 장기채로 분류한다.

채권 중에는 원금을 상환하지 않고 이자만 영원히 지급하는 영구채(perpetual bond)도 있다. 우리나라에서는 신종자본증권을 영구채라고 하기도 한다. 신종자본증권은 실질적인 만기가 영구적이고, 배당(또는 이자) 지급의 의무가 없으며, 상환 우선순위가 다른 채권보다 낮는 등 주식과 같은 특성을 가지고 있다. 이러한 요소 때문에 채권이면서도 자본으로 인정받고 있다. 구체적으로는 계약상 만기가 30년이지만 5~10년으로 정해진 조기상환청구권(콜옵션)을 발행자가 행사하지 않고 만기를 30년 단위로 연장할 수 있으며 회계상 자본으로 처리된다.

마. 지급 이자율 변동여부에 따른 분류

채권은 지급이자율의 변동여부에 따라 확정금리부채권과 금리연동부채권으로 나눌 수 있다.

확정금리부채권(straight bond)이란 확정이자율에 의한 일정 금액을 약정기일에 지급하는 채권으로 채권발행 당시에 액면이자율이 확정되어 있고 액면이자율은 시중금리변동과 무관하다. 우리나라에서 발행되는 국공채와 회사채의 대부분이 이에 해당된다.

금리연동부채권(floating rate bond)은 정기예금금리 등 기준금리에 연동되어 지급이자율이 변동되는 조건의 채권이다. 액면이자율은 시중금리 수준에 따라 일정기간마다 조정된다. 우리나라에서 발행되는 금융채와 회사채 중 일부가 금리연동부채권에 해당된다.

바. 국제채권

국제채권은 원리금이 외화로 표시되어 있거나 외국에서 유통되는 채권을 말한다. 국제채권은 외국채와 유로채로 구분된다.

외국채(foreign bond)란 발행자가 자국 이외 지역에서 발행지 통화로 발행하는 채권을 말한다. 외국채는 발행지역에 따라 아리랑본드(한국), 양키본드(yankee bond: 미국), 사무라이본드(samurai bond: 일본), 불독본드(bulldog bond: 영국) 등으로 불린다. 대표적인 양키본드는 한국정부가 미국의 뉴욕에서 발행한 달러표시의 외국환평형기금채권(외평채)이다. 외평채는 국제금융시장에서 한국 채권의 기준금리를 제시하고, 한국의 경제를 홍보하기 위하여 발행하는 채권이다. 현재까지 외국환평형기금채권은 해외 채권시장에서 발행되었으며, 달러와 유로화 형태로 발행되고 있다. 외평채는 한국으로 역수입되어 유통되기도 한다.

일본시장에서 외국인에 의해 발행되는 엔화표시 채권을 사무라이본드(samurai bond)라고 한다. 한국의 지방자치단체와 산업은행이 엔화를 차입하기 위해 일본에서 사무라이본드를 발행한 적이 있다. 외국의 차입자가 한국시장에서 발행하는 원화표시 채권은 아리랑본드(arirang bond)라고 한다.

유로채(euro bond)란 발행자가 자국 이외 지역에서 발행지 통화가 아닌 달러나 유로화로 발행하는 채권을 말한다. 유로채에는 김치본드(한국), 쇼군본드(shogun bond: 일본) 등의 별칭이 붙는다. 화폐발행국 이외의 지역에서 거래되는 화폐(자금)를 유로화(euro-currency)라고 한다. 대표적인 유로화인 유로달러(euro-dollar)는 미국이외의 지역에서 거래되는 달러를 말한다. 예를 들어, 서울에서 거래되는 미국 달러도 유로 달러이다. 유로화시장에서는 미국의 달러, 영국의 파운드, 일본의 엔 등 주요국의 통화가 거래되고 있다.

사. 기타채권

기타채권으로는 주가지수연계채권, 구매력채권, 하이브리드채권 등을 들 수 있다.

주가지수연계채권(equity linked note: ELN)은 채권의 이자 또는 만기상환액이 주가나 주가지수에 연동되어 있는 채권을 말한다.

구매력채권(purchasing power bond)은 인플레이션으로부터 채권자를 보호하기 위하여 소비자물가지수와 같은 인플레이션지수를 고려하여 이의 상승분만큼 높은 이자를 지불하는 채권이다. 구매력채권은 인덱스채권(index bond)이라고도 한다.

하이브리드채권(hybrid bond)은 신종자본증권 또는 혼성채권이라고도 하는데 주식과 채권의 중간적 성격을 지닌 신종상품으로 확정금리는 보장받지만 만기가 없어 발행회사가 청산될 때까지는 상환되지 않는 채권이다. 이는 채권발행기관의 자기자본 조달 수단으로 이용되며, 확정된 금액을 배당하는 것과 보통주보다 앞선 변제순위 등 채권적 성격을 갖는다.

4. 회사채의 종류

기업의 경영환경이 복잡해지고 투자자의 요구가 다양화함에 따라 회사채의 종류도 매우 다양해지고 있다. 회사채는 여러 가지 기준에 따라 다음과 같이 분류할 수 있다.

가. 담보 유무에 따른 분류

회사채는 담보 유무에 따라 담보사채(secured bond)와 무담보사채(unsecured bond)로 분류된다.

담보사채

담보사채는 원리금의 확실한 지급을 위하여 담보를 필요로 하는 사채를 말하고, 무담보사채는 사채발행에 있어 아무런 담보를 필요로 하지 않고 기업의 신용만으로 발행되는 사채를 말한다. 담보로 제공되는 자산에는 주로 그 기업이 소유하고 있는 기계, 설비, 토지, 건물 등의 실물자산과 타 기업의 주식 및 사채 등의 유가증권이 포함된다.

무담보사채

무담보사채는 발행기업의 자산에 대한 담보 없이 발행기업의 신용에 의해 발행되는 회사채이다. 일반사채(debenture)는 금융기관의 보증이나 담보 없이 순수하게 발행기업의 신용에 의해 발행되는 무보증 · 무담보 회사채를 일컫는다. 일반사채를 보유한 투자자는 기업이 청산될 때 기업자산에 대한 청구권이 주주보다는 우선하지만 보증사채나 담보사채보다는 뒤진다. 이러한 위험이 반영되어 일반사채의 수익률은 보증사채나 담보사채보다는 높게 정해진다. 일반사채는 투자자보호를 위해서 재무구조가 건전한 우량기업만이 발행할 수 있는데, 일반적으로 신용평가회사로부터 A등급 이상을 받은 기업에게만 일반사채발행이 허용된다. 무담보사채 중에서도 종속무담보채권(subordinated debenture)은 기업자산에 대한 청구권이 주식보다는 우선하지만 다른 모든 채권보다는 뒤지는 채권이다.

나. 상환시기 및 상환방법에 따른 분류

수시상환사채

일반적으로 회사채는 만기에 원금이 상환되나, 수시상환사채(callable bond)는 만기 이전이라도 발행기업이 원하는 시기에 원금을 상환할 수 있는 사채이다. 즉, 시중금리가 하락하여 기발행사채(outstanding bond)의 이자율이 상대적으로 높게 될 경우 기업은 현재의 낮은 이자율로 새로운 사채를 발행하여 기발행사채를 차환(refund)함으로써 이자비용을 절약할 수 있다. 따라서 수시상환사채는 발행기업에게는 유리하나 사채권자들에게는 불리하기 때문에 발행기업은 기존사채를 액면가 이상으로 상환해 주는 것이 통례이다. 이 때 액면가를 초과하는 금액을 콜 프리미엄(call premium)이라 한다.

감채기금부사채

감채기금부사채(sinking fund bond)는 만기에 거액의 상환자금을 일시에 지출함으로써 발생하는 자금부족 상태를 방지하며, 사채원금상환의 확실성을 높이기 위하여 상환에 필요한 금액을 매 결산기 마다 일정액씩 적립할 것을 규정한 사채이다. 감채기금은 일반적으로 신탁기관에 적립된다.

연속상환사채

연속상환사채(serial bond)는 일단 발행된 사채에 대하여 일정기간마다 일정금액씩 계속해서 상환할 수 있도록 되어 있다. 연속상환사채도 만기일에 일시거액의 상환부담을 줄이기 위한 것이며, 상환방법은 발행 시에 만기를 서로 다르게 연속적으로 정하는 경우도 있고, 일단 발행된 사채에 대하여 일정기간마다 추첨에 의하여 그 일부씩 상환하는 경우도 있다. 연속상환사채는 기업이 감채기금부사채의 목적을 직접적으로 달성할 수 있도록 하며, 투자자들로 하여금 각자의 기호에 맞는 만기를 선택할 수 있게 해주는 이점이 있다.

다. 신종사채

전환사채

전환사채(convertible bond: CB)란 사채발행 시에 결정된 조건에 의하여 일정기간 경과 후 채권자의 희망에 따라 발행회사의 보통주로 전환될 수 있는 사채를 의미한다. 채권자들은 보통주의 주가가 전환사채의 전환가격[4)]보다 높을 경우에는 전환사채를 보통주로 전환함으로써 매매차익인 자본이득을 얻을 수 있으며, 그렇지 못할 경우에는 전환하지 아니하고 계속 채권자로 남게 될 것이다. 전환사채는 투자자들에게 사채의 안전성과 더불어 보통주의 주가상승에 따른 자본이득까지도 얻을 수 있게 하므로 매력적인 투자대상이 될 수 있다. 발행기업의 입장에서는 전환권을 제공하는 대신에 낮은 이자율로 채권을 발행할 수 있고, 보통주로 전환되는 경우에는 원리금 상환에 대한 부담이 없어지며, 자기자본이 증가되어 자본구조를 개선하는 효과도 얻을 수 있다. 그러나 유리한 전환조건을 가진 전환사채가 부당하게 특정인에게 인수되는 경우 소액주주들의 부(wealth)가 전환사채 소유자에게 이전되는 결과가 발생할 수도 있다. 따라서 전환사채에 대한 발행요건은 일반사채보다는 엄격한 편이다.

예 제

인하기업은 액면가 10,000원, 표면금리 3%, 만기상환율 118.25%, 전환가격 17,000원의 조건으로 CB를 발행하였다. 투자자는 이 CB를 4월 10일 유통시장에서 7,300원에 매입하였다. 다음의 세가지 경우 투자자는 어떠한 투자전략을 취하여야 하는가?

① CB의 시장가격이 9,500원인 경우, ② 주가가 2만원인 경우, ③ 주가가 계속 17,000원 이하인 경우.

풀 이

① 유통시장에서 중도 매각. CB를 시장에서 매도하면 매입가격 7,300원과의 차이인 2,200원의 시세차익을 얻을 수 있다.
② 주식으로 전환 후 매도. 전환가격 17,000원으로 전환해서 주식시장에서 매도하면 1주당 3,000원의 시세차익을 얻을 수 있다.
③ 만기까지 보유. 전환권을 행사하지 않고 만기까지 채권을 보유해 표면금리 3%를 매년 지급받고, 만기에 만기상환금 11,825원(10,000원 × 118.25%)을 받는다.

---

4) 전환가격은 전환사채권자가 주식 1주로 전환하기 위하여 포기하는 사채의 액면가를 말하며 액면가를 전환비율로 나누어 측정한다. 여기에서 전환비율이란 전환사채권자가 전환권을 행사하는 경우 전환사채 단위당 얻을 수 있는 주식의 수를 의미한다.

신주인수권부사채

신주인수권부사채(bond with warrant: BW)란 기업이 신주를 발행할 때 이를 인수할 수 있는 권한이 부여된 사채를 말한다. 신주인수권부사채는 사채의 이자 및 원금상환을 보장할 뿐만 아니라, 일정 기간이 경과한 후 사전에 결정된 행사가격에 따라 일정한 수의 신주를 매수할 수 있는 권리(warrants)가 부여되어 있다.

일반적으로 신주인수권부사채는 현시점에서 많은 자금을 필요로 하는 기업이면서, 향후의 성장기회를 충분히 확보하고 있는 기업이 장래 주가상승을 바라보는 투자자들을 대상으로 발행한다. 발행회사 입장에서 신주인수권부사채는 사채와 주식의 양면성을 가지고 있으므로 자금조달이 용이하고, 낮은 표면이자율을 가지므로 자금조달비용을 절감할 수 있다.5) 또한 인수권 행사시 추가로 자금조달이 가능하고, 재무구조의 개선효과를 얻을 수 있다. 투자자 측면에서는 투자의 안정성과 수익성을 동시에 만족, 주가상승에 따른 이익 획득 등을 장점으로 들 수 있다.

발행회사 입장에서 신주인수권부사채의 단점으로는 신주인수권이 행사된 후에도 사채권이 존속하여 상환부담이 지속되고, 대주주의 지분율 하락으로 경영권 지배에 영향을 미치며, 주가변동에 따라 행사시기가 불확실하여 자본구조의 불확실성이 커지게 되는 점 등을 들 수 있다. 투자자 측면에서는 주가가 하락 시에는 권리를 행사할 수 없는 위험이 있으며, 인수권 행사 후에는 낮은 이율의 사채만 존속하게 된다는 점이 단점이 될 수 있다.

신주인수권부사채는 신주인수권이 채권과 분리되어 독립적인 금융상품으로 유통되는 분리형과 신주인수권과 사채가 분리되지 못하고 함께 유통되는 비분리형이 있는데, 우리나라에서는 두 가지 형태 모두가 발행되고 있다. 분리형의 경우는 신주인수권 자체에 별도의 가격이 형성되어 거래되며, 이 때 사채권자 이외의 제3자가 신주를 인수할 수도 있다.

신주인수권부사채는 전환사채와 같이 기업의 보통주에 연결된 자본조달수단이며 사채권자의 자유재량으로 그 인수여부가 결정되는 옵션(option)의 성격을 가지고 있다. 그리고 신주인수권부사채의 발행동기는 전환사채의 경우와 비슷하다. 그러나 전환사채는 전환에 의하여 사채가 소멸되어 보통주로 전환되나, 신주인수권부사채는 사채의 형태가 그대로 존속되면서 별도의 신주를 유상으로 인수할 수 있다는 점에서 서로 다르다. 전환사채와 신주인수권부사채의 특징을 비교해 보면 다음 <표 8-2>와 같다.

5) 신주인수권부사채는 투자자에게 신주를 인수할 수 있다는 유리한 권리를 첨부해 준 회사채이므로 이자율이 일반회사채보다 낮은 수준에서 발행된다. 그러나 이자율이 낮다는 것만으로 신주인수권부사채가 일반사채에 비해 자본비용이 저렴하다고 말할 수는 없다. 신주인수권부사채는 발행시점에서 볼 때 보다 낮은 자본비용으로 자금을 확보하는 대신, 그 차액만큼을 신주인수권이라고 하는 새로운 금융자산으로 보전하는 것이기 때문이다.

<표 8-2> 전환사채와 신주인수권부사채의 비교

구 분	전환사채	신주인수권부사채
권리의 종류	주식전환권	신주인수권
권리행사	권리행사 후 사채 소멸	권리행사 후 사채 존속
권리행사시 자금	신규자금 불필요	추가자금 필요
기업자산 규모	총자산 불변	총자산 증가
권리행사 전 지위	사채권자	사채권자
권리행사 후 지위	주주로 전환	사채권자 겸 주주
권리 이전 가능 여부	비분리형	분리형과 비분리형
신주 취득의 한도	사채금액과 동일	사채금액 범위내
발행이율	일반사채보다 매우 낮음	일반사채와 전환사채의 중간

교환사채

교환사채(exchangeable bond: EB)란 정해진 기간 내에 일정한 조건에 따라 발행기업이 소유하고 있는 주식으로 교환할 수 있는 권리가 부여된 회사채를 말한다. 일반적으로 교환사채는 발행회사가 보유하고 있는 주식을 시장가격보다 높은 가격으로 매각하기 위해 발행된다.

투자자 입장에서 교환권 청구시 추가적인 자금부담이 없으며, 발행기관 입장에서 자본금의 증가가 수반되지 않는다는 점에서 전환사채와 동일하다. 그러나 전환사채는 전환사채권자의 전환청구에 대해 발행기업이 신주를 발행하여 전환해주고, 교환사채는 교환사채권자의 교환청구에 따라 발행회사가 보유하고 있는 타 회사의 주식을 교환해준다는 점에서 차이가 있다. 또한 교환사채는 기존 주주의 이익에 특별한 영향을 미치지 않으므로 채권발행방법에 대해 특별한 규정이 없다. 그러나 전환사채는 신주발생으로 기존 주주의 이해에 직접적인 영향을 미칠 수 있기 때문에 주주에게 전환사채를 우선적으로 인수할 수 있는 권한을 부여하고 있다.

교환사채는 전환사채와 마찬가지로 교환권을 부여하는 대가로 채권의 이자율을 낮게 정하여 기업의 자금조달비용을 절약할 수 있다. 투자자의 입장에서도 채권의 안전성과 주식의 수익성을 동시에 소유할 수 있는 이점이 있다.

라. 기타의 형태

수익사채

수익사채 또는 이익사채(income bond)는 기업의 영업실적이 부진하여 사채이자지급이 어려울 경우 이자를 지급하지 않아도 채무불이행이 되지 않는 특수한 조건의 사채를 말한다. 그러나 기업의 이익이 회복되면 미지급이자를 지급하여야 한다. 수익사채는 발행회사의 실적에 따라 이자를 지급 받기 때문에 투자자에게는 매우 불리한 증권이다. 수익사채는 정상적인 일반기업에서는 발행되지 않으며, 이미 재무적 곤경에 빠져있는 기업이 지급불능채권을 수익사채로 교환하여 발행하는 경우가 대부분이다.

이익참가사채

약정된 소정의 이자를 지급받고도 보통주 주주에게 일정수준 이상의 배당이 주어질 때 이 배당에 함께 참가할 수 있는 사채를 이익참가사채(participating bond: PB) 또는 참가사채라고 한다. 이익참가사채는 배당을 받지 못했을 경우 다음 연도로 권리가 넘어가는지의 여부에 따라 누적적 이익참가부사채와 비누적적 이익참가부사채로 구분된다. 누적적 이익참가부사채는 회사의 이익분배에 대한 참가권이 부여됨으로써 투자 상의 매력이 높아 회사채 발행에 의한 자금조달을 촉진시킬 수 있는 장점이 있다. 그러나 이익참가사채의 이익분배에 대한 참가권은 분배된 이익 크기만큼 주식에 대한 배당을 감소시키는 결과를 초래하여 주식발행에 의한 자본조달을 어렵게 할 수 있는 요인이 될 수도 있다.

옵션부사채

옵션부사채(bond with imbedded option: BO) 란 채권발행 시 제시되는 일정 조건이 성립되면 만기 전이라도 발행회사는 사채권자에게 매도청구를, 사채권자는 발행회사에 상환청구를 할 수 있는 권리가 부여된 채권이다. 옵션부사채는 앞에서 설명한 콜옵션부사채(callable bond)인 수시상환사채와 풋옵션부사채(putable bond)로 구분된다. 풋옵션부사채는 만기 이전에 발행기업에 액면가의 조기상환을 청구할 수 있는 권리가 채권자에게 부여된 회사채이다. 발행기업의 입장에서는 상환요구 시점을 정확하게 예측할 수 없어 자금운용에 어려움이 있으므로 흔히 발행되지 않는다.

Section 2 | 채권시장

채권시장의 구조는 기본적으로 주식시장과 유사하다. 채권시장은 기능에 따라 발행시장과 유통시장으로 나누어지고, 채권의 종류에 따라 국공채시장과 회사채시장으로 구분된다. 채권발행시장은 채권이 발행자로부터 투자자에게 공급되는 시장을 말하며, 채권유통시장은 이미 발행된 채권이 투자자간에 매매되는 시장을 말한다. 발행시장은 간접적 시장인 반면 유통시장은 계속적, 구체적, 조직적 시장이다.

1. 채권발행시장

채권발행시장이란 발행주체가 발행 중개기관을 통하여 채권을 발행하여 투자자에게 채권증서를 제공하고 자금을 공급받는 1차시장(primary market)을 말한다. 우리나라 채권발행시장은 유통시장의 활성화와 연계되어 발행종류가 다양화되고 규모가 확대되는 등 큰 변화를 보여 왔다. 채권발행형태는 발행에 따른 위험을 누가 부담하느냐에 따라 직접발행과 간접발행으로 분류하고, 모집방법에 따라 공모발행과 사모발행으로 분류하며, 발행업무담당에 따라서는 직접모집과 간접모집 방법으로 분류할 수 있다. 일반적으로 공모발행 시에는 간접발행과 간접모집형태를 취하고 사모발행인 경우에는 직접발행과 직접모집형태를 취하는데 현재는 대부분의 채권은 공모발행을 이용하고 있다.

가. 발행시장의 구조

채권발행시장은 채권발행자와 투자자 그리고 발행기관으로 구성된다. 채권의 매각은 발행자로부터 투자자에게 직접 이루어지는 경우도 있지만, 주로 발행기관인 증권회사를 통하여 이루어진다. 따라서 발행시장은 <그림 8-2>와 같이 발행자, 투자자, 증권회사의 3자에 의하여 구성되는 시장이라고 할 수 있다.

발행자는 채권발행에 의해 자금을 조달하는 주체로서 정부, 지방자치단체, 특별법에 의해 설립된 법인, 주식회사 형태의 기업 등이 있다.

투자자는 채권 발행시장에서 모집 · 매출되는 채권의 청약에 응하여 발행자가 발행한 채권을 취득하는 자로서 자금의 대여자를 말한다. 투자자는 전문적 지식과 대규모 자금으로 법인형태를 취하고 있는 기관투자가와 개인자격으로 자산운용을 목적으로 채권에 투자하는 개인투자자가 있으나 우리나라에서는 기관투자가가 대부분이다. 채권에 대한 1차적인 투자자는 대부분 금융기관이다.

그림 8-2 채권 발행시장의 구조

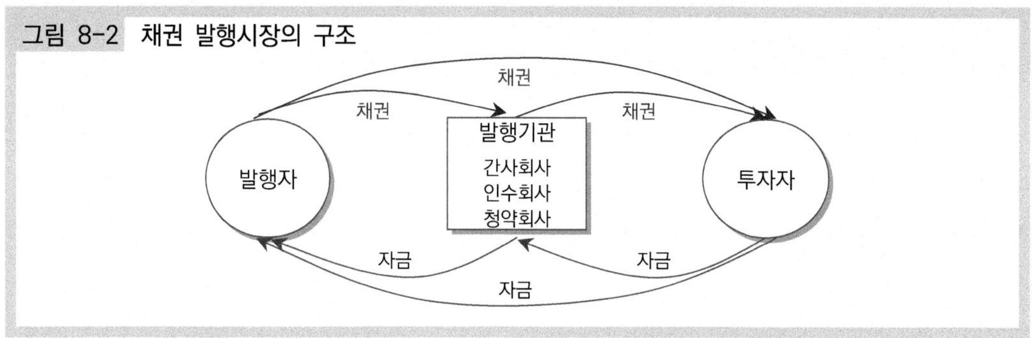

발행기관은 채권발행에 있어 발행자와 투자자 사이에서 채권발행에 따른 제반업무 수행과 함께 발행에 따른 위험부담 및 판매기능을 담당하는 전문기관을 말한다. 발행기관에는 채권발행 업무를 총괄하여 채권발행의 타당성, 소화가능여부, 발행시기, 발행조건 등을 발행자와 협의 결정하는 간사회사(managing company), 간사회사와 협의하여 발행채권을 인수하고 이를 일반투자자 및 청약기관에 매도하는 역할을 수행하는 인수회사, 발행된 채권을 채권 수요자인 일반투자자에게 직접 매매하는 청약회사 등이 있다. 발행기관의 역할은 회사채의 경우 증권회사가 담당하고, 국공채의 경우에는 증권회사, 은행, 종합금융회사가 참여한다.

나. 국공채 발행시장

(1) 국채 발행시장

국채는 국가가 재정지출에 소요되는 경비조달을 위해 발행하는 채권으로, 국채발행에 관한 기본적인 사항은 헌법과 예산회계법에 규정되어 있다. 국채는 발행을 원하는 해당 정부부처가 발행계획안을 기획재정부에 제출하면 국무회의의 심의와 국회의 의결을 거쳐 발행된다. 국채의 발행은 대부분 한국은행이 대행하는데, 국채인수단을 대상으로 경쟁 입찰을 실시하여 한국은행 결제망을 통해 결제자금이 입금되면 한국예탁결제원을 통해 채권이 계좌 이체되는 것으로 발행이 완료된다.

국채의 발행방법은 일반자본시장에서 광범위하고 공개적으로 국채를 모집하는 공모발행(직접발행), 발행총액을 국채딜러[6]가 인수하여 발행하는 인수발행(간접발행), 정부가 채무

6) 딜러(dealer)는 거래되는 자산에 대해 자기 명의(계정)로 재고를 보유하고 있으면서 항시 매도 · 매수호가를 제시하고, 제시한 가격에 거래를 원하는 고객이 있으면 거래를 이행한다. 딜러는 시장에 유동성을 공급하는 역할을 하며, 딜러가 존재함으로써 시장에서 항상 거래가 가능하기 때문에 이들을 시장조성자(market maker)라고 한다. 딜러는 자산이 보유하고 있는 자산의 가격이 하락하면 손실이 발생하기 때문에 가격위험에 노출되어 있다. 딜러의 수입원은 매도 · 매수 가격의 차이(매매차익)이다. 이와는 달리 브로커(broker)는 매수자와 매도자 사이에서 대리인으로서 거래를 성사시켜 주고 수수료를 받는다. 브로커는 딜러와는 달리 자신의 계정으로 재고를 보유하고 있지 않기 때문에 가격변동위험에 노출되지 않는다.

를 지급하고자 할 때 현금 대신 국채를 발행하여 일반인에게 직접 교부하는 교부발행, 그리고 각종 인·허가업무시 의무적으로 국채를 매입케 하는 첨가소화발행[7] 등이 있다.

(2) 지방채 발행시장

지방채는 지방자치단체가 지역주민의 복지증진 등을 위해 필요한 사업경비나 재원조달을 위해 발행하는 채권으로, 지방의회의 의결을 거친 후 발행방법, 이자율, 상환방법 등을 결정하여 행정안전부 장관의 승인을 얻어 발행한다. 지방채의 발행방법은 크게 교부발행과 공모발행으로 구분된다.

(3) 특수채 발행시장

특수채는 특별한 법률에 의해 설립된 법인이 발행하는 채권으로, 종류별로 그 발행법인의 설립을 규정하고 있는 법률에 의거하여 발행되고 있다. 그러나 거의 모든 채권에 대하여 정부가 채권의 원리금 상환을 보증하고 기획재정부장관의 발행승인을 받아야 하기 때문에 국채와 거의 대동소이한 발행절차와 발행방법에 의하여 발행되고 있다.

다. 회사채 발행시장

회사채는 주식회사가 직접 또는 간접으로 불특정 다수의 투자자로부터 비교적 장기 자금을 대량으로 조달하기 위해 발행되는 채무증서로, 기업의 설비투자 및 거액의 운영자금 조달, 기발행사채의 상환 시 가장 효과적인 자금조달 수단으로 이용되고 있다. 회사채 발행총액은 순자산액의 4배를 초과할 수 없도록 관련법으로 회사채 발행 제한규정을 두고 있다. 그 이유는 자기자본이 충실하지 못한 법인이 회사채발행을 증액시켜 진실하지 못한 기업경영을 영위하는 것을 방지하기 위함이다.

회사채의 발행 형태는 모집방법과 발행방법, 발행가액에 따라 분류한다. 즉, 회사채의 모집방법에 따라 사모와 공모로, 발행방법에 따라서는 직접발행과 간접발행으로, 그리고 발행가액에 따라 액면발행, 할증발행, 할인발행으로 구분한다.

사모(private placement)란 불특정 다수의 투자자를 대상으로 하지 않고 소수의 특정인 즉, 보험회사, 은행, 투자신탁회사 등의 기관투자가나 특정개인에 대하여 개별적 접촉을 통해 채권을 매각하는 방법을 말한다. 한편 공모(public offering)란 발행주체가 불특정 다수

7) 국민주택채권은 국민주택건설 재원을 마련하기 위해 발행되는 채권으로 강제 첨가소화되는 채권이다.

인에게 채권을 매각하는 방법으로 채권발행에 따른 제반업무처리와 발행에 따른 위험을 누가 부담하느냐에 따라서 직접발행과 간접발행으로 구분된다.

직접발행이란 중개기관을 거치지 않고 발행주체가 직접 유가증권을 모집 또는 매출하는 방법으로 유가증권 발행에 따른 제반 업무처리와 위험을 발행주체가 부담하는 방법을 말한다. 그리고 간접발행이란 직접발행에 따른 사무처리의 번잡을 피하고 인수위험부담을 없애기 위하여 발행주체가 중개기관의 도움을 받아 유가증권을 발행하는 방법이다. 발행위험 부담방법에 따라 위탁모집, 잔액인수, 총액인수 방법으로 나누어진다.

액면발행이란 사채의 발행이율, 즉 액면이자율이 투자자의 요구수익률과 일치하는 경우 발행가액을 액면가액으로 함으로써 액면가액 전액을 납입시키는 방법이다. 할인발행이란 사채의 발행이율이 투자자가 요구하는 수익률보다 낮은 경우 발행가액을 액면가액 이하로 하여 사채의 실질수익률과 채권투자자의 요구수익률을 일치시키는 방법이다. 마지막으로 할증발행이란 사채의 발행이율이 투자자의 요구수익률보다 높은 경우 발행가액을 액면가액 이상으로 하여 사채의 실질수익률과 요구수익률을 일치시키는 방법이다.

2. 채권유통시장

가. 채권유통시장의 의의와 구조

채권유통시장이란 이미 발행된 채권이 투자자들 사이에서 매매되는 2차시장(secondary market)을 말한다. 채권시장에서 발행시장은 개개인의 유휴자금을 재정정책자금이나 산업자금으로 전환시키는 기능을 가지는 반면에, 유통시장은 투자자 상호간의 매매거래를 통하여 채권의 공정한 가격형성을 가능하게 하고, 채권의 유동성과 환금성을 높이며, 투자자에게 투자원본의 회수와 투자수익의 실현을 가능하게 하는 기능을 가지고 있다. 또한 채권발행의 촉진을 통해 자본조달의 간접적 지원역할을 하고 채권의 적정가격 형성을 통해 채권발행시의 기준금리를 조정하는 등 발행시장과 유기적 관계를 유지하면서 발행시장을 보완하는 기능도 갖고 있다.

채권유통시장은 거래소시장과 장외시장으로 구분된다.

거래소시장

거래소시장 또는 장내시장은 한국거래소라는 구체적 장소에서 거래소에 상장된 채권을 대상으로 하여 다수의 투자자가 표준화된 거래조건, 절차 등을 통하여 경쟁매매방식으로 채권을 거래하는 시장이다. 우리나라의 거래소시장은 일반채권시장, 소액채권시장, 국채전문유통시장, 환매조건부채권(Repo)시장 등으로 구성되어 있다.

일반채권시장은 한국거래소에 상장된 모든 종목의 채권을 거래할 수 있는 시장으로, 회사채, 주식관련 사채, 국민주택채권 등이 거래된다. 시장참여자에 제한이 없으며, 매매수량단위가 액면 1천원으로 소규모 채권투자도 가능하다. 일반채권시장은 주식처럼 개별경쟁매매방식으로 매매가 이루어지며 가격 · 시간우선의 원칙에 따라 매매가 이루어진다.

소액채권시장은 주택구입, 부동산 등기, 자동차 등록 등 인허가와 관련하여 의무적으로 매입한 국공채(첨가소화채권)의 환금성을 높이기 위하여 개설된 시장이다. 채권을 의무적으로 매입한 채권매입자는 매출은행 창구나 금융투자회사를 통해 매입채권의 매도주문을 낼 수 있다. 거래대상채권은 국민주택채권, 서울도시철도채권, 지역개발채권, 지방도시철도채권 등이 있다. 소액채권 매입의무자들 대부분 매입 즉시 매도를 하기 때문에 거래일을 기준으로 당월 및 전월에 발행된 채권에 한하여 거래할 수 있으며, 발행일이 경과한 채권은 일반채권시장에서 거래할 수 있다.

국채전문유통시장(KTS)는 국고채 시장의 활성화 및 거래투명성 제고를 위해 개설되었으며, 주요 시장참가자는 국채자기매매업을 허가 받은 은행과 금융투자회사이다. 연금, 보험, 기금 등의 기타 금융기관 및 일반투자자도 위탁참여가 가능하다. 거래대상채권은 국고채, 통안증권, 예금보험공사채권이나, 국고채가 거래의 대부분을 차지하고 있으며, 매매수량단위는 10억원이다.

채권을 매도(매수)함과 동시에 특정시점(환매일)에 환매수(환매도)하기로 사전에 약속하는 매매계약을 환매조건부채권(REPO) 또는 RP라고 한다. 환매조건부채권(REPO)시장의 주요 시장참가자는 국채전문유통시장과 같다. REPO시장에 대해서는 추후 상세하게 설명한다.

장외시장(over-the-counter market)

장외시장은 증권회사와 고객간 또는 고객 상호간에 비상장채권을 포함한 전 종목이 개별적인 상대매매를 통해 거래되는 시장을 말한다. 우리나라의 경우 주식의 유통시장은 투자자들의 주문에 의해 매매를 중개하는 위탁매매가 주류인 거래소시장이 중심인데 반하여, 채권의 유통시장은 대부분이 장외거래를 통하여 이루어지고 있다. 그 이유는 채권은 주식과는 달리 개인투자자에 의해 소화되기는 어렵기 때문에 대부분 금융기관이나 법인 등 기관투자가간의 대량매매 형태로 거래되고, 개별 경쟁매매보다는 상대매매에 의해 거래가 이루어지므로 장내거래보다는 장외거래가 매매의 대부분을 차지하고 있기 때문이다.

우리나라에서의 채권의 거래소시장과 장외시장을 비교하면 <표 8-3>과 같다.

<표 8-3> 거래소시장과 장외시장의 비교

<table>
<tr><th rowspan="2">구 분</th><th colspan="3">거래소시장</th><th rowspan="2">장외시장</th></tr>
<tr><th>일반채권시장</th><th>소액채권시장</th><th>국채전문유통시장</th></tr>
<tr><td>대 상 채 권</td><td>거래소 상장 국채, 지방채, 회사채 등 모든 채권</td><td>소액 채권</td><td>국고채, 통안증권</td><td>모든 채권</td></tr>
<tr><td>주요참가자</td><td colspan="2">일반투자자</td><td>국채딜러</td><td>기관투자자</td></tr>
<tr><td>거 래 단 위</td><td colspan="2">액면 1,000원</td><td>액면 10억원</td><td>통상 100억원</td></tr>
<tr><td>결 제 방 법</td><td colspan="2">당일결제</td><td>T+1</td><td>T+1 ~ T+30</td></tr>
<tr><td>호 가 방 식</td><td colspan="3">1원 단위 지정가 호가</td><td>수익률 호가</td></tr>
<tr><td>매 매 방 법</td><td colspan="3">경쟁매매</td><td>상대매매</td></tr>
</table>

나. 채권거래제도

(1) 매매거래 기준

일반 채권시장의 매매대상 채권은 한국거래소에 상장된 국채, 지방채, 특수채, 전환사채(CB), 비분리형 신주인수권부사채(BW), 교환사채(EB), 일반회사채권 등 모든 채권이다. 다만 국채딜러 간에 이루어지는 국고채권, 외국환평형기금채권, 통화안정증권, 예금보험기금채권은 국채전문유통시장에서 별도로 거래가 이루어진다.

채권의 매매거래는 공휴일을 제외한 월요일부터 금요일까지 이루어지며, 거래시간은 09:00부터 15:30까지이다.

호가의 종류로는 가격호가와 지정가호가가 있으며, 호가접수시간은 08:30부터 15:30까지이다. 주식과 달리 가격제한폭은 없으나, 주문자 입력오류 방지를 위해 호가입력제한을 두고 있다.[8)]

(2) 매매 체결 및 결제

일반채권시장의 매매체결방법은 단일가격에 의한 개별경쟁매매방식(동시호가매매방식)과 복수가격에 의한 개별경쟁매매방식(접속매매방식)이 있다.

8) 매수호가의 경우, 기준가격(전일종가)* 대비 30%(또는 50%) 이상 가격의 입력이 제한되며, 매도호가는 기준가격(전일종가)에서 30%(또는 50%) 미달하는 가격의 호가가 제한된다.

단일가격에 의한 개별경쟁매매방식은 일정시간에 접수된 모든 호가를 동시에 접수된 것으로 보고 하나의 가격으로 매매 체결시키는 방식이다. 이 방식은 최초의 가격결정시 또는 시장재개나 매매거래 재개 후 최초의 가격결정시(재개시점부터 10분간 접수된 호가) 적용된다.

복수가격에 의한 개별경쟁매매방식은 매도호가와 매수호가의 경합에 의하여 가장 낮은 매도호가와 가장 높은 매수호가가 합치되는 경우 선행호가의 가격으로 매매를 체결하며, 합치하는 호가 간에는 경쟁매매원칙에 따라 매매가 체결되는 방식이다.

투자자와 증권회사간의 결제는 당일 결제이며 결제일의 16:00까지 매도 채권과 매수 대금을 납부하여야 한다. 증권사는 매매가 성립되었을 때에는 투자자로부터 위탁수수료를 징수한다.

(3) 소액채권매매

소액채권이란 매매일을 기준으로 당월 및 전월에 발행된 채권으로서 1계좌당 액면 5천만원 이하인 채권을 말한다. 소액채권시장에서 거래되는 채권은 일상생활에서 흔히 접하게 되는 ① 제1종 국민주택채권, ② 서울도시철도채권, ③ 지방공기업법에 의하여 특별시, 광역시 및 도가 발행한 지역개발채권, ④ 광역시에서 발행한 도시철도채권 등이 있다. 증권회사는 고객으로부터 소액채권에 대한 매매주문을 받을 때에는 반드시 이에 응하여야 한다.

소액채권 시장집중거래제도란 소액채권의 투자자가 경쟁을 통한 일물일가의 공정한 시장가격에 의해 안심하고 매매할 수 있도록, 일정금액 이하의 소액채권을 매매할 경우 반드시 거래소 시장을 통하여 거래가 이루어지도록 주문의 시장집중의무가 부여된 거래제도를 말한다. 이 제도는 개인이 부동산 등기 시, 차량 등록 시 등 의무적으로 매입하여야 하는 국공채의 환금성을 제고함으로써 첨가소화채권 매입자의 편익제고와 개인부담의 경감을 목적으로 도입되었다.

다. 레포시장

(1) 레포거래의 개념

레포(Repo)거래 또는 환매조건부(repurchase agreement: RP)거래란 유가증권을 담보로 제공하고 일정기간 자금을 조달하거나 또는 자금을 담보로 유가증권을 차입하는 거래를 말한다. RP거래에서 전자의 거래형태는 단기자금시장(money market)을 대체 또는 보완하는 역할을 하며, 후자의 거래형태는 유가증권대차시장(securities loans)을 대체 또는 보완하게 된다.

RP거래의 기본구조는 <그림 8-3>과 같다. 거래당사자는 매매일에 RP계약을 체결하게 되는데 이 계약에서는 일정한 조건으로 유가증권을 매매한다는 계약과 환매일에는 당초에 매매한 유가증권과 등가의 유가증권을 반대로 매매한다는 2개의 계약이 하나의 계약(as a package)으로 이루어진다. 여기서 환매일은 RP계약에 따라 매매계약이 종료되는 날을 말한다.

그림 8-3 RP거래의 기본구조

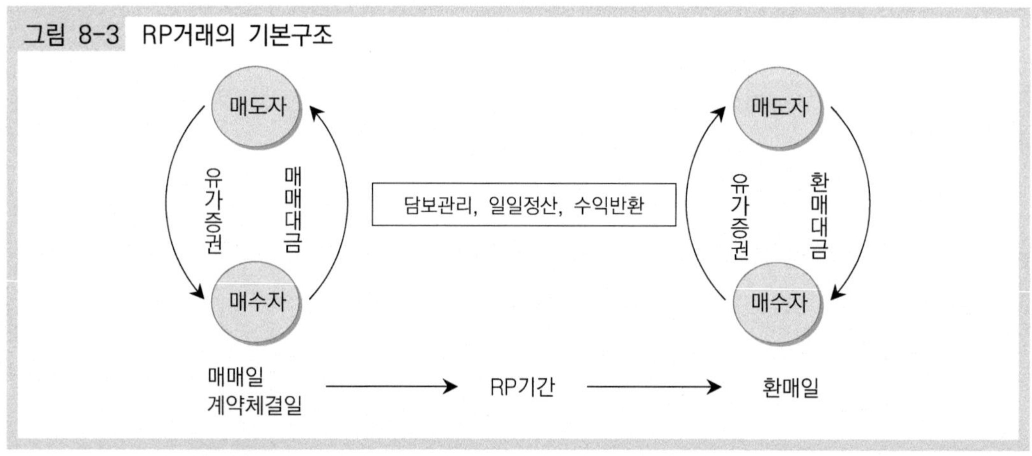

RP시장은 채권시장의 효율성을 제공하고, 금융시장의 안정성을 제고하며, 파생상품시장의 효율성을 제고하고, 중앙은행의 통화정책수단을 제공하는 등 경제적으로 금융시장에서 필수적인 기능을 수행하고 있다. 또한 RP시장이 규모면에서 보더라도 미국, 영국, 유로권 등 금융선진국의 경우 단기금융시장에서 매우 중요한 위치를 차지하고 있다.

(2) 레포 매매제도

레포로 거래가 가능한 유가증권은 채권, 주식, CP, CD, MBS 등이 있으나, 한국거래소 레포시장에서는 거래의 안정성을 높이기 위해서 국채(국고채권, 외국환평형기금채권), 특수채(통화안정증권, 예금보험기금채권) 및 신용등급이 AA이상인 우량회사채를 거래대상 유가증권으로 정하고 있다. 레포시장에서 호가접수 및 매매거래시간은 09:00부터 15:30까지이다.

레포시장에서 레포거래의 특성상 호가는 환매이자율[9)](Repo-rate)로 하며, 호가가격단위는 소수점 둘째자리의 환매이자율로, 호가수량단위 및 매매수량단위는 각각 1만원 및 액면기준(stock-based) 10억원으로 설정되어 있다. 일반채권매매와 마찬가지로 RP거래의 가격제한폭은 없다. 레포시장에서는 표준화된 장내거래로서 호가의 집중을 통한 원활한 매매체결과 매매거래의 투명성을 확보할 수 있는 복수가격에 의한 개별경쟁매매방식(완전경쟁매매)을 적용하고 있다. 이 때 가격과 시간우선의 원칙만을 적용한다.

9) 환매이자율은 레포시장에서의 체결가격으로 매도자가 환매일에 지급하기로 한 약정한 이자의 연이율을 말한다. 이자율의 크기는 중앙은행의 재할인율 보다는 높게 그러나 콜금리보다는 낮게 형성되는 경향이 있다.

RP거래에는 일일정산제도가 적용되고 있다. 일일정산은 RP거래의 결제이행을 보증하기위하여 매매거래일별로 매매채권의 가격변동위험에 대비할 수 있도록 거래소가 주체가 되어 동일상대방과의 모든 미환매약정에 대한 일방 또는 상대방의 정산요구금액을 산출하고 추가 증거금을 징수하는 방법으로 적정한 수준의 담보가치를 유지시키는 일련의 절차를 말한다. 또한 RP거래기간동안 매매채권의 가격변동위험을 담보하는 할인율로서 매수자의 입장에서 매도자에게 요구하는 비율인 보전비율(haircut)은 개시증거금(initial margin)의 기능을 한다.

Section 3 | 채권의 가치와 수익률

1. 채권가치의 평가

채권의 가치는 투자자들에게 지급될 미래 현금흐름인 이자와 원금상환액을 투자자들이 요구하는 할인율로 할인한 현재가치[10)]의 합이다. 그러므로 채권의 현금흐름, 잔존기간 및 투자자가 요구하는 수익률(할인율)을 안다면 채권의 가치를 평가할 수 있다.

채권투자자는 자신이 평가한 채권의 가치와 시장에서의 채권가격을 비교하여 가격이 가치보다 낮아 저평가 되었다면 매입하고, 가격이 가치보다 높아 고평가 되었다면 매도하여 수익을 얻을 수 있다.

채권의 종류에서 설명한 이표채와 할인채, 복리채 및 영구채의 현금흐름 유형을 그림으로 나타내면 <그림 8-4>와 같다. 그림에서 V_0는 채권의 가치, I는 이자금액, F는 액면금액, t는 기간이며 n은 만기이다. 액면이자율을 i라고 하면 $I=F\times i$이다. 채권 유형별로 가치를 평가하는 방법은 다음과 같다.

그림 8-4 채권종류별 현금흐름 유형

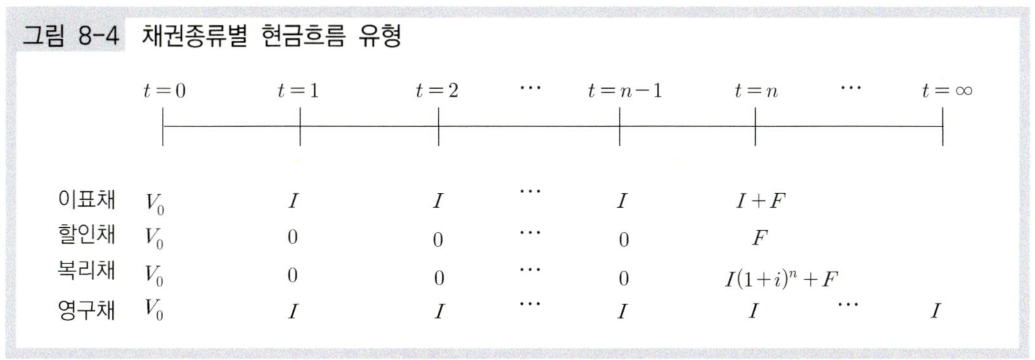

10) 할인과 현재가치에 대하여는 일반 재무관리 교과서를 참고할 것.

<그림 8-4>에서 이자금액과 원금상환액을 적절한 할인율로 할인하여 채권의 가치를 산출할 수 있다. 여기서 구한 채권의 가치가 시장에서의 채권가격보다 높다면 그 채권은 저평가되어 있으므로 구입하고, 채권가치가 채권가격보다 낮다면 그 채권은 고평가되어 있으므로 매도하는 투자를 함으로써 이익을 극대화할 수 있다.

이표채의 가치

이표채의 경우 투자자가 채권투자로부터 미래에 얻게 될 현금흐름은 이자지급액과 원금(액면금액)상환액이므로 투자자가 채권을 구입할 때 지급하는 채권의 가치는 채권투자로부터 미래에 얻게 될 현금흐름인 이자와 원금상환액을 투자자들이 요구하는 수익률로 할인한 현재가치이므로 다음과 같이 그 가치를 산출할 수 있다.

$$V_0 = \frac{I}{1+r} + \frac{I}{(1+r)^2} + \cdots + \frac{I}{(1+r)^n} + \frac{F}{(1+r)^n}$$
$$= \sum_{t=1}^{n}\left(\frac{I}{(1+r)^t}\right) + \frac{F}{(1+r)^n}$$

위 식에서 r은 투자자들이 요구하는 수익률이다. 채권수익률과 채권가치와의 관계를 설명하기 위하여 다음 예제를 고려하여 보자.

예 제

액면가가 100,000원이고 액면이자율이 연 15%이며(이자는 후급됨) 만기가 3년인 이표채가 있다. 만약 투자자들이 요구하는 채권수익률이 1) 20%인 경우, 2) 15%인 경우, 3) 10%인 경우에 이 이표채의 가치는 어떻게 될 것인가?

풀이

채권의 가치는 채권가격결정모형에서 살펴보았듯이 채권투자로부터 미래에 얻게 될 이자와 원금상환액을 채권수익률 r로 할인한 현재가치이므로 다음과 같이 구해진다.

1) 채권수익률이 20%인 경우의 채권기치

$$V_0 = \frac{15{,}000}{(1+0.2)} + \frac{15{,}000}{(1+0.2)^2} + \frac{15{,}000}{(1+0.2)^3} + \frac{100{,}000}{(1+0.2)^3} = 89{,}468(\text{원})$$

2) 채권수익률이 15%인 경우의 채권가치

$$V_0 = \frac{15{,}000}{(1+0.15)} + \frac{15{,}000}{(1+0.15)^2} + \frac{15{,}000}{(1+0.15)^3} + \frac{100{,}000}{(1+0.15)^3} = 100{,}000(\text{원})$$

3) 채권수익률이 10%인 경우의 채권가치

$$V_0 = \frac{15{,}000}{(1+0.1)} + \frac{15{,}000}{(1+0.1)^2} + \frac{15{,}000}{(1+0.1)^3} + \frac{100{,}000}{(1+0.1)^3} = 112{,}434(\text{원})$$

위 예제에서 볼 수 있듯이 채권수익률들 사이의 관계는 다음과 같다. 채권수익률이 액면이자율보다 높은 경우 채권가격은 액면가보다 낮으며, 채권수익률이 액면이자율과 같은 경우에는 채권가격이 액면가와 동일하다. 또한 채권수익률이 액면이자율보다 낮은 경우 채권가격은 액면가보다 높음을 알 수 있다. 이러한 채권을 각각 할인채(discount bond)[11], 액면채(par bond), 할증채(premium bond)이라고 한다. 여기서 채권수익률과 채권가격은 반비례 관계에 있음을 알 수 있다. <표 8-4>은 채권가격과 채권수익률간의 관계를 보여주고 있다. 일반적으로 만기수익률을 채권수익률이라고도 한다.

<표 8-4> 채권가격과 채권수익률간의 관계

이자율 비교	채권가격 비교	채권발행 형태	채권 유형
채권수익률 > 액면이자율	시장가격 < 액면가격	할인발행	할인채
채권수익률 = 액면이자율	시장가격 = 액면가격	액면발행	액면채
채권수익률 < 액면이자율	시장가격 > 액면가격	할증발행	할증채

할인채(zero coupon bond)의 가치

할인채의 현금흐름은 만기의 액면가뿐이므로 그 가치는 다음과 같이 산출할 수 있다.

$$V_0 = \frac{F}{(1+r)^n}$$

예 제

채권투자자의 요구수익률이 10%일 때 액면가가 100,000원이고 만기가 5년인 할인채의 가치는 얼마인가?

풀이

이 할인채의 가치는 62,090원이다.

$$V_0 = \frac{F}{(1+r)^n} + \frac{100,000}{(1+0.1)^5} = 62,090(\text{원})$$

복리채의 가치

복리채는 만기까지 이자가 복리로 재투자되어 만기에 원금과 이자를 동시에 지급하는 채권으로써 그 가치는 다음과 같이 산출할 수 있다.

11) 만기까지의 이자를 발행시점에서 미리 공제하여 발행하는 할인채(zero coupon bond)와 구분하기 위해 할인발행채권이라고도 함

$$V_0 = \frac{F \times (1+i)^n}{(1+r)^n}$$

예 제

출판사를 등록하기 위하여 액면가 100,000원의 지역개발공채를 구입하였다. 이 공채의 상환기간은 5년이고 이자율은 연 6%로써 복리 계산되는 복리채이다. 채권투자자의 요구수익률이 8%인 경우 이 채권의 가치는 얼마인가?

풀 이

이 복리채의 가치는 91,077원이다.

$$V_0 = \frac{F \times (1+i)^n}{(1+r)^n} + \frac{100,000 \times (1+0.06)^5}{(1+0.08)^5} = 91,077$$

영구채의 가치

영구채는 원금의 상환기간이 없이 영원히 이자만을 지급하는 채권으로써, 그 가치는 다음과 같이 산출할 수 있다.

$$V_0 = I \sum_{t=1}^{\infty} \frac{1}{(1+r)^t} = \frac{I}{r}$$

예 제

1800년대 영국정부는 모든 공채를 2.5%짜리 콘솔(consol, 정리공채) 한가지로 통합하였다. 2.5% 콘솔은 매년 25파운드를 영원히 지급하는 영구채이다. 채권투자자의 요구수익률이 10%라고 할 때, 이 채권의 적정가치는 얼마인가?

풀 이

이 영구채의 가치는 250파운드이다.

$$V_0 = I \sum_{t=1}^{\infty} \frac{1}{(1+r)^t} = \frac{I}{r} = \frac{25}{0.10} = 250$$

2. 채권수익률의 개념과 종류

가. 채권수익률의 개념

채권수익률이란 채권의 투자성과를 평가함에 있어 보편적으로 사용하는 척도이다. 채권수익률에는 이용목적과 산출방법에 따라 여러 가지 종류가 사용되고 있으나 가장 대표적인 것이 앞의 채권가격결정모형에서 설명한 수익률인 만기수익률(yield to maturity)이다. 즉, 채권투자에서 얻어지는 현금흐름의 현재가치와 채권의 시장가격을 일치시켜 주는 할인율인 만기수익률이 채권수익률을 대표한다. 앞에서는 채권수익률인 만기수익률이 구해졌다는 것을 전제로 하여 채권의 가격을 구하였다. 그러나 현실적으로는 현재 시장에서 형성되어 있는 채권가격으로부터 채권수익률을 계산하여 채권투자에 이용한다. 또한 채권투자의 성과를 평가함에 있어서도 채권수익률이 사용된다.

채권수익률은 대체로 다음과 같이 두 가지 의미를 내포하고 있다. 첫째, 채권수익률은 오직 채권의 가격을 나타내는 하나의 수단으로 볼 수 있다. 따라서 채권의 시장가격을 알면 수익률을 계산할 수 있고 수익률이 주어지면 채권가격을 알 수 있다. 둘째, 채권수익률은 시장이자율과 같은 개념으로 생각할 수 있다. 따라서 채권수익률은 액면이자율, 잔존기간, 시장가격이 서로 다른 채권을 비교하는 기준으로 이용되고 있다.

채권수익률은 채권의 고유요인과 외적 요인에 따라 변동한다. 고유요인이란 발행채권의 내부적인 요인으로서 잔존만기, 발행자의 신용도, 채권의 유동성 등이 있다. 만기가 길거나, 발행자의 신용도가 낮거나, 유동성이 떨어진다면 그 채권은 그렇지 않은 채권보다 일반적으로 채권수익률이 높다. 왜냐하면 채권투자자의 입장에서는 위험이 높은 대가로 더 높은 수익을 발행자에게 요구하기 때문이다.

외적 요인이란 경기상황, 물가동향, 통화량 등 국가경제적 요인을 말한다. 경기활황기에는 자금을 필요로 하는 사람이 많아지기 때문에, 금융긴축기에는 시중의 자금시정이 나쁘기 때문에, 그리고 물가상승기에는 미래의 채권가치가 떨어지기 때문에 채권수익률이 높아진다. 이러한 내용을 정리하면 <표 8-5>와 같다.

<표 8-5> 채권수익률 주요 변동 요인

변동 요인		채권수익률
고유요인	잔존만기	장기채 > 단기채
	신용위험	고 위험채 > 저 위험채
	유동성 정도	저 유동성 > 고 유동성
외적 요인	경기상황	경기활황기 > 경기침체기
	물가동향	물가상승기 > 물가하락기
	통화량 수준	금융긴축기 > 금융완화기

나. 채권수익률의 종류

채권수익률로는 주어진 상황이나 가정에 따라 만기수익률 이외에도 다양한 수익률개념이 사용되고 있으므로, 투자자는 투자목적과 상황에 맞춰 적절한 수익률을 선택하여 비교하여야 한다. 일반적으로 사용되고 있는 채권수익률은 다음과 같다.

만기수익률

만기수익률(yield to maturity: YTM)은 채권가격결정모형에서 보듯이 현재가격으로 채권을 매입하여 만기까지 보유하는 투자자가 액면이자와 액면가액을 약속대로 상환받고, 중간에 지급받는 이자도 매입당시의 만기수익률로 재투자한다고 가정했을 때 예상되는 수익률이다. 그러나 이자와 액면가가 약정대로 상환되지 않을 수도 있고, 중간에 지급받는 이자에 대한 재투자수익률[12)]은 매입 당시의 만기수익률과는 일반적으로 다를 것이며, 만기 이전에 채권을 매도하는 경우에는 매도가격이 액면가액과 달라 매매손익이 발생할 가능성도 있기 때문에 실제수익률은 만기수익률과 다른 것이 보통이다.

채권의 만기, 액면가, 액면이자율은 모두 채권이 발행될 때 정해지므로 채권가격이 주어지면 만기수익률이 계산되고, 이 만기수익률은 채권자로부터 기대되는 미래 현금흐름의 현재가치를 채권가격과 같게 해주는 할인율로 시장에서 평가되어 결정된다. 따라서 만기수익률은 시장에서 결정되는 시장이자율이며 실제로 3년 만기 회사채의 만기수익률이 시장의 장기실제금리를 나타내는 지표로 통용되고 있다.

채권발행자가 채권을 발행하기 위해서는 투자자가 요구하는 수익률을 지급해야 한다. 따라서 채권의 만기수익률은 투자자 입장에서는 채권투자에 대한 요구수익률이며, 발행기업의 입장에서는 회사채로 조달한 자금에 대한 자본비용[13)](cost of capital)이 된다. 발행시장에서 신규발행채권이 매출될 때 형성되는 발행수익률과 채권이 유통시장에서 매매되는 과정에서 형성되는 유통수익률 모두 만기수익률로 표시된다.

만기수익률의 개념은 투자기간이 1기간인 채권으로부터 쉽게 파악할 수 있다. 1기간 후에 이자와 원금을 합하여 C(110만원)을 지급하는 채권의 현재가격이 P(100만원)라면 이 채권으로부터의 수익률은 다음과 같다.

$$\text{수익률} = \frac{C-P}{P} = \frac{110\text{만원}-100\text{만원}}{100\text{만원}} = 0.1(10\%)$$

12) 재투자할 때의 수익률이 채권을 매입할 때의 이자율보다 높으면 실제수익률은 만기수익률보다 높아지며, 재투자수익률이 낮아지면 실제수익률은 낮아진다.

13) 자본비용에 대하여는 일반 재무관리 교과서를 참고할 것.

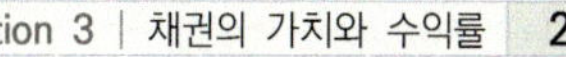

그런데 이 채권의 만기수익률 r을 구하면 다음과 같다.

$$P = \frac{C}{(1+r)} \text{에서 } 100\text{만원} = \frac{110\text{만원}}{(1+r)} \quad \therefore r = \frac{C}{P} - 1 = \frac{110\text{만원}}{100\text{만원}} - 1 = 0.1$$

따라서 이 채권의 수익률과 만기수익률은 같게 되므로 결국 채권의 만기수익률은 그 채권의 투자수익률을 의미함을 알 수 있다.

채권가격, 만기, 액면가액, 액면이자율 등의 발행조건이 주어졌을 때 정확한 만기수익률을 구하는 것은 계산상 복잡한 일이다. 만기수익률은 이자지급기간이 2기간 이하인 경우에는 수식으로 쉽게 계산되지만 그 이상인 경우에는 수식으로 풀기 어렵다. 이때에는 시행착오법(trial-and-error method)[14]을 사용하여 만기수익률을 구할 수 있다. 즉, 이자와 액면가액의 현가를 채권가격과 거의 같게 하는 할인율을 찾을 때까지 여러 개의 할인율을 적용하여 이자와 액면가액의 현가를 반복계산해 봄으로써 만기수익률을 구할 수 있다.

예 제

B기업이 발행한 채권의 액면이자율(i)은 연12%, 액면가(F)는 100,000원, 만기(n)는 4년, 이자는 매년말 지급한다. 이 채권의 시장가격(P)이 90,000원일 때 이 채권을 구입하여 만기까지 보유할 경우 얻게 되는 만기수익률은 얼마인가?

풀 이

채권 B의 만기수익률을 구하기 위하여서는 다음 식을 만족시키는 r을 찾아야 한다.

$$P = \sum_{t=1}^{n} \frac{F \times i}{(1+r)^t} + \frac{F}{(1+r)^n}$$

$$90{,}000 = \frac{100{,}000 \times 0.12}{(1+r)^1} + \frac{100{,}000 \times 0.12}{(1+r)^2} + \frac{100{,}000 \times 0.12}{(1+r)^3} + \frac{100{,}000 \times 0.12 + 100{,}000}{(1+r)^4}$$

시행착오법에 의하여 만기수익률을 구하면 $r = 15.54\%$이다.

위와 같이 채권의 만기수익률을 시행착오에 의하여 산출하는 것은 복잡하고 많은 시간이 소요되므로 다음과 같은 식에 의하여 근사값을 산출하여 사용하기도 한다.

$$r \approx \frac{\text{연평균투자수입}}{\text{평균투자액}} = \frac{F \times i + (F-P)/n}{(F+P)/2}$$

근사법에 의하여 위의 예제에서 다룬 B기업의 경우 만기수익률을 구하면 15.26%이다.

---

14) 재무계산기를 이용하거나 EXCEL 등의 프로그램을 이용하면 비교적 만기수익률을 쉽게 계산할 수 있다.

$$r \approx \frac{100{,}000 \times 0.12 + (100{,}000 - 90{,}000)/4}{(100{,}000 + 90{,}000)/2} = 15.26(\%)$$

채권의 만기수익률은 액면이자율의 크기, 만기의 차이, 위험도의 차이 등에 따라 달라진다. 그런데 모든 조건이 동일함에도 불구하고 일시적으로 만기수익률이 차이를 나타내는 경우가 있다. 이 경우 투자자들은 만기수익률이 높은 채권을 매입할 것이므로 초과수요가 발생하여 채권가격이 상승하고 만기수익률이 하락하게 된다. 또한 만기수익률이 낮은 채권을 매도하려 할 것이므로 초과공급이 발생하여 채권가격이 하락하고 만기수익률이 상승하게 된다. 따라서 수요와 공급이 일치하는 균형 하에서는 동일한 조건의 채권들이라면 동일한 만기수익률을 갖게 된다.

액면이자율

액면이자율(coupon rate)은 표면이율, 표면금리 또는 발행이율이라고도 한다. 이는 채권의 권면에 기재된 이율로 1년간 발행자가 지급하는 이자를 액면으로 나눈 단리의 개념이다.

단순수익률

단순수익률은 투자원금에 대하여 매년 얼마의 액면이자를 얻을 수 있는가 만을 고려한 수익률이다. 단순수익률에는 만기시의 자본이득이나 손실, 재투자수익 및 기간개념은 고려되지 않는다. 단순수익률은 액면이자 수입만을 평가하는 수익 척도이기 때문에 이자수익을 중시하는 투자자에게는 중요한 지표이다. 단순수익률을 직접수익률, 경상수익률(current yield) 또는 이자수익률이라고도 한다.

3. 채권가격과 수익률의 관계

채권가격과 채권수익률의 관계는 다음과 같이 나타낼 수 있다.

$$P_0 = \sum_{t=1}^{n} \frac{I_t}{(1+r)^t} + \frac{F}{(1+r)^n}$$

이 식에서 채권수익률 변동과 채권의 가격변화는 역으로 움직인다는 것을 알 수 있다. 채권가격과 수익률의 관계를 말키엘(B. Malkiel)은 다음과 같이 정리하고 있다.

제1정리

채권가격은 채권수익률에 반비례한다. 만기수익률 산출식에서 보는 바와 같이 채권수익률과 채권가격은 역(−)의 관계에 있다. 즉, 채권수익률이 상승하면 채권의 가격은 하락하고, 채권수익률이 하락하면 채권가격은 상승한다. 따라서 채권수익률 상승국면을 약세, 채권수익률 하락국면을 강세로 표현한다.

제2정리

채권의 만기(잔존기간)가 길어질수록 채권가격의 변동 폭은 커진다. 다른 조건이 같을 경우 동일한 수익률 변화에 대해 만기가 긴 장기채가 만기가 짧은 단기채보다 가격변동이 크다.

제3정리

채권수익률 변동에 따른 채권가격 변동률은 체감적으로 증가한다. 만기수익률 산출식에서 보는 바와 같이 채권수익률이 포함된 분모는 만기의 길이에 따라 체증하기 때문이다.

제4정리

만기가 일정할 때 채권수익률 하락으로 인한 가격상승폭은 같은 폭의 채권수익률 상승으로 인한 하락폭 보다 크다. 예를 들면, 채권수익률이 6%에서 7%로 상승하여 변하거나 5%로 하락하여 변할 때 똑같은 1%포인트의 변화이지만 가격변동의 폭은 5%로 변할 때 더 크게 나타난다.

제5정리

액면이자율은 채권가격변동에 반비례한다. 동일한 수익률 변화에 대해 표면이율이 낮은 채권이 액면이자율이 높은 채권보다 가격변화가 크다. 따라서 동일한 조건이라면 높은 시세차익을 기대하는 투기적인 투자자는 액면이자율이 낮은 채권을 선호하게 되고, 반면에 안정적인 수익을 기대하는 투자자는 액면이자율이 높은 채권을 선호하게 된다.

예 제

액면가 100,000원, 액면이자율 8%, 만기 3년인 이표채를 가지고 말키엘의 정리를 설명하라.

풀 이

제1정리 : <표 8-6>에서 만기 3년의 경우 채권수익률이 7%인 경우 채권가격은 102,624원이지만 채권수익률이 9%인 경우 채권가격은 그 보다 낮은 97,469원이다.

<표 8-6> 만기와 채권가격의 관계

채권수익률	만 기			
	3년	4년	9년	10년
7%	102,624	103,387	106,515	107,024
9%	97,469	96,760	94,005	93,582
가격차	5,155	6,627	12,510	13,442
가격차 변동률(%)		28.55		7.45

제2정리 : <표 8-6>에서 채권수익률이 7%에서 9%로 변할 때 만기가 3년인 경우 채권 가격차는 5,155원에 불과하지만 만기가 10년인 경우에는 가격차가 그보다 큰 13,442원에 이른다.

제3정리 : <표 8-6>에서 채권수익률이 7%인 경우 만기가 3년에서 4년으로 길어질 때 채권가격 변동폭의 증가율은 28.55%이지만 만기가 9년에서 10년으로 길어질 때 채권가격 변동폭의 증가율은 그보다 작은 7.45% 증가한다.

제4정리 : <표 8-7>에서 채권수익률이 8%에서 7%로 1% 하락시 채권가격 변동률은 2.62%이지만, 8%에서 9%로 1% 상승시 채권가격 변동률은 그보다 작은 2.53%이다.

<표 8-7> 채권수익률 변동과 채권가격 변동률

채권수익률	수익률 변동 방향	채권가격	가격변동률(%)
7%	↓	102,624	|2.62|
8%		100,000	
9%	↑	97,469	|2.53|

제5정리 : <표 8-8>에서 액면이자율이 7%인 경우에는 가격하락률이 5.06%이지만 액면이자율이 9%인 경우에는 가격하락률이 이보다 낮은 4.99 %이다.

<표 8-8> 액면이자율과 채권가격 변동률

채권수익률	액면이자율	
	7%	9%
7%	100,000	105,249
9%	94,937	100,000
가격 변동률(%)	|5.06|	|4.99|

Section 4 | 채권시장정보

1. 채권의 신용등급

채권의 신용등급(bond credit rating)은 신용평가기관이 채권발행자의 원리금 상환능력을 문자로 등급화한 것이다. 담보채권이나 보증채권은 원리금 미지급에 대한 위험이 없지만 일반채권은 발행주체의 영업이익의 변동에 따라 채무불이행위험이 달라진다. 신용평가기관이 채권의 채무불이행위험의 정도를 채권의 등급으로 표시하여 투자자는 물론 자금의 대출을 담당하는 금융기관에게 의사결정을 위한 정보를 제공한다.

회사채의 신용등급은 신용평가기관마다 표현방식은 다르지만 최상등급(AAA 또는 Aaa)으로부터 최하등급(C 또는 D)까지 구분된다. 회사채를 발행하려는 기업이 신용등급평가를 통해 채무상환능력을 인정받으면 유리한 조건으로 발행할 수 있기 때문에 신용등급평가를 의뢰하게 된다. 채권의 신용등급은 채권투자는 물론 금융기관이 대출을 결정할 때에도 사용하고 있다. 단 회사채의 등급은 채권발행회사의 원리금 지급능력을 판단한 것이지 기업 전체의 경영능력을 평가한 것이 아니라는 점에 주의하여야 한다.

대표적인 신용평가기관으로는 1909년에 채권에 대한 신용평가를 시작한 미국의 Moody's와 Standard & Poor's, 그리고 영국의 Fitch IBCA가 있다. 이들 신용평가회사들은 오랜 역사와 신용을 바탕으로 시장에서 막강한 영향력을 행사하고 있다. 이들의 신용평가 내용은 곧바로 시장에서 해당기업의 채권가격은 물론 주가, 나아가서는 국가의 신용도에도 막대한 영향을 미치고 있다. 국내의 신용평가기관[15]에는 한국신용평가(주), 한국신용정보(주), 그리고 한국기업평가(주)가 있으며 회사채에 대한 신용등급평가는 별도로 하고 있다.

<표 8-9>는 회사채의 신용등급과 그 내용이다. 무보증회사채에 대해서는 2개 이상의 신용평가회사에서 평가를 받아야 한다. 이러한 복수평가제를 도입한 이유는 신용등급의 인플레이션을 막고 정확한 신용등급 산정을 위해서이다.

기업이 일반사채, 신주인수권부사채, 전환사채 등을 발행하기 위해서는 신용등급을 A등급 이상 받아야 한다. 채권시장에서는 BBB나 Baa(triple B) 등급 이상의 회사채를 투자적격 또는 투자등급채권(investment grade)으로, BB나 Ba(double B) 등급 이하의 회사채를 투기등급 또는 투자부적격채권(non-investment grade)으로 구분한다. 투자부적격채권은 정크채권(junk bond) 또는 고위험-고수익채권(high yield bond)이라고 한다. 채권시장에서

15) 신용평가기관에서는 기업어음에 대한 평가도 별도로 수행하고 있다. 무담보어음을 발행하기 위해서는 2개 이상의 신용평가기관으로부터 평가를 받아 그 중 최저급이 B 이상이라야 한다.

<표 8-9> 회사채의 신용등급내용

신용평가기관			등급 내용
한국신용평가	S&P	Moody's	
AAA	AAA	Aaa	원리금 지급능력이 최고임.
AA	AA+ AA AA−	Aa1 Aa2 Aa3	원리금 지급능력이 매우 우수하지만 AAA의 채권보다는 다소 열위임.
A	A+ A A−	A1 A2 A3	원리금 지급능력은 우수하지만 상위등급보다 경제여건 및 환경악화에 따른 영향을 받기 쉬운 면이 있음.
BBB	BBB+ BBB BBB−	Baa1 Baa2 Baa3	원리금 지급능력은 양호하지만 상위등급에 비해서 경제여건 및 환경악화에 따라 장래 원리금의 지급능력이 저하될 가능성을 내포하고 있음.
BB	BB+ BB BB−	Ba1 Ba2 Ba3	원리금 지급능력이 당장은 문제가 되지 않으나 장래 안전에 대해서는 단언할 수 없는 투기적인 요소를 내포하고 있음.
B	B+ B B−	B1 B2 B3	원리금 지급능력이 결핍되어 투기적이며 불황시에 이자지급이 확실하지 않음.
CCC	CCC	Caa	원리금 지급에 관하여 현재에도 불안요소가 있으며 채무불이행의 위험이 커 매우 투기적임.
CC	CC	Ca	상위등급에 비하여 불안요소가 더욱 큼.
C	C	C	채무불이행의 위험성이 높고 원리금 상환능력이 없음.

주요한 투자자인 연기금과 같은 일부 기관투자자들은 제도적으로 투자등급채권에만 투자할 수 있기 때문에 투자등급채권과 투자부적격채권간에는 수익률스프레드가 크게 벌어질 가능성이 많다.

신용등급이 낮은 채권은 만기가 가까워지면서 오히려 채무불이행위험이 증가하는 경향이 있다. 만기상환은 일반적으로 새로운 채권의 발행을 통해 구채권의 상환자금을 조달하는 차환발행(bond refunding)을 통해 이루어지는데 신용등급이 낮은 기업은 차환발행에 어려움을 겪을 수 있기 때문이다.

무보증회사채의 평가유효기간은 당해 채권의 만기까지이다. 그러나 투자적격등급에 속했던 기업이 투기등급으로 떨어졌을 경우에는 신용등급의 유효기간과는 관계없이 바로 신용평가를 다시 받아야 하며, 새로 발행하는 회사채는 물론 이미 발행된 회사채도 투기등급으로 유통된다.

2. 채권지수

채권시장의 움직임을 종합적으로 나타내는 지표로 대표적인 것이 채권지수이다. 채권지수는 채권투자성과를 비교하는 기준치로 사용된다. 채권지수는 일정기간 동안에 걸친 채권시장의 투자수익률 변화를 지수화한 지표로서 채권수익률의 변화에 따라 변동하게 된다.

한국거래소에서는 공익성과 공정성을 바탕으로 한국 채권시장을 대표하는 총수익지수[16) (total return index : TR) 방식의 채권지수를 개발하여 2006년 5월 1일부터 매일 1회 발표하고 있다. 이 지수는 모든 지수산출대상채권의 시가총액을 산출한 후 채권의 발행 잔액에 따라 가중치를 두어 산술평균한 시장가치 가중평균지수이다. 이 지수의 이점은 외국에서도 전 세계적으로 총수익지수방식으로 채권지수를 발표하므로 국제간 비교가 가능하다는 데에 있다.

총수익지수는 기준시점의 시장가치에 일정기간동안 채권투자에서 발생한 채권수익률 변동에 의한 자본손익(capital gain), 액면이자수익(income gain), 액면이자의 재투자수익(reinvestment gain) 등을 각각 계산 · 가산하여 산출한 총투자수익을 지수화한 지표이다. 그리고 이자의 재투자 처리는 이자 발생당시의 시장수익률로 재투자한다고 가정하고 있다. 총수익지수(TR)를 산출하는 산식은 다음과 같다.

$$TR_t = TR_{t-1} \times \frac{\sum_{i=1}^{n}(P_{i,t} + A_{i,t} + G_{i,t}) \times N_{i,t}}{\sum_{i=1}^{n}(P_{i,t-1} + A_{i,t-1}) \times N_{i,t-1}}$$

$TR_0 = 100$
$P_{i,t}$: t시점의 i채권의 가격
$A_{i,t}$: i채권의 t시점까지의 경과이자
$G_{i,t}$: 액면이자 지급일에 i채권으로부터 받는 액면이자 총액
$N_{i,t}$: t시점의 i채권의 액면가

이 식에서 살펴 볼 수 있는 바와 같이 총수익지수는 기준시점의 채권시장가치에 평가시점까지 발생한 채권투자수익이나 가격변화를 누적하여 지수화한 지표이다.

한국거래소에서 발표하는 채권지수로는 KRX채권지수, 국고채프라임지수, KTB지수가 있다.

16) 국제적으로 가장 널리 사용되고 있는 채권지수인 미국의 레먼브라더스 채권지수(Lehman Brothers Aggregate Index), 살로먼브라더스 채권지수(Salomon Brothers Investment Grade Bond Index), 메릴린치 채권시장지수(Merril Lynch Market Index), 일본의 다이와지수(Daiwa Index)와 니코지수(Nikko Index)도 총수익지수를 사용하고 있다.

KRX채권지수

한국거래소에 상장되어 있는 모든 채권을 대상으로 산출하는 대표적 채권지수로 채권시장의 동향을 파악하고 성과를 평가하는데 유용한 지수이다. 거래소에 상장된 채권 중 신용등급이 2개 이상의 신용평가회사로부터 BB+이하인 종목, 잔존만기가 3개월 미만인 종목, 주식관련 채권, 물가연동채권, 주가연계증권 및 파생결합증권 등 구조설계채권, 변동금리부채권, 옵션부채권, 후순위채권 등은 제외된다. 기준일은 2006년 3월 1일이며 기준지수는 100p이다.

국고채프라임지수

무위험채권인 국고채권의 실시간 움직임을 반영하는 지수이다. 구성종목은 만기 3년, 5년, 10년 국고채 지표종목과 직전 지표종목으로 총 6종목이다. 기준일은 2006년 3월 1일이며 기준지수는 100p이다.

KTB(Korea Treasury Bond) 지수

국채ETF의 벤치마크지수로 설계된 지수로서 국채전문유통시장과 장외채권시장에서 거래되는 자료를 활용하여 산출한다. 구성종목은 3년 국채선물의 최근월물이다. 기준일은 2009년 6월 1일이며 기준지수는 10,000p이다.

<표 8-10>은 한국거래소에서 발표한 2023년 6월 30일을 기준으로 한 KRX채권지수를 보여 주고 있다.

<표 8-10> 한국거래소 KRX채권지수(2023년 6월 30일)

지수명	지 수	전일대비
총 수 익 지 수	180.89	↓0.20
순 가 격 지 수	97.87	↓0.12
시 장 가 격 지 수	99.66	↓0.12
제로재투자지수	176.15	↓0.17
콜 재 투 자 지 수	180.68	↓0.17

또한 한국거래소에서는 채권지수를 유형별이나 만기별로도 나누어 발표하고 있다. <표 8-11>은 유형별로 발표된 2023년 6월 30일을 기준으로 한 채권지수를 보여 주고 있다.

<표 8-11> 한국거래소 유형별 채권지수(2023년 6월 30일)

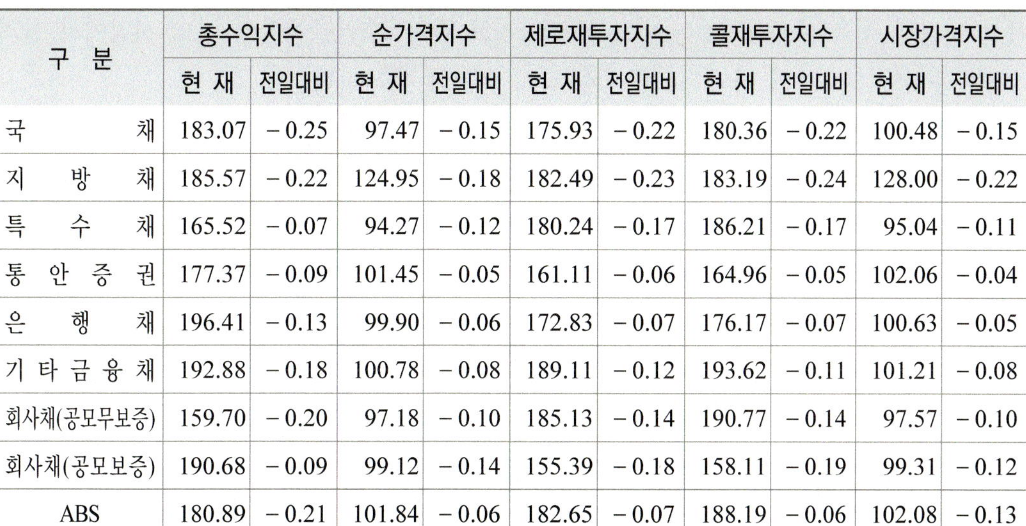

구 분	총수익지수		순가격지수		제로재투자지수		콜재투자지수		시장가격지수	
	현 재	전일대비	현 재	전일대비	현 재	전일대비	현 재	전일대비	현 재	전일대비
국 채	183.07	−0.25	97.47	−0.15	175.93	−0.22	180.36	−0.22	100.48	−0.15
지 방 채	185.57	−0.22	124.95	−0.18	182.49	−0.23	183.19	−0.24	128.00	−0.22
특 수 채	165.52	−0.07	94.27	−0.12	180.24	−0.17	186.21	−0.17	95.04	−0.11
통 안 증 권	177.37	−0.09	101.45	−0.05	161.11	−0.06	164.96	−0.05	102.06	−0.04
은 행 채	196.41	−0.13	99.90	−0.06	172.83	−0.07	176.17	−0.07	100.63	−0.05
기 타 금 융 채	192.88	−0.18	100.78	−0.08	189.11	−0.12	193.62	−0.11	101.21	−0.08
회사채(공모무보증)	159.70	−0.20	97.18	−0.10	185.13	−0.14	190.77	−0.14	97.57	−0.10
회사채(공모보증)	190.68	−0.09	99.12	−0.14	155.39	−0.18	158.11	−0.19	99.31	−0.12
ABS	180.89	−0.21	101.84	−0.06	182.65	−0.07	188.19	−0.06	102.08	−0.13

Section 5 | 채권수익률의 기간구조와 위험구조

채권마다 채권수익률인 만기수익률의 크기는 서로 다르다. 그 이유는 각 채권마다 채권수익률을 결정하는 요인의 크기가 다르기 때문이다. 채권수익률을 결정하는 주요 요인으로는 경제사회의 전체적인 자본의 한계생산력, 물가상승률, 채권의 만기, 채권 자체가 가지고 있는 위험 정도 등을 들 수 있다. 이들 요인 중 자본의 한계생산력과 물가상승률은 기업의 외적 요인으로 모든 채권에 같은 크기로 영향을 미치며, 채권의 만기와 채권의 위험 정도는 기업의 내적 요인으로 채권발행기업마다 다르게 나타난다.

1. 채권수익률의 기간구조

채권수익률의 차이를 가져오는 내적 요인 중 하나인 채권 만기에 따라 채권수익률이 다르게 나타난다. 즉 일정 시점에서 다른 모든 조건이 동일하고 채권의 만기까지의 기간만이 서로 다른 채권들의 만기수익률은 서로 상이하게 나타난다. 이와 같이 다른 모든 조건이 동일할 때 채권의 만기까지의 기간과 만기수익률간의 관계를 채권수익률의 기간구조(term structure of bond yields) 또는 이자율의 기간구조(term structure of interest rates)라 한다.

채권발행자의 특성이나 채권의 상환조건 등 다른 모든 조건이 동일하고 만기까지의 기간만이 서로 다른 채권들에 있어서 만기까지의 기간이 길어짐에 따른 만기수익률의 변화추세를 나타낸 선을 수익률곡선(yield curve)이라고 한다. 수익률곡선은 어느 시점에서 만기수익률을 분석하느냐에 따라 그 형태가 각각 다르게 나타난다.

채권수익률의 기간구조를 설명하는 이론으로 기대이론, 유동성선호이론, 시장분할이론 등이 있다.

기대이론

기대이론(expectation theory)에 의하면 채권수익률의 기간구조, 즉 수익률곡선의 추세는 특정시점에서 투자자들이 예상하는 미래 이자율에 의하여 결정된다는 것으로 불편기대이론(unbiased expectation theory) 또는 순수기대이론(pure expectation theory)이라고도 한다. 즉 기대이론에서는 장기채권의 만기수익률은 만기까지 매 기간 예상되는 단기이자율의 기하평균으로 계산되기 때문에, 미래 이자율이 오를 것으로 예상한다면 만기가 길어질수록 만기수익률이 높아져서 수익률곡선은 상승추세를 보일 것이며, 미래에 이자율이 떨어질 것으로 예상한다면 수익률곡선은 하락추세로 나타날 것이라고 주장한다. 이를 그림으로 나타내면 <그림 8-5>와 같다.

그림 8-5 기대이론과 수익률곡선

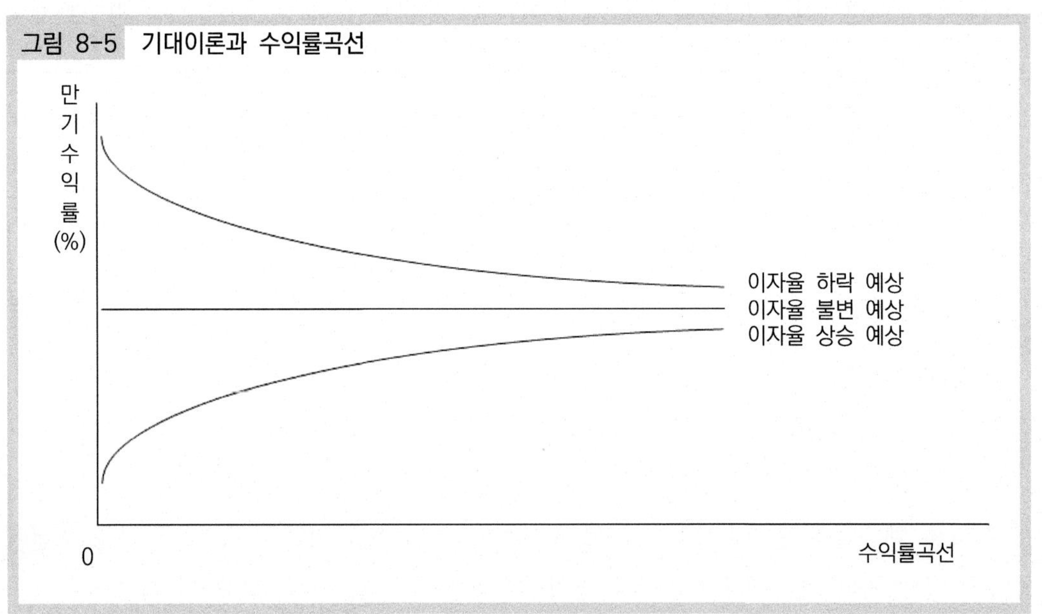

유동성선호이론

유동성선호이론(liquidity preference theory)에 의하면 장기채권의 수익률은 단기채권의 수익률보다 높게 형성되는데 그 이유는 장기채권은 단기채권에 비하여 유동성이 떨어지고 위험이 크므로 이에 대한 보상, 즉 유동성프리미엄이 주어져야 하기 때문이라고 주장한다. 기대이론에서는 위험을 고려하지 않는 위험중립형의 투자자를 가정하는 반면, 유동성선호이론에서는 위험을 싫어하는 위험회피형 투자자를 가정한다. 따라서 유동성선호이론에 의하면, 투자자들은 보다 현금화가 확실하고 가격변동위험이 적은 단기채권을 선호하므로 장기채권이 투자자들간에 거래되기 위해서는 장기채권의 수익률이 단기채권의 수익률보다 높아야 한다는 것이다. 즉, 유동성프리미엄이 주어져야 한다고 주장하며, 유동성프리미엄이론이라고도 한다.

따라서 유동성선호이론에 의하면 미래기간별 수익률은 해당기간의 예상이자율과 유동성프리미엄의 합계로 나타나므로, 미래의 이자율이 일정할 것으로 예상된다고 하더라도 수익률곡선은 유동성프리미엄의 영향으로 인하여 우상향하는 형태를 가진다는 것이다. 기대이론과 유동성선호이론에 있어서의 수익률곡선을 비교하면 <그림 8-6>과 같다. 그림에서 기대이론과 유동성선호이론간의 수익률 차이가 유동성프리미엄의 크기이다.

그림 8-6 유동성선호이론

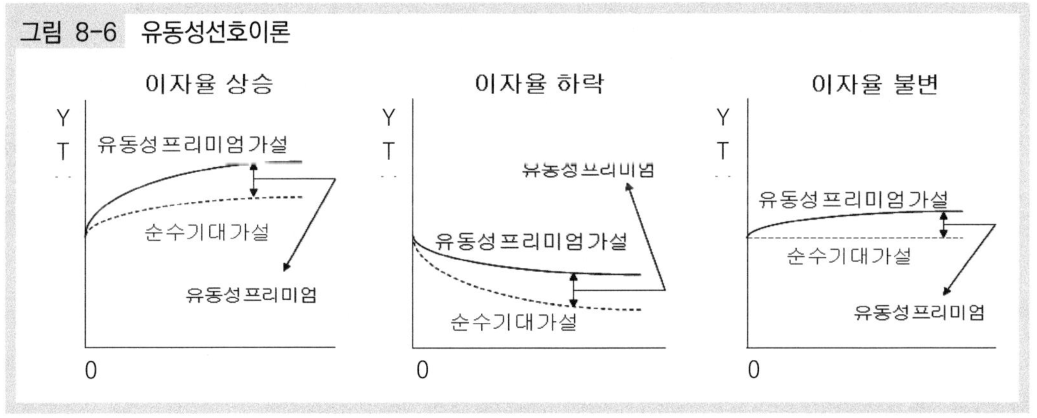

시장분할이론

시장분할이론(market segmentation theory)은 채권투자자들이 선호하는 채권의 만기는 각각 다르므로 채권만기의 길고 짧음에 따라 별도로 독립된 시장이 형성되고, 각 시장 내에서의 수요와 공급상황에 따라 채권가격과 채권수익률이 결정된다고 주장한다. 일반적으로 은행은 단기채권을 선호하는 반면, 보험회사나 연금기금은 장기채권을 선호하기 때문에 채권의 만기별로 별도의 채권시장이 형성될 수 있다는 것이다.

시장분할이론의 이론적 근거는 금융기관들의 위험회피 행태에서 찾을 수 있다. 금융기관들은 이자율 변동위험을 회피하기 위해 그들의 부채와 만기가 일치하는 자산에 투자한다. 따라서 단기부채가 많은 금융기관들은 단기채권에만 투자하고, 장기부채가 많은 장기금융기관들은 장기채권에만 투자하게 되며 이들 장기채권시장은 차익거래가 없는 완전히 분리된 시장이기 때문에, 장 · 단기채권의 수익률은 양자 간에 아무런 관련이 없이 각각 분할된 시장에서 각각의 수요에 따라 결정된다는 것이다.

그림 8-7 시장분할이론

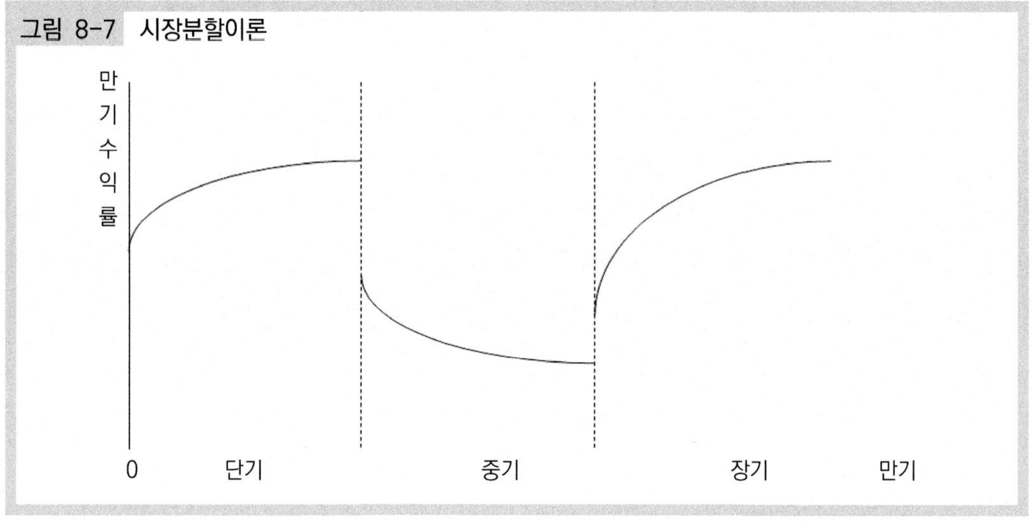

시장분할이론에 의하면 채권의 만기에 따른 만기수익률의 변화추세를 나타내는 수익률곡선은 연속적으로 나타나지 않고 각 시장별로 단속적으로 나타나게 된다. 그러므로 수익률곡선은 <그림 8-7>과 같이 만기별로 체계적인 관련성을 갖지 않고, 하위시장별로 서로 다른 수익률곡선을 갖게 된다. 그리고 각 하위시장에서의 채권에 대한 수요와 공급의 상태에 따라 단기채권의 수익률이 장기채권의 수익률보다 높을 수도 있고 낮을 수도 있다. 이러한 시장분할이론은 시장의 효율성과 차익거래의 기회를 무시한다는 점에서 현실적인 설득력이 부족하다는 단점이 있다.

2. 채권수익률의 위험구조

채권의 위험 정도는 채권의 성격 또는 채권발행자의 성격에 따른 위험을 말한다. 즉, 채권에 따라 유동성 정도가 다르며, 또한 채권발행자가 채권발행 시 약속한 제반 조건을 제대로 이행하지 못할 가능성의 정도도 다르기 때문에 그 정도에 따라 채권의 수익률도 다르게 나타난다. 채권의 위험 정도가 커질수록 투자자들은 이에 대한 보상을 한층 더 많이 요구하기 때문에 채권의 수익률은 커지게 된다. 이와 같이 채권의 위험 정도는 채권의 수익률에 중요한 영향을 미치게 되는데, 채권의 위험과 채권수익률의 관계를 채권수익률의 위험구조라 한다.

위험이 전혀 없는 채권의 수익률과 채무불이행위험이 있는 일반 사채의 수익률은 서로 차이가 있다. 또한 일반 사채들 간에도 사채의 발행주체가 갖고 있는 위험의 정도에 따라 수익률의 차이가 발생한다. 이는 투자자가 위험이 높은 채권에 투자하는 경우에 높은 위험을 부담하는 대가로서 추가적인 수익을 요구하기 때문에 발생한다. 채권의 수익률 스프레드(yield spread)는 이와 같이 종류가 다른 채권간의 수익률 차이를 말하는데 일반적으로 채무불이행 위험이 있는 채권의 수익률과 위험이 전혀 없는 무위험채권의 수익률과의 차이를 말한다.

채권의 수익률 스프레드는 다음 식과 같다.

$$
\begin{aligned}
\text{수익률 스프레드} &= \text{약정수익률} - \text{무위험이자율} \\
&= (\text{약정수익률} - \text{기대수익률}) + (\text{기대수익률} - \text{무위험이자율}) \\
&= \text{채무불이행위험프리미엄} + \text{위험프리미엄}
\end{aligned}
$$

위 식에서 볼 수 있는 바와 같이, 수익률 스프레드를 구성하는 총위험에는 크게 채무불이행 가능성 또는 지급불능 가능성에 대한 프리미엄과 미래 불확실성에서 기인하는 프리미엄으로 구분할 수 있다. 채무불이행위험프리미엄이란 채권의 약정수익률과 기대수익률과의 차이를 말하는 것으로, 이는 이자나 원금 상환액의 절대금액 감소로부터 발생하는 위험에 대한 대가이다. 반면에 위험프리미엄(risk premium)이란 기대수익의 불확실성에 기인하는 위험에 대한 대가라고 볼 수 있다. 따라서 위험프리미엄은 기대수익률과 무위험이자율 간의 차이를 의미한다.

예를 들어, 어떤 채권의 약정수익률이 15%이며, 채무불이행 가능성으로 인해 기대수익률은 12%라고 하자. 그리고 동일한 만기를 가지고 있는 무위험채권의 수익률은 8%라고 가정할 때, 이 채권의 채무불이행위험프리미엄은 약정수익률 15%에서 기대수익률 12%를 차감한 3%이며, 위험프리미엄은 기대수익률 12%와 무위험채권의 수익률 8%와의 차이인 4%가 된다. 이 관계를 그림으로 나타내면 다음 <그림 8-8>과 같다.

그림 8-8 수익률스프레드

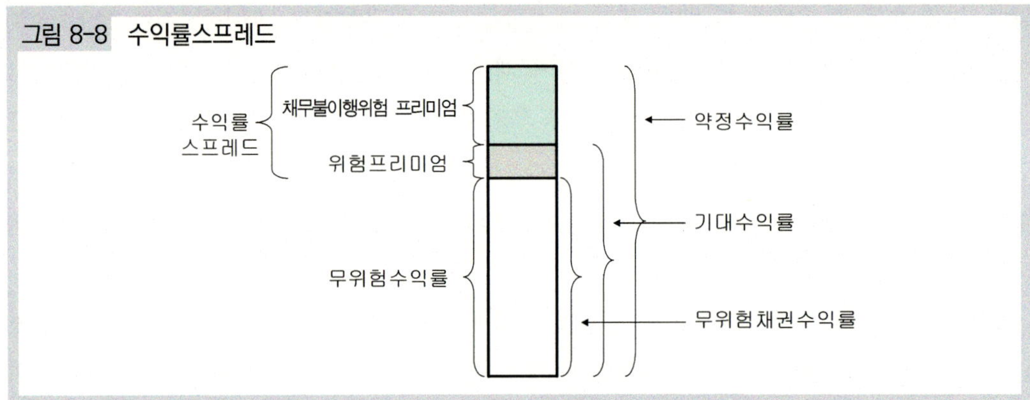

경기 침체기에는 부실기업이 실제로 채무불이행에 빠질 가능성이 커져서 위험이 증가할 뿐만 아니라, 위험에도 더욱 민감해지기 때문에 투자자들이 요구하는 위험프리미엄은 증가하게 된다. 따라서 경기침체기에는 수익률스프레드가 확대되는 것이 일반적인 현상이다.

Section 6 | 채권투자전략

채권투자전략에는 평균적인 수익률에 만족하면서 이자율위험을 제거함으로써 채권투자위험을 최소화시키려는 소극적 투자전략과 투자자 자신의 우월한 정보나 예측능력을 이용하여 미래의 이자율 예측을 기초로 주어진 위험수준 하에서 시장평균보다 높은 성과를 얻고자 하는 적극적 투자전략이 있다.

1. 소극적 채권투자전략

소극적 채권투자전략(passive bond investment strategy)이란 채권시장이 효율적이라는 전제하에 투자자는 미래에 대한 예측이나 증권분석을 통하여 시장평균보다 더 좋은 투자성과를 얻을 수 없다고 생각하기 때문에 잘 분산된 채권포트폴리오를 구성하여 평균적인 수익률에 만족하면서 가능한 한 위험을 줄이려는 투자전략을 말한다.

만기보유전략

만기보유전략(buy-and-hold strategy)은 가장 단순한 형태의 소극적 전략으로 채권을 매입하여 만기까지 보유함으로써 투자시점에서 미리 투자수익을 확정하는 전략이다. 따라서 이 전략에서는 미래 이자율 예측 및 채권가격의 등락은 중요하지 않으며, 대부분 무위험채

권을 투자대상으로 한다. 보험회사나 연기금 등이 주로 이용하는 전략으로, 특히 수익률이 비교적 안정적이어서 수익률곡선이 우상향하는 시장에서 유용한 전략으로 사용될 수 있다. 왜냐하면 계속해서 돌아오는 채권 원리금을 만기가 긴 채권에 투자함으로써 비교적 높은 투자수익을 성취할 수 있기 때문이다.

채권지수펀드전략

채권지수펀드전략(index fund strategy) 또는 인덱싱전략(indexing strategy)이란 채권시장 전체의 흐름에 순응하는 지수포트폴리오를 구축하는 전략이다. 즉, 채권투자 성과가 채권시장지수의 성과와 같아지도록 채권시장지수와 동일한 종목과 비중으로 채권포트폴리오를 구성하는 것을 말한다. 현실적으로 개인투자자들은 투자자금과 거래비용 등의 제약으로 인해 채권시장지수 전체에 투자하기 어려우므로 채권지수펀드 상품에 투자함으로써 동일한 효과를 얻을 수 있다.

면역전략

면역전략(immunization strategy)이란 이자율위험을 완전히 제거하여 시장이자율의 변동으로부터 채권포트폴리오의 가치가 영향을 받지 않도록 채권포트폴리오를 구성함으로써 채권투자시의 목표수익률을 달성하고자 하는 전략이다.

면역전략은 이자율변동에 따른 가격위험과 재투자위험의 방향이 반대로 나타나는 것을 이용한다. 즉, 이자율이 상승하면 가격위험은 음(−)의 방향으로 그리고 재투자위험은 양(+)의 방향으로 나타나며, 반대로 이자율이 하락하면 가격위험은 양(+)의 방향으로 그리고 재투자위험은 음(−)의 방향으로 나타난다. 따라서 이자율 변동에 따른 음(−) 또는 양(+)의 가격효과와 양(+) 또는 음(−)의 재투자효과의 크기를 같게 한다면, 이 두 효과를 정확하게 상쇄되어 이자율위험은 제거된다. 이때 면역도구로 활용되는 것이 듀레이션(Duration)이다. 듀레이션이란 채권투자원금이 회수되기까지의 평균기간을 나타낸다.[17] 면역전략에는 순자산가치 면역전략과 목표시기 면역전략이 있다.

순자산가치 면역전략은 이자율이 변동하더라도 순자산의 가치가 일정하게 유지될 수 있도록 하기 해 자산의 듀레이션과 부채의 듀레이션을 일치시키는 전략이다. 은행의 경우 일반적으로 부채인 예금의 만기가 자산인 대출의 만기보다 짧다. 따라서 이자율이 하락할 경

17) 듀레이션은 채권의 각 기간에 들어오는 현금흐름의 현재가치가 채권가격에서 차지하는 비중을 가중치로 한 가중평균만기로서, 채권투자원금이 회수되기까지의 실질적인 만기의 개념으로 유효만기라고도 한다. 자세한 내용은 <보론>에서 설명할 것이다.

우 부채인 예금의 가치가 자산인 대출의 가치보다 큰 폭으로 상승하여 은행의 순자산가치가 감소하게 된다. 이 때 듀레이션이 동일할 경우 이자율변동에 따른 채권가치의 변동폭이 동일하므로, 부채인 예금의 듀레이션과 자산인 대출의 듀레이션을 일치키시게 되면 이자율이 하락으로 인한 예금(부채)의 가치 상승에 따른 손실과 대출(자산)의 가치상승에 따른 이익의 크기가 상쇄되어 순자산가치는 변동이 없게 된다.

목표시기 면역전략은 채권포트폴리오의 투자기간과 듀레이션을 일치시킴으로써 이자율위험을 제거하는 전략이다. 이자율이 상승할 경우 채권의 가격은 하락하고 재투자수익은 증가하게 된다. 이때 목표투자기간과 듀레이션을 일치시키면 이자율변동에 따른 가격위험과 재투자위험의 크기가 일치하여 일정한 채권포트폴리오의 가치를 확보할 수 있다.

현금흐름일치전략

현금흐름일치전략(cashflow matching strategy)은 미래 일정시점에서 예상되는 현금지출과 동일한 시기에 같음 금액의 현금유입이 이루어지도록 함으로써 이자율위험을 제거하는 전략이다. 예를 들어 3년 후에 1억원의 현금지출이 예정되어 있는 경우 액면가가 1억원이고 만기가 3년인 순수할인채권을 매입함으로써 이자율 변동과 상관없이 3년 후에 1억원을 확보할 수 있게 된다. 순수할인채권은 만기 이전에 이자지급이 없기 때문에 재투자위험 없이 채권수익을 확보할 수 있다. 채권포트폴리오로부터 발생되는 현금유입액이 향후 예상되는 현금유출액을 상회하도록 적절한 채권포트폴리오를 구축함으로써 부채상환을 보장하고 금리위험을 제거함과 동시에 이를 위한 자금조달비용을 최소화하는 기법이다.

2. 적극적 채권투자전략

적극적 채권투자전략이란 채권시장이 비효율적이라는 전제하에 투자자 자신의 우월한 정보나 예측능력을 이용하여 주어진 위험수준 하에서 시장평균보다 높은 성과를 얻고자 하는 투자전략이다.

이자율 예측을 기초로 이루어지는 적극적 채권투자전략에는 수익률예측전략과 수익률곡선타기전략 등이 있으며, 과소 또는 과대평가된 채권을 이용하는 적극적 투자전략에는 채권교체매매(swap)전략이 있다.

수익률예측전략

수익률예측전략(interest-rate expectations strategies)이란 경기동향, 물가동향, 자금의 수

급 상황, 정부의 금융 및 재정정책 등 시장환경변화에 대한 이자율 변화를 예측함으로써 수익률 하락이 예상될 때 가격변동폭이 높은 채권에 투자하여 수익을 극대화하려는 전략이다. 이표채의 경우 액면이자율이 낮을수록 수익률변동에 의한 가격변동성은 커진다. 따라서 수익률하락이 예상된다면 채권포트폴리오 구성의 잔존만기를 늘리고 액면이자가 낮은 채권보유량을 늘림으로써 수익률하락에 의한 가격변동성을 크게 함으로써 투자이익을 극대화할 수 있다.

수익률곡선타기전략

수익률곡선타기전략(riding yield curve strategy)이란 목표투자기간보다 긴 만기의 채권에 투자한 다음 만기 전에 매각하고 목표투자기간과 동일한 만기의 채권으로 교체함으로써 만기보유전략보다 높은 수익을 추구하는 투자전략이다. 수익률곡선이 우상향하는 경우, 시간이 경과하게 되면 채권의 만기가 그만큼 짧아지게 되고, 채권수익률이 하락하므로 채권가격은 상승하게 되어 자본이득을 볼 수 있다. <그림 8-9>를 보면 4년 만기 채권이 1년이 경과하여 잔존만기가 3년으로 단축되면 시장이자율이 불변이지라도 수익률이 15.2%에서 15%로 하락하게 되어 가격이 상승하게 된다. 따라서 4년 만기채권을 매입하여 만기까지 보유하는 것보다는 4년 만기채권의 잔존기간이 3년으로 되는 시점에서 매각하고 다시 4년 만기 채권에 투자하는 것이 수익률 하락폭만큼 투자효율을 높일 수 있다[18]. 이러한 수익률곡선타기전략은 수익률 곡선이 반드시 장기간 안정적이며 우상향하는 시장이 존재해야 하며 이자율에 대한 예측이 정확해야 한다는 전제가 필요하다.

그림 8-9 수익률곡선타기전략

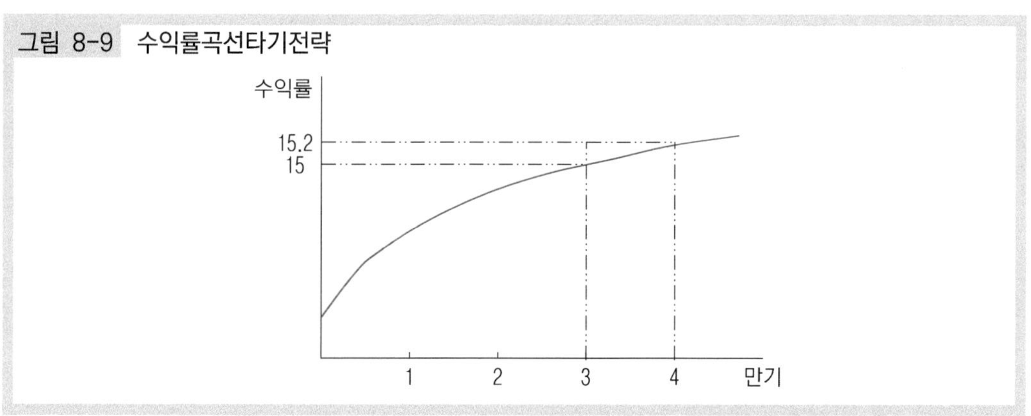

18) 장기채권의 잔존만기가 단축됨에 따라 수익률이 완만하게 하락하고 가격이 상승하는 효과를 롤링효과(rolling effect)라고 한다.

채권교체매매(swap)전략

채권교체매매(swap)전략이란 포트폴리오를 구성하는 채권들을 교체하는 것으로서 액면이자율, 만기 등 조건이 비슷한 두 채권이 시장에서 가격차를 보이고 있다면 상대적으로 고평가된 채권을 매각하고 저평가된 채권을 매입함으로써 수익을 높이려는 투자전략이다. 채권교체매매전략에는 이자율예상스왑, 동종채권간스왑, 이종채권간스왑 등이 있다.

이자율예상스왑은 미래 이자율예측에 기초하여 매매차익을 얻고자 이자율을 예상하여 듀레이션을 조정하는 채권투자전략이다. 미래 이자율 하락이 예상된다면 채권의 가치가 향상할 것이므로 듀레이션이 증가하도록 채권포트폴리오를 재구성한다. 즉, 단기채권이나 액면이자율이 높은 채권을 매각하고 장기채권이나 액면이자율이 낮은 채권을 매입함으로써 이자율 하락에 따른 매매차익을 얻을 수 있다.

동종채권간스왑은 위험, 만기 등이 동일한 동종채권들이 일시적으로 다른 가격으로 거래될 경우, 고평가된 채권을 매각하고 저평가된 채권을 매입함으로써 매매차익을 얻고자 하는 전략이다. 이를 수익률획득스왑(yield pick-up swap)이라고도 한다. 이는 시장불균형을 이용한 동종채권간 교체전략으로 발행조건, 시장성, 질적 등급 등 거의 모든 조건이 상호대체될 수 있는 동질적인 채권들 중에서 한 채권이 일시적인 발행물량 증대와 같은 단기적인 시장의 불균형으로 인해 다른 채권들과 가격이 서로 다르게 형성되었을 때, 보유 중인 채권을 가격이 낮게 형성된 채권으로 교체하는 전략으로 일종의 차익거래라고 할 수 있다.

이종채권간스왑은 다른 종류의 채권간의 수익률 스프레드가 일시적으로 확대되거나 축소될 경우 유리한 채권으로 교환함으로써 매매차익을 얻고자 하는 채권투자전략이다. 예를 들어 일정하게 유지되는 금융기관 보증사채와 무보증사채간의 수익률스프레드가 경기침체기에 일시적으로 확대되는 경우, 이 경우 보증사채를 매각하고 무보증사채를 매입한 후 경기가 회복되어 수익률 스프레드가 축소되면 다시 보증사채를 매입하고 무보증사채를 매도하는 채권스왑을 통해 채권투자수익을 증대시킬 수 있다.

상황대응 면역전략

상황대응 면역전략(contingent immunization strategy)은 유리한 상황에서는 적극적 투자전략을 구사하고 하고 불리한 상황에서는 면역전략을 이용하는 투자전략이다. 즉, 시장수익률이 하락하여 운용수익률이 목표수익률을 상회하는 경우에는 시장수익률에 따른 운용을 하고, 시장수익률이 상승하여 운용수익률이 목표수익률을 하회하는 경우에는 면역전략을 시행한다.

보론 | 듀레이션

시장이자율이 변동할 때 채권가격도 변동하게 되는데, 시장이자율이 변동할 때 채권가격이 얼마나 민감하게 변동하는 지를 측정하는 수단이 바로 듀레이션(duration)이다. 듀레이션(duration)은 1938년 맥컬리(Macaulay)에 의하여 제시된 개념으로, 현금흐름이 발생하는 각 기간을 그 기간에 발생하는 현금흐름의 현재가치가 전체 현금흐름의 현재가치(채권가격)에서 차지하는 비율을 가중치로 해서 산출한 가중평균기간을 의미한다. 이는 채권에 투자된 원금의 평균회수기간이라고 할 수 있으며, 유효만기라고도 한다.

채권의 듀레이션을 구하는 식은 다음과 같다.

$$\text{듀레이션}(D) = \sum_{t=1}^{T} t \cdot \frac{\frac{CF_t}{(1+r)^t}}{P_0}$$

T : 채권의 만기,
CF_t : t시점에서의 현금흐름,
r : 채권수익률(= YTM),
P_0 : 현재시점에서의 채권가격

위 식에서 볼 수 있듯이, 채권의 듀레이션은 만기, 액면이자율 등에 의해 결정되는 현금흐름의 크기 그리고 만기수익률 수준 등이 동시에 고려된 개념이다. 즉, 채권의 가격인 원리금의 총 현재가치 중에서 각 기간에 회수되는 이자 또는 원금상환액의 현재가치가 차지하는 구성비율을 가중치로 한 가중평균회수기간이다.

예 제

액면가 10,000원, 표면이자율 연 12%, 만기 3년인 채권 A가 있다. 이 채권의 이자는 매년 말에 지급되며, 채권에 대한 투자자들의 요구수익률인 만기수익률은 8%이다.

1) 이 채권에 투자할 때 각 기간별 현금흐름과 현금흐름의 현재가치 및 채권의 가격을 계산하라.
2) 현금흐름의 현재가치가 채권가격에서 차지하는 비율을 계산하고 그 의미를 설명하라.
3) 듀레이션을 계산하라.

풀 이

1) 제1기간의 현금흐름과 현금흐름의 현가 : $PV(1,200) = \frac{1,200}{1+0.8} = 1,111$원

제2기간의 현금흐름과 현금흐름의 현가 : $PV(1,200) = \frac{1,200}{(1+0.8)^2} = 1,029$원

제3기간의 현금흐름과 현금흐름의 현가 : $PV(1,200+10,000) = \frac{1,200+10,000}{(1+0.8)^3} = 8,891$원

채권의 가격은 1,111원 + 1,029원 + 8,891원 = 11,031원이다. 즉 채권의 시장요구수익률인 8%로 원리금을 할인하여 구한 현재가치는 11,031원이다. 채권의 표면이자율(12%)이 시장이자율(8%)보다 크기 때문에 채권 A는 할증발행 되었음을 알 수 있다.

2) 제1기간 $\frac{1,111}{11,031} = 0.1007$, 제2기간 $\frac{1,029}{11,031} = 0.0933$, 제3기간 $\frac{8,891}{11,031} = 0.8060$

이 비율들은 현재가치기준으로 총액 11,031원 중 10.07%인 1,111원은 1년도만에 상환되고, 9.33%인 1,029원은 2년도에 그리고 나머지 80.6%인 8,891원은 3년도만에 상환된다는 것을 의미한다. 즉, 원리금 상환기간은 현재가치기준으로 1년인 것이 전체의 10.07%, 2년인 것이 전체의 9.33%, 3년인 것이 전체의 80.60%이다.

3) 듀레이션은 각 기간에 2)에서 구한 비율을 가중치로 하여 계산한다.

$0.1007 \times 1 + 0.0933 \times 2 + 0.08060 \times 3 = 2.7053$

즉, 채권 A의 듀레이션은 2.7053년이다.

1) ~ 3)까지의 풀이과정을 요약하면 아래 표와 같다.

기 간	①현금흐름	②현금흐름의 현가	③가중치	④기간	⑤가중기간(D)
1	1,200	1,111	0.1007	1	0.1007
2	1,200	1,029	0.0933	2	0.1866
3	1,200 + 10,000	8,891	0.8060	3	2.4180
	총현금흐름(채권가격)	= 11,031	1.0000		Duration = 2.7053

듀레이션은 채권의 만기보다는 짧거나 같다. 만약에 채권투자로부터 발생하는 현금흐름이 만기일에만 모두 발생하는 순수할인채의 경우 듀레이션은 만기와 같아진다. 그러나 채권투자로부터 얻는 현금흐름이 만기일 이전부터 발생하는 이표채의 경우 예제와 같이 듀레이션은 만기보다 짧다. 일반적으로 듀레이션의 특징은 다음과 같이 요약할 수 있다.

첫째, 만기에 일시상환되는 순수할인채와 복리채의 듀레이션은 그 채권의 잔존만기와 동일하다.

둘째, 이표채의 듀레이션은 그 채권의 만기보다 짧다.

셋째, 영구채권의 듀레이션은 $(1+r)/r$ 이 된다.

넷째, 다른 조건이 동일하다면, 잔존만기가 길수록 듀레이션은 길어진다.

다섯째, 다른 조건이 동일하다면, 이표채는 액면이자율이 낮을수록 듀레이션은 길어진다. 이는 액면이자율이 높을수록 만기일의 원금상환액의 현재가치가 차지하는 비중, 즉 만기일의 가중치가 높아지기 때문이다.

여섯째, 다른 조건이 동일하다면, 채권의 만기수익률이 높을수록 듀레이션은 짧아진다. 그 이유는 이표채의 경우 만기수익률이 높을수록 보다 먼 미래에 실현되는 현금흐름의 현재가치가 작아지므로, 미래에 실현되는 현금흐름에 대한 가중치가 작아지며 결국 듀레이션은 짧아지게 되기 때문이다.

일곱째, 듀레이션에는 가산법칙(additivity rule)의 성립한다. 즉 듀레이션이 다른 여러 채권으로 포트폴리오를 구성한 경우 포트폴리오의 듀레이션은 다음과 같이 계산할 수 있다.

예 제

듀레이션 5년의 채권이 필요하나, 채권시장에는 듀레이션이 8년인 만기채와 2년인 만기채 만이 있다고 한다. 이 경우 어떻게 하여야 듀레이션 5년의 채권에 투자하는 것과 동일한 효과를 얻을 수 있는가?

풀 이

각 채권에 50%씩 투자하면 듀레이션 5년의 포트폴리오를 만들 수 있다.

$$D_p = w_1 \cdot D_1 + w_2 \cdot D_2$$
$$= (0.5)(8) + (0.5)(2) = 5$$

읽을거리 내년 채권투자, 균형을 맞춰라

올해 채권 시장은 투자자들의 예상과 달리 낮은 변동성을 유지했다. 그러나 새해에는 긴장의 끈을 다시 죄야 한다. 밸류에이션 부담 및 통화정책 전환과 같은 변화가 예상되기 때문이다. 투자자들은 이러한 변화에 따른 위험에 대해 좀 더 신중하게 접근해야 할 것이다.

미국 연방준비위원회(Fed · 연준)는 기준금리 인상을 시작으로 수십조달러에 달하는 유동성 회수 작업을 본격화하고 있다. 하지만 현재 시장은 Fed의 의도와는 다르게 움직이고 있다. 주식 · 하이일드채권 등 위험자산 선호현상이 상승하는 반면 미 달러는 약세를 보이고 있다. 한편 미 장기 국채 일드는 하락했으며 장단기 금리 차이를 보여주는 수익률 곡선 역시 평탄해졌다.

수익률 곡선의 평탄화는 일반적으로 경기 위축의 신호로 간주된다. 하지만 기준금리는 여전히 낮은 수준이며 과거 경기침체 시기의 수익률 곡선과 비교하면 현재 더 가파른 형태를 띠고 있어 적어도 아직까지는 이를 경기침체의 전조로 예단하기는 어렵다는 분석이다.

다만 금리위험과 신용위험은 주의 깊게 살펴야 한다. 미국이 내년에도 여러 차례 금리를 인상할 것이라고 밝힌 만큼 금리위험은 남아 있다. 여기에 미국의 세제개혁안이 법률로 발효되고 성장과 인플레이션 상승을 촉발시킨다면 연준은 더욱 공격적으로 긴축적 금융환경을 조성할 수밖에 없을 것이다. 확실히 신용 시장에 대한 기회는 여전히 존재한다. 하지만 현재의 가격과 조건을 고려한다면 많은 신용 위험을 짊어지는 것에 대한 부담 또한 있다.

높은 변동성이 예상되는 현재 채권시장에서는 신용 바벨 전략을 활용하는 것이 바람직하다. 신용 바벨 전략이란 국채 및 금리 민감 자산과 성장 민감 신용 자산을 신용 바벨이라는 단일 전략으로 결합해 포트폴리오 균형을 이루는 것이다. 각기 다른 유형 자산의 수익률은 서로 음의 상관관계에 있기 때문에 바벨 한쪽에서의 강세가 다른 쪽의 약세보다 커 전체적인 투자위험을 상쇄시켜줄 수 있다. 만약 연준이 통화정책 정상화에 더욱 적극적으로 나서게 돼 미국 국채 수익률 곡선이 보다 가파르게 상승한다면 단기적으로 미국 국채시장은 어려움을 겪을 것이다. 하지만 이 경우에도 바벨 전략은 안정성과 분산효과 · 수익성을 제공할 것이다.

내년 투자 비결은 간단하다. 시장 환경과 밸류에이션이 변화함에 따라 포트폴리오를 금리위험과 신용위험에 적절히 노출하는 것이다. 시장 변동성이 확대될 것으로 예상되는 2018년, 그 어느 때보다 균형을 맞추는 전략이 요구된다.

<서울경제 2017.12.28.>

읽을거리 채권 매매시 유의사항

부동산구입시

모든 국민은 부동산을 살 때, 의무적으로 제1종 국민주택채권을 구입해야 한다. <중략> 사야 하는 금액은 매입하려는 부동산의 시가표준액에 따라 달라진다. <중략> 시가표준액은 구청이나 국세청 인터넷 홈페이지에서 확인할 수 있다.

채권 매도가격은 민원행정기관(구청 등)에 나와 있는 지점이나 출장소를 포함한 국민은행 본 · 지점에

서 쉽게 알 수 있다. 이때 민원인은 의무매입금액과 매도금액의 차액만큼만 지불하면 된다. 이렇게 제1종 국민주택채권을 국민은행에서 매입함과 동시에 팔고 나면 영수증을 받게 되는데, 영수증에 적힌 채권 변호를 법무사에 알려주어야 법무사가 부동산을 등기할 때 관련 서류에 해당 채권번호를 기재하여 등기를 할 수 있게 된다. 따라서 부동산등기시 의무적으로 매입해야 하는 제1종 국민주택채권을 국민은행에서 직접 처분하면 법무사에게 지급하는 일정 수수료 부분을 절약할 수 있다.

자동차구입시

자동차를 살 때는 의무적으로 지방도시철도 채권(특별시 · 광역시)이나 지역개발채권(기타 지역)을 구입해야 자동차등록을 할 수 있다. <중략> 사야 하는 금액은 구입하려는 자동차의 배기량에 따라 달라진다. <중략>

서울 시민의 경우 서울도시철도채권을 우리은행에서 매입 즉시 매도할 수 있다. 자동차를 등록하려는 각 구청 교통행정과에 문의하면, 의무적으로 매입해야 히는 채권의 금액을 알 수 있다. 서울도시철도채권의 처분을 우리은행에 문의하면, 처분에 필요한 차액을 알려주며, 이 차액만 은행에 지급하면 된다.

이때 은행으로부터 채권매입필증과 공채매도확인서를 받는데, 공채매도확인서는 직접 보관하고 채권매입필증은 자동차 영업사원에게 주면 자동차를 등록할 때 관련 서류에 첨부하여 등록할 수 있게 된다. 따라서 자동차 구입시 의무매입 해야 하는 지방도시철도 또는 지역개발채권을 해당 채권과 연계된 은행에서 직접 처분하면 자동차등록 관련 비용을 절약할 수 있다.

(증권선물거래소, 시민을 위한 증권투자이야기, 한국경제신문, 2005, 152-154)

읽을거리 5년 만기 외평채 가산금리 최저

만기 5년짜리 외국환평형기금채권(우리나라 환율 등 외환시장의 수급조절을 위해 발행하는 채권) 가산금리가 처음으로 0.1%포인트 아래로 떨어졌다. 재정경제부에 따르면 26일(현지시간) 미국 뉴욕시장에서 5년 만기 외평채 가산금리는 미국 재무부채권(TB) 금리를 기준으로 0.08%포인트를 기록했다. 이는 전날 가산금리 0.12%포인트보다 0.04%포인트 낮아진 것으로 사상 최저 수준이다. 미국 재무부채권(TB) 금리가 연 3.27%이기 때문에 5년 만기 외평채금리는 3.35%가 된다.

만기 10년짜리 외평채 가산금리도 이날 0.60%포인트로 전날보다 0.04%포인트 하락해 지난 4월 29일 0.41%포인트 이후 6개월 만에 가장 낮은 수준을 기록했다.

외평채 가산금리가 속락하고 있는 것은 국내 채권금리가 큰 폭으로 떨어지면서 상대적으로 채권값이 싸진 외평채에 보험 등 국내 기관투자가들의 매수세가 몰렸기 때문으로 풀이된다. <下略>

(매일경제 2004.10.28.)

읽을거리 합리적 투자자

"수학을 잘 해야 떼돈을 번다." "천재들의 실패"라는 책을 읽고 있습니다. 이 책은 롱텀캐피탈매니지먼트(LTCM)라는 미국 헤지펀드의 성공과 실패를 다룬 책입니다.

LTCM은 우리나라가 IMF체제에서 고통당하고 있던 98년 가을 미국 유수의 은행들로부터 35억 달러라는 거액의 "구제금융"을 받아 눈총을 샀던 그 펀드 입니다. 당시 미국은 IMF체제하의 아시아 각국에 혹독한 금융개혁을 촉구하면서도 일개 헤지펀드가 위기가 처하자 주저 없이 구제금융을 퍼부었습니다.

제가 오늘 말씀드리려는 것은 미국 정부의 이중 잣대에 대한 것이 아니라 LTCM을 운용했던 사람들과 "수학"에 대한 것입니다. LTCM에는 노벨경제학상을 받은 로버트 머튼과 마이런 숄스같은 현대 금융학의 최고 두뇌들이 참여했습니다. 이 펀드를 만든 존 메리웨더를 위시해서 펀드 운용을 책임진 모든 파트너들은 하바드, MIT, 시카고 대학에서 수학과 금융공학을 전공한 수재들입니다. 이들의 스승이 머튼과 숄스 교수인데 스승과 제자가 한자리에 모여 펀드를 운용한다고 얼마나 떠들썩 했겠습니까.

LTCM은 94년 설립됐는데 설립 당시 모집한 투자자금만 12억 5000만 달러에 달했습니다. 이 펀드는 금융시장의 미세한 불균형을 수학적인 모델로 측정해서 그 차익을 얻는 이른바 "차익거래"로 단기간에 떼돈을 벌어들였습니다. 노벨상을 받은 경제학자들이 감수한 모델이니 돈을 벌지 못하면 오히려 이상할 지경이었습니다. LTCM은 같은 월가의 투자가들로부터 "천재"소리를 들었습니다. 그들은 냉철하게 모든 리스크와 리턴을 계산하고 "불패"의 신화를 만들어갔습니다. 그들이 성공한 열쇠가 일반인들이 쉽게 알아듣지 못하는 최첨단 수학을 응용한 "금융공학"이었습니다. 그런데 그 수학이 그들을 배신(?)했습니다. LTCM은 아시아와 러시아의 금융위기를 제대로 예측하지 못했습니다.

금융시장의 어떤 특성이 수학이라는 만능열쇠를 무용지물로 만들었을까요. 머튼과 숄스는 하나의 가설로부터 수학적으로 거의 완벽한 금융공학의 체계를 만들었습니다. 즉, 가격은 무질서하게 움직이는 것 같지만 시장참가자들의 "합리적인 판단"에 의해 만들어진, 그 자체로 합리적인 것이라는 가정입니다. 따라서 과거의 가격 움직임에서 찾아낸 비정상적인 가격 변동은 언젠가는 제자리로 돌아온다고 생각한 것입니다. 따라서 비정상적으로 가격이 높은 채권(또는 주식)을 팔고 비정상적으로 가격이 낮은 채권(또는 주식)을 사면 "반드시"이익을 얻을 수 있습니다.

LTCM은 이같은 차익거래의 원리를 다양하게 응용해서 전 세계 금융시장에서 엄청난 돈을 벌었습니다.

수학적인 체계는 가정이 틀리면 모든 결과물도 달라집니다. 머튼과 숄스가 가정한 "시장참가자들의 합리적인 판단"은 치명적인 문제점이 있었습니다. 바로 "사람"입니다. 만약 내가 외부의 어떤 유혹에도 넘어가지 않는 철저하게 이성적이고 합리적인 사람이라면 옆사람이 아무리 채권이나 주식을 팔아도 "따라서 파는" 뇌동매매는 하지 않을 것입니다.

그러나 실제 시장에는 이런 사람들만 있는 것이 아닙니다. 97년 IMF 외환위기 때 누군가 주식을 팔면 그 매물이 다른 사람을 자극해서 또 매물을 만들고 그 매물은 또 다른 매물을 만들어내서 시장을 순식간에 아수라장으로 만든 것을 기억합니다. 머튼과 숄스의 세계에는 그와 같은 비이성적인 사건이 일어날 확률은 우주가 몇 번 다시 만들어져도 한 번 일어날까 말까한 일입니다. 그런데 그런 희박한 확률이 실제로 작동해서 LTCM은 한 순간에 모든 자산을 잃고 말았습니다. 동전을 던져서 앞면이 나올 확률은 2분의 1(50%)이지만 9978번 동전을 던져서 9978번 연속해서 앞면만 나올 확률은 2의 9978승 분의 1(2를 연속해서 9978번 곱한 것을 분모로, 1을 분자로 하는 확률)로 사실상 제로에 가깝습니다. 그러나 2의 9978승에 한번 꼴로 그와 같은 있을 수 없는 일이 생기는데 바로 LTCM에 그런 일이 생긴 것입니다. 시장은 "절대로" 합리적인 것만은 아닙니다. 그러나 합리적인 것을 부정할 수는 없습니다. LTCM이 망하기 직전까지 엄청난 돈을 벌어들인 것은 시장의 합리성을 수학적으로 계산하고 투자에 응용할 수 있다는 증거이기도 합니다.

LTCM이 망하고 난 1년 후 이 펀드의 파트너들은 "랠러티브 밸류 오퍼튜니티펀드2(Relative Value Opportunity Fund 2)"라는 새로운 펀드 상품을 팔아 2억 5000만 달러의 투자금을 모았습니다. 월가의 투자가들은 도대체 수십억 달러를 깨먹은 이들의 무엇을 보고 또 다시 투자를 한 것일까요.

우리나라에 철저하게 수학적인 합리성으로 무장한 펀드가 등장한다면 투자가들은 어떤 반응을 보일까 궁금합니다.

<edaily 2001.8.28.>

CHAPTER

8 연습문제

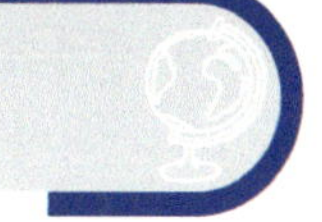

1 다음 채권에 관한 설명 중 틀린 것은?

① 채권의 발행이율(액면이자율)은 금융시장의 환경변화와 관계없이 전혀 변경되지 않는다.

② 채권은 원칙적으로 원금상환기일이 지정된 기한부 증권이다.

③ 채권은 확정된 이자율을 지불하는 이자부 증권이므로 이자수입이 전부이고, 매매에 의한 자본이득이나 손실은 없다.

④ 언제든지 현금화가 가능한 유동성이 있다.

2 일반적으로 주식과 채권의 차이를 잘못 설명한 것은?

① 주식투자의 수익원천은 배당이고 채권투자의 수익원천은 이자이다.

② 주주는 경영에 참가할 수 있으나 채권자는 그렇지 못하다.

③ 주식은 채권보다 상환기간이 짧다.

④ 주주의 수익은 일정하지 않으나, 채권자의 수익은 일정하다.

3 만기까지 이자를 전혀 지급하지 않고 만기일에 액면금액만을 지급하는 채권을 무엇이라고 하는가?

① 이표채　　② 할인채

③ 복리채　　④ 영구채

4 신주인수권부사채와 전환사채의 차이점을 설명한 것 중 틀린 것은?

① 둘 다 권리를 행사하여 신주를 발행할 때 그 대금을 신규로 납입하여야 한다.

② 신주인수권부사채는 권리행사 후에도 사채권이 존속한다.

③ 전환사채는 권리행사시 부채감소, 자본금증가효과가 나타난다.

④ 전환사채는 그 권리행사시 등 사채금액과 동일한 금액의 신주를 취득하게 된다.

5 소액채권이란 얼마 이하의 채권을 말하는가?

① 5백만원　　② 1천만원

③ 5천만원　　④ 1억원

6 환매조건부(Repo)거래가 금융시장에서 중시되는 이유로 적합하지 않은 것은?

① 금융시장의 안정성을 제고한다.

② 파생상품시장의 효율성을 제고한다.

③ 주식시장의 효율성을 제공한다.

④ 중앙은행의 통화정책수단을 제공한다.

7 채권수익률에 대한 설명이다. 잘못된 것은?

① 만기수익률은 채권에 대한 기대현금유입의 현재가치와 그 채권의 시장가격을 일치시키는 할인율로서 현재 사용하고 있는 채권수익률은 만기수익률의 개념이다.

② 단순수익률은 만기시의 자본이득이나 재투자수익을 고려하지 않는다.

③ 만기수익률이란 채권가격에 대한 연간 액면이자 수입의 비율을 나타낸다.

④ 연평균수익률은 향후 받는 이자의 재투자를 가정하나 실효수익률과는 달리 연단위 산술 평균수익률이다.

8 채권의 만기수익률이 채권의 액면이자율보다 크다면, 이 채권의 시장가치는?

① 채권의 액면가액 미만일 것이다.

② 채권의 액면가액 이상일 것이다.

③ 채권의 액면가액과 동일할 것이다.

④ 시장상황에 따라 다르다.

9 B기업이 발행한 채권의 액면이자율은 연10%, 액면가는 100,000원, 만기는 2년, 이자는 매년 말 지급한다. 이 채권의 시장가격이 90,000원일 때 이 채권의 만기수익률은 얼마인가?

① 13.54%　　② 14.24%

③ 15.54%　　④ 16.24%

10 매일경제 기사. "2년 만기 채권수익률이 올해 최고치까지 올라서고 있다." 이 경우 채권가격은 어떻게 변동하였다고 추정할 수 있는가?

① 가격이 하락하였다.

② 가격이 상승하였다.

③ 가격과 수익률은 관계가 없다.

④ 정보가 부족하여 판단할 수 없다.

11 강인기업이 발행한 채권의 액면이자율은 연10%, 액면가는 100,000원, 만기는 1년, 이자는 매년 말 지급한다. 이 채권에 투자하여 15%의 수익을 올리고자 하는 투자자가 평가하는 이 채권의 적정가격과 가장 가까운 값은 얼마인가?

① 90,000원　　② 95,000원

③ 110,000원　　④ 115,000원

12 매일경제 기사. "채권시장은 오전장의 보합 분위기가 이어지면서 4.20%대의 저항인식이 강해지고 있다. 콜금리 인하가 전제되지 않은 상황에서 4.10%대 금리에 대한 부담감이 여전한 가운데 하반기 이후 채권공급 물량의 증가 가능성도 조심스럽게 점쳐지고 있다." 이 기사를 볼 때 어제의 금리와 가장 가까운 값은?

① 4.00%　　② 4.10%

③ 4.20%　　④ 4.30%

13 채권의 말킬 정리에 관한 내용 중 틀린 것은?

① 일정한 수익률 변화에 대하여 단기채권의 가격변동폭보다 장기채권의 가격변동폭이 더 크다.

② 채권수익률 변동에 따른 채권가격 변동폭은 만기까지의 기간에 비례하여 증가하지 않고 체감하면서 증가한다.

③ 만기가 일정할 때 수익률의 하락으로 인한 가격상승폭이 같은 폭의 수익률 상승으로 인한 가격하락폭보다 크다.

④ 만기가 짧을수록 수익률변화에 따른 가격변동이 크다.

14 다음 중 투자적격등급에 해당하지 않는 채권은?

① AAA ② A

③ BBB ④ B

15 투자자가 정한 목표기간 말에 이자율 변동에 관계없이 일정한 수익을 보장하게 채권포트폴리오를 구성하여 운용하는 전략은?

① 면역전략 ② 인덱스펀드 전략

③ 수익률곡선타기 전략 ④ 바벨형만기 전략

16 채권의 시장위험의 크기를 올바르게 설명한 것은?

① 가격위험 + 재투자위험 ② 가격위험 - 재투자위험

③ 재투자위험 - 가격위험 ④ 가격위험 × 재투자위험

17 다음 중 소극적 채권투자전략이 아닌 것은?

① 수익률예측전략 ② 면역전략

③ 만기보유전략 ④ 인덱스펀드전략

18 채권수익률의 기간구조이론에 대한 설명 중 틀린 것은?

① 기대이론에 의하면 수익률곡선의 추세는 특정시점에서의 투자자들의 미래이자율에 대한 예측을 반영하여 결정된다.

② 유동성선호이론에 의하면 수익률곡선이 우상향하는 경우 미래 단기이자율이 상승할 것으로 예측된다.

③ 시장분할이론은 투자들 마다 선호하는 채권만기가 다르며, 채권만기에 따라 각각 독립된 시장이 형성되고 그 안에서 수요와 공급에 의해 채권수익률이 결정된다고 주장한다.

④ 기대이론과 유동성선호이론간의 수익률 차이는 유동성프리미엄의 크기이다.

19 채권투자에 따른 수익률이 목표수익률을 상회하는 경우 적극적 투자전략을 구사하다가, 투자수익률이 목표수익률을 하회하는 경우 소극적 투자전략인 면역전략을 이용하는 투자전략은?

① 수익률곡선타기전략 ② 면역전략

③ 현금흐름일치전략 ④ 상황대응면역전략

정답

1.	③	2.	③	3.	②	4.	①	5.	③	6.	③	7.	③	8.	①	9.	④	10.	①
11.	②	12.	③	13.	④	14.	④	15.	①	16.	①	17.	①	18.	②	19.	④		

CHAPTER 9

선물투자

生財有大道
재산을 만드는 데는 큰 방법이 있다.

〈大學〉

Section 1 | 선물거래의 개념

1. 선도거래와 선물거래

시장에서 이루어지는 거래는 결제시기를 기준으로 할 때 크게 현물거래와 선도거래로 구분할 수 있다. 현물거래(spot transaction)는 대부분의 일상적인 거래로 <그림 9-1>에서 볼 수 있는 바와 같이 거래 계약 체결시점에 상품의 인도 · 인수와 대금지급이 동시에 이루어지는 거래형태이다. 한편 선도거래(forward transaction)란 현재 시점에서 먼저 특정상품을 상호 합의한 가격으로 미래 일정시점에 인도 · 인수할 것을 약속하는 계약을 체결한 후, 일정기간이 지나서 지정된 일자와 장소에서 대금결제 및 상품의 인도 · 인수가 이루어지는 거래를 말한다. 선도거래는 거래당사자들만 합의한다면 어떤 상품에 대해서도 거래가 이루어질 수 있다는 장점이 있다. 그러나 선도거래는 당사자 간의 직접계약에 의해 거래가 이루어지므로 동일한 수량을 동일한 시기에 필요 또는 공급하고자 하는 거래상대방을 찾아야 한다는 어려움이 있다.

선물거래(futures transaction)[1]는 선도거래로부터 그 유래를 찾을 수 있다. 선물거래란 거래내용과 조건을 표준화하여 시장성을 높인 선도거래라고 할 수 있다. 즉, 선물거래는 조직화된 시장을 통해 미리 정해놓은 미래 일정시점에서 품질, 규격 등이 표준화된 특정상품을 현재시점에서 미리 정한 일정가격으로 매매하기로 한 계약을 말한다.[2] 선물거래는 1848년 미국에 시카고 상품거래소(Chicago Board of Trade: CBOT)가 설립되면서부터 체계적으로 이루어지기 시작하였다.

선물거래는 계약의 만기일에 현물을 인수 · 인도 하거나 또는 만기일 이전일지라도 원계약에 대하여 반대 매매함으로써 완료된다. 여기에서 반대매매(reversing trade, cover)란 만기 이전에 거래를 청산하기 위하여 선물을 매입했던 투자자는 선물을 매도하고, 선물을 매도했던 투자자는 선물을 매입하는 것을 말한다.

선물거래는 미래 약정일에 미리 정한 가격으로 자산을 사거나 팔아야 하는 의무가 부여된 계약이라는 점에서 선도거래와 공통점이 있다.

---

1) 선도거래나 선물거래를 신용거래와 혼동하기가 쉽다. 신용거래(credit transaction)는 매매계약이 이루어지는 시점에 상품을 인도하고 대금은 미래에 지불하는 것이다.

2) 매매계약을 체결한 시점과 결제시점 간에 차이가 있다는 점에서 선물거래는 다음 <Chapter 10>에서 설명할 옵션거래와 유사하다. 그러나 옵션계약은 상황이 유리할 때만 권리를 행사하기 때문에 강제성이 없는 반면에 선물계약은 계약을 반드시 이행해야 하는 의무를 지닌다는 점에서 근본적인 차이가 있다.

그림 9-1 현물거래와 선도거래

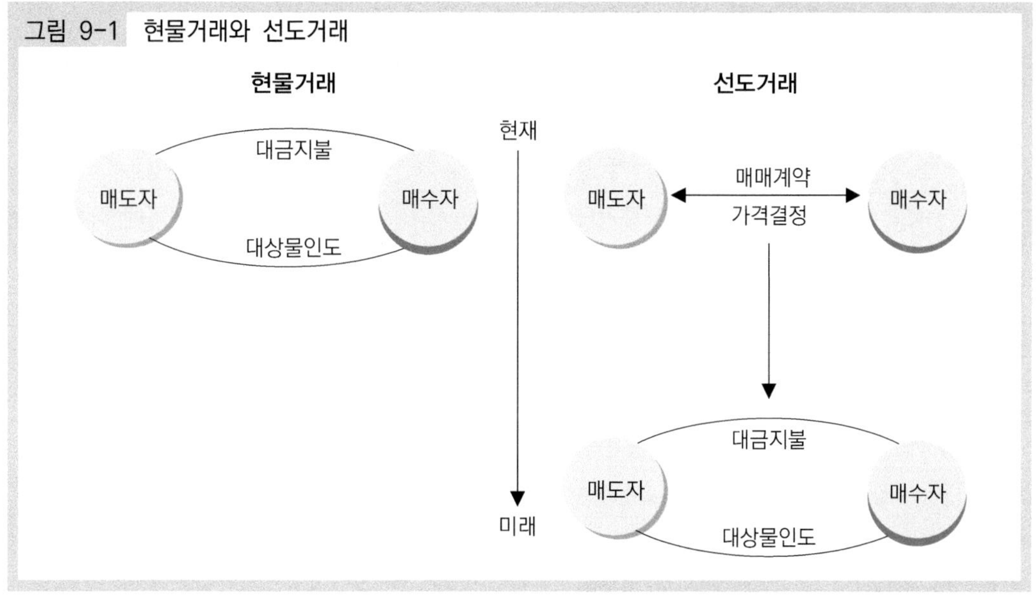

그러나 선물거래는 선도거래와 다음과 같은 근본적인 차이점을 갖고 있다.

- 선도거래는 시간과 장소에 관계없이 계약당사자간에 이루어지는 것인데 반해, 선물거래는 다수의 수요자와 공급자가 일정한 시간에 정해진 장소에 모여 시장을 형성함으로써 이루어진다. 즉, 선물거래는 반드시 조직화된 거래소에서 자격 있는 회원의 중개를 통하여 거래된다.
- 선도거래는 거래 당사자 간의 합의에 의해서 거래조건이 결정되는 반면에, 선물거래는 공인된 거래소에서만 거래가 되기 때문에 계약단위, 거래조건, 인도시기, 거래상품 등의 거래조건이 표준화되어 있다.
- 선도거래에서는 만기일에 특정 상품의 인도 · 인수가 반드시 이루어지지만, 선물거래에서는 만기일 이전에 반대매매를 통해 계약이 종료될 수 있다. 선물거래의 가장 큰 특징이 바로 이러한 청산거래(offset transaction)가 가능하다는 것이며, 실제로 전체 거래의 95 ~ 98%가 청산거래에 의해 결제가 이루어진다.
- 선도거래의 결제방법은 은행 또는 중개기관에서 만기일에 한정되어 정산되지만, 선물거래는 결제소에서 일일정산[3](marking to market)된다.

이상과 같은 근본적인 차이점 이외의 선물거래와 선도거래의 차이점을 요약하면 <표 9-1>과 같다.

3) 일일정산제도에 대하여는 <Section 2>에서 자세히 설명할 것임.

<표 9-1> 선도거래와 선물거래

구 분	선도거래	선물거래
거 래 방 법	당사자의 직접거래	공개경쟁 입찰방식
가 격 형 성	인도시기까지 일정	매일 매일 형성
증 거 금	대부분의 경우 증거금이 없고 고객에 필요에 따라 요구됨	개시증거금과 가격변동에 따른 유지증거금 예탁
양 수 · 도	100% 실물인도, 양도불가	양도가능, 만기전 거래가능
거래 이행보증	거래상대방의 신용도에 의존	결제소가 이행보증
거 래 규 모	대체로 규모가 큼	소액도 가능
거 래 중 개 자	직접거래(신용중시)	결제소 보증에 의한 간접거래
유 동 성	직접거래로 유동성이 낮음	간접거래이므로 유동성이 높음
규 제 유 무	가격 및 거래 제한이 없음	가격 및 거래 제한이 있음
거래참여 범위	한정된 거래자	다수의 거래자

2. 선물거래 용어 및 거래참여자 유형

선물거래에서 거래의 대상이 되는 특정대상물을 기초자산(underlying asset)이라 하고, 기초자산의 현재가격을 현물가격(spot price)이라 한다. 선물거래의 거래 시기를 선물거래의 만기일(maturity) 또는 인도일(delivery date)이라 하며, 약정한 거래가격을 선물가격(futures price)이라고 한다.

선물거래는 선물매입(long position)과 선물매도(short position)로 구분된다. 선물매입은 만기일에 기초자산을 선물가격으로 매입할 것을 약속한 계약이며, 선물매도는 만기일에 기초자산을 선물가격으로 매도할 것을 약속한 계약이다.

따라서 선물매입자는 매입한 선물에 대해 만기일에 현물을 인수받거나, 만기일 이전에 매입했던 선물을 다시 매도함으로써 거래를 청산(close out)할 수 있다. 반대로 선물매도자는 만기일에 선물의 기초자산을 인도하거나, 만기일 이전에 매도했던 선물을 다시 매입함으로써 거래를 청산할 수 있다. 이와 같이 반대매매로 선물매입자가 만기일 이전에 동일한 기초자산을 대상으로 한 선물을 매도함으로써 본래의 매입포지션을 청산하는 것을 매도청산(long liquidation) 또는 전매도라고 하고, 선물매도자가 만기일 이전에 동일한 기초자산을 대상으로 한 선물을 매입함으로써 본래의 매도포지션을 청산하는 것을 매입청산(short covering) 또는 환매수라고 한다.

선물거래 참여자는 거래동기에 따라 헤저, 투기자, 차익거래자로 나눌 수 있다. 헤저(hedger)란 미래에 예측하지 못한 가격변동위험을 회피하기 위하여 선물거래에 참여하는 자로서, 이들은 현물가격 변동으로부터 나타날 수 있는 손실을 회피하기 위해 선물거래를 이용한다. 일반적으로 헤저들은 위험의 감소를 목적으로 선물거래를 이용하며, 이들이 전가하는 위험은 투기자들에 의해 수용된다.

투기자(speculator)는 미래 선물가격 변동을 보다 적극적으로 예측함으로써 가격변동을 통하여 거래이익을 얻고자 하는 자로서, 이들은 선물가격 변동에 따른 위험을 부담하면서 높은 이익을 얻기 위해 선물거래를 이용한다. 따라서 투기자들은 헤저들이 전가한 위험을 수용하는 대신 보다 높은 수익을 얻고자 한다.

차익거래자(arbitrageur)란 불완전경쟁상태에서 선물거래소간 또는 선물상품간에 나타날 수 있는 일시적인 가격불균형을 이용한 매매를 통해 추가적인 자금부담이나 위험부담 없이 거래이익을 얻고자 하는 자로서, 이들의 활동으로 인해 일시적으로 불균형 상태에 있던 시장은 균형으로 회복되게 된다.

3. 선물거래의 종류

선물거래는 선물거래의 대상이 되는 기초자산에 따라 크게 상품선물(commodity futures)과 금융선물(financial futures)로 구분할 수 있다. 상품선물은 옥수수, 귀리, 돈육 등의 농축산물과 금, 은, 알루미늄 등의 금속, 원유, 가스 등의 에너지를 기초자산으로 하며, 금융선물은 주가지수, 주식, 금리, 통화 등을 기초자산으로 한다. 1970년대 초까지는 전체 선물거래 규모의 3분의 2 이상을 상품선물거래가 차지하였다.

그러나 1970년대 이후 국제금융시장에서 환율과 이자율의 변동이 심해지면서 위험회피를 위해 통화(외국환), 채권(금리), 주가지수 등의 금융자산을 기초자산으로 하는 금융선물거래가 전체 선물거래규모의 2/3 이상을 차지하고 있으며 오늘날 그 거래규모가 급속히 확대되고 중요성이 증대되고 있다.

금융선물 중 가장 대표적인 것이 주가지수 선물이다. 주가지수선물거래란 주가지수를 매매대상으로 하는 선물거래를 말한다. 상품선물거래에서는 실제로 존재하는 상품을 표준화하여 선물거래의 대상으로 하고 있는 반면, 주가지수 선물거래는 현물시장에서 거래되고 있지 않는 계산상의 수치인 주가지수를 그 대상으로 하고 있다. 따라서 주가지수선물은 다음과 같은 특징을 갖는다.

첫째, 주가지수는 매매실체가 없는 추상적인 개념으로 그 자체로는 어떤 가치도 갖지 않기 때문에 주가지수선물에서는 주가지수 1포인트당 일정한 가치를 부여함으로써 거래가 가능하도록 하고 있다.

둘째, 일반적인 상품선물거래에서는 최종거래일까지 반대매매되지 않는 선물계약은 매매대상인 실물을 인도하고 그 대가를 지불함으로써 계약이 종료되나, 주가지수선물에서는 매매대상물이 실제로 존재하지 않기 때문에 실물을 인도할 수 없어, 최종결제일에 당일 현재의 실물가격에 상당하는 현금결제를 통해 거래를 청산하게 된다. 이때 현금결제의 방법은 약정지수와 최종 결제지수와의 차이에 거래소에서 정한 일정액을 곱하여 산출한 금액으로 정산한다.

셋째, 주가지수선물은 시세자체를 매매하는 선물로서 주식투자자에게 직접적인 위험회피 수단을 제공하고 있다. 투자자가 여러 주식에 분산투자할 경우 기업의 특수한 사정 때문에 발생하는 비체계적 위험[4)]을 제거할 수 있다. 그러나 분산투자를 한다고 해도 시장전체에 영향을 미치는 시장위험인 체계적 위험은 제거시킬 수 없다. 그런데 주식과 주가지수선물에 동시에 투자하면, 이론적으로 체계적 위험까지도 제거가 가능하다.

우리나라에서는 1996년 5월 3일 KOSPI200지수를 기초자산으로 하는 KOSPI200지수선물시장이 처음 개설되었다. 이외에도 미달러화, 엔화 등을 기초자산으로 하는 통화선물, 국고채를 기초자산으로 하는 금리선물 등 다양한 금융선물과 금, 돈육을 기초자산으로 하는 상품선물이 거래되고 있다. 2023년 6월 30일 현재 우리나라 선물시장에서 거래되고 있는 선물상품은 <그림 9-2>와 같다.

4. 선물거래의 기능

선물거래는 거래에 참여하는 거래당사자를 위하여, 또한 자본시장의 발전 및 실물경제의 안정을 위하여 다음과 같은 중요한 기능을 수행한다.

4) 비체계적 위험에 대하여는 <Chapter 12>를 참고할 것.

그림 9-2 우리나라 선물상품의 종류

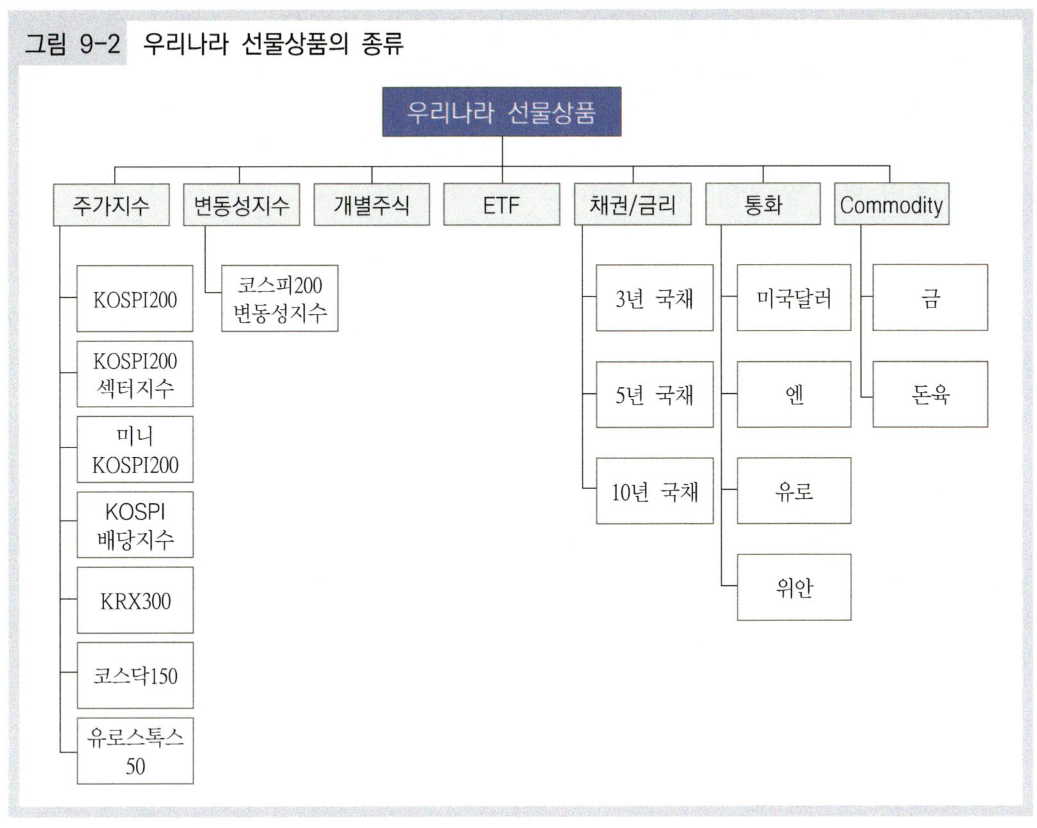

위험관리기능

현물거래에서는 미래에 예기치 못한 가격변동으로 인하여 손실이 발생할 가능성이 항상 존재한다. 그러나 선물거래는 이와 같은 손실위험을 미연에 방지할 수 있는 수단을 제공한다. 선물시장(futures market)에서의 거래상품은 현물시장(spot market)에서도 동시에 거래되는데 현물시장과 선물시장에서 형성되는 동일상품의 거래가격은 대체로 일정한 차이를 두고 같은 방향으로 변동한다. 따라서 미래 가격변동 위험을 회피하고자 하는 헤저는 현물시장에서 일정상품을 매매함과 동시에 선물시장에서 이와 반대되는 거래포지션을 취함으로써 현물시장에서의 가격변동에 따르는 손실(이익)을 선물시장에서의 이익(손실)으로 서로 상쇄시킬 수 있다. 즉, 미래에 현물을 매입하여야 하는 투자자가 현물가격의 상승을 예상할 경우에는 선물을 매입하는 포지션을 취함으로써 현물가격 상승에 따른 기회손실을 선물시장에서의 이익으로 보전할 수 있으며, 반대로 미래에 현물을 매도하여야 하는 투자자가 현물가격의 하락을 예상할 경우에는 선물을 매도하는 포지션을 취함으로써 현물가격 하락에 따른 기회손실을 선물시장에서의 이익으로 보전할 수 있다. 이러한 거래전략을 헤징(hedging)이라고 한다. 이와 같이 선물거래는 가격변동에 따르는 위험을 관리할 수 있는 수단을 제공함으로써 선물거래자는 투자계획을 보다 확실하게 수집할 수 있고 한정된 투자자금을 더욱 효율적으로 활용할 수 있다.

투자기회의 제공 및 위험전가의 기능

위험을 회피하고자 하는 헤저는 선물거래를 통하여 가격변동에 따르는 손실의 가능성을 감소 또는 상쇄시킬 수 있다. 그러나 선물시장에서 위험을 회피하고자 하는 헤저들만 존재한다면 위험회피의 목적을 원활히 달성할 수 없다. 왜냐하면 모든 거래자가 위험을 회피하고자 하기 때문에 위험회피를 목적으로 하는 선물거래에서 거래상대방을 찾을 수 없기 때문이다. 그러므로 위험회피를 목적으로 한 선물거래가 원활히 이루어지기 위해서는 헤저가 회피하고자 하는 위험을 적극적으로 수용함으로써 그 대가로 거래이익을 획득하고자 하는 투기자들이 존재하여야 한다. 투기자들은 그들 자신이 남들보다 정보의 수집 및 분석능력이 우수하다고 믿기 때문에 거래이익을 얻기 위하여 헤저들로부터 전가되는 위험을 기꺼이 수용한다. 따라서 선물거래는 투기자 및 차익거래자들에게 다양한 투자기회를 제공하며, 헤저로부터 투기자와 차익거래자에게로 적당한 가격에 위험을 이전시키는 기능을 한다.

시장효율성의 제고기능

여기에서 시장효율성이란 제7장에서 설명한 정보의 효율성을 말한다. 선물시장에는 많은 투기자들이 존재하고 이들 투기자들은 이익을 획득하기 위하여 미래 상품가격 형성에 영향을 미칠 제반 정보를 남보다 먼저 입수하고 분석하여 투자전략에 이를 반영시키고자 치열한 경쟁을 하고 있다. 그 결과 국내뿐만 아니라 전 세계에서 발생되는 각종 정보가 그때그때 선물가격에 신속히 반영됨으로써 시장효율성이 제고된다. 선물시장은 현물시장보다 수수료 등이 상대적으로 저렴하고 경쟁을 제약하는 요소가 적어 시장의 효율성을 증대시킨다. 뿐만 아니라 선불시장의 가격예측기능으로 미래 현물가격에 대한 정보수집과 해석에 필하고 시간과 비용이 감소된다. 그리고 차익거래자는 선물시장과 현물시장을 동시에 이용하기 때문에 현물시장의 거래가 활성화될 뿐만 아니라, 현물시장의 가격이 보다 합리적으로 형성되도록 한다.

상품수급의 안정기능

선물시장에는 선물거래자 각자가 나름대로 상품 수급에 관한 미래 상황을 예측하여 이를

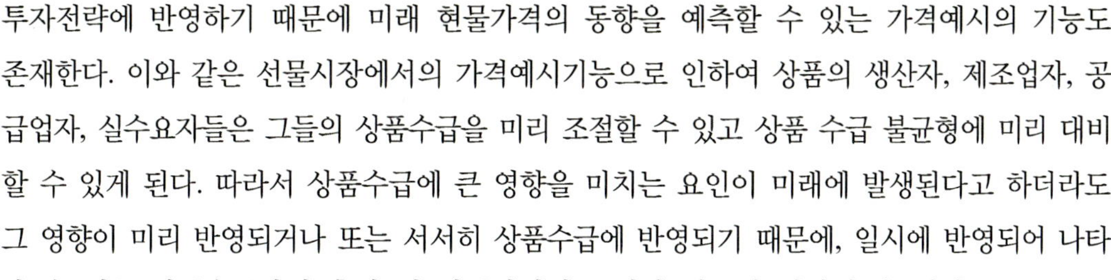

투자전략에 반영하기 때문에 미래 현물가격의 동향을 예측할 수 있는 가격예시의 기능도 존재한다. 이와 같은 선물시장에서의 가격예시기능으로 인하여 상품의 생산자, 제조업자, 공급업자, 실수요자들은 그들의 상품수급을 미리 조절할 수 있고 상품 수급 불균형에 미리 대비할 수 있게 된다. 따라서 상품수급에 큰 영향을 미치는 요인이 미래에 발생된다고 하더라도 그 영향이 미리 반영되거나 또는 서서히 상품수급에 반영되기 때문에, 일시에 반영되어 나타날 수 있는 상품수급상의 충격 및 상품가격의 급격한 변동이 완화될 수 있다.

미래 현물가격 예측기능

선물가격은 선물시장에 참여한 수많은 헤저와 투기자들이 현재의 수급상황 및 미래 현물가격과 관련된 종합된 견해를 반영하고 있다. 또한 선물시장에서는 다수의 참여자가 현물의 장래가격과 관련된 각종 정보를 수집 · 분석 · 예측하고 이를 바탕으로 가격경쟁을 통하여 장래 특정시점에서의 현물가격 예측치인 선물가격을 형성함에 따라 선물가격의 공정성과 신뢰도가 높게 된다. 따라서 선물가격을 통해 미래의 현물가격을 예측할 수 있다.

Section 2 | 선물시장의 구조

근본적으로 선물거래는 주식거래와 유사하다. 그런데 선물거래는 주식과 같은 현물에서 피생된 상품을 거래하는 것이므로 몇 가지 제도상의 차이점이 있다. 선물거래 제도의 주요 특징은 청산소, 증거금, 일일정산, 최종결제 등이다.

1. 청산소

선물시장의 구조는 주식의 거래소 시장과 유사하게 선물거래소(futures exchange), 선물 회원사, 선물투자자로 구성되어 있다. 선물거래는 거래소 내에서 거래소에 가입한 회원들에게 허용된다. 즉 선물거래소는 회원제로 형성되며 다음과 같은 기능을 수행한다.

- 선물거래소는 선물거래소 회원들이 선물계약을 매매할 수 있는 장소(floor)를 제공한다.
- 선물거래소 내에서 선물거래에 적용될 수 있는 윤리적 기준과 재무적 기준을 시행한다.
- 회원의 사업적 이익을 증진시킨다.

청산소(clearing house)는 거래소의 일부로서 선물거래의 안정성을 확보하기 위한 조직으로서 일반적인 역할은 다음과 같다.

- 청산소는 모든 선물거래의 청산에 대해 책임을 지며, 계약의 이행을 보증하는 역할을 수행한다.
- 청산소는 모든 거래를 중개하고 체결시키는 기능을 한다. 즉 시장에서 매일 거래되는 모든 계약을 등록시키고 체결시킨다.
- 청산소는 대체원리에 따라 거래되는 모든 계약의 상대방이 된다. 거래가 성립되면 청산소가 즉시 거래 쌍방 사이에 개입하여, 매입자에 대해서는 매도자로 매도자에 대해서는 매입자로서의 역할을 수행하게 된다.
- 청산소의 존재는 사실상 모든 신용위험을 제거시키며, 거래상대방의 자산이나 신용도를 평가할 필요성을 제거시켜 준다.

선물거래는 거래소회원이 직접 자기 자신을 위하여 행하는 자기거래와 일반고객인 선물투자자의 주문에 의하여 중개수수료를 받고 거래를 중개하여 주는 중개거래로 구분된다. 미국의 경우 선물거래소 회원은 자기거래를 담당하는 장내거래인(floor trader)과 중개거래를 담당하는 장내중개인(floor broker)로 구분된다. 장내거래인은 주로 매입과 매도의 호가차이, 현물과 선물의 가격차이, 선물계약간의 가격차이 등을 이용한 단기차익거래에 치중하는 투기거래자이다. 장내거래인은 선물시장의 유동성을 높이고 거래를 활성화시키는 시장조성자(market maker)의 역할을 수행하고 있다.

일반 선물투자자는 장내중개인을 통하여 선물거래를 한다. 그리고 선물중개인은 대부분 선물회원사의 직원이므로, 일반투자자의 선물거래는 선물회원사를 통하여 이루어진다고 볼 수 있다. 따라서 일반 선물거래는 주식거래와 마찬가지로 투자자가 선물회원사에 위탁계좌를 개설한 후에 시작된다고 할 수 있다. 그리고 선물회원사는 고객의 계좌개설, 주문처리, 고객예탁금의 관리 매매종료까지의 모든 중개 및 관리업무를 대행하고 수수료를 받는다.

2. 증거금제도와 일일정산

선물거래는 현재 시점에서 계약만 체결하고 그 계약의 이행은 미래의 일정 시점에 이루어진다. 증거금은 계약이행을 보증하기 위한 예치금으로 선물계약의 당사자들이 계약의 이행을 보증하기 위해 청산회원을 통해 청산소에 납부해야 하는 금액을 말한다. 선물거래의 증거금에는 개시증거금, 유지증거금, 추가증거금, 초과증거금 등이 있다.

개시증거금

개시증거금(initial margin)은 고객이 처음으로 선물계약을 매입하거나 매도할 때 예치해야 하는 금액이다. 고객이 중개회사에 납입하는 증거금을 위탁증거금(customer's margin)이라고 하며, 중개회사가 결제기관에 납부하는 증거금을 매매증거금(member's margin) 또는 거래증거금이라고 한다. 통상 개시증거금은 선물계약의 일일가격제한폭을 기준으로 책정된다. 대부분의 선물계약에서 개시증거금 수준은 일반적으로 계약금액의 5% 내지 18% 수준에서 정해진다. 투자자들은 적은 증거금만으로 큰 규모의 거래를 할 수 있어 선물거래에는 레버리지효과[5]가 크다고 할 수 있다.

유지증거금

유지증거금(maintenance margin)은 선물거래를 하는 동안 최소한 유지해야 하는 수준의 증거금이다. 개시증거금을 예치하고 매입 또는 매도 포지션을 취한 고객은 보유하고 있는 선물포지션의 가격이 변동될 때마다 일일정산에 의해 증거금 수준이 변동한다. 선물계약의 이행을 보증하기 위해서는 최소한 일일가격변동폭에 해당하는 손실을 보전할 수 있을 정도의 증거금 수준이 유지되어야 한다.

추가증거금

추가증거금(additional margin)은 고객의 증거금이 유지증거금 이하가 될 경우 개시증거금까지 다시 채우도록 요구하는 금액을 말하며 변동증거금(variation margin)이라고도 한다. 청산소가 추가 증거금의 납입을 요청하는 것을 마진콜(margin call)이라 한다. 만약 고객이 추가증거금을 납부하지 않을 경우에는 청산소가 일방적으로 고객의 선물포지션을 반대매매에 의하여 청산하고 증거금 계정을 폐쇄한다.

초과증거금

초과증거금(excess margin)이란 일일정산 결과 선물가격의 변동으로 이익이 발생하여 개시증거금 수준을 초과하는 증거금 잔액을 말하며 이 금액은 언제나 인출이 가능하다.

지금까지 설명한 증거금을 그림으로 나타내면 다음 <그림 9-3>과 같다.

---

5) 레버리지효과는 투자자의 손익이 증거금 수준보다 확대되어 나타나는 효과를 말한다.

그림 9-3 선물거래 증거금

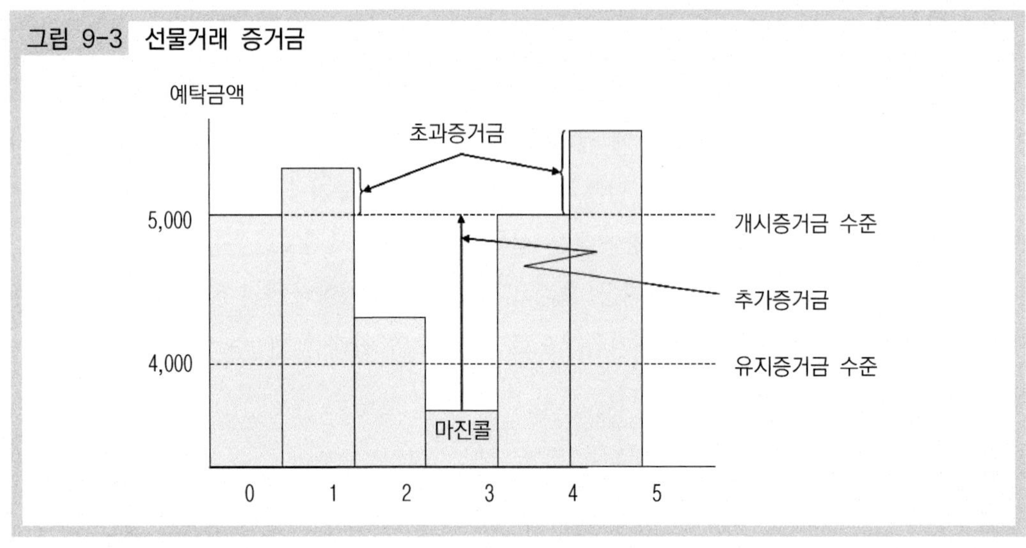

일일정산

선물거래는 거래금액보다 매우 적은 금액의 개시증거금만으로도 계약이 체결된다. 그런데 선물시장에서 거래되는 상품의 가격은 고정된 것이 아니라 계속 변동하므로 증거금이 계약이행을 보장하기 위한 보증금으로서의 기능을 계속할 수 있도록 하는 제도적 장치가 필요하다.

따라서 거래소는 결제 불이행 소지를 미연에 방지하기 위해 매일 매매거래가 종료된 후 정산가격인 선물종가를 기준으로 증거금을 관리한다. 즉, 선물계약이 체결된 이후 이 선물계약에 대해 매일 당일의 정산가격으로 손익을 계산하여 증거금에 반영하고, 누적된 손실로 증거금의 금액이 일정 수준 밑으로 떨어지면 추가로 증거금을 납입하도록 함으로써 증거금을 충실화시킨다. 이러한 절차를 일일정산(marking to market)이라고 한다.

일일정산 결과 이익이 발생한 경우에는 다음날 투자자인 위탁자의 증거금계좌에 이익금액이 입금이 되며, 일일정산 결과 손실이 발생한 경우에는 다음날 증거금계좌에서 손실금액이 출금이 된다.

예 제

투자자 영산강은 20XX년 10월 1일에 계약당 100의 가격으로 코스피200 선물 5계약에 매입포지션을 취하였다. 개시증거금은 계약금액의 15%이고, 유지증거금은 개시증거금의 80%이다. 물음에 답하시오.

1) 개시증거금과 유지증거금은 얼마인가?

2) 만약 20XX년 10월 1일의 정산가격이 102라고 할 때
   a) 영산강의 증거금 잔액은 얼마가 되겠는가?
   b) 청산소로부터 요구받는 추가증거금 또는 인출가능한 초과증거금은 얼마인가?

3) 만약 20XX년 10월 2일의 정산가격이 98이라고 할 때
   a) 영산강의 증거금 잔액은 얼마가 되겠는가?
   b) 청산소로부터 요구받는 증거금 납입요청액 또는 인출가능한 초과증거금은 얼마인가?

풀 이

1) 투자자 영산강이 선물계약을 시작하면서 납부해야 할 개시증거금과 유지증거금은 다음과 같다.

   거래금액 = 선물가격 × 250,000원 × 계약수 = 100 × 250,000원 × 5 = 125,000,000원

   개시증거금 = 거래금액 × 15% = 1억 2천5백만원 × 15% = 18,750,000원

   유지증거금 = 개시증거금 × 80% = 18,750,000원 × 0.8 = 15,000,000원

2) 10월 1일의 정산가격이 102일 때 증거금계좌 잔액 계산

   a) 정산가격이 102가 될 경우, 코스피200 선물에 매입포지션을 취한 영산강은 총 2,500,000원(= 2 × 250,000 × 5)의 이익을 얻게 된다. 따라서 선물매도자의 증거금계좌에서 2,500,000원이 인출되어 영산강의 증거금계좌로 입금된다. 따라서 영산강의 증거금계좌 잔액은 21,250,000원(= 18,750,000원 + 2,500,000원)이 된다.

   b) 이 경우 영산강은 개시증거금 수준인 18,750,000원을 초과하는 초과증거금 2,500,000원을 인출할 수 있다.
   증거금계좌 잔액이 유지증거금 수준 이상이므로 추가증거금 납입요청은 받지 않게 된다.

3) 10월 2일의 정산가격이 98일 때 증거금계좌 잔액 계산

   a) 정산가격이 98이 될 경우, 이는 전날 종가 102보다 4가 하락하였으므로 코스피200 선물에 매입포지션을 취한 영산강은 총 5,000,000원(= 4 × 250,000 × 5)의 손실을 입게 된다. 따라서 영산강의 증거금계좌에서 5,000,000원이 인출되어 선물매도자의 증거금계좌로 입금된다. 이 경우 만약 영산강이 초과증거금을 인출하지 않았다면 증거금계좌 잔액은 16,250,000원(= 21,250,000원 − 5,000,000원)이 되며, 초과증거금을 인출하였다면 증거금계좌 잔액은 13,750,000원(= 18,750,000원 − 5,000,000원)이 된다.

   b) 따라서 영산강이 초과증거금을 인출하지 않았을 경우에는 증거금계좌 잔액(16,250,000원)이 유지증거금 수준(15,000,000원)을 초과하므로 증거금납입요청을 받지 않지만 만약 초과증거금(2,500,000원)을 인출했다면 증거금계좌 잔액은 13,750,000원이 되어 유지증거금 수준인 15,000,000원보다 작다. 따라서 영산강은 청산소로부터 5,000,000원(18,750,000 − 13,750,000원)의 증거금납입요청(margin call)을 받게 된다.

3. 최종결제

계약체결 이후에 중도에 반대매매하지 않고 만기까지 선물계약을 유지하는 경우 최종적으로 계약을 이행해야 하는 절차가 있다. 이를 최종결제라고 한다.

거래된 선물계약이 만기일이 도래하지 않아 실물이 인수 · 인도되지 않거나 또한 반대매매에 의해 청산되지 않고 남아있는 계약을 미결제약정 또는 미청산계약(open interest)이라고 한다.[6] 그러므로 미결제약정은 앞으로 인도 또는 인수를 해야 하는 의무를 가지고 있는 계약의 수를 말한다. 미결제약정에 대하여 최종적으로 계약을 이행해야 하는데 이 절차를 최종결제라고 한다.

최종결제방법에는 반대매매, 선물계약에 따른 상품의 인도(실물결제), 현금인도, 그리고 거래소 밖에서의 당사자 간 상품의 인도 등이 있다. 최종결제방법은 거래대상 자산의 인수도가 용이한지 여부와 투자자의 선호 등에 따라 결정되는데 거래소는 금선물 등 상품선물과 미국달러선물은 실물 인수도 방식을, 주가지수선물과 옵션은 현금결제 방식을 채택하고 있다.

반대매매

반대매매는 가장 빈번히 이용되는 선물계약의 종료 방법으로 거래자가 동일한 종류의 계약을 반대로 체결함으로써 선물계약상의 의무를 이행하는 방법이다. 즉, 계약만기일 이전에 매입포지션(매도포지션)에 있는 투자자는 동일한 상품에 동일한 수량과 동일한 만기를 가진 동일계약에 대해 매도포지션(매입포지션)을 취함으로써 포지션을 청산하는 것이다. 투자자들에게는 그동안 일일정산에 의해 누적된 이익 또는 손실이 선물거래의 손익이 된다.

실물결제

실물결제(actual settlement) 또는 실물인도(actual delivery)는, 선물계약이 미래의 일정한 날짜에 일정한 상품과 대금을 교환하기로 한 계약이기 때문에 선물계약의 만기일에는 매도자와 매수자 사이에 상품과 대금을 교환하는 실물거래를 이행하여 거래를 종결시키는 방법이다. 선물계약에서 실물의 인도와 인수에 관한 선택권은 일반적으로 매도포지션 소유자인 선물매도자가 갖게 된다. 그 이유는 만약 실물의 인도와 인수에 관한 권리를 매입포

6) 선물계약에 대한 거래가 처음으로 개시되는 시점에서는 미결제약정의 수는 없다. 그러나 선물거래가 시작되면서 미결제약정의 수는 점차 증가한다. 그러다가 결제시기에 가까워지면 미결제약정수가 급속하게 감소한다. 왜냐하면 선물계약의 대부분이 실제의 상품의 인수 · 인도로 연결되지 않고 만기 이전에 반대매매가 성립되어 청산되기 때문이다.

지션 소유자인 선물매입자가 갖게 되면 거래량이나 유동성이 적은 상품을 매점 · 매석하여 현물가격을 조작할 가능성이 크기 때문이다.

현금결제

현금결제(cash settlement) 또는 현금인도(cash delivery)는 만기일에 상품의 인수 · 인도 대신 현물가격을 기준으로 일일정산하여 거래를 종결시키는 방식이다. 즉, 거래자들은 만기일에 선물계약에 의한 가격과 현물시장 가격의 차이만을 현금으로 지급한다. 현금결제는 실물인도와 인수가 불편할 경우 이루어지기도 하나, 주가지수선물거래에서와 같이 주가지수라는 실물이 존재하지 않는 경우에는 실물인도가 불가능하여 현금결제를 하게 된다.

장외인도

선물계약의 거래자는 장외에서 상품의 인도방식에 의해 선물계약을 종료할 수도 있다. 이 경우에 선물계약의 매도자와 매수자는 동시에 선물계약에 의한 상품과 현금의 교환과 선물계약의 해지에 동의하여야 한다. 이러한 거래는 실제로 선물계약상 상품을 보유한 자와 이 상품을 원하는 실수요자간에 이루어지고 있으며 선물거래소에서도 예외적으로 이러한 계약의 종료방식을 인정하고 있다. 이 방식은 반대매매와 유사하지만 거래자들은 실제로 상품을 인도하고, 선물거래의 종료가 선물거래소 밖에서 이루어지며, 거래당사자들은 상품의 가격 등 거래조건을 서로 상의하여 결정할 수 있다는 점에서 차이가 난다.

Section 3 | 선물가격과 현물가격

1. 이론적 선물가격

가. 베이시스

선물거래에서 선물거래의 대상이 되는 대상물인 기초자산을 S, 선물거래의 거래시기인 일정시점의 만기일을 T, 그리고 정해진 거래가격인 선물가격을 F라 하자. 여기서 선물가격 F는 만기일에 기초자산을 거래하기로 약정한 거래의 행사가격을 의미하는 것이지 선물의 가치(value)를 의미하는 것은 아니다. 결국 선물이란 S를 T시점에 F가격으로 사거나(매입포지션 : long position), 팔(매도포지션 : short position) 의무를 말한다.

만기일의 현물가격을 S_T, 만기일에서 인도되는 선물계약의 현재시점의 선물가격을 F_0라 하면 선물거래를 통하여 발생하는 만기시점의 선물손익은 다음과 같다.7)

$$\text{매입포지션의 손익} = \text{만기일의 현물가격}(S_T) - \text{선물거래시의 선물가격}(F_0)$$

$$\text{매도포지션의 손익} = \text{선물거래시의 선물가격}(F_0) - \text{만기일의 현물가격}(S_T)$$

이상의 내용을 정리하면 <표 9-2>와 같다.

<표 9-2> 만기시점에서의 선물손익

포 지 션	만 기 일	
	$F_0 > S_T$	$F_0 < S_T$
매입포지션(long position)	손 실	이 익
매도포지션(short position)	이 익	손 실

<표 9-2>를 설명하기 위하여 다음 예제를 고려하여 보자.

예 제

어떤 정유업자가 향후 원유가격 상승에 대비하기 위해 선물거래를 이용한다고 하자. 이 정유업자는 미래에 발생할지도 모르는 원유가격 상승위험에 노출되어 있기 때문에 선물매입포지션을 취함으로써 원유가격 상승위험을 헤지하고자 한다. 선물의 만기는 두 달 후이며, 배럴당 20,000원의 선물가격에 총 10만 배럴을 매입하였다.

1) 만기일에서의 원유가격이 배럴당 22,000원이라면 정유업자의 손익은?
2) 만기일에서의 원유가격이 배럴당 18,000원이라면 정유업자의 손익은?
3) 1)과 2)에서 이 선물에 대하여 매도포지션을 취한 사람의 손익은?

풀이

1) 정유업자는 배럴당 22,000(S_T)−20,000(F_0)=2,000원, 즉 배럴당 2000원의 이익이 발생하여 총 2억원의 이익을 얻는다.
2) 정유업자는 배럴당 18,000(S_T)−20,000(F_0)=−2,000원, 즉 배럴당 2000원의 손실이 발생하여 총 2억원의 손실을 입게 된다.
3) 만기일의 원유가격이 배럴당 22,000원이라면 20,000(F_0)−22,000(S_T) = −2,000이므로, 매도포지션을 취한 사람은 배럴당 2,000원의 손실을 보며 총 2억원의 손실을 입게 된다. 그러나 만기일의 원유가격이 배럴당 18,000원이라면 20,000(F_0)−18,000(S_T) = 2,000원이므로, 매도포지션을 취한 사람은 배럴당 2,000원의 이익을 보며 총 2억원의 이익을 얻게 된다.

7) 아래문자 '0'은 현재시점을 그리고 T는 만기일을 의미한다.

<표 9-2>와 앞의 예제에서 볼 수 있는 바와 같이, 선물매입포지션에 있는 투자자는 기초자산의 가격이 오를수록 이익을 얻는다. 반대로 선물매도포지션에 있는 투자자는 기초자산의 가격이 하락할수록 이익을 얻는다. 또한 선물거래로 인해 매입자와 매도자가 얻게 되는 이익과 손실액은 동일하므로 선물거래는 제로섬 게임(zero-sum game)이라고 할 수 있다.

선물가격은 기본적으로 선물계약에 대한 수요와 공급에 의하여 결정되지만, 선물거래의 결제는 최종거래일인 만기의 현물가격에 의하여 결정되기 때문에 선물가격은 현물가격과 밀접한 관계를 가지면서 움직이게 된다. 선물가격과 현물가격의 관계는 베이시스(basis)로 설명된다.

베이시스(basis)란 선물가격과 현물가격의 차이를 말하는데, 선물가격이 현물가격과 어떤 관계를 가지고 움직이는가를 나타내준다. 베이시스를 식으로 나타내면 다음과 같다.

$$\text{베이시스} = \text{선물가격} - \text{현물가격} = F_t - S_t$$

F_t : t시점에서의 선물가격

S_t : t시점에서의 현물가격

선물가격은 상품의 미래가격으로서 일반적으로 만기일이 길수록 현물가격과의 차이가 커지며 선물의 만기시점에서 선물가격과 현물가격은 일치한다. 따라서 베이시스는 계약 초기에 가장 크고 만기에 가까워질수록 0에 수렴하게 된다. 이러한 현상을 선물가격의 수렴(convergence)현상이라고 한다. <그림 9-4>는 이 관계를 그림으로 나타낸 것이다.

그림 9-4 현물가격과 선물가격의 관계

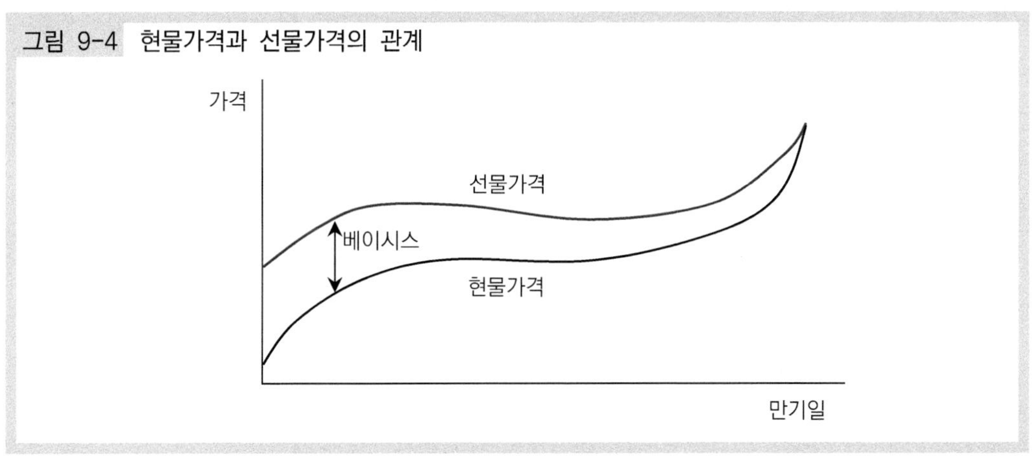

나. 이론적 선물가격

베이시스로 설명되는 선물가격과 현물가격 사이의 관계를 기초로 선물의 이론적 가격을 유도할 수 있다. 어떤 사람이 선물계약의 만기일인 T시점에 특정한 상품이 필요하다고 하자. 이 사람이 필요한 상품을 확보하는 방법에는 다음 두 가지가 있을 수 있다. 첫째, 현재 현물시장에서 상품을 매입하여 T시점까지 기다리는 방법, 둘째, 선물시장에서 선물계약을 매입, 즉 매입포지션을 취하고 T시점에 약정한 가격(선물가격)을 지불하고 계약된 상품을 인수받는 방법 등이다.

현물시장에서 현재 상품을 매입하여 T시점까지 보유하는 데에는 비용이 발생한다. 이를 보유비용(carrying cost)이라고 하는데, 대표적인 보유비용은 현물매입자금에 대한 이자비용인 자본조달비용과 창고료, 보관료 등의 보관비용 및 가치손실비용 등이다.

한편 상품에 따라서는 현물을 보유함에 따라 이에 대한 이득이 발생할 수도 있다. 이를 보유수익(convenience yield)이라고 한다. 예를 들어 현물로 주식과 채권을 보유하면 각각 현금배당소득과 이자소득이 발생한다. 금융선물에서는 보유이득을 중간소득이라고 한다. 또한 특정 상품을 실제로 소비하는 사람은 상품을 직접 소유할 때 선물계약에서는 갖지 못하는 편익도 보유수익으로 볼 수 있다. 예를 들면 일시적인 상품부족현상이 발생하지 않는다든지 또는 생산과정이 중단되지 않는다는 등의 편익 등이 여기에 해당한다. 이러한 보유수익은 현물보유에 대한 마이너스 비용으로 생각할 수 있다.

현물을 보유하는 것과는 달리 선물계약에는 계약을 유지하는 데 필요한 비용을 무시한다면 보유비용과 보유수익이 발생하지 않는다. 선물을 매입하는 경우에는 만기일에 선물가격을 지급하고 현물을 매입하게 된다. 따라서 선물가격과 현물가격 간에는 다음의 관계가 성립한다.[8)]

$$\text{이론적 선물가격} = \text{현물가격} + \text{현물보유비용} - \text{현물보유수익}$$

현물보유에 대한 수익이 없이 순수하게 투자를 목적으로 거래하는 상품이나 보유비용이 보유수익을 초과하는 상품의 경우에는 선물가격이 현물가격 보다 높게 형성된다. 선물가격이 현물가격 보다 높게 형성된 선물시장을 정상시장(normal market)이라고 한다. 정상시장에서는 현물보유비용 때문에 만기일이 먼 선물계약일수록 선물가격과 현물가격의 차이가

8) 주가지수선물의 기초자산인 주가지수 구성종목을 보유하는 데에는 보관비용이 들지 않고 오히려 보유 기간 중 배당수입이 발생하므로 발생비용에서 배당수입을 차감해야 한다. 따라서 주가지수선물 이론가격은 다음과 같다.

$$\text{주가지수선물 이론가격} = \text{현물주가지수} + (\text{금융비용} - \text{배당수입})$$

커진다. 즉, 베이시스가 증가한다.

반대로 현물보유수익이 현물보유비용보다 큰 경우에는 현물가격이 선물가격보다 높게 나타난다. 현물가격이 선물가격 보다 높게 형성된 선물시장을 역조시장(inverted market)이라고 한다. 역조시장은 현물시장에서 기상조건으로 인하여 농산물 작황의 감소가 예상되거나, 매점매석에 의한 사재기 현상이 발생하거나, 또는 공장의 화재 등으로 인하여 상품의 공급의 감소가 예상되어 상품의 품귀현상이 일어나는 경우에 발생한다.

2. 선물가격과 기대현물가격

현재 선물을 매입 또는 매도한다는 것은 미래의 만기일에 현물을 매입 또는 매도하는 것과 동일하므로, 현재의 선물가격은 만기일의 기대현물가격(expected spot price)을 반영한 가격이다. 즉, 선물가격은 미래 일정시점인 선물계약 만기일에서의 현물가격에 대한 시장의 기대치라고 할 수 있다. 이 주장이 옳다면 선물가격은 항상 미래현물가격의 기대치와 같아야 할 것이다. 그러나 실제의 선물가격은 여러 가지 이유 때문에 만기일의 기대현물가격과 차이를 갖게 되는 경우가 많다. 선물가격과 미래현물가격에 대한 기대치와의 관계에 대해서는 기대가설, 정상회귀가설, 콘탱고가설 등의 주장들이 있다. 그러나 한 가지 분명한 사실은 현물가격에 대한 시장의 기대가 실제로 나타나는 시점인 만기일에서는 선물가격과 현물가격이 같다는 점이다. 즉, 항상 다음 식이 성립한다.

$$F_T = S_T$$

기대가설

기대가설(expectations hypothesis)에 의하면 현재의 선물가격은 만기일의 기대현물가격과 동일하다고 주장한다. 이를 식으로 나타내면 다음과 같다.

$$F_0 = E(S_T)$$

$E(S_T)$: 만기일 T시점의 기대현물가격

이 가설은 선물시장에서 균형이 달성되기 위해서는 선물을 이용하여 차익거래이익을 얻을 수 있어야 한다는 사실에 기초하고 있다. 만일 선물가격과 기대현물가격이 차이를 갖는다면 차익거래가 발생하여 그 차이가 해소될 것이므로, 균형상태 하에서는 선물가격이 기대현물가격과 같아야 한다는 것이 기대가설의 주장이다. 기대가설은 미래 불확실성이 없어 거래자들이 위험중립적[9]이라고 가정하고 있다. 만약 미래시점의 상품가격을 확실히 알 수 있다면, 그 시점에서 인도하기로 하는 선물가격과 그 시점의 현물가격과는 동일하게 형성된다는 것이다.

그러나 현실시장에서는 미래 불확실성이 존재하여 거래자들은 위험회피적[10]이다. 비록 선물가격과 기대현물가격에 차이가 있을지라도, 거래자들은 차익거래를 통해 얻게 될 기대이익이 위험프리미엄을 충분히 보상해 주지 않는 한 차익거래를 행하려 하지 않을 것이기 때문에, 선물가격과 기대현물가격이 같아지지 않게 된다. 다시 말하면 기대가설은 선물거래가 지니는 위험프리미엄을 고려하지 않은 문제점을 지니고 있다.

정상회귀가설

정상회귀(normal backwardation)가설에 의하면 선물가격은 미래의 기대현물가격보다 위험프리미엄의 크기만큼 낮게 형성되었다가 만기일에 접근하면서 양자가 접근해 간다고 주장한다.

$$F_0 < E(S_T) \text{ 또는 } F_0 = E(S_T) - \pi$$

π : 위험프리미엄

현물시장에서의 투자위험을 회피하기 위하여 선물을 매도하려는 헤저들이 선물을 매입하려는 헤저보다 더 많은 경우, 선물을 매도하는 헤저들은 선물가격이 기대현물가격보다 낮은 것을 받아들이게 된다. 이때 투기거래자들이 개입하여 위험프리미엄에 대한 대가로 기대현물가격보다 낮은 선물가격으로 선물을 매입할 것이다. 따라서 선물가격은 기대가설에서 설명하는 선물가격보다 낮은 수준이 된다는 것이 정상회귀가설의 주장이다.

이와 같은 주장의 근거는 선물시장에서 농민과 같이 선물계약을 매도하여 위험을 회피하려는 헤저들이 위험을 전가할 수 있기 위해서는 이들의 선물계약을 매입해 주는 투기거래자에게 기대이익이 제공되어야 한다는 점에 있다. 다시 말해서, 위험회피형인 투기거래자가 평균적으로 이익을 볼 수 없다면 투기거래자로서 더 이상 시장에 존재할 수 없다는 것이다. 선물매입포지션을 취하는 투기거래자가 이익을 보기 위해서는 선물가격이 상승해야 한다는 것이 정상회귀가설의 주장이다.

---

9) 위험중립적이라는 것은 투자자들이 위험의 크기에 관계없이 기대수익률에만 따라 행동하는 행태를 의미한다. 이에 대하여는 <Chapter 12>를 참고할 것.

10) 위험회피적이라는 것은 위험을 기피하는 합리적이고 이성적인 투자자의 행동으로, 위험을 부담하는 경우에는 반드시 이에 상응하는 보상을 바라는 행태를 의미한다. 이에 대하여는 <Chapter 12>를 참고할 것.

콘탱고가설

콘탱고(contango)가설에 의하면 선물가격은 미래 기대현물가격보다 위험프리미엄만큼 높게 형성되었다가 만기일에 접근하면서 양자가 접근해 간다고 주장한다.

$$F_0 > E(S_T) \text{ 또는 } F_0 = E(S_T) + \pi$$

현물시장에서의 가격변동위험을 회피하기 위하여 선물을 매입하려는 헤저들이 선물을 매도하려는 헤저보다 더 많은 경우, 선물을 매입하는 헤저들은 선물가격이 기대현물가격보다 높은 것을 받아들이게 된다. 이때 투기거래자들이 개입하여 위험프리미엄에 대한 대가로 기대현물가격보다 높은 선물가격으로 선물을 매도할 것이다. 따라서 선물가격은 기대가설에서 설명하는 선물가격보다 높은 수준이 된다는 것이 콘탱고가설의 주장이다.

이와 같은 주장의 근거는 선물을 매입하여 위험을 회피하려는 헤저들은 기대현물가격보다 높은 가격에 선물계약을 매입할 용의가 있으며, 선물매도포지션을 취하는 투기거래자들에게 이익이 주어지기 위해서는 선물가격이 기대현물가격 보다 높아야 한다는 점에 있다. 예를 들어 헤저인 곡물가공업자가 곡물가격 상승에 따른 위험을 헤지하기 위해 매입포지션을 취하고 투기자가 매도포지션을 취하면 선물가격이 기대현물가격보다 클 것이다. 이는 정상회귀가설에서와 마찬가지로 투기자들을 시장에 참여시켜 선물거래를 성사시키기 위해서는 선물거래를 할 경우 투기자들이 부담하는 위험에 대한 보상이 필요하기 때문이다.

<그림 9-5>는 위의 세 가지 주장을 그림으로 나타내고 있다.

그림 9-5 선물가격과 기대현물가격의 관계

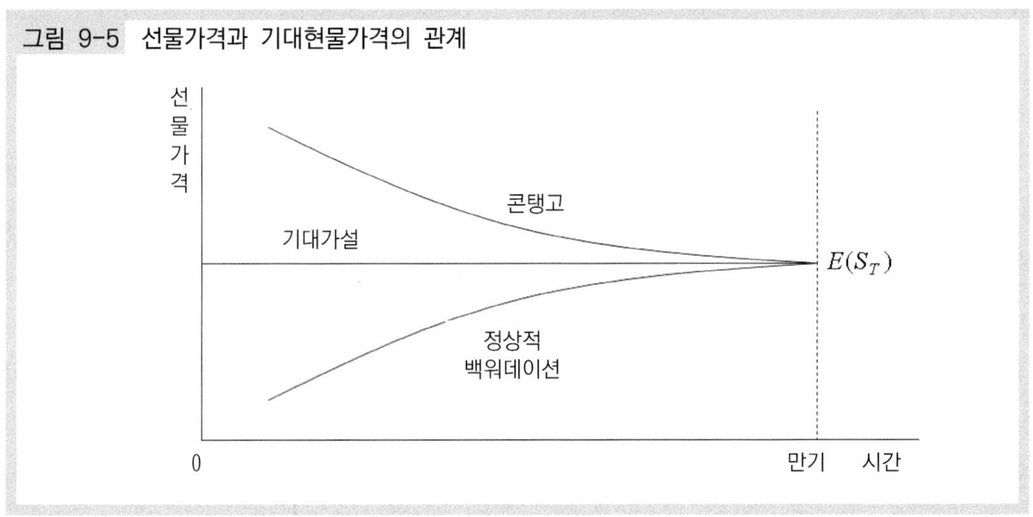

Section 4 | 선물거래의 유형

앞에서 선물거래에 참여하는 사람들을 거래동기별로 헤저, 투기자, 차익거래자로 분류하였다. 이들의 성격에 따라 선물거래를 이용하는 거래유형은 크게 헤지거래, 투기거래, 차익거래, 스프레드거래 등으로 구분할 수 있다.

1. 헤지거래

헤지거래(hedging transaction)란 현물포지션을 가지고 있는 투자자가 현물의 가격변동에서 오는 위험을 피하기 위해 선물시장에서 현물의 포지션과 반대의 포지션을 취하는 거래를 말한다. 헤지거래에서는 현물의 가격변동과 반대되는 손익구조를 가진 선물 포지션을 취함으로써 현물에서의 손실을 선물시장에 서의 이익으로 상쇄시키는 효과를 얻는다. 헤지거래는 현물의 손실을 줄인다는 의미에서 가격보험(price insurance)이라고도 한다. 헤지거래는 현물과 선물이 서로 유사한 가격 움직임을 가지고 있기 때문에 가능하다. 그렇다고 해서 헤징을 통해서 위험이 완전히 제거되는 것이 아니고, 가격 변동 위험이 베이시스 변동위험으로 대체된다.

만약 선물과 현물의 가격차인 베이시스가 변하지 않거나 또한 변하더라도 변동을 정확히 예측할 수 있다면 현물과 선물포지션의 이익과 손실이 정확히 상쇄되어 가격위험을 완전히 제거시킬 수 있는 완전헤지(perfect hedge)가 가능하다. 베이시스가 변하지 않는다는 것은 현물가격과 선물가격의 변화가 정확하게 일치하는 것을 말한다. 그러나 실제로는 베이시스가 변동하고 베이시스의 변동을 완전하게 예측할 수는 없다. 이러한 베이시스 변동위험을 베이시스위험(basis risk)이라고 한다. 베이시스위험이 존재하는 한 완전헤지는 보장되지 않는다. 이 경우를 불완전헤지라고도 한다.

베이시스위험은 현물가격과 선물가격의 변동이 서로 상쇄되어 얻어진 베이시스의 변동성이기 때문에, 현물가격 또는 선물가격의 변동성보다는 훨씬 작은 크기이다. 따라서 현물과 선물에 반대포지션을 취하는 헤지거래는 현물가격의 변동성을 보다 작은 크기의 베이시스위험으로 바꾸기 위한 거래라고 할 수 있다. 즉, 베이시스가 현물이나 선물보다 훨씬 안정적이기 때문에 가격변동위험을 완전하게 없앨 수는 없으나 대부분 감소시킬 수 있다. 따라서 헤지거래는 현물 및 선물가격변동위험을 보다 작은 베이시스위험으로 대체하는 투자전략이다. 현물가격과 선물가격의 움직임이 밀접할수록, 즉 베이시스의 움직임이 안정적일 수록 헤징의 효과는 크다. 헤지거래는 매입헤지와 매도헤지 및 기타 헤지로 구분할 수 있다.

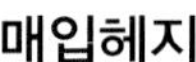

매입헤지

매입헤지(long hedge)란 미래에 현물자산을 필요로 하는 투자자가 선물계약에 매입포지션을 취함으로써 미래 기초사산의 가격번동 위험, 구제적으로 가격상승 위험을 제거하려는 것을 말한다. 매입헤지는 기업이 미래에 어떤 자산을 구입할 예정으로 있을 때, 그 가격을 현재가격으로 고정시키기 위해 이용한다. 즉, 매입헤지는 현물시장에서 발생하는 가격상승시의 손익을 제거하기 위해 선물을 매입하는 헤지거래로서, 현물을 매도(short position)하고 선물을 매입(long position)하기 때문에 대체매입(substitute purchase)이라고도 한다.

매입헤지의 경우에는 미래 현물가격이 상승하면 현물시장에서의 기회손실이 선물시장에서의 이익으로 상쇄된다. 그리고 미래 현물가격이 하락하면 현물시장에서의 기회이익이 선물시장에서의 손실을 상쇄한다.

매도헤지

매도헤지(short hedge)는 현재 현물자산을 소유하고 있거나 미래 일정기일에 현물자산을 소유할 예정에 있는 투자자가 선물계약에 매도포지션을 취함으로써 미래 기초자산의 가격변동 위험 구체적으로 가격하락 위험을 제거하려는 것을 말한다. 매도헤지는 기업이 미래에 어떤 자산을 매도할 예정으로 있을 때, 그 가격을 현재가격으로 고정시키기 위해 이용한다. 즉 매도헤지는 현물시장에서 발생하는 가격하락시의 손익을 제거하기 위해 선물을 매도하는 헤지거래로서, 현물을 매입(long position)하고 선물을 매도(short position)하기 때문에 대체매도(substitute sale)라고도 한다.

매도헤지의 경우에는 미래 현물가격이 상승하면 현물시장에서의 기회이익이 선물시장에서의 손실을 상쇄한다. 그리고 미래 현물가격이 하락하면 현물시장에서의 기회손실이 선물시장에서의 이익으로 상쇄된다.

매입헤지와 매도헤지를 요약하면 <표 9-3>과 같다.

<표 9-3> 매입헤지와 매도헤지의 손익

현물가격 변동	매입헤지		매도헤지	
	현물시장(매도)	선물시장(매입)	현물시장(매입)	선물시장(매도)
가격상승	손 실	이 익	이 익	손 실
가격하락	이 익	손 실	손 실	이 익

기타헤지

기타헤지에는 교차헤지, 스택헤지, 스트립헤지 등으로 구분한다. 헤지하려는 현물상품을 대상으로 하는 선물계약이 존재하지 않을 경우에는 가격패턴이 비슷한 선물계약을 대용으로 헤지거래를 할 수 있다. 이러한 헤지를 교차헤지(cross hedge)라 한다. 즉, 교차헤지란 헤지되는 자산의 현물포지션과 이 자산의 가격과 높은 상관관계를 갖는 다른 자산에 대해 반대의 선물포지션을 취하는 거래이다. 예를 들어, 사료가격 상승을 우려하는 목축업자는 선물시장에서 거래되지 않는 사료 대신 사료의 주원료가 되는 옥수수에 대한 선물계약을 매입함으로써 매입헤지 전략을 사용할 수 있다. 사료와 옥수수는 정확하게 동일한 상품은 아니지만 상품의 특성상 옥수수와 사료의 가격변동이 매우 밀접하기 때문에 충분한 헤지효과를 얻을 수 있다.

헤지대상이 되는 자산 또는 부채가 여러 기간에 걸쳐 있어 특정 선물계약보다 헤지대상의 기간이 길 경우에는 헤지 자체가 무의미해질 수 있다. 그러나 헤지대상물과 선물계약간의 기간불일치 등의 문제를 선물계약의 수를 조정함으로써 해결할 수 있다. 만기일의 선물계약만을 이용하는 헤지전략을 스택헤지(stack hedge)라고 하며, 위험이 노출된 기간에 걸쳐 여러 만기일의 선물계약을 연속적으로 펼쳐놓는 헤지전략을 스트립헤지(strip hedge)라고 한다.

2. 투기거래

투기거래(speculative transaction)는 현물에 대한 포지션이 없는 상태에서 선물가격의 변동을 예측하여 가격변동에 따른 위험을 감수하고 시세차익을 얻고자하는 거래를 말한다. 일반적으로 투기는 정보를 차별적으로 이용하거나 가격을 조작하여 일반투자자들에게 불이익을 가져다준다는 이유로 비난의 대상이 되고 있다. 그러나 시장정보의 확산을 도와주는 정당한 투기는 선물시장에서 다음과 같은 중요한 순기능을 한다.

- 매입헤지나 매도헤지에 초과수요가 존재하는 경우 투기거래자가 개입하여 헤저가 회피하려는 위험을 흡수하는 기능을 한다.
- 헤지거래자가 선물을 매매하고자 할 때, 투기거래자가 존재해야만 원하는 시기에 원하는 선물거래를 할 수 있으므로 투기거래자는 시장에 유동성을 제공해 준다.
- 선물가격이 적정한 수준 이상으로 상승하거나 또는 이하로 하락하는 경우 투기거래자는 자본이득을 얻기 위하여 선물을 매도 또는 매수하게 되므로 가격변동성이 감소하게 된다.

• 투기거래자는 선물가격이 기대현물가격에서 크게 벗어나면 매매차익인 자본이득을 얻기 위하여 시장에 개입하게 되므로 선물가격은 기대현물가격과 밀접한 관련을 가지게 된다.

전형적인 투기전략은 선물가격이 상승할 것으로 예상되면 매입포지션을 취하고, 선물가격이 하락할 것으로 예상되면 매도포지션을 취하는 것이기 때문에, 이를 포지션거래(position trading)라고도 한다. 선물거래는 현물시장에서의 신용거래보다도 낮은 증거금수준을 요구하므로 현물거래에 비해 손익이 확대되는 레버리지효과(leverage effect)가 크다. 따라서 선물가격에 대한 예상이 적중하면 상당한 이익을 얻을 수 있지만 예상이 틀리면 큰 손실을 보게 된다.

투기거래자는 포지션의 보유기간에 따라 스캘퍼, 데이트레이더, 포지션거래자 등으로 구분한다.

스캘퍼

스캘퍼(scalper)는 가장 짧은 시간 동안에 포지션을 갖는 투기거래자이다. 스캘퍼들은 불과 몇 분과 같이 아주 짧은 기간 동안의 가격변동을 예측하고 이를 바탕으로 소규모의 거래를 반복하여 매매차익을 얻는다. 스캘퍼들은 수분 내에 자기가 예상한 방향으로 가격이 움직이지 않으면 즉시 포지션을 마감하고 새로운 기회를 찾는다. 이들은 대부분 선물거래소의 회원으로서 거래 시 거래비용이 매우 낮기 때문에 스캘퍼로서의 활동이 가능하다. 이들의 거래는 결과적으로 선물시장에서 유동성을 증대시키는 중요한 역할을 하고 있다.

데이트레이더

데이트레이더(day trader)는 하루 동안의 가격변동으로부터 이익을 얻으려고 하는 투기거래자이다. 이들은 자신의 포지션을 그날을 넘기지 않고 청산함으로써 가격변동위험을 최소화한다.

포지션거래자

포지션거래자(position trader)는 비교적 장기적인 가격예측을 바탕으로 포지션을 보유하는 거래자들로 일반적으로 몇 일 또는 몇 주 동안 포지션을 유지한다. 이들은 단순한 매입 또는 매도포지션뿐만 아니라 다음에 설명할 스프레드 포지션을 갖기도 한다.

3. 차익거래

차익거래(arbitrage transaction)는 선물시장에서 선물의 가격이 일시적으로 불균형 상태에 있거나 현물가격과 선물가격이 비정상적인 가격 차이를 나타낼 때, 즉 일물일가의 법칙이 성립되지 않을 때, 과소평가된 자산을 매입하고 과대평가된 자산을 매도하였다가 만기에 반대매매를 함으로써 순투자금액과 위험의 부담없이 이익을 얻으려는 거래를 말한다.

시장의 선물가격이 균형가격에 비해 고평가되어 있는 경우 투자자는 고평가된 선물을 매도하고, 무위험이자율로 차입하여 상대적으로 저평가되어 있는 기초자산을 매입함으로써 차익거래이익을 얻을 수 있다. 반대로 선물가격이 저평가되어 있는 경우 투자자는 선물거래를 매입하고 기초자산을 공매하여 얻은 자금을 무위험자산에 투자함으로써 차익거래이익을 얻을 수 있다.

4. 스프레드거래

스프레드거래(spread transaction)는 동일한 시장 또는 밀접하게 관련된 시장에서 서로 다른 선물계약을 동시에 사고 파는 것을 말한다. 스프레드는 현재 두 선물계약 사이의 가격차이를 의미한다. 스프레드거래는 동일한 선물계약에 대해 인도시기가 다른 두 개의 선물을 매입 · 매도하는 인도월간 스프레드, 동일한 인도월을 갖는 상이한 선물을 매입 · 매도하는 상품간 스프레드, 동일한 선물이 상이한 시장에서 거래될 때 그 차이를 이용하여 이익을 취하려고 하는 시장간 스프레드 등으로 구분된다.

스프레드 거래자는 스프레드가 비정상적이며 앞으로 정상적인 수준으로 돌아갈 것으로 예상할 때 스프레드포지션을 갖는다. 스프레드 거래자는 상대적으로 저평가되어 있는 선물계약을 매입하고 동시에 고평가된 선물계약을 매도한다. 그 후 스프레드가 정상적으로 돌아가면 반대거래를 통하여 이익을 얻게 된다. 또한 스프레드거래에서는 예상이 적중한 경우 스프레드가 커지면 이익이 발생하고, 스프레드가 작아지면 손실이 발생하며, 예상이 실패한 경우 스프레드가 커지면 손실이 발생하고 스프레드가 작아지면 이익이 발생하게 된다.

Section 5 | 우리나라의 선물시장

1. 선물거래 절차

가. 선물거래 계좌의 설정

선물거래를 하고자 하는 투자자는 현물과는 별도로 선물거래소 회원사에 선물계좌를 개설해야 선물투자가 가능하다. 신규로 선물계좌를 개설하려는 투자자는 사전교육과 모의투자를 이수하여야 한다. 회원사는 선물회사인 정회원과 준회원 그리고 증권회사인 특별회원으로 구분된다. 회원사는 선물계좌 설정시에는 미리 투자자인 위탁자의 투자목적, 투자경험, 신용상태 등의 사항을 서면으로 확인받아 기록 · 유지하여야 하며, 거래위험고지서를 교부하여야 한다.

나. 위탁증거금 납부

기본예탁금

파생상품을 거래하기 위해서는 미리 기본예탁금을 예탁하여야 한다. 기본예탁금은 투자자가 선물거래를 하기 위하여 최소한으로 예탁하여야 하는 금액이다. 기본예탁금제도는 미래에 발생할지도 모르는 거래상의 문제를 미리 방지하고, 소액 개인투자자의 무분별한 참여로 인한 시장과열을 방지함으로써 기관투자자 중심의 안정적 시장을 육성하기 위한 것이다. 선물거래의 경험이 부족한 투자자에 대한 기본예탁금은 경험자에 비하여 높게 책정된다. 기본예탁금은 이어 설명할 위탁증거금에 충당되는데 투자자의 위탁증거금이 일정액 이하로 계산되더라도, 미결제약정을 보유하고 있는 한 기본예탁금은 인출할 수 없다.

한국거래소는 투자자의 신용수준 및 거래경험 등에 따라 기본예탁금을 차등 적용하고 있다.

위탁증거금

기존의 미결제약정에 대한 증거금과는 별도로 선물의 신규 주문 시에는 신규 주문에 따른 증거금을 사전에 회원사에 납부하여야 한다. 위탁증거금은 위탁금액의 일정률 이상을 납부하여야 한다. 기본예탁금은 위탁증거금에 충당된다.

위탁수수료

위탁자는 거래가 성립될 때마다 약정금액의 일정비율을 위탁수수료로서 회원사에 납부하여야 한다. 또 선물거래 시 외에도 최종결제일이 되면 자동적으로 위탁수수료가 발생한다.

다. 선물매매 주문 및 체결

투자자가 거래를 위탁할 때에는 종목, 매도 및 매수, 수량 및 가격 등을 명확히 하여 주문하여야 하며 회원사는 이를 확인하여야 한다. 주문은 문서, 전화, Fax 등의 방법으로 할 수도 있고, 홈트레이딩시스템(HTS)을 갖춘 증권회사에 미리 등록한 후 인터넷을 통하여 할 수도 있다.

거래의 체결은 주식시장과 마찬가지로 개별경쟁거래방식으로 가격, 시간의 우선원칙에 따라 이루어진다.

라. 청산

투자자는 만기 시 최종결제를 하여 선물계약에 따른 자신의 의무를 청산할 수 있다. 또는 만기 전 자신이 보유하고 있는 선물계약을 최종거래일 전에 언제든지 반대매매, 즉 기존의 매수계약은 다시 매도(전매도)하고 기존의 매도계약은 다시 매수 (환매수)하여 보유하고 있는 선물계약을 종결할 수 있다. 이때 투자자는 기존의 약정가격과 환매 또는 전매한 약정가격과의 차이에 일정액을 곱한 금액을 거래손익으로 수수하게 된다.

마. 최종결제

최종거래일까지 반대매매되지 않고 남은 미결제약정에 대해서는 최종결제일에 현금결제 또는 실물인수도결제로 거래를 종결한다.

선물 · 옵션의 만기일에는 현물시장의 종가로 선물시장 최종 결제가격과 옵션의 권리행사 기준가격이 결정되므로. 프로그램매매가 활발하게 이루어져 거래량이 급증하며 가격이 급등락하는 현상이 자주 일어나는데 이를 만기일효과(expiration day effect)라 한다. 그 대표적인 예가 쿼드러플위칭데이(quardruple witching day)이다. 쿼드러플위칭데이란 주가지수선물, 주가지수옵션, 개별주식선물, 개별주식옵션 등 네 가지 파생상품의 만기가 겹치는 날을 말한다. 우리나라에서는 3월, 6월, 9월, 12월의 두 번째 목요일이 쿼드러플위칭데이이다. 이 날에는 구조적으로 만기일 효과가 발생할 가능성이 높을 수밖에 없다.

2. 주가지수선물

가. 코스피200 선물과 미니 코스피200 선물

코스피200 선물은 유가증권시장 상장 주식 중 200개 종목의 시가총액을 기준으로 산출된 코스피200지수를 기초자산으로 하는 우리나라 대표적인 선물상품이다. 미니 코스피200 선물은 소액투자자에게 다양한 선물거래의 기회를 제공하기 위해 2016년 11월 28일에 도입되었다. 미니코스피200 선물은 코스피200지수를 기초자산으로 한다는 점에서는 코스피200선물과 동일하나, 1계약금액을 1/5로 축소하였으며 결제월이 매월 연속 6개월이라는 점에서 차이가 있다. 코스피200 선물과 미니 코스피200 선물의 매매제도를 요약하면 <표 9-4>와 같다.

■ <표 9-4> 코스피200 선물의 매매제도

구 분	코스피200 선물	미니 코스피200 선물
기초자산	코스피200 지수	
거래단위	코스피200 선물가격 × 25만(거래승수)	코스피200 선물가격 × 5만(거래승수)
결제월	3, 6, 9, 12월	매월
상장결제월	3년 이내 7개 결제월	연속6개월
가격의 표시	코스피200 선물 수치(포인트)	미니 코스피200선물 수치(포인트)
호가가격단위	0.05 포인트	0.02포인트
최소가격변동금액	12,500원 (25만원 × 0.05)	1,000원(5만원×0.02)
거래시간	09:00 ~ 15:45 (최종거래일 09:00 ~ 15:20)	
최종거래일	각 결제월의 두 번째 목요일(공휴일인 경우 순차적으로 앞당김)	
최종결제일	최종거래일 +1일	
결제방법	현금결제	
가격제한폭	± 8% ~ ± 20%	

(1) 매매거래대상

코스피200 선물과 미니코스피200 선물은 코스피200지수를 기초자산으로 하는 상품이다. 코스피200 선물의 결제월은 3월, 6월, 9월, 12월이다. 거래종목은 결제월에 따라 총 7개이다. 예를 들어 <표 9-5>에서 볼 수 있는 바와 같이 2023년 6월 30일 현재 상장 종목은 2023년 9월물, 2023년 12월물, 2024년 3월물, 2024년 6월물, 2024년 12월물, 2025년 6월물,

2025년 12월물이 거래된다.

한편, 미니 코스피200 선물의 결제월은 매월 연속 6개월이므로, 2023년 7월물, 8월물, 9월물, 10월물, 11월물, 그리고 12월물, 총 6개 종목이 거래된다.

모든 선물거래 최종일이 되면 해당 결제월 종목은 당일 거래시간 종료 후 상장폐지되고, 다음 날부터는 새로운 결제월종목이 자동적으로 상장되어 거래된다.

(2) 매매거래기준

코스피200 선물과 미니 코스피200 선물은 주식시장과 동시에 거래를 개시(09:00) 하여 주식시장 종료 15분 후(15:45)에 거래를 종료한다. 주식시장 종료 후 선물거래를 종료하는 이유는 확정된 현물포지션에 대해 자신의 투자목표 내지 전략에 맞게 선물포지션을 조정할 수 있는 기회를 부여하기 위해서다. 거래최종일에는 주식시장이 종료되면 최종결제가격이 확정되므로 더 이상 선물을 거래할 이유가 없고, 주식시장이 매매종료 전 10분 동안 동시호가에 의한 단일가로 거래되어 시장정보가 단절되기 때문에 주식시장보다 10분 일찍(15:20) 선물거래가 종료되도록 하고 있다.

코스피200 선물의 매매거래는 계약단위와 호가단위에 따른다. 거래의 편의상 일정규모의 크기를 1계약으로 정하고 있는데, 코스피200 선물의 경우 주가지수에 거래단위승수 25만원을 곱한 값을 1계약단위(코스피200 × 25만원)로 한다. 호가의 수량단위는 1계약이며 호가의 가격단위는 1틱(tick) 즉, 0.05포인트이므로 금액으로는 1계약 당 12,500원(0.05 × 25만원)이 된다. 만약 코스피200 선물지수가 110포인트이고 어떤 투자자가 2계약을 매수하였다면 계약금액은 5,500만원(110 × 25만원 × 2계약)이 된다. 그리고 현재 코스피200 선물가격이 110.00이라면 위로는 110.05, 1105.10 등으로 호가가 가능하고, 아래로는 109.95, 109.90 등으로 호가가 가능하다.

한편, 미니 코스피200 선물의 경우 거래승수는 5만원, 호가 가격단위는 0.02포인트 이므로 1계약 당 호가 가격단위는 1,000원이 된다. 만약 미니코스피200선물지수가 200포인트이고 2계약을 매수하였다면 계약금액은 2,000만원(200 × 5만원 × 2계약)이 된다. 그리고 현재 미니 코스피200 선물가격이 200이라면, 위로는 200.02, 200.04 등으로 호가 가능하며, 아래로는 199.98, 199.96 등으로 호가 가능하다.

(3) 사이드카

현물시장의 코스피지수 또는 코스닥지수가 급격하게 하락하기 때문에 현물, 선물, 옵션의 모든 거래가 일시적으로 중난되는 서킷브레이커(circuit breaker)에 대해서는 제3장에서 설명하였다.

프로그램매매[11]로 인하여 선물시장 자체에 급격한 가격변동이 발생하는 경우, 프로그램매매의 호가효력을 일시적으로 제한함으로써 현물시장을 안정적으로 운영하기 위한 매매거래중단제도가 있는데 이를 사이드카(sidecar)라고 한다.

사이드카는 코스피200 선물거래종목 중 직전 매매거래일의 거래량이 가장 많은 종목의 가격이 전일종가 대비 5% 이상 등락한 상태가 1분간 지속되는 경우 5분간 프로그램매매의 매매호가 효력이 정지되어 매매체결이 지연된다. 하루 중 최초로 그 중단 요건에 해당하는 경우에만 적용하므로 1일 1회 발동되지만 장종료 40분전 이후에는 정지하지 않는다.

(4) 선물가격표

<표 9-5>는 경제신문이나 일반신문의 경제란에서 볼 수 있는 KOSPI 200 주가지수선물 시세표를 요약한 것이다.

<표 9-5> KOSPI 200 주가지수선물 가격표(2023년 6월 30일)

(단위 : 계약)

종목명	종 가	전일대비	시 가	고 가	저 가	거래량	미결제
코스피200 F 202309	340.50	1.30	339.35	341.25	336.95	233,952	281,342
코스피200 F 202312	342.40	1.45	341.55	343.00	338.90	868	26,211
코스피200 F 202403	340.30	-1.05	338.00	342.30	338.00	567	12,193
코스피200 F 202406	–	–	–	–	–	0	8,658
코스피200 F 202412	345.00	– 0.90	345.00	345.00	345.00	2	12,882
코스피200 F 202506	344.35	1.10	340.00	344.95	339.85	17	7
코스피200 F 202512	346.50	1.00	346.50	346.50	346.50	2	16

11) 1987년 10월 미국의 주가대폭락(Black Monday)의 원인이 되면서 사람들의 관심을 끌기 시작했다. 프로그램매매(program trading)는 시장상황별로 실행할 투자전략을 사전에 미리 수립하여 그 내용을 컴퓨터에 프로그래밍하고, 시장분석, 투자시점 판단, 주문제출 등의 과정을 프로그램에 따라 컴퓨터로 처리하는 매매방법으로 주로 기관투자자들이 이용한다. 기관투자자들이 유사한 전략을 구사할 가능성이 많고 대량의 주문을 동시에 수행하기 때문에 프로그램매매는 주식시장이나 현물시장의 가격변동에 큰 영향을 미칠 수 있다. 프로그램매매는 주로 주가지수선물을 이용한 차익거래에 이용되고 있기 때문에 좁은 의미의 프로그램매매는 주가지수차익거래(stock index arbitrage)로 통용되고 있다.

종목명

<표 9-5>의 종목명에서는 앞에서 설명한 바와 같이 7개의 품목이 제시되고 있다. 예를 들어 '코스피200 F 202309'에서 F는 선물을 나타내며 202309는 2023년 9월물을 나타낸다. 경우에 따라서는 KOSPI 200 선물09 등으로 품목을 표시하기도 한다. 현재시점이 2023년 6월 30일이므로 KOSPI 200 선물에서는 가장 가까운 근월물인 2023년 9월물이 가장 활발하게 거래되고 있으며, 그 다음은 12월물, 2024년 3월물순으로 거래가 이루어지고 있으며, 2024년 6월 이후 원월물들은 거의 이루어지지 않고 있음을 알 수 있다.

종가와 전일대비

종가는 해당 일에 마지막으로 거래된 선물가격이다. 종가는 특별한 상황이 아닌 경우에는 당일의 정산가격으로 사용된다. 전일대비는 금일의 종가를 전일의 종가와 비교한 것이다. 즉 전일종가와 그날 종가와의 선물가격 차이이다. 예를 들어 KOSPI 200 선물 2023년 9월물의 종가가 340.50이고 전일대비 +1.30이라는 것은 전일 종가가 339.2라는 것을 의미한다. 전일의 종가를 기준가라고도 하는데 그 이유는 일일가격제한폭의 기준가가 되기 때문이다.

시가와 고가 및 저가

시가는 해당일 처음으로 거래된 선물가격이며 고가와 저가는 그 날 거래된 최고와 최저의 선물가격이다.

거래량과 미결제약정

거래량은 해당일의 계약수이며 미결제약정은 반대매매를 통해 청산되지 않고 현재 보유하고 있는 선물계약의 수를 말한다. 경우에 따라서는 순미결제약정 또는 순매도미결제약정을 정보로 제공하는 수도 있다. 순미결제약정은 매수미결제약정을 초과하는 매도미결제약정의 계약수를 말한다.

나. 코스닥150지수 선물

코스닥150지수 선물의 매매제도를 요약하면 <표 9-6>과 같다.

■ <표 9-6> 코스닥150지수 선물의 매매제도

기초자산	코스닥150지수
거 래 단 위	코스닥150선물가격 × 1만(거래승수)
결 제 월	3, 6, 9, 12월
상 장 결 제 월	3년 이내 7개 결제월
가 격 의 표 시	코스닥150선물수치(포인트)
호 가 가 격 단 위	0.10 포인트
최 소 가 격 변 동 금 액	1,000원 (1만원 × 0.10)
거 래 시 간	09:00 ~ 15:45 (최종거래일 09:00 ~ 15:20)
최 종 거 래 일	각 결제월의 두 번째 목요일 (공휴일인 경우 순차적으로 앞당김)
최 종 결 제 일	최종거래일 + 1일
결 제 방 법	현금결제
가 격 제 한 폭	± 8% ~ ± 20%

(1) 매매거래대상

코스닥150지수 선물은 코스닥150지수를 기초자산으로 하는 상품이다. 코스닥150지수 선물의 결제월은 3월, 6월, 9월, 12월이다. 거래종목은 결제 월에 따라 총 7개이다. 예를 들어 2023년 6월 30일 현재 상장 종목은 2023년 9월물, 2023년 12월물, 2024년 3월물, 2024년 6월물, 2024년 12월물, 2025년 6월물, 2025년 12월물이 거래된다.

(2) 매매거래기준

코스닥150지수 선물의 거래단위승수는 1만원이며 호가의 수량단위는 1계약이며 호가의 가격단위는 0.10포인트이므로 금액으로는 1계약당 1천원(0.10 × 1만원)이 된다. 따라서 만약 코스닥150지수가 100포인트이고 어떤 투자자가 2계약을 매수하였다면 계약금액은 2백만원(100 × 1만원 × 2계약)이 된다. 그리고 현재 코스닥150지수가 75.50이라면 위로는 75.60, 75.70 등으로 호가가 가능하고, 아래로는 75.40, 74.30 등으로 호가가 가능하다.

(3) 사이드카

사이드카는 코스닥150 선물거래종목 중 직전 거래일의 거래량이 가장 많은 종목의 선물가격이 전일종가 대비 6%이상 등락하고, 코스닥150지수가 전일종가 대비 3% 이상 등락한 상태가 1분간 지속되는 경우 5분간 프로그램매매의 매매호가 효력이 정지되어 매매체결이 지연된다. 하루 중 최초로 그 중단 요건에 해당하는 경우에만 적용하므로 1일 1회 발동되지만 장종료 40분전, 즉 14시 40분 이후에는 정지하지 않는다.

다. KOSPI200섹터지수 선물

코스피200에 속하는 종목을 에너지/화학, 정보기술, 금융, 경기소비재, 건설, 중공업, 헬스케어, 철강/소재, 생활소비재, 산업재 등 섹터별로 구분하여 산출한 주가지수를 기초자산으로 하는 선물이다. KOSPI200섹터지수 선물의 매매제도를 요약하면 <표 9-7>과 같다.

<표 9-7> KOSPI200섹터지수 선물의 매매제도

기초자산	코스피200섹터
거래단위	코스피200섹터선물가격 × 1만(거래승수)
결제월	3, 6, 9, 12월
상장결제월	3년 이내 7개 결제월
가격의 표시	코스피200섹터선물수치(포인트)
호가가격단위	0.2 포인트
최소가격변동금액	2,000원 (1만원 × 0.20)
거래시간	09:00 ~ 15:45 (최종거래일 09:00 ~ 15:20)
최종거래일	각 결제월의 두 번째 목요일
최종결제일	최종거래일 + 1일
결제방법	현금결제
가격제한폭	± 8% ~ ± 20%

라. 유로스톡스50 선물

유로스톡스50 선물은 유로존 12개 국가의 증권시장에 상장된 주권 중 50종목에 대하여 지수산출전문기관인 STOXX가 산출한 EURO STOXX 50지수를 거래대상으로 하는 상품이다. EURO STOXX 50지수의 기준시점은 1991년 12월 31일이며, 기준지수는 1,000p이다. 유로스톡스 50선물의 매매제도를 요약하면 <표 9-8>과 같다.

■ <표 9-8> 유로스톡스50 선물의 매매제도

기초자산	유로스톡스50지수
거 래 단 위	유로스톡스50선물가격 × 1만(거래승수)
결 제 월	3, 6, 9, 12월
상 장 결 제 월	분기월 중 8개
가 격 의 표 시	유로스톡스50 선물수치(포인트)
호 가 가 격 단 위	0.5 포인트
최 소 가 격 변 동 금 액	10,000원 (1만원 × 1p)
거 래 시 간	09:00 ~ 15:45 (최종거래일 09:00 ~ 15:20)
최 종 거 래 일	결제월의 세 번째 금요일
최 종 결 제 일	최종거래일 + 2일
결 제 방 법	현금결제
가 격 제 한 폭	± 15%

마. KRX300지수 선물

KRX300지수 선물은 유가증권시장 및 코스닥시장에 상장된 종목 중 섹터별로 우량기업을 선정하여 총 300개 종목으로 구성된 KRX300지수를 기초자산으로 하는 상품이다. KRX300 지수 선물은 2018년 3월 26일에 상장되었으며, KRX300의 기준시점은 2010년 1월 4일이며, 기준지수는 1,000p이다. KRX300지수 선물의 매매제도를 요약하면 <표 9-9>와 같다.

■ <표 9-9> KRX300지수 선물의 매매제도

기초자산	KRX300지수
거 래 단 위	KRX300 선물가격 × 5만(거래승수)
결 제 월	3, 6, 9, 12월
상 장 결 제 월	1년 이내에 4개 결제월
가 격 의 표 시	KRX300 선물수치(포인트)
호 가 가 격 단 위	0.2 포인트
최 소 가 격 변 동 금 액	10,000원 (5만원 × 0.2)
거 래 시 간	09:00 ~ 15:45 (최종거래일 09:00 ~ 15:20)
최 종 거 래 일	각 결제월의 두 번째 목요일

기초자산	KRX300지수
최 종 결 제 일	최종거래일+1일
결 제 방 법	현금결제
가 격 제 한 폭	± 8% ~ ± 20%

3. 코스피200 변동성지수선물

코스피200 우리나라의 변동성지수선물은 코스피200옵션가격을 기준으로 투자자들이 예상하는 매래(30일 후)의 변동성을 측정한 변동성지수(V-KOSPI 200)를 기초자산으로 하는 선물계약이다. 변동성지수선물은 파생상품 투자자들에게 정밀한 위험관리의 수단을 제공하고, 한편으로는 다양한 수익추구 기회를 제공함으로써 국내 파생상품시장의 경쟁력 및 자본시장 활력 제고를 위해 상장되었다. 코스피200 변동성지수선물의 매매제도를 요약하면 <표 9-10>과 같다.

<표 9-10> 코스피200변동지수선물의 매매제도

기초자산	코스피200변동성지수
거 래 단 위	코스닥200변동성지수선물가격 ×25만(거래승수)
결 제 월	최근 연속 6개월
상 장 결 제 월	6개월 이내의 6개 결제월
가 격 의 표 시	코스피200변동성지수선물수치(포인트)
호 가 가 격 단 위	0.05 포인트
최 소 가 격 변 동 금 액	12,500원 (25만원 × 0.05)
거 래 시 간	09:00 ~ 15:45 (최종거래일 09:00 ~ 15:35)
최 종 거 래 일	결제월이 속하는 월의 다음 월의 두 번째 목요일 (공휴일인 경우 순차적으로 앞당김)
최 종 결 제 일	최종거래일의 다음 거래일
결 제 방 법	현금결제
가 격 제 한 폭	± 30% ~ ± 60%

4. 개별주식선물

개별주식선물은 거래시점에서 예측한 주식의 미래가격과 미래에 실제로 형성된 주식가격과의 차이를 주고받는 선물계약이다. 우리나라의 개별주식선물은 유가증권시장 및 코스닥시장에 상장되어 있고 유통주식수가 200만주이상, 소액주주수가 2,000명이상, 1년간 총 거래대금이 5,000억원 이상인 보통주식 중에서 시가총액과 재무상태 등을 감안하여 선정한 기업이 발행한 주식을 기초자산으로 한다. 대표적인 주식선물 활용 방법은 헤지거래이다. 개별주식선물의 매매제도를 요약하면 <표 9-11>과 같다.

<표 9-11> 개별주식선물의 매매제도

<table>
<tr><th>구 분</th><th colspan="2">개별주식선물</th></tr>
<tr><td>기 초 자 산</td><td colspan="2">177개 주식 (2023년 6월 30일 기준)</td></tr>
<tr><td>1 계 약 금 액</td><td colspan="2">주식선물 가격 × 10(거래승수)</td></tr>
<tr><td>거 래 단 위</td><td colspan="2">1계약</td></tr>
<tr><td>결 제 월</td><td colspan="2">매월</td></tr>
<tr><td>상 장 결 제 월</td><td colspan="2">3년 이내의 9개 결제월</td></tr>
<tr><td>가격의 표시</td><td colspan="2">주식선물가격(원)</td></tr>
<tr><td rowspan="8">호 가 가 격 단 위</td><td>선물가격</td><td>호가단위</td></tr>
<tr><td>2,000원 미만</td><td>1원</td></tr>
<tr><td>2,000원 이상 ~ 5,000미만</td><td>5원</td></tr>
<tr><td>5,000원 이상 ~ 20,000미만</td><td>10원</td></tr>
<tr><td>20,000원 이상 ~ 50,000미만</td><td>50원</td></tr>
<tr><td>50,000원 이상 ~ 200,000미만</td><td>100원</td></tr>
<tr><td>200,000원 이상 ~ 500,000미만</td><td>500원</td></tr>
<tr><td>500,000 이상</td><td>1,000원</td></tr>
<tr><td>증 거 금</td><td colspan="2">거래증거금률, 위탁증거금률, 유지증거금률 등은 기초자산에 따라 상이함</td></tr>
<tr><td>거 래 시 간</td><td colspan="2">09:00 ~ 15:45 (최종거래일 09:00 ~ 15:20)</td></tr>
<tr><td>최 종 거 래 일</td><td colspan="2">결제월의 2번째 목요일</td></tr>
<tr><td>최 종 결 제 일</td><td colspan="2">최종거래일 + 1일</td></tr>
<tr><td>결 제 방 법</td><td colspan="2">현금결제</td></tr>
<tr><td>가 격 제 한 폭</td><td colspan="2">± 10% ~ ± 30%</td></tr>
</table>

5. 채권금리선물

한국거래소의 채권금리선물에는 3년국채, 5년국채, 10년국채 등이 거래되고 있다. 3년국채선물은 만기일을 기준으로 잔존기간 3년의 국고채를 대상으로 거래하는 계약을 말한다. 5년국채선물과 10년국채선물도 만기일을 기준으로 잔존기간이 각각 5년, 10년의 국고채를 말한다. 채권금리선물의 매매제도를 요약하면 <표 9-12>와 같다.

<표 9-12> 채권금리선물의 매매제도

구 분	3년국채선물	5년국채선물	10년국채선물
기 초 자 산	표면금리 5%, 6개월단위 이자 지급방식의 3년 만기 국고채	표면금리 5%, 6개월단위 이자 지급방식의 5년 만기 국고채	표면금리 5%, 6개월단위 이자 지급방식의 10년 만기 국고채
거 래 단 위	액면 1억원		
결 제 월	3, 6, 9, 12월		
상 장 결 제 월	6월 이내의 2개 결제월		
가 격 의 표 시	액면 100원당 원화		
호 가 가 격 단 위	0.01P		
최소가격변동금액	10,000원 (1억원 × 0.01 × 1/100)		
거 래 시 간	09:00 ~ 15:45 (최종거래일 09:00 ~ 11:30)		
최 종 거 래 일	결제월의 세 번째 화요일		
최 종 결 제 일	최종거래일 + 1일		
결 제 방 법	현금결제		
가 격 제 한 폭	±1.5%	±1.8%	±2.7%

6. 통화선물

통화선물은 미래의 일정시장에서 인수도할 상대국 통화를 현재시점에서 미리 매수하거나 매도하는 계약을 말한다. 한국거래소의 통화선물에는 미국달러, 엔 그리고 유로 선물과 위안 선물 등이 거래되고 있다. 통화선물의 매매제도를 요약하면 <표 9-13>과 같다.

<표 9-13> 통화선물의 매매제도

구 분	미국달러선물	엔선물	유로선물	위안선물
기 초 자 산	미국달러화	일본엔화	유로화	중국위안화
거 래 단 위	US$ 10,000	1,000,000엔	10,000유로	100,000위안
결 제 월	매월	분기월 중 4개와 그 밖의 월 중 4개		
상장결제월	총20개 (1년 이내 매월, 1년초과 매분기월)	1년 이내의 8개 결제월		
가격의 표시	원/US$1	원/100엔	원/1유로	원/1위안
호가가격단위	0.10원			0.01원
최 소 가 격 변 동 금 액	1,000원 (10,000 × 0.10원)	1,000원 (1,000,000/100 × 0.10원)	1,000원 (10,000 × 0.10원)	1,000원 (100,000 × 0.01원)
거 래 시 간	09:00 ~ 15:45 (최종거래일 09:00 ~ 11:30)			
최종거래일	결제월의 세 번째 월요일			
최종결제일	최종거래일 + 2일			
결 제 방 법	인수도결제			
가격제한폭	±4.5%	±5.25%	±5.25%	±4.5%

7. 상품선물

한국거래소의 상품선물에는 금과 돈육선물 등이 거래되고 있다. 금선물은 미래의 일정시점에서 인수도할 금을 현재 파생상품시장을 통해 매매하는 계약이며, 돈육선물은 돼지가격의 변동위험을 회피하기 위하여 사전에 약속된 미래의 특정시점에서 돈육대표가격을 사거나 팔 것을 약정하는 계약이다. 돈육선물에서는 실제 돼지를 사고파는 것이 아니라 돈육의 가격을 거래대상으로 한다. 상품선물의 매매제도를 요약하면 <표 9-14>과 같다.

<표 9-14> 상품선물의 매매제도

	금선물	돈육선물
기 초 자 산	순도 99.99%의 금괴	돈육 대표가격
거 래 단 위	100g	1,000Kg
결 제 월	모든 짝수월 및 홀수 월 중 1개	분기월 중 2개와 그 밖의 월 중 4개

	금선물	돈육선물
상 장 결 제 월	1년 이내의 7개 결제월	6개월
가 격 의 표 시	원/g	원/Kg
호 가 가 격 단 위	10원	5원
최소가격변동금액	1,000원 (100g × 10원)	5,000원 (1,000Kg × 5원)
거 래 시 간	09:00 ~ 15:45 최종거래일 09:00 ~ 15:20	10:15 ~ 15:45 최종거래일 동일
최 종 거 래 일	결제월의 세 번째 수요일	
최 종 결 제 일	최종거래일 + 1일	최종거래일 + 2일
결 제 방 법	현금결제	현금결제
가 격 제 한 폭	±10%	±21%

읽을거리 코스피 · 코스닥 등 지수따라 움직이는 주가지수선물

5월 코스피200지수를 대상으로 하는 선물시장이 개설됐다. 한국 주가지수선물시장은 빠른 성장을 보이며 2013년 세계 4위(거래량 기준)를 차지했다. 그러나 현재는 10위권 밖으로 밀려나 있다.

한국에서 거래되고 있는 코스피200지수선물 이외에 주가지수 관련 선물을 보면 우선 코스피200섹터지수선물이 있다. 2014년 11월 17개 산업섹터 중 에너지.화학, 정보기술, 금융, 경기소비재 등 4개 섹터지수를 대상으로 선물거래를 실시했다. 시장의 반응이 좋아 2016년 3월 건설, 중공업, 헬스케어가, 같은 해 11월 철강.소재, 생활소비재, 산업재가 각각 추가 상장됐다.

섹터지수선물의 활성화는 상장지수펀드(ETF)시장의 발전을 가져온다. 섹터지수선물과 섹터 ETF의 연계에서 넓게는 주가지수선물과 레버리지드 ETF 및 인버스 ETF의 상호 연계 발전을 기대할 수 있다. 국내에서 배당에 관한 관심이 높아지자 2015년 10월 배당지수 가운데 코스피 고배당50과 코스피 배당성장50지수를 기초자산으로 하는 배당지수선물이 상장됐다. 배당펀드와 배당지수선물의 연계는 다양한 투자전략을 가능케 한다.

코스피지수가 2000을 넘어 고공행진을 벌이자 주가지수선물의 거래대금규모(지수×50만원의 지수승수)도 커지고 이와 관련된 위탁증거금과 유지증거금의 규모도 커졌다.

따라서 한국거래소는 개인투자자들의 시장참여를 유도하고, 세계 선물시장들이 지수승수를 낮추어 미니선물을 상장하는 추세에 맞춰 코스피200지수선물의 지수승수를 5분의 1로 줄인 미니코스피200지수선물을 상장했다.

2017년 3월 코스피200주가지수선물(옵션) 및 미니코스피200주가지수선물(옵션)의 지수승수를 50만원에서 25만원으로, 10만원에서 5만원으로 각각 축소했다. 이 같은 일련의 조치로 4월 이후 주가지수선물 및 옵션거래의 일평균 거래량은 3월보다 120% 증가하는 모습을 보였다.

코스피200지수선물거래는 세계 주요 파생상품시장에 상장되었다. 2009년 11월 미국 시카고상업거래소

(CME)에 상장돼 24시간 거래되고 있으며, 2016년 11월에는 미니코스피200지수선물이 한국의 야간시장 거래를 위해 유럽의 최대 파생상품시장인 유럽파생상품거래소(EUREX)에 상장됐다. 이를 계기로 투자자가 미니코스피200선물을 두 시장을 이용한 합성포지션 생성을 통한 한국 증시 관련 위험관리와 투자전략 구사가 가능해졌다.

코스피200지수선물의 성공과 달리 코스닥지수 관련 선물거래는 코스닥시장이 2000년 이후 장기간 횡보를 함에 따라 부진을 면치 못했다. 2001년 1월 코스닥50지수선물이 상장됐다가 2005년 11월 폐지되고, 이를 대신해 우량 30개 종목으로 구성된 스타지수선물이 같은 날 상장됐다.

이후 스타지수선물도 2015년 11월 폐지되고, 코스닥시장의 흐름을 잘 반영하도록 구성된 코스닥150지수선물로 대체됐다.

한국거래소에 외국의 지수선물로는 유로스톡스50선물이 2016년 6월 상장됐다. 이 선물은 유로존 12개국의 증시에 상장된 주식 중 50종목으로 구성되는 지수를 대상으로 한다.

<파이낸셜뉴스 2017.10.15.>

읽을거리 기업들은 왜 파생금융상품에 가입할까요?

중소 수출기업들, 은행 상품 가입했다 2조5000억원 환차손

금융감독원에는 얼마 전 7개 중소 수출기업이 민원을 제기해 왔다. 이들 기업은 지난해 환차손(換差損·환율 변동에 따른 손실)을 피하기 위해 은행의 환헤지 상품(통화옵션)에 가입했다가 올 들어 환율 급등으로 막대한 피해를 입었다. 이들은 "은행이 환 헤지(위험 회피) 상품의 장점만 강조하고 위험은 거의 알리지 않아 막대한 환차손을 입게 됐다"며 은행에 손실 보상을 요구하고 있다(기사 중 일부 발췌).

지난해 하반기 이후 서브프라임 모기지(비우량 주택담보대출)사태가 전 세계 금융시장을 강타했지요. 충격이 가시기도 전에 위 기사에서처럼 우리 경제에는 또다시 파생금융상품에 따른 피해가 속출하고 있습니다. 오늘은 이런 파생금융상품에 대해 알아보도록 하지요.

파생금융상품의 기원

혹자는 파생금융상품의 기원을 기원전 6세기경의 그리스 철학자 탈레스에게서 찾습니다. 가난하다고 놀림받던 탈레스는 어느 날 "내가 가난을 선택했을 뿐"임을 입증하기로 마음먹었습니다. 날씨를 관측해 이듬해 올리브 농사가 풍년이 될 것을 예측한 탈레스는 자신의 마을에 있는 모든 기름 짜는 기계에 대한 '사용권'을 구매했습니다.

이듬해 탈레스의 예측대로 올리브가 풍년이 들었습니다. 기름 짜는 기계를 사용할 수 있는 권리를 독점한 탈레스는 기계를 비싼 가격에 빌려주고 많은 돈을 벌었다고 하네요. 탈레스의 일화에서 눈여겨봐야 할 점은 그가 기름 짜는 기계를 구입하지 않고 단지 사용할 수 있는 권리만을 확보했다는 점입니다.

탈레스의 예상과 달리 올리브 농사가 흉작이 되었다고 가정해볼까요. 이 경우 만약 탈레스가 기름 짜는 기계를 구입했다면 그가 입은 손실은 엄청났을 겁니다. 그러나 기름 짜는 기계를 사용할 권리만을 구입했기 때문에 그가 입었을 손해는 단지 그 권리를 확보하는 데 드는 금액이겠지요. 이와 마찬가지로 파생금융상품은 계약하는 시점에 손실의 한도를 확정할 수 있다는 장점이 있습니다.

실생활의 파생금융상품

파생금융상품의 작동원리는 실생활에서도 자주 발견할 수 있습니다. 입도선매(立稻先賣)를 예로 들어

볼까요. 벼의 가격은 작황에 따라 변합니다. 이에 따라 농가 수입도 들쭉날쭉 변동하게 되지요. 농가는 자신의 수입이 이처럼 불확실하게 결정되는 것보다 어느 정도 안정적이기를 바랄 겁니다. 이 경우 중개업자가 어떤 특정한 가격을 제시하고 그해 가을에 수확한 벼를 그 가격에 모두 구매해줄 것을 약속할 경우 농가의 입장에서 보면 벼의 가격이 떨어져 자신의 수입이 줄어드는 것을 피할 수 있게 됩니다.

만약 그해 가을에 수확한 벼의 가격이 사전에 서로 합의한 수준에 비해 높아진다면 농가는 사후적(事後的)으로 손실을 보게 되겠죠. 하지만 반대의 경우라면 농가는 사후적으로 이익을 보게 됩니다. 여기서 중요한 것은 벼 가격 변동에 따른 위험이 농가로부터 중개업자로 이전되었다는 점입니다. 이처럼 파생금융상품은 거래 당사자 간에 위험을 이전시키는 특성을 가지고 있습니다.

물론 파생금융상품에는 투기적인 성격도 있습니다. 조지 소로스(Soros)의 퀀텀펀드 같은 헤지펀드들은 파생금융상품을 적극적으로 이용하지요. 헤지펀드들은 자유 경쟁을 통해 적정한 시장가격을 빨리 형성시켜 주기도 하고, 여러 가지 위험들을 분산시켜 주는 긍정적인 기능도 수행합니다. 하지만 단기(短期) 모험적인 투자 성향으로 인해 금융시장의 변동성을 확대시키는 부정적인 기능도 하지요.

파생금융상품의 빛과 그림자

모든 사물에 빛과 그림자가 있는 것처럼 파생금융상품에도 긍정적인 측면과 부정적인 측면이 공존하고 있습니다. 파생금융상품은 위에서 본 것처럼 누구나 회피하고 싶은 위험을 상품화해서 경제 주체들이 자신의 위험 선호도를 바탕으로 거래가 이루어지도록 만든 것입니다. 위험을 피하고 안전하게 돈을 벌고 싶어 하는 투자자가 위험을 감수하고 큰돈을 벌려고 하는 투자자에게 위험을 전가하는 장점이 있습니다. 반면 파생금융상품은 투기를 불러 금융시장에서의 전반적인 위험도 증가시킬 수 있는 단점도 가지고 있습니다.

이러한 단점에도 불구하고 미래 금융시장에서 파생금융상품의 역할이 증대될 것을 의심하는 사람은 많지 않습니다. 파생금융상품을 도외시하는 것보다 파생금융상품을 잘 이해하고 활용해 부정적인 측면을 최소화하고 긍정적인 측면을 극대화하려는 노력이 중요하죠.

파생금융상품은 금리, 환율, 주가의 변동으로 인해 기초 자산의 가치가 달라지는 위험을 회피하기 위해 고안된 금융상품을 말합니다. 여기서 파생이라는 용어가 붙는 이유는 뭘까요. 파생(派生)이라는 단어를 국어사전에서 찾아보면 '사물이 어떤 근원으로부터 갈려 나와 생김'으로 정의돼 있습니다.

즉 파생금융상품은 돈을 꾸고 빌리는 것, 주식 및 외환 거래 등과 같은 전통적인 금융상품의 거래로부터 변형된 상품이라고 볼 수 있습니다. 파생상품은 크게 증권선물거래소 등에서 거래되는 장내 파생상품과 장외시장에서 거래되는 장외 파생상품으로 구분된답니다.

<조선일보 2008.07.25.>

읽을거리 들쭉날쭉 장세에 재미 못 보자 기업 - 개인 헤지 차원 '기웃'

자본시장법 시행 이후 파생상품에 대한 관심도 커져 가고 있다. 관련 제도와 규정이 변화하면서 투자대상 기초자산도 점차 다양화 될 것으로 보인다. 최근 주목받고 있는 해외선물 · FX마진거래 등에 나서기 위해서는 철저한 사전준비로 분산 포트폴리오 차원에서 접근해야 한다는 조언이다. 한 선물회사가 올해 2월 말부터 12주간 진행한 해외 선물 실전투자대회. 당당히 1위를 차지한 유모씨는 원유선물과 통화선물에 주로 투자해 누적수익률 440.90%를 기록했다. 대회 기간 유럽 재정 위기 악재가 부각되며 글로벌 금융시장이 큰 폭으로 출렁이자 참가자들의 주간 수익률이 130%에 달하기도 했다.

올 상반기 금융투자업계의 변화 중 하나는 증권사들의 선물업 진출이 속속 이뤄지면서 국내외 선물시장에 대한 관심도 높아졌다는 점이다. 과거 국내 지수선물을 제외하고는 기존 선물 회사만을 통해 거래할 수 있었지만 자본시장법 시행 이후 증권사들도 참여해 경쟁이 치열해지는 양상이다. 선물거래에 대한 관심이 높아지는 배경 중에는 지난 4월 이후 그리스, 헝가리, 스페인 등 남유럽 지역 재정 위기 우려에 따른 글로벌 금융시장의 불안정성도 크게 확대된 탓도 있다. 들쭉날쭉한 급등락 장세가 이어지자 헤지(위험 관리) 수요도 커지고 있는 것. 기업들뿐만 아니라 개인들도 금융시장의 변동성 확대에 따라 그동안 멀게만 느꼈던 선물거래로 시선을 돌리는 사례가 늘고 있다. 주식, 채권, 부동산 등 전통적 투자자산에서 이렇다 할 성과를 내기 어려운 최근 상황도 선물거래에 관심을 갖게 하는 요인이다. 또 원자재 가격 상승 등에 따른 해외 상품 및 통화(FX)선물에 대한 관심도 커지고 있다.

표준화된 시장, 가격 발견 기능 제고

▲ 국내 증권 · 선물사를 통해 해외 선물거래소의 다양한 상품도 직접 거래할 수 있다.

선물거래는 파생상품의 한 종류로서 품질이나 수량, 규격 등이 표준화돼 있는 상품이나 금융자산을 미리 결정된 가격으로 미래의 일정시점에 인도 · 인수할 것을 약정한 거래를 말한다. 미래의 상품과 자산을 현재 시점에서 거래한다는 점에서 선도거래와 유사하지만, 거래되는 상품과 자산이 표준화돼 있고, 특정 시장을 통해 거래할 수 있다는 점에서 서로 구별된다. 거래 당사자는 거래 대상품의 규격과 품질, 호가 단위, 인수도 방식과 시기 등을 특정 거래소가 정한 규정에 따라야 한다. 이 같은 표준화는 시장참여자들이 가격에만 집중할 수 있게 해 거래가 활성화되고 유동성이 커지면서 호가가 좁혀질 수 있게 한다. 이런 시스템에 따라 거래 당사자들은 상대적으로 좋은 가격에 거래를 할 수 있다. 특정 거래소를 통해 상장된 상품만을 거래하기 때문에 장외시장(Over the Counter) 거래와는 달리 공개적인 거래가 이뤄진다. 거래소는 청산기관을 통해 매도 · 매입자간 거래의 상대방 역할을 함으로써 계약 이행을 책임진다. 유동성 문제만 없다면 언제든 기존 오픈 포지션을 청산할 수 있기 때문에 그만큼 거래자들은 안심할 수 있다. 무엇보다 선물거래는 위와 아래로 양방향 거래이기 때문에 상승과 하락장에서 모두 진입과 청산이 가능하다. 주식은 낮은 가격에 매수해 높은 가격에 매도함으로써 시세차익을 얻거나 보유함으로써 배당수익 등을 기대할 수 있다.

반면 선물거래는 해당 금융 및 상품선물의 매매라기보다는 이들 선물 가격의 방향성에 투자하는 것으로 볼 수 있다. 예를 들어 보유주식이 하락하면 그만큼의 손해를 볼 수밖에 없지만 선물거래는 향후 가격 흐름에 따라 상승이 예상되면 매수 후 매도, 혹은 하락이 예상되면 매도 후 매수 등을 통해 수익을 낼 수 있는 양방향 구조를 이루고 있다.

물론 현물 주식에서도 공매도 거래가 제한적으로 가능하긴 하지만 구조적으로 활발한 거래라 볼 수는 없다. 이런 이유로 금융시장이 급등락하며 변동성이 커질 경우 선물거래를 통해 하락장이든 상승장이든 수익을 얻거나 손실을 줄이기 위한 목적으로 주목받게 된다. 얼마 전 원자재 값이 급등락하는 가운데 금이나 원유, 농산물 등의 원자재 관련 펀드에 돈이 몰린 적이 있다. 이들 펀드가 원자재 관련 기업의 주식에 투자하는 경우가 많았다면 선물거래를 통해 직접 투자도 보다 쉽게 할 수 있는 여건이 조성되고 있는 것이다.

다양한 상품, 해외 선물도 관심

선물거래의 대상은 지수, 금리, 통화 등 금융선물과 에너지, 귀금속, 비철금속, 농축산물 등의 상품선물로 크게 나눠볼 수 있다. 최근 코스피200선물의 글로벌 거래가 가능해지면서 국내 선물 시장의 폭과 반경도 점차 넓어지고 있지만, 보다 다양한 상품을 갖고 있는 해외 선물거래에도 눈길이 많이 쏠린다. 최근 미국에서는 사행성 및 흥행순위 조작 가능성 논란에도 불구하고 흥행이 예상되는 영화에 투자하는 파생상품도 상품선물거래위원회(CFTC)로부터 선물거래 승인을 받았다. 코스피선물의 증거금율은 15%인데 비해 해외 선물은 상품마다 조금씩 다르지만 증거금율이 3~13% 수준이다. 이는 상대적으로 높은 레버리지로 낮은 변동성에서도 추구할 수 있는 수익률이 높다.

일반적으로 상품선물은 원자재의 실수요자가 선물거래를 통해 실물 가격 변동에 대한 헤지를 위한 목적으로 주로 거래한다. 예를 들어 밀을 주로 수입하는 국내 식품 업체가 있다면 밀선물에 투자함으로써 가격 변동에 따른 손익을 추구하거나 손실을 제한할 수 있다. 이 같은 다양한 개별 상품 덕에 투자자의 판단에 따라 투자 대상을 선정할 수 있고, 거의 24시간 가까이 거래할 수 있기 때문에 풍부한 유동성을 바탕으로 야간 시간대를 활용한 트레이딩이 가능한 것도 장점이다. 해외 선물 시장은 오전 8시부터 다음날 아침 7시30분까지 거래된다. 아시아, 유럽, 미국 증시가 순차적으로 열리는 시간에도 거래되기 때문에 이를 통한 전 세계 실시간 이슈 반영이 가능하다. 자본의 흐름이 국경을 초월하고 그 이전 속도가 보다 빨라지고 있는 금융환경에서 해외 선물 시장을 통한 헤지수요는 점차 증대될 전망이다.

경쟁 유발 효과로 수수료 인하 추세

또 수수료가 정액으로 책정돼 있기 때문에 투자비용 역시 상대적으로 저렴하다. 각 증권사들의 해외 선물거래 수수료는 온라인의 경우 한 계약당 7.5~10달러 선이며, 오프라인의 경우 12~15달러 선이다. 기존 선물사와 새로이 진입한 증권사들 간의 경쟁 유발로 수수료도 인하하는 추세다. 실제로 한맥투자증권은 시카고상품거래소(CME)에 상장된 마이크로 통화선물거래 수수료를 한 계약당 편도 4달러에서 2달러로 50% 인하하기도 했다. 오성만 파생영업본부장은 “해외 선물과 FX마진 시장에서 충분한 준비가 필요한데 마이크로 상품은 큰 부담 없이 실전을 통한 거래 경험을 쌓는 데 매우 유용한 상품”이라며 “수수료 인하가 해외 선물 저변 확대에 기여할 것”이라고 말했다.

지난해 12월부터 일찌감치 해외 선물, FX마진 거래 서비스에 나선 한국투자증권 선물옵션영업부의 이기홍 차장은 “해외 선물 등은 과거에는 지점망이 없는 선물 회사만을 통해 서비스 받을 수 있었지만, 다양한 리서치 · 마케팅 능력과 넓은 지점망을 갖춘 증권사의 선물업 진출에 따라 향후 시장 전반에 변화를 가져올 수도 있다”고 설명했다. 지난해 말부터 한국투자증권, 현대증권, 대우증권, 이트레이드증권, 키움증권, 솔로몬투자증권, IBK투자증권, 신한금융투자 등이 선물업에 잇따라 진출한 뒤 HTS를 통해 실시간 거래가 가능한 서비스를 제공하고 있다. 금융투자협회에 따르면 선물업 인가를 취득한 25개 증권사 중 11개사가 해외 선물 인가까지 취득한 상태다. 이에 따라 앞으로 국내외 선물 시장에 증권사들의 진출은 보다 확대될 것으로 보인다.

그러나 증권사에게 선물업은 아직 초기 영역으로 투자자 교육과 전문 인력 확보, 효율적인 영업조직 구성 등 수익 창출의 창구로서의 역할은 당분간 쉽지 않을 것이란 평가다. 이에 반해 선물사들은 그간의 노하우를 바탕으로 새로운 서비스에 나서고 있다. 삼성선물은 지난 5월 말부터 런던금속거래소(LME) 비철금속 거래 시스템을 구축했다. 비철금속 대표 거래소인 LME는 그동안 전화상으로만 거래가 가능했지만 자체 개발한 HTS를 통해 이에 따른 불편함을 해소했다. 계좌 개설 고객에게는 한 달간 시세 등 유료 서비스를 무료제공하고, 수수료를 인하해주는 등 이벤트도 벌렸다. 외환선물은 7월 부산을 시작으로 지방 고객을 위한 투자설명회를 지속적으로 벌여나갈 계획이다. 한 선물사 관계자는 “증권사의 선물업 진출에 따라 국채선물거래 등의 일임 수요를 증권사가 직접 취급하는 등 영업환경이 크게 변화하고 있다”며 “향후 경쟁 판도에는 상당한 변화가 잇따를 수도 있다”고 설명했다.

큰 레버리지 효과 '양날의 칼'

전문가들은 거래 금융투자회사를 선택할 때는 HTS 기능의 안정성과 서비스 등을 잘 체크해봐야 한다고 조언한다. 실제로 최근 한 증권사는 HTS 선물거래 주문에서 일부 고객이 기존 주문을 취소하고 새로이 주문을 넣을 때 증거금이 청산되지 않는 등의 오류가 발생한 바 있다.
또한 야간 데스크 운영 여부도 체크해봐야 한다. 투자하기 전에 투자 대상 상품에 영향을 주는 주요 경제지표나 이슈에 대해서도 꼼꼼히 숙지할 필요가 있다는 조언이다. 또 선물투자 등을 미끼로 유사수신 행위를 벌이는 등 불법적인 금융사기 사건도 심심찮게 들려오는 만큼 투자자들의 주의가 필요하다는 지적이다. 특히 FX마진거래의 경우 국내 증권 및 선물사를 통하지 않고 직접 외국계 호가 중계업체(FDM)를 통해 거래하는 사례도 빈발하고 있다. 해외 선물거래에 나서려면 서비스 가능한 증권사나 선물사를 통해 계좌를 개설하고, 전용 HTS를 설치한 뒤, 증거금을 납입하면 된다. 증권 · 선물사들은 해외 선물 모의거래 시스템 등 다양한 단계별 무료 투자자 교육과 설명회, 실전투자 대회 등 이벤트도 벌이고 있다.

파생상품 관련 전문 교육센터를 운영하기도 한다. 이 같은 교육과 모의투자 등을 통해 훈련과 경험을 쌓고, 실제 투자에 나서야 시행착오를 줄일 수 있다. 전문가들은 레버리지 효과가 크고 변동성이 큰 시장이기 때문에 리스크도 훨씬 크다는 점을 잊지 말아야 한다고 강조한다. 박경숙 신한금융투자 글로벌파생영업부 대리는 "해외 선물도 증거금 거래하는 선물거래 특성상 레버리지가 높아 많은 수익을 낼 수도 있지만 그만큼 손실이 클 수도 있다"며 "초보 투자자들은 반드시 실거래 전 모의투자를 해봐야 한다"고 강조했다. 또 기존 주식현물 거래에 비해 정보 접근이 쉽지 않으므로 투자 대상 자산의 성격을 잘 알지 못하고 투자에 나서는 것은 위험하다는 설명이다. 업계 관계자들은 초보 투자자들은 지수선물이나 통화, 원유, 금 등 시장정보가 많고 익숙한 투자대상에 대해 레버리지를 최대한 낮춰 투자대상 기초자산에 대해 충분히 파악한 후 조금씩 거래를 늘여야 한다고 입을 모은다.

<조선일보 2010.07.06.>

읽을거리 '미체결약정' 눈여겨보면 투자심리가 보여

선물 · 옵션 투자자 중에도 '미결제약정'을 살펴보지 않는 분들이 가끔 계십니다. 하지만 미결제약정은 시장의 '체온계' 역할을 하는 중요한 지표이지요. 특히 최근처럼 선물과 연계된 프로그램 매수세가 시장의 선봉장 역할을 하는 상황에서는 더욱 그렇습니다.

일단 '미결제약정'이란, '반대매매로 청산되지 않은 채 일정 시점(보통 장이 끝난 이후)에 남아있는 선물 · 옵션 각 종목의 총 계약수'를 의미합니다. 선물을 예로 들어 풀어 설명 드리겠습니다. 12월 선물을 매수했다고 가정하지요. 이를 현금화하려면 만기일까지 기다리든지, 아니면 중간에 되팔면 됩니다. 이 중에서 되파는 것이 반대매매인 '전매(전매도)'입니다. 선물을 매도했다면, 반대매매는 되사는 거래인 '환매(환매수)'가 되지요. 미결제약정이란 이렇게 되팔거나 되사는 거래를 거치지 않은 채(즉, 청산되지 않은 채) 남아있는 선물 계약의 수를 말합니다.

미결제약정이 늘어난다는 것은, '기존 참여자 중 손 털고 나가는 사람보다 새롭게 시장에 참여하는 투자자가 더 많다'는 의미입니다. 시장으로 비유하자면, 이미 들어와 있는 손님들도 별로 자리를 뜨지 않는 상황에서 새 손님들도 꼬이고 있다는 의미가 되지요. 그래서 미결제약정은 시장 상황과 투자자 심리를 읽는 거울과 비슷합니다.

따라서 만약 선물 가격이 오르는 상황에서 미결제약정도 늘어난다면, '장이 상승세인 데다가 이 추세가 당분간 계속될 가능성이 높다'는 뜻으로 풀이됩니다. 반면 선물 가격은 오르는데 미결제약정은 줄어든다면 '손 털고 나가는 손님이 많으니, 보합세나 약세로 꺾일 수도 있다'는 뜻이 되지요.

최근 주가는 상승세이지만, 선물 시장의 미결제약정은 조금씩 감소하는 추세입니다. 선물 강세와 배당 시즌 임박에 따른 프로그램 매수세만 기대하지 마시고, 슬슬 떠나는 투자자가 늘고 있는 것은 아닌지 꼼꼼히 따져보시란 말씀이지요.

<조선일보 2004.11.18.>

읽을거리 파생상품 거래와 대형 주문사고

개인투자자나 기관투자자를 막론하고 주식 등의 유가증권이나 선물.옵션을 장내에서 거래할 경우 가끔 대형의 주문실수(Flat Finger)가 발생한다. 대규모로 파생상품을 거래하는 기관투자자들은 실무담당자가 직접 손으로 매매주문을 입력하기도 하고, 거래전략에 따라 선물과 옵션을 결합한 합성전략, 옵션스프레드나 콤비네이션 거래에서는 알고리즘을 포함한 프로그램 트레이딩을 이용하기도 한다.

주문사고에는 주문실수와 주문착오가 있다. 주문실수의 예로 2013년 1월 7일 오후 2시 7~8분 K증권 창구를 통해 홍콩계 기관이 코스피200지수선물을 268.20P에 12만계약 매수주문(1계약 가치는 1.3억원, 합계 15조원)을 냈고, 장 마감까지 이 중 약 3만계약이 체결됐다. 코스피선물의 7일 거래량은 전일보다 30% 급증한 24.4만계약이 체결됐다. 홍콩계 기관은 늘어난 매수포지션에 따른 추가증거금(마진콜) 약 5000억원을 8일 12시까지 내야 했다. 8일 이후 매수포지션 일부가 청산됐다. 당시 업계는 알고리즘거래에 의한 주문사고(1만2000계약을 12만계약으로)로 추정했다.

주문착오의 예로 한맥투자증권이 있다. 2013년 12월 12일은 선물.옵션 만기일이었다. 개장과 더불어 한맥투자증권 자동주문 프로그램담당 직원이 '잔존일수/365'를 '잔존일수/0'으로 잘못 입력한 알고리즘에 의한 주문이 실행됐다. 이러한 착오로 매도주문가격이 예를 들면 계약당 '1만원 매도'가 '1000원 매도'로 주문이 나갔다. 이날 장 시작 2분23초 만에 4만607건 주문이 실행돼 결국 462억원의 손실이 발생했다. 당시 한맥투자증권의 자기자본은 200억원, 자산은 1400억원, 부채 1200억원이었다. 이날의 주문착오로 한맥증권은 청산의 길을 걸었다.

주문 실수나 착오가 발생하는 경우를 보면 첫째, 매수와 매도 혼동이다. 2011년 1월 13일 G증권은 개장과 더불어 주가지수200선물시장에서 5만계약 매도(매수를 매도로 입력) 주문을 냈다. 이 중 2만계약이 체결돼 증권사의 추정 손실액은 200억~250억원이었다. 둘째로, 가격이나 수량을 잘못 입력하기도 한다. 2010년 2월 M증권 달러선물 스프레드거래에서 1만5000계약이 계약당 800원을 8만원으로 잘못 입력해 118억원의 추징손실이 발생되기도 했다. 셋째로, 프로그램 매매 및 HFT(high frequency trading)거래 시 발생하는 사고다. 기관투자자는 바스켓 주문 시 사전 프로그램을 자동으로 로직화할 경우 숨겨진 버그로 주문이 일순간에 전달될 가능성이 있다(한맥투자증권 경우처럼). 그리고 가격과 수량 관련 Raw Data에 오류가 있으면 체결 결과에 오류가 발생할 수 있다.

금융위원회는 발생가능한 주문사고의 피해를 줄이기 위해 2014년 9월부터 상 · 하한가제도(상하 30%)를 개선해 파생상품거래의 주문가격이 장중에 일정한 변동 폭을 벗어나지 못하게 하는 동적 상.하한가 제도를 도입했다. 코스피200선물과 코스피200옵션 경우 주문가격이 각각 직전가격의 1.0%와 2.0%를 벗어나면 주문자체가 불가능하게 했다.

또 착오거래 후 거래소 직권 구제제도를 도입했다(금융위, 파생상품시장 발전방안, 2014.6.17). 착오주문을 일으킨 회원사가 일정 조건이 충족되면 착오거래 후 거래소가 직권으로 피해를 일부 구제하는 제도를 도입했다.

<파이낸셜뉴스 2018.04.08.>

CHAPTER

9 연습문제

1 선물계약에 관한 설명 중 올바른 것은?

① 정해진 금액으로 미래 특정일자에 자산이 선택적으로 인도된다.

② 정해진 금액으로 미래 특정일자에 자산이 강제적으로 인도된다.

③ 미래에 정해지는 금액으로 미래 특정일자에 자산이 선택적으로 인도된다.

④ 미래에 정해지는 금액으로 미래 특정일자에 자산이 강제적으로 인도된다.

2 선물계약과 선도계약을 비교 설명한 것으로 틀린 것은?

	선물계약	선도계약
① 시장형태	조 직 적	비조직적
② 거래조건	표 준 화	당사자간의 합의
③ 실물인도	많 음	적 음
④ 가격변동폭	제 한	무 제 한

3 선물시장의 기능과 가장 거리가 먼 것은?

① 새로운 금융서비스 제공　　② 현물시장의 유동성 제고

③ 시장의 투기성 가중　　④ 거래비용의 감소

4 마진콜을 당하면 어느 수준이 되도록 증거금을 납입하여야 하는가?

① 개시증거금　　② 유지증거금

③ 추가증거금　　④ 초과증거금

5 다음 중 우리나라 선물거래제도에 대한 설명 중 틀린 것은?

① 주식투자를 할 수 있는 현물계좌를 가지고 있다면, 이 계좌로 선물거래를 할 수 있다.

② 신규로 선물계좌를 개설하려는 투자자는 사전교육과 모의투자를 이수하여야 한다.

③ 선물거래의 체결은 가격과 시간의 우선원칙에 따라 이루어진다.

④ 만기 시 최종결제를 하여 선물계약에 따른 자신의 의무를 청산할 수 있다.

6 이론 선물가격의 계산식은?

① 현물가격 + 금융비용 + 배당수입

② 현물가격 − 금융비용 − 배당수입

③ 현물가격 + 금융비용 − 배당수입

④ 현물가격 − 금융비용 + 배당수입

7 옥수수 선물계약의 만기가 가까워 오고 선물가격이 현물가격에 비해 수송비와 취급비용 보다 더 비싼 경우 어떻게 하면 이익을 얻을 수 있는가?

① 선물을 매도하고 현물시장에서 옥수수를 현금으로 구매하고, 선물계약시 이를 인도한다.

② 선물을 매입하여 인도를 받고 이를 현물시장에 매도한다.

③ 선물시장과 현물시장에서 옥수수를 동시에 매도한다.

④ 선물을 매도하여 인도를 받고 이를 현물시장에 매도한다.

다음 기사를 보고 답하라(8-9).

매일경제 기사. "또 프로그램 장세였다... 개인은 이날 4609계약(2310억원) 순매도로 마감했다... 이처럼 개인이 엄청난 규모로 선물을 매도하자 시장베이시스는 −1.30대까지 떨어지는 [A] 상태를 계속 유지했고 본격적으로 신규 매도차익거래가 증가하기 시작했다... 이날 프로그램 순매도규모는 2380억원. 차익거래에서 1663억원, 비차익거래에서 717억원 순매도를 보였다. 이날 비차익거래의 상당부문은 인덱스펀드 매도로 추정된다. −1.0대 시장베이시스에서는 상대적으로 비싸 진 [B]를 팔고 싸진 [C]를 보유하고 있는 것이 유리하기 때문이다."

8 A에 가장 적합한 말은?

① 매입헤징 ② 매도헤징

③ 백워데이션 ④ 콘탱고

9 B와 C에 가장 적합한 말은?

① 현물, 선물 ② 선물, 현물

③ 옵션, 선물 ④ 선물, 옵션

10 베이시스가 가장 작은 시기는?

① 최종결제일 직전일 ② 최종결제일

③ 최종결제일 직후일 ④ 일정하지 않다.

11 헤지거래를 잘못 설명한 것은?

① 가격변동에 따른 보유자산의 가치하락을 줄이기 위한 거래

② 현물의 포지션과 반대의 포지션을 선물에서 취하는 거래

③ 현물에서의 손실을 선물에서의 이익으로 상쇄시키려는 거래

④ 국제적 투기자본에 의한 거래

12 다음 중 주가하락이 예상되는 경우 선물투기거래자가 취하는 투자행태는?

① 선물매도 ② 선물매입

③ 공매 ④ 매매 중지

13 차익거래에 대한 설명으로 적절하지 않은 것은?

① 주식을 싸게 매입하였다가 주가가 오른 후 비싸게 매각함으로써 차익을 얻으려는 거래를 말한다.
② 일물일가의 법칙이 성립되지 않을 때 발생한다.
③ 동일한 위험수준을 갖는 두 증권의 기대수익률이 다르게 형성되어 있다면 투자자는 기대수익률이 낮은 증권을 공매함과 동시에 그 매각대금으로 기대수익률이 높은 증권을 매입한다.
④ 추가적인 자금조달 없이 그리고 추가적인 위험부담 없이 초과수익을 얻을 수 있다.

14 두 개의 유사한 주가지수선물의 가격차이의 변화로부터 이익을 얻으려는 거래는?

① 투기거래 ② 헤지거래
③ 차익거래 ④ 스프레드 거래

15 코스피200지수 선물 1계약을 950포인트에 매입하였다. 만기일에 코스피200 선물지수가 947이었다면, 코스피200 선물매입으로부터 얻은 손익은 얼마인가?

① 150만원 손실 ② 150만원 이익
③ 75만원 손실 ④ 75만원 이익

16 코스닥150지수 선물거래에서 사이드카가 발동되면 주식시장의 프로그램매매 호가는 몇 분간 지연되는가?

① 1분 ② 3분
③ 5분 ④ 10분

17 다음 중 주가지수선물에 대한 설명 중 적합하지 않은 것은?

① 선물만기일에 주가지수를 인수도함으로써 거래가 종료된다.
② 선물만기일에 현금을 인수도함으로써 거래가 종료된다.
③ 주가지수선물시장은 체계적 위험을 제거하는 역할을 한다.
④ 주가지수선물로 차익거래를 할 수 있다.

18 쿼드러플위칭데이는 언제인가?

① 1월 두 번째 목요일 ② 2월 두 번째 목요일
③ 3월 두 번째 목요일 ④ 4월 두 번째 목요일

19 선물시장이 급변하여 시장의 가격을 안정화시키는 조치가 취해졌다. 이 조치를 무엇이라고 하는가?

① 폐장 ② 동시호가
③ side car ④ circuit breakers

정답

1.	②	2.	③	3.	③	4.	①	5.	①	6.	③	7.	①	8.	③	9.	①	10.	②
11.	④	12.	①	13.	①	14.	④	15.	③	16.	③	17.	①	18.	③	19.	③		

The Practice of Investments

CHAPTER 10

옵션투자

Section 01 | 옵션의 의의와 종류
Section 02 | 옵션가치와 이득패턴
Section 03 | 옵션가격의 결정요인과 투자전략
Section 04 | 우리나라의 옵션시장
Section 05 | 주식워런트

실패는 옵션이 아니다.

〈Ed Harris〉

Section 1 | 옵션의 의의와 종류

1. 옵션의 개념

옵션(option)이란 어떤 거래 당사자가 다른 당사자에게 특정 자산을 미리 약속된 날에 또는 약속된 날 이내의 어느 날이든지 미리 약정된 가격으로 살 수 있는 (또는 팔 수 있는) 권리를 말한다. 그리고 옵션거래는 이러한 권리를 매매하는 것이다. 옵션거래는 권리를 매매하는 것이지 의무를 수반하는 것이 아님에 유의할 필요가 있다.

옵션거래에서 특정 자산을 기초자산(underlying asset)이라고 하며, 약속된 미래의 날을 만기일(maturity, expiration date), 미리 약정된 가격을 행사가격(exercise price, striking price)이라고 한다.

예를 들어, 갑이라는 투자자가 다른 투자자 을이 보유하고 있는 '강남주식회사'의 주식 100주를 한 달 후의 시점에서 1주당 2만원에 사는 계약을 맺고 그 대가로 한 주당 1천원을 을에게 지급하였다고 하자. 이 예에서 기초자산은 '강남주식회사'의 주식이며, 만기일은 한 달 후가 되고, 행사가격은 2만원이 된다. 그리고 투자자 갑은 옵션매입자(option buyer) 또는 옵션소유자(option holder)이며, 투자자 을은 옵션매도자(option seller) 또는 옵션발행자(option writer)이다. 갑이 을에게 지급한 주당 1천원, 총 10만원(1000원 × 100주)을 옵션프리미엄(option premium) 또는 옵션가격(option price)이라 한다.

옵션소유자는 기초자산을 매입(또는 매도)할 수 있는 권리인 옵션을 매입하기 위하여 옵션발행자에게 옵션프리미엄을 지불하고 권리를 취득하게 된다. 옵션소유자의 입장에서 볼 때 옵션이란 자신의 의사표시에 따라 어떤 자산을 매입(또는 매도)할 수 있는 '권리'를 나타내는 것이므로, 옵션소유자는 자기에게 유리할 경우에는 권리를 행사하여 기초자산을 살 수(또는 팔 수) 있으며 불리할 경우에는 그 권리를 포기할 수도 있다. 그러나 옵션발행자는 옵션가격을 받고서 그 권리를 팔았기 때문에 옵션소유자가 옵션을 행사할 경우 그것에 응해 주어야 하는 '의무'를 가진다.

앞의 예에서 한 달 후에 '강남주식회사'의 주가가 주당 2만5천이 된다면 옵션매입자 갑은 권리를 행사하여 주당 2만원에 주식을 구입할 것이다. 이 때 옵션 매도자 을은 반드시 권리행사에 응해 주어야 한다. 만약 한 달 후에 '강남주식회사'의 주가가 주당 1만5천이 된다면 갑은 권리를 행사하지 않을 것이다.

2. 옵션의 거래와 경제적 기능

옵션과 유사한 성격의 거래형태는 오랜 옛날부터 존재하였으나 오늘날과 같은 옵션거래가 처음으로 제도화된 것은 1973년 시카고 옵션거래소(Chicago Board of Options Exchange : CBOE)가 개설되면서 부터이다. 물론 옵션은 장외시장에서도 거래되지만 거래비용이 높고 원활한 매매가 보장되지 않으므로 대부분은 조직화된 옵션거래소를 통하여 거래가 이루어진다. 조직화된 옵션거래소는 옵션거래의 대상이 되는 상품, 만기일, 행사가격 등을 표준화시켜 거래를 용이하게 하며, 신속하고 적은 비용으로 거래가 이루어지도록 하여 시장의 효율성을 높여주고 있다.

CBOE가 개설된 이후 옵션거래는 거래량, 거래금액, 거래 주식 수 등에서 급격한 증가세를 나타내었으며, 거래지역도 미국뿐 아니라 전 세계 주요국가로 확대되었다. 옵션거래가 이와 같이 단기간 내에 급격히 증가하게 된 이유는 옵션자체가 훌륭한 투자대상이 될 수 있을 뿐 아니라, 다른 금융상품과 결합하여 다양한 형태의 현금흐름을 창출함으로써 투자자에게 더욱 폭넓은 투자기회를 제공할 수 있기 때문이다.

옵션거래소 내의 옵션결제소(option clearing house)는 옵션매입자에 대해서는 실질적인 옵션매도자로서, 옵션매도자에 대해서는 실질적인 옵션매입자로서의 역할을 수행하며, 옵션거래의 이행이 보장될 수 있도록 옵션매도자에게 증거금을 예치하도록 요구하고 있다. 그러나 옵션매입자는 계약불이행의 위험이 없으므로 증거금을 요구받지 않는다.

계약이행과 관련하여 옵션과 선물은 근본적인 차이점을 갖는다. 옵션의 경우 옵션매입자는 기초자산의 가격에 따라 옵션의 행사여부를 결정할 수 있는 권리를 가지며, 옵션매도자는 옵션매입자가 옵션을 행사할 경우에만 계약이행의 의무를 갖는다. 그러나 선물의 경우에는 선물의 매입자와 매도자는 모두 만기일의 현물가격에 관계없이 계약을 반드시 이행하여야 하는 의무를 갖는다. 따라서 어떤 거래자가 만기일에 선물계약을 실행하고자 하는 의사가 없이 선물계약을 매입 또는 매도하였다면, 인도시기가 도래하기 이전에 선물계약의 반대매매를 통하여 계약이행의 의무를 청산하여야 한다. 이와 같은 선물거래와 옵션거래의 특징을 비교하여 요약하면 <표 10-1>과 같다.

<표 10-1> 선물거래와 옵션거래의 비교

구 분	선물거래	옵션거래
권리, 의무	매입자와 매도자 모두에게 의무가 주어진다.	매입자에게는 권리, 매도자에게는 의무만 주어진다.
거 래 대 상	기초자산의 인도를 전제로 한 거래	기초자산을 매도 또는 매입할 수 있는 권리에 대한 거래
프 리 미 엄	프리미엄을 주고받지 않으나 일일정산을 통하여 손익을 수수한다.	매도자가 매입자에게 권리를 부여하는 대가로 프리미엄을 받게 된다.
위탁증거금	매도자와 매입자 모두 위탁증거금을 징수한다.	매도자에게만 부과하고 매입자는 프리미엄으로 대체한다.
위 험 관 리	매입자와 매도자가 모두 무한정의 위험에 노출된다.	매입자는 위험을 프리미엄으로 한정할 수 있고 매도자는 프리미엄만큼 위험을 감소시킬 수 있다.
결 제 방 법	반대매매와 인수도에 의해 결제가 이루어진다.	반대매매, 권리행사시 결제가 이루어진다. 권리행사 포기 시에는 결제가 필요 없다.

옵션이 갖는 경제적인 기능을 요약하면 다음과 같다.

- 레버리지 기능이다. 옵션은 기초자산에 대한 투자에 비해 손익이 크게 확대되는 레버리지효과를 갖고 있다. 즉 옵션은 기초자산에 직접 투자하는 것보다 상대적으로 적은 투자비용으로 높은 레버리지효과를 달성할 수 있다. 옵션 투자 시 소요되는 금액은 주식투자시보다 훨씬 적기 때문에 옵션을 이용하면 적은 금액으로 직접 주식을 사거나 공매하는 것과 같은 이득을 얻을 수 있다.
- 위험의 제한 및 헤지기능이다. 투자자는 옵션을 이용하여 기초자산에 투자한 경우에 부담하는 위험을 제한하거나 헤지할 수 있다. 옵션과 옵션을 적절히 결합하거나 옵션과 기초자산의 결합 또는 다른 금융자산을 결합함으로써 투자자의 선호에 맞게 위험을 관리할 수 있다. 옵션과 다른 자산을 이용하면 무위험헤지포트폴리오[1]도 구성할 수 있다.
- 새로운 금융상품 창조기능이다. 옵션은 기초자산이 만들어 낼 수 없는 다양한 이득패턴을 제공할 수 있다. 투자자는 옵션간의 결합, 기초자산과 옵션간의 결합 등을 통

1) 주식과 옵션을 적절히 결합하여 포트폴리오를 구성하면 주가가 어떻게 변화하든지 만기에서의 가치는 언제나 행사가격과 같게 된다. 이와 같이 만기일에 확실한 현금흐름을 얻게 되는 위험이 전혀 없는 포트폴리오를 무위험헤지포트폴리오(riskless hedge portfolio)라 한다.

해 다양한 투자성과를 가져오는 새로운 금융상품을 만들어 낼 수 있다. 이와 같은 새로운 금융상품의 개발로 투자기회가 크게 확대되고 있다. 이러한 분야는 최근 금융공학(financial engineering)이라는 이름으로 많은 연구가 이루어지고 있다.

- 유동성 제고기능 및 균형가격 발견기능이다. 옵션시장은 옵션과 기초자산간의 거래, 옵션시장 내에서 옵션간의 거래 등을 통하여 기초자산의 유동성을 제고시키며, 차익거래를 통해 상품의 균형가격이 효율적으로 형성되도록 한다.
- 미래시장에 대한 정보제공기능이다. 콜옵션과 풋옵션의 시장가격은 미래의 시장상황에 대한 투자자들의 예상을 반영한다. 주식에 대한 콜옵션의 가격이 상승하는 것은 투자자들이 미래의 주가가 상승할 것이라고 예상하기 때문으로, 반대로 풋옵션의 가격이 상승하는 것은 주식의 미래가격이 떨어질 것이라고 예상하기 때문으로 해석할 수 있다. 이와 같이 옵션의 가격변화는 주식의 가격변화를 선행하기 때문에 투자자는 옵션의 가격변화로부터 주식의 가격변화를 예측할 수 있다.

3. 옵션의 종류

옵션은 살 권리인지 또는 팔 권리인지에 따라 콜옵션과 풋옵션, 그리고 권리행사시점이 특정시점인지 또는 특정시점까지인지에 따라 유럽형옵션과 미국형옵션으로 구분한다.

가. 콜옵션과 풋옵션

콜옵션(call option)은 기초자산을 매입할 수 있는 권리이고, 풋옵션(put option)은 기초자산을 매도할 수 있는 권리이다. 즉, 콜옵션은 만기일에(또는 만기일까지) 미리 약정된 가격으로 기초자산을 살 수 있는 옵션을 의미하며, 풋옵션은 만기일에(또는 만기일까지) 미리 약정된 가격으로 기초자산을 팔 수 있는 옵션을 의미한다.

어떤 사람이 기초자산을 보유하지 않은 상태에서 콜옵션을 판 경우, 상대방이 콜옵션을 행사한다면 그는 시장에서 기초자산을 매수하여 콜옵션의 행사에 응해야 한다. 이때의 콜옵션은 기초자산으로 뒷받침되어 있지 않고 있다는 의미에서 네이키드 옵션(naked option)이라고 한다. 반대로 기초자산을 보유하고서 콜옵션을 팔았다면 그 옵션을 커버드 옵션(covered option)이라고 한다.

앞에서 옵션의 개념을 설명하기 위하여 든 예는 콜옵션의 경우이다. 이제 풋옵션의 예를 들어 보자. 예를 들어 병이라는 투자자가 다른 투자자 정에게 본인이 보유하고 있는 '강남

주식회사'의 주식 100주를 한 달 후의 시점에서 1주당 3만원에 파는 계약을 맺고 그 대가로 한 주당 2천원을 정에게 지급하였다고 하자. 이때 행사가격은 3만원이고 투자자 병이 옵션매입자이며, 투자자 정은 옵션매도자이다. 그리고 병이 정에게 지급한 주당 2천원, 총 20만원(2000원 × 100주)이 옵션프리미엄이다. 또한 한 달 후에 '강남주식회사'의 주가가 주당 2만5천이 된다면 옵션매입자 병은 권리를 행사하여 주당 3만원에 주식을 매도할 것이다. 이 때 옵션발행자 정은 반드시 권리행사에 응해 주어야 한다. 만약 한 달 후에 '강남주식회사'의 주가가 주당 3만5천이 된다면 병은 권리를 행사하지 않을 것이다.

옵션권리는 만기일이 도래했을 때 옵션 소유자의 의사에 따라 자신에게 유리할 경우에만 행사되고, 자신에게 불리한 경우에는 권리행사를 포기하면 된다. 앞의 콜옵션의 예에서 볼 수 있는 바와 같이 콜옵션의 경우 만기일이 도달했을 때 기초자산의 시장가격이 행사가격보다 높은 경우에만 콜옵션은 행사된다. 하지만 기초자산의 시장가격이 행사가격보다 낮은 경우에는 시장에서 직접 매입하는 것이 유리하기 때문에 콜옵션은 행사되지 않을 것이다. 풋옵션의 경우 만기일이 도달했을 때 기초자산의 시장가격이 행사가격보다 낮은 경우에만 풋옵션은 행사된다. 하지만 기초자산의 시장가격이 행사가격보다 높은 경우에는 시장에서 직접 매도하는 것이 유리하기 때문에 풋옵션은 행사되지 않을 것이다.

<표 10-2>는 옵션거래시점과 만기일에 옵션의 권리행사와 의무이행에 따라 발생하는 현금흐름과 기초자산의 움직임을 요약한 것이다. <표 10-2>에서 (+)는 받는 것을 그리고 (−)는 주는 것을 나타내며, C는 콜옵션프리미엄이고 P는 풋옵션프리미엄이다. 또한 T는 만기일을 X는 행사가격을 의미하며 S_T는 만기시점에서의 기초자산의 가격을 의미한다.

<표 10-2>에서 볼 수 있는 바와 같이 옵션매입자와 옵션매도자 사이에 기초자산과 현금의 흐름은 정반대로 움직인다. 따라서 옵션은 옵션매입자와 옵션매도자 사이의 제로섬게임(zero-sum game)이라는 것을 알 수 있다.

<표 10-2> 옵션거래에 대한 기초자산과 현금흐름

옵션종류 / 거래자	콜옵션		풋옵션	
	옵션거래시	옵션행사시	옵션거래시	옵션행사시
옵션매입자	$-C$	$+S_T-X$	$-P$	$-S_T+X$
옵션매도자	$+C$	$-S_T+X$	$+P$	$+S_T-X$

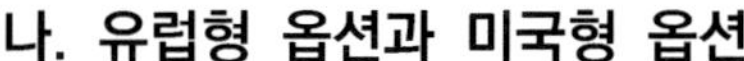

나. 유럽형 옵션과 미국형 옵션

옵션만기일에 한해서 권리를 행사할 수 있는 옵션을 유럽형 옵션(European option)이라고 하며, 만기일이나 그 이전에 언제든지 유리하다고 판단될 때 옵션매입자인 소유자의 의사에 따라 권리를 행사할 수 있는 옵션을 미국형 옵션(American option)이라고 한다. 미국형옵션은 유럽형옵션보다 투자자에게 더 많은 재량권이 부여되기 때문에 일반적으로 옵션의 가치가 유럽형옵션의 가치보다 높다. 최근에 등장한 옵션 중 아시아형옵션(Asian option)이 있다. 이는 옵션의 성격은 유럽형옵션이지만, 만기시의 행사가격이 정해지지 않고 계약기간 동안 기초자산 가격들의 산술평균 내지 가중평균을 행사가격으로 이용하는 옵션을 말한다.

다. 내가격옵션과 외가격옵션

앞에서 설명한 바와 같이 옵션거래에서는 시장가격의 수준에 따라 옵션의 권리행사 여부가 결정된다. 그런데 옵션 소유자가 현재 권리를 행사하는 것이 유리한 옵션을 내가격옵션(in-the-money option: ITM)이라 하고, 현재 권리를 행사하는 것이 불리한 옵션을 외가격옵션(out-of-the-money option: OTM)이라 한다. 그리고 현재 권리를 행사하는 것이 유리하지도 또한 불리하지도 않은 옵션을 등가격옵션(at-the-money option: ATM)이라고 한다. 특히 내가격옵션 중 현재 옵션의 권리를 행사할 경우 큰 이득이 발생하는 경우를 심내가격옵션(deep-in-the-money option)이라고 한다. 그리고 외가격옵션 중 현재 옵션의 권리를 행사할 경우 큰 손실이 발생하는 경우를 심외가격옵션(deep-out-of-the-money option)이라고 한다.

ITM, OTM 및 ATM을 콜옵션과 풋옵션으로 구분하여 설명하면 다음과 같다.

① 내가격옵션(ITM) : 현재 권리를 행사하는 것이 유리한 옵션
- 콜옵션 : 행사가격 < 기초자산의 가격($X < S_T$)
- 풋옵션 : 행사가격 > 기초자산의 가격($X > S_T$)

② 외가격옵션(OTM) : 현재 권리를 행사하는 것이 불리한 옵션
- 콜옵션 : 행사가격 > 기초자산의 가격($X > S_T$)
- 풋옵션 : 행사가격 < 기초자산의 가격($X < S_T$)

③ 등가격옵션(ATM) : 현재 권리를 행사하는 것이 유리하지도 또한 불리하지도 않은 옵션
- 콜옵션 : 행사가격 = 기초자산의 가격($X = S_T$)

• 풋옵션 : 행사가격 = 기초자산의 가격($X = S_T$)

라. 기초자산에 따른 옵션의 분류

옵션은 기초자산인 대상자산에 따라 주식옵션, 주가지수옵션, 통화옵션, 금리옵션, 선물옵션 등으로 구분된다.

주식옵션

주식옵션(stock option)거래는 1973년 시카고 옵션거래소(CBOE)에서 18종목의 주식에 대한 옵션거래로 시작되었다. 주식옵션이 행사될 때 주식을 실제로 교환하는 경우는 흔하지 않으며 대신 옵션매도자가 옵션매입자에게 해당 주식의 시장가격과 행사가격의 차이만큼을 현금으로 지불하게 된다.

주가지수옵션

주가지수옵션(stock index option)은 주가지수를 대상자산으로 하는 옵션거래를 말하며 1983년 CBOE에서 거래가 시작되었다. 주가지수는 계산상의 수치일 뿐이며 거래의 대상이 될 수 없기 때문에 권리행사나 반대매매 시 현금결제제도를 도입하고 있다. 즉, 옵션을 행사하는 경우 주가지수에서 행사가격을 차감한 결제차금에 승수를 곱한 금액을 옵션매도자가 옵션매입자에게 지불하도록 함으로써 옵션거래가 완료된다.

통화옵션

통화옵션(currency option)은 특정 외국통화를 약정된 조건 하에서 자국통화로 사거나 팔 수 있는 권리가 부여된 옵션이다. 통화옵션은 1982년 필라델피아 증권거래소(Philadelphia Stock Exchange: PHLX)에서 거래가 시작된 후, CBOE, 시카고상업거래소(Chicago Mercantile Exchange: CME) 등에서 거래되고 있다. 통화옵션을 매입한 투자자는 옵션을 행사할 수 있는 유리한 상황이 될 때 행사가격과 만기에서의 환율차이만큼 이득을 얻게 된다. 통화옵션은 통화선물옵션(foreign exchange futures options)의 형태로 거래되는 경우가 많다.

금리옵션

금리옵션(interest rate option)은 채권을 기초로 발행된 옵션을 말한다. 금리옵션은 1982년 CBOE에서 거래가 시작된 후 CME 등에서 거래되고 있다. 기초자산으로 이용되는 채권으로는 주로 미국의 재무증권(T-Bill, T-Note, T-Bond)이나 양도성예금증서(CD) 등이 있다. 금리옵션도 금리선물옵션(interest rate futures options)의 형태로 거래되는 경우가 많다.

선물옵션

선물옵션(futures option)은 약정된 조건으로 특정 선물거래를 사거나 팔 수 있는 권리가 부여된 옵션이다. 선물옵션은 1982년 미국 선물거래소에서 거래가 시작되었으며 거래소에 상장되어 있는 대부분의 선물계약에 대하여 선물옵션거래가 이루어지고 있다. 선물옵션매입자가 선물옵션을 행사하게 되면 선물옵션매도자는 옵션매입자에게 선물거래의 현재가격과 행사가격의 차이에 해당되는 금액을 지불하여야 한다. 최근에는 선물옵션거래가 증대되고 있는데, 그 이유는 현물을 기초로 하는 것에 비해 유동성이 상대적으로 높아 거래가 쉽고, 효율적으로 가격이 형성되어 가격조작이 어려우며, 가격정보 제공이 용이하고, 공매에 제한이 없으며, 거래비용이 상대적으로 낮기 때문이다. 또한 선물옵션은 보통 해당 선물시장에 상장되기 때문에 같은 거래소라는 이점이 있고, 다른 옵션들보다 옵션행사시 현금흐름이 훨씬 작다는 등의 이점을 지니고 있다.

4. 옵션시장의 구조

일반적으로 옵션시장은 옵션거래소를 중심으로 투자자와 중개입자로 구성되어 있다. 거래소가 표준화된 계약을 상장시키면, 거래소회원인 중개업자는 고객의 주문을 받아 거래소에 집결시켜 매매를 성사시킨다. 대부분의 옵션거래소는 회원제로 운영되고 있다. 옵션거래소는 우리나라의 코스피200 옵션처럼 기존의 증권거래소 내에 별도의 옵션시장을 개설해서 운용하기도 하고, 시카고 옵션거래소(Chicago Board Option Exchange: CBOE)와 같이 독립적으로 설립되어 운용되기도 한다.

옵션거래소에서 결제는 결제회원으로 구성된 청산소(clearing house)를 통해 이루어진다. 청산소는 옵션매입자에 대해서는 옵션매도자로서, 옵션매도자에 대해서는 옵션매입자로서 옵션계약의 결제이행을 보증한다. 따라서 옵션거래자는 거래상대방의 신용위험을 걱정하지 않고 옵션계약을 거래할 수 있다. 청산소는 결제회원(중개업자)을 통해 옵션매입자로부터 옵션프리미엄을 징수하고, 옵션매도자로부터는 결제이행을 보증하기 위한 증거금을 징수한다. 옵션매입자가 권리를 행사하면 이를 옵션매도자에게 배정하여 기초자산을 인도받고, 옵션매입자로부터는 결제대금(행사가격)을 수납 받아 결제를 이행시킨다.

청산소는 옵션거래소와 분리되어 별도의 회사로 존재하기도 하고, 옵션거래소 내부의 한 부서가 청산소의 역할을 하기도 한다. 우리나라에서 코스피200 옵션은 한국거래소가 결제기관이며 한국거래소 내의 한 부서가 청산소의 역할을 하고 있다. 중개업자는 옵션거래소의 회원으로서 고객의 매매주문을 처리하고, 기록유지, 증거금 및 예탁금 관리 등을 수행하며 수수료를 받는다. 코스피200 옵션시장에서는 한국거래소의 회원사인 증권사가 중개업자이다.

Section 2 | 옵션가치와 이득패턴

만기일에만 권리를 행사할 수 있는 유럽형옵션을 기준으로 만기일에 옵션가치와 투자자의 이득패턴(pay-off pattern)이 기초주식의 가격변화에 따라 어떻게 결정되는지 살펴보도록 하자.

1. 콜옵션의 이득패턴

콜옵션은 정해진 기간 동안에 미리 약정된 가격으로 특정자산(보통주)을 살 수 있는 옵션을 말한다. 콜옵션 매입자는 만기일의 기초자산의 가격(S_T)이 행사가격(X)을 초과하면 낮은 행사가격으로 해당 주식을 매입하여 높은 시장가격으로 매각할 수 있으므로 권리를 행사한다. 이때 콜옵션의 가치(이득)는 기초자산의 가격에서 행사가격을 뺀 금액이다. 반면에 콜옵션 소유자는 기초자산의 가격이 행사가격보다 낮으면 권리를 포기하며 이때 콜옵션의 가치는 0이다. 행사일의 콜옵션의 가치를 수식으로 나타내면 다음과 같다.

$$\text{콜옵션의 가치} : S_T > X\text{인 경우} \rightarrow (S_T - X)$$
$$S_T < X\text{인 경우} \rightarrow 0$$

콜옵션 매입의 가치는 다음과 같이 나타낼 수 있다.

$$\text{콜옵션 매입의 가치} = \text{Max}(S_T - X,\ 0)$$

반면에 콜옵션 매도의 가치는 콜옵션 매입의 가치와 정반대이므로 다음과 같이 나타낼 수 있다.

$$\text{콜옵션 매도의 가치} = -\text{콜옵션 매입의 가치}$$

$$= -\mathrm{Max}(S_T - X,\ 0)$$
$$= \mathrm{Min}(X - S_T,\ 0)$$

콜옵션의 이득패턴을 기초자산의 가격과 관련하여 그림으로 나타내면 <그림 10-1>의 점선과 같다.

그림 10-1 콜옵션의 이득패턴

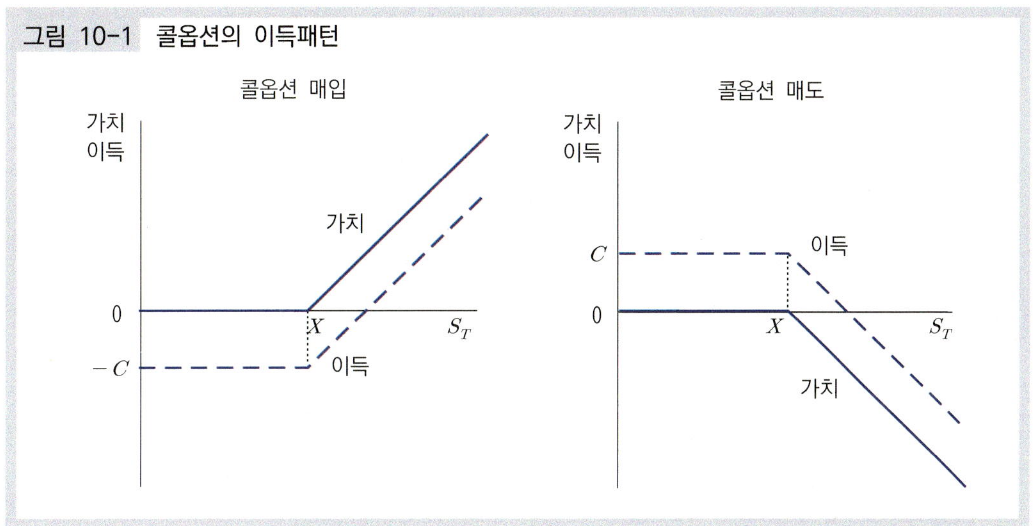

<그림 10-1>에서 볼 수 있는 바와 같이, 기초자산의 가격(주가)이 행사가격인 X 이하일 때에 콜옵션의 가치는 0이 되며, 기초자산의 가격(주가)이 행사가격인 X를 초과할 때에 콜옵션의 가치는 그 초과한 금액이 된다. 예를 들면 어떤 주식에 대한 행사가격이 50,000원인 경우 주가가 50,000원일 경우 콜옵션의 가치는 0이 되며, 주가가 52,000원일 경우 콜옵션의 가치는 2,000원이 된다.

그러나 만약 옵션매입자인 갑이 옵션매도자인 을에게 5,000원을 지급하고 콜옵션을 매입하였다면, 갑이 콜옵션을 보유함으로써 얻을 수 있는 손익은 콜옵션의 가치에서 콜 옵션의 매입가격인 5,000원을 뺀 금액이 된다. 이 관계를 그림으로 나타내면 <그림 10-1>의 점선과 같다. 콜옵션프리미엄(C)을 고려할 경우 콜옵션 매입자와 매도자의 이득은 다음과 같다.

콜옵션 매입자의 이득 $= \mathrm{Max}(S_T - X - C,\ -C)$

콜옵션 매도자의 이득 $= \mathrm{Min}(X - S_T + C,\ C)$

예 제

SS전자 주식에 대한 콜옵션의 행사가격이 30,000원이고 이 옵션의 가격은 5,000원이다. 만기일의 주가가 25,000원, 30,000원, 35,000원, 40,000원인 경우 이 옵션의 매입가치와 매도가치 그리고 이 옵션을 매입한 사람과 매도한 사람의 이득은 각각 어떻게 변화하는가?

풀 이

콜옵션 매입자와 매도자의 입장에서 만기일의 주가변화에 따른 옵션의 가치와 이득은 다음과 같다. 콜옵션을 산 사람이 있으면 반드시 동일한 수의 옵션을 판 사람도 있기 때문에 콜옵션을 판 사람의 옵션가치는 콜옵션을 산 사람의 경우와 반대가 된다.

만기일의 주가	콜옵션 매입자		콜옵션 매도자	
	매입가치	이 득	매도가치	이 득
25,000	0	-5,000	0	5,000
30,000	0	-5,000	0	5,000
35,000	5,000	0	-5,000	0
40,000	10,000	5,000	-10,000	-5,000

2. 풋옵션의 이득패턴

풋옵션은 특정자산을 일정기간 동안 미리 약정된 가격으로 팔 수 있는 옵션을 말한다. 따라서 풋옵션 매입자는 만기일의 기초자산의 가격(S_T)이 행사가격(X)보다 높게 되면 권리를 포기하며 옵션의 가치는 0이 된다. 반면에 만기일의 행사가격(X)이 기초자산의 가격(S_T)보다 높게 되면 시장가격보다 높은 행사가격으로 기초주식을 매도할 수 있으므로 권리를 행사하여 행사가격에서 기초자산의 가격을 뺀 금액만큼의 이득을 얻는다. 행사일에 있어서의 풋옵션의 가치를 수식으로 나타내면 다음과 같다.

$$\text{풋옵션의 가치} : S_T > X\text{인 경우} \rightarrow 0$$
$$S_T < X\text{인 경우} \rightarrow X - S_T$$

풋옵션 매입의 가치는 다음과 같이 나타낼 수 있다.

$$\text{풋옵션 매입의 가치} = \mathrm{Max}(X - S_T,\ 0)$$

반면에 풋옵션 매도의 가치는 풋옵션 매입의 가치와 정반대이므로 다음과 같이 나타낼 수 있다.

$$
\begin{aligned}
\text{풋옵션 매도의 가치} &= -\text{풋옵션 매입의 가치} \\
&= -\mathrm{Max}(X - S_T,\ 0) \\
&= \mathrm{Min}(S_T - X\ ,\ 0)
\end{aligned}
$$

풋옵션의 이득패턴을 기초자산의 가격과 관련하여 그림으로 나타내면 <그림 10-2>의 점선과 같다.

그림 10-2 풋옵션의 이득패턴

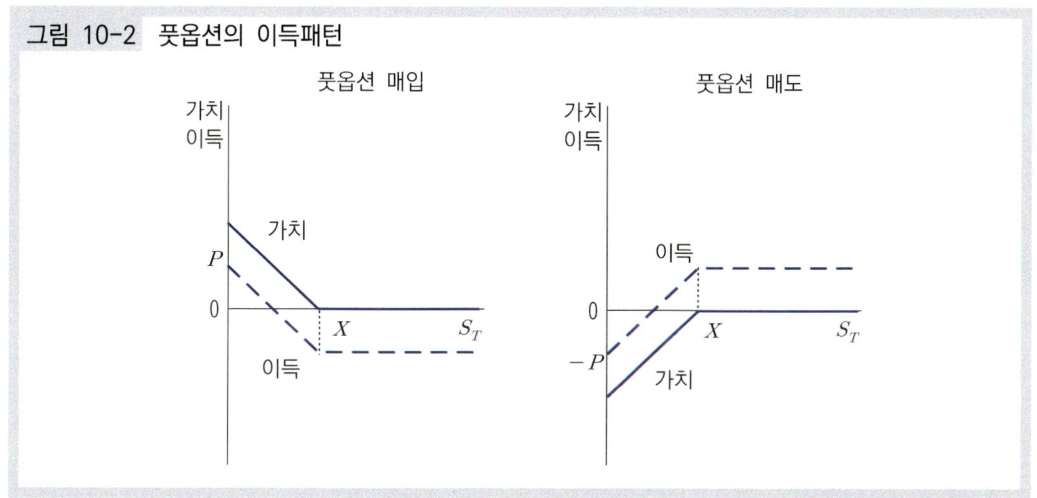

<그림 10-2>에서 볼 수 있는 바와 같이, 기초자산의 가격(주가)이 행사가격인 X에 미달할 때에는 풋옵션의 가치는 그 미달한 금액이 되며, 기초자산의 가격(주가)이 행사가격인 X를 초과할 때에 풋옵션의 가치는 0이 된다. 예를 들면 어떤 주식에 대한 행사가격이 50,000원인 경우 주가가 45,000원일 경우 풋옵션의 가치는 5,000원이 되며, 주가가 52,000원일 경우 풋옵션의 가치는 0이 된다.

그러나 만약 옵션매입자인 갑이 옵션매도자인 을에게 5,000원을 지급하고 풋옵션을 매입하였다면, 갑이 풋옵션을 보유함으로써 얻을 수 있는 손익은 풋옵션의 가치에서 풋옵션의 매입가격인 5,000원을 뺀 금액이 된다. 이 관계를 그림으로 나타내면 <그림 10-2>의 점선과 같다. 풋옵션프리미엄(P)을 고려할 경우 풋옵션 매입자와 매도자의 이득은 다음과 같다.

$$
\begin{aligned}
\text{풋옵션 매입자의 이득} &= \mathrm{Max}(X - S_T - P\ ,\ -P) \\
\text{풋옵션 매도자의 이득} &= \mathrm{Min}(S_T - X + P\ ,\ P)
\end{aligned}
$$

예 제

현재 코스피200 지수가 79.1이지만 투자자는 향후 주식시장의 하락 조정을 예상하고, 행사가격이 77.5인 풋옵션 1계약을 프리미엄 2.7포인트를 지불하고 매입하였다.

① 투자자가 지불한 옵션가격은 얼마인가?

② 옵션만기일에 코스피200 지수가 72.5, 77.5, 80.0이 되었을 때 옵션매입자와 옵션매도자의 입장에서 풋옵션의 가치와 손익은 각각 얼마인가? 단, 지수옵션 거래단위는 포인트 당 25만원이다.

풀 이

① 주가지수 옵션의 경우 1포인트가 25만원을 의미하므로 옵션프리미엄은 675,0000원이다.

$2.7p \times 250{,}000$원 = 675,000원

② 옵션매입자는 만기일의 주가지수가 최소한 74.8 미만으로 하락하여야 이득이 나며, 그때부터는 주가지수 하락분만큼 이득이 커지는 반면, 주가지수가 예상과 달리 하락하지 않았을 때 입을 수 있는 손실은 −675,000으로 한정되어 있다는 것을 알 수 있다. 옵션매도자의 손익은 옵션매입자의 경우와 정반대로 나타나게 된다.

만기일의 주가지수	풋옵션 매입자		풋옵션 매도자	
	매입가치	이 득	매도가치	이 득
72.5	1,250,000	575,000	−1,250,000	−575,000
77.5	0	−675,000	0	675,000
80.0	0	−675,000	0	675,000

3. 옵션투자와 주식투자

옵션을 보다 명확하게 이해할 수 있도록 옵션을 주식투자와 비교해 보자. 주가상승이 예상되는 경우 투자자는 주식을 매입하거나, 콜옵션을 매입하거나, 풋옵션을 매도할 것이며, 주가하락이 예상될 경우 주식을 공매하거나, 콜옵션을 매도하거나, 풋옵션을 매입할 것이다.

옵션의 가치는 주가에 의해 결정되는데, 투자자는 왜 주식을 직접 매입하거나 공매하지 않고 옵션에 투자할까? 그 이유는 옵션은 레버리지효과가 있으며, 보험의 성격이 내재되어 있기 때문이다. 다음 예제를 고려하여 보자.

예 제

블루칩(주)는 2백만원을 YB주식에 관련된 상품에 투자하고자 한다. 현재 YB의 주가는 20,000원이고 YB 주식에 대해서 발행된 6개월 만기 콜옵션의 행사가격은 19,000원이며 콜옵션의 가격은 2,000원이다. 또한 6개월간 무위험이자율은 3%이고 앞으로 6개월 이내에 YB는 배당을 실시하지 않을 것으로 예상된다. 블루칩(주)는 3가지 형태의 투자전략을 구상하고 있다.

투자전략 A : YB 주식 100주 매입
두자전략 B : YB 콜옵션 1,000개 매입
투자전략 C : YB 콜옵션 100개 매입, 나머지 자금을 무위험자산에 투자

① 6개월 후 YB 주가에 따른 투자전략의 가치는 각각 얼마인가?
② 6개월 후 YB 주가에 따른 투자전략의 수익률은 각각 얼마인가?
③ 각 투자전략의 수익률을 비교하는 경우 어떠한 옵션의 특징을 발견할 수 있는가?

단, YB의 6개월 후 주가는 18,000원, 19,000원, 20,000원, 21,000원, 22,000원 중의 하나가 될 것으로 예측하고 있다.

풀이

① 6개월 후 YB 주가에 따른 투자전략의 가치(원)는 각각 다음과 같다.

YB 주가	18,000	19,000	20,000	21,000	22,000
투자전략 A	1,800,000	1,900,000	2,000,000	2,100,000	2,200,000
투자전략 B	0	0	1,000,000	2,000,000	3,000,000
투자전략 C	1,854,000*	1,854,000	1,954,000	2,054,000	2,154,000

* (2,000,000 − 200,000) × (1 + 0.03) = 1,854,000

② 투자금액 2백만원에 대한 6개월 후 YB 주가별 포트폴리오의 투자수익률은 다음과 같다.

YB 주가	18,000	19,000	20,000	21,000	22,000
투자전략 A	-10%	-5%	0%	5%	10%
투자전략 B	-100	-100	-50	0	50
투자전략 C	-7.3	-7.3	-2.3	2.7	7.7

이 수익률을 그림으로 나타내면 다음과 같다.

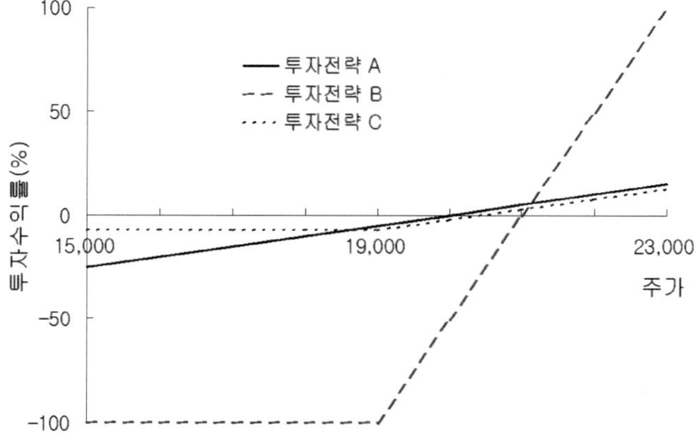

③ 투자전략의 B와 C의 수익률을 주식투자인 A와 비교해 보면, 두 가지 특징을 발견할 수 있다. 첫째, 옵션투자는 레버리지효과를 갖고 있다. B와 A의 수익률을 비교해 보면, 주가가 떨어지면 주식투자인 A의 수익률은 완만하게 떨어지나 옵션투자인 B의 경우 급격히 수익률이 떨어진다. 반면 주가가 상승할 경우 주식투자에 비하여 옵션투자의 수익률은 급격히 상승한다. 이와 같이 옵션이 레버리지효과를 갖게 되는 이유는 옵션가격이 주가에 비하여 훨씬 작기 때문에 동일한 투자액으로 주식에 투자하는 것보다 많은 수의 옵션에 투자할 수 있기 때문이다. 둘째, 옵션에는 보험의 성격이 내재되어 있다. 무위험자산과 옵션과의 포트폴리오인 C의 경우 그 가치가 1,854,000원 이하로 하락하지는 않으므로, 최악의 상태에서도 수익률은 −7.3%이나 주식투자의 경우 회사가 도산하면 투자수익률은 −100%이다. 이러한 보험의 효과가 있는 반면에 주가가 상승할 경우 C는 A에 비하여 수익률이 낮다는 단점을 가지고 있다.

Section 3 | 옵션가격의 결정요인과 투자전략

1. 옵션의 행사가치와 시간가치

옵션매도자가 옵션매입자에게 권리를 부여하는 대신에 매입자로부터 일정한 대가를 지급 받는다. 이처럼 옵션매매의 대가로 옵션매입자가 옵션매도자에게 지불하는 대가를 옵션프리미엄이라고 한다. 옵션프리미엄은 대상자산을 매매하는 권리를 얻기 위해서 매입자가 매도자에게 지불하는 대가로서 옵션의 가격을 말한다. 옵션프리미엄은 매도자가 기초자산을 만기동안에 행사가격으로 사거나 팔 권리를 매입자에게 인도하는 대가로 받는 것이며, 매입자 입장에서는 기초자산을 사거나 팔 수 있는 권리를 획득하기 위해서 지불하는 대가이다. 옵션프리미엄 즉, 옵션가격은 행사가치와 시간가치로 구성되어 있다.

옵션프리미엄(옵션가격) = 행사가치 + 시간가치

행사가치

옵션의 행사가치(exercise value)란 지금 즉시 옵션의 권리를 행사하는 경우에 옵션의 매입자가 얻을 수 있는 가치 즉 옵션이 행사되었을 경우의 가치를 의미한다. 행사가치는 내재가치(intrinsic value) 또는 본질가치라고도 한다. 현재 옵션이 내가격(ITM) 상태에 있는 경우 현재의 주가(S)와 행사가격(X)의 차이가 옵션의 내재가치가 된다. 콜옵션과 풋옵션의 행사가치는 다음과 같다.

$$콜옵션의\ 행사가치 = 기초자산가격(S) - 권리행사가격(X)\ (\geq 0)$$
$$풋옵션의\ 행사가치 = 권리행사가격(X) - 기초자산가격(S)\ (\geq 0)$$

콜옵션의 경우에는 기초자산의 가격에서 권리행사가격을 차감한 부분이 행사가치가 된다. 즉, 행사가치는 옵션을 행사하여 기초자산을 낮은 가격(X)으로 매입한 후 이를 현물시장에 높은 가격(S)으로 매도함으로써 얻을 수 있는 차액을 말한다.

예를 들어, 콜옵션의 권리 행사가격(X)이 10,000원이고, 기초자산의 가격(S)이 12,000원이라면 콜옵션의 행사가치는 2,000원(= 12,000원 − 10,000원)이 된다. 그러나 기초자산의 가격이 10,000원이거나 그 이하가 될 때에는 콜옵션의 행사가치는 0이 된다.

풋옵션의 경우에는 권리 행사가격에서 기초자산의 가격을 차감한 부분이 행사가치가 된다. 즉, 행사가치는 현물시장에서 기초자산을 낮은 가격(S)으로 매입한 후 옵션을 행사하여 이를 매입가격보다 높은 가격(X)으로 매도하는 경우 얻을 수 있는 차액을 말한다.

예를 들어, 풋옵션의 권리 행사가격(X)이 10,000원이고, 기초자산의 가격(S)이 8,000원이라면 풋옵션의 행사가치는 2,000원(= 10,000원 − 8,000원)이 된다. 그러나 기초자산의 현재 가격이 10,000원이거나 그 이상이 될 때에는 풋옵션의 행사가치는 0이 된다.

옵션의 행사가치는 음(−)이 될 수 있을까? 행사가치는 결코 음(−)이 될 수 없다. 왜냐하면 권리를 행사하여 손실이 발생하는 경우(OTM), 옵션매입자는 권리를 행사할 의무를 지지 않기 때문에 권리행사를 포기하게 된다. 이때 옵션의 행사가치는 0이 된다. 또한 권리를 행사하더라도 이익이나 손실이 발생하지 않는 경우(ATM)에도 옵션매입자는 권리를 행사할 의무를 지지 않기 때문에 권리행사를 포기하게 된다. 이때 옵션의 행사가치는 외가격옵션과 같이 0이 된다.

시간가치

실제로 옵션은 항상 행사가치보다 높은 가격에 거래되고 있으며 특히 외가격옵션(OTM)도 양(+)의 가격에 거래되고 있다. 그 이유는 옵션의 만기까지 남은 기간 동안에 기초자산의 가격이 유리하게 변동할 가능성이 있기 때문이다. 옵션의 만기까지 남은 기간 동안에 기초자산의 가격이 유리하게 변동할 가능성에 의한 가치를 옵션의 시간가치(time value)라 한다. 옵션의 시간가치(time value)란 옵션프리미엄 중 행사가치를 초과하는 부분을 가리킨다.

$$옵션의\ 시간가치 = 옵션프리미엄 - 행사가치$$

콜옵션과 풋옵션의 시간가치는 다음과 같다.

콜옵션의 시간가치 = 옵션프리미엄 − [기초자산가격(S) − 권리행사가격(X)]
풋옵션의 시간가치 = 옵션프리미엄 − [권리행사가격(X) − 기초자산가격(S)]

옵션매입자에게는 옵션을 통해 얻을 수 있는 이득과 회피할 수 있는 위험에 대한 기대값이 바로 시간가치이다. 반면 옵션매도자에게는 옵션매도를 통해서 얻을 수 있는 이득보다 손실이 더 클 수 있는 위험에 대한 대가가 시간가치이다. 시간가치는 잔존기간에 대한 가치이므로 옵션 만기일에 가까워질수록 감소한다. 그리고 옵션 만기일에 가까워질수록, 옵션프미리엄은 행사가치 또는 0에 접근해 간다.

옵션의 시간가치는 음(−)이 될 수 있을까? 옵션의 시간가치는 옵션의 만기일에 이득을 얻을 확률에 대한 기대값이기 때문에, 장래에 행사가치가 0이 될 가능성이 클수록 시간가치는 높아진다. 따라서 현재시점에서는 행사가치가 없는 외가격(OTM)옵션도 옵션 만기일까지는 행사가치가 0보다 커져서 이득이 발생할 가능성이 남아있기 때문에 시간가치는 0보다 크다. 그러나 시간가치는 옵션 만기일까지의 잔존기간, 기초자산의 가격변동성 등 다양한 요인에 의해 영향을 받기 때문에 그 값을 정확하게 측정하기란 매우 어렵다. 단지 시간가치는 기초자산 가격(S)이 권리 행사가격(X)에서 멀어질수록 체감하지만, 0이나 음(−)이 되지는 않는다.

2. 옵션가격의 결정요인

다른 상품과 마찬가지로 옵션도 시장에서의 수요와 공급에 의해 가격이 결정된다. 주식을 기초자산으로 하는 옵션의 가치에 영향을 미치는 요인으로는 주식의 현재가치, 행사가격, 만기, 주가의 변동성, 무위험이자율, 옵션의 만기일까지 예상되는 배당금 등 여섯 가지 요인이 있다. 유로피언 옵션을 기초로 이를 구체적으로 설명하면 다음과 같다.

가. 콜옵션의 가격결정요인

첫째, 다른 조건이 모두 동일한 경우 현재의 주가가 높을수록 콜옵션의 가격은 상승한다. 왜냐하면 현재의 주가가 높을수록 만기일의 주가가 행사가격보다 높을 것으로 기대할 수 있고, 주가가 높을수록 콜옵션을 행사하여 얻게 될 이득이 커지기 때문이다.

둘째, 행사가격이 낮을수록 콜옵션의 가격은 상승한다. 왜냐하면 행사가격이 낮을수록 콜옵션의 행사로부터 얻게 될 이득이 커지기 때문이다.

셋째, 만기일까지의 기간이 콜옵션가격에 미치는 영향은 단정적으로 말할 수 없다. 만기일이 길어질수록 행사가격의 현재가치가 작아지므로 콜옵션가격이 상승하고, 미래주가의 변동가능성이 커지므로 콜옵션가격이 상승할 수도 있다. 그러나 유럽형 콜옵션은 만기일까지의 기간이 길다고 해서 반드시 옵션의 가치가 증가한다고 할 수 없다. 그 이유는 만기가 긴 옵션의 소유자는 오직 만기일에만 권리를 행사할 수 있으므로 만기가 짧은 옵션의 소유자가 가질 수 있는 모든 권리행사[2]에 대한 기회를 갖지 못하기 때문이다. 다만 미국형 콜옵션의 가격은 만기가 길수록 높게 평가된다. 왜냐하면 만기일까지의 기간이 길수록 콜옵션 매입자는 보다 많은 옵션행사의 재량권을 갖게 되기 때문이다.

넷째, 주가의 변동성이 클수록 콜옵션의 가격은 상승한다. 주가의 변동성이 크다는 것은 주가가 크게 상승하거나 크게 하락한다는 것을 의미하므로, 만기일의 주가가 행사가격보다 높으면 콜옵션의 이득은 그만큼 커지고, 반대로 낮으면 옵션을 행사하지 않으면 되기 때문이다.

다섯째, 무위험이자율이 커지면 콜옵션의 가격은 상승한다. 무위험이자율이 커지면 행사가격의 현재가치가 작아지므로 실질적인 행사가격의 인하효과를 가져와 콜옵션의 이득을 증가시키기 때문이다.

여섯째, 배당이 주어지면 이에 따른 조정으로서 배당락이 일어나게 되므로 주가가 하락한 것과 동일한 효과가 나타나 콜옵션의 가격은 하락한다.

나. 풋옵션의 가격결정요인

첫째, 다른 조건이 모두 동일한 경우 현재의 주가가 낮을수록 풋옵션의 가격은 상승한다. 왜냐하면 현재의 주가가 낮을수록 만기일의 주가가 행사가격보다 낮을 것으로 기대할 수 있고, 주가가 낮을수록 풋옵션을 행사하여 얻게 될 이득이 커지기 때문이다.

둘째, 행사가격이 높을수록 풋옵션의 가격은 상승한다. 왜냐하면 행사가격이 높을수록 풋옵션을 행사하여 얻게 될 이득이 커지기 때문이다.

셋째, 만기일까지의 기간이 풋옵션가격에 미치는 영향도 콜옵션의 경우와 같이 단정적으로 말할 수 없다. 만기일이 길어질수록 행사가격의 현재가치가 작아지므로 풋옵션가격이 하락한다. 그러나 한편으로는 만기일이 길면 길수록 미래주가의 변동가능성이 커지므로 풋

2) 예를 들어 다른 조건은 동일하고 만기일까지의 기간이 각각 4주 후와 8주 후인 유럽형 콜옵션을 비교하여 보자. 만약에 6주 후에 상당액의 배당금이 지급된다면 배당금은 주가를 하락 시키므로 만기가 4주 후인 옵션의 가치가 만기가 8주 후인 옵션의 가치보다 클 수가 있다.

옵션가격이 상승할 수도 있다. 다만 미국형 풋옵션의 가격은 콜옵션의 경우와 같은 이유로 만기가 길수록 높게 평가된다.

넷째, 주가의 변동성이 커질수록 풋옵션가격은 상승한다. 주가의 변동성이 크다는 것은 주가가 크게 상승하거나 하락한다는 것을 의미하므로, 만기일의 주가가 행사가격보다 낮으면 풋옵션의 이득은 그만큼 커지고, 반대로 높으면 옵션을 행사하지 않으면 된다.

다섯째, 무위험이자율이 커질수록 풋옵션가격은 하락한다. 무위험이자율이 커지면 행사가격의 현재가치가 작아지므로 실질적인 행사가격의 인하효과를 가져와 풋옵션의 이득을 감소시키는 효과를 가져 오기 때문이다.

여섯째, 배당이 주어지면 이에 따른 조정으로서 배당락이 일어나게 되므로 주가가 하락한 것과 동일한 효과가 나타나 풋옵션의 가격은 상승한다.

지금까지 설명한 콜옵션 및 풋옵션의 가격과 가격결정요인들의 관계를 요약하면 <표 10-3>과 같다.

<표 10-3> 유럽형 옵션가격과 가격결정요인의 관계

가격결정요인	콜옵션가격	풋옵션가격
주식가격(S)	+	−
행사가격(X)	−	+
만기일까지의 기간(T)	?*	?*
주가의 변동성(σ^2)	+	+
무위험이자율(R_f)	+	−
배 당(D)	−	+

* 미국형 옵션의 경우 옵션을 미리 행사할 수 있으므로 만기일까지의 기간은 옵션가격과 정(+)의 관계를 갖는다.

한편 옵션의 가격은 위에서 설명한 다섯 가지와 기본적인 요인 이외에도 기초자산의 또 다른 특성이라든가 법적 · 제도적 요인에 의하여 영향을 받을 수 있다. 예를 들어 기초주식가격의 기대성장률이라든가, 투자자들의 위험에 대한 태도, 세금 등은 옵션의 가격결정에 어느 정도 영향을 미칠 수 있는 요인들이다. 그러나 이들이 옵션가격의 직접적인 결정요인은 아니므로 독립된 결정변수로 볼 수는 없다.

3. 옵션을 이용한 투자전략

옵션을 이용할 경우 투자방법은 매우 다양해진다. 즉, 옵션을 기초자산이나 다른 옵션과 결합하여 투자하면 투자자가 원하는 형태의 이익을 실현할 수 있는 다양한 금융상품을 창출할 수 있다. 옵션을 이용한 투자전략에는 하나의 주식이나 옵션에 투자하는 기본포지션, 주식과 옵션을 결합하여 투자하는 헤지포지션, 그리고 옵션과 옵션을 결합하여 투자하는 스프레드와 콤비네이션 포지션 등이 있다. 기본포지션 또는 순수포지션(naked position, uncovered position)에 대해서는 앞에서 어느 정도 설명이 되었으므로, 여기서는 유럽형 옵션을 기준으로 위험을 헤지시키는 가장 기초적인 옵션거래전략인 헤지포지션전략에 초점을 맞추어 설명하고자 한다.

헤지포지션(hedge position)이란 주식과 옵션을 결합하여 주식에서 발생할 수 있는 손실(이익)을 옵션의 이익(손실)으로 보전(상쇄)하는 전략을 말한다. 이 때 주식에서 발생하는 손실(이익)의 크기와 옵션에서 발생하는 이익(손실)의 크기가 동일한 경우를 완전헤지라하고 그렇지 않은 경우에는 부분헤지라 한다. 대표적 헤지전략에는 커버드 콜전략과 방어적 풋전략이 있다.

가. 커버드 콜전략

커버드 콜전략(covered call)은 방비콜전략이라고도 하는데 주식을 1주 매입하고 동시에 그 주식에 대한 콜옵션을 1개 매도하는 포트폴리오를 이용한 헤지전략이다. 여기서 '커버드(covered)'란 의미는 콜옵션 발행자는 콜옵션 매입자의 요구가 있을 때에는 기초주식을 인노해야 하는 의무를 부남하는데 이러한 주식매도 의무가 보유주식에 의해서 커버될 수 있음을 의미한다. 이 전략은 주가가 옵션의 행사가격 이상으로 상승하는 경우에는 일정액의 투자이득을 실현하도록 하고, 주가하락시에는 손실의 폭을 줄여 준다.

주식 1주를 매수하는 주식매수포지션(long stock)은 주식매수($+S$)에 대하여 주가 등락만큼 이득 또는 손실이 발생한다. 따라서 주식매수포지션의 손익구조[3]는 매수가격을 통과하는 기울기가 +1인 직선으로 나타난다. 이를 그림으로 표시하면 <그림 10-3>의 ①과 같다.

또한 콜매도포지션(short call)도 그림으로 나타내면 <그림 10-3>의 ②와 같다. 따라서 주식을 1주 매입하고 동시에 그 주식에 대한 콜옵션을 1개 매도하는 커버드 콜전략을 그림으로 나타내면 <그림 10-3>의 ③과 같다.

커버드 콜의 포트폴리오가치는 주식가치에서 콜의 매도가치를 결합한 것과 같으므로 주식가격(S_T)이 행사가격(X) 이상이 되면 행사가격 수준의 일정한 가치를 유지하게 되며,

3) 주식 1주를 대주하여 매도하는 주식매도포지션(short stock)은 공매도($-S$)에 대하여는 주가 등락만큼 손실 또는 이득이 발생한다. 따라서 주식매도포지션의 손익구조는 매도가격을 통과하고 기울기가 -1인 직선으로 나타난다.

만약 주식가격(S_T)이 행사가격(X)보다 낮아지면 낮아진 주가수준의 가치를 지니게 된다.

커버드 콜전략은 콜매도, 주식매입 각각의 기본포지션에 따른 손실을 헤지시켜 줄 뿐만 아니라 기관투자자들이 일정한 수준의 목표매도가격을 설정해 놓고 자산을 운용하는 경우 많이 이용된다. 투자자는 주식의 매도가격을 옵션의 행사가격 수준으로 고정시키고 콜옵션 발행에 따른 프리미엄을 획득할 수 있다.

그림 10-3 커버드콜전략의 이득패턴

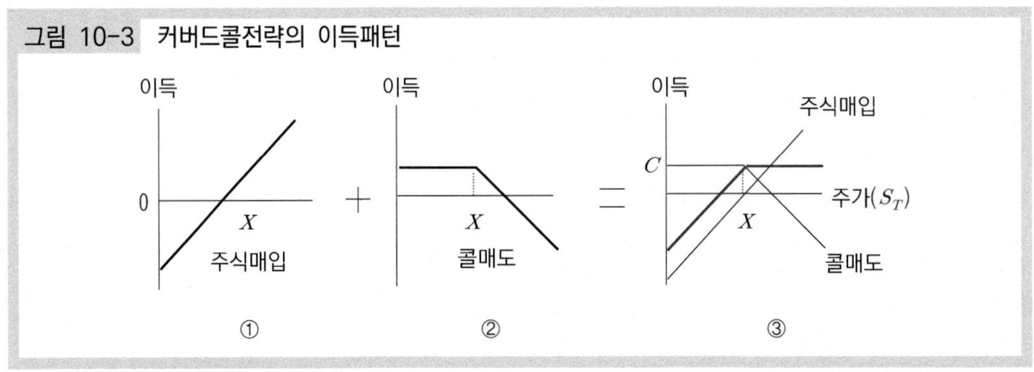

나. 방어적 풋전략

방어적 풋전략(protective put) 또는 보호적 풋전략은 주식 1주와 주식에 대한 풋옵션 1개를 결합한 포트폴리오를 이용한 헤지전략이다. 주식투자시의 최대손실은 주가하락으로 인하여 투자원금을 모두 잃게 되는 경우에 발생한다. 방어적 풋전략은 주가가 하락할 경우 일정수준 이상의 손실을 보지 않도록 하고, 주가가 상승할 경우 주가상승만큼 이득을 얻게 하는 투자전략이다. 즉, 이 전략은 주가가 옵션의 행사가격 이하로 하락할 경우 투자자가 입게 될 손실을 풋옵션 행사에 따른 이득으로 상쇄시켜 주며, 주가상승에 따른 이득은 그대로 실현될 수 있게 해준다.

주식매수포지션의 손익구조는 <그림 10-4>의 ①과 같고, 풋매입포지션(long put)도 그림으로 나타내면 <그림 10-4>의 ②와 같으므로 주식 1주와 주식에 대한 풋옵션 1개를 결합한 방어적 풋 전략을 그림으로 나타내면 <그림 10-4>의 ③과 같다.

방어적 풋전략을 이용하면 주가가 하락하는 상황($S_T < X$인 경우)에서도 손실을 일정수준으로 고정시키고, 주가가 상승하는 상황($S_T > X$인 경우)에서는 주가의 상승분만큼 이득이 증가하게 된다. <그림 10-4>에서 볼 수 있는 바와 같이, 주가가 하락하는 상황에서도 행사가격 수준의 일정한 이익이 항상 확보될 수 있어 손실을 일정수준으로 제한하는 보험

효과를 가지고 있다. 이는 주가가 하락할 경우에도 시장가격보다 높은 행사가격으로 팔 수 있는 풋옵션의 권리행사를 통해 투자이득이 얻어지기 때문이다. 이러한 측면에서 방어적 풋전략은 포트폴리오 보험(portfolio insurance)의 기능을 제공해 준다.

그림 10-4 방어적 풋전략의 이득패턴

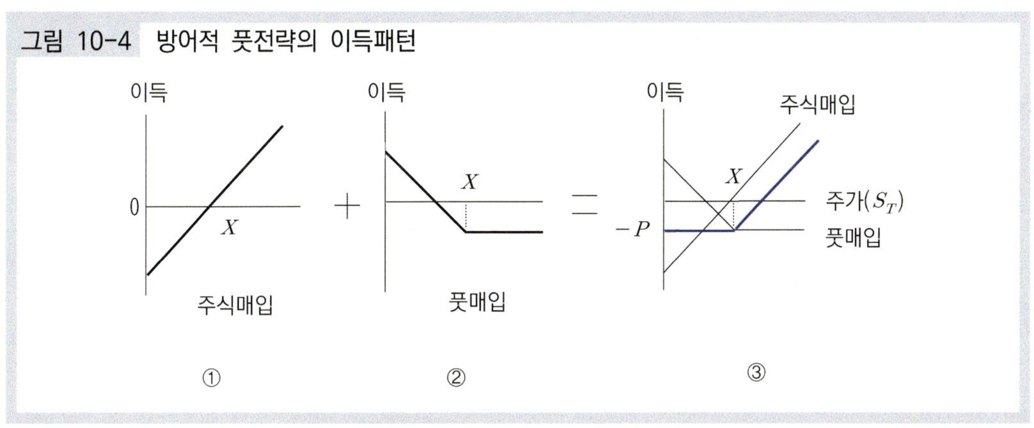

다. 기타전략

스프레드(spread)전략은 동일한 기초자산에 대해서 발행된 동일한 종류의 옵션 중에서 행사가격이나 만기가 서로 다른 옵션을 2개 이상 결합하는 전략이다. 즉, 스프레드란 동일 주식을 기초자산으로 하지만 행사가격이 서로 다른 2개의 콜옵션(풋옵션)을 결합하거나, 또는 만기가 서로 다른 2개 이상의 콜옵션(풋옵션)을 결합하는 것을 말한다. 이 경우 동종 옵션을 이용하기 때문에, 하나의 옵션을 매입하면 만기일이나 행사가격이 다른 동종의 옵션을 매도해야 하며, 반대로 하나의 옵션을 매도하면 반드시 동종의 옵션을 매입해야 한다.

스프레드에는 수직스프레드(vertical spread)와 수평스프레드(horizontal spread)가 있다. 수직스프레드는 하나의 옵션을 매입하고 동시에 그 옵션과 만기일은 같지만 행사가격이 다른 옵션을 매도하는 전략이고, 수평스프레드는 반대로 하나의 옵션을 매입하고 동시에 그 옵션과 행사가격은 같으나 만기일이 다른 옵션을 매도하는 전략이다.

또한 스프레드는 강세스프레드와 약세스프레드로 구분된다. 강세스프레드(bull spread)는 투자자들이 가장 많이 이용하는 스프레드 중의 하나로, 행사가격이 낮은 옵션을 매입하고 행사가격이 높은 옵션을 매도하는 전략이다. 강세스프레드는 주가가 상승하는 강세시장에서 이득을 얻을 수 있는 전략이다. 주가가 상승할 때 강세스프레드 전략을 이용하는 것처럼 주가의 하락이 예상되면 투자자들은 약세스프레드(bear spread) 포지션을 취하게 된다.

약세스프레드는 행사가격이 낮은 옵션을 매도하고, 행사가격이 높은 옵션을 매입하는 전략으로 주가가 하락하는 약세시장에서 이득을 얻을 수 있는 전략이다.

콤비네이션(combination)이란 동일한 주식에 대해 발행된 콜옵션과 풋옵션을 동시에 매입 또는 매도하는 투자전략을 말한다. 스프레드는 행사가격이나 만기일만 다른 동일한 종류의 옵션으로 구성되지만, 콤비네이션은 행사가격과 만기일이 동일한 서로 다른 종류의 옵션으로 구성된다. 따라서 콤비네이션에서는 두 옵션의 매매방향이 같다. 콤비네이션에는 스트래들(straddle), 스트립(strip), 스트랩(strap) 등이 있다. 스트래들은 만기일과 행사가격이 같은 콜옵션과 풋옵션을 동시에 매입하거나 매도하는 것이다. 스트립은 만기와 행사가격이 같은 1개의 콜과 2개의 풋을 매입하여 만들며, 스트랩은 만기와 행사가격이 같은 콜옵션 2개와 풋옵션 1개를 매입하여 만든다.

Section 4 | 우리나라의 옵션시장

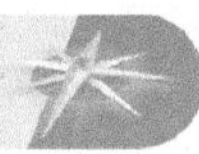

1. 코스피200 옵션과 미니코스피200 옵션

코스피200 옵션은 유가증권 상장주식 200개 종목의 시가총액을 기준으로 산출된 코스피200지수를 기초자산으로 하는 우리나라 대표적인 옵션상품이다. 미니코스피200 옵션은 코스피200옵션과 동일하게 우리나라 대표 주가지수인 코스피200지수를 기초자산으로 하나, 1계약금액을 1/5로 축소함으로써 소액투자자들에게 옵션투자 기회를 제공하기 위해 도입되었다. 코스피200 옵션과 미니코스피200 옵션의 매매제도를 요약하면 <표 10-4>와 같다.

<표 10-4> 코스피200 옵션과 미니코스피200 옵션의 매매제도

구 분	코스피200옵션	미니코스피200옵션
기초자산	코스피200지수	
거래단위	코스피200옵션가격 × 25만(거래승수)	코스피200옵션가격 × 5만(거래승수)
결제월	매월	
상장결제월	11개 결제월	연속 6개월

구 분	코스피200옵션	미니코스피200옵션
행사가격의 설정	• 신규 결제월 상장시 행사가격 설정방법 ① 비분기월 및 3월, 9월물 : ATM, ATM±120포인트 범위 및 5포인트 간격 ② 6월 및 12월물 : ATM, ATM±120 포인트 범위 및 10포인트 간격 • 지수 변동에 따라 항상 ATM 기준으로 아래 행사가격 범위 이내에서 해당 간격이 유지되도록 추가 설정 ① 최근 3개 근월물(3개월 이내) : ATM±80포인트 및 2.5포인트 간격 ② 제 4~8근월물(1년 이내) : ATM±120 포인트 및 5포인트 간격 ③ 최종결제월이 가장 나중에 도래하는 3개 월물(3년 이내) : ATM±120 포인트 및 10포인트 간격	• 각 결제월의 최초 상장시 행사가격 설정 방법: 2.5포인트 간격으로 ATM 1개, ITM 12개, OTM 12개 • 지수 변동에 따라 항상 ATM 기준으로 아래 행사가격 범위 이내에서 해당 간격이 유지되도록 추가 설정 ① 최근 3개 근월물(3개월 이내) : ATM±80포인트 및 2.5포인트 간격 ② 제 4~6근월물(6개월 이내) : ATM±80 포인트 및 5포인트 간격
가격의 표시	프리미엄(포인트)	
호가가격단위	프리미엄 10 미만 : 0.01 포인트 프리미엄 10 이상 : 0.05 포인트	프리미엄 3 미만 : 0.01 포인트 프리미엄 3 이상 ~ 10 미만 : 0.02 포인트 프리미엄 10 이상 : 0.05 포인트
최소가격 변동금액	프리미엄 10 미만 : 2.500원(25만원 × 0.01) 프리미엄 10 이상 : 12,500원(25만원 × 0.05)	프리미엄 3 미만 : 500원(5만원 × 0.01) 프리미엄 3 이상 ~ 10 미만 : 1,000원(5만원 × 0.02) 프리미엄 10 이상 : 2,500원(5만원 × 0.05)
거래시간	09:00 ~ 15:45(최종거래일 09:00 ~ 15:20)	
최종거래일	각 결제월의 두 번째 목요일(공휴일인 경우 순차적으로 앞당김)	
최종결제일	최종거래일 + 1일	
권리행사	최종거래일에만 가능(European 형)	
결제방법	현금결제	
가격제한폭	± 8% ~ ± 20%	

가. 매매거래대상

코스피200 옵션은 코스피200 지수를 기초자산으로 하는 상품이다. 선물 · 옵션 신규투자자는 사전교육과 모의투자를 이수하고 기본예탁금을 납부하여야 한다.

코스피200 옵션의 거래종목은 총 11개이다. 예를 들어 2018년 7월 30일 현재 상장 종목은 2018년 8월물, 2018년 9월물, 2018년 10월물, 2018년 11월물, 2018년 12월물, 2019년 1월물, 2019년 3월물, 2019년 6월물, 2019년 12월물, 2020년 6월물, 2020년 12월물이 거래된다. 한편, 미니코스피200 옵션의 거래종목은 매월 연속 6개월이므로, 2018년 8월물, 9월물, 10월물, 11월물, 12월물, 그리고 2019년 1월물이 거래된다.

최초로 상장되는 코스피200 옵션의 행사가격은 결제월에 따라 등가격(ATM), 내가격(ITM), 외가격(OTM)의 개수를 정하여 설정하고, 코스피200의 변동에 따라 ATM 기준으로 행사가격 수가 일정하게 유지되도록 추가 설정한다.

나. 매매거래기준

주가지수 옵션거래는 선물과 마찬가지로 거래대상지수에다 일정한 승수(mulitiplier)를 곱한 금액을 거래단위로 하여 현금정산을 한다. 현재 거래소에서는 코스피200 옵션거래를 위한 승수를 25만원으로 정하고 있다. 즉, 코스피200 옵션은 지수 1포인트 당 250,000원을 곱한 금액을 1계약단위로 한다.

예를 들어, 행사가격이 105.0포인트인 콜옵션을 1.65포인트에 1계약을 매입한다면 투자금액은 1.65 × 250,000원 = 412,500원이 된다. 만약 코스피200이 105.66포인트로 상승한다면 콜옵션을 행사하여 1계약 당 0.66포인트(= 105.66 − 105.0), 금액으로는 1계약 당 165,000원(0.66 × 250,000원)의 이익을 얻을 수 있다. 그러나 콜옵션 매입대금 412,500원을 고려하면 거래수수료와 이자비용 이외에도 옵션투자에서 247,500원(= 165,000 − 412,500)의 손실이 발생할 것이다. 지금 권리를 행사하면 손실이 발생하는 이러한 콜옵션을 매입하는 이유는 남은 만기일까지 코스피200이 1.65포인트 이상 상승할 것이라고 기대하기 때문이다.

옵션거래에서는 매도자에게만 결제이행의 의무가 있어 매입자에게는 증거금을 부과할 필요가 없고 매도자에게 권리행사에 수반되는 결제이행을 보장하기 위해 증거금을 부과한다.

다. 옵션거래 용어

일반적으로 옵션거래에서는 다음과 같은 용어들이 사용된다.

- 이론가 : 기초자산 가격, 행사가격, 변동성, 잔존일수, 금리 등 5가지 변수를 이용하여 블랙/숄즈(Black-Scholes)모형이나 이항옵션모형을 이용하여 산출된 가격
- 델타 : 기초자산 가격 한 단위 변동에 대한 옵션가치의 변동비율
- 감마 : 기초자산 가격 한 단위 변동에 대한 옵션 델타의 변동비율
- 세타 : 잔존일수 1일 경과에 대한 옵션가치의 변동비율

- 로 : 이자율 1% 변동에 대한 옵션가치의 변동비율
- 베가 : 변동성 1% 변동에 대한 옵션가치의 변동비율
- 내재변동성 : 블랙/숄즈의 옵션가격결정모델에서 산출된 이론가격이 옵션의 시장가격과 같아지도록 하는 변동성의 값

2. 코스닥150 옵션

코스닥150 옵션은 코스닥지수의 흐름을 잘 따라가도록 시장대표성, 섹터대표성, 유동성 등의 기준으로 선정된 150개 종목으로 구성된 코스닥150지수를 기초자산으로 하는 상품이다. 코스닥시장 활성화를 위해 2018년 3월 26일에 신규 상장되었으며, 코스닥150 옵션의 매매제도를 요약하면 <표 10-5>와 같다.

<표 10-5> 코스닥150 옵션의 매매제도

기초자산	코스닥150지수
거래단위	코스닥150지수 × 1만(거래승수)
결제월	매월
상장결제월	비분기월 2개 및 분기월 4개
행사가격의 설정	• 각 결제월 거래개시일의 행사가격 설정방법 : 25포인트 간격으로 ATM 1개, ITM 8개, OTM 8개 • 지수 변동에 따라 항상 ATM 기준으로 상하 8개씩 유지되도록 추가 설정: ATM 상하로 각 8개가 유지되도록 설정(25포인트 간격) • 최종거래일 도래로 신규결제월 상장 시 결제월 순서에 따라 상기와 같이 행사가격 추가 설정
가격의 표시	프리미엄(포인트)
호가가격단위	프리미엄 50 미만 : 0.1 포인트 프리미엄 50 이상 : 0.5 포인트
최소가격 변동금액	프리미엄 50 미만 : 1.000원(1만원 × 0.1) 프리미엄 50 이상 : 5,000원(1만원 × 0.5)
거래시간	09:00 ~ 15:45(최종거래일 09:00 ~ 15:20)
최종거래일	각 결제월의 두 번째 목요일(공휴일인 경우 순차적으로 앞당김)
최종결제일	최종거래일 +1일
권리행사	최종거래일에만 가능(European 형)
결제방법	현금결제
가격제한폭	± 8% ~ ± 20%

3. 개별주식옵션

개별주식옵션시장의 개설 목적은 우량 개별주식에 대한 위험헤지의 수단을 제공하고, 개별주식과의 헤지거래와 차익거래 및 권리행사를 통한 주식시장의 유동성을 높이며, 투자수단을 다양화하여 효율적인 자금운용의 기회를 확대하는 데 있다. 주식옵션의 거래대상 종목은 유가증권시장에 상장되어 있고 유통주식수가 200만주 이상, 소액주주수가 2,000명 이상, 1년간 총거래대금이 5,000억원 이상인 보통주식 중에서 시가총액과 재무상태 등을 감안하여 선정한 기업이 발행한 보통주식으로 선정된다. 개별주식옵션의 매매제도를 요약하면 <표 10-6>과 같다.

<표 10-6> 개별주식옵션의 매매제도

기초자산	42개 주식(2023.6.30. 현재)
거래단위	주식옵션가격 × 10(거래승수)
결제월	비분기월 2개, 분기월 4개
상장결제월	1년 이내의 6개 결제월
행사가격의 설정	행사가격의 수 : 9개 행사가격의 간격 : 권리행사간격의 수준 및 잔존만기에 따라 달리 적용
가격의 표시	프리미엄(원화)
호가가격단위	**옵션가격** / **호가가격단위** ① 1,000원 미만 / 10원 ② 1,000원 이상 - 2,000원 미만 / 20원 ③ 2,000원 이상 - 5,000원 미만 / 50원 ④ 5,000원 이상 - 10,000원 미만 / 100원 ⑤ 10,000원 이상 / 200원
거래시간	09:00 ~ 15:45(최종거래일 09:00 ~ 15:20)
최종거래일	각 결제월의 두 번째 목요일(공휴일인 경우 순차적으로 앞당김)
최종결제일	최종거래일 +1일
권리행사	최종거래일에만 가능(European 형)
결제방법	현금결제
가격제한폭	± 10% ~ ± 30%

3. 미국달러옵션

미국달러옵션이란 미리 정한 환율로 최종거래일에 달러화를 매수 또는 매도할 수 있는 권리를 매매하는 계약이다. 이때 미리 정한 환율이 행사가격이 된다. 미국달러옵션의 매매제도를 요약하면 <표 10-7>과 같다.

<표 10-7> 미국달러옵션의 매매제도

기초자산	미국달러화(USD)
거래단위	US $10,000
결제월	분기월 2개, 기타 월 2개
상장결제월	6개월 이내의 4개 결제월
행사가격의 설정	ATM을 기준으로 10원 간격으로 상하 각 3개(총 7개)
가격의 표시	프리미엄(원화)
호가가격단위	0.10원
최소가격변동금액	1,000원 (10,000 × 0.10원)
거래시간	09:00 ~ 15:45 (최종거래일 09:00 ~ 15:30)
최종거래일	결제월의 세 번째 월요일
최종결제일	최종거래일 +1일
권리행사	최종거래일에만 행사가능(European 형)
결제방법	현금결제
가격제한폭	±4.5%

Section 5 | 주식워런트

1. ELW의 개념

주식워런트증권(equity linked warrant: ELW)이란 특정 주가 또는 주가지수의 변동과 연계해 미리 정해진 방법으로 만기시 특정 주식을 사거나 팔 수 있는 일종의 옵션형 권리가 부여된 증서(워런트)를 말한다. 예를 들어 투자자가 만기 시 주식을 60만원에 살 수 있는 ELW를 1만원의 프리미엄을 지불하고 매입하였다면 만기 시 주가가 61만원을 넘을 경우 권리(콜옵션)를 행사해 차익을 실현할 수 있다. 반대로 만기에 주가가 행사가격 밑으로 떨어지면 권리를 포기할 것이므로 1만원을 손해 보게 된다. ELW투자는 직접투자와 비교할 때 투자 위험성을 줄이면서도 이익은 확장할 수 있다는 장점을 갖는다.

ELW는 주식옵션과 비슷한 개념이지만 차이가 있다. 주식옵션에서는 기초자산인 투자가능한 종목 수가 제한되어 있는 반면, ELW에서는 기초자산이 KOSPI 100을 구성하는 종목과 KOSPI 200 주가지수이기 때문에 다양한 투자가 가능하다.

ELW가 주식옵션과 또 다른 차이점은 발행주체가 증권사라는 것이다. 증권회사가 공모를 거쳐 ELW를 거래소에 상장하면 ELW는 주식처럼 거래가 이루어지며, 유럽형으로 만기시 최종 보유자가 권리를 행사하게 된다. 만기 등이 표준화되어 있는 개별주식옵션과 달리 장외상품이 상장되는 형태라 투자자들의 요구에 맞게 발행사의 설계에 따라 다양한 구조로 발행될 수 있으며, 결제이행에 따른 위험은 발행사가 지게 된다. ELW는 현금결제방식으로 운용되며, 만기시 행사가치가 있는 ELW는 투자자가 별도로 권리행사를 청구하지 않아도 자동적으로 결제가 이행된다.

예 제

현대자동차 주가가 72,000원이다. 현대자동차 주식을 1년 후 8만원에 매수할 수 있는 권리인 ELW의 프리미엄은 5,000원이다.

① 1년 후 주가가 9만원이 되었다면, 현대자동차 주식을 매입한 경우 투자수익률은 얼마인가?

② 1년 후 주가가 9만원이 되었다면, ELW를 매입한 경우 투자수익률은 얼마인가?

③ 1년 후 주가가 7만원이 되었다면, ELW를 매입한 경우 투자손실은 얼마인가?

④ 직접 해당 주식을 투자하는 대신 ELW에 투자하는 경우의 장점은 무엇인가?

풀 이

① 투자수익률 = (90,000 - 72,000) / 72,000 = 0.25 (25.0%)

② 투자수익률 = (90,000 - 80,000 - 5,000) / 5,000 = 1 (100.0%)

③ 매수할 수 있는 권리를 행사하는 경우 추가손실이 발생하므로 권리를 행사하지 않음으로써 프리미엄 지급액 5,000원으로 손실을 한정시킨다.

④ ELW 투자의 경우가 주식투자보다 적은 투자금액으로 더 큰 이익을 거두는 레버리지효과가 있음을 알 수 있다.

2. ELW의 특징

ELW는 다음과 같은 특징을 가지고 있다.

- **새로운 투자대상 :** 레버리지 효과로 실물자산에 대한 직접투자보다 적은 금액으로 큰 투자수익이 가능한 다양한 상품설계가 가능하다.
- **한정된 투자위험 :** 투자자는 매수 포지션만 가능하므로 손실은 주식워런트 가격(프리미엄)으로 한정시킬 수 있고, 수익은 무한대로 확대시킬 수 있다.
- **시장상황과 무관한 새로운 투자수단 :** 활황장세든 침체장세이든 시장 상황과 무관하게 투자 기회가 존재한다.
- **높은 유동성 :** 거래소 시장에 상장되며, 유동성공급자(Liquidity Provider)에 의한 시장조성으로 언제든지 거래가 가능하다.

ELW는 일반 주식과 달리 다음과 같은 위험을 가지고 있다.

- **상품의 복잡성 :** 상품의 손익구조가 복잡하고, 가치측정을 위한 투자지표들이 이해하기 어렵다.
- **높은 프리미엄 :** 투자자가 ELW를 구입하기 위해 지불해야 하는 금액(프리미엄)에는 만기, 행사가격, 발행자 신용도, 상장비용 등이 반영되어 있어 일반적으로 동일한 조건의 주식옵션보다 프리미엄이 높게 형성된다.
- **높은 투자위험 :** 레버리지 효과로 투자위험이 높다.
- **의결권 행사 및 배당금 수령 불가 :** 주가변동에 따른 자본이득만 존재하며, 주주로서의 의결권 행사 및 배당금 수령이 불가하다.

3. ELW의 종류

ELW는 다음과 같이 다양한 형태를 지닌다.

- **콜 워런트 :** 특정 자산을 미리 정한 가격으로 미래 일정시점(기간)에 살 수 있는 권리를 부여한 워런트.
- **풋 워런트 :** 특정 자산을 미리 정한 가격으로 미래 일정시점(기간)에 팔 수 있는 권리를 부여한 워런트.
- **Basket 워런트 :** 다양한 주식들의 'Basket' 내지 'Portfolio'를 대상으로 하여 발행되는 워런트
- **지수 워런트 :** 주가지수를 대상으로 발행하는 워런트.
- **Exotic 워런트 :** 기초자산의 변동성 축소, 손익구조 변경을 통해 프리미엄을 낮추는 등 다양한 옵션기법을 활용한 워런트.
- **Barrier 워런트 :** 일반적인 워런트의 발행조건에 특정한 가격대(Barrier level)를 설정하여 주가가 설정된 가격대에 도달하게 되었을 때, 워런트가 행사되도록 한 워런트. Capped 워런트라고도 한다.
- **Corridor 워런트 :** Barrier 워런트의 발전된 형태로 특정한 가격대를 상하로 설정 한 후, 주가가 그 범위 내에서 움직일 경우 미리 정한 금액을 지급하고, 범위를 벗어날 경우 지급하지 않는 조건으로 발행되는 워런트.
- **Installment 워런트 :** 만기까지 기초자산 가격을 일정하게 구매할 수 있는 권리를 가지고 있으며 만기이전에 지급되는 배당금을 수취할 수 있는 할부형태의 워런트.

읽을거리 옵션시장 발전과 韓시장 동향

지난 1630년대 네덜란드에서 튤립의 뿌리를 기초자산으로 하는 옵션거래가 시작됐다. 이후 1690년 영국에서 장외 주식옵션거래가, 100년 후 1790년에는 미국 뉴욕의 월스트리트에서 주식옵션이 장외 옵션시장(점두거래)의 형태로 거래되기 시작했다.

미국의 옵션시장은 옵션거래가 미국 의회법에 의해 처음으로 중지됐던 1936년 이전을 혼돈기로, 자체적으로 개발된 옵션이 전혀 거래되지 않던 1936~1973년을 암흑기로, 옵션거래가 시작된 1973~1982년을 여명기로, 1982년부터 현재까지를 부흥기로 구분한다.

1848년 4월 미국 시카고에 설립된 시카고상품거래소(CBOT)에서 1865년 이전까지 옵션거래가 있었다. 이때의 옵션거래는 실물을 기준으로 하지 않고 선도거래나 선물거래를 기준으로 행해져 투기성이 강한 거래였다. CBOT 규정에서는 옵션거래를 인정하지 않았으나 1869년 개정된 CBOT 규정에서는 '옵션거래를 인정하지 않는다'는 규정이 삭제됐다.

1936년 미국 연방정부는 상품거래소법에서 모든 옵션거래를 다시 중지했다. 이유는 당시 CBOT에서 광물상품을 중심으로 한 옵션거래가 실물거래를 수반하지 않는 투기적 거래로 성행했기 때문이다. 그러다 1973년 4월 CBOT가 옵션거래를 위한 시카고옵션거래소(CBOE)를 설립하고 그해 10월부터 32개 종목을 대상으로 장내 주식옵션거래를 시작했다. 당시 CBOT에서는 옵션거래를 할 수 없어 별도의 옵션거래소를 설립한 것이다.

1975년 1월 뉴욕의 아메리카증권거래소, 6월 필라델피아증권거래소가 주식 콜옵션 거래를 시작했다. 이어 1976년 4월에 퍼시픽증권거래소, 시카고의 미드웨스트익스체인지(1980년 CBOE에 흡수)가 주식 콜옵션을 상장했고, 1977년 6월에는 모든 거래소가 주식 풋옵션 거래를 시작했다.

1978년 상품선물거래법에서 상품선물옵션을 허용했고, 1982년 6월 뉴욕증권거래소가 주식옵션을 상장했다. 이어 같은 해 10월 CBOE가 T-Bond옵션을, 12월에는 필라델피아증권거래소가 통화옵션을, 1983년 3월에 CBOE가 스탠더드앤드푸어스(S&P)100지수옵션을 각각 상장했다.

한국에서는 1996년 7월 1일자 선물거래법 시행으로, 1996년 5월 주가지수선물시장이 개설되고,1997년 7월 코스피200지수를 대상으로 하는 주가지수옵션시장이 문을 열었다. 한국의 주가지수 옵션거래는 단일시장 거래규모로는 세계 1위까지 발전했었다.

그러다가 2012년 코스피200 옵션거래 단위를 5배 인상하는 조치에 따라 한국의 옵션거래량은 급속히 줄어들었다. 예를 들면 2011년 코스피200지수 옵션거래량은 36.7억 계약이었는데 2016년에는 3.3억 계약으로 축소됐다.

옵션시장 활성화를 위해 2017년 4월 미니코스피200옵션을 상장했다.현재 한국에서 거래되고 있는 옵션 상품으로는 코스피200지수옵션, 미니코스피200지수옵션, 개별주식옵션(대형주 30개 종목), 달러옵션 등이다. 그러나 거래부진으로 코스닥50주식옵션(2001년 12월~2007년 11월)과 3년국채선물옵션(2002년 5월~2007년 12월) 등 상장폐지된 종목도 있다.

<파이낸셜뉴스 2018.01.07.>

옵션차익거래와 프로그램 트레이딩

옵션과 옵션 또는 옵션과 선물을 결합하여 다른 종류의 옵션 또는 신물포지션이 만들어지고, 또 이를 이용한 차익거래도 가능하다. 현행 코스피200지수 선물과 옵션의 지수승수는 1계약당 50만원이어서 선물과 옵션의 결합에서 1대 1의 계약단위로 결합하면 된다.

선물 1계약을 매수하고 ATM(등가격) 풋옵션 1계약 매수를 결합하면 콜옵션 매수포지션이 되고, 선물 1계약 매도와 ATM 풋옵션 1계약 매도를 결합하면 콜옵션 매도포지션이 된다. 마찬가지로 선물 1계약을 매도하고 ATM 콜옵션 1계약을 매수하면 풋옵션 매수포지션이 되고, 선물 1계약매수와 ATM 콜옵션 1계약 매도를 결합 풋옵션 매도포지션이 된다.

동일한 행사가격의 콜옵션과 풋옵션의 1대 1로 결합하면 또 다른 합성선물포지션을 만들 수 있다. 예를 들면 콜옵션 매수와 풋옵션 매도로 합성선물 매수포지션이 생성되고, 콜옵션 매도와 풋옵션 매수로 합성선물 매도포지션이 만들어진다.

이러한 합성선물포지션과 실제의 선물이나 옵션과의 가격 차이를 이용한 무위험차익거래 이익을 추구할 수 있다. 상대적으로 저평가된 선물을 매수하고 고평가된 합성선물을 매도한 것을 컨버젼(conversion)이라하고, 상대적으로 고평가된 선물을 매도하고 저평가된 합성선물을 매수한 것을 리버셜(reversal)이라 한다.

또한 복수의 행사가격을 이용한 차익거래도 가능하다. 합성포지션의 초기 현금흐름(매도와 매수가격의 차)이 (+)인 경우와 (－인) 경우에 따라서 각각 Long Box(또는 Credit Box)와 Short Box(또는 Debit Box)로 구분한다. Box를 구성에는 합성선물 매수와 합성선물 매도를 결합하거나, 콜스프레드와 풋스프레드를 결합하는 방법이 있다. 어느 방법이나 결과는 동일하다.

우정사업본부는 보유한 현물과 선물을 이용한 차익거래를 큰 규모로 차익거래시장의 가장 큰 손이다. 현물과 선물, 선물과 옵션, 옵션과 옵션을 결합한 차익거래를 구사하고 있다. (본지 2017년 10월 29일자 참조)

큰 규모의 자금으로 옵션의 결합전략을 이용할 경우는 주로 프로그램트레이딩을 이용한다. 롱박스나 숏박스 경우 콜과 풋 조합의 조건(계약 수와 가격)이 동시에 충족되어야 한다. 만일 주문체결에서 어느 한 주문이 체결되지 못하거나 부분적으로 체결될 경우 최초의 차익거래이익은 확보되지 못하고 오히려 손실을 보는 거래위험이 발생한다. 이러한 거래위험을 제거하기 위해서 파생상품 주문 방법에 허용되고 있는 조건부 주문 방법의 하나인 FOK를 이용하면 된다. FOK(Fill or Kill)는 주문의 조합 중 어느 한 계약이라도 체결되지 못하는 경우 조합 전체 의 주문 자체가 취소되는 주문 방법이다.

이러한 옵션을 이용한 차익거래도, 알고리즘의 입력 오류로 큰 손실이 발생할 수 있다. 대표적인 것이 2013년 12월 12일 발생한 한맥투자증권의 주문사고이다. 투자자의 파생상품에 대한 이해와 위험성향, 그리고 장세 전망에 따라 무궁무진한 옵션거래전략이 가능하다.

그리고 기하학적으로 설명되는 투자결과는 포지션을 만기까지 보유했을 경우의 거래결과다. 포지션 보유 중 시장의 변하에 따라 계좌평가금액은 달라질 수 있다. 이론과 현실의 갭을 줄이는 것이 투자자의 역량이다.

<파이낸셜뉴스 2018.04.01.>

읽을거리 콜옵션에 올인했어요!

9일이다. 오전 11시를 전후로 나올 금통위의 금리발표가 참으로 기대된다. 9일이 왔다. 지수선물과 지수옵션 그리고 개별주식옵션 만기일이 겹쳐 '트리플 위칭데이(세마녀의 날)'라고 불리는 날. 최근에는 한국은행 금융통화위원회의 금리 발표까지 둘째주 목요일에 겹치면서 시장에선 '신(新)쿼드러플위칭데이' 라는 용어까지 돌고 있다.

어제 저녁 한 개인 파생투자자를 만났다. 그는 다짜고짜 "무조건 콜이야. 콜옵션 매수라고"라는 말을 건넸다. 신념에 찬 눈빛. 뭔가 신의 계시를 받은 듯 확 신에 찬 어조. 그의 논리는 이랬다.

첫째 금통위는 무조건 금리를 내린다. 내릴 수 밖에 없다. 물가불안이나 금리 역전에 따른 해외자본 유출도 다 원화 강세가 해결해 준다.

둘째 기관들 특히 인덱스펀드 자금이 9일 무조건 비차익거래를 통해서 유입된다. 지금까지 프로그램 순매수가 약했던 것은 인덱스펀드들이 더 지켜보고 있겠다는 심리가 작용했기 때문이다. 차익거래도 아니고 비차익으로 들어오기 때문에 최후의 일각까지 버티다 9일 오후 2시가 넘어서 집중될 것이다.

셋째 외국인들은 선물매수에 집중한다. 이미 외국투자자들은 콜금리 인하를 알고 있기 때문에 선물매수 포지션을 취해 놓고 기다릴 것이다. 그럴 경우 베이시스는 개선될 것이고 뜻하지 않은 차익거래 물량이 들어올 수 있다. 이제 프로그램 매수 파워는 차익, 비차익 모두에서 발휘돼 폭발적인 급등 장세를 이끈다.

주가가 한 30포인트만 뛰어주면 결제지수인 코스피200지수의 경우 4포인트 가량 오르게 된다는 것. 막상 주가가 뛰기 시작하면 콜옵션 프리미엄이 몇 십 배는 오를 것이고 이에 그 개인투자자 자신은 콜옵션에 집중하겠다는 말이었다. 선물투자를 하기엔 돈도 별로 없고 한 500만원 정도 콜옵션 외 가격에 매수를 걸어놓고 베팅을 하겠다는 말도 덧붙였다.

물론 100% 위험한 발상이다. 아니 100% 난해한(?) 가정에서 비롯된 투자전략이기 때문에 위험하다는 게 옳은 표현이다.

그러나 한편으론 씁쓸한 생각도 들었다. 그의 말 어느 한 구석에도 펀더멘털에 대한 이야기도 기업에 대한 이야기도 없었다. 아예 주식시장을 무시한 채 파생상품을 로또복권처럼 여기는 수준이다. 예상이 틀리게 되면 만기일 장 마감 후 보유하고 있는 그의 옵션(정확히는 옵션프리미엄)은 모두 휴지가 된다.

"아, 거 로또하시지 그래요. 그렇게 위험하게 할 바에야" 그러자 그는 "옵션이 로또보다 낫다"고 항변한다. 옵션시장은 제로섬 게임으로 외부로 유출되는 돈이 없지만 로또는 판돈의 50%를 발행자에게 떼어주어야 하지 않냐고.

<매일경제신문 2004.12.8.>

CHAPTER

10 연습문제

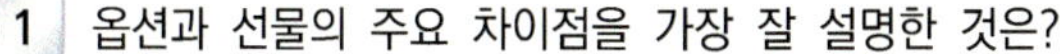

1 옵션과 선물의 주요 차이점을 가장 잘 설명한 것은?

① 선물계약은 만기일이 없으나 옵션은 만기가 있다.

② 옵션에서 거래당사자의 계약이행은 강제적이지만, 선물에서는 그렇지 않다.

③ 선물에서 거래당사자의 계약이행은 강제적이지만, 옵션에서는 그렇지 않다.

④ 옵션계약에서 실행가격은 매일 재조정되지만 선물계약에서는 재조정되지 않는다.

2 옵션에 대한 설명 중 틀린 것은?

① 옵션의 근간이 되는 이미 존재하는 증권을 기초증권이라 한다.

② 증권을 거래할 수 있도록 미리 정해진 기간을 만기라 한다.

③ 정해진 만기에 행사가격으로 팔 수 있는 권리가 부여된 증권을 콜 옵션이라 한다.

④ 미리 정해진 가격을 행사가격이라 한다.

3 옵션의 기본적 기능과 관련이 적은 것은?

① 새로운 금융상품 창조 기능

② 유동성 제고 기능 및 균형가격 형성 기능

③ 미래시장 상황에 대한 정보제공 기능

④ 투기적 거래의 조장

4 Put option을 매도한 경우 어느 상황에서 불리한가?

① 주가 상승　　② 주가하락

③ 주가 변동 없음　　④ 일정하지 않음

5 행사가격이 기초자산의 가격보다 큰 상태에서의 콜옵션을 무엇이라고 하는가?

① 내가격옵션　　② 외가격옵션

③ 등가격옵션　　④ 정가격옵션

6 (　　)계약이란 미리 약정한 가격으로 미래 미리 약정한 날짜에 미리 약정한 수량의 자산이나 상품을 매입하거나 매도해야 할 의무를 말한다. 반면에 (　　)계약이란 미리 약정한 가격으로 미래 미리 약정한 날짜에 미리 약정한 수량의 자산이나 상품을 매입하거나 매도할 수 있는 권리를 말한다. (　　)에 알맞은 말은?

① 주식, 선도 및 선물　　② 옵션, 선도 및 선물

③ 선도 및 선물, 옵션　　④ 옵션, 신주인수권

7 콜옵션의 행사가격 31,000원인 기초증권을 옵션가격 4,000원을 받고 매도하였다. 만기일 현재 주가가 32,000원인 경우 옵션을 매도한 사람의 이익은 얼마인가?

① 2,000원 ② 3,000원
③ 0원 ④ 1,000원

8 미국형 콜옵션과 옵션가격의 관계를 잘못 설명한 것은?

① 다른 조건이 모두 동일한 경우 현재의 주가가 높을수록 콜옵션의 가격은 상승한다.
② 행사가격이 낮을수록 콜옵션의 가격은 높아진다.
③ 만기일이 길수록 콜옵션의 가격은 높아진다.
④ 무위험이자율이 커지면 콜옵션의 가격은 낮아진다.

9 커버드 콜 전략에 관한 설명 중 틀린 것은?

① 콜매도, 주식매입 각각의 기본포지션에 따른 손실을 헤지시켜 준다.
② 주가가 상승할 경우 주가상승만큼 이득을 얻게 하는 투자전략이다.
③ 기관투자자들이 일정한 수준의 목표매도가격을 설정해 놓고 자산을 운용하는 경우에 많이 이용된다.
④ 투자자는 주식의 매도가격을 옵션의 행사가격 수준으로 고정시키고 콜옵션 발행에 따른 프리미엄을 획득할 수 있다.

10 주가가 하락할 경우 일정수준 이상의 손실을 보지 않도록 하고, 주가가 상승할 경우 주가상승만큼 이득을 얻게 하는 투자전략을 무엇이라고 하는가?

① 커버드 콜 전략 ② 스프레드 전략
③ 방어적 풋 전략 ④ 스트랭글 전략

11 행사가격과 만기일이 동일한 콜옵션과 풋옵션을 동시에 매입 또는 매도하는 투자전략이 아닌 것은?

① 스트립(strip) ② 스트랩(strap)
③ 스트래들(straddle) ④ 스프레드(spread)

12 우리나라 주가지수옵션 최종거래일은 언제인가?

① 매월 두번째 목요일
② 3월, 6월, 9월, 12월의 두번째 목요일
③ 6월, 12월의 두번째 목요일
④ 12월의 두번째 목요일

13 KOSPI200지수옵션거래에서 주가지수 1포인트의 가격은 얼마인가?

① 10만원 ② 20만원
③ 25만원 ④ 50만원

14 콜옵션의 시간가치를 올바르게 나타낸 것은?

① 옵션프리미엄 + [기초자산가격 - 행사가격]
② 옵션프리미엄 + [행사가격 - 기초자산가격]
③ 옵션프리미엄 - [기초자산가격 - 행사가격]
④ 옵션프리미엄 - [행사가격 - 기초자산가격]

15 쿼드러플 위칭데이와 가장 관련이 없는 것은?

① 선물 만기일
② 주가지수 옵션 만기일
③ 개별주식 옵션 만기일
④ 채권 만기일

16 무위험헤지포트폴리오를 구성하는데 필요하지 않은 투자자산은?

① 주식 매입
② 콜옵션 매도
③ 풋옵션 매입
④ 선물 매도

17 다른 모든 것이 동일할 때, 미국식옵션은 (　　)에 비해 (　　) 가치가 있다. (　　)에 각각 알맞은 말은?

① 유럽식, 더
② 유럽식, 덜
③ 아시아식, 더
④ 아시아식, 덜

18 다음 중 콜옵션의 가치를 증가시키는 것은?

① 주가
② 만기까지의 시간
③ 변동성
④ 위의 모든 것

19 기초사산 가격 한 단위 번동에 대한 옵선가치의 번동비율을 나타내는 지표는 무엇인가?

① 감마
② 델타
③ 베가
④ 세타

20 ELW의 특징과 가장 관계가 적은 것은?

① 기초자산이 되는 증권을 사거나 팔 수 있는 일종의 옵션형 워런트
② 유가증권시장에서 거래되는 펀드의 일종
③ 투자손실을 워런트 비용으로 국한시킬 수 있음
④ 직접투자와 비교할 때 투자위험은 감소되고 투자이익은 확대됨

정답

1.	③	2.	③	3.	④	4.	②	5.	②	6.	③	7.	②	8.	④	9.	②	10.	③
11.	④	12.	①	13.	③	14.	③	15.	④	16.	④	17.	①	18.	④	19.	②	20.	②

The Practice of Investments

CHAPTER 11

간접투자

주식시세를 예측하는 사람이 수천 명이나 있다면
그 중 한 사람쯤은 우연일지라도 시세를 알아맞힐 수 있다.
그 사람이 시장에서 귀신으로 떠받쳐지는 것이다.
그러나 계속해서 알아맞힐 확률은 극히 낮기 때문에
영광은 결코 오래 지속되지 않는다.

〈William Sherden〉

Section 1 | 펀드의 의의와 종류

1. 펀드의 의의

펀드[1](fund)란 투자에 사용되기 위해 모아진 자금을 의미한다. 집합투자업자(자산운용회사)가 불특정다수의 일반투자자로부터 자금을 모아 투자자를 대신하여 증권에 투자하고 그 수익을 투자자에게 배분하는 제도를 증권투자신탁(investment trust)이라고 하는데, 증권투자신탁을 이용한 간접투자를 흔히 펀드투자라고 한다.

펀드투자는 개인투자자의 직접투자와 비교하여 다음과 같은 특징을 가지고 있다.

- 펀드투자는 불특정다수의 일반투자자로부터 모집한 자금으로 기금을 형성하여 이를 공동으로 증권에 투자하는 공동투자라는 점이다.
- 투자자가 직접 투자를 관리하는 것이 아니라 전문적인 투자대행기관이 투자기금의 운용을 담당하는 간접투자방식이라는 점이다. 따라서 집합투자업자는 선량한 관리자로서 신탁자산을 관리할 책임이 있는 공익적 성격을 지니고 있으며, 수익자인 투자자들을 보호하기 위해 집합투자업자는 증권당국의 규제를 받고 있다.
- 펀드투자에서는 투자의 안전과 이익의 확보를 위해 분산투자를 원칙으로 한다는 점이다. 또한 신탁재산의 규모가 크기 때문에 분산투자에 대한 비용이 적게 든다. 그리고 펀드투자는 투자자를 위한 투자이익의 획득만을 목적으로 하며 타 회사의 지배를 투자목적으로 하지 않는다.

투자대상으로서 펀드투자가 갖는 이점은 개인투자자들이 투자자금의 영세성으로 인하여 분산투자를 행할 수 없다는 한계성을 극복해 줄뿐만 아니라 주식투자나 종목선정에 특별한 지식이나 경험이 없는 투자자들도 전문투자자에게 운용관리를 위탁함으로써 투자성과를 공유할 수 있도록 해준다는 데 있다.

그러나 펀드투자 갖고 있는 중요한 단점은 대리인문제(agency problem)[2]가 발생할 수 있다는 점이다. 집합투자업자는 수익자의 투자자금을 대리하여 관리하기 때문에, 집합투자업자 임직원의 보수가 투자성과와 연계되지 않는 한 수익자의 최선의 이익을 위하여 투자관리를 행하지 않을 수도 있고 이를 감시하는 데에는 비용이 발생할 수도 있다.

1) 펀드란 법률적 용어가 아니라 통상 사용되는 용어이다. 법률적으로 정의하면 집합투자기구란 집합투자를 수행하기 위한 기구를 말하며, 집합투자증권이란 집합투자기구에 대한 출자지분이 표시된 주식을 말한다. 그러나 통상적으로는 이 두 가지를 모두 펀드라고 부른다. 자본시장과 금융투자업에 관한 법률 제9조. 집합투자기구는 법적형태에 따라 회사형(뮤추얼펀드), 신탁형(수익증권), 조합형으로 나누어진다. 자본시장과 금융투자업에 관한 법률 제5편 제2장.

2) 대리인문제란 이해관계자집단간의 이해가 상충되는 것을 의미한다.

2. 펀드의 유형

펀드는 일반적으로 <그림 11-1>과 같이 투자대상, 투자특성, 조직형태 등에 따라 분류되지만, 그 이외에도 펀드의 특성에 따라서도 다양하게 분류된다. 한국금융투자자보호재단(www.invedu.or.kr)에서 제공하는 펀드선택을 위한 정보를 활용하면 자신에게 적합한 펀드와 우수 판매회사를 찾을 수 있다.

그림 11-1 펀드의 분류

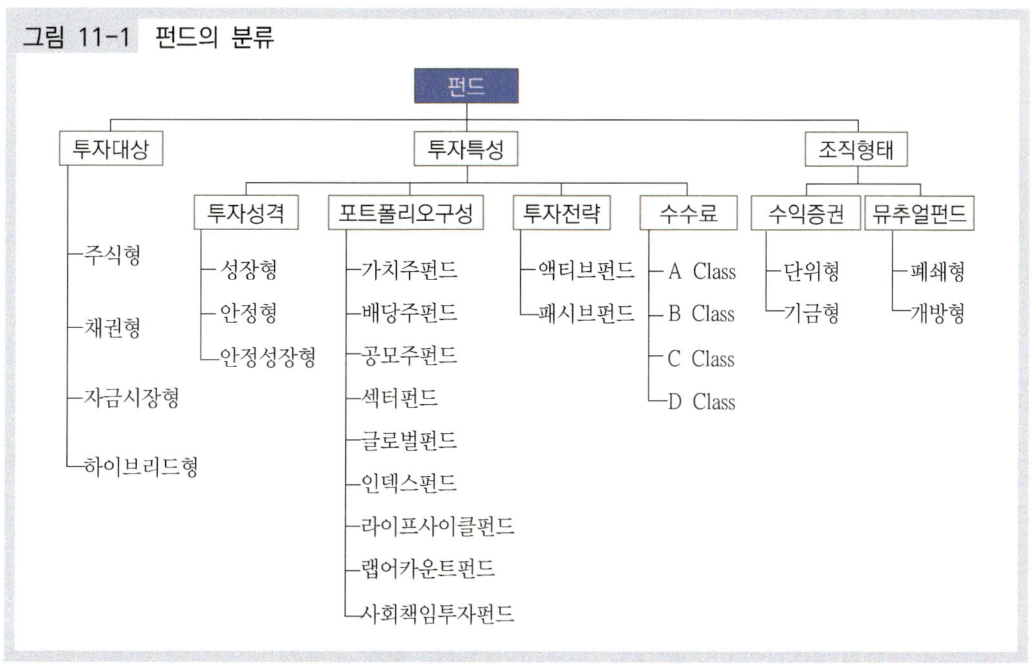

가. 투자대상에 따른 분류

주식형 펀드

주식 및 주식관련 파생상품에 신탁재산의 60% 이상을 투자하는 펀드로 높은 위험을 부담하지만 큰 수익을 얻고자 하는 고수익 추구형 투자신탁이다.

채권형 펀드

채권 및 채권관련 파생상품에 신탁재산의 60% 이상을 투자하는 투자신탁으로 투자기간에 따라 단기형, 중기형, 장기형 등으로 분류된다. 투자기간이란 중도에 현금화하기 위해 환매수수료를 부담해야 하는 기간을 말하는 것으로 단기형은 6개월 미만, 중기형은 9개월 미만, 장기형은 1년 미만에 환매할 경우 환매수수료가 부과된다.

자금시장형 펀드

자금시장형 펀드(money market fund: MMF)는 유가증권 등의 운용비율에 대한 제한이 없고, 자산을 주로 단기성자산(콜론, CP, CD 등)에 운용하는 초단기형 펀드이다. 환매수수료가 없으며 은행의 보통예금처럼 자유롭게 입출금이 가능하면서도 은행 보통예금보다 수익률이 높다. 또한 최저 가입한도나 금액에 따른 차등금리 적용을 하지 않기 때문에 소액자금운용에도 유리하다.

하이브리드형 펀드

주식과 채권에 동시에 투자하는 펀드로서 신탁재산의 주된 투자대상에 따라 주식혼합형, 채권혼합형으로 구분된다.

- **채권혼합형 펀드 :** 채권투자비율이 50% 이상인 펀드로, 주식보다 채권의 투자비중이 높아 주식형 펀드에 비해 비교적 안정적인 수익을 실현할 수 있다. 채권혼합형 펀드 중에는 목표 수익률을 달성하면 채권형으로 전환되는 전환형 펀드나, 원금손실을 제한하는 원금보전형 펀드, 공모투자혜택이 있는 CBO(collateralized bond obligation: 채권담보부증권)나 하이일드(high yield) 펀드 등 여러 종류가 있다. 이 유형의 펀드는 주요 투자대상이 채권이지만, 주식 투자로 인한 수익률 변동으로 인해 순수 채권형 펀드보다는 위험이 크기 때문에 약간의 투자위험을 감수하면서, 은행예금 이상의 수익률을 얻고자 하는 투자자에게 적합하다.
- **주식혼합형 펀드 :** 주식에 대한 최고편입비율이 50%～60%인 펀드로 주식투자비중을 자유롭게 조절할 수 있게 설계된 펀드이다. 이 유형의 펀드 또한 수익률 편차가 크므로, 손실위험을 부담하면서 고수익을 추구하는 공격형 투자자에게 적합하다.

나. 투자특성에 따른 분류

투자성격에 따른 분류[3)]

- **성장형 :** 주식편입비율이 70% 이상으로 고위험 고수익을 추구하는 펀드
- **안정형 :** 주식투자비중을 30% 이하로 낮추어 저위험 저수익을 추구하는 펀드
- **안정성장형 :** 주식편입비율을 50% 내외로 유지하는 펀드

3) 주식투자비중은 정확하게 정해진 것이 아니라 대체적인 것이다.

포트폴리오구성에 따른 분류

- **가치주펀드 :** 기업가치에 비하여 주가가 저평가된 주식에 투자하는 펀드
- **배당주펀드 :** 배당성향이 높은 주식에 투자하는 펀드
- **공모주펀드 :** 증권시장에 새로 상장하는 주식을 주로 편입하는 펀드
- **섹터펀드 :** 특정 산업이나 특정 업종에 투자하는 펀드
- **글로벌펀드 :** 전세계 주식에 분산투자하는 펀드
- **인덱스펀드 :** 수익률이 주가지수에 연동되도록 분산투자하는 펀드로서 지수펀드라고도 함.
- **라이프사이클 펀드 :** 투자자의 라이프사이클에 따라 젊을 때는 주식투자 비중을 높게 유지하다가 나이가 들어감에 따라 주식투자 비중을 줄이고 채권 등 안전자산의 투자 비중을 높여가는 펀드[4)]
- **랩어카운트형 펀드 :** 증시가 좋을 때는 주식형펀드에 투자자금을 집중시키고 증시가 나빠지면 채권형 펀드로 투자자금을 이전할 수 있도록 되어 있는 펀드
- **사회책임투자(social responsible investment: SRI)펀드 :** 담배, 도박, 포르노, 무기생산, 환경오염, 부패 등과 연관된 기업에 투자하지 않고 재생에너지 관련 및 친환경 기업에 투자하는 펀드

펀드매니저의 투자전략에 따른 분류

- **액티브 펀드(active fund) :** 펀드매니저가 주가의 등락에 따라 공격적으로 종목을 수시로 교체하여 투자하는 펀드로서 상승장에서는 저평가된 종목을 매수하여 수익을 늘리고, 하락장에서는 매도하여 주가하락으로 인한 손실을 줄이려는 펀드
- **패시브 펀드(passive fund) :** 펀드매니저의 개입을 최소화하고 수동적으로 지수 등을 따라가는 펀드

수수료 부과 방법에 따른 분류

- **A클래스 :** 판매수수료를 미리 선취하는 펀드
- **B클래스 :** 일정기간 이전에 환매하면 높은 판매수수료를 부과하는 수수료 후취형 펀드
- **C클래스 :** 선후취 수수료가 없는 펀드
- **D클래스 :** 선후취 수수료가 모두 있는 펀드

4) 연령에 따라 주식투자에 어느 정도 비중을 두어야 적정한지 나타내는 '100-나이의 법칙'이 있다. 이는 100에서 자신의 나이를 뺀 값의 비율만큼 수익성이 높은 곳에 투자하는 것이 적정하다는 법칙이다.

기타 분류

- **엄브렐러펀드(umbrella fund) :** 투자자가 시장상황에 따라 다른 펀드로 자유롭게 전환할 수 있는 펀드로서 하나의 약관아래 여러 개의 하위(sub)펀드가 있는 펀드
- **재간접펀드(fund of funds) :** 개별적으로 운용되고 있는 여러 개의 펀드에 투자한 펀드

다. 조직형태에 따른 분류

수익증권

수익증권(beneficiary certificate)이란 집합투자업자가 일반투자자로부터 자금을 모아 신탁재산을 설정하고, 그 재산을 투자자를 대신하여 전문적으로 주식, 채권 등에 분산투자하여 운용하며, 여기서 발생한 이익을 투자자에게 분배해 주기로 계약하는 증서를 말하는데, 이러한 형태의 투자신탁을 계약형 투자신탁이라고 한다.

계약형 투자신탁은 신탁기금의 추가설정 여부에 따라 단위형과 기금형으로 구분된다. 우리나라에서 공사채형 수익증권은 모두 기금형이고, 주식형 수익증권은 기금형과 단위형이 운용되고 있다.

- **단위형(unit type) :** 신탁재산을 일정규모의 단위로 고정시켜 신탁기간의 만료시까지 추가설정이 허용되지 않는 하나의 독립된 투자신탁으로 운영되는 펀드를 말한다.
- **기금형(fund type) :** 처음에 설정한 신탁재산에 자금을 추가할 수 있고, 중도에 언제라도 신규가입과 환매가 가능한 형태로 운영되는 펀드로 추가형이라고도 한다.

뮤추얼펀드

뮤추얼펀드(mutual fund)란 개인, 법인 등 투자자들로부터 주식을 발행하여 모은 자금을 전문가인 자산운용회사에게 맡겨 유가증권, 파생상품, 부동산, 특별자산 등에 투자토록 한 뒤 그 운용성과를 배당금 형태로 투자자에게 돌려주는 회사형 투자신탁이다. 펀드 자체가 주식회사로 설립되나 이는 서류상의 회사(paper company)로서 실체가 없고 실제 뮤추얼펀드의 자산운용은 자산운용전문회사가 담당하며 투자자는 회사의 주주로 참여하게 된다는 점에서 투자신탁 수익증권과 다르다.

회사형 투자신탁은 환매가능 여부에 따라 폐쇄형과 개방형으로 구분된다.

- **폐쇄형(closed-end type) :** 영국형 투자신탁으로서 수익증권 소유자나 뮤추얼펀드의 주주가 집합투자업자나 뮤추얼펀드에 직접 상환을 청구할 수 없으며, 증권시장에서

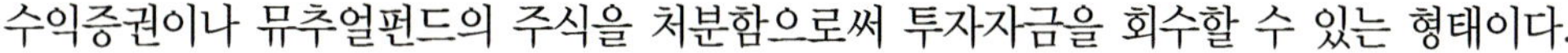

수익증권이나 뮤추얼펀드의 주식을 처분함으로써 투자자금을 회수할 수 있는 형태이다.

- **개방형(open-end type) :** 미국형 투자신탁으로서 투자자는 자유롭게 펀드에 가입하고 언제든지 회사에 대하여 상환을 청구함으로써 탈퇴할 수 있으며, 투자회사는 기본자산을 근거로 신주 발행이 가능한 형태이다.

뮤추얼펀드에 투자하는 경우 수익증권에 투자하는 것에 비하여 주주의 이익보호, 투명한 펀드운용장치, 펀드평가 및 운용결과의 철저한 공시, 상대적 안정성 등의 이점이 있다. 뮤추얼펀드의 경우에는 펀드주주와 수익자가 일치하므로 주주이익 중심의 운영이 이루어질 뿐만 아니라 주주의 이익을 보호하기 위하여 소수주주권도 적극적으로 수용된다. 수익증권과 뮤추얼펀드의 특성을 비교하면 <표 11-1>과 같다.

<표 11-1> 수익증권과 뮤추얼펀드의 비교

구 분	수익증권	뮤추얼펀드	
		폐쇄형	개방형
설립형태	신탁계약	주식회사	
투자자의 법적 지위	수익자	주주	
발행증권	수익증권	주식	
운용규정	투자신탁약관	회사정관	
환금성	비교적 자유로움	제한적임	비교적 자유로움
최소투자금액	제한 없음	제한적임	
매매가격	기준가격	만기 : NAV 만기 전 : 시장가격	NAV
환매방법	환매청구(펀드자산 매각 후 지급)	만기 : 회사청산으로 자금회수 만기 전 : 시장에서 매도	감자 (보유주식매도)
통제제도	감독기관의 감독	주주 자율규제	

Section 2 | 뮤추얼펀드

1. 뮤추얼펀드의 구성

최초의 뮤추얼펀드는 1924년 미국 보스턴에 설립된 Massachusetts Investors Trust이고, 국내에서는 최초로 1998년 5월 23일 인하대학교에 블루칩뮤추얼펀드(Blue Chip Mutual

Fund)가 설립되었으며, 같은 해 12월 19일 미래에셋이 일반투자자를 대상으로 뮤추얼펀드를 모집하였다.

뮤추얼펀드는 <그림 11-2>와 같이 집합투자업자, 자산보관회사, 펀드판매회사, 일반사무관리회사 등 많은 기관과 관련을 맺고 있다. 실제 뮤추얼펀드는 서류상 회사(paper company)에 불과하며 그 자체적으로 수익을 낼 수 없다. 따라서 펀드를 운용하여 수익을 창출하는 집합투자업자가 필요하다. 일반적으로 집합투자업자가 주체가 되어 증권사 창구에서 투자자(주주)들을 모집하며, 이 때 증권사는 뮤추얼펀드 판매회사가 된다.

투자회사

투자회사는 바로 뮤추얼펀드 그 자체로서 주주들로부터 모집한 자금을 유가증권에 투자하여 그 수익을 주주에게 배분하는 것을 목적으로 설립된 상법상의 주식회사이다. 따라서 투자자들은 주주로서 유한책임만을 진다. 투자회사는 본점 이외에 지점이나 영업소를 둘 수 없고 직원이나 상근 임원을 둘 수 없으며, 그 업무를 전문적인 외부기관에 위탁하는 명목상의 회사이다.

뮤추얼펀드의 가장 큰 장점은 투자와 성과배분에 대한 투명성이다. 이러한 투명성은 뮤추얼펀드가 상법상의 주식회사이기 때문에 가능하다. 뮤추얼펀드는 투자자를 모집하는 과정에서 투자설명서를 통해 자산운용방안을 투자자(주주)에게 공개해야 하고, 영업보고서를 정기적으로 작성해서 공시해야 하며, 공인회계사로부터 외부감사를 받아야 한다. 뮤추얼펀드의 설립은 주식회사 형태의 정관을 첨부해 금융감독위원회에 신고하면 된다. 투자대상은 투자신탁과 동일하지만 부동산투자와 대출은 할 수 없다. 펀드자산의 100%를 초과해 동일종목 유가증권에 투자할 수 없고, 특정기업 발행주식총수의 10%를 초과해 취득하는 행위도 금지된다. 이러한 규제는 편중된 투자에 따른 위험을 방지하고, 주식의 취득이 경영권 획득이 아닌 순수한 투자목적이기 때문이다.

그림 11-2 뮤추얼펀드의 구조

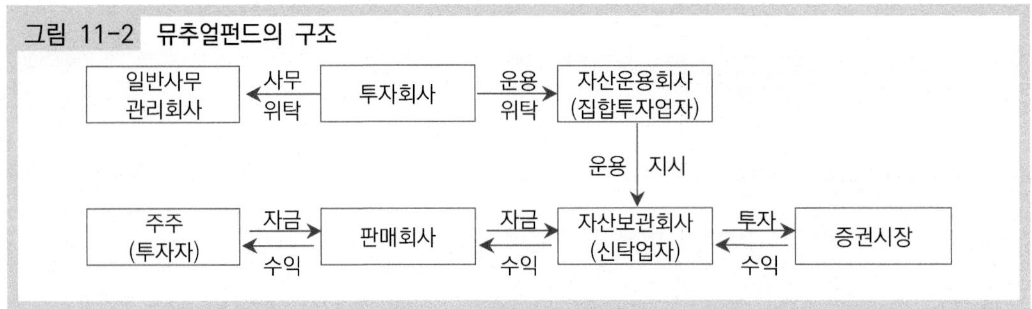

집합투자업자

집합투자업자는 투자회사의 위탁을 받아 그 자산을 대신 운용하는 회사로 이들의 성과에 따라 뮤추얼펀드의 성과가 결정된다. 집합투자업자는 재무상태표상의 자산이 부채를 초과하는 재무건전성을 유지해야 하며, 뮤추얼펀드의 자산운용 위탁계약에 따라 선량한 관리자로서 그 업무를 성실히 수행하여야 할 의무를 지니고 있다.

자산보관회사

자산보관회사는 투자회사로부터 위탁받은 자산을 별도로 보관하는 업무를 수행하며 위탁받은 유가증권을 증권예탁원에 예탁하여야 한다. 신탁회사 또는 신탁업을 하는 금융기관이 자산보관회사가 될 수 있는데 은행이 대표적인 경우이다.

판매회사

판매회사는 투자회사가 발행하는 주식을 모집, 판매, 환매하는 역할을 한다. 증권회사, 자산운용회사, 은행, 집합투자업자가 판매회사가 될 수 있다. 다만 동일한 뮤추얼펀드에 대해 판매회사와 자산보관회사는 서로 달라야 한다.

일반사무관리회사

일반사무수탁회사는 투자회사의 위탁을 받아 발행주식의 명의개서에 관한 사무, 주권의 발행에 관한 사무, 투자회사의 운영에 관한 사무, 계산에 관한 사무, 통지, 공고 또는 회의 소집 등의 사무를 담당한다.

2. 순자산가치와 수수료

뮤추얼펀드는 매 영업일마다 펀드의 순자산가치를 계산하고 투자자들은 보유하고 있는 펀드의 일부나 전부를 그날의 가격에 따라 매매를 하는 데, 이 때 매매의 기준이 되는 가격이 주당 순자산가치(net asset value: NAV)이다. 즉, 펀드가 편입하고 있는 유가증권과 발생한 이자소득의 가치를 합산하여 부채와 비용을 차감한 값을 총발행주식수로 나누면 한 주당 가격이 된다. 이를 산식으로 표시하면 다음과 같다.

$$NAV = \frac{\text{펀드의 총자산가치} - \text{부채} - \text{관련비용}}{\text{발행주식수}}$$

위에서 설명한 순자산가치는 단순히 뮤추얼펀드의 가치를 의미하며 펀드의 수익률과는 관계가 없다. 투자자의 손익을 파악하기 위해서는 총수익의 개념이 중요한 데, 총수익을 결정하는 구성요소는 배당 또는 이자소득에 자본이득과 순자산가치의 변동분을 가감하여 나타낸다.

총수익 = 배당 및 이자소득 + 자본이득 + 순자산가치의 변화

예 제

뮤추얼펀드가 발행한 주식수는 9백만주이며, 보유한 주식의 가격이 30억원이고, 현금을 비롯한 유동자산이 10억원, 그리고 부채 및 관련 비용이 4억원인 경우 주당 순자산가치는 얼마인가?

풀이

주식가격	300,000만원
+ 유동자산	100,000만원
- 부채 및 관련 비용	40,000만원
= 총 순자산	360,000만원
/ 발행 주식수	900만주
= NAV	400원

즉, 주당 순자산가치는 400원이다.

뮤추얼펀드에 투자하는 경우 투자자가 부담해야 하는 수수료는 다음과 같이 다양하게 있다.

- **운용수수료** : 집합투자업자에게 지불하는 수수료
- **판매수수료** : 뮤추얼펀드를 판매하기 위해 증권사나 은행을 이용한 대가로 판매사에 지불하는 수수료
- **보관수수료** : 뮤추얼펀드가 투자한 유가증권의 안전한 보관에 대한 대가로 은행에 지급하는 수수료
- **사무수탁수수료** : 뮤추얼펀드 자체가 하나의 회사이므로 세금계산, 배당금처리 등 기본적인 회사업무를 하는 데 소요되는 비용

채권형의 판매와 운용 수수료는 주식형에 비해 약간 낮다. 이외에도 투자성과가 일정수준 이상 났을 때 미리 약속한 비율을 성과보수로 내야하는 경우도 있다. 자산총액의 일정비율로 수수료가 결정되는 수익증권과 달리 뮤추얼펀드는 펀드의 규모와 관계없이 일정하게 부과되기 때문에 펀드규모가 클수록 부담하는 수수료가 줄어든다.

3. 뮤추얼펀드 투자시 고려사항

가. 투자 전 고려사항

뮤추얼펀드는 고수익 투자상품이 아니다. 우수한 정보 수집력을 가진 전문가가 운용하지만 그들이 반드시 높은 수익을 올리는 것이 아니라, 시장평균 이하의 성과를 내는 경우도 흔히 있다. 뮤추얼펀드의 판매를 권유하면서 높은 수익률을 광고하는 데, 이는 목표하는 예상수익률일 뿐이며 이 수익률을 반드시 달성한다는 것은 아니다. 뮤추얼펀드에 투자하는 경우에도 향후 증권시장에 대한 예측이 중요하다.

일반투자자가 뮤추얼펀드에 투자하는 경우 자신의 투자성향을 고려하여 주의할 사항은 대체적으로 다음과 같다.

- **투자패턴 :** 수익률은 높지만 높은 위험을 감수하겠는가? 위험은 낮지만 낮은 수익률을 감수하겠는가?
- **투자전략 :** 투자대상, 투자특성, 해외 투자 여부 및 환위험
- **펀드 운용회사 :** 펀드 운용 경험, 펀드매니저의 경력 및 전문성
- **투자 관련 비용 :** 배당정책, 수수료, 세금
- **펀드 일반사무 :** 상장 여부, 펀드 매입 및 매도(환매)방법[5)]
- **펀드 판매회사 :** 판매사 신용도, 판매담당인력의 자격 및 전문성, 취급 펀드의 다양성, 금융부대서비스

금융감독원(www.fss.or.kr)이나 금융투자협회(www.kofia.or.kr) 홈페이지에서 다양한 펀드에 관한 정보를 비교할 수 있다.

나. 투자 후 고려사항

좋은 펀드에 가입했다 하더라도 관심을 갖지 않으면 손실이 발생할 수 있으므로 펀드 가입 후 다음과 같은 사항을 주의하여야 한다.[6)]

- 펀드판매회사를 통해 정기적으로 받는 펀드운용성과와 포트폴리오 현황자료를 분석하여야 한다. 펀드에 편입된 주식이나 채권 중 부실한 것이 있는지 정기적으로 확인

---

5) 국내형, 해외형에 따라 그리고 채권형, 주식형 등 상품유형에 따라 펀드 환매일이 각각 다르다. 펀드의 환매정보, 환매시 적용되는 기준가격, 환매대금지급일, 환매수수료에 관한 정보는 투자설명서를 통해 확인할 수 있으며, 가입한 펀드의 운용실적, 기간 수익률, 실현수익률 등은 금융투자협회 전자공시사이트(dis.fundservice.net)의 운용실적 비교공시를 통해 확인할 수 있다. 자본시장과 금융투자업에 관한 법률 제235조②③④ 및 동법 시행령 제254조①.

6) 증권선물거래소, 시민을 위한 증권투자이야기, 한국경제신문, 2005, 66-67.

해 보아야 한다.

- 보유 종목의 잦은 교체로 거래비용이 상승하여 펀드수익률이 낮아진 것은 아닌지 살펴보아야 한다.
- 펀드수익률이 시장수익률을 밑돌 경우 이것이 일시적인 현상인지 또는 지속적인 것인지 확인하여야 한다.
- 펀드의 운용자가 중간에 교체되었는지 관심을 가져야 한다.
- 장기투자라면 시장상황에 민감하게 반응할 필요가 없지만, 단기투자라면 시장상황을 관찰하면서 능동적으로 대처하여야 한다.

Section 3 | 펀드형 간접투자

1. 상장지수펀드

가. ETF의 개념

상장지수펀드(exchange traded fund: ETF)는 특정 지수 및 특정자산의 가격 움직임과 수익률이 연동되도록 설계된 펀드로서 거래소에 상장되어 주식처럼 거래되는 펀드를 말한다.[7] 인덱스 펀드는 분산투자를 통해 특정 기업의 개별 기업 리스크를 최대한 줄이고 시장 전체 움직임을 추종하므로, 시장위험에만 노출되어 변동성을 줄이는 효과가 있다. 이러한 인덱스 펀드가 ETF의 기초가 되므로 ETF의 매수는 인덱스 펀드에 대한 투자와 동일하다고 할 수 있다.

ETF는 시장의 대표주가지수를 추적하는 기본적인 형태 이외에도 특정 섹터지수, 테마지수, 스타일 지수 등을 추종하는 ETF도 있다. 그 이외에도 중국, 브릭스, 일본 등 해외 주가수를 추종하는 ETF, 자동차, 조선, 은행, 건설 등 업종지수를 추종하는 ETF, 채권지수를 추종하는 ETF, 주가지수의 몇 배로 가격이 움직이도록 설계된 레버리지(leverage) ETF, 주가지수와 거꾸로 가격이 변동하도록 설계된 리버스(reverse) ETF 등도 있다.

나. ETF의 특징

지수연동형 상품으로 투자 용이성

개별 주식에 투자할 경우 그 주식에 영향을 주는 다양한 요소에 관한 정보를 수집하고

7) 법률적인 용어로는 상장지수집합투자기구라고 한다. 자본시장과 금융투자업에 관한 법률 제234조①.

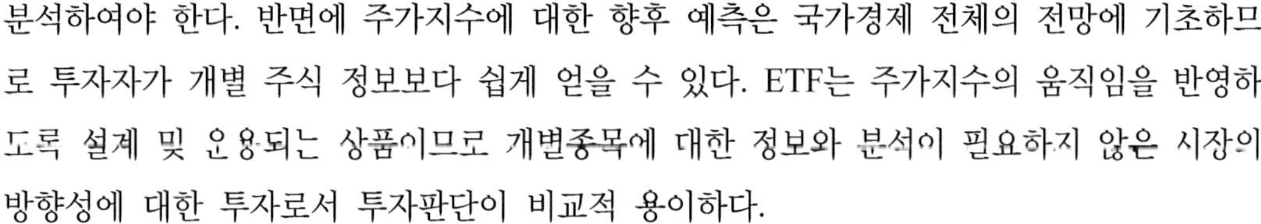
분석하여야 한다. 반면에 주가지수에 대한 향후 예측은 국가경제 전체의 전망에 기초하므로 투자자가 개별 주식 정보보다 쉽게 얻을 수 있다. ETF는 주가지수의 움직임을 반영하도록 설계 및 운용되는 상품이므로 개별종목에 대한 정보와 분석이 필요하지 않은 시장의 방향성에 대한 투자로서 투자판단이 비교적 용이하다.

주식투자와 동일한 환금성

일반 지수펀드는 투자의사결정과 실제 투자간에 시간적인 차이가 존재한다. 예를 들면, 투자자가 오늘 지수펀드에 투자하기 위해서 지수펀드 설정 신청을 하면 오늘 종가로 다음 날 아침에 설정되기 때문에 투자자가 원하는 시간에 원하는 가격으로 투자할 수 없다. 환매시에도 오늘 환매 신청시에는 다음 날 종가로 환매가격이 결정된다. 그러나 ETF는 거래소에 상장되어 거래되기 때문에 주식과 같은 방법으로 거래 시간 중에 언제든지 매매를 할 수 있고 가격을 지정하여 주문을 내는 지정가주문도 가능하기 때문에 환금성이 보장되어 있다.

낮은 운용보수

일반 주식형펀드는 운용사가 펀드를 운용하기 때문에 운용비용이 많이 발생한다. 그러나 ETF는 단순히 지수를 추적할 최소 인원만 필요하기 때문에 매매 종목에 관한 정보 수집 및 분석비용이 소요되지 않으므로 펀드 운용비용이 일반 펀드에 비해 상대적으로 적게 소요된다. 따라서 운용보수가 상대적으로 저렴하다.

분산효과에 따른 투자효율성

ETF는 대상주가지수를 구성하는 모든 종목에 투자하는 것과 똑같은 분산효과를 볼 수 있다. 한편 자금력이 부족한 개인투자자의 경우에도 적은 투자자금으로 주식시장 전체에 대한 매매가 가능하다.

펀드 운용의 투명성

일반 펀드는 고객이 자신의 투자목적에 가장 부합하는 펀드를 선택해 가입할 수 있지만 그 운용에는 관여할 수는 없다. 또 펀드의 자산구성과 운용 내역을 사후적으로만 볼 수 있다. 그러나 ETF는 일반 펀드와는 달리 납입자산구성내역(portfolio deposit file: PDF)을 통해 펀드의 포트폴리오를 매일 공시하고 있으므로 어느 펀드보다도 펀드운용이 투명하다.

ETF는 펀드로서의 특성과 주식 · 선물로서의 특징을 모두 가지고 있다. 즉, 운용목표, 법적성격, 분산투자, 세금, 보수 등과 같은 고유의 성격은 펀드와 일치하며 환금성, 유동성, 거래 편의성 등은 주식 · 선물과 유사한 성격을 보인다. ETF와 금융상품의 특성을 비교하면 <표 11-2>와 같다.

<표 11-2> ETF와 금융상품의 비교

구 분	ETF	주 식	인덱스 펀드	액티브 펀드	지수선물
운 용 목 표	특정 인덱스	인덱스초과수익	특정 인덱스	인덱스초과수익	헤지 및 차익
법 적 성 격	집합투자증권	지분증권	집합투자증권	집합투자증권	파생상품
투 명 성	높음	높음	보통	보통	높음
유 동 성	높음	높음	낮음	낮음	높음
결 제 일	T + 2	T + 2	T + 3	T + 3	T + 1
증 권 대 차	가능	가능	불가	불가	불가
레버리지 기능	가능	가능	불가	불가	가능
거 래 비 용	위탁수수료 운용보수 (약 0.5%)	위탁수수료	운용보수 (1 ~ 2%)	운용보수 (2 ~ 3%)	위탁수수료
전 증권사 거래	가능	가능	판매사 한정	판매사 한정	가능
시 장 위 험	시장위험	시장 · 개별위험	시장위험	시장 · 개별위험	시장위험
분 산 투 자	가능	불가	가능	가능	가능
증 권 거 래 세	면제	매도 시	적용배제	적용배제	면제

2. 상장지수증권

가. ETN의 개념

상장지수증권(exchange traded note: ETN)은 기초지수 변동과 수익률이 연동 되도록 증권회사가 발행하는 파생결합증권으로서 주식처럼 거래소에 상장되어 거래되는 증권이다. 발행회사인 증권회사는 투자수요가 예상되는 다양한 ETN을 상장시켜 투자자가 쉽게 ETN을 사고 팔 수 있도록 실시간 매도 · 매수호가를 공급하며, 상장 이후에는 투자에 도움이 될 수 있도록 상품 관련 주요공시정보 및 투자참고지표를 제공한다. 그러므로 투자자는 쉽고 편하게 증권시장에서 결정된 시장가격으로 실시간 매매를 할 수 있다.

ETF와 ETN은 모두 인덱스 상품으로 유사하기는 하지만, 발행주체, 신용위험 유무, 기초지수, 자산운용, 만기 등의 차이가 있으며, 그 내용은 <표 11-3>과 같다.

<표 11-3> ETF과 ETN의 비교

구 분	ETF	ETN
법적 성격	집합투자증권	파생결합증권
발행 주체	자산운용사	증권사
발행자 신용위험[8]	없음	있음
소유 형태	기초자산에 대한 소유권	증권사의 선순위 무보증 채권
만기	없음	1년~20년
구성종목 수	10종목 이상	5종목 이상
자산운용 제한	많음	적음
자산운용 방법	기초지수 100% 추적	발행자 재량

나. ETN의 특징

다양한 기초자산에의 접근성

ETF보다 발행절차가 간편하고 운용방식의 제약이 적어 투자자들이 원하는 상품, 즉 해외지수, 원자재, 금리, 변동성 등 다양한 기초자산을 대상으로 하는 상품의 개발이 가능하며, 특히 5종목으로 구성된 바스켓이나 롱숏 등 다양한 투자전략 구사가 가능하다.

추적오차 최소화

사전에 약정된 기초지수 수익률의 지급을 발행자가 약속함으로써, 추적오차가 발생하지 않는다.

지수연동형 상품으로 투자용이성

기초지수의 움직임에 따라 ETN의 시장가격이 변동하여, 기초지수 구성 개별종목에 대한 정보분석 없이 시장방향성에 대한 투자로써 투자판단이 용이하다.

주식투자와 동일한 환금성

ETN은 거래소에 상장되어 주식과 동일한 방법으로 거래되므로 환금성이 보장된다.

8) ETF는 펀드가 보유하고 있는 주식 등을 별도의 신탁재산으로 보관하므로 발행회사가 파산하는 경우에도 해당 재신을 매각하여 투자자들은 투자자금을 돌려받을 수 있다. 그러나 ETN은 발행회사의 신용으로 발행하므로 발행회사가 파산했을 때 발행회사로부터 받아야 할 금액을 받지 못할 수도 있다.

우량주 투자수단의 제공

주당 가격이 높아 소액투자가 어려웠던 고가 우량주에 소액 분산투자가 가능하다. 또한 국내 투자자라고 할지라도 해외우량기업 관련 ETN에 투자하게 되면 해외 주식시장에 간접투자 하는 것이 되므로 해외 우량기업의 국내 상장과 유사한 효과를 갖는다.

3. 사모펀드

사모주식투자펀드(private equity fund: PEF)는 자금력, 또는 전문적 지식을 갖춘 50명 미만의 주주들이 사적이고 비공개적으로 대규모의 장기자금을 마련한 뒤 운용상의 제약을 받지 않고 공개시장을 통하기보다는 협상방식에 의해 주식이나 채권에 투자하여 경영성과 개선 등을 통해 고수익을 추구하는 장기투자 전문기구를 말한다.[9)]

미국에서는 공모펀드 이외의 모든 간접투자기구를 사모펀드로 분류한다. 미국에서의 사모펀드는 <그림 11-3>과 같이 헤지펀드(hedge fund), 사모주식투자펀드(private equity fund: PEF), 사모뮤추얼펀드(mutual fund), 헤지펀드와 PEF 영역이 중복되는 크로스오버펀드(cross-over fund)로 분류된다.

- **벤처캐피털펀드(venture capital fund) :** 벤처 초기단계에 사업자금을 대여하는 형식으로 투자하는 펀드
- **기업인수펀드(buy-out fund) :** 벤처기업이 안정기반에 이르렀을 때 경영권을 인수해서 기업가치를 높이려는 투자펀드
- **메자닌펀드(mezzanine fund) :** 벤처 중기에 설비투자 등의 사업확장 자금을 지원하는 형식으로 투자하는 펀드. 메자닌펀드는 성장가능성은 있지만 담보나 신용이 없어 대출을 받기 힘든 벤처기업들로부터 전환사채, 신주인수권부사채, 신주인주권, 주식전환권 등 주식관련 권리를 취득하는 대신 무담보로 자금을 제공한다. 원래 메자닌이란 건물 1층과 2층 사이에 있는 공간을 의미하는 이탈리아어이다.

---

9) 법률적인 용어로는 경영참여형 사모집합투자기구라고 한다. 자본시장과 금융투자업에 관한 법률 제269조. "사모"란 새로 발행되는 증권의 취득의 청약을 권유하는 것으로서 모집에 해당하지 아니하는 것을 말한다. "공모"의 개념에 해당되는 "모집"이란 50인 이상의 투자자에게 새로 발행되는 증권의 취득의 청약을 권유하는 것을 말한다. 여기서 투자자란 금융투자상품에 관한 전문성 구비 여부, 소유자산규모 등에 비추어 투자에 따른 위험감수능력이 있는 "전문투자자"가 아닌 "일반투자자"를 말한다. 따라서 법률상 "사모"란 소수의 전문투자자로부터 자금을 모집하는 행위를 말한다. 자본시장과 금융투자업에 관한 법률 제9조.

그림 11-3 미국의 사모펀드 유형

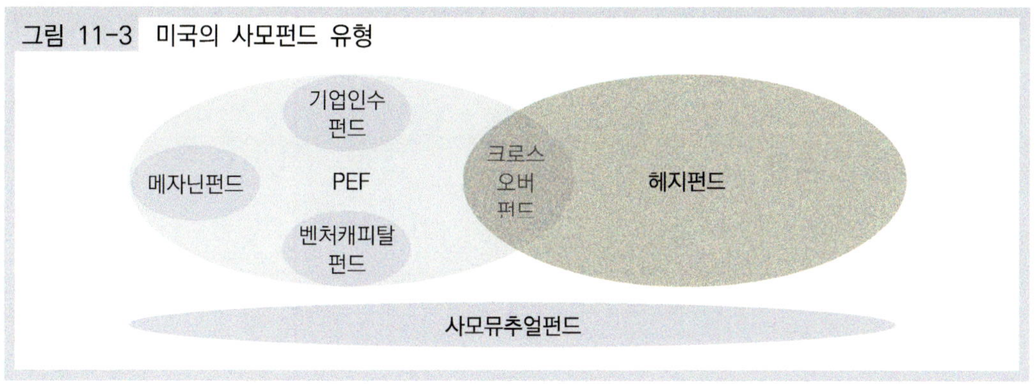

4. 헤지펀드

가. 헤지펀드의 개념

헤지펀드(hedge fund)란 소수의 투자자로부터 사모방식으로 투자자금을 모집하여 헤징 등 다양하고 적극적인 투자전략을 자유롭게 사용하여 절대 수익을 추구한 후 투자실적에 따라 배당하는 사모투자파트너십(private investment partnership)을 말한다.[10] 투자위험을 줄이기 위해 헤징을 주로 이용한다는 의미에서 헤지펀드라는 이름이 붙여졌다.

헤지펀드가 고위험-고수익을 추구하는 것으로 알려져 있으나, 실제로는 레버리지를 동원하여 주식, 통화, 채권, 상품 등에 공격적으로 투자하는 펀드는 전체 헤지펀드 중 극소수에 불과하며, 대부분의 펀드는 매우 안정적으로 시장수익률보다 높은 수준의 수익률을 추구하고 있다.

헤지펀드의 금융시장에서의 역할을 요약하면 다음과 같다.

- 금리, 환율, 주가 등 자산가격에 불균형이 발생하면 대규모의 헤지펀드가 투입되므로 가격불균형이 신속히 조정되어 금융시장의 효율성이 증대된다.
- 투자자에게 다양한 위험헤지기능과 투자기회를 제공한다.
- 높은 레버리지와 단기적 · 공격적인 투자행태 때문에 투자에 성공하면 상당히 높은 수익이 실현되지만, 반대로 투자에 실패하면 펀드의 실패로 그치지 않고 금융시장 전체가 불안정해질 위험이 있다.
- 경제규모가 작고 안정되지 못한 국가는 헤지펀드의 투기적 공격대상이 되어 금융위

10) 법률적인 용어로는 전문투자형 사모집합투자기구라고 한다. 헤지펀드의 가입자격은 전문투자자나 1억 이상을 투자하는 개인이다. 헤지펀드의 차입한도는 펀드 자산의 400%까지 허용된다. 자본시장과 금융투자업에 관한 법률 제249조의2 및 제249조의7.

기가 발생할 수 있다. 1990년대 후반에 경험한 동남아시아 금융위기의 직접적인 원인을 헤지펀드로 돌리는 이유도 여기에 있다.

나. 헤지펀드의 특징

헤지펀드의 특징은 다음과 같다.

투자자의 구성

헤지펀드에는 전통적으로 고위험 · 고수익을 선호하는 소수의 부유한 투자자들이 참여하였으나 최근에는 보험회사, 연 · 기금 등 기관투자자들도 참여하고 있다. 최근에는 헤지펀드 운용회사들이 투자하한선을 대폭 낮추고 있기 때문에 일반투자자들도 헤지펀드에 투자할 수 있는 기회가 늘고 있다. 한편 헤지펀드 운용자는 뮤추얼펀드와는 달리 자신이 운용하는 펀드에 투자할 수 있다.

자산운용형태

헤지펀드의 투자대상은 주식, 채권, 통화(외환), 파생금융상품 등이다. 헤지펀드는 대차대조표에 나타나지 않는 매도포지션(short position)이나 파생금융상품거래 비중이 높기 때문에 레버리지가 높다. 주식의 신용거래에서 대주거래가 매도포지션에 해당된다. 헤지펀드는 높은 레버리지로 공격적인 투자를 할 수 있지만 레버리지 비율이 비슷한 다른 금융기관보다는 유동성 충격에 훨씬 취약하다.

운용수수료

헤지펀드는 뮤추얼펀드와는 달리 수수료에 대한 규제가 없으며 일반적으로 기본수수료 이외에도 성과수수료를 받고 있다. 이와 같은 성과급체제는 헤지펀드의 단기적이고 공격적인 투자성향을 조장하는 유인으로 작용하고 있다.

감독 · 규제

헤지펀드는 사모방식으로 소수의 투자자들로부터 투자자금을 모집한 투자클럽의 성격을 갖는다. 광고에 의한 투자자 모집이 금지되어 있기 때문에 주로 투자자문회사를 통해 투자자를 유치한다. 따라서 금융당국으로부터 감독이나 규제를 받을 필요가 없다. 미국의 경우 100명 미만의 투자자로 구성된 투자회사는 증권거래위원회로부터 등록, 고시, 자산운영 등에 대한 규제를 받지 않는다.

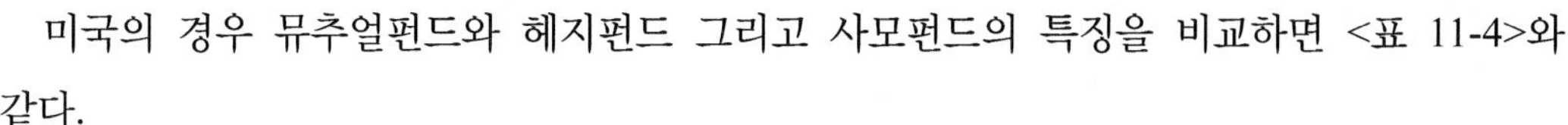

미국의 경우 뮤추얼펀드와 헤지펀드 그리고 사모펀드의 특징을 비교하면 <표 11-4>와 같다.

다. 헤지펀드의 투자전략

일반 펀드가 조선 · 금융업 등 섹터별 또는 가치 · 성장형 등 투자스타일로 구분되는 것과 달리 헤지펀드는 투자전략에 따라 구분한다. 헤지펀드의 투자전략은 매우 다양하지만 대표적인 전략은 다음과 같다.

에퀴티 롱숏 전략

에퀴티 롱숏(equity long-short) 전략이란 동종 업종 내 다른 종목 등 움직임이 유사한 종목군 중에서 저평가된 주식을 매입하는 롱(long) 포지션과 고평가된 주식을 매도하는 숏(short) 포지션을 통해 포트폴리오를 운용하는 전략으로 에퀴티 헤지(equity hedge) 전략이라고도 한다.

이벤트 드리븐 전략

이벤트 드리븐(event driven) 전략이란 기업가치에 직접적인 영향을 미칠 수 있는 특정 사건, 즉 인수합병, 구조조정, 공개매수, 자사주매입, 부채교환, 유상증자 등을 이용하여 롱쇼트 전략을 구사하는 전략을 말한다.

글로벌 매크로 전략

글로벌 매크로(global macro) 전략이란 전 세계 통화, 금리, 주식, 원자재 등 거시경제지표의 변화와 그로 인한 주식, 채권, 외환, 상품시장의 가격변동을 예측하는 전략을 말한다.

상대가치 전략

상대가치(relative value) 전략이란 시장가치의 움직임이 서로 연관되어 있는 주식, 채권 등의 증권들 사이에서 발생한 가치의 괴리를 이용하여 수익을 추구하는 전략을 말한다.

<표 11-4> 뮤추얼펀드, 헤지펀드, 사모펀드의 비교

구 분	뮤추얼펀드	헤지펀드	사모펀드
감 독	등록의무화 및 상시적 감독 실시	일정규모 이상은 등록 의무화 및 상시적 감독 실시	대부분의 경우 등록 불필요, 상시적 감독 미실시
투 자 규 제	위험자산의 투자 규제	수익률 증대 위해 비규제	
운 용 회 사 법 적 구 조	대부분 주식회사	대부분 파트너십 회사	
상 장 여 부	대다수 비상장	절대 다수 비상장	비상장
투 자 자	다수의 일반 개인투자자 및 기관투자가	소수의 부유층 개인 및 기관투자가	
투자자모집	대부분 공모	사모	
법적 소재지	대부분 운용사 소재지	대부분 조세피난처에 등록	
수 익 평 가	상대적 수익률 평가	절대적 수익률 평가	
수 수 료	확정 수수료	성과보수	
투 자 대 상	유동성 위주의 상장주식, 채권 등	상장주식, 외환, 파생상품, 실물자산 등	비상장/초기단계의 주식, 부실자산, 실물자산 등
투자 스타일	보수적, 기본적 분석 위주의 장기투자	단기(1년 전후), 틈새노린 공격적 투자, 금융공학적 신중투자 등	3년 전후의 중기, 향후 수익발생 가능성이 크지만 현재 소외된 투자처에 집중투자
정 보 공 개	공개	비공개	
차 입 여 부	기본적으로 차입 불가능	대부분 차입전략 채택, 원금의 200~500%	

Section 4 | 기타 간접투자

1. 랩어카운트

가. 랩어카운트의 개념

랩어카운트(wrap account)는 투자일임업자의 투자자산운용사(certified investment manager)가 투자자의 투자성향과 투자목적 등을 정밀하게 분석하고 진단한 후 고객에게 맞도록 주식, 채권, 수익증권, 뮤추얼펀드, 파생상품, ELW 등의 다양한 투자수단을 대상으로 가장 적합한 포트폴리오를 추천하거나 자산을 관리해주고 예탁재산의 일정비율을 수수료로 받는 종합자산관리계좌를 말한다.

증권사는 자산관리에 대한 보수로 기본보수와 성과보수를 징수한다. 기본보수율은 투자자의 자산 규모가 클수록 낮아진다. 성과보수는 자산운용의 성과가 좋으면 추가로 부과되는 보수이다. 성과보수가 있는 경우 기본보수율이 보통 낮으며 성과보수가 없는 랩도 있다.

랩어카운트는 증권사에서 판매하고, 증권사에서 운용하며, 증권사에서 투자자산을 보관하기 때문에 투자자 보호측면에서 펀드보다 열악하다고 할 수 있다. 따라서 랩어카운트를 개설할 때에는 무엇보다 신뢰할 수 있는 증권회사를 선정하여야 한다.

랩어카운트와 일반적인 펀드를 비교하면 <표 11-5>와 같다.

<표 11-5> 랩어카운트와 펀드

	랩어카운트	펀 드
수 수 료	서비스 수수료	판매수수료 및 환매수수료
운 용 방 식	개별 계좌로 운용	펀드매니저가 통합 운용
맞 춤 형 투 자	투자자 성향에 따라 조절 가능	투자자 의견 반영 어려움
단일종목 투자한도	제한 없음	10% 이내
목 표 수 익 률	절대수익 추종	시장수익률 추종
투 자 내 용 확 인	실시간, 온라인으로 가능	별도 요구 필요
투 자 종 목	10개 내외 집중 투자	50개 이상 분산 투자
주 식 보 유 비 율	0 ~ 100%	일정 수준
최 소 가 입 금 액	통상 3천만원 이상	소액투자 가능

나. 랩어카운트의 유형

랩어카운트는 투자대상 상품과 자산운용방식에 따라 다음과 같이 구분할 수 있다.

- **컨설턴트 랩(consultant wrap)** : 증권사가 투자전략을 세워 투자자문회사 또는 펀드매니저를 추천하고 선택된 투자자문사가 자산을 운용하는 형태로 증권사는 운용실적 평가 등 사후 관리를 통해 수시로 고객과 투자계획 변경 여부를 상담하게 되는 형태로서 자문형 랩이라고도 한다. 투자일임업자가 고객들에게 특정 자산에 대한 추천과 투자권유만 할 수 있고 주식과 채권의 투자 및 펀드가입 등은 고객이 직접 자기 책임 아래 해야 하며, 고객이 직접 주문을 내야 하는 운용방식이다. 자문형 랩어카운트의 투자가 진행되는 과정에서 고객과 상담, 포트폴리오 추천, 성과분석과 사후관리 등 일체의 업무는 일정한 자격을 갖춘 투자일임업자의 FP가 담당한다. 따라서 고객은 1 대 1 투자자문 서비스를 해주는 개인적인 FP를 두는 셈이다.
- **뮤추얼펀드 랩(mutual fund wrap)** : 고객성향 분석 후 증권사가 다양한 뮤추얼펀드 중에서 고객의 투자성향에 가장 적합한 펀드들로 포트폴리오를 구성하여 사후관리를

해주는 형태로서 일임형 랩이라고도 한다. 고객이 투자일임업자와 일임매매 계약을 통해 자산의 운용을 투자일임업자에게 완전히 맡김으로써 FP가 고객 개인별 자산계좌를 직접 운용하는 방식이다. 일임형에서는 개인별 자산계좌의 평균 잔액을 기준으로 투자일임업자에 수수료를 지불하며, 고객은 언제든지 매매종목을 확인하고 포트폴리오의 구성변경을 요구할 수 있다.

다. 랩어카운트의 장단점

랩 서비스의 도입은 투자일임업자와 영업사원 뿐만 아니라 자문사와 운용회사, 나아가서 고객들에게까지 영향을 미치고 있다. 각 당사자들에게는 단점보다는 장점이 많으며, 특히 장기적이고 안정적인 증권투자 문화의 정착에 크게 기여하고 있다. 랩어카운트의 장단점을 요약하면 <표 11-6>과 같다.

<표 11-6> 랩어카운트의 장단점

구 분	장 점	단 점
투자일임업자 (증권회사)	자산기준의 운용수수료 수입 가능 안정적인 수익기반 확보 이익상충 적음(고객의 신뢰획득 가능) 고객의 관계 긴밀화 및 장기화 영업사원의 독립성 약화	영업직원의 재교육 등 Wrap 업무에 대응하기 위한 시스템구축 비용 소요 수수료 수입총액의 감소 우려
영 업 직 원	이익상충 문제 해결(고객 유인효과)	회사로부터 독립성 약화 수입감소 우려
고 객	이익상충 가능성 적음 소액으로 전문가의 서비스 가능 주문형 상품으로 고객수요 부응 다양한 서비스 이용가능	주가하락시 상대적으로 수수료 부담 증가 일괄 수수료로 불필요한 서비스대가 지불
투자자문사	고객저변의 확대 수수료와 무관한 신축적 운용가능 사무비용 절감	운용보수의 감소 시장상황에 관계없이 수수료 이상의 운용성적 요구부담

2. 주가지수연계증권

주가지수연계증권(equity linked securities: ELS)은 운용자산의 대부분을 국공채에 투자하여 원금을 보전하고, 나머지 일부 자산을 주가와 연동되는 파생상품에 투자함으로써 초

과수익을 확보하는 구조의 금융상품이다. 주식시장에 직접 투자하는 것과 동일한 효과를 누리면서도 리스크 회피와 비용 측면에서 주식시장에 직접 투자하는 것보다 유리하다.

일부 ELS는 주가에 따라 원금에 손실이 발생할 수 있고, 원금보장이 되는 ELS일지라도 발행한 증권회사가 부도가 나는 경우 원리금을 받지 못하는 위험도 존재한다. 따라서 ELS에 투자할 때는 해당 상품의 수익구조, 증권사의 신용도나 명성, 그리고 원금보장 여부를 확인하여야 한다.

가. ELS 유형

ELS는 넉아웃형, 리버스컨버터블형, 디지털형, 불스프레드형 등으로 구분된다. ELS의 유형별 주가변화에 따른 수익률은 <그림 11-4>와 같다.

넉아웃형

넉아웃(knock-out)형은 사전에 일정 수준의 주가지수 상승률 범위를 정하고 투자기간 중 주가지수가 정해진 수준까지 상승한 적이 없는 경우 만기시점의 지수상승률에 따라 수익률이 결정되고, 투자기간 중 한번이라도 그 이상 상승한 경우 계약 당시 확정된 수익을 보장하는 상품이다.

그림 11-4 ELS의 유형별 수익률

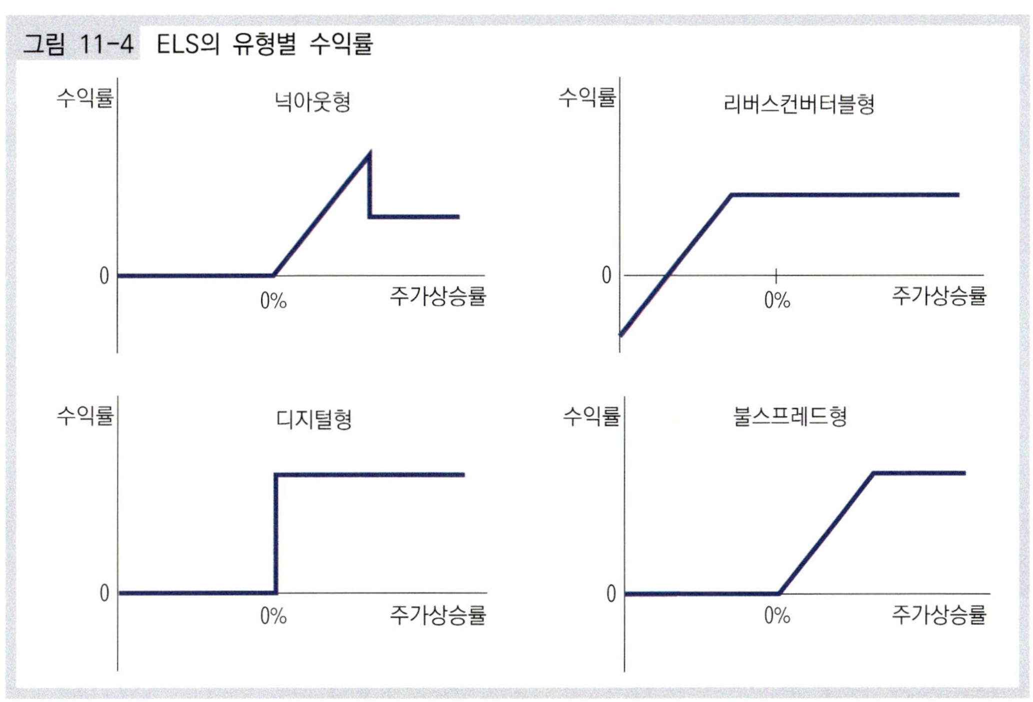

리버스컨버터블형

리버스컨버터블(reverse convertible)형은 주가지수가 상승하거나 또는 주가가 미리 정해 놓은 하락폭 이하로만 하락하지 않는다면 주가지수가 일정 부분 하락해도 약속한 수익을 지급하는 상품이다.

디지털형

디지털(digital)형은 만기시점 지수에 의해서만 수익률이 결정되는 것으로써 만기시점의 주가지수가 기준지수보다 같거나 높으면 미리 계약한 수익을 지급하고 기준지수보다 낮으면 원금만 지급하는 상품이다.

불스프레드형

불스프레드(bull spread)형은 만기시점의 주가상승률에 따라 수익이 결정되는 것으로써 만기시점의 주가지수 상승률이 정해 놓은 수준 이상이면 계약한 금리를 지급하고, 정한 수준 이하이면 주가 상승분의 일부를 수익으로 지급하는 상품이다.

나. ELS 유사상품

주가지수연계정기예금

주가지수연계정기예금(equity linked deposit: ELD)은 투자원금 중 일부를 원금이 보장되는 이자율로 정기예금에 투자하고 나머지 자금으로 주식워런트(covered warrant: CW)[11]에 투자해 만기 때 원금을 보장하면서도 추가수익을 낼 수 있도록 설계된 상품이다. 원금이 보장되고 주가지수에 따라 수익률을 추가할 수 있다는 점에서 ELS와 유사하다. 다만 ELS에 비해 상대적으로 수익률이 낮고 상품종류가 다양하지 못하다.

주가지수연계펀드

주가지수연계펀드(equity linked fund: ELF)는 투자원금 중 일부를 채권에 투자하여 원금보전을 추구하면서 나머지 자금으로 증권사가 발행한 주식워런트를 펀드에 편입하여 주가지수에 연동해 추가수익을 낼 수 있도록 설계된 상품이다. 주식워런트에 투자하고 주가지수에 따라 수익률을 추가할 수 있다는 점에서 ELD와 유사하다. 다만 원금이 보장되지 않고 운용실적에 따라 수익률에서 차이가 날 수 있다.

11) 주식워런트(warrant)란 주식을 정해진 기간에 정해진 가격으로 살 수 있는 권한이 부여된 증권을 말한다.

ELS와 관련 상품을 비교하면 <표 11-7>과 같다.

<표 11-7> ELS 관련 상품 비교

구 분	ELS	ELD	ELF
운용회사	증권사	은행	투신사
상품형태	유가증권 매입	정기예금 가입	수익증권, 펀드 가입
상품구조	채권+옵션 등 파생상품	예금+주식워런트	채권+(ELS, 주식워런트)
상품성격	유가증권	예금	채권형 펀드
만기 수익	지수에 따라 사전에 제시한 수익 확정지급		운용성과에 따라 실적 배당
원금보장 여부	원금보장 (증권사 파산시 원금보장 불가능)	원금보장 (예금자보호법 적용)	원금보존 추구 (채권운용성과에 따라 원금보존여부 결정)
중도해지 및 환매여부	제한적(거래소 상장이나 판매사를 통한 현금화)	중도해지 가능 (해지시 원금손실 발생)	중도환매 가능 (해지시 원금손실 발생)

3. 리 츠

가. 리츠의 개념

투자대상으로서의 부동산은 투자자들에게 유동성이 부족하고 소액투자가 어렵다는 단점을 지니고 있다. 이러한 단점을 극복하기 위하여 개발된 것이 부동산의 증권화이다. 즉, 부동산증권화란 부동산관련 채권이나 부동산을 기초로 하여 별도의 증권을 발행, 유통시키는 것을 의미한다. 이러한 부동산 증권화는 부동산시장과 증권시장인 자본시장이 상호 융합되는 과정이라고 할 수 있다.

리츠(real estate investment trusts: REITs)란 부동산투자신탁[12] 또는 부동산 뮤추얼펀드라고 하는데 다수의 소액 투자자의 자금으로 부동산투자회사를 설립하여 사무실, 상가, 주택 등의 부동산이나 주택저당증권에 투자·운영하고 그 수익을 배당 형식으로 투자자에게 돌려주는 부동산간접투자제도를 말한다. 투자자가 직접 부동산을 소유하지 않고 리츠회사 주식을 보유함으로써 부동산에 간접투자한다는 의미에서 주식시장의 뮤추얼펀드와 비슷하다. 이러한 의미에서 리츠를 부동산 뮤추얼펀드라고도 한다.

12) 리츠는 투자자들이 자금을 위탁한다는 점에서 부동산을 위탁하는 부동산신탁과는 근본적인 차이가 있다.

그림 11-5 부동산 투자회사의 구조

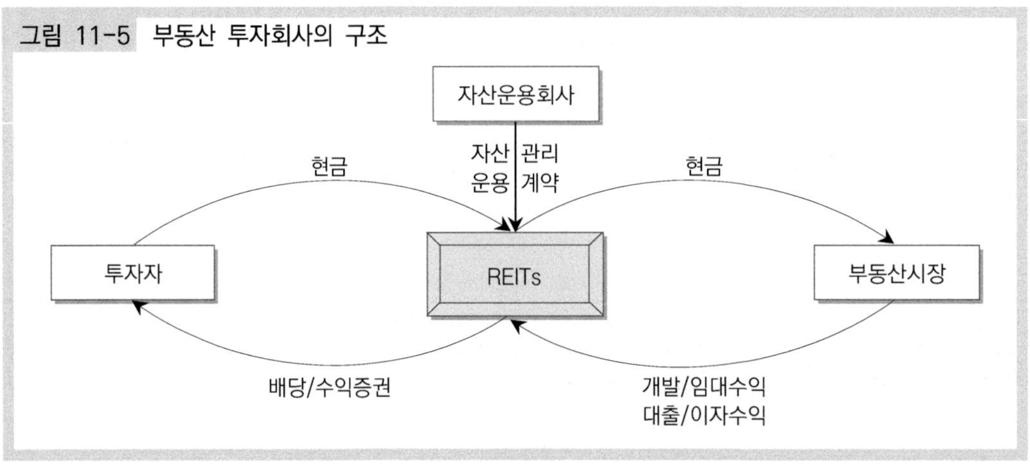

부동산투자회사의 구조를 나타낸 <그림 11-5>에서 볼 수 있는 바와 같이 부동산에 투자하여 수익을 얻고 싶은 투자자는 전문기관인 부동산투자회사의 주식을 매입하여 주주가 됨으로써 간접적으로 부동산에 투자할 수 있다. 리츠는 주식의 형태로 거래되기 때문에 언제든지 투자자금을 회수할 수 있어 기존의 신탁상품이나 조합형태의 부동산 펀드에 비해 환금성이 높다. 리츠는 투자자들이 자금을 위탁한다는 점에서 부동산을 위탁하는 부동산신탁과는 근본적인 차이가 있다.

리츠는 부동산 소유자들은 부동산을 매각해 현금을 확보하고, 투자자들은 부동산 간접투자로 고수익을 올리고, 부동산 경기도 활발해지는 소위 윈-윈(win-win)효과를 거둘 수 있었다.

나. 리츠의 특징

리츠의 특징은 다음과 같다.

- 부동산 지분을 소액단위로 분할하여 증권화함으로써 소액 투자자들에게 부동산에 대한 간접적인 투자기회를 제공할 뿐만 아니라 부동산에 직접투자하여 발생하는 제반 문제와 위험을 회피할 수 있게 한다.
- 유동성이 떨어지는 부동산을 증권화하여 자본시장에서 거래될 수 있도록 함으로써 유동성이 높은 투자수단으로 변환시킨다.
- 투자된 자금을 자산운영을 전문으로 하는 자산운용회사가 관리함으로써 효율성을 높일 뿐만 아니라, 자산운영의 투명성 확보가 가능하다.
- 일반 주식에 비해 상대적으로 안정성이 높은 부동산투자의 이점을 향유할 수 있으

며, 인플레이션 위험도 회피할 수 있다.

- 간접투자펀드방식인 만큼 증권거래소를 통한 공시제도 및 금융감독원을 통한 투자자 보호장치가 강화된다.
- 여러 종류의 부동산에 분산투자함으로써 단일 부동산에 투자하는 경우보다 위험을 줄일 수 있다.

다. 리츠의 종류

리츠는 투자대상에 따라 지분형 리츠, 모기지형 리츠, 혼합형 리츠 등으로 구분할 수 있다.

- 지분형 리츠(equity REITs): 부동산의 소유권 또는 지분에 투자하는 리츠로서 주 수입원은 임대료이기 때문에 주로 수익용 부동산인 빌딩, 호텔 등에 투자한다.
- 모기지형 리츠(mortgage REITs): 부동산관련 대출(mortgage loan)이나 주택저당증권(MBS)에 투자자금을 투자하여 운용하는 리츠로서 부동산관련 대출이자를 주 수입원으로 한다.

혼합형 리츠(hybrid REITs): 투자자산이 부동산 소유지분, 부동산관련 대출, 주택저당증권 등에 분산투자되어 있는 리츠를 말한다.

리츠는 환매가능성에 따라 개방형 리츠와 폐쇄형 리츠로 구분한다.

- 개방형 리츠(open-end REITs) : 리츠회사가 투자자의 환매에 언제든지 응하는 형태이다. 과거 미국에서 개방형 리츠가 존재한 적은 있으나 대부분 실패하였는데, 그 이유는 부동산경기의 침체가 예상될 때 대부분의 투자자들은 환매요청을 하게 되는데 리츠의 자산운용대상이 유동성이 부족한 부동산이기 때문에 투자자의 환매요청에 효율적으로 대처할 수 없었기 때문이었다.
- 폐쇄형 리츠(closed-end REITs) : 투자자가 직접 리츠회사에 대하여 환매 요청을 할 수 없고 그 대신 증권시장을 통하여 보유한 주식을 매각, 투자한 자금을 회수하는 형태를 말한다.

읽을거리 인덱스펀드, 액티브펀드와 10년 대결서 압승

약 10조원을 굴리는 소형 자산 운용사인 유리자산운용은 지난 2008년 8월 액티브 펀드와 10년 대결을 선언했다. 그해 8월 1일부터 매일 회사 홈페이지에 순자산 상위 50위 액티브 펀드의 수익률과 유리자산운용의 인덱스 펀드 누적 수익률을 공개했다.

액티브 펀드는 펀드매니저가 고수익이 날 만한 개별 종목을 골라 적극적으로 운용하는 펀드를 말한다. 인덱스 펀드는 코스피200 등 각종 지수의 평균 상승률을 목표로 운용하는 펀드다. 최근 10년 대결 결과가 나왔다. 인덱스 펀드가 수익률 측면에서 압승을 거뒀다. 만 10년이었던 지난 7월 말 기준 인덱스 펀드인 유리MK웰스토탈 인덱스펀드는 10년간 누적 수익률 72.21%를 기록했다. 반면 액티브 펀드의 누적 수익률은 31.09%에 그쳤다. 만 10년(거래일 2480일)의 하루 수익률 대결 결과는 1215승 41무 1224패로 인덱스 펀드가 액티브 펀드에 뒤진 날이 근소하게 많았지만, 수익률에서는 압도적 우위를 보인 것이다. 김성수 유리자산운용 상무는 "인덱스 펀드가 장기적으론 안정적 수익률을 올린다는 것을 개인 투자자에게 알리고자 10년 대결을 시작했다"면서 "앞으로도 변동성이 비교적 작은 인덱스 펀드가 좋은 성과를 거둘 것으로 본다"고 밝혔다.

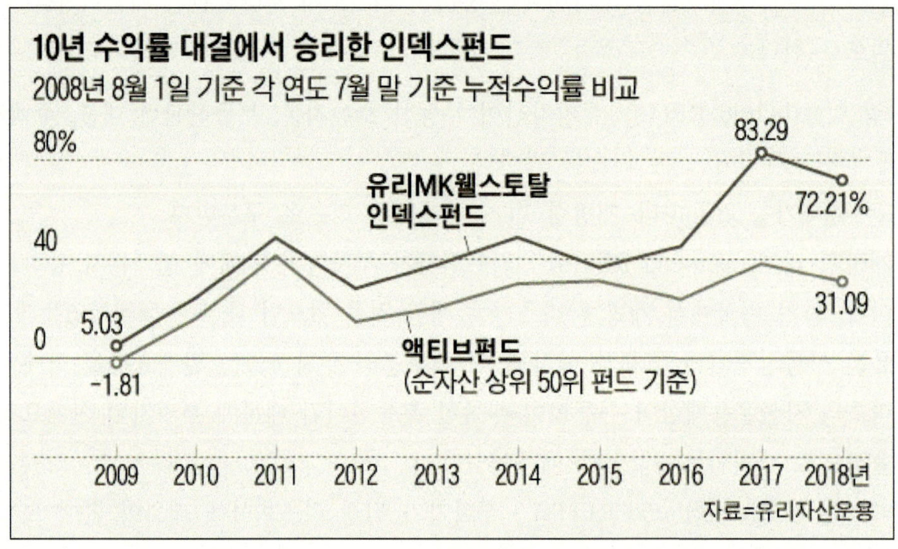

인덱스 펀드 국내 주식형 펀드 절반 가까이 차지

큰 욕심을 버리고 지수 상승률 정도의 수익률을 목표로 하는 인덱스 펀드는 최근 투자의 큰 흐름으로 자리 잡아왔다. 인덱스 펀드가 액티브 펀드보다 높은 수익률을 기록해 온 덕이다. 에프앤가이드에 따르면 국내 액티브 주식형 공모 펀드의 지난 5년 누적 수익률은 약 13%, 인덱스 펀드는 약 28%였다. 높은 수익률, 저렴한 수수료 등을 바탕으로 국내 인덱스 주식형 공모 펀드 설정액은 2008년 말 7조6128억원에서 지난 6일 23조6076억원으로 3배가 됐다. 반면 같은 기간 국내 액티브 주식형 공모 펀드 설정액은 2008년 말 69조83억원에서 24조8997억원으로 쪼그라들었다. 설정액에 운용 수익을 더한 순자산은 인덱스 펀드가 32조7971억원으로 액티브 펀드(25조7172억원)보다 약 30% 많은 상황이다.

정보 투명하게 공개되면서 펀드매니저의 차별성 떨어져

액티브 펀드와 인덱스 펀드의 대결은 1950년대에 시작된 논쟁이다. 월가의 전설적 투자자인 벤저민 그레이엄이 1949년 저서 '현명한 투자자'에서 저평가된 회사에 투자하는 '가치 투자' 이론을 정립하면서 액티브 투자의 원형이 만들어졌다. 하지만 기술적 분석의 일종인 '퀀트 투자의 아버지'인 경제학자 해리 마코위츠가 1952년 논문에서 "좋은 종목을 고르는 것보다 최적의 포트폴리오로 분산 투자하는 것이 시장을 이기는 길"이라고 주장하면서 논쟁이 시작됐다.

한 자산 운용사 대표는 "거의 모든 정보가 투명하게 공개되기 때문에 과거처럼 전문가가 좋은 종목을 발굴하기 어려워진 것은 사실"이라고 했다. 특히 국내 증시에서는 지난해 삼성전자 등 대형주가 지수를 강하게 이끌면서 대형주 비중이 높은 인덱스 펀드가 빛을 발했다. 인덱스 펀드의 수수료가 액티브 펀드보다 연 1~1.5%포인트 싸다는 점도 수익률 격차를 벌린 요인이다.

액티브의 반론 "내년에는 다시 가치주 시대 올 것"

하지만 금리 인상기에 접어들면서 액티브 펀드의 시대가 돌아올 것이라는 주장도 만만치 않다. 실제 코스피가 약세를 보인 올해 초 이후 인덱스 펀드는 수익률 약 −10%, 액티브 펀드는 약 −7%를 기록 중이다.

시장의 대표적 가치 투자 전도사인 이채원 한국투자밸류자산운용 대표는 "액티브와 패시브 간의 자금 이동은 번갈아가며 나타나는 현상"이라며 "금리 인상, 미 · 중 무역 분쟁 등 우호적이지 않은 환경 속에서 박스권 장세가 계속되면 인덱스 펀드의 상승이 제한될 것"이라고 전망했다. 특히 미국 국고채 10년물 금리가 3%대에 안착하면 주가수익비율(PER)이 낮은 가치주에 투자하는 패러다임이 정착될 수 있다고 했다. 국내 1세대 가치 투자 펀드매니저인 허남권 신영자산운용 대표도 "앞으로 한국의 거시 경제 환경이 불투명한 만큼, 시장 전체 상승보다는 개별 주식에 투자하는 액티브 펀드가 나은 성과를 낼 가능성이 크다"고 했다.

<조선일보 2018.08.08.>

읽을거리 적립식펀드를 둘러싼 5가지 오해

"적립식 펀드요? 아무 때나 가입해도 되는 거 아녜요?"

오랜만에 만난 한 증권사 영업직원이 반문한다. 그는 코스피지수가 1100을 넘은 이후에도 "적립식 투자는 안정적으로 수익을 내준다"며 가입을 권유하고 있다고 말했다.

하지만 적립식 펀드도 아무때나 가입하고 해지하면 손실을 낼 수 있다. 거치식 펀드, 즉 일시금 투자보다 낮은 수익을 낼 때도 있다. 적립식 투자법도 만능의 전략은 아니다. 이건 정말 오해다.

오해 1 "적립식 펀드는 적금이다."

8월말, 매달 30만원 정액적립식 펀드에 가입한 이모(33)씨. 그는 첫 불입액을 넣은지 사흘만에 두 번째 불입액이 이체되는 일을 겪었다. 담당 은행 직원은 그에게 "어차피 두 번 빠져나갔으니 한 달 건너뛰고 다음 달에 돈을 넣자"고 권했다.

여기서 은행 직원이 가진 오해는? "적립식 펀드는 적금"이라는 생각이다. 물론 적립식 펀드는 언뜻 보면 적금 같다. 매달 같은 날, 같은 금액을 이체시키는 상품이니 말이다.

그러나 적립식 펀드도 엄연한 투자상품이다. 다른 펀드가 그렇듯 시장 상황과 자산 배분에 따라 수익률이 달라진다. '적금처럼' 투자한다지만 이것은 단지 시장 변동 위험을 줄이고 평균 매입 단가를 낮추는 효과를 낼 뿐이다.

따라서 적립식 펀드는 적금과 달리 투자기간, 가입목적에 따라 정교하게 투자계획을 세워야 한다. 1년 미만 투자자는 투자시작 시기, 환매 시기, 월 적립 금액을 민감하게 따질 필요가 있다. 투자기간이 짧으면 시장 변동 위험이 많이 노출된다.

3년 이상 장기 투자자는 별도의 재무 설계를 받는 것이 좋다. 자금 계획을 잘못 세우면 펀드 투자에서 중도 하차하거나 중도 환매해 손실을 보는 위험을 겪을 수도 있다.

앞서 이씨의 경우, 투자기간을 1년 단기로 잡았다면 당장 펀드 잔고계좌를 원래대로 복구해야 한다. 투자기간이 짧아 첫 불입액이 전체 매입단가에 미치는 영향이 커지기 때문이다. 투자기간이 3년 이상 장기라면 그냥 둬도 영향을 크게 받지 않을 수 있다.

오해 2 "적립식은 거치식보다 수익률이 높다."

적립식 펀드가 늘 거치식보다 높은 수익률을 주지는 않는다. 적립식 투자법을 쓰면 거치식 투자보다 시장 변동에 노출되는 위험은 낮아지지만 아울러 기대수익률도 낮아진다.

그건 적금의 원리와 같다. 1200만원을 연리 4%짜리 예금에 한꺼번에 넣으면 48만원을 이자로 얻는다. 하지만 월 100만원씩 연리 4%짜리 적금에 1년 동안 부으면 이자는 24만원으로 줄어든다.

따라서 시장상승기라는 확신이 100% 들 땐 당연히 거치식으로 투자를 해야 마땅하다. 주가가 오를 게 확실한데 수익을 절반만 가져갈 필요는 없지 않은가.

단, 적립식 투자법이 거치식보다 높은 수익률을 얻는 경우가 한 가지 있다. 시장이 하락했다가 다시 원점 근처로 돌아올 때다.

어떤 종목의 주가가 5년 동안 매달 1%씩 하락하다가 다음 5년 동안 매달 1% 올랐다면 거치식 투자자는 10년간 3.2%의 수익을 얻는다. 반면 같은 기간 적립식 투자자는 36.6%의 수익을 얻을 수 있다. 적립식 투자법의 '매입단가 하락' 효과가 극대화되기 때문이다.

오해 3 "적립식 펀드는 거치식보다 안전하다"

게다가 적립식 펀드는 때론 거치식 펀드보다 더 큰 손실을 안겨줄 수도 있다. 가격이 계속 오르다가 계속 떨어지는 장세에 그렇다.

만약 어떤 종목의 가격이 처음 5년 동안 매달 1%씩 오르다가 다음 5년 동안 매달 1%씩 떨어졌다고 치자. 거치식 펀드는 10년 동안 1.6%의 손실을 보는 데에 그친다. 그러나 같은 기간 동안 적립식으로 투자했다면 손실률은 25%로 늘어난다. 거치식보다 더 큰 손해를 보게 되는 것이다.

오해4 "적립식 펀드는 만기를 지켜야 한다"

적립식 펀드로 수익을 내려면 환매 때 주가가 가입할 때보다 적어도 비슷하거나 높아야 한다. 해지 때 주가(혹은 채권값)가 가입 때 주가보다 떨어지면 제 아무리 적립식 펀드라고 해도 손실을 막아줄 수 없다.

그러므로 적립식 투자자는 '만기'라는 단어를 머리 속에서 지워야 한다. 펀드의 환매가 허용되는 시점, 즉 환매해도 환매수수료를 물지 않는 시점부터는 '언제 환매하는 것이 좋을까', 늘 주가 움직임을 주시하고 있어야 수익률을 최대화할 수 있다.

예컨대 내가 3년 뒤 펀드를 해지해 그 돈을 써야 한다면 적어도 가입 1년 반 뒤부터는 수익률과 주가를 점검해봐야 한다. 그래야 정작 돈을 써야 할 시점에 주가가 크게 하락해 원금 손실을 입은 채 울며 겨자 먹기식으로 펀드를 해지하는 일을 겪지 않는다. 이렇게 신경 쓰기 싫다면 노후자금 등 장기자금만 적립식 펀드로 투자하는 것이 좋다.

오해5 "적립식 펀드는 분산투자할 필요가 없다"

적립식 펀드는 어디까지나 '투자 타이밍'에 대한 분산 전략이다. 즉, 특정 자산 자체가 가진 가격 하락 위험은 분산되지 않는다.

만약 어떤 사람이 채권형 펀드에만 적립식으로 투자한다면, 그는 채권값이 하락하는 위험에 노출될 수 있다. 또 주식값이 상승하는 기회는 놓치게 된다.

또 어떤 사람이 주식형 펀드 중에서도 우량주펀드 즉, 블루칩펀드에만 적립식으로 투자한다면, 그는 중소형 가치주들이 상승하는 시장에서는 수익 창출 기회를 잃게 된다.

그러므로 적립식 펀드에도 분산 투자가 필요하다. 우선 자산 중 얼마만큼을 주식 자산에 배분할 지를 먼저 정하고 그 중 일부는 인덱스형에, 일부는 성장형에, 일부는 배당주나 가치주형에 넣는 것이다. 단 채권 펀드는 주식보다 가격 변동이 적어 평균 매입가격 하락 효과가 떨어지므로 적립식 투자에는 그다지 적당하지 않다.

월 300만원 이상 투자자라면 해외펀드에 적립식으로 투자하는 것도 고려해보자. 투자지역을 고를 땐 미국 등 한국 증시와 상관관계가 높은 곳보다는 인도 등 상관관계가 낮은 증시에 투자하는 것이 더 효과적이다.

<참고문헌 : 적립식 펀드투자(우재룡, FP넷)>

읽을거리 난해한 펀드보고서… "이 말이 그 뜻이었구나"

일부 운용사들은 보고서를 알기 쉽게 만들려고 시도하고 있지만, 용어 자체가 어렵다 보니 쉽지 않습니다. 자주 접하는 펀드 용어 중에서 알아두면 좋을 단어들을 다시 한번 정리해봤습니다.

① 설정액과 순자산

설정액은 펀드에 투자자들이 집어넣은 돈의 액수를 말합니다. 투자원금으로 보면 됩니다. 순자산액은 펀드매니저들이 설정액을 가지고 이리저리 돈을 굴려 수익을 내거나 손실을 본 뒤 남은 금액입니다. 펀드매니저들이 수익을 많이 냈다면 펀드 순자산은 설정액보다 커지게 되겠지만, 반대라면 순자산이 설정액보다 적게 됩니다.

② 펀드 기준가격, 좌수

펀드 기준가격은 펀드를 사거나 팔 때 기준이 되는 가격을 말합니다. 보통 처음 펀드가 출시될 때 기준가격은 1000원에서 시작합니다. 펀드 설정 후 펀드가 투자한 주식 및 채권 가격이 변하기 때문에 기준가격도 이에 따라 움직입니다. 따라서 펀드에 가입한다면 기준가격이 낮을수록 유리하고 팔 때는 기준가격이 높은 것이 좋습니다. 펀드 기준가격은 펀드 좌(座)수의 가격입니다. 좌란 펀드의 거래 단위입니다. 펀드가 주식 및 채권에 투자한 뒤 이를 투자자에게 주식이나 채권으로 나눠줄 수 없기 때문에 '좌'라는 별도의 단위를 만듭니다. 처음 펀드가 출시될 때 1좌의 가격은 1원으로 책정됩니다. 기준가격은 1000좌의 가격입니다. 따라서 펀드가 출시될 때 기준가격이 1000원이 되는 겁니다. 1좌는 단위가 너무 작아 기준가격으로는 안 씁니다.

③ 위탁 · 판매 · 수탁 보수

펀드보수는 말 그대로 펀드를 운용 · 관리하는 금융 회사들에 들어가는 인건비 등 각종 비용을 말합니다.

자산운용사가 받는 것은 위탁보수, 은행 등 판매회사가 받는 것은 판매보수로 불립니다. 위탁 · 판매보수가 전체 펀드보수 중에서 차지하는 비중이 대부분을 차지합니다. 판매보수가 위탁보수보다 두배가량 높습니다. 주식형펀드가 채권형펀드보다 보수가 셉니다. 이외 펀드 자산을 보관 · 관리해주는 은행 등에는 수탁보수가 지급됩니다. '일반사무 수탁보수'란 것도 있는데 펀드 기준가격 계산 등 일반사무를 맡아주는 회사에 주는 보수입니다. 이런 것들은 펀드 순자산 대비 0.03 ~ 0.08% 수준으로 미미합니다.

이런 보수들이 많아질수록 펀드 운용비용이 증가해 수익률은 낮아지기 때문에 같은 유형이라면 보수가 낮은 펀드가 유리합니다.

④ 선취 · 후취 · 중도 환매 수수료

일정기간마다 정기적으로 부과되는 것이 보수라면 수수료는 한 번만 내면 되는 1회성 비용입니다. 펀드 가입 시 내는 선취수수료, 만기 후 돈을 찾을 때 내는 후취수수료, 중도에(보통 가입 후 90일 이내) 환매할 때 내는 중도수수료로 나뉩니다. 중도환매수수료는 펀드에 다시 포함돼 남아 있는 투자자들 수익을 높이는 데 사용됩니다. 펀드 이름 뒤에 붙은 알파벳이 'A'면 선취, 'C'이면 선 · 후취 수수료 없이 중간에 보수를 받는 펀드를 말합니다. 후취를 뜻하는 'B'와 선 · 후취를 모두 받는다는 뜻인 'D'는 외국에서 주로 볼 수 있는 유형입니다. 'E'는 온라인 펀드로 수수료가 낮은 편입니다.

⑤ 매매회전율

펀드 매니저가 주식 · 채권 등을 얼마나 자주 사고팔았는지를 보여주는 항목입니다. 거래금액을 투자금액으로 나눈 비율입니다. 자산운용사가 단기매매 차익을 노려 샀다 팔기를 반복하면 매매회전율이 올라갑니다. 보통 가치투자 스타일 펀드라면 매매회전율이 낮고, 성장추구형 스타일이라면 매매회전율이 높습니다.

<조선일보 2009.06.29.>

읽을거리 투자상품 안내장은 최고의 교과서이다.

필자가 백화점 문화센터에서 주부들을 대상으로 강의를 하면서 가장 많이 사용하는 교재는 바로 투자상품을 비롯한 금융상품의 안내장이나 전단지이다.

일반 서점에 실용서로 나온 많은 책들도 있지만 신문스크랩이나 전단지(안내장) 혹은 투자설명서 만한 실전 투자교과서는 없기 때문이다.

투자자들 중에는 본인의 자산 중에서 펀드나 ELS, ELD, ELF나 랩어카운트 등의 투자상품에 몇 억 원씩을 운용하면서도 실제 해당 상품의 안내장을 꼼꼼하게 읽어보고 의문이 가는 부분은 직접 금융기관 직원들에게 물어본다거나 확인하는 경우를 거의 본 적이 없고 그냥 금융기관 직원들의 구두 설명만 듣고 '괜찮겠지....' 하면서 가입하는 경우가 허다하다.

예를 들어보도록 하자. 아래에 필자가 가지고 있는 자료 중에 모 증권회사의 펀드 안내장이 있어서 이미지를 올려보았다. 특정 운용사나 판매회사 혹은 상품에 대해서 광고나 홍보 목적이 아니라는 점을 분명히 밝히며 본 칼럼의 이해를 돕고자 참고자료로만 활용하고자 한다.

모든 투자상품의 안내장에는 오른쪽 상담에 '한국금융투자협회의 심사필'이라는 문구가 있기 때문에 사전에 검토를 받은 자료라는 것을 알 수가 있고 옆에 이 안내장의 유효기간이 있다. 여기서 우리가 알 수 있는 사항은 투자상품의 안내장에는 유효기간이 있다라는 것이다.

우리가 우유나 빵을 살 때에는 유효기간을 확인하지만 금융상품의 안내장에도 유효기간이 있다는 점을 기억하고 혹시 유효기간이 경과되었으면 이후 달라진 사항이 없는 지를 챙겨야 하겠다.

실제 금융기관의 객장에서 고객 상담시 유효기간 전의 안내장으로 상담을 하는 경우는 많지가 않지만 그래도 알고 있는 것이 좋지 않을까?

아래의 안내장에는 해당 펀드의 운용지역과 종목에 대한 내용이 있고 운용사의 강점을 서술해 놓았다.

투자자들이 유심히 봐야 할 사항은 이러한 개괄적인 내용도 중요하지만 실제 네모 박스안의 '펀드개요'의 내용을 확인하는 것도 중요하다.

아래의 펀드의 경우에도 이러한 내용이 나와 있다.

아래표를 살펴보면 우선 상품명이 나와 있는데 똑같은 상품명인데 상품명의 끝부분에 (H)가 있는 것과 (UH)가 있는 차이가 있다.

여기서 'H'의 의미는 환헷지(Hedge)가 가능하다는 의미이고 'UH'의 의미는 환헷지가 불가능하다(UnHedge)의 의미로 보면 된다.

헷지가 된다고 해서 투자자가 아무 말도 안했는데 자동으로 헷지 등록이 되는 것은 아니고 환헷지 신청을 하면 환율의 변동에 구애받지 않고 가입시점의 환율로 고정이 된다는 의미로 보면 될 것이고 요즘 같은 원화가치 상승시기에는 환헷지를 하지 않는 것이 바람직한 투자라고 생각된다.

하단에 '상품유형'란에 보면 '주식형'이라는 단어가 있는데 전체 운용방법에 있어서 주식에 직접투자로 60%이상 운용한다는 의미이고 '공모형'의 의미는 몇몇 투자자에게만 펀드를 판매하는 것이 아니라 불특정 다수의 투자자들에게 펀드를 판매한다는 의미이다.

'개방형'이라는 단어의 의미는 언제든지 중도환매수수료만 부담하면 투자자들이 원할때 중도환매가 가능하다는 의미이고 반대의 표현에는 '폐쇄형'이라고 해서 일부 사모펀드의 경우에는 중도환매가 불가능한 경우도 있다.

'추가형'의 의미는 투자자들이 언제든지 추가로 입금(재투자)이 가능하다는 것으로 반대는 '단위형'이라고 해서 펀드의 가입과 재투자가 일정 기간에만 가능하고 해당 기간이 지나면 재투자가 불가능한 투자상품을 말한다.

'모자형'이라는 단어의 의미는 동일한 운용자가 설정한 여러 펀드의 재산을 하나의 펀드에 통합하여 운용함으로써 규모의 경제를 갖추어 거래비용을 낮출 수 있는 구조의 펀드를 말하는데 여러 펀드의 재산을 집중하여 통합 운용하는 펀드는 모펀드가 되며 모펀드가 발행한 펀드지분을 취득하는 펀드는 자펀드가 된다. 모펀드와 자펀드의 자산운용회사는 동일해야 하고, 모펀드의 수익자는 자펀드만이 될 수 있으며, 자펀드는 모펀드가 발행한 펀드지분 외의 다른 펀드지분은 취득할 수 없게 된다. 자펀드는 모펀드에서의 통합운용 및 모자펀드간 기준가격 연계를 위해 자펀드 차원의 자산운용은 제한되며, 환매 원활화 등을 위한 유동성 확보차원의 운용(원칙적으로 자산총액의 10% 이내)만 허용된다.

상품명	미래에셋 일본의 경쟁력 부품소재 증권자투자신탁 1호(H)(주식) 미래에셋 일본의 경쟁력 부품소재 증권자투자신탁 1호(UH)(주식)
상품유형	주식형, 공모형, 개방형, 추가형, 모자형, 증류형
운용전략	글로벌 경쟁력을 갖춘 일본의 부품/소재 산업 관련 기업 주식에 투자하여 장기 자본 수익 추구
비교지수	MSCI Japan Index X 95%+Call X 5%
환매방법	15시 이전 : 제3영업일 기준가를 적용하여 제7영업일에 환매대금 지급 15시 경과후 : 제4영업일 기준가를 적용하여 제7영업일에 환매대금 지급
환매수수료	종류 A, A-e : 30일 미만 이익금의 10% 종류 C1, C2, C3, C4 : 90일 미만 이익금의 70%
선취판매수수료	종류 A : 납입금액의 1% 이내, 종류 A-e : 납입금액의 0.8% 이내 종류 C1, C2, C3, C4 : 없음

<table>
<tr><th colspan="2" rowspan="2">구 분</th><th colspan="6">지 급 비 율</th></tr>
<tr><th>종류 A</th><th>종류 A-e</th><th>종류 C1</th><th>종류 C2</th><th>종류 C3</th><th>종류 C4</th></tr>
<tr><td colspan="2">가 입 자 격</td><td>제한없음</td><td>온라인가입자</td><td>제한없음</td><td>C1최초 매수일로부터 1년이상된 수익자</td><td>C1최초 매수일로부터 2년이상된 수익자</td><td>C1최초 매수일로부터 3년이상된 수익자</td></tr>
<tr><td rowspan="5">총
보
수</td><td>판 매 보 수</td><td>연 0.86%</td><td>연 0.73%</td><td>연 1.50%</td><td>연 1.25%</td><td>연 0.99%</td><td>연 0.90%</td></tr>
<tr><td>운 용 보 수</td><td colspan="6">연 0.90%</td></tr>
<tr><td>신 탁 보 수</td><td colspan="6">연 0.06%</td></tr>
<tr><td>사 무 관 리</td><td colspan="6">연 0.03%</td></tr>
<tr><td>보 수 합 계</td><td>연 1.85%</td><td>연 1.72%</td><td>연 2.49%</td><td>연 2.24%</td><td>연 1.98%</td><td>연 1.89%</td></tr>
</table>

기타 '운용전략'이나 '환매방법'은 읽어보면 알 수 있는데 특히 해외펀드의 경우 환매 신청후 시장에서 운용종목을 매도하고 실제 환매대금이 입금되기까지 8일 이상 소요되는 경우도 있기 때문에 자금의 운용 계획에 맞추어서 시의 적절하게 환매신청을 해야 한다.

선취판매수수료는 클래스-A, (A), CLASS-A, C-A 모두 같은 표현으로 A형의 경우에는 선취판매수수료형 펀드이고 B형은 후취판매수수료, C형은 선취판매수수료가 없고 대신 매일 나누어서 내는 '보수'에 합해져서 내기 때문에 위의 안내장에서도 보면 A형 펀드들의 경우에는 보수 합계가 연 1%대 후반인데 반해 C형의 경우에는 판매수수료가 합해져 있기 때문에 2%대를 나타내는 걸로 알 수 있다.

다만 최초 매수일로부터 오래 될수록 '종류형'은 보수부담율이 작아지기 때문에 위의 사례에서도 C3이나 C4형의 경우에는 보수비율이 작게 나온다.

지면을 통해서 모든 투자상품의 내용에 대해서 세세히 설명하기에는 지면의 한계가 있기 때문에 일단 위에 필자가 언급한 방식으로 투자상품의 안내장의 상품에 대한 내용 및 특징과 환매와 수수료 등 기타 유의사항을 꼼꼼하게 챙기는 습관을 들이는 것이 좋겠고 우유나 빵 혹은 두부 등의 먹거리를 살 때 냄새를 맡아보고 유효기간을 보고 이물질이 없는지를 보는 것처럼 투자상품 등 금융상품도 우리 가정의 재무적인 건강의 근원이라는 점을 명심하고 가입하도로 하자.

<조선일보 2014.04.15.>

CHAPTER

11 연습문제

1 펀드투자의 특징이 아닌 것은?

① 공동투자 ② 간접투자 ③ 분산투자 ④ 단기투자

2 수익증권을 발행하는 투자신탁을 무엇이라고 하는가?

① 계약형 투자신탁 ② 회사형 투자신탁
③ 단위형 투자신탁 ④ 기금형 투자신탁

3 주식편입비율과 투자스타일에 따른 증권투자신탁의 형태가 아닌 것은?

① 안정형 ② 성장형 ③ 안정성장형 ④ 하이일드형

4 상승장에서는 저평가된 종목을 매수하여 늘리고, 하락장에서는 매도하여 주가하락으로 인한 손실을 줄이려는 펀드를 무엇이라고 하는가?

① 섹터펀드(sector fund)
② 액티브펀드(active fund)
③ 재간접펀드(fund of funds)
④ 엄브렐러펀드(umbrella fund)

5 개방형 뮤추얼펀드의 특징을 가장 잘 설명한 것은?

① 계약형으로 운영된다.
② 거래소에 상장된다.
③ 언제든지 순자산가치(NAV)로 환매할 수 있다.
④ 설립시 자본금 규모가 폐쇄형보다 크다.

6 폐쇄형 펀드를 유동화(현금화)하려는 투자자는?

① 주식을 할인된 가격으로 펀드에 되판다.
② 주식을 순자산가치로 펀드에 되판다.
③ 주식을 공개된 시장에서 판다.
④ 위의 모든 것이 아니다.

7 뮤추얼펀드가 발행한 주식수는 5백만주이며, 보유한 주식의 가격이 30억원이고, 현금을 비롯한 유동자산이 10억원, 그리고 부채 및 관련 비용이 4억원인 경우 주당 순자산가치는 얼마인가?

① 320원 ② 480원 ③ 720원 ④ 880원

8 뮤추얼펀드에 투자할 때 고려하여야 하는 수수료가 아닌 것은?

① 투자자문수수료 ② 운용수수료
③ 판매수수료 ④ 사무수탁수수료

9 랩어카운트와 관련이 없는 것은?

① 주문형 상품으로 고객의 수요에 부응하여 상품을 구성할 수 있다.
② 수수료가 투자자산에 일정 비율로 결정되며, 별도의 매매수수료를 지불하지 않는다.
③ 자산운용방식과 투자대상이 획일적이다.
④ 판매사의 관점에서는 수수료의 수입총액이 감소할 가능성이 있다.

10 투자자로서 뮤추얼펀드 대신 ETF에 투자하는 이유로써 적합하지 않은 것은?

① 공매도 또는 대주에 의한 매도가 가능하다.
② 시장에서 매도하게 되므로 자신의 환매가격을 즉시 결정할 수 있다.
③ 주문형 상품으로 투자자의 요구에 부응한다.
④ 펀드내에서 설정 · 해지에 따른 매매 수수료 부담이 없다.

11 주가지수연관 관련 금융상품의 원금보장여부에 대한 설명으로 가장 거리가 먼 것은?

① ELD는 만기시 원금 100%를 지급보증한다.
② ELS는 만기시 원금의 일정비율을 지급보증한다.
③ ELF는 만기시 유가증권 운영에 따른 수익을 지급하는 원금보존추구형 실적배당상품이다.
④ ETF는 만기시 사전에 약정한 확정수익을 지급보증한다.

12 ETN에 관한 설명 중 올바르지 않은 것은?

① 기초지수 변동과 수익률이 연동되어 있다.
② 자산운용회사가 발행하는 파생결합증권이다.
③ 주식처럼 거래소에 상장되어 거래되지만 채권처럼 만기가 있는 증권이다.
④ 고가 우량주에 소액 분산투자가 가능하다.

13 투자원금을 보전하면서도 주가상승에 따른 이익까지 챙길 수 있는 신종금융상품을 무엇이라고 하는가?

① ETF ② ELS
③ Mutual Fund ④ Index Fund

14 투자기간 중 주가지수가 정해진 수준까지 상승한 적이 없더라도 만기시점의 지수상승률에 따라 수익을 얻을 수 있는 ELS 유형은?

① 녹아웃형 ② 리버스컨버터블형
③ 디지털형 ④ 불스프레드형

15 헤지펀드와 사모펀드의 공통점이라고 볼 수 없는 것은?

① 운용회사가 대부분 파트너쉽 회사의 형태를 취한다.

② 1년 전후의 단기차익을 노린 공격적 투자를 한다.

③ 수익률 증대 위한 투자활동에 규제를 받지 않는다.

④ 소수의 부유 개인층 및 기관투자가를 대상으로 한다.

16 헤지펀드와 뮤추얼펀드의 차이점을 잘못 나타낸 것은?

① 헤지펀드는 관리수수료를 주요 수입원으로 한다.

② 헤지펀드에 비해 뮤추얼펀드에 대한 투자규제가 강하다.

③ 헤지펀드는 자금을 주로 개인적으로 모집한다.

④ 헤지펀드에서는 투자수익을 절대적 기준으로 평가한다.

17 매일경제 기사. "전통적 의미의 헤지펀드는 소수의 투자자들로부터 자금을 모집해 전세계의 여러 시장과 다양한 투자대상 에 투자하는 사모펀드를 뜻한다. 헤지펀드는 ....." 이 기사에서 헤지펀드의 특징으로 언급하지 않았을 것으로 추정되는 것은?

① 사모펀드로 감독기관의 특별한 제재를 받는다.

② 공매도(보유주식 없이 매도하는 것)나 대주(주식을 빌려서 파는 것) 등 다양한 형태의 투자전략을 사용할 수 있다.

③ 운용성과에 따른 성과보수를 받는다

④ 가입이나 환매에 일정한 조건이 있어 투자자의 유동성을 제한한다.

18 동종 업종 내 다른 종목 등 움직임이 유사한 종목군 중에서 저평가된 주식을 매입하고 고평가된 주식을 매도하는 방법으로 포트폴리오를 운용하는 해지펀드의 전략을 무엇이라고 하는가?

① 이벤트 드리븐 전략 ② 글로벌 매크로 전략

③ 롱숏 전략 ④ 상대가치 전략

19 다음 글 중 ( )에 가장 적합한 용어는? "7년간이나 장기간에 걸쳐 디플레가 계속된 나라는 지난 반세기간 선진국에는 없다.... 디플레 탈출을 위한 양적인 완화책으로서 가장 효과적인 것은 실물자산 오퍼레이션이다. 높은 이율의 부동산을 편입시킨 ( )나 '동증'(東證 : 東京證券거래소) 주가지수 (TOPIIX) 연동형의 상장투자신탁(ETF)을, 물가가 완만히 상승할 때까지 '일은' (日銀 : 日本銀行)이 계속 사는 것이다." (이코노미스트, 2002년 2월 5일호, 深尾光洋 : 후카오 미쓰히로, 慶應義塾대학 교수)

① REITs ② ABS ③ MBS ④ SPC

정답

1.	④	2.	①	3.	④	4.	②	5	③	6.	③	7.	③	8.	①	9.	③	10.	③
11	④	12.	②	13.	②	14.	①, ④	15.	②	16.	①	17.	①	18.	③	19.	①		

CHAPTER 12

포트폴리오 이론

Section 01 | 위험과 수익률
Section 02 | 효용이론
Section 03 | 분산투자이론
Section 04 | 최적포트폴리오

한 분은 이렇게 얘기했다.
「돈은 안전하게 사용하고 위험은 피해라」
다른 한 분은 이렇게 얘기했다.
「무엇보다 위험을 관리하는 법을 배워라」

〈Robert Kiyosaki〉

Section 1 | 위험과 수익률

1. 기대수익률

가. 단일자산의 기대수익률

어떤 투자자가 1년 전에 주식을 매입하여 1년 후에 매도하였다면 그가 1년간 실현한 투자수익률은 다음과 같을 것이다.

$$R_1 = \frac{(P_1 - P_0) + D_1}{P_0}$$

R_1 : 1년간 투자수익률
P_0 : 주식매입가격
P_1 : 주식매도가격
D_1 : 1년 중 주당배당금

그런데 재무의사결정에서 다루는 수익률은 과거에 이미 실현된 사후적(ex-post) 수익률이 아니라 미래에 얻을 것으로 기대되는 사전적(ex-ante) 수익률이다.

미래의 발생가능한 상황과 각 상황이 발생할 확률, 그리고 각 상황이 발생하였을 때 주식의 수익률을 나타낸 것을 주가수익률의 확률분포라고 한다. 개별증권의 기대수익률(expected rate of return)은 주가수익률 확률분포의 평균치로서 다음과 같이 계산한다.

$$E(R_i) = \sum_{s=1}^{n} R_{is} \cdot P_s$$

$E(R_i)$: 주식 i의 기대수익률
R_{is} : s상황에서 주식 i의 수익률
P_s : s상황이 발생할 확률
n : 상황의 수

나. 포트폴리오의 기대수익률

실제 투자자들은 하나의 자산에만 투자하는 것이 아니고 여러 자산에 투자함으로써 포트폴리오[1)](portfolio)를 구성하게 된다.

포트폴리오를 구성하는 것을 분산투자(diversification)라고 하는데 이는 과거부터 이미

1) 포트폴리오란 주식, 부동산, 예금, 채권, 골동품 등 전혀 다른 형태의 자산에 동시에 투자하였을 때만을 일컬을 뿐만 아니라, 동일한 주식일지라도 삼성전자, 현대자동차, SKT 등을 결합하여도 포트폴리오라고 한다. 경영다각화에 따라 여러 사업에 투자하는 경우 사업포트폴리오라고 한다.

중요시되어 왔던 투자방법이다. "달걀을 한 바구니에 담지 말라"라는 투자속담이나 현금, 주식, 부동산에 재산을 나누어 투자하는 재산삼분법이 그것을 말해준다.

포트폴리오의 기대수익률은 포트폴리오를 구성하고 있는 개별증권의 기대수익률을 각각의 투자비율[2]에 따라 가중평균한 값이며 다음과 같이 계산한다.

$$E(R_p) = \sum_{i=1}^{n} w_i E(R_i)$$

$E(R_p)$: 포트폴리오의 기대수익률

w_i : 주식 i의 투자비율

n : 포트폴리오 구성 종목수

단, $\sum_{i=1}^{n} w_i = 1$

따라서 두개의 증권 X와 Y로 구성된 포트폴리오의 기대수익률은 다음과 같이 계산된다.

$$E(R_p) = w_X E(R_X) + w_Y E(R_Y)$$

예 제

어머니는 두 아들에게 각각 사업을 할 수 있도록 자금을 주어, 큰 아들은 짚신사업(S)을 하고 작은 아들은 우산사업(U)을 하고 있다. 두 사업은 모두 날씨의 영향을 크게 받는데 금년 여름 기상청의 예보에 따른 각 사업의 수익률이 다음과 같이 예상되고 있다. 이번 여름동안 짚신사업과 우산사업의 기대수익률은 각각 얼마인가? 어머니가 큰 아들에게는 가지고 있는 자금 중 60%를 투자하고 나머지 40%를 작은 아들에게 투자하는 경우, 어머니가 만든 포트폴리오(P)의 기대수익률은 얼마인가?

	수익률(%)		확 률
	짚신사업	우산사업	
맑 음	30	0	0.25
흐 림	10	5	0.50
비	-10	10	0.25

풀 이

짚신사업(S)과 우산사업(U)의 기대수익률은 각각 10%, 5%이고, 두 아들에게 투자한 어머니의 포트폴리오(P)의 기대수익률은 8%이다.

$$E(R_s) = (0.30)(0.25) + (0.10)(0.50) + (-0.10)(0.25) = 0.10$$

$$E(R_u) = (0)(0.25) + (0.05)(0.50) + (0.10)(0.25) = 0.05$$

$$E(R_p) = (0.6)(0.10) + (0.4)(0.05) = 0.08$$

2) 투자비율은 양(+)의 값을 가질 수도 있고 음(-)의 값을 가질 수도 있다. 음의 값을 갖는다는 것은 자신이 보유하고 있지 않은 주식을 다른 사람에게서 빌려서 팔았다가 일정기간 후에 시장에서 구입하여 주식으로 상환하는 공매(short sales)를 의미한다.

2. 위 험

가. 위험의 개념

위험[3](risk)이란 미래에 어떠한 상황이 발생할 것인지 완벽하게 알지도 못하지만 그렇다고 해서 전혀 모르지도 않는 경우, 즉 예측확률이 0%와 100% 사이에 있는 경우를 말한다.

증권투자에 있어 투자자가 확실성 하에서 투자결정을 할 수 있는 경우가 거의 없지만 그렇다고 해서 불확실성 하에서 투자결정을 하는 것도 아니다. 다시 말하면 향후 주가가 어떻게 변화할 것인지에 대하여 확실하게 알지도 못하지만 그렇다고 해서 전혀 알 수 없는 것도 아니다. 만일 주가변화를 완전하게 예측할 수 있다거나, 전혀 예측할 수 없다면 더 이상 이 책을 읽을 필요가 없을 것이다.

이 책을 읽고 국내외 경제환경, 기업 내부사정, 과거의 주가 변화 등을 분석하면 어느 정도 주가의 변화방향을 예측할 수 있게 될 것인데, 이러한 예측에 따라 투자하는 것을 위험상황에서의 의사결정이라고 할 수 있다. 증권전문가들 역시 주가의 상승 또는 하락의 가능성을 위험 상황 하에서 예측하고 있다.

나. 단일자산의 위험

증권투자에서는 위험을 미래수익의 변동가능성(variability)으로 측정한다. 통계학에서는 변동가능성을 범위(range), 평균편차(mean deviation), 분산(variance) 또는 표준편차(standard deviation) 등으로 측정하지만, 재무관리나 주식투자에서는 개별증권의 위험을 다음과 같이 주가수익률 확률분포의 분산 또는 표준편차로 측정한다.[4]

$$Var(R_i) = \sigma_i^2 = \sum_{s=1}^{n} [R_{is} - E(R_i)]^2 \cdot P_s$$

$$\sigma_i = \sqrt{\sum_{s=1}^{n} [R_{is} - E(R_i)]^2 \cdot P_s}$$

$Var(R_i)$: 주식 i의 수익률의 분산
σ : 주식 i의 수익률의 표준편차

3) 위험이란 사전적으로 손실이 생길 우려를 의미한다. 따라서 일반투자자들은 위험한 투자라고 할 때 손실 발생 가능성이 많은 것을 의미하지만, 전문투자자는 주가의 변동성이 큰 것을 의미한다. 일반투자자들이 위험의 개념을 손실가능성으로 정의하면서도 고위험, 고수익(high risk, high return)이란 개념은 의심없이 받아들이고 있다. 그런데 이 때 위험이란 바로 주가의 변동성을 지칭하는 것이지 손실가능성을 이야기 하는 것은 아니다. 손실 가능성이 높다면 높은 수익을 얻을 수 없기 때문이다.

4) 투자안의 수익률의 분포가 완전한 정규확률분포는 아니더라도 대칭에서 크게 벗어나지 않으며, 투자자가 요구하는 최저수익률은 수익률의 기대값과 커다란 차이가 없다는 실증적 연구를 바탕으로 표준편차를 위험의 측정수단으로 사용한다.

다. 포트폴리오의 위험

포트폴리오의 위험은 포트폴리오를 구성하고 있는 개별증권의 위험과 투자비율 그리고 개별증권 수익률간의 상관관계를 나타내는 상관계수(correlation coefficient) 또는 공분산(covariance)의 크기에 의하여 결정된다.

공분산은 두 개의 증권의 수익률이 같은 방향 또는 다른 방향으로 움직이는 정도를 계량적으로 측정한 것으로서 다음과 같이 구한다.

$$\begin{aligned} Cov(X, Y) &= \sigma_{XY} = E[R_X - E(R_X)][R_Y - E(R_Y)] \\ &= \sum_{i=1}^{n}[R_{Xi} - E(R_X)][R_{Yi} - E(R_Y)]P_i \\ &= \sigma_X \sigma_Y \rho_{XY} \end{aligned}$$

$Cov(X, Y)$: 주식 x와 주식 y의 공분산(σ_{XY})

ρ_{XY} : 주식 x와 주식 y의 상관계수

두 개의 증권의 수익률의 변화관계는 상관계수로 측정된다.

$$\rho_{xy} = \frac{\sigma_{xy}}{\sigma_x \sigma_y}$$

단, $-1 \le \rho_{xy} \le +1$

그러므로 포트폴리오의 위험은 다음과 같다.

$$\sigma_p = \sqrt{\sum_{i=1}^{n}\sum_{j=1}^{n} w_i w_j \sigma_{ij}} = \sqrt{\sum_{i=1}^{n}\sum_{j=1}^{n} w_i w_j \sigma_i \sigma_j \rho_{ij}}$$

따라서 X, Y 두 개의 증권으로 구성된 포트폴리오의 위험은 다음과 같이 계산된다.

$$\begin{aligned} \sigma_p &= \sqrt{w_X^2 \sigma_X^2 + w_Y^2 \sigma_Y^2 + 2 w_X w_Y \sigma_{XY}} \\ &= \sqrt{w_X^2 \sigma_X^2 + w_Y^2 \sigma_Y^2 + 2 w_X w_Y \sigma_X \sigma_Y \rho_{XY}} \end{aligned}$$

예 제

어머니는 두 아들에게 각각 사업을 할 수 있도록 자금을 주어, 큰 아들은 짚신사업(S)을 하고 작은 아들은 우산사업(U)을 하고 있다. 두 사업은 모두 날씨의 영향을 크게 받는데 금년 여름 기상청의 예보에 따른 각 사업의 수익률이 다음과 같이 예상되고 있다. 이번 여름동안 짚신사업과 우산사업의 위험인 수익률의 표준편차는 각각 얼마인가? 짚신사업(S)과 우산사업(U)의 공분산과 상관계수를 구하라. 어머니가 큰 아들에게는 가지고 있는 자금 중 60%를 투자하고 나머지 40%를 작은 아들에게 투자하는 경우, 어머니가 만든 포트폴리오의 위험은 얼마인가?

	수익률(%)		확 률
	짚신사업	우산사업	
맑 음	30	0	0.25
흐 림	10	5	0.50
비	-10	10	0.25

풀 이

짚신사업(S)과 우산사업(U)의 수익률의 표준편차는 각각 14.14%와 3.54%이며, 수익률의 공분산과 상관계수는 각각 −50(%), −1이고, 두 아들에게 투자한 어머니의 포트폴리오(P)의 위험인 표준편차는 7.07%이다.

$$\sigma_S = \sqrt{(0.3-0.1)^2(0.25)+(0.1-0.1)^2(0.50)+(-0.1-0.1)^2(0.25)} = 0.1414$$

$$\sigma_u = \sqrt{(0-0.05)^2(0.25)+(0.05-0.05)^2(0.50)+(0.1-0.05)^2(0.25)} = 0.0354$$

$$\sigma_{su} = (0.3-0.1)(0-0.05)(0.25)+(0.1-0.1)(0.05-0.05)(0.50)+(-0.1-0.1)(0.1-0.05)(0.25) = -50$$

$$\rho_{su} = \frac{-50}{\sqrt{200}\sqrt{12.5}} = -1$$

$$\sigma_p = \sqrt{(0.6)^2(\sqrt{200})^2+(0.4)^2(\sqrt{12.5})^2+2(0.6)(0.4)\sqrt{200}\sqrt{12.5}(-1)} = \sqrt{50} = 7.07$$

3. 포트폴리오효과

투자자들이 여러 주식에 분산투자하여 포트폴리오를 구성함으로써 기대수익률을 감소시키지 않으면서 투자위험을 줄이는 효과를 분산투자효과(diversification effect) 또는 포트폴리오효과(portfolio effect)라고 한다. 포트폴리오 구성자산의 수가 많으면 많을수록 개별주식의 위험이 포트폴리오위험에 미치는 영향은 감소하고 포트폴리오의 위험은 공분산의 평균에 접근하게 된다.

투자자가 n개의 증권으로 포트폴리오를 구성하여, 각 주식에 균등한 금액을 투자한다고 가정하면, 즉 $w_1 = w_2 = \cdots = w_n = 1/n$이 되며, 이 포트폴리오의 기대수익률과 분산은 다음과 같다.

$$E(R_p) = \frac{1}{n}\sum_{i=1}^{n} E(R_i)$$

$$\sigma_p^2 = \sum_{i=1}^{n} w_i^2\sigma_i^2 + \sum_{i=1}^{n}\sum_{j=1}^{n} w_i w_j \sigma_{ij} = \sum_{i=1}^{n}\left(\frac{1}{n}\right)^2\sigma_i^2 + \sum_{i=1}^{n}\sum_{j=1}^{n}\left(\frac{1}{n}\right)\left(\frac{1}{n}\right)\sigma_{ij}$$

$$= \left(\frac{1}{n}\right)^2\sum_{i=1}^{n}\sigma_i^2 + \left(\frac{1}{n}\right)^2\sum_{i=1}^{n}\sum_{j=1}^{n}\sigma_{ij}$$

단, $i \neq j$

그러므로 n개 종목으로 구성된 포트폴리오의 분산은 n개이고 공분산은 $n(n-1)$개이다. 따라서

$$\sum_{i=1}^{n}\sigma_i^2 = \overline{\sigma}^2 \times n$$

$$\sum_{i=1}^{n}\sum_{j=1}^{n}\sigma_{ij} = \overline{\sigma}_{ij}[n(n-1)]$$

$\overline{\sigma}^2$: 개별주식의 분산평균

$\overline{\sigma}_{ij}$: 공분산의 평균

그러므로 포트폴리오 분산의 평균은 다음과 같이 다시 정리할 수 있다.

$$\overline{\sigma}_p{}^2 = \left(\frac{1}{n}\right)^2\overline{\sigma}^2 n + \left(\frac{1}{n}\right)^2\overline{\sigma}_{ij}n(n-1) = \frac{1}{n}\overline{\sigma}^2 + \left(\frac{n-1}{n}\right)\overline{\sigma}_{ij}$$

$$= \frac{1}{n}(\overline{\sigma}^2 - \overline{\sigma}_{ij}) + \overline{\sigma}_{ij}$$

$\overline{\sigma}_p{}^2$: 포트폴리오의 분산평균

그러므로

$$\lim_{n\to\infty}\left[\frac{1}{n}(\overline{\sigma}^2 - \overline{\sigma}_{ij}) + \overline{\sigma}_{ij}\right] = \overline{\sigma}_{ij}$$

앞의 식에서 n이 증가함에 따라 포트폴리오의 분산은 $\overline{\sigma_{ij}}$ 에 접근함을 알 수 있다. 예를 들어 모든 주식이 각각 0.2의 상관관계를 가지고 있는 경우 모든 주식에 동일한 비율로 투자하여 포트폴리오를 구성한다면, 포트폴리오 구성 종목수에 따라 분산으로 측정된 위험의

크기는 <그림 12-1>과 같다.

<그림 12-1>을 보면 포트폴리오 구성종목수를 한 개에서 두 개로 증가시키면 위험은 급격하게 줄어들며, 구성주식수가 많아질수록 위험은 줄어든다. 그러나 종목수를 무한대로 증가시켜도 평균공분산 이하로 줄어들지 않는다. 즉, 아무리 효율적으로 분산투자하여도 일정한 크기의 위험을 부담하게 된다.

그림 12-1 포트폴리오 효과

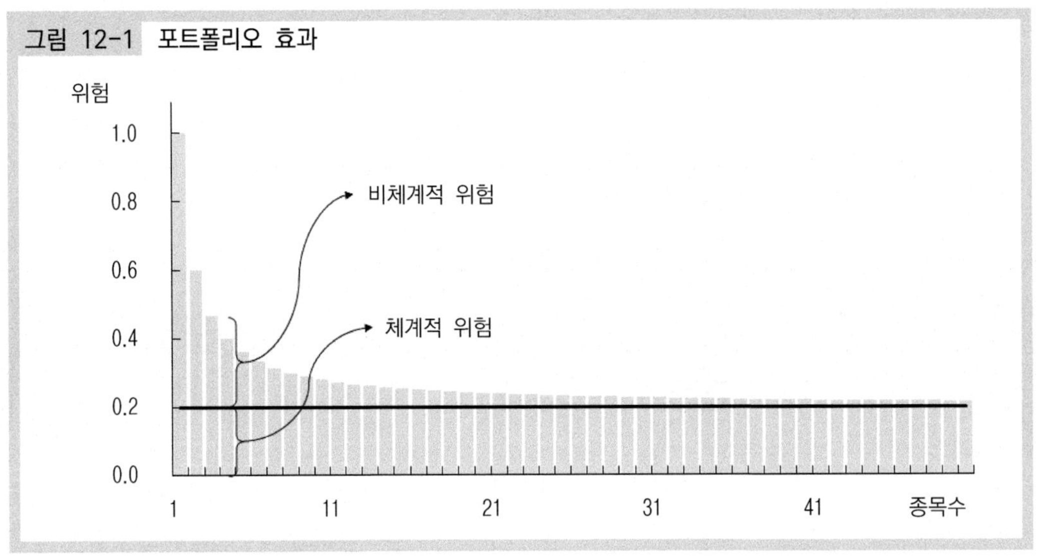

4. 체계적 위험과 비체계적 위험

투자로부터 발생하는 총위험은 분산투자로 제거시킬 수 있는 위험과 제거시킬 수 없는 위험으로 나눌 수 있다.

포트폴리오를 구성함으로써 제거되는 위험을 비체계적 위험(unsystematic risk), 분산가능위험(diversifiable risk) 또는 기업의 특수위험(firm's specific risk)이라고 한다.

비체계적 위험은 특정기업이나 산업에 국한된 요인, 즉 경영성과, 노동쟁의, 소송사건, 신제품개발, 광고활동 등으로 인하여 발생하는 위험이다. 이러한 요인들은 개별기업의 특성에 따라 발생하는 것이므로 여러 주식에 분산투자함으로써 제거할 수 있다.

체계적 위험은 전쟁, 인플레이션, 이자율의 변동, 경기변동 등과 같은 요인으로 인하여 발생하는 위험이다. 이러한 요인들은 거의 모든 주식에 공통적으로 영향을 미치기 때문에 분산투자를 하여도 제거할 수 없다. 포트폴리오를 구성하여도 제거되지 않고 남아 있는 위

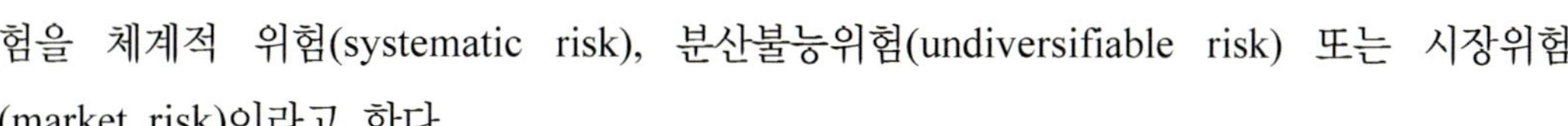

험을 체계적 위험(systematic risk), 분산불능위험(undiversifiable risk) 또는 시장위험(market risk)이라고 한다.

투자자가 많은 주식으로 구성된 포트폴리오에 투자하면 포트폴리오에 포함된 개별주식의 비체계적 위험은 사라지고 체계적 위험만이 남게 된다.

한편 포트폴리오를 구성하는 각각의 주식의 기대수익률과 위험의 크기가 다르기 때문에 개별 주식에 대하여 투자비중을 어떻게 결정하느냐에 따라 포트폴리오의 기대수익률과 위험의 크기는 달라진다.

예 제

앞의 예제에서 작은 아들이 자신에 대한 투자비중이 너무 작다고 불평하고 있다. 그러나 어머니는 큰 아들에게 좀 더 많은 투자를 하고 싶은 심정이다. 큰 아들의 짚신사업(S)에 90%의 자금을 투자하고 작은 아들의 우산사업(U)에 나머지 10%를 투자하는 경우, 그리고 큰 아들의 사업에 대한 투자비중을 10%씩 줄여나가는 대신 작은 아들의 사업에 투자비중을 10%씩 늘려나가는 경우, 어머니가 만든 포트폴리오의 기대수익률과 위험은 어떻게 변화하는가? 짚신사업과 우산사업 수익률의 상관관계는 −1이다.

풀이

짚신사업(S)의 투자비중을 10%씩 줄여나가는 대신 우산사업(U)에 투자비중을 10%씩 늘려나가는 경우, 어머니가 만든 포트폴리오의 기대수익률과 위험은 다음과 같다.

w_s	w_u	$E(R_p)$	σ_p^2
1.0	0.0	10.0	200.000
0.9	0.1	9.5	153.125
0.8	0.2	9.0	112.500
0.7	0.3	8.5	78.125
0.6	0.4	8.0	50.000
0.5	0.5	7.5	28.125
0.4	0.6	7.0	12.500
0.3	0.7	6.5	3.125
0.2	0.8	6.0	0.000
0.1	0.9	5.5	3.125
0.0	1.0	5.0	12.500

투자비중 변화에 따른 포트폴리오의 위험과 수익률의 일부 관계를 그림으로 나타내면 <그림 12-2>와 같다.

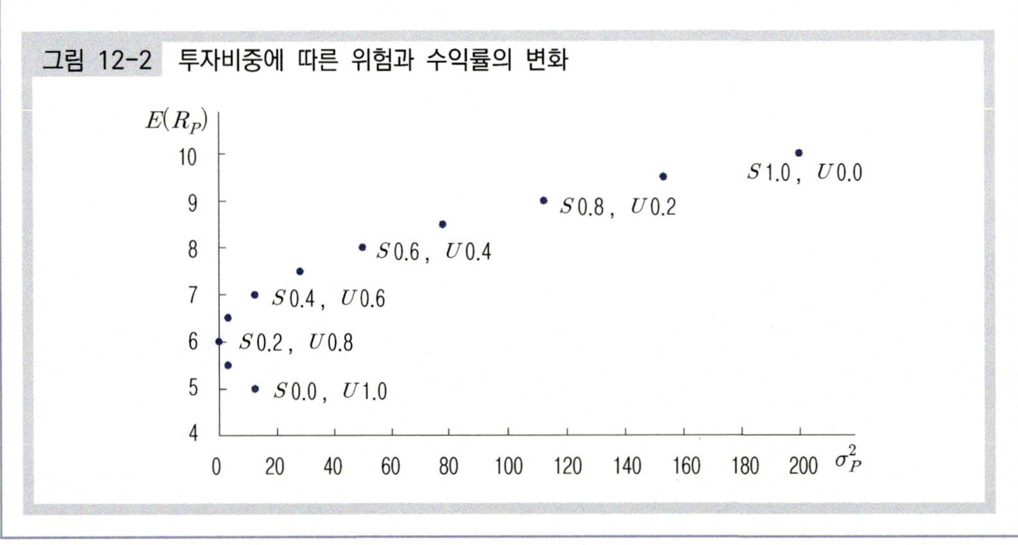

그림 12-2 투자비중에 따른 위험과 수익률의 변화

Section 2 | 효용이론

1. 효용의 개념

효용(utility)이란 인간이 어떤 목적물로부터 얻는 심리적 만족감 또는 정신적 행복감의 크기를 나타낸다.

동일한 물이라고 할지라도 사막에서 목이 마른 사람에게 물은 거의 무한대에 가까운 효용이 있겠지만, 물에 빠져 허우적거리는 사람에게는 음(−)의 효용이 있을 것이다. 주식투자로부터 100만원의 수익을 얻는다고 할지라도 억만장자와 월급쟁이의 효용의 크기는 다를 것이다. 이와 같이 효용의 크기는 투자자에 따라 다르지만, 일반적인 경제분석에서와 마찬가지로 수익이 크면 클수록 효용도 커질 것이며, 수익이 증가함에 따라 효용의 증가율인 한계효용은 체감한다.

투자자가 효용을 극대화하기 위하여 수익률과 위험을 고려한다고 할 때, 효용의 크기는 다음과 같은 효용함수(utility function)로 나타낼 수 있다.

$$E(U) = E(R) - \gamma \cdot \sigma^2$$

$E(U)$: 기대효용
γ : 위험회피계수

위의 효용함수는 위험을 회피하려는 성향을 가진 투자자에게 해당하는 것으로서, 이러한 투자자는 위험이 증가함에 따라 더 높은 기대수익률을 요구한다는 것을 의미한다.

효용함수의 형태나 수익의 확률분포를 이용하지 않고 미래수익의 평균과 분산의 두 통계치만으로 투자자의 기대효용을 나타내는 모형을 평균-분산 모형(mean-variance model)이라 한다.

효용함수를 이용하여 투자자에게 동일한 크기의 효용을 가져다주는 기대수익률과 위험의 조합을 나타낼 수 있는데, 이를 효용의 무차별곡선(indifference curve)이라고 한다. 그러므로 무차별곡선상의 어느 점에서나 투자자가 느끼는 효용의 크기는 동일하다.

예 제

증권투자에 대한 어느 투자자의 효용함수를 $U = E(R) - 0.01\sigma^2$로 표시할 수 있다고 하자. 수익률의 표준편차가 각각 0, 10, 20 등 50까지 증가하는 경우 효용이 20으로 동일하게 되는 기대수익률과 효용이 10으로 동일하게 되는 기대수익률을 각각 구하고, 각각의 효용의 무차별곡선을 한 좌표에 그려라.

풀이

효용이 20인 경우 표준편차의 크기에 따른 기대수익률은 다음과 같다.

표준편차	효 용	기대수익률	계 산
0	20	20.00	$20 + 0.01 \times 0^2$
10	20	21.00	$20 + 0.01 \times 10^2$
20	20	24.00	$20 + 0.01 \times 20^2$
30	20	29.00	$20 + 0.01 \times 30^2$
40	20	36.00	$20 + 0.01 \times 40^2$
50	20	45.00	$20 + 0.01 \times 50^2$

그러므로 효용의 무차별곡선은 <그림 12-3>과 같이 그릴 수 있다.

그림 12-3 효용의 무차별곡선

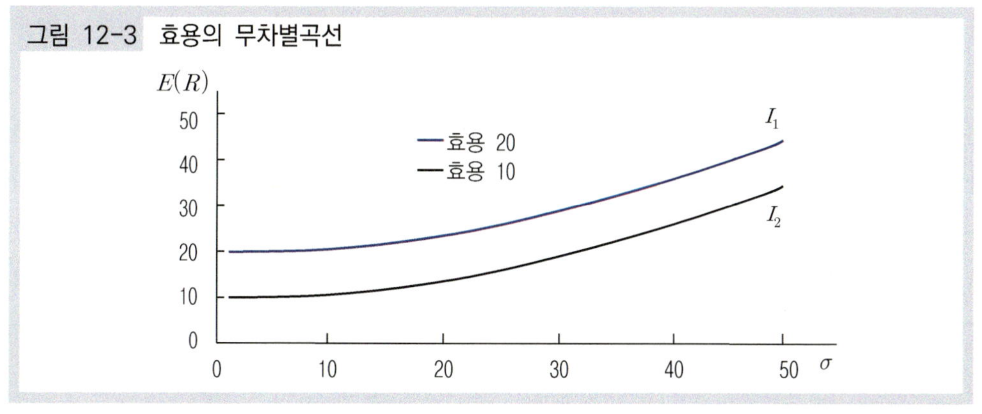

The Practice of Investments

효용의 무차별곡선은 <그림 12-3>에서 볼 수 있는 바와 같이 다음과 같은 특징을 가지고 있다. 첫째, 무차별곡선은 좌상방으로 올라갈수록 더욱 큰 효용을 나타낸다. 즉, I_2보다는 I_1이 더 큰 효용을 가진 무차별곡선이다. 둘째, 무차별곡선들은 서로 교차하지 않는다. I_1과 I_2는 서로 평행하다. 셋째, 기대수익률-표준편차 평면에 표시된 위험회피형 투자자의 무차별곡선은 양(+)의 기울기를 가지며 X축에 대하여 볼록한 모양을 갖는다. 이는 표준편차로 측정된 위험이 한 단위 증가할 때마다 동일한 효용을 얻기 위하여 요구하는 기대수익률의 크기가 점차 증가한다는 것을 의미한다.

2. 위험에 대한 태도

위험에 대한 투자자의 태도는 위험회피형, 위험추구형, 위험중립형으로 구분할 수 있다.

그림 12-4 위험과 투자자의 태도

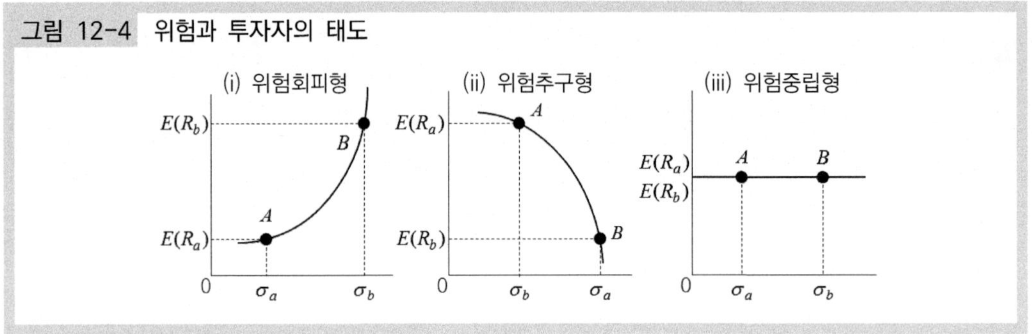

가. 위험회피형

위험회피형(risk aversion) 투자자는 위험을 싫어하는 투자자로서 위험이 증가한다면 이에 대한 보상으로 높은 수익률을 요구하는 투자자이다. 위험회피형의 효용함수는 위험이 감소함에 따라 효용은 체증적으로 증가하는 특징을 가지고 있다.

<그림 12-4>의 효용의 무차별곡선 (i)에서와 같이 위험회피형의 투자자는 B의 위험이 A에 비하여 크기 때문에 위험증가에 따른 수익률의 증가가 있어야만 B에서 A와 동일한 크기의 효용을 갖는다.

그런데 위험회피형의 투자자 중에서도 위험을 회피하려는 정도는 투자자의 특성에 따라 서로 다르며, 효용의 무차별곡선도 그 모양을 달리한다. <그림 12-5>에서 볼 수 있는 바와 같이 적극적 투자자(aggressive investor)는 위험이 Δa 만큼 증가할 때, 수익률이 Δr 만큼 증가할 것을 요구한다. 그러나 소극적 투자자(conservative investor)는 위험이 Δa 보다 작은

Δc 만큼 증가함에도 불구하고 수익률이 Δr 만큼 증가되어야 한다고 요구한다. 따라서 위험회피 성향이 큰 투자자일수록 효용의 무차별곡선의 기울기가 상대적으로 크다는 것을 알 수 있다.

제무관리나 투자론에서 투자자는 위험회피형이라고 가정한다. 이는 현실적으로 위험프리미엄이 존재하고 있기 때문이다. 위험프리미엄(risk premium)이란 기대수익률과 무위험수익률의 차이로서 위험부담에 대한 대가로서 주어지는 것이다. 즉, 일반적으로 더 큰 위험을 가지고 있는 자산은 더 높은 기대수익률을 가지고 있다(high risk, high return). 이는 투자자가 위험부담의 대가를 요구하고 있기 때문이므로 투자자가 위험회피형이라는 것을 의미하는 것이다.

그림 12-5 위험회피의 정도

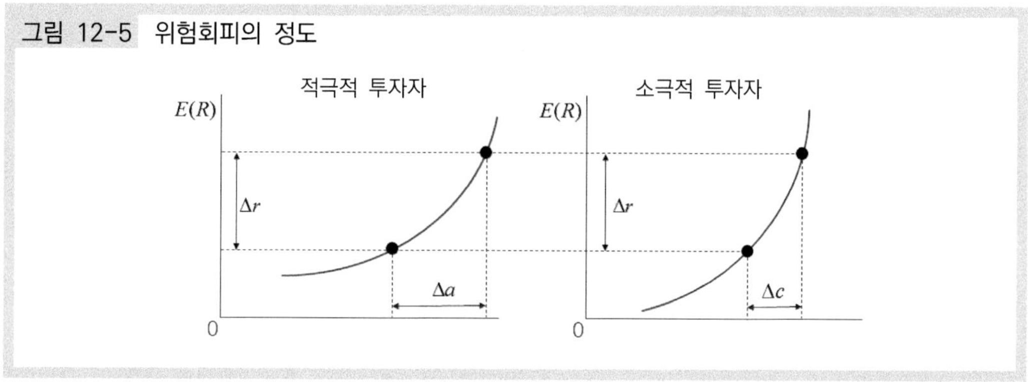

나. 위험추구형

위험추구형(risk seeking) 투자자는 위험을 선호하는 투자자로서 비록 수익률이 낮아지더라도 큰 위험을 기꺼이 부담하려고 하는 투자자이다. 위험추구형의 효용함수는 수익률이 증가함에 따라 효용은 체증적으로 증가하는 특징을 가지고 있다. <그림 12-4>의 (ii)에서와 같이 위험추구형의 투자자는 B의 수익률이 A에 비하여 작아지더라도 위험이 커졌기 때문에 A와 B에 대하여 동일한 크기의 효용을 갖는다.

다. 위험중립형

위험중립형(risk neutral) 투자자는 위험의 크기에 관계없이 기대수익률에 따라서만 행동하는 투자자이다. 위험중립형의 효용함수는 수익률의 선형함수이다. <그림 12-4>의 (iii)에서와 같이 위험중립형의 투자자는 B와 A의 수익률은 동일하므로 B의 위험이 A에 비하여 커지더라도 A와 B에 대하여 동일한 크기의 효용을 갖는다.

Section 3 | 분산투자이론

포트폴리오이론은 마코위츠(H. M. Markowitz)에 의해 처음으로 제시되었다. 그는 포트폴리오의 상관관계를 고려하면 수익률을 유지하면서 위험을 감소시킬 수 있다는 것을 설명하였고, 또한 투자비율을 조정함으로써 기대수익률이 동일한 포트폴리오들 중에서 분산이 가장 작은 포트폴리오를 선택할 수 있는 방법을 제시하였다.

1. 마코위츠이론의 가정

마코위츠는 다음과 같은 가정 하에서 그의 이론을 전개하였다.

① 투자자들은 위험회피적이고 기대효용을 극대화하려 한다.

② 투자자들은 주식의 미래수익률에 대한 확률분포를 고려하여 투자를 결정한다.

③ 투자자들은 주식의 기대수익률과 표준편차에 의존하여, 즉 평균-분산모형에 따라 투자대상을 선택한다.

④ 모든 투자자들의 투자기간은 1기간으로 동일하다.

2. 상관계수와 위험

포트폴리오의 위험분석에서 상관계수가 중요시되는 이유는 주식수익률간의 상관계수가 1보다 작은 주식들을 결합함으로써 기대수익률을 희생시키지 않으면서 위험을 감소시킬 수 있기 때문이다.

예 제

주식 X와 Y의 기대수익률과 위험이 다음과 같은 경우, 상관관계가 +1, 0, −1로 각각 다를 때의 포트폴리오의 기대수익률과 위험을 각각 측정하라.

	기대수익률	표준편차	투자비율
주 식 X	5%	20%	0.5
주 식 Y	15%	40%	0.5

풀이

① 두 주식의 수익률간의 상관계수가 +1인 경우

$$E(R_p) = w_X E(R_X) + w_Y E(R_Y)$$
$$= (0.5)(5) + (0.5)(15) = 10$$

$$\sigma_p = \sqrt{w_X^2\sigma_X^2 + w_Y^2\sigma_Y^2 + 2w_X w_Y \sigma_X \sigma_Y(+1)}$$
$$= \sqrt{(0.5)^2(20)^2 + (0.5)^2(40)^2 + 2(0.5)(0.5)(20)(40)(+1)} = 30$$

② 두 주식의 수익률간의 상관계수가 0인 경우

$$E(R_p) = w_X E(R_X) + w_Y E(R_Y)$$
$$= (0.5)(5) + (0.5)(15) = 10$$
$$\sigma_p = \sqrt{w_X^2\sigma_X^2 + w_Y^2\sigma_Y^2 + 2w_X w_Y \sigma_X \sigma_Y(0)}$$
$$= \sqrt{(0.5)^2(20)^2 + (0.5)^2(40)^2 + 0} = 22.36$$

③ 두 주식의 수익률간의 상관계수가 −1인 경우

$$E(R_p) = w_X E(R_X) + w_Y E(R_Y)$$
$$= (0.5)(5) + (0.5)(15) = 10$$
$$\sigma_p = \sqrt{w_X^2\sigma_X^2 + w_Y^2\sigma_Y^2 + 2w_X w_Y \sigma_X \sigma_Y(-1)}$$
$$= \sqrt{(0.5)^2(20)^2 + (0.5)^2(40)^2 + 2(0.5)(0.5)(20)(40)(-1)} = 10$$

이상의 내용을 종합하면 다음과 같다.

	상관계수		
	+1	0	−1
기 대 수 익 률	10%	10.00%	10%
표 준 편 차	30%	22.36%	10%

위의 예제에서 보는 바와 같이 두 주식의 수익률간의 상관계수의 크기에 관계없이 포트폴리오의 기대수익률은 일정하지만 위험의 크기는 상관계수에 따라 변화함을 알 수 있다. 두 주식의 수익률간의 상관계수가 +1이면 두 주식이 결합되어도 위험의 분산효과가 나타나지 않지만, 상관계수가 1보다 작고 −1에 가까울수록 분산효과가 더 크게 나타난다.

3. 최소분산포트폴리오

포트폴리오의 위험은 상관관계가 적은 주식을 결합함으로써 감소될 수도 있지만, 투자비율을 적절하게 변경함으로써도 감소시킬 수 있다. 투자비율을 적절하게 조절함으로써 위험이 최소가 되는 포트폴리오를 구성할 수 있는데, 이때의 포트폴리오를 최소분산포트폴리오(minimum variance portfolio: MVP)라 하며, 두 증권으로 구성된 포트폴리오의 위험을 최소로 하는 투자비율은 다음과 같다.

$$w_X = \frac{\sigma_Y^2 - \sigma_{XY}}{\sigma_X^2 + \sigma_Y^2 - 2\sigma_{XY}} = \frac{\sigma_Y^2 - \sigma_X \sigma_Y \rho_{XY}}{\sigma_X^2 + \sigma_Y^2 - 2\sigma_X \sigma_Y \rho_{XY}}$$

$$w_Y = 1 - w_X$$

예 제

앞의 예제에서 살펴본 두 증권 X, Y의 투자비율을 달리할 때, 상관관계가 -1, 0, +1인 경우, ① 포트폴리오의 기대수익률과 위험을 각각 측정하라. ② 위험을 최소화하기 위한 X, Y에 대한 투자비중은 각각 얼마인가?

풀 이

① 두 증권의 상관계수가 다른 경우, 투자비율을 달리할 때 각각의 경우 기대수익률과 표준편차를 표로 나타내면 다음 표와 같고 그림으로 나타내면 <그림 12-6>과 같다.

w_X	w_Y	$E(R_p)$	σ_p		
			$\rho_{XY}=+1$	$\rho_{XY}=0$	$\rho_{XY}=-1$
2.0	-1.0	-5.00	0.00	56.57	80.00
1.0	0.0	5.00	20.00	20.00	20.00
0.8	0.2	7.00	24.00	17.89	8.00
2/3	1/3	8.33	26.67	18.86	0.00
0.6	0.4	9.00	28.00	20.00	4.00
0.5	0.5	10.00	30.00	22.36	10.00
0.4	0.6	11.00	32.00	25.30	16.00
0.2	0.8	13.00	36.00	32.25	28.00
0.0	1.0	15.00	40.00	40.00	40.00

그림 12-6 상관계수, 투자비율, 기대수익률, 위험의 관계

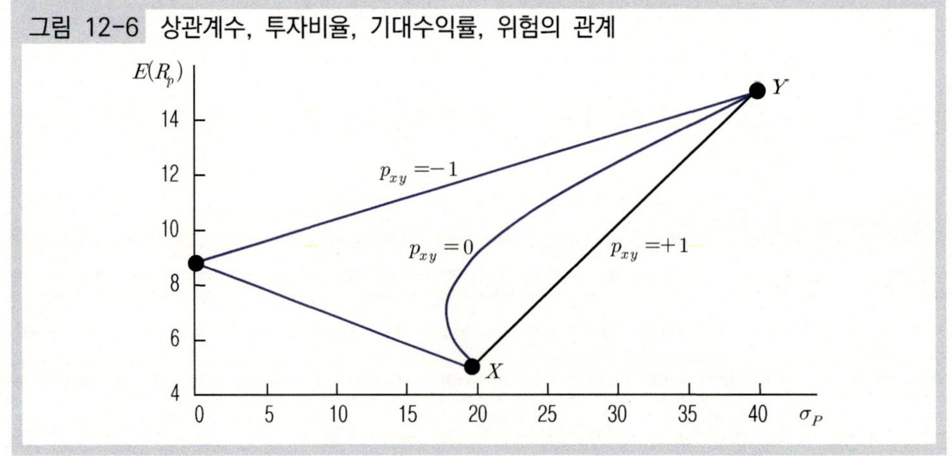

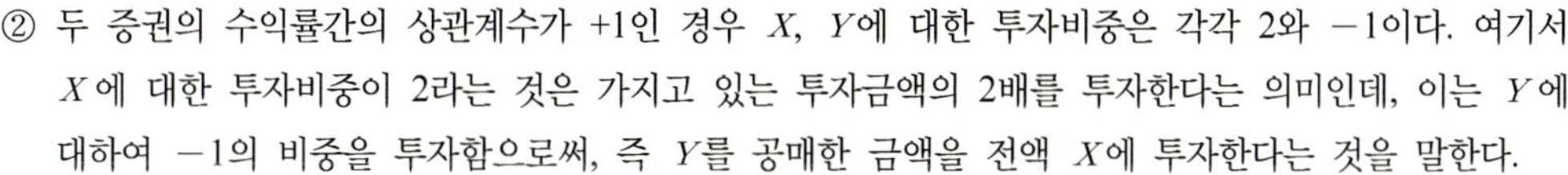

② 두 증권의 수익률간의 상관계수가 +1인 경우 X, Y에 대한 투자비중은 각각 2와 -1이다. 여기서 X에 대한 투자비중이 2라는 것은 가지고 있는 투자금액의 2배를 투자한다는 의미인데, 이는 Y에 대하여 -1의 비중을 투자함으로써, 즉 Y를 공매한 금액을 전액 X에 투자한다는 것을 말한다.

$$w_X = \frac{40^2-(20)(40)(1)}{20^2+40^2-2(20)(40)(1)} = 2\,,\ w_Y = 1-w_X = -1$$

두 증권의 수익률간의 상관계수가 0인 경우 X, Y에 대한 투자비중은 각각 0.8과 0.2이다.

$$w_X = \frac{40^2-(20)(40)(0)}{20^2+40^2-2(20)(40)(0)} = 0.8,\ w_Y = 1-w_X = 0.2$$

주 증권의 수익률간의 상관계수가 -1인 경우 X, Y에 대한 투자비중은 각각 2/3와 1/3이다.

$$w_X = \frac{40^2-(20)(40)(-1)}{20^2+40^2-2(20)(40)(-1)} = \frac{2}{3},\ w_Y = 1-w_X = \frac{1}{3}$$

Section 4 | 최적포트폴리오

1. 지배원리

이성적인 투자자라면 기대효용을 극대화하기 위하여, 위험수준이 같은 주식 중에서는 기대수익률이 가장 높은 주식에 투자하고, 기대수익률이 같은 주식 중에서는 위험이 가장 작은 주식에 투자하려고 할 것이다. 이와 같은 투자원칙을 지배원리(dominance principle)라 한다. 지배원리는 평균-분산모형(mean-variance model: M-V model)에 입각하여 위험을 회피하는 투자자들의 선호체계를 나타내는 투자안의 선택기준이다.

그림 12-7 지배원리

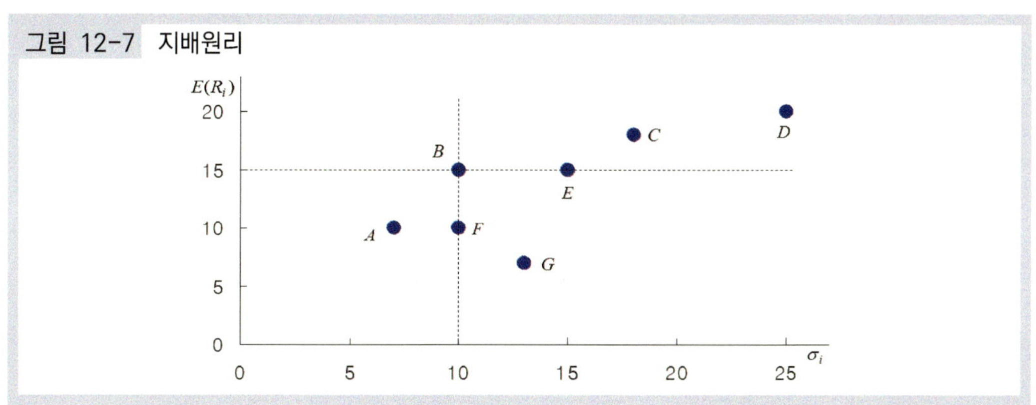

투자대상 개별주식의 위험과 수익률이 <그림 12-7>과 같다고 하자. 지배원리에 따라 B와

F는 위험의 크기가 동일하나 B의 수익률이 F보다 더 크기 때문에 B는 F를 지배하고, B와 E는 수익률의 크기는 동일하나 B에 비하여 E의 위험이 더 크기 때문에 B는 E를 지배한다. G는 B에 비하여 수익률이 낮으면서도 위험은 오히려 더 크므로 당연히 B의 지배를 받는다. 그러나 A, B, C, D는 어느 주식으로부터도 지배를 받지 않으므로 이들 주식이 효율적 투자대상이 된다.

지배원리는 개별주식 뿐만 아니라 포트폴리오의 경우에도 동일하게 적용할 수 있다.

2. 효율적 프론티어

포트폴리오의 기대수익률과 위험을 측정하여 위험-수익 좌표에 표시하면 투자가능한 투자기회집합(investment opportunity set)을 얻을 수 있다.

합리적인 투자자라면 지배원리에 따라 다른 모든 포트폴리오를 지배하는 투자기회집합 선 상에 있는 포트폴리오 중 하나를 선택하게 된다. 이와 같은 투자기회집합선상의 포트폴리오를 효율적 포트폴리오(efficient portfolio)라 하고, 투자기회집합선을 효율적 프론티어(efficient frontier)라고 한다.

<그림 12-8>에서 EF는 DE를 지배하므로 EF가 효율적 프론티어이다. 그리고 E는 효율적 투자선에서 가장 작은 분산을 갖는 최소분산포트폴리오이다.

일반적으로 증권시장에서 거래되는 주식들의 주가변화는 전체 경제의 움직임과 밀접한 관계에 있다. 따라서 두 주식의 수익률의 상관계수가 +1이나 −1의 값을 갖는 경우는 거의 없고 대부분 1과 −1 사이의 값을 갖게 되어, 포트폴리오의 기대수익률과 표준편차의 조합은 완만한 곡선을 이루며, 효율적 투자선 또한 완만한 곡선을 이룬다.

그림 12-8 효율적 프론티어

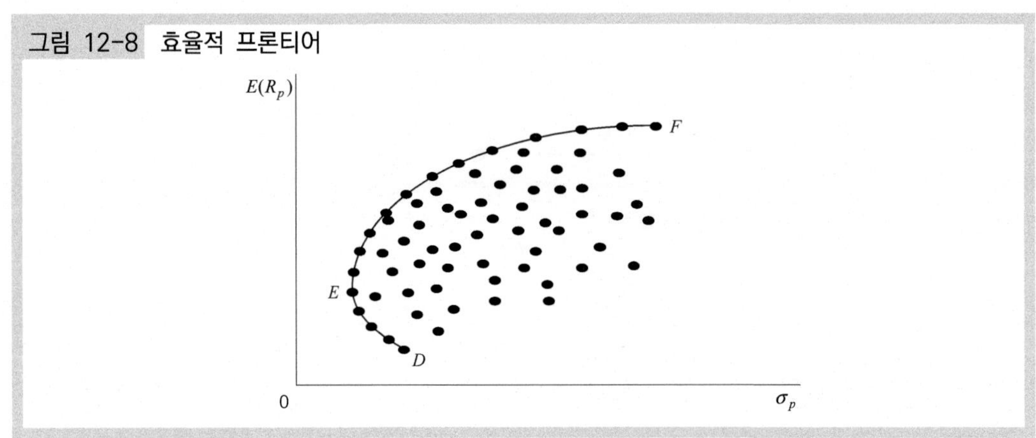

3. 최적포트폴리오의 선택

지배원리에 따라 투자대상을 평가한 결과 여러 개의 효율적 투자대상이 발견되었다고 하자. 그렇다면 이 중에서 어느 투자대상이 최적의 투자대상인가? 지배원리는 투자자들의 기대효용 극대화와 위험회피 성향을 가정한 것이기 때문에 이에 대한 명쾌한 답을 제시하지 못한다.

그러나 지배원리에 의한 효율적 프론티어를 나타낸 평균-분산모형에다가 각 투자자의 위험회피의 정도를 나타내는 효용의 무차별곡선을 접합시키면, <그림 12-9>에서 볼 수 있는 바와 같이 투자자는 효율적 프론티어 상에서 자신의 효용을 극대화시키는 최적의 포트폴리오를 선택할 수 있게 된다.

즉, 위험회피성이 강한 투자자는 X_0, X_1 과 같은 효용의 무차별 곡선을 가질 것이다. X_1 의 효용이 X_0보다 크지만 선택할 수 있는 포트폴리오가 존재하지 않으므로, 결국 투자자는 자신의 효용의 무차별곡선 X_0 와 접하게 되는 X를 선택할 것이다. 위험회피성이 작은 투자자는 Y_0, Y_2와 같은 효용의 무차별 곡선을 가질 것이다. 그런데 Y_2 보다는 Y_0의 효용이 크므로 투자자는 자신의 효용의 무차별곡선 Y_0 와 접하게 되는 Y를 선택하게 될 것이다. 이때 선택된 X 또는 Y 포트폴리오를 최적포트폴리오(optimal portfolio)라고 한다.

이제까지 설명한 최적포트폴리오 선택과정을 정리하면 첫째, 기대수익률과 분산이라는 두 요인, 즉 평균-분산기준으로 투자대상의 특성을 파악한다. 둘째, 지배원리에 따라 다른 투자대상을 지배하는 효율적 포트폴리오를 선정한다. 셋째, 지배원리를 충족시키는 효율적 포트폴리오 중에서 투자자의 위험에 대한 태도에 따라 최적투자대상을 선택한다.

그림 12-9 최적포트폴리오의 선택

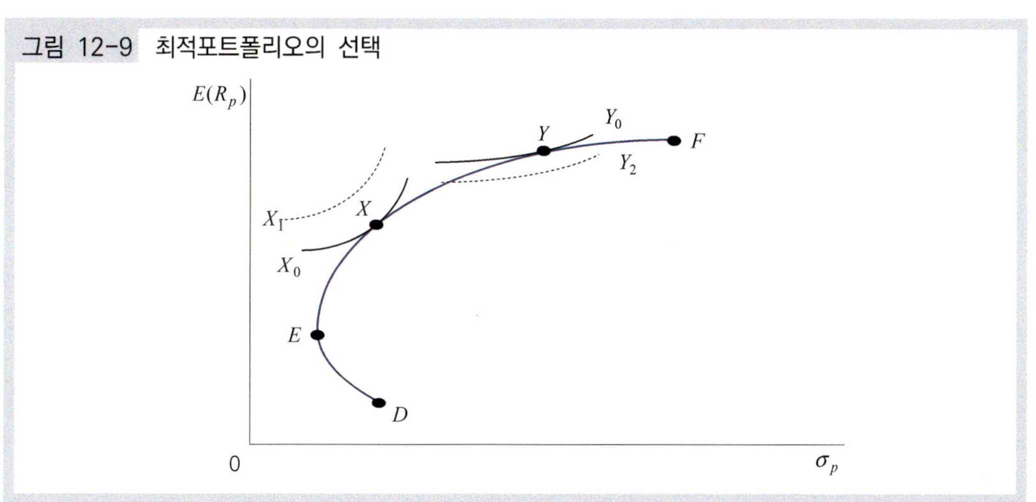

읽을거리 분산투자냐 '몰빵'이냐…부자들 선택은?

달걀을 한 바구니에 담을까 말까. 지금은 주식을 살 때인가 팔 때인가.

부자들은 투자 갈림길에서 어떤 선택을 할까. 6일 KB금융지주 경영연구소가 발표한 '2018 한국 부자 보고서'를 통해 갈림길에 선 부자들이 어떤 길을 택하고 있는지 알아봤다. 이 보고서상 부자의 기준은 부동산을 제외한 금융자산 10억원 이상이다.

주식 욕심낼 때? 두려워할 때?

지금은 주식을 살 때인가 팔 때인가. 주식 투자자들의 영원한 고민이다. 무릎에 사서 어깨에 팔라는 주식 명언이 있지만 무릎에서는 주가가 더 떨어질 것이란 '두려움'에, 어깨에선 주가가 더 오를 것이란 '욕심'에 투자자들은 갈팡질팡하게 된다.

세계적 투자가 워렌 버핏(Warren Buffett)은 "남들이 두려워할 때 욕심을 내고, 남들이 욕심을 낼 때 두려워하라"고 말했다.

'2018 한국 부자 보고서'에 따르면 올해 한국 부자의 주식 비중은 줄고 있다.

한국 부자가 보유한 금융자산 중 주식이 차지하는 비중은 11.8%를 기록했다. 2012년 부자 보고서를 처음 작성한 이후 최저치다. 보고서는 이에 대해 "미국의 금리인상 기조, 미국과 중국 무역 분쟁, 신흥국 경기 둔화 등의 영향으로 주식시장에 대한 기대감이 크게 낮아졌기 때문"이라고 분석했다.

부자의 주식보유 비율은 54%로 전년조사보다 20.1%p 떨어졌다. 올해 주식시장에 대한 의구심을 반영한 결과다. 다만 부자의 주식 평가액은 평균 3억6000만원으로 일반 투자자(3400만원)보다 10배 이상 많았다. 지금이 주식에 투자할 최적의 타이밍은 아니지만 부자에게 주식은 여전히 중요한 투자처인 셈이다.

주식 투자 성과에 대한 눈높이는 높아지고 있다. 부자들이 주식투자에서 기대하는 연간 수익률은 20%로 조사됐다. 2015년 9%에 비하면 3년 새 2배 이상 증가한 것이다. 하지만 기대가 크면 실망도 크다. 주식에 대한 높은 기대감이 부자들이 주식시장을 떠나는 또 다른 이유가 될 수 있는 셈이다.

보유주식 종목수 분포 (단위: %)

보유 종목수	전체 투자자	한국 부자(금융자산 10억원 이상)	
		50억원 미만	50억원 이상
1 종 목	41.6	4.7	4.5
2 ~ 3 종 목	29.5	49.4	29.6
4 ~ 5 종 목	12.1	22.7	25.0
6 ~ 9 종 목	9.3	11.0	11.4
10개 이상	7.5	12.2	29.5

분산투자? 몰빵?

'계란을 한 바구니에 담지마라'는 투자원칙처럼 들리지만 이에 대한 의견은 분분하다.

'월가의 영웅'으로 불린 전설적 펀드매니저 피터 린치(Peter Lynch)는 "10개 종목에 투자하면 2~3개는 10배가 넘는 수익을, 5~6개는 그저 그런 수익을, 1~2는 큰 손실을 냈다"며 분산투자를 강조했다. 반면 워렌 버핏은 "분산투자는 무지를 덮기 위한 방어막"이라며 분산투자에 대한 환상을 깨야한다고 주장했다.

한국 부자들은 분산투자 쪽에 무게를 싣는 분위기다. 이 보고서에 따르면 1개 주식 종목만 보유한 부자는 4.6%에 불과했다.

그렇다고 10개 이상 종목에 투자하는 적극적인 분산투자도 많지 않았다. 10개 이상 종목에 투자한 부자는 12.2%에 머물렀다. 2~3개 종목에 투자한 부자가 49.4%로 가장 많았고 그 뒤를 4~5개 종목(22.7%), 6~9개(11%) 등이 이었다. 주식 투자 종목 2~3개는 보기에 따라 분산투자도, '몰빵'도 될 수 있는 수준이다.

여러 종목을 가지고 있더라도 주식 투자금의 절반 이상을 한 종목에 투자하는 부자가 54.1%에 이르렀다. 이에 대해 이 보고서는 "충분한 분산 투자가 이뤄지고 있다고 보기 어렵다"고 분석했다.

가상화폐 기회? 거품?

올해 초 광풍을 일으킨 가상화폐에 대해 부자는 어떤 생각을 갖고 있을까. 테슬라 등에 투자해 큰 수익을 거둔 벤처투자자 팀 드레이퍼(Tim Draper)는 가상화폐에 대해 "인터넷보다 더 큰 기회"라고 높이 평가했지만 노벨 경제학상 수상자 로버트 쉴러(Robert Shiller)는 "비트코인에 대한 관심은 전염병 같은 광풍이자 투기적 거품"이라고 폄하했다.

이 보고서에 따르면 가상화폐에 투자한 한국 부자 비중은 4%에 불과했다. 올 3월 한국금융투자자보호재단 조사에 따르면 가상화폐에 투자한 일반인 비중은 6.4%였다.

하지만 과거 투자경험까지 포함하면 결과는 달라진다. 부자 중 현재 가상화폐를 갖고 있지 않지만 과거 투자 경험이 있는 비중은 20.3%로 껑충 뛴다. 반면 일반 투자자 중 과거 가상화폐 투자 경험이 있는 일반 투자자 비중은 13.9%에 머무른다.

돈이 많을수록 가상화폐에 대한 경험이 더 많았다. 금융자산 50억원 이상 부자 중 가상 화폐에 투자한 경험이 있는 비율은 28.2%로 10억~50억원 부자(23.5%)보다 높았다.

하지만 앞으로 가상화폐에 투자할 의향은 낮았다. 가상화폐에 투자의향을 갖고 있는 부자는 2.3%에 불과했다. 74.8%는 투자의향이 없다고 답했다. 이 보고서는 "부자들이 가상화폐에 성장성에 의구심을 갖고 있다"고 분석했다.

<비즈니스워치 2018.08.06.>

CHAPTER

12 연습문제

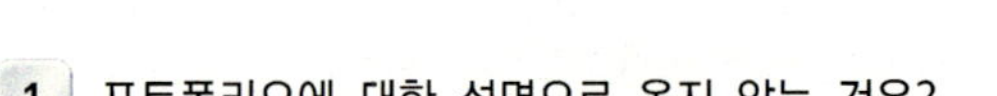

1 포트폴리오에 대한 설명으로 옳지 않는 것은?

① 좁은 의미로서 증권시장에서 거래되는 주식, 사채 등의 금융자산의 집합을 말한다.

② 투자자들이 포오트폴리오에 투자하는 이유는 기대수익률을 감소시키지 않으면서 위험을 줄일 수 있기 때문이다.

③ 개별주식의 수익률과 시장 포오트폴리오의 수익률간의 관계를 나타낸 선을 증권특성선이라고 한다.

④ 분산투자를 하여도 제거시킬 수 없는 위험을 비체계적 위험이라고 한다.

2 high risk, high return이란 말에서 risk를 가장 적절하게 나타내는 것은?

① 투자손실금액 ② 투자손실비율

③ 주가의 변동성 ④ 주가의 하한가

3 포트폴리오 구성종목수가 증가하면 감소하는 위험은?

① 체계적 위험 ② 분산불능위험

③ 시장위험 ④ 기업고유위험

4 주식투자시 부담해야 하는 총위험의 크기는?

① 체계적 위험 + 분산가능위험

② 체계적 위험 + 분산불능위험

③ 체계적 위험 + 시장위험

④ 비체계적 위험 + 기업고유위험

5 뮤추얼 펀드의 위험을 가장 잘 설명한 것은?

① 시장포트폴리오의 위험과 크기가 같다.

② 무위험자산의 위험과 크기가 같다.

③ 개인의 직접투자의 경우보다 크다.

④ 개인의 직접투자의 경우보다 작다.

6 다음 중 비체계적 위험에 속하지 않는 것은?

① 이자율 ② 경영자의 자질

③ 노사관계 ④ 업종

7 코스피200에 속한 기업으로 구성된 포트폴리오에 투자하는 경우, 투자자가 고려하여야 하는 위험은?

① 기업 특유 위험 ② 비체계적 위험
③ 분산가능 위험 ④ 시장위험

8 채권투자를 하려고 한다. 여러 회사의 채권을 구입하면 비교적 위험을 분산시킬 수 있다고 한다. 이 경우 분산될 수 있는 위험은?

① 채무불이행 위험 ② 이자율 위험
③ 체계적 위험 ④ 구매력 위험

9 주사위 던지기 게임을 하려고 한다. 나오는 숫자를 맞추면 내기에 건 돈의 10배를 상금으로 받고, 못 맞추면 내기에 건 돈을 모두 잃게 된다. 한 번의 내기 금액을 100원에서 1,000원으로 올리는 경우, 이 게임의 위험은 어떻게 변하는가?

① 변화하지 않는다. ② 더 커진다.
③ 더 작아진다. ④ 기대수익률과의 관계에 따라 다르다.

10 합리적이고 이성적인 투자자들은 위험에 대하여 어떠한 태도를 취하는가?

① 회피 ② 중립
③ 선호 ④ 이상 세가지 모두

11 그림에서 위험회피형 투자자 중 보다 더 적극적으로 위험을 회피하려는 투자자의 무차별곡선은?

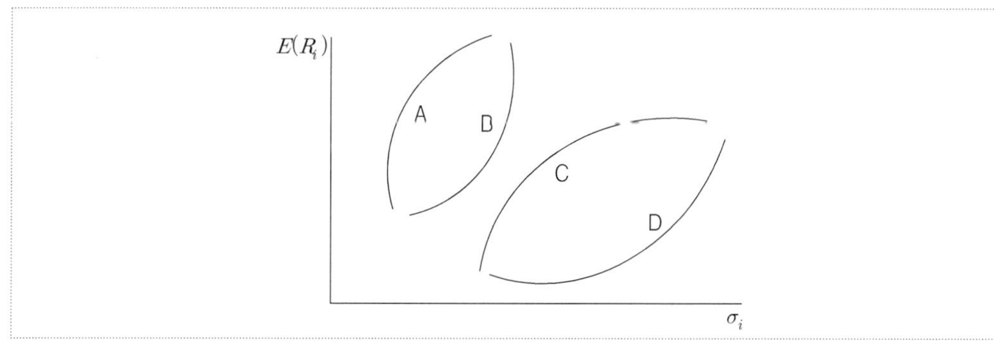

① A ② B
③ C ④ D

12 지배원리란?

① 서로 다른 크기의 위험을 가진 자산 중 수익률이 작은 자산이 수익률이 큰 자산을 지배한다.
② 동일한 크기의 위험을 가진 자산 중 수익률이 큰 자산이 수익률이 작은 자산을 지배한다.
③ 서로 다른 크기의 위험을 가진 자산 중 수익률이 큰 자산이 수익률이 작은 자산을 지배한다.
④ 동일한 크기의 위험을 가진 자산 중 수익률이 작은 자산이 수익률이 큰 자산을 지배한다.

13 투자안의 기대수익률과 표준편차가 다음과 같다. A와 B, 그리고 C와 D 중에서 각각 위험회피 투자자가 선호하는 투자는 어느 것인가?

	기대수익률	표준편차
A	10%	10%
B	12%	10%
C	11%	12%
D	11%	13%

① A C ② A D
③ B C ④ B D

14 포트폴리오의 위험에 관한 설명 중 틀린 것은?

① 개별자산들의 수익률의 상관계수가 완전무상관(상관계수가 0)인 경우 포트폴리오의 위험은 가장 작아진다.
② 자산들간의 수익률의 상관관계가 완전 정의 상관관계(상관계수가 1)인 경우 포트폴리오의 효과는 나타나지 않는다.
③ 개별자산이 포트폴리오의 위험에 공헌하는 정도는 개별자산에 대한 투자비율과 포트폴리오와의 공분산에 의해 결정된다.
④ 이론적으로 개별자산의 비체계적위험은 포트폴리오 구성을 통해 모두 없앨 수 있다.

15 포트폴리오이론에서 투자대상을 선택하는 과정을 가장 잘 설명하고 있는 것은?

① 지배원리를 충족하는 효율적 증권을 선택한 후, 이 중에서 투자자의 위험선호도에 적합한 최적 증권을 선택한다.
② 지배원리를 충족하는 효율적 증권을 선택한 후, 이 중에서 위험을 최소화하는 증권을 선택한다.
③ 동일한 위험을 가진 투자대상들 중에서 기대수익률이 가장 높은 투자대상 또는 동일한 기대수익률을 가진 투자대상들 중에서 위험이 가장 낮은 증권을 선택한다.
④ 동일한 기대수익률을 가진 투자대상들 중에서 기대수익률이 실현되지 않을 가능성이 가장 낮은 투자대상을 선택한다.

정답

1.	④	2.	③	3.	④	4.	①	5.	④	6.	①	7.	④	8.	①	9.	②	10.	①
11.	②	12.	②	13.	③	14.	①	15.	①										

CHAPTER 13

자본자산가격 결정모형

증권투자에서
평균 이상의 수익률을 올리는 사람에는 두 부류가 있다.
노력한 만큼 돈을 버는 노력파.
그리고 행운으로 돈을 버는 행운파.
그러나 행운파는 액운 때문에 결국 망한다.

〈홍영복〉

자본자산가격결정모형(capital assets pricing model: CAPM)은 현대자본시장이론의 주축을 이루는 것으로서 자본시장이 균형상태에 있을 때 투자자들이 마코위츠의 이론에 따라 행동한다면 자본자산의 가격이 어떻게 결정되는가를 설명하는 모형이다. CAPM은 협의로는 증권시장선만을 의미하나, 광의로는 자본시장선도 포함한다.

CAPM은 다음과 같은 가정하에서 도출될 수 있다.

① 모든 투자자들은 기대효용을 극대화하고자 하는 위험회피형이며 위험자산에 투자할 경우 마코위츠의 평균-분산모형에서 효율적 프론티어 상에 있는 포트폴리오에 투자한다.

② 모든 투자자들은 자본자산의 기대수익률, 분산 등에 대하여 동질적인 예측(homogeneous expectation)을 한다.

③ 무위험자산이 존재하며 투자자들은 무위험이자율로 투자자금을 얼마든지 차입하거나 대출할 수 있다.

④ 모든 투자자들은 동일한 단일투자기간(single period)을 가지고 있으며, 모든 자본자산은 무한히 분할 가능하다.

⑤ 증권시장에는 무수히 많은 투자자들이 참여하고 있으며 특정개인이 시장에 영향을 미치지 못하는 완전경쟁시장이다.

⑥ 증권시장은 완전자본시장이다. 세금과 거래비용 등 거래의 제약요소가 존재하지 않으며 정보의 수집에 비용이 들지 않고 장애요소가 없어 모든 투자자가 동일한 정보를 소유한다. 이자율의 변동과 인플레이션도 없다.

⑦ 증권시장은 균형상태이므로 증권의 수요와 공급이 일치하는 수준에서 각 증권의 가격이 형성된다.

Section 1 | 자본시장선

1. 무위험자산의 존재

마코위츠의 이론에서는 투자대상을 위험증권으로 제한하였다. 그러나 투자자가 주식과 같은 위험자산뿐만 아니라 무위험자산에도 투자할 수 있다면 포트폴리오를 어떻게 구성할 수 있을까?

무위험자산(riskless assets, risk-free assets)이란 미래의 현금흐름에 불확실성이 없이 확실한 투자수익을 얻을 수 있는 자산을 말한다. 엄밀한 의미에서 무위험자산은 이자율의 변

동이나 인플레이션에도 전혀 영향을 받지 않는 자산이어야 한다. 그러나 현실적으로 이러한 자산을 찾기란 매우 어려우므로 일반적으로 만기가 짧은 정부발행채권이나 국채, 보증사채, CD, 정기예금 등을 무위험자산의 대용치로 사용한다.

무위험자산을 고려하게 되면 효율적 포트폴리오는 위험증권만을 대상으로 하는 경우와는 크게 달라지게 된다. 첫째, 마코위츠가 제시한 효율적 프론티어가 더 이상 효율적이지 않게 되며, 둘째, 새로운 효율적 투자선은 곡선이 아니라 직선의 모양을 갖는다.

<그림 13-1>에서 포트폴리오에 무위험자산 R_f를 포함시킬 경우의 투자선 R_fQL은 위험있는 주식만으로 구성된 포트폴리오의 효율적 투자선 EL을 지배하게 된다. Q는 위험자산 L에 40%를 그리고 무위험자산 R_f에 60%를 투자하는 경우의 포트폴리오이다. R_fQL의 포트폴리오는 EL의 포트폴리오에 비하여 동일한 기대수익률에서는 위험이 적으며 동일한 위험수준에서는 기대수익률이 높다. 따라서 이제 R_fQL이 새로운 효율적 투자선이다. 동일한 논리로 R_fMN이 R_fQL보다 더 효율적이며, 이 직선 위에 놓인 포트폴리오가 최적 포트폴리오가 된다. 따라서 마코위츠의 효율적 투자선은 더 이상 효율적이지 않다.

그림 13-1 자본시장선

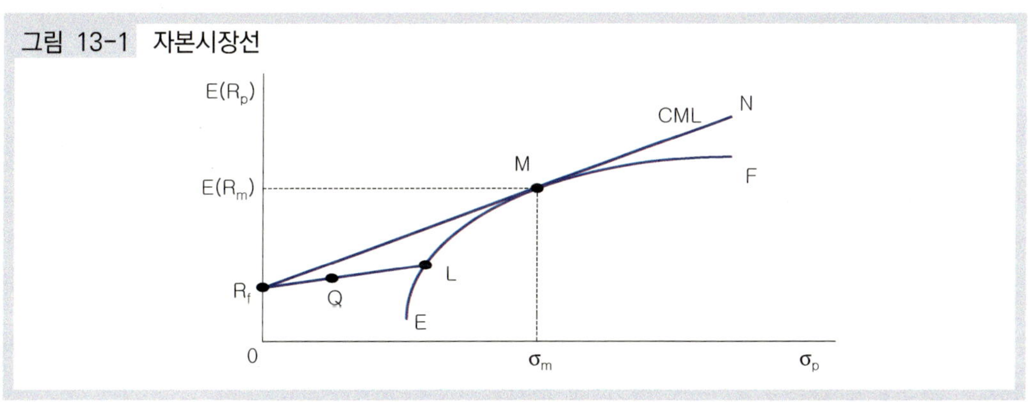

<그림 13-1>의 R_fMN 직선을 자본시장선(capital market line: CML)이라고 하며, 이를 수식으로 나타내면 다음과 같다.

$$E(R_p) = R_f + \frac{E(R_m) - R_f}{\sigma_m} \cdot \sigma_p$$

$E(R_p)$: 포트폴리오의 기대수익률
R_f : 무위험이자율
$E(R_m)$: 시장포트폴리오의 기대수익률
σ_m : 시장포트폴리오의 표준편차
σ_p : 포트폴리오의 표준편차

위에서 자본시장선의 기울기 $\frac{E(R_m)-R_f}{\sigma_m}$을 위험의 시장가격(market price of risk)이라고 하며, 이는 위험이 한 단위 증가할 때 요구되는 추가적인 기대수익률의 크기를 의미한다.

예 제

시장포트폴리오의 기대수익률이 10%이고 표준편차가 8%이며 무위험자산의 수익률이 6%인 경우, 어느 포트폴리오의 위험의 크기인 표준편차가 10%라면 이 포트폴리오를 보유할 경우 예상되는 기대수익률은 얼마인가? 그리고 위험의 시장가격은 얼마인가?

풀이

포트폴리오의 기대수익률은 11%이고, 위험의 시장가격은 0.5이다.

$$E(R_p)=R_f+\frac{E(R_m)-R_f}{\sigma_m}\sigma_p=6+\frac{10-6}{8}\times 10=11\%$$

$$\text{위험의 시장가격}=\frac{E(R_m)-R_f}{\sigma_m}=\frac{10-6}{8}=0.5$$

2. 시장포트폴리오

<그림 13-1>의 포트폴리오 M은 무위험자산을 투자대상에 포함시킬 때 마코위츠의 효율적 투자선상의 많은 포트폴리오 중 가장 이상적인 포트폴리오이다. M은 증권시장에서 거래되고 있는 모든 위험증권으로 구성된 포트폴리오이기 때문에 시장포트폴리오(market portfolio)라 한다. 왜냐하면 투자자들은 위험자산과 무위험자산에 동시에 투자함으로써 효율적인 포트폴리오를 구성하려고 하는데, 이때 위험자산 중에서는 반드시 M을 선택하여야만 효율적인 포트폴리오를 구성할 수 있으므로, 포트폴리오 M에 포함되지 않는 개별위험증권은 증권시장에서 존재할 수 없기 때문이다.

시장포트폴리오 M에서 증권 i의 구성비율은 다음과 같다.

$$\omega_i = \text{증권}i\text{의 구성비율} = \frac{\text{증권}i\text{의 총가치}}{\text{시장 전체주식의 총가치}}$$

시장포트폴리오는 시장에서 거래되는 모든 위험자산을 시장가치비율대로 구성하고 있는 잘 분산된 효율적 포트폴리오이지만 현실에서 이를 찾는 것은 불가능하다. 따라서 시장포트폴리오 M의 기대수익률과 위험을 측정하기 위해서 보통 시가총액법으로 계산된 종합주가지수를 사용한다.[1] 일정기간 동안의 시장포트폴리오의 수익률 R_m은 그 기간 동안의 종

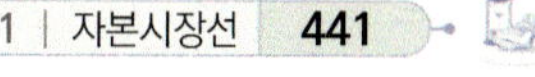

합주가지수의 변화율로 계산되며 시장포트폴리오의 위험 σ_m은 종합주가지수 변화율의 표준편차로 측정된다.

자본시장선 중에서 R_fM부분과 MN부분을 나누어 살펴보자.

<그림 13-2>에서 R_fM은 투자자가 무위험자산과 시장포트폴리오를 동시에 소유하는 것을 의미한다. 무위험자산에 투자한다는 것은 국채나 정기예금 등을 통하여 자금을 빌려주는 것과 같은 의미이므로 이때 구성되는 포트폴리오를 대출포트폴리오(lending portfolio)라 한다. MN은 투자자가 본래의 투자자금과 무위험이자율로 차입한 자금을 시장포트폴리오에 투자하는 것을 의미하므로 이때의 포트폴리오를 차입포트폴리오(borrowing portfolio)라 한다.

그림 13-2 대출포트폴리오와 차입포트폴리오

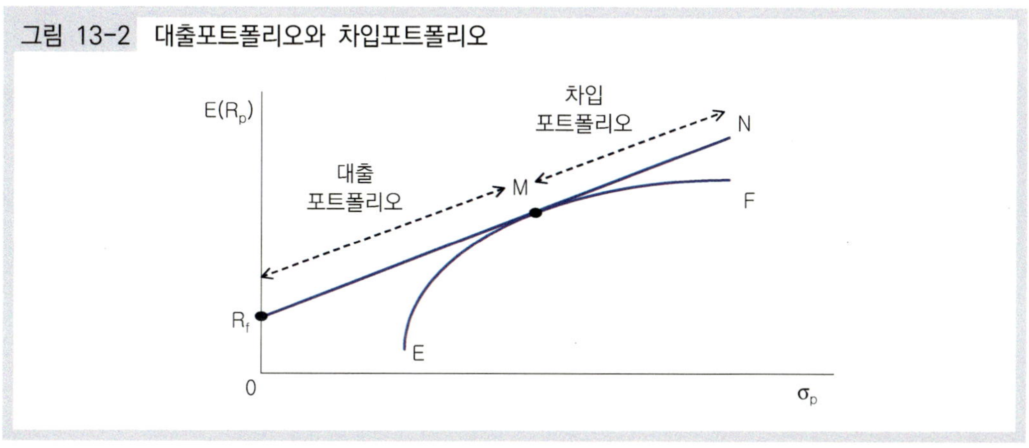

3. 최적포트폴리오의 선택

무위험자산과 위험이 있는 자산을 결합하여 투자할 때 위험자산들 중에서는 시장포트폴리오가 최상의 것이 된다. 따라서 투자자는 효율적 포트폴리오를 구성하기 위해 개별자산들에 대해 특별한 분석을 할 필요가 없다. 즉, 투자자는 효율적 포트폴리오를 구성하기 위해서 추가적인 노력과 비용을 들일 필요없이 위험자산포트폴리오 중에서 시장포트폴리오를 선택하고, 이 시장포트폴리오와 무위험자산에 적절하게 자산을 배분하여 최적포트폴리오(optimal portfolio)를 구성함으로써 자신의 효용을 극대화할 수 있다.

자본시장선상의 포트폴리오 중 어느 포트폴리오에 투자할 것인가는 투자자의 효용함수에 따라 다르다.

1) 우리나라 증권거래소에서 발표하고 있는 종합주가지수는 시가총액법으로 계산되므로 시장포트폴리오를 대표하는 것으로 사용할 수 있으나, 다우존스산업평균지수와 같은 방법으로 산출되는 지수는 시장포트폴리오를 대표할 수 없다.

<그림 13-3>에서 보면 공격적인 투자자는 무위험이자율로 자금을 차입하여 시장포트폴리오에 투자하는 차입포트폴리오 A를 구성할 것이며, 방어적인 투자자는 투자자금의 일부를 무위험자산에 투자하고 나머지를 시장포트폴리오에 투자하는 대출포트폴리오 D를 구성할 것이다.

이와 같이 투자자의 무차별곡선이 어떻든 간에 모든 투자자는 위험있는 자산 중에서는 반드시 시장포트폴리오에 투자하게 된다. 그러므로 무차별곡선의 차이에 따라 시장포트폴리오와 무위험자산의 구성비율만 다를 뿐, 시장포트폴리오는 여전히 위험이 있는 증권들의 최적포트폴리오가 된다.

토빈(J. Tobin)은 투자자들의 포트폴리오 선택은 두 단계로 나누어져 독립적으로 이루어진다는 분리정리(separation theorem)를 주장하였다. 첫째 단계는 최적위험자산포트폴리오를 구성하는 단계로 이는 투자자의 위험회피정도와 관계없이 이루어지며 모든 투자자는 시장포트폴리오를 최적위험자산포트폴리오로 가진다. 둘째 단계는 무위험자산과 위험자산에 투자자금을 배분하여 최적포트폴리오를 구성하는 단계로 이는 투자자의 위험회피 정도에 따라 결정된다.

그림 13-3 최적포트폴리오의 선택

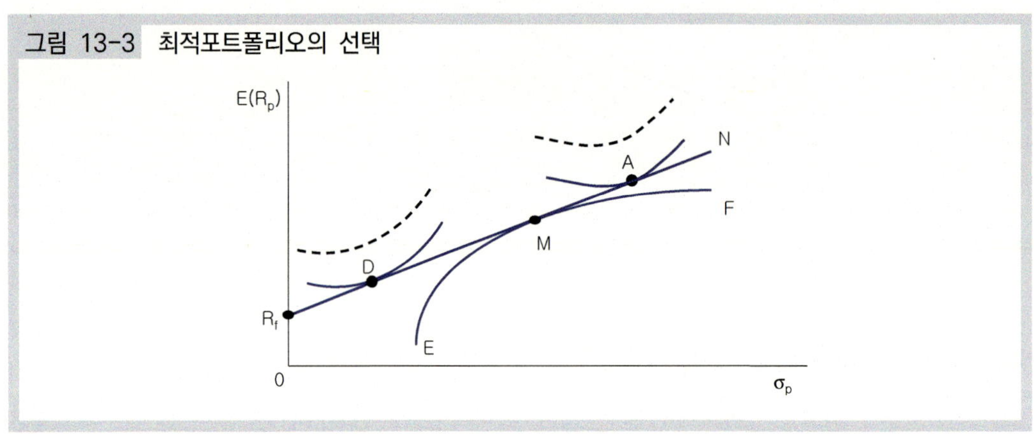

Section 2 | 증권시장선

자본시장선은 효율적 포트폴리오의 기대수익률과 수익률의 표준편차인 총위험과의 관계를 설명하는 모형이다. 그러나 비효율적 포트폴리오나 개별자산은 비효율적이기 때문에 자본시장선 아래에 위치하게 되므로 자본시장선으로는 이들의 가격결정을 설명할 수 없다. 그런데 개별자산의 위험은 체계적 위험과 비체계적 위험으로 구성되며 비체계적 위험은 분산투자에 의하여 제거가 가능하기 때문에 잘 분산된 포트폴리오에서 개별자산의 적절한 위험은 총위험이 아니라 체계적 위험이므로, 개별자산의 체계적 위험과 기대수익률의 관계를 살펴보는 것이 적절하다. 이러한 관계를 나타내주는 모형이 증권시장선이다.

자본자산가격결정모형으로서 증권시장선(security market line: SML)을 투자의사결정에 이용하기 위해서는 무위험이자율과 시장포트폴리오의 기대수익률, 그리고 개별자산의 체계적 위험의 크기를 나타내는 베타를 추정하여야 한다.

1. 베타의 추정

가. 시장모형

샤프(Sharpe)는 개별증권의 수익률을 시장포트폴리오의 수익률과 관련시켜 개별증권의 체계적 위험과 비체계적 위험을 측정할 수 있는 시장모형(market model)을 제시하였다.[2)]

$$r_{it} = \alpha_i + \beta_i r_{mt} + \varepsilon$$

r_{it} : 증권 i의 t기 수익률
α_i : 회귀상수
β_i : 회귀계수
r_{mt} : 시장포트폴리오의 t기 수익률
ε_{it} : 오차항

여기서 개별증권과 시장포트폴리오의 수익률은 각각 다음과 같이 구할 수 있다.

$$r_{mt} = \frac{SI_t - SI_{t-1}}{SI_{t-1}}$$

$$r_{it} = \frac{P_t - P_{t-1} + D_t}{P_{t-1}}$$

SI_t : t시점의 주가지수
P_t : t시점의 주가
D_t : t시점의 배당금

위의 식을 이용하여 개별증권의 수익률을 종속변수로, 시장포트폴리오의 수익률을 독립변수로 하여 회귀분석을 하면 다음과 같은 회귀방정식을 구할 수 있다.

$$r_i = \alpha_i + \beta_i r_m$$

2) W.F. Sharpe, "A Simplified Model for Portfolio Analysis," Management Science (January 1963), pp.273-293.

위의 식으로 표현되는 직선을 증권특성선(security characteristic line)이라 하며, 그림으로 나타내면 <그림 13-4>와 같다. 증권특성선은 시장포트폴리오의 수익률이 변함에 따라 개별증권의 수익률이 변화하는 정도를 표시한다.

그림 13-4 증권특성선

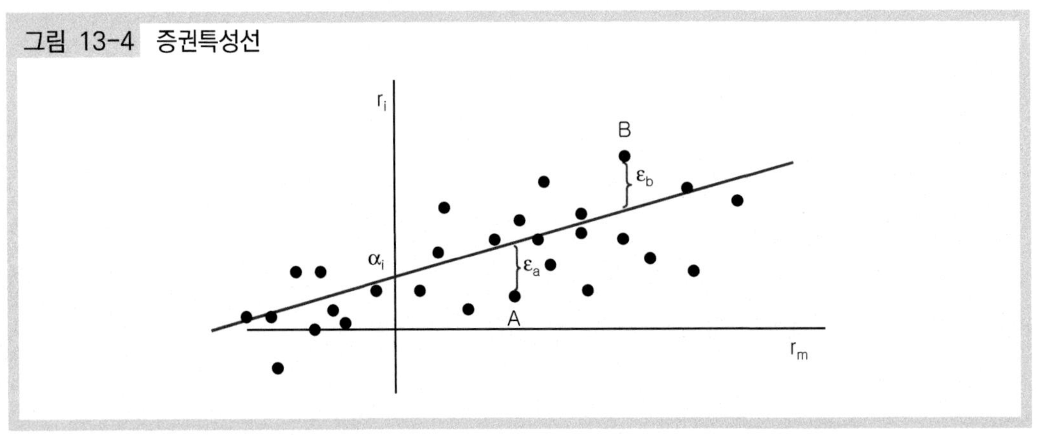

나. 위험의 분해

증권특성선의 기울기 βi는 시장수익률의 변동에 대한 개별증권의 수익률의 변동 비율을 의미하며, 이를 베타계수(beta coefficient)라고 한다. 베타계수는 개별증권의 수익률이 시장수익률의 변동에 대하여 얼마나 민감하게 반응하는가를 측정하는 척도로 사용된다. 증권특성선의 기울기 βi와 절편 αi는 직선의 회귀계수이므로 최소자승법을 이용하여 다음과 같이 계산할 수 있다.

$$\beta_i = \frac{\sum[r_{it} - E(r_i)][r_{mt} - E(r_m)]}{\sum[r_{mt} - E(r_m)]}$$

$$= \frac{Cov(r_i,\ r_m)}{Var(r_m)} = \frac{\sigma_{im}}{\sigma_m^2} = \frac{\sigma_i \sigma_m \rho_{im}}{\sigma_m^2} = \frac{\sigma_i \rho_{im}}{\sigma_m}$$

$$\alpha_i = \bar{r}_i - \beta_i \bar{r}_m$$

$\bar{r}_i$: 증권 i의 평균수익률

$\bar{r}_m$: 시장포트폴리오의 평균수익률

여기서 시장포트폴리오의 베타계수는 1이라는 것을 알 수 있다.

$$\beta_m = \frac{Cov(r_i,\ r_m)}{Var(r_m)} = 1$$

시장포트폴리오의 베타계수 1을 기준으로 하여 β가 1보다 작은 자산을 방어적 주식(defensive stock)이라 하며, β가 1보다 큰 자산을 공격적 주식(aggressive stock)이라 한다.

시장모형의 식으로부터 개별증권의 총위험을 다음과 같이 표시할 수 있다.

$$\begin{aligned} r_{it} &= \alpha_i + \beta_i r_{mt} + \varepsilon_{it} \\ Var(r_i) &= Var(\alpha_i + \beta_i r_m + \varepsilon_i) \\ &= Var(\alpha_i) + Var(\beta_i r_m) + Var(\varepsilon_i) \\ &= \beta_i^2 Var(r_m) + Var(\varepsilon_i) \end{aligned}$$

$Var(r_i)$: 증권i의 총위험
$\beta_i^2 Var(r_m)$: 체계적 위험
$Var(\varepsilon_i)$: 비체계적 위험

위의 식에서 $\beta_i^2 Var(r_m)$은 체계적 위험으로서 시장수익률의 변동성인 $Var(r_m)$과 이 시장변동에 대한 개별증권 i의 반응도인 베타계수로 구성되어 있다. 그리고 비체계적 위험은 $Var(\varepsilon_i)$으로 표시되고 있는데, 이것은 시장수익률 r_m의 변동에 의해 설명되지 않는 잔차위험(residual risk)을 의미한다.

개별증권의 총위험 중 체계적 위험과 비체계적 위험이 각각 차지하는 비중은 개별증권의 수익률과 시장포트폴리오의 수익률의 상관계수의 제곱인 결정계수(coefficient of determination)를 이용하여 다음과 같이 나타낼 수 있나.

$$\frac{\text{체계적위험}}{\text{총위험}} = \frac{\beta_i^2 Var(r_m)}{Var(r_i)} = \rho_{im}^2$$

$$\frac{\text{비체계적위험}}{\text{총위험}} = \frac{Var(\varepsilon_i)}{Var(r_i)} = \frac{Var(r_i) - \beta_i^2 Var(r_m)}{Var(r_i)} = 1 - \rho_{im}^2$$

포트폴리오의 분산은 개별증권의 분산의 가중합계와 일치하지 않으나, 포트폴리오의 베타는 개별증권의 베타의 가중합계와 일치한다.

$$\sigma_p \neq \sum_{i=1}^{n} w_i \sigma_i$$
$$\beta_p = \sum_{i=1}^{n} w_i \beta_i$$

2. 증권시장선의 도출

모든 투자자들은 위험자산 중에서는 시장포트폴리오에만 투자하기 때문에 개별증권의 위험 중 제거되지 않고 시장포트폴리오에 남아 있는 위험은 체계적 위험뿐이다. 따라서 개별증권의 체계적 위험이 크면 이에 따라 투자자들의 기대수익률이 커지게 되고, 체계적 위험이 작으면 기대수익률도 작아지게 된다. 이러한 관계를 설명하는 것이 증권시장선이며, 이는 개별증권뿐만 아니라 포트폴리오에도 적용된다.

기대수익률과 체계적 위험과의 관계에서 증권시장선을 그림으로 나타내면 <그림 13-5>와 같고, 수식으로 나타내면 다음과 같다.

그림 13-5 증권시장선

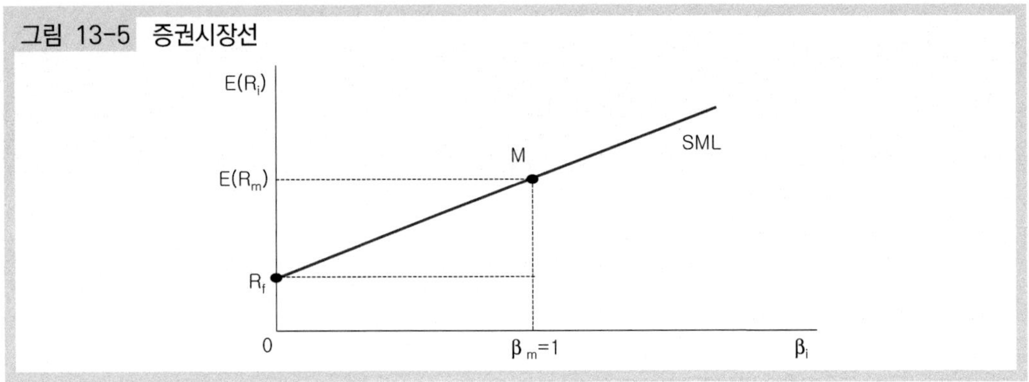

$$E(R_i) = R_f + [E(R_m) - R_f] \cdot \beta_i$$
$$[E(R_i) - R_f] = [E(R_m) - R_f] \cdot \beta_i$$

위의 식에서 $[E(R_i) - R_f]$는 개별증권의 기대수익률이 무위험이자율을 초과하는 부분으로서 이를 위험자산의 초과수익률(excess return) 또는 위험프리미엄(risk premium on stock)이라 한다. 또한 $[E(R_m) - R_f]$는 시장포트폴리오의 기대수익률이 무위험이자율을 초과하는 부분으로서 이를 시장의 위험프리미엄(risk premium on market)이라 하며 이는 증권시장선의 기울기가 된다.

따라서 증권시장선은 시장균형하에서 주식의 기대수익률은 무위험이자율에 위험프리미엄을 더한 값으로 결정되며, 위험프리미엄은 체계적 위험의 측정치인 베타에 선형적으로 비례한다는 것을 보여준다.

증권시장선이 가지는 의미는 시장이 균형상태일 때 개별증권의 베타값이 결정되면 개별증권의 기대수익률이 증권시장선 상에 놓이게 되도록 증권의 가격이 결정된다는 것이다. 그러나 시장이 일시적으로 불균형상태에 있을 때에는 <그림 13-6>에서와 같은 증권 U와 O가 존재하게 된다. 이 경우에는 CAPM에 의해 기대되는 균형수익률과 실제 시장에서 얻을 것으로 예상되는 기대수익률에 차이가 발생하며, 이 차이를 해당 증권의 비정상수익률(abnormal return)이라 한다.

<그림 13-6>에서 증권 U는 가격이 과소평가(underpriced)된 것으로서 위험수준에 비하여 기대수익률이 너무 높으므로 이 증권에 대한 수요가 증가한다. 그 결과 증권 U의 가격이 상승하여 기대수익률이 증권시장선상의 U′에 이를 때까지 하락하게 되어 증권 U에 대한 수요와 공급은 균형을 이루게 된다. 한편 증권 O는 가격이 과대평가(overpriced)된 것으로서 위험수준에 비하여 기대수익률이 너무 낮으므로 이 증권에 대한 공급이 증가한다. 그 결과 증권 O의 가격이 하락하여 기대수익률이 증권시장선상의 O′에 이를 때까지 상승하게 되어 증권 O에 대한 수요와 공급이 균형을 이루게 된다.

그림 13-6 증권시장선

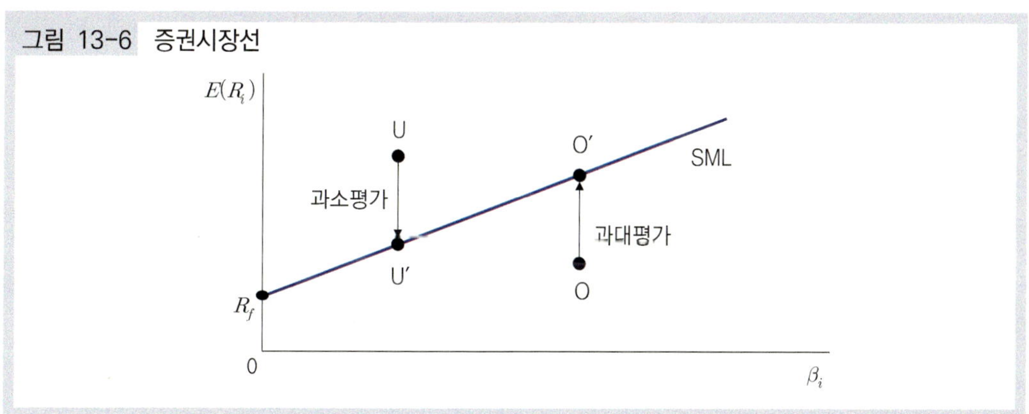

예 제

Blue Chip Mutual Fund의 분석에 의하면 시장포트폴리오의 기대수익률은 13%이고, 1년만기 정기예금이자율은 8%이며, 향후 1년간 변화가 없을 것이다. 현재 분석하고 있는 A 주식의 베타계수는 1.2이며, 시장주가격는 2만원이며, 1년 후에 주가는 23,200원이 될 것으로 예상된다.

① 증권시장이 균형상태라면 A 주식의 기대수익률은 얼마인가?
② A 주식을 추가로 매수하여야 하는가? 아니면 보유주식을 매도하여야 하는가? 그리고 그 이유는 무엇인가?
③ 추가 매수 또는 매도함으로써 얼마의 비정상수익률을 얻을 수 있는가?

풀이

① 균형상태에서의 기대수익률은 14%이다.

$$E(R_i) = R_f + [E(R_m) - R_f]\beta_i = 8 + (13-8)(1.2) = 14(\%)$$

② 1년 후 주가가 23,200원이므로 14% 이상의 수익률을 얻기 위해서는 주식을 20,351원 이하로 매입하여야 한다. 그런데 현재 주가가 20,000원이므로 저평가되어 있다. 따라서 추가 매수하여야 한다.

③ 20,000원에 주식을 매수하면 1년 후 16%의 수익을 얻을 수 있다. 따라서 기대수익률을 초과하는 부분은 2%이다.

$$\alpha = R_i - E(R_i) = 16 - 14 = 2(\%)$$

3. 증권시장선과 자본시장선의 관계

자본시장선은 기대수익률과 총위험인 표준편차(σ)의 관계를 나타내며, 증권시장선은 기대수익률과 체계적 위험(β)의 관계를 나타낸다. 자본시장선은 완전히 분산투자가 된 효율적 포트폴리오의 가격결정원리를 설명하며, 증권시장선은 완벽하게 분산투자된 효율적 포트폴리오는 물론 비효율적인 포트폴리오나 개별증권의 가격결정원리를 설명한다.

무위험자산과 시장포트폴리오에 동시에 투자함으로써 구성할 수 있는 효율적인 포트폴리오는 자본시장선 상에 위치하게 되지만, 개별증권이나 비효율적 포트폴리오는 자본시장선상의 오른쪽 아래에 위치하게 된다. 왜냐하면 개별증권은 비체계적 위험인 잔차분산을 가지고 있기 때문이다. 반면에 잔차분산을 갖는 이러한 비효율적인 개별증권은 자본시장선 상에 위치하지는 않지만 증권시장선 상에는 위치한다.

투자대상으로 고려하는 포트폴리오가 완벽하게 분산투자가 이루어진 효율적 포트폴리오라면 자본시장선과 증권시장선은 동일하게 됨을 의미한다. 즉, 자본시장선 상에 존재하는 포트폴리오들은 모두 무위험자산과 시장포트폴리오가 결합되어 구성된 포트폴리오들로서 개별주식들의 비체계적 위험을 모두 없앤 포트폴리오들이다. 따라서 자본시장선상의 포트폴리오는 체계적 위험만을 부담하므로 자본시장선과 증권시장선이 같은 결과를 갖게된다. 결국 증권시장선은 자본시장선의 한 특수한 경우라고 할 수 있다.

펀드 위험지표들 어떤 게 있나?

반토막 또는 반의 반토막 펀드가 속출했던 '전쟁터'에 다시 돌아오는 개인 투자자들이 늘고 있다. 바닥을 쳤다는 의견도 있고 더 관망해야 한다는 의견도 있다. 그러나 불확실성은 여전하다

확실한 것은 투자수익을 추구하는 곳에는 항상 그에 상응하는 위험이 있다는 사실이다. 고수익을 추구하면 추구할수록 위험은 커진다. 위험은 상품에 따라 정도가 다르다. 같은 주식 펀드라도 상품에 따라 기대수익과 위험의 크기는 달라진다.

각 펀드의 위험 크기는 위험지표를 통해 알아볼 수 있다. 때문에 펀드에 투자할 때는 위험 지표도 살펴볼 필요가 있다고 전문가들은 조언한다. 해당 펀드가 얼마나 위험한가를 따져 가능한 수익 전망과 비교해야 한다는 것이다.

펀드의 위험 정도를 나타내는 대표적인 지표로는 표준편차와 베타가 있다. 펀드평가사인 제로인의 관계자는 "표준편차는 통계적인 방법을 통해 수익률 변동폭을 측정한 것이다. 수익률처럼 %로 표시된다. 이는 한마디로 과거에 얼마나 심한 수익률 등락을 보여 줬는지를 알려주는 지표"라고 설명했다.

표준편차가 클수록 수익률이 큰 폭으로 움직였다는 것이므로 위험이 크다고 볼 수 있다. 값이 작을수록 상대적으로 수익률의 변동폭이 작았기 때문에 위험도 낮다고 볼 수 있다.

예컨대 어떤 펀드가 지난 10년간 평균 수익률이 연10%이고 표준편차가 10%였다고 해 보자. 이 수치는 이 펀드가 과거 10년 동안 연도별 수익률이 10%를 중심으로 ±20%, 즉 최소 -10%, 최대30% 사이에서 존재했다는 사실을 나타낸다.

베타는 시장수익률이 변화하는 것에 대해 펀드가 얼마나 민감하게 반응했는가를 측정한 것이다. 즉 펀드의 베타계수는 주가지수가 일정 비율만큼 변화할 때 특정한 펀드의 수익률이 그에 비해 얼마만큼 변화했는지를 나타내주는 지표다.

KOSPI가 주식시장 전체를 나타내는 지표라고 가정할 때 펀드 베타가 1인 펀드는 시장 수익률과 동일한 폭만큼 움직였다고 보면 된다.

베타가 1보다 크면 시장수익률 보다 민감하게 움직이는 펀드로 상대적으로 위험이 큰 편이라고 볼 수 있으며 1보다 적으면 시장수익률보다 둔감하게 움직이는 안정적인 펀드라고 볼 수 있다.

<중앙일보 2009.04.23.>

CHAPTER

13 연습문제

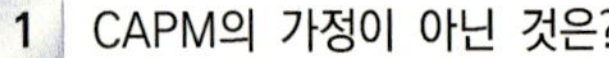

1 CAPM의 가정이 아닌 것은?

① 모든 투자자들은 위험자산에 투자할 경우 마코위츠의 평균-분산모형에 따라 투자한다.

② 모든 투자자들은 자본자산의 기대수익률, 분산 등에 대하여 동질적인 예측을 한다.

③ 무위험자산이 존재하며 투자자들은 무위험이자율로 투자자금을 얼마든지 빌리거나 빌려 줄 수 있다.

④ 투자자에는 위험회피형과 위험선호형 그리고 위험중립형이 있다.

2 자본시장선(CML)에 대한 설명으로 옳은 것은?

① 자본시장선은 모든 위험수준에서 위험자산만으로 구성된 포트폴리오보다 높은 수익률을 보인다.

② 자본시장선의 기울기는 시장포트폴리오의 위험 1단위당 프리미엄을 의미한다.

③ 위험자산 포트폴리오의 최적 결합은 투자자의 위험회피도에 따라 다르게 나타난다.

④ 차입포트폴리오와 대출포트폴리오 모두 무위험자산에 대한 투자 비율은 0보다 크다.

3 시장포트폴리오(M)를 설명하는 것 중 틀린 것은?

① M의 특성을 가장 잘 나타내는 것으로서는 종합주가지수를 들 수 있다.

② M은 완전분산투자된 포트폴리오이다.

③ 투자자들은 자신의 위험선호도와 관계없이 위험자산의 포트폴리오로는 모두 M을 선택한다.

④ M은 모든 위험자산과 무위험자산들로 구성된 포트폴리오이다.

4 시장포트폴리오의 기대수익률이 10%이고 표준편차가 8%이며 무위험자산의 수익률이 6%인 경우, 어느 포트폴리오의 위험의 크기인 표준편차가 9%라면 이 포트폴리오를 매입할 경우 예상되는 기대수익률은 얼마인가?

① 16.0% ② 14.5%

③ 12.0% ④ 10.5%

5 위험자산의 최적포트폴리오는 투자자들의 위험에 대한 태도와는 독립적이라는 J. Tobin의 주장은?

① 분리이론 ② 고객이론

③ 무차별곡선의 원리 ④ 효율적 시장가설

6 CAPM에서 주가수익률에 직접적으로 영향을 미치는 요인과 가장 거리가 먼 것은?

① 무위험자산 수익률 ② 시장수익률

③ 체계적 위험 ④ 수요와 공급

7 보기의 글은 한국경제에서 발췌한 것이다. 잘못된 부분은?

① 신도리코 한국철강 극동가스 농심 등 종합주가지수에 비해 변동성이 작으면서 상승 추세가 살아 있는 종목이 최근과 같은 장세에서는 투자 유망한 것으로 분석됐다.

② KGI증권은 종합주가지수에 비해 변동성이 작은 기준으로 "베타계수"를 사용했다.

③ 베타계수란 종합주가지수의 변동에 따라 개별 종목이 얼마나 변하느냐는 민감도를 나타내는 것으로 1에 가까울수록 민감도가 크다는 것을 뜻한다.

④ KGI증권은 종합주가지수 하락에 관계없이 일정한 수익을 내기 위해선 베타계수 0.5 이하이며 실적이 좋고 차트상 상승 추세가 살아 있는 종목이 유망하다고 주장했다.

8 다음 중 증시가 불황일 때 투자하기에 가장 바람직한 주식의 베타 값은?

① $\beta = 1$　　② $\beta = -2$

③ $\beta = 3$　　④ $\beta = -4$

9 증권특성선(security characteristic line)의 설명으로 적절한 것은?

① 위험자산과 무위험자산을 대상으로 투자시의 효율적 투자선

② 시장수익률의 변화에 대한 개별주식의 수익률 변화를 나타내는 선

③ 개별주식의 체계적 위험과 수익률과의 관계를 나타내는 선

④ 효율적 포트폴리오의 단위당 위험에 대한 초과수익률을 나타내는 선

우리나라 주식시장의 SML은 다음과 같다고 한다. (10~12)

$$R_i = 0.09 + 0.11\beta_i$$

10 LG전자의 주식을 매입한다면 25%의 수익을 올릴 수 있다고 한다. LG전자의 베타계수는?

① 2.84　　② −2.84

③ 1.45　　④ −1.45

11 현대전자의 베타계수는 2.80이지만 예상수익률이 36%나 된다고 투자상담사가 말한다. 어떻게 할까?

① 현물매입　　② 현물매도

③ 현금보유　　④ 정보부족으로 판단 불가

12 시장포트폴리오의 기대수익률은 얼마인가?

① 2%　　② 9%

③ 11%　　④ 20%

13 정상적인 상황에서 주식 A의 주가는 어떻게 변화할 것으로 예상되는가?

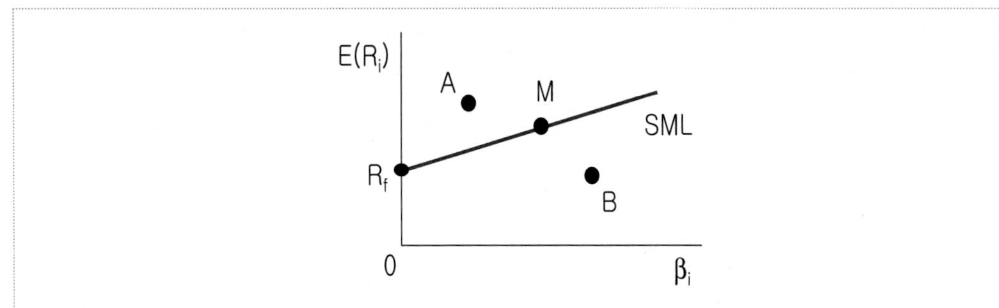

① 오른다. ② 내린다.
③ 변함없다. ④ 알 수 없다.

14 자본시장선과 증권시장선에 대하여 잘못 설명한 것은?

① 자본시장선은 효율적 포트폴리오의 기대수익률과 위험의 균형관계를 나타낸다.
② 증권시장선은 위험을 베타계수로, 자본시장선은 위험을 표준편차로 측정한다.
③ 자본시장선의 기울기는 증권시장선의 기울기보다 더 크다.
④ 증권시장선은 개별증권과 포트폴리오를 모두 나타내지만 자본시장선은 효율적 포트폴리오만을 나타낸다.

15 자본자산가격결정모형(CAPM)에 대하여 잘못 설명한 것은?

① 모든 투자자들은 최적의 위험포트폴리오로 시장포트폴리오를 선택한다.
② 개별 투자자산의 수익률은 체계적 위험의 크기에 비례한다.
③ 모든 투자자들의 무위험자산과 위험자산포트폴리오에의 투자비중은 동일하다.
④ 모든 투자자산에 있어서 시장위험프리미엄의 크기는 동일하다.

정답

1.	④	2.	②	3.	④	4.	④	5.	①	6.	④	7.	③	8.	④	9.	②	10.	③
11.	②	12.	④	13.	①	14.	③	15.	③										

찾아보기

기타

저자소개

저자 | 신 지 숙

이화여자대학교 경영학과(경영학 학사)
이화여자대학교 대학원 경영학과(경영학 석사)
이화여자대학교 대학원 경영학과(경영학 박사)
경영지도사 출제위원

현, 명지전문대학 경영학과 교수

저자 | 이 해 영

성균관대학교 경영학과(경영학 학사)
성균관대학교 대학원 경영학과(경영학 석사)
성균관대학교 대학원 경영학과(경영학 박사)
청주대학교 경영학과 부교수
미국 University of Delaware 연구교수
공인회계사 시험위원

현, 강남대학교 경영학부 교수

저자 | 홍 영 복

중앙대학교 경영대학 경영학과(경영학 학사)
중앙대학교 대학원 경영학과(경영학 석사)
University of Texas 대학원 경영학과(M.S.)
청주대학교 대학원 경영학과(경영학 박사)
University of California, San Diego 연구교수
공정거래위원회 전자평가위원

현, 인하대학교 경영학과 명예교수

증권투자의 실제 (제6판)

지 은 이 · 신 지 숙 · 이 해 영 · 홍 영 복
펴 낸 이 · 최 재 범
펴 낸 곳 · 도서출판 탐진
등록 1-996호(倫). 1990. 1. 12.
서울시 마포구 현석동 10-3
Tel. 715-1092 ~ 3 / Fax. 701-6391
E-mail. tamjin1990@hanmail.net / Homepage. www.tamjin.co.kr

저자와의 협의하에 인시 생략

2005. 2. 18. 초 판 발행
2018. 9. 3. 제 6 판 발행
2023. 9. 4. 제 6 판 4쇄 발행

ISBN 978-89-5540-558-3 93320

정가 30,000원